Die Disponibilität des Pflichtteils
im familienrechtlichen Kontext

Europäische Hochschulschriften Recht

European University Studies in Law

Publications Universitaires Européennes de Droit

Band/Volume 6262

Verena Henrike Wallrabenstein

Die Disponibilität des Pflichtteils im familienrechtlichen Kontext

PETER LANG

Bibliografische Information der Deutschen Nationalbibliothek
Die Deutsche Nationalbibliothek verzeichnet diese Publikation in der Deutschen Nationalbibliografie; detaillierte bibliografische Daten sind im Internet über http://dnb.d-nb.de abrufbar.

Zugl.: Trier, Univ., Diss., 2021

Gedruckt auf alterungsbeständigem, säurefreiem Papier.

D 385
ISSN 0531-7312
ISBN 978-3-631-83407-7 (Print)
E-ISBN 978-3-631-86407-4 (E-PDF)
E-ISBN 978-3-631-86408-1 (EPUB)
DOI 10.3726/b19098

Peter Lang – Berlin · Bern · Bruxelles · New York · Oxford · Warszawa · Wien

Diese Publikation wurde begutachtet.

www.peterlang.com

Meinen Großeltern

Lina und Willy Wallrabenstein

Vorwort

Die vorliegende Arbeit wurde im Wintersemester 2020/2021 vom Fachbereich Rechtswissenschaft der Universität Trier als Dissertation angenommen.

Meinem Doktorvater, Herrn Professor Dr. Franz Dorn, danke ich für seine stets wohlwollende Begleitung dieser Arbeit und die Erstellung des Erstgutachtens. Sein Glaube an die Fertigstellung der Dissertation, auch während meiner täglichen Arbeit als Rechtsanwältin und Mutter, war für mich eine besondere Unterstützung. Herrn Professor Dr. Peter Reiff danke ich für die Erstellung des Zweitgutachtens.

Der größte Dank gebührt natürlich meiner Familie, die in der Schlussphase viel Verständnis gezeigt hat.

Dahn, im Mai 2021.

Inhaltsverzeichnis

Vorwort 7

Inhaltsverzeichnis 9

Abkürzungsverzeichnis 19

§ 1 Einleitung / Einführung in die Thematik 23

A. Problemaufriss / Die Entscheidung des OLG München vom 25. Januar 2006 23

B. Meinungs- und Forschungsstand 29

I. Problemdarstellung 29

II. Gegner einer dem Ehevertragsrecht entsprechenden Inhaltskontrolle 30

III. Befürworter einer dem Ehevertragsrecht entsprechenden Inhaltskontrolle 35

C. Ziel und Gang der Untersuchung 41

§ 2 Erb- und Pflichtteilsverzicht 43

A. Begrifflichkeiten – historischer Rückblick 43

I. Ein geschichtlicher Rückblick – Entstehungsgeschichte im BGB 43

1. Erbverzicht 43

2. Pflichtteilsverzicht 44

II. Begriff / Sinn und Zweck des Erb- und Pflichtteilsverzichts 48

1. Inhalt des Erb- und Pflichtteilsverzichts 48

a) Arten des Erb- bzw. Pflichtteilsverzichts 48

aa) Umfassender Erbverzicht sowie Teilverzicht und Beschränkungen beim Erbverzicht 48

bb) Arten des (isolierten) Pflichtteilsverzichts 50

cc) Verzicht auf das gesetzliche Erbrecht unter Vorbehalt des Pflichtteilsrechts 52
b) Beteiligte des Erb- und Pflichtteilsverzichts 52
c) Allgemeine Inhalte des Erb- und Pflichtteilsverzichts 53
aa) Anforderung an die Erklärung 53
bb) Verzichtsgegenstand 53
cc) Umfang des Erb- und Pflichtteilsverzichts 56
d) Zeitliche Begrenzungen / Aufhebungsvertrag 57
aa) Erbverzicht 57
bb) Pflichtteilsverzicht 58
2. Rechtsnatur des Erb- und Pflichtteilsverzichts 61
a) Abstraktes Verfügungsgeschäft 61
b) Kausalgeschäft 62
c) Einordnung als Rechtsgeschäft unter Lebenden auf den Todesfall und Konsequenzen 63
3. Der entgeltliche Erb- und Pflichtteilsverzicht 64
a) Abfindung durch Zuwendung unter Lebenden und durch Zuwendung von Todes wegen 64
b) Vertragliche Gestaltungsmöglichkeiten angesichts des Abstraktionsprinzips 64
4. Der unentgeltliche Erb- und Pflichtteilsverzicht 66
5. Wirkungen des Erb- und Pflichtteilsverzichts 67
B. Motivation von Familienangehörigen zum Abschluss von Erb- oder Pflichtteilsverzichten 68
C. Kombination von familien- und erbrechtlichen Elementen 69
D. Zwischenergebnis 71

§ 3 Möglichkeiten des kodifizierten Rechts zur Kontrolle von Pflichtteilsverzichten 73

A. Sittenwidrigkeit, § 138 BGB 73
B. Störung der Geschäftsgrundlage 77
I. Erbverzicht 77

1. Anwendbarkeit der Regeln über Fehlen und/oder Wegfall der Geschäftsgrundlage 77
a) Begrifflichkeiten 77
b) Differenzierung zwischen abstraktem und kausalem Erbverzicht unter Beachtung des Risikocharakters des Erbverzichts 78
aa) Die Literaturmeinungen 78
bb) Die Rechtsprechung 80
cc) Zeitliche Grenzen 81
dd) Stellungnahme 82
2. Rechtsfolgen 84
II. Pflichtteilsverzicht 85
1. Anwendbarkeit der Regeln über Fehlen und/oder Wegfall der Geschäftsgrundlage 85
2. Rechtsfolgen 86
C. Anfechtung, §§ 119 ff. BGB 87
I. Anfechtung wegen Inhalts- und Erklärungsirrtums gemäß § 119 Abs. 1 BGB 87
II. Anfechtung wegen Eigenschaftsirrtums gemäß § 119 Abs. 2 BGB 87
1. Irrtum über den Wert des Vermögens 87
2. Irrtum über die künftige Vermögensentwicklung 88
3. Irrtum über die wertbildenden Merkmale und/oder über den Bestand des Vermögens 88
III. Anfechtung wegen arglistiger Täuschung oder Drohung gemäß § 123 BGB 89
IV. Zeitliche Begrenzungen 90
V. Anfechtung des abstrakten Erbverzichts 91
D. Abschließender Charakter der kodifizierten Kontrollmöglichkeiten? 92
I. Das Verhältnis der einzelnen Rechtsinstitute untereinander 92
II. Grenze der gesetzlichen Schutzmechanismen und Anwendungsbereich einer Inhaltskontrolle 95

§ 4 Grundsätze der Rechtsprechung zur Kontrolle von Eheverträgen 99

A. Die Entwicklung des Instrumentariums „Inhaltskontrolle" bis heute 99

I. Die Entscheidungen des Bundesverfassungsgerichts 2001 99

II. Die Entscheidung des Bundesgerichtshofs vom 11. Februar 2004 105

1. Kein unverzichtbarer Mindestgehalt an Scheidungsfolgen und Ehevertragsfreiheit 105

2. Begrenzung der Ehevertragsfreiheit durch den Schutzzweck der gesetzlichen Regelungen 107

3. Kernbereichslehre und Abstufungen im Rang der Scheidungsfolgen 107

4. Zweistufige Inhaltskontrolle 109

III. Die zweistufige Inhaltskontrolle heute 111

1. Allgemeines 111

2. Wirksamkeitskontrolle am Maßstab des § 138 BGB 112

a) Tatbestandsvoraussetzungen 112

b) Beurteilungszeitpunkt 115

c) Rechtsfolgen 117

aa) Teilnichtigkeit oder Gesamtnichtigkeit bei Eheverträgen 117

bb) Salvatorische Klauseln – Erhaltungs- und Ersetzungsklauseln 119

3. Ausübungskontrolle, § 242 BGB 121

a) Tatbestandsvoraussetzungen 121

b) Beurteilungszeitpunkt 122

c) Rechtsfolgen 123

aa) Anpassung 123

bb) Salvatorische Klauseln 125

4. Die wichtigsten Kriterien der Inhaltskontrolle von Eheverträgen 126

a) Die Lehre von den Ehetypen 126

b) Grundsatz der ehelichen Solidarität 129

c) Ehebedingte Nachteile und der Kompensationsgedanke 134
d) Die Kernbereichslehre des Bundesgerichtshofs 136
e) Weitere Komponenten 137
f) Das Verhältnis der einzelnen Kriterien – Gesamtschau .. 141
5. Zusammenfassung 143
IV. Inhaltskontrolle von Scheidungsfolgenvereinbarungen 145
B. Dogmatische Abgrenzung zu anderen Rechtsinstituten 148
I. Ergänzende Vertragsauslegung 148
II. Störung der Geschäftsgrundlage 149
1. Allgemeine Voraussetzungen – Abgrenzung 149
2. Die Rechtsprechung 150
3. Die Literaturmeinungen 152
4. Ergebnis 153
III. Allgemeine Inhaltskontrolle außerhalb des Familienrechts 154
IV. Rechtsmissbrauch 159

§ 5 Übertragung der ehevertraglichen Rechtsprechung auf den Pflichtteilsverzicht 161

A. Überblick über die Rechtsprechung zur Wirksamkeit von Pflichtteilsverzichten 161
I. „Vorgaben“ der Rechtsprechung vor dem Urteil des BGH vom 19. Januar 2011 161
1. Einleitung 161
2. Die Hohenzollern-Entscheidung des Bundesverfassungsgerichts vom 22. März 2004 162
a) Sachverhalt 162
b) Entscheidungsgründe 163
c) Auswirkungen der Entscheidung 164
3. Das Urteil des OLG Nürnberg vom 12. November 2002 167
a) Sachverhalt 167
b) Entscheidungsgründe 168
c) Bewertung der Entscheidung 169

4. Das Urteil des OLG München vom 25. Januar 2006 170
5. Das Urteil des LG Ravensburg vom 31. Januar 2008 172
a) Sachverhalt 172
b) Entscheidungsgründe 173
c) Bewertung der Entscheidung 174
6. Weitere Gerichtsentscheidungen im Überblick 176
a) Das Urteil des OLG Koblenz vom 13. Januar 2004 176
b) Das Urteil des LG Düsseldorf vom 02. März 2007 177
II. Das Urteil des BGH vom 19. Januar 2011 zum Pflichtteilsverzicht eines behinderten Sozialleistungsbeziehers 179
1. Auswirkungen des Sozialrechts unter Berücksichtigung der Parallele zu Unterhaltsverzichten zu Lasten der Sozialhilfe 179
2. Das Urteil des BGH vom 19. Januar 2011 180
a) Sachverhalt 180
b) Entscheidungsgründe 181
c) Umfang der Entscheidung – ein obiter dictum für Pflichtteilsverzichte unter Ehegatten und anderen Familienangehörigen? 186
aa) Charakteristika von Behindertentestamenten sowie Anspruchsübergänge nach dem SGB 186
bb) Meinungsstand in der Rechtsprechung und im Schrifttum 188
aaa) Der Pflichtteilsverzicht von Sozialleistungsbeziehern 188
bbb) Überleitung von Pflichtteilsansprüchen 190
ccc) Ausschlagung und Überleitungsfähigkeit 191
cc) Fazit 192
B. Prüfungsmaßstab – Verfassungsrechtliche Anforderungen 195
I. Privatautonomie, Testierfreiheit und Pflichtteil 195
1. Kurzer historischer Seitenblick und verfassungsrechtliche Aspekte 195
2. Die Vorgaben des Bundesverfassungsgerichts und des Bundesgerichtshofs 199

a) Die Entscheidungen des Bundesverfassungsgerichts vom 19. April 2005 199
b) Die Entscheidung des Bundesgerichtshofs vom 19. Januar 2011 203
II. Inhalt der grundrechtlichen Erbrechtsgarantie 204
1. Die Drittwirkung von Grundrechten im Privatrecht als unverzichtbarer Mindestgehalt 204
2. Das Pflichtteilsrecht im Spannungsverhältnis zwischen Testierfreiheit und Verwandtenerbrecht 206
3. Die negative Erbfreiheit 211
4. Der Schutzzweckgedanke 214
C. Kriterien und Schlussfolgerungen für eine etwaige grundrechtskonforme Inhaltskontrolle 216
I. Die Funktionen des Pflichtteils in Rechtsprechung und Literatur 216
1. Geschichtliche Aspekte – Zweck des Pflichtteils nach den Gesetzesmaterialien 216
a) Pflichtteilsbegründung in den Gesetzesmaterialien 216
b) Ausfluss des § 1615 Abs. 1 BGB auf das Pflichtteilsverständnis 220
c) Fazit 222
2. Die Intention des Reformgesetzes / Gesetz zur Änderung des Erb- und Verjährungsrechts 223
3. Rechtsvergleichende Aspekte 224
4. Funktionenvielfalt und Rechtfertigung des Pflichtteilsrechts 226
a) Streuungseffekt durch Verteilungsfunktion 226
b) Familienschutzfunktion 228
c) Selbstbindung des Erblassers 229
d) Teilhabefunktion und Familiengebundenheit des Vermögens 231
aa) Gleichwertigkeit der Funktionsansätze 231
bb) Familiengebundenheit und Familiensolidarität 232
cc) Vermögensweitergabe aufgrund Generationenvertrages 233
dd) Familiärer Teilhabegedanken 234

e) Versorgungs- und Alimentationscharakter – Unterhaltsfunktion 235
5. Zwischenergebnis 237
II. Überprüfung der Funktion des Pflichtteils unter besonderer Berücksichtigung einfachgesetzlicher Normen 243
1. § 1586 b BGB 243
a) Problemdarstellung / Ansatzpunkte 243
b) Gesetzeshistorischer Hintergrund und Rechtswirklichkeit 244
aa) Entstehungsgeschichte im BGB 244
bb) Das Ehegesetz von 1938 247
cc) Das Gesetz zur Reform des Ehe- und Familienrechts von 1976 248
dd) Fazit 250
c) Die Wirkung des Pflichtteilsverzichts 252
aa) Wohl noch herrschende Meinung – Einheitslösung 252
bb) Im Vordringen befindliche Ansicht 254
cc) Eigener Standpunkt 255
2. Bedarfsunabhängigkeit des Pflichtteils und das Kriterium der Unterhaltsbedürftigkeit des Pflichtteilsberechtigten 262
3. Die Bestimmungen über die Pflichtteilsentziehung, §§ 2333 Abs. 1 Nr. 3, Abs. 2 BGB 265
4. Der Unterhaltsanspruch der nichtehelichen Mutter gemäß § 1615 l Abs. 3 S. 4 BGB 266
5. Der Unterhaltsanspruch des § 1371 Abs. 4 BGB 267
6. Zwischenergebnis 268
III. Reichweite der Disponibilität des Pflichtteils 269
1. Die gesetzliche Wertung des § 1614 Abs. 1 und des § 2346 Abs. 1 BGB 269
2. Die Wertung des § 1933 S. 1 und 2 BGB 272
3. Die Wirkung des § 2349 BGB 275

4. Der Charakter des Pflichtteilverzichts als aleatorisches Rechtsgeschäft ohne Orientierung an Bedarfslagen 276
5. Die Wechselwirkung von Unterhalt und Pflichtteil im Rahmen des Bedarfs und der Leistungsfähigkeit im Unterhaltsrecht 278
6. Das Kriterium der Rechtssicherheit 282
7. Die Reform des Pflichtteilsrechts 284
8. Unterhaltsreform und Disponibilität 285
9. Der Pflichtteilsverzichtsvertrag als Verfügungsvertrag mit Kausalgeschäft 289
10. Das Kriterium der Mehrbelastung unter sozialrechtlichen, insolvenzrechtlichen und steuerrechtlichen Aspekten 290
a) Das Kriterium der Mehrbelastung 290
b) Aspekte des Sozialrechts 292
aa) Unterhaltsrechtliche Sichtweise 292
bb) Pflichtteilsrechtliche Sichtweise 295
aaa) Allgemeine sozialrechtliche Perspektive und Pflichtteilsverzicht 295
bbb) Vergleichbarkeit mit den Sozialhilfeträger benachteiligenden Unterhaltsverzichten 296
cc) Sozialrechtliche Gesamtbetrachtung 297
c) Insolvenzrechtliche Aspekte 300
d) Steuerrechtliche Aspekte 302
e) Fazit 303
11. Zwischenergebnis 304
IV. Besondere Parallelen von Pflichtteilsanspruch und Scheidungsfolgenansprüchen 305
1. Kernbereichslehre im Erbrecht? 305
2. Der Zugewinnausgleichsanspruch 308
D. Die Vereinbarung von Ehevertrag und Pflichtteilsverzicht in einer Urkunde – „Infektion“ des Pflichtteilsverzichts 313

E. Exkurs: Schlussfolgerungen für eine Inhaltskontrolle bei bloßem Erbverzicht unter Vorbehalt des Pflichtteils 318

F. Ergebnis: Konsequenzen für eine Wirksamkeits- und Ausübungskontrolle von Pflichtteilsverzichtsverträgen 320

Literaturverzeichnis 331

Rechtsprechungsnachweise 357

Abkürzungsverzeichnis

a.A.	*andere Ansicht*
a.a.O.	am angegebenen Ort
a.E.	am Ende
a.F.	alte Fassung
ABGB	Allgemeines Bürgerliches Gesetzbuch
Abs.	Absatz
AcP	Archiv für die civilistische Praxis (Zeitschrift)
AG	Amtsgericht
AGB	Allgemeine Geschäftsbedingungen
AGBG	Gesetz zur Regelung des Rechts der Allgemeinen Geschäftsbedingungen
AK	Alternativkommentare
ALR	Allgemeines Landrecht für die Preußischen Staaten
Alt.	Alternative
AnfG	Anfechtungsgesetz
Anm.	Anmerkung
Art.	Artikel
BAG	Bundesarbeitsgericht
BayObLG	Bayerisches Oberstes Landesgericht
BB	Betriebs Berater (Zeitschrift)
BeckRS	Elektronische Entscheidungsdatenbank in beck- online
BeurkG	Beurkundungsgesetz
Beschl.	Beschluss
Bf.	Beschwerdeführer(in)
BFH	Bundesfinanzhof
BGB	Bürgerliches Gesetzbuch
BGB- RGRK	Das Bürgerliche Gesetzbuch- mit besonderer Berücksichtigung der Rechtsprechung des Reichsgerichts und des Bundesgerichtshofes- Kommentar
BGH	Bundesgerichtshof
BGHZ	Sammlung der Entscheidungen des Bundesgerichtshofs in Zivilsachen
BMJ	Bundesministerium der Justiz und für Verbraucherschutz
BSG	Bundessozialgericht
BSHG	Bundessozialhilfegesetz
BT- Drucks.	Drucksachen des Deutschen Bundestages
BVerfG	Bundesverfassungsgericht
BVerfGE	Entscheidungen des Bundesverfassungsgerichts
bzw.	Beziehungsweise
ders.	Derselbe

dies.	dieselbe/ dieselben
DNotI-Report	Informationsdienst des Deutschen Notarinstituts
DNotZ	Deutsche Notar- Zeitschrift
EGBGB	Einführungsgesetz zum Bürgerlichen Gesetzbuch
EheRG	Eherechtsreformgesetz
ErbbauRG	Gesetz über das Erbbaurecht
ErbGleichG	Gesetz zur erbrechtlichen Gleichstellung nichtehelicher Kinder
ErbR	Zeitschrift für die gesamte erbrechtliche Praxis
ErbStG	Erbschaftsteuer- und Schenkungsteuergesetz
FamFR	Familienrecht und Familienverfahrensrecht (Zeitschrift)
FamRB	Der Familien- Rechts- Berater (Zeitschrift)
FamRZ	Zeitschrift für das gesamte Familienrecht
FD- ErbR	Fachdienst Erbrecht (Zeitschrift)
FD- InsR	Fachdienst Insolvenzrecht (Zeitschrift)
FF	Forum Familienrecht (Zeitschrift)
FGPrax	Praxis der Freiwilligen Gerichtsbarkeit (Zeitschrift)
Fn.	Fußnote
FPR	Familie, Partnerschaft, Recht (Zeitschrift)
FuR	Familie und Recht (Zeitschrift)
GG	Grundgesetz
ggf.	Gegebenenfalls
HausratsVO	Verordnung über die Behandlung der Ehewohnung und des Hausrats
HK	Handkommentar
h.M.	herrschende Meinung
HöfeO	Höfeordnung
HRG	Handwörterbuch zur deutschen Rechtsgeschichte
Hrsg.	Herausgeber
HS	Halbsatz
i.E.	im Ergebnis
INF	Die Information für Steuerberater und Wirtschaftsprüfer (Zeitschrift)
i.S.d.	im Sinne des
i.S.v.	im Sinne von
i.Ü.	im Übrigen
i.V.m.	in Verbindung mit
InsO	Insolvenzordnung
JherJb	Jherings Jahrbücher
jurisPK	juris PraxisKommentar BGB
JuS	Juristische Schulung (Zeitschrift)
JZ	Juristenzeitung (Zeitschrift)
LG	Landgericht

LMK	Lindenmaier- Möhring, Kommentierte BGH- Rechtsprechung (Zeitschrift)
LPartG	Lebenspartnerschaftsgesetz
LSG	Landessozialgericht
m.E.	mit Einschränkungen
m.w.N.	mit weiteren Nachweisen
MittBayNot	Mitteilungen der Bayerischen Notarkammer (Zeitschrift)
MittRhNotK	Mitteilungen der Rheinischen Notarkammer (Zeitschrift)
MünchKomm	Münchener Kommentar
n.F.	neue Fassung
NJOZ	Neue Juristische Online- Zeitschrift
NJW	Neue Juristische Wochenschrift (Zeitschrift)
NJW-RR	Rechtsprechungs- Report Zivilrecht
notar	Zeitschrift notar
NotBZ	Zeitschrift für die notarielle Beratungs- und Beurkundungspraxis
NotRV	Deutsche Notarrechtliche Vereinigung e.V.
Nr.	Nummer
NWB	Neue Wirtschafts- Briefe
NZFam	Neue Zeitschrift für Familienrecht
NZI	Neue Zeitschrift für das Recht der Insolvenz und Sanierung
o.Ä.	oder ähnliches
OLG	Oberlandesgericht
OVG	Oberverwaltungsgericht
ProdHaftG	Gesetz über die Haftung für fehlerhafte Produkte
RG	Reichsgericht
RGZ	Sammlung der Entscheidungen des Reichsgerichts
RNotZ	Rheinische Notar- Zeitschrift
S.	Satz
sog.	Sogenannt
u.a.	unter anderem
Urt.	Urteil
v.	vom
VAHRG	Gesetz zur Regelung von Härten im Versorgungsausgleich
Versäumnisurt.	Versäumnisurteil
VersAusglG	Gesetz über den Versorgungsausgleich
VerwRspr.	Verwaltungsrechtsprechung in Deutschland (Zeitschrift)
VGH	Verwaltungsgerichtshof
vgl.	Vergleiche
VIA	Verbraucherinsolvenz aktuell (Zeitschrift)
WEG	Gesetz über das Wohnungseigentum und das Dauerwohnrecht
w.N.	weitere Nachweise
z.B.	zum Beispiel
ZErb	Zeitschrift für die Steuer- und Erbrechtspraxis

ZEV	Zeitschrift für Erbrecht und Vermögensnachfolge
ZFE	Zeitschrift für Familien- und Erbrecht
zit.	zitiert
ZNotP	Zeitschrift für die Notarpraxis
ZPO	Zivilprozessordnung
ZRP	Zeitschrift für Rechtspolitik

§ 1 Einleitung / Einführung in die Thematik

A. Problemaufriss / Die Entscheidung des OLG München vom 25. Januar 2006

Mit Urteil vom 25.01.2006 hat das OLG München mit dem sog. „Wildmoser-Urteil"[1] eine Entscheidung erlassen, die seitdem insbesondere in der Kautelarjurisprudenz für einige Verwirrung gesorgt und zusammen mit einigen wenigen weiteren gerichtlichen Entscheidungen zu einer noch am Anfang stehenden Diskussion[2] geführt hat. Während ein Teil der Literatur[3] das Urteil in der Konsequenz als wegweisend für eine neue Ära der Übertragbarkeit der Rechtsprechung zur Inhaltskontrolle von Eheverträgen auf die Überprüfung von Pflichtteilsverzichtsverträgen bezeichnet, begreifen es andere[4] lediglich als Denkanstoß, sich die Frage dieser Übertragbarkeit im vorbenannten Sinne zu stellen, im Ergebnis jedoch mit einer klaren Absage. Die Entscheidung des OLG München soll im Folgenden beispielhaft aufzeigen, wie die Gerichte in vergleichbaren Fällen argumentieren und welche Schwerpunkte in der Beurteilung des Sachverhalts gesetzt werden. Die Rechtsprechung selbst liefert hier bisher nur wenige bis keine Erkenntnisse[5]. Inzwischen hat sich die Problematik durch eine Entscheidung des BGH aus Januar 2011 nochmals verschärft, zumindest jedoch thematisch insoweit erweitert, als nunmehr auch Aspekte des Sozialrechts, insbesondere das Nachrangprinzip eine gesteigerte Rolle spielen[6]. Erstmals musste der BGH nämlich Stellung zu der Frage beziehen, ob der Pflichtteilsverzicht eines behinderten Sozialleistungsbeziehers sittenwidrig ist[7]. Fraglich ist, ob die Entscheidung präjudizielle Wirkung hat für sonstige Pflichtteilsverzichte, die nicht von behinderten Beziehern von staatlichen Hilfen, sondern

---

1 OLG München, Urt. v. 25.01.2006, Az.: 15 U 4751/04; zu der Bezeichnung „Wildmoser-Urteil" vgl. Bengel, ZEV 2006,S. 192, 193; Kapfer, MittBayNot 2006, S. 385, 385.

2 Zu den einzelnen Literaturansichten, die teils völlig unterschiedliche Schwerpunkte ihren Betrachtungen zu Grunde legen, siehe unten § 1, B., S. 8 ff..

3 Z.B. Wachter, ZErb 2004, S. 238, 243 f.

4 Bengel, ZEV 2006, S. 192, 193; Kapfer, MittBayNot 2006, S. 385, 385 ff.; Mayer in: Bamberger/ Roth (Stand: Edition 20), § 2346, Rn. 39.

5 Die Rechtsprechung, welche auch in der Literatur im Hinblick auf die Thematik in den Blick genommen wird, ist unten dargestellt, siehe § 5, A., I., S. 136 ff..

6 Die Entscheidung wird besprochen unter § 5, A., II., S. 155 ff..

7 BGH, Urt. v. 19.01.2011, BeckRS 2011, 02577 = DNotI-Report 2011, S. 28–30 = NJW-Spezial 2011, S. 199–200 = DNotZ 2011, S. 381–389 mit Anm. Ivo = ZEV 2011, S. 258–263 mit Anm. Zimmer.

beispielsweise zwischen voll erwerbstätigen Ehegatten oder auch zwischen Eltern und Kindern vereinbart werden.

Dem von dem OLG München in zweiter Instanz rechtskräftig[8] entschiedenen Fall lag der folgende Sachverhalt zugrunde: Im Jahre 1980 schloss der damals 19jährige nichteheliche Sohn, der Kläger, mit seinem vermögenden Vater, dem beklagten „Erblasser[9]" einen Erbverzichtsvertrag gegen Abfindung. Die nichteheliche Zwillingsschwester des Klägers, Zeugin des hiesigen Verfahrens, schloss einen inhaltsgleichen Vertrag mit ihrem Vater ab. Zuvor hatte der Beklagte lediglich jahrelang Kindesunterhalt an die ehemals mit ihm befreundete Mutter gezahlt, persönlicher Kontakt zwischen Kindern und Vater bestand jedoch erst ab dem 17. Lebensjahr der Zwillinge. Nicht ganz unerheblich für die Motivation der Vertragsabschlüsse war die Tatsache, dass der späteren Ehefrau des Beklagten die Existenz dieser vorehelichen Kinder bisher verschwiegen worden war. Vor diesem Hintergrund ließ sich der Beklagte von seinem Rechtsanwalt insbesondere zu der Höhe einer etwaig zu zahlenden Abfindung beraten. In Anlehnung an § 1934 d BGB a.F.[10] wurde zunächst anhand der Unterhaltszahlungen ein Abfindungsbetrag errechnet, der den Zwillingskindern als Abfindung von dem Rechtsanwalt des Beklagten vorgeschlagen werden sollte. Im Folgenden kam es zu einer Besprechung zwischen dem Anwalt und den Kindern. Der Beklagte nahm daran nicht teil. Notariell beurkundet wurde daraufhin pro Kind ein Erbverzicht gegen Abfindung in Höhe von 19.500,- DM.

Das OLG München stellte sodann schlicht, ohne auf die vom BGH entwickelte Rechtsprechung zur ehevertraglichen Inhaltskontrolle einzugehen, fest, dass der Erbverzichts- und Abfindungsvertrag gemäß § 138 Abs. 1 wegen Umstandssittenwidrigkeit nichtig sei. Der Senat folgte insoweit der Rechtsprechung des BGH, wonach sich die Sittenwidrigkeit eines Rechtsgeschäfts auch aus einer Gesamtwürdigung ergeben könne, was dann der Fall sei, wenn es nach seinem aus der Zusammenfassung von Inhalt, Beweggrund und Zweck zu entnehmenden Gesamtcharakter mit den guten Sitten nicht zu vereinbaren sei. Dabei ging das Gericht davon aus, die Parteien hätten nicht etwa einen gemäß dem damals noch gültigen § 1934 d a.F. vorgesehenen vorzeitigen Erbausgleich geschlossen, sondern einen Erb- und Pflichtteilsverzichtsvertrag gemäß § 2346 bezogen auf den Erbersatzanspruch des Klägers gemäß § 1934 a a.F. Ohne an dieser Stelle näher auf die Normen

8 Das Urteil ist rechtskräftig: die Nichtzulassungsbeschwerde des beklagten „Erblassers" wurde durch Beschluss des Bundesgerichtshofs vom 28.02.2007, Az.: IV ZR 50/06, ohne Begründung zurückgewiesen, elektronische Mitteilung des BGH vom 08.02.2010/ Pressestelle.

9 Sofern im Folgenden regelmäßig von dem Erblasser die Rede ist, so soll dies lediglich das Verständnis der komplexen Zusammenhänge erleichtern, keinesfalls jedoch indiziert die gewählte Formulierung, dass der Erbfall in jedem Fall bereits eingetreten ist; gemeint ist vielmehr der potentielle noch lebende Erblasser.

10 §§ ohne Gesetzesbezeichnung sind solche des BGB.

einzugehen, kommt es jedoch entscheidend darauf an, dass zum einen § 2346 in Ansehung des Erbersatzanspruchs aus § 1934 a a.F. keine Abfindung vorsieht, ein unentgeltlicher Verzicht also zweifellos möglich gewesen wäre. Zum anderen hat der Beklagte der Berechnung der Abfindung fälschlicherweise den von ihm als einschlägig angenommenen § 1934 d Abs. 1 Satz 1 a.F. zugrunde gelegt, dies war der pauschalierte Unterhaltsbetrag. Die Summe von 8.000,- DM wurde dann den Zwillingen als das rechnerische Ergebnis der erbrechtlichen Anteile für den Fall des Versterbens des Vaters im damaligen Zeitpunkt unterbreitet. Dies war jedoch grob falsch, da ihnen in diesem angenommenen Fall ein Anspruch gemäß § 1934 a a.F. zugestanden hätte. Dieser Erbersatzanspruch orientiert sich jedoch an der wahren Vermögenslage des Erblassers und wäre weitaus höher gewesen[11].

In der Urteilsbegründung wird weiter ausgeführt, der Kläger sei auch im Vergleich zu dem Beklagten als aufstrebendem Geschäftsmann in einer schwächeren Position betroffen gewesen, einmal aufgrund seines Alters von 19 Jahren, zum anderen durch das Fehlen eines Ausgleichs durch einen fachkundig beratenden Rechtsanwalt. Diese schwächere Position des Klägers sei zudem verstärkt worden durch den objektiv von dem Beklagten veranlassten Effekt der Einschaltung des Rechtsanwalts als Inanspruchnahme eines neutralen sachverständigen Dritten, dem man aus Sicht des Klägers vertrauen durfte und musste.

Das OLG München hat die Revision unter Verweis auf das Vorliegen einer Einzelfallentscheidung, welche lediglich bereits höchstrichterlich entschiedene

---

11 Gemäß § 1934 a Abs. 1 BGB a.F. bestand für ein nichteheliches Kind die Möglichkeit, bei Tod des Vaters neben dessen ehelichen Abkömmlingen und dem überlebenden Ehegatten einen Erbersatzanspruch geltend zu machen. Dabei trat dieser Ersatzanspruch an die Stelle eines gesetzlichen Erbteils und richtete sich als schuldrechtlicher Anspruch gegen die Erben. Für die Berechnung maßgeblich war der Bestand und der Wert des Nachlasses zur Zeit des Erbfalls, § 1934 b Abs. 1 BGB a.F.

§ 1934 d Abs. 1 BGB a.F. ermöglichte es hingegen nichtehelichen Kindern im Alter zwischen 21 und 27 von ihrem Vater einen vorzeitigen Erbausgleich in Geld zu verlangen. Gemäß Abs. 2 der Norm belief sich der Ausgleichsbetrag auf das Dreifache des Unterhalts, den der Vater dem Kind im Durchschnitt der letzten fünf Jahre, in denen es voll unterhaltsbedürftig war, jährlich zu leisten hatte. Für den Fall, dass sich der so ergebende Betrag für das Kind unangemessen gering war, konnte eine Erhöhung bis auf das Zwölffache stattfinden.

Das Bundesverfassungsgericht hat den vorzeitigen Erbausgleich im Hinblick auf den aus Art. 6 Abs. 5 GG folgenden Verfassungsauftrag (vgl. ergänzend BVerfG, Beschl. v. 08.01.2009, FamRZ 2009, S. 492, 493) der Schaffung gleicher Bedingungen für nichteheliche Kinder für verfassungsgemäß erklärt. Der Anspruch des nichtehelichen Kindes auf vorzeitigen Erbausgleich sei durch Art. 6 Abs. 5 GG gerechtfertigt (BVerfG, Beschl. v. 03.11.1981, NJW 1982, S. 565, 566 f.; zuletzt bestätigt durch BVerfG, Beschl. v. 11.03.1996, NJW 1996, S. 1884, 1884).

Sowohl der Erbersatzanspruch als auch der vorzeitige Erbausgleich werden zudem in der Besprechung des hiesigen Urteils des OLG München abermals aufgegriffen, § 5, A., I., 4., S. 145 ff..

Rechtsfragen betreffe und deshalb keine grundsätzliche Bedeutung habe, nicht zugelassen. Die Entscheidung der Nichtzulassung ist bezeichnend für das ganz offensichtlich fehlende Problembewusstsein des erkennenden Senats. Nahezu jeder unbefangene Leser des Urteils dürfte zwar zu dem Ergebnis kommen, dass jedenfalls die erstrebte Rechtsfolge des zwischen Vater und Sohn geschlossenen Vertrages, nämlich ein wirksamer Erbverzicht dem schlichten Gerechtigkeitsempfinden widersprechen dürfte, dies sagt jedoch noch nichts über etwaige Begründungen aus. Das Gericht geht denn auch weder auf das rechtlich durchaus komplizierte Konstrukt des Erb- und Pflichtteilsverzichts ein, noch auf alternative Lösungswege. Stattdessen werden bei den gewählten Formulierungen und angestrebten Vergleichen Erinnerungen wach an eine Terminologie, von welcher der BGH in seiner Ehevertragsrechtsprechung regelmäßig Gebrauch macht[12].

Der Erbverzicht bzw. der in der Praxis weit häufiger vorkommende isolierte Pflichtteilsverzicht auf der einen Seite und Verzichte auf gesetzliche Scheidungsfolgen auf der anderen Seite sind jedoch zunächst zwei voneinander grundsätzlich zu unterscheidende Rechtsinstitute. § 2303 Abs. 1 des Bürgerlichen Gesetzbuches garantiert dem durch Verfügung von Todes wegen von der Erbfolge ausgeschlossenen Abkömmling des Erblassers eine Mindestbeteiligung am Nachlass gegenüber den Erben. Diese Beteiligung besteht in Form des Pflichtteils in Höhe der Hälfte des gesetzlichen Erbteils, § 2303 Abs. 2. Gemäß Absatz 2 Satz 1 der Norm steht das Recht, den Pflichtteil von den Erben zu verlangen, auch den Eltern und dem Ehegatten des Erblassers zu, wenn diese durch Verfügung von Todes wegen von der Erbfolge ausgeschlossen sind[13]. Der Anspruch auf den Pflichtteil entsteht dabei nach § 2317 mit dem Erbfall. Er ist als schuldrechtlicher Anspruch auf eine Geldforderung gerichtet[14], der sich gemäß § 1967 für die Erben als Nachlassverbindlichkeit darstellt.

Der Erblasser kann sich nicht ohne weiteres dieses Anspruchs „zugunsten seiner anderen Erben", nämlich zur Reduktion der Nachlassverbindlichkeiten und zum Erhalt seiner vollen Testierfreiheit[15] entledigen. Die gesetzlich zwingende wirtschaftliche Teilhabe am Nachlass ist nur bei einem wirksamen Ausschluss des

12 In einem in Teilen vergleichbaren Fall hat das OLG Düsseldorf mit Beschl. v. 21.02.2013, NJW-RR 2013, S. 966, 966 f., entschieden, dass die unterlassene Auskunft eines Ehegatten über dessen Vermögensverhältnisse bei Abschluss eines (Ehe- und) Erbverzichtsvertrages dann nicht zur Nichtigkeit des Erbverzichtsvertrages führt, wenn sie für den Vertrag nicht von maßgeblicher Bedeutung war.

13 Gemäß § 10 Abs. 6 S. 1 LPartG steht auch dem eingetragene Lebenspartner ein Pflichtteilsrecht in gleicher Höhe zu.

14 Edenhofer in: Palandt, § 2303, Rn. 7; Edenhofer in: Palandt, § 2317, Rn. 2; Dieckmann in: Soergel, § 2303, Rn. 28; Dieckmann in: Soergel, § 2317, Rn. 1.

15 Wegerhoff in: MünchKomm, § 2346, Rn. 19; Damrau in: Soergel, § 2346, Rn. 15: Im Falle des isolierten Pflichtteilsverzichts gemäß § 2346 Abs. 2 bleibt der Verzichtende gesetzlicher Erbe, anders jedoch beim Erbverzicht; vgl. dazu im Einzelnen die Ausführungen weiter unten im Abschnitt § 2, A., S22 ff..

Pflichtteils nicht mehr gegeben. Als solche Gründe kommen zunächst solche des einseitigen Ausschlusses in Betracht, auf welche der potentiell Pflichtteilsberechtigte keinen Einfluss hat, welche also einseitig ohne Mitwirkung des Pflichtteilsberechtigten zu einem Entzug des Pflichtteils führen. Dies sind die Entziehung des Pflichtteils durch letztwillige Verfügung gemäß § 2333 aufgrund Eingreifens von Entziehungsgründen und die Erklärung der Erbunwürdigkeit gemäß §§ 2345 Abs. 2, 143. Der Pflichtteilsberechtigte kann jedoch auch vertraglich gegenüber dem Erblasser im Wege der notariellen Beurkundung auf seinen Pflichtteil verzichten, § 2346 Abs. 2.

Vielfach wird der Verzichtende allerdings nur gegen Zahlung einer Abfindung bereit sein, auf seinen Pflichtteil zu verzichten, zumal er damit rechnen muss, dass der Erblasser von seiner wiedererlangten Testierfreiheit derart Gebrauch macht, dass dieser den Verzichtenden nunmehr enterbt, ihn mithin durch Verfügung von Todes wegen von der Erbfolge ausschließt oder im Wege der vorweggenommenen Erbfolge sein übriges Vermögen anderweitig überträgt, ohne dass der Pflichtteilsberechtigte daran partizipieren würde.

Kommt es insbesondere noch zu Lebzeiten des Erblassers zu Störungen innerhalb der Vertragsbeziehungen zwischen diesem und dem Verzichtenden, so stellt sich zum einen die Frage nach Korrekturmöglichkeiten. Zu denken ist hier etwa an Rückgewähr der empfangenen Leistungen aufgrund Nichtigkeit, Anfechtung, Rücktritt und Störung der Geschäftsgrundlage, mithin an kodifizierte Rechtsinstitute. Zum anderen wird äußerst kontrovers diskutiert, ob diese Rechtsinstitute als abschließend zu betrachten sind oder ob die Rechtsprechung zur Inhaltskontrolle[16] von Eheverträgen ergänzend herangezogen werden kann und muss.

Eheverträge wurden zunächst überhaupt keiner Inhaltskontrolle unterzogen, weder von Gesetzes wegen noch aufgrund richterlicher Rechts(fort)bildung. So konstatierte der BGH noch 1996: „Für Vereinbarungen vermögensrechtlicher Art, die Ehegatten während der Ehe oder vorsorglich schon vor der Eheschließung für den Fall einer späteren Scheidung treffen, besteht grundsätzlich volle Vertragsfreiheit. ... Die Schranken der Gültigkeit einer solchen Vereinbarung ergeben sich allein aus den §§ 134 – Verstoß gegen ein gesetzliches Verbot – und 138 – Verstoß gegen die guten Sitten – BGB[17]."

Mittlerweile existiert demgegenüber eine gewachsene, wenn auch recht junge Rechtsprechung[18] mit einer ausgefeilten Kasuistik zu der Frage, anhand welcher

16 Inhaltskontrolle soll vorliegend verstanden werden als umfassende gerichtliche Überprüfung, ohne die weitere Differenzierung nach Wirksamkeits- und Ausübungskontrolle; zu den Begrifflichkeiten im Einzelnen vgl. die Ausführungen weiter unten im Abschnitt § 4, A., S. 77 ff..

17 BGH, Beschl. v. 02.10.1996, NJW 1997, 192, 193; ähnlich bereits kurz zuvor, BGH, Beschl. v. 18.09.1996, NJW 1997, S. 126, 126 ff.

18 Auslöser war die wegweisende Entscheidung des BVerfG, Urt. v. 06.02.2001, FamRZ 2001, S. 343 -350; dazu später unter § 4, A, I., S77 ff..

Maßstäbe eine Überprüfung von Eheverträgen erfolgen darf. Die derart entwickelten Grundsätze zu den Scheidungsfolgenansprüchen führen im Ergebnis zwar zu einer Begrenzung der grundsätzlich gewährten Vertragsfreiheit unter Ehegatten, allerdings hält der BGH in seiner Grundsatzentscheidung in zunächst scheinbarem Gegensatz dazu fest, dass es einen unverzichtbaren Mindestgehalt von Scheidungsfolgen nicht gebe und meint damit, dass die gesetzlichen Regelungen über nachehelichen Unterhalt, Zugewinn und Versorgungsausgleich grundsätzlich der vertraglichen Disposition der Ehegatten unterliegen[19]. Dieses Spannungsverhältnis zwischen Privatautonomie und Schutzzweck der gesetzlich geregelten Scheidungsfolgen löst der BGH zugunsten der schwächeren Vertragspartei auf und bedient sich dabei unter anderem dem ursprünglich aus dem Gesellschaftsrecht bekannten[20] Instrumentarium der sog. Kernbereichslehre. Die Belastungen des einen Ehegatten wiegen dabei umso schwerer und die Belange des anderen Ehegatten bedürfen umso genauerer Prüfung, je unmittelbarer die vertragliche Abbedingung gesetzlicher Regelungen in den Kernbereich des Scheidungsfolgenrechts eingreift[21]. Bei der Ausrichtung am Kernbereich der Scheidungsfolgen wird für deren Disponibilität eine Rangabstufung vorgenommen, die sich in erster Linie danach bemisst, welche Bedeutung die einzelnen Scheidungsfolgenregelungen für den Berechtigten in seiner jeweiligen Lage haben. So soll etwa die Absicherung des laufenden Unterhaltsbedarfs für den Berechtigten in der Regel wichtiger als etwa der Zugewinn- oder der spätere Versorgungsausgleich sein[22].

Die Überprüfung des Ehevertrages erfolgt in zwei Stufen: Vorrangig ist im Rahmen der Wirksamkeitskontrolle gemäß § 138 Abs. 1 der Vertrag auf seine Wirksamkeit hin zu überprüfen. Die Sittenwidrigkeit ist laut BGH auf „gravierende Verletzungen der sittlichen Ordnung[23]" beschränkt. Maßgeblich sind dabei die Verhältnisse im Zeitpunkt des Vertragsabschlusses. Sittenwidrigkeit kommt danach regelmäßig dann in Betracht, wenn Regelungen aus dem Kernbereich ganz oder zum erheblichen Teil abbedungen werden, keine ausreichende Kompensation und keine Rechtfertigung durch die Besonderheiten des Ehetyps vorliegen.

In objektiver Hinsicht ist die Grenze des Zumutbaren nach Ansicht des BGH dort zu ziehen, wo die vereinbarte Lastenverteilung bei verständiger Würdigung des Wesens der Ehe deshalb als unzumutbar erscheint, weil sie zu einer evident einseitigen und durch die individuelle Gestaltung der ehelichen Lebensverhältnisse nicht zu rechtfertigenden Lastenverteilung führen würde[24]. Subjektiv sind die von den Ehegatten mit der Abrede verfolgten Zwecke sowie die sonstigen Beweggründe zu berücksichtigen, die den begünstigten Ehegatten zu seinem Verlangen

19 BGH, Urt. v. 11.02.2004, NJW 2004, S. 930, 933.
20 Dauner-Lieb, AcP 201 (2001), S. 295, 319 f.
21 BGH, Urt. v. 11.02.2004, NJW 2004, S. 930, 934.
22 BGH, Urt. v. 11.02.2004, NJW 2004, S. 930, 934.
23 BGH, Urt. v. 11.02.2004, NJW 2004, S. 930–937.
24 BGH, Urt. v. 11.02.2004, NJW 2004, S. 930, 934.

nach der ehevertraglichen Gestaltung veranlasst und den benachteiligten Ehegatten bewogen haben, diesem Verlangen zu entsprechen[25].

In Abgrenzung zur vorrangig im Rahmen der zweistufigen Inhaltskontrolle zu prüfenden Wirksamkeitskontrolle kommt mit dem BGH[26] die Ausübungskotrolle gemäß § 242 dann in Betracht, wenn der Ehevertrag nicht schon sittenwidrig ist. Maßgeblicher Zeitpunkt der Betrachtung ist der Zeitpunkt des Scheiterns der Lebensgemeinschaft ist, subsidiär der Zeitpunkt des Vertragsabschlusses. Ergibt sich aus dem Vertragswerk eine evident einseitige Lastenverteilung, welche für den belasteten Ehegatten unzumutbar ist[27], so bleibt der Vertrag wirksam und der Richter ordnet flexibel die Rechtsfolge an, die den Interessen der Partei entspricht[28]. Die Ausübungskontrolle ist auf den Ausgleich ehebedingter Nachteile gerichtet[29].

Bereits dieser Kurzüberblick in erbrechtlicher und ehevertraglicher Hinsicht lässt sowohl Unterschiede als auch Gemeinsamkeiten entsprechend zugrunde liegender Vertragswerke erahnen. Bevor diese näher untersucht werden, soll der Meinungs- und Forschungsstand einen Überblick über die vielseitigen Herangehensweisen an das Thema zeigen.

B. Meinungs- und Forschungsstand

I. Problemdarstellung

Wie die Arbeit noch zeigen wird, existieren in der Rechtsprechung verschiedene Ansätze, die zumindest eine Übertragung der Inhaltskontrolle auf Pflichtteilsverzichtsverträge vermuten lassen, sei es generell oder lediglich einschränkend auf einen bestimmten Personenkreis, wie Ehegatten und/oder Abkömmlinge. Gemeinsam ist jedoch den analysierten Entscheidungen, dass sie eine konkrete und mithin bewusste Auseinandersetzung mit dem eigentlichen Problem vermissen lassen[30]. Das Schrifttum widmet sich dieser Frage jedenfalls ausführlicher in dem Sinne, dass es die Fragestellung bewusst aufwirft, wenn sie auch nicht zufriedenstellend im Hinblick auf eine dringend erforderliche, alle relevanten Aspekte umfassende Analyse beantwortet wird. Die Diskussion steht insoweit nach zutreffender

---

25 BGH, Urt. v. 11.02.2004, NJW 2004, S. 930, 935.

26 BGH, Urt. v. 11.02.2004, NJW 2004, S. 930–937.

27 BGH, Urt. v. 11.02.2004, NJW 2004, S. 930, 934.

28 Vgl. zu der Terminologie Langenfeld, DNotZ 2001, S. 272, 277.

29 Im Einzelnen zu den ehebedingten Nachteilen als Kontrollkriterium der Inhaltskontrolle, unten § 4, A., 4., c), S. 109 ff..

30 In neuerer Zeit lehnte das LG Nürnberg- Fürth, Urt. v. 23.03.2018, BeckRS 10927, Rn. 17, soweit ersichtlich als einziges Gericht, ausdrücklich eine Übertragung der für den Bereich des Ehevertragsrechts entwickelten Wirksamkeits- und Ausübungskontrolle ab.

Ansicht noch am Anfang[31]. Im Folgenden sollen die wesentlichen Literaturansichten dargestellt werden, um einen Überblick über den aktuellen Stand auch des Schrifttums zu erhalten. Vorrangig mit der Fragestellung befasst haben sich aus nachvollziehbaren Gründen vor allem die notariellen Vertragsgestalter. Vorab sei jedoch darauf hingewiesen, dass die Problematik auch von der Literatur aus verschiedenen, nicht immer leicht voneinander zu unterscheidenden Perspektiven beleuchtet wird. Dabei werden nicht nur die Schwerpunkte der Untersuchungen unterschiedlich gesetzt und mehr oder weniger ausführlich differenziert, sondern teils fehlt auch offenkundig das Problembewusstsein, was sich oftmals an der fehlenden sprachlichen Klarheit der Meinungsdarstellung zeigt[32].

So wird mitunter nicht die Anwendbarkeit der Lehre von der Inhaltskontrolle von der Tatbestandsseite her abgelehnt, sondern über den Umkehrschluss, nämlich eine etwaig abschließende Funktion der bereits existierenden gesetzlichen Regeln der Störfallvorsorge. Soweit dies der Fall ist, erfolgt eine getrennte Behandlung in einem eigenen Kapitel[33]. Dies gilt auch für die Autoren, welche lediglich über die Verknüpfung mit einem Ehevertrag, sei es in einer Urkunde oder in zwei Urkunden zu einer (vermeintlichen) Anwendbarkeit der Inhaltskontrolle von Pflichtteilsverzichtsverträgen gelangen. Dabei sind die Aspekte salvatorische Klauseln, Gesamtschau und Teilunwirksamkeit gemäß § 139 nicht nur schwierig auseinanderzuhalten, sondern diese verschiedenen Ansätze scheinen sich geradezu zu vermischen. Insoweit erfolgt eine Aufarbeitung in einem gesonderten Abschnitt[34].

II. Gegner einer dem Ehevertragsrecht entsprechenden Inhaltskontrolle

Gegen eine Inhaltskontrolle von Pflichtteilsverzichtsverträgen werden die folgenden Argumente angeführt: Der Übertragung der Wirksamkeits- und Ausübungskontrolle nach Maßgabe der aus Eheverträgen bekannten Kernbereichslehre[35] auf Pflichtteilsverzichtsverträge stehe zum einen der unterschiedliche Schutzzweck und zum anderen der andersartige Rechtscharakter der einzelnen Rechtsinstitute entgegen[36]. Das Ehegattenerb- und pflichtteilsrecht erlösche gemäß § 1933 S. 1

---

31 Mayer in: Bamberger/ Roth (Stand: Edition 20), § 2346, Rn. 38; Hau in: jurisPK, § 2346, Rn. 19.

32 So wird teils ohne weitere Unterscheidung zu isolierten Pflichtteilsverzichten schlicht von Erbverzichten gesprochen etc.; vgl. die nun folgenden weiteren Ausführungen.

33 Vgl. unten § 3, D., S. 71 ff..

34 Vgl. unten § 5, D., S. ff.

35 Die Kernbereichslehre wird unter § 4, A., II. und III, S. 83 ff.. sowie unter § 4, A., III., 4., d), S. 111 f.f. näher dargestellt.

36 Wegerhoff in: MünchKomm, § 2346, Rn. 35–35 c; Litzenburger in: Bamberger/ Roth, § 2346, Rn. 25; Raude, Anm. zu LG Nürnberg-Fürth, Urt. v. 23.03.2018, DNotZ 2019, S. 213, 222; Lange, ErbR 2017, S. 397, 400; (entgegen älterer Literatur, vgl. Münch, ZEV 2008, S. 571, 576, welche überwiegend verschiedene Gestaltungsalternativen

und 2 mit der Scheidung[37] und gehöre deshalb, vergleichbar dem Güterrecht, nicht zum Kernbereich des Scheidungsfolgenrechts[38]. Wenn im Scheidungsfolgenrecht vom Kernbereich gesprochen werde, meine dies Zentren des Schutzrechts. Da der Pflichtteil nicht zum Überleben erforderlich sei, könne das „Todesfolgenrecht" auch nicht als Schutzrecht in diesem Sinne begriffen werden. Auch gesetzessystematisch erfolge eine vorrangige Regelung von gesetzlicher und gewillkürter Erbfolge sowie der Schenkung von Todes wegen. All dies spreche gegen eine Einordnung des Pflichtteilsrechts in einen Kernbereich des Erbrechts[39]. Unter dem Aspekt der Vermögensteilhabe ähnele der Pflichtteil dem Zugewinnausgleich[40]. Der direkte Vergleich mit dem Güterrecht scheitere daran, dass sich der Pflichtteil im Gegensatz zum Zugewinnausgleich[41] auch auf das Anfangsvermögen beziehe und gerade keine gleichmäßige Teilhabe an dem gemeinsam Erworbenen gewähre[42].

Etwaige Berührungspunkte zwischen Unterhalt und Pflichtteil, welche sich aus §§ 1933 S. 3, 1586 b ergäben, führten keinesfalls zu einer Gleichstellung von Pflichtteils- mit Unterhaltsansprüchen auf einer Stufe der Kernbereichsleiter. Selbst wenn man der Ansicht folge, dass mit dem Pflichtteilsverzicht der Unterhaltsanspruch des § 1586 b Abs. 1 gegen den Erben entfalle[43], bedeute dies nicht automatisch einen Eingriff in den Kernbereich des Scheidungsfolgenrechts, denn § 1586 b Abs. 1 S. 3 sei eine Ausnahmevorschrift im Unterhaltsrecht[44]. § 1586 b Abs. 1 S. 3 drücke als Haftungsbegrenzung die Begrenzung der Unterhaltspflicht nach dem Tod des Verpflichteten aus. Zudem fordere diese dem Unterhaltsrecht zuzuordnende Norm höchstens eine Korrektur beim Unterhalt heraus und nicht die Zubilligung eines Erb- oder Pflichtteils im Todesfall[45].

---

aufzeigte, lehnt auch Münch nunmehr eine Inhaltskontrolle von Erb- und Pflichtteilsverzichtsverträgen ab, Münch, FamRZ 2017, S. 1105, 1111).

37 Zu § 1933 S. 1 und 2 siehe unten § 5, C., III., 2., S. 254 ff..

38 Litzenburger in: Bamberger/ Roth, § 2346, Rn. 25; Mayer in: Bamberger/ Roth (Stand: Edition 20), § 2346, Rn. 39; Mayer in: Mayer/ Süß, S. 418 f.; Von Proff, ZEV 2017, S. 301, 307; Wegerhoff in: MünchKomm, § 2346, Rn. 35–35 c; Raude, Anm. zu LG Nürnberg-Fürth, Urt. v. 23.03.2018, DNotZ 2019, S. 213, 222; Keim, Anm. zu LG Nürnberg-Fürth, Urt. v. 23.03.2018, ZEV 2018, S. 593, 599; Fach, S. 203 ff.; Spall in: Münchener Anwaltshandbuch Erbrecht, § 31, Rn. 56; Müller in: Schlitt/ Müller, § 10, Rn. 60; Ludyga, S. 63.

39 Zu der Problematik des Kernbereichs im Erbrecht vgl. unten § 5, C., IV., 1., S. 290 ff..

40 Fach, S. 205 ff.; Müller in: Schlitt/ Müller, § 10, Rn. 60; Muscheler in: Festschrift für Spiegelberger, S. 1079, 1086 f.; Lange, ErbR 2017, S. 397, 400.

41 Speziell zum Zugewinnausgleichsanspruch vgl. unter anderem unten § 5, C., IV., 2., S. 293 ff..

42 Wegerhoff in: MünchKomm, § 2346, Rn. 35–35 c.

43 Zu diesem Streit siehe unten § 5, C., II., 1., S. 222 ff..

44 Fach, S. 203 ff.

45 Kapfer, MittBayNot 2006, S. 385, 387 f. (Kapfer vertritt im Ergebnis allerdings, unter Berufung auf die eingehend dargestellte Wildmoser- Entscheidung, eine

Darüber hinaus liege der Zweck des Pflichtteilsverzichts im erbrechtlichen und nicht im unterhaltsrechtlichen Bereich[46]. Während das Unterhaltsrecht auf dem Gedanken beruhe, ehebedingte Nachteile[47] auszugleichen, hätten solche Gesichtspunkte im Erbrecht höchstens eine untergeordnete Bedeutung. Dementsprechend habe das Erbrecht nicht die Aufgabe, einen Ausgleich für zu Lebzeiten eingegangene Nachteile zu schaffen[48]. Der Gesetzgeber räume dem Erblasser vielmehr einen weiten Gestaltungsspielraum ein, innerhalb dessen er weder auf familiäre noch auf eine Familienbindung des Nachlasses Rücksicht nehmen müsse[49]. Auch habe der Pflichtteil mangels Abstellens auf die Bedürftigkeit[50] keine Versorgungs- und Alimentationsfunktion[51] und sei daher mit dem Unterhaltsrecht nicht vergleichbar[52]. Je nach Vermögenslage verbessere der Pflichtteil lediglich abstrakt die Vermögenslage. Auch die Zusammenschau von § 1614 Abs. 1 i.V.m. §§ 1360 a Abs. 3, 1361 Abs. 4 S. 4 mit dem Verbot des Verzichts auf zukünftigen Unterhalt einerseits und § 2346 [53] andererseits zeige die grundsätzliche Unterschiedlichkeit von Unterhalt und Pflichtteil.

Es gebe noch eine nicht unerhebliche Anzahl anderer Vertragstypen, die Unterhalts- und/oder Versorgungsfunktion erfüllten, etwa die Schenkung unter der Auflage einer Pflegeverpflichtung, den Kauf auf Rentenbasis oder Regelungen zur Ausschüttung oder Entnahme von Gesellschaftsgewinnen. All diesen Verträgen sowie dem Pflichtteilsverzicht sei gemein, dass sie keine der Regelungen beinhalteten, welche der BGH in seiner Kernbereichslehre berücksichtigt habe, weshalb die

---

eingeschränkte Inhaltskontrolle; vgl. die sogleich folgenden näheren Ausführungen in diesem Kapitel).

46 Fach, S. 203 ff.

47 Näheres zu ehebedingten Nachteilen und dem Kompensationsgedanken siehe § 4, A., III., 4., c), S. 109 ff..

48 Keim, Anm. zu LG Nürnberg-Fürth, Urt. v. 23.03.2018, ZEV 2018, S. 593, 599; Schotten in: Staudinger, § 2346, Rn. 197; Von Proff, ZEV 2017, S. 301, 307; Wegerhoff in: MünchKomm, § 2346, Rn. 35–35 c; Kössinger in: Handbuch der Testamentsgestaltung, § 19, Rn. 3 b; Lange, ErbR 2017, S. 397, 400.

49 Wegerhoff in: MünchKomm, § 2346, Rn. 35–35 c

50 Zur Frage der Bedürftigkeit sowie zur Wechselwirkung von Unterhalt und Pflichtteil im Rahmen des Bedarfs und der Leistungsfähigkeit im Unterhaltsrecht vgl. die Ausführungen unter § 5, C., II., 2., S. 244 ff.. sowie § 5, C., III., 5., S. 261 ff..

51 Die Untersuchung der Funktion des Pflichtteils erfolgt unter § 5, C., I., S. 194 ff..

52 Wegerhoff in: MünchKomm, § 2346, Rn. 35–35 c; Fach, S. 205 ff.; Muscheler in: Festschrift für Spiegelberger, S. 1079, 1086 f.; Müller in: Schlitt/ Müller, § 10, Rn. 60; Raude, Anm. zu LG Nürnberg-Fürth, Urt. v. 23.03.2018, DNotZ 2019, S. 213, 222; Keim, Anm. zu LG Nürnberg-Fürth, Urt. v. 23.03.2018, ZEV 2018, S. 593, 599; Ludyga, S. 63.

53 Zur gesetzlichen Wertung des § 1614 Abs. 1 und des § 2346 Abs. 1 siehe § 5, C., III., 1., S. 251 ff..

Prüfungskriterien der Inhaltskontrolle nicht passten. Daher sei es schon schwierig, eine einseitige Belastung festzustellen[54].

Ferner handele es sich bei dem Pflichtteil nach der gesetzgeberischen Konzeption um ein aleatorisches Rechtsgeschäft[55], welches aufgrund seines Risikocharakters grundsätzlich auch dann Bestand haben solle, wenn eine Änderung der Vermögenslage eintrete[56]. Eine etwaige Anpassung würde den aleatorischen Charakter des Verzichts ad absurdum führen[57].

Hinsichtlich des Rechtscharakters habe die Unterscheidung von abstraktem Verfügungs- und schuldrechtlichem Verpflichtungsgeschäft zur Folge, dass der vom Gesetzgeber in § 2346 zugelassene Verzicht als solcher wertneutral sei, was jedoch nicht ausschließe, dass sich eine Unwirksamkeit aus dem Gesamtcharakter der dem Verzicht zugrunde liegenden schuldrechtlichen Vereinbarung ergeben könne. Dies könne wiederum dann der Fall sein, wenn der Verzicht in einem Ehevertrag enthalten sei, welcher der Wirksamkeitskontrolle nicht standhalte. Aber selbst in einer solchen Konstellation könne man zu der Überzeugung gelangen, dass der Pflichtteilsverzicht, der im Gegensatz zum ehevertraglichen Teil nicht auf den Scheidungs-, sondern auf den Todesfall abziele, wirksam bleibe. Der Regelung zur Teilunwirksamkeit[58] solle bei einem solchen Vertrag deshalb besondere Bedeutung beigemessen werden[59].

Im Gegensatz zu einem unausgewogenen Ehevertrag oder der Bürgschaft naher Angehöriger verlange der Pflichtteilsverzicht, wie die Ausschlagung auch, gerade keine nähere Begründung. Ebenso sei nicht ersichtlich, warum eine etwaige Drucksituation, wie etwa bei der Inanspruchnahme des überlebenden Elternteiles oder Abhängigkeiten Folgen haben sollten, wenn dies bei der Erbausschlagung gerade folgenlos bleibe. Insbesondere der Pflichtteilsverzichtsvertrag junger verzichtender Kinder beruhe auf einem besonderen familiären Näheverhältnis, wie die Ausschlagung einer werthaltigen Erbschaft oder die Nichtgeltendmachung des Pflichtteils auch. Dies reiche jedoch nicht für eine Inhaltskontrolle[60]. Solche Vereinbarungen seien insbesondere auch nicht davon abhängig, dass ein besonderes

54 Gageik, FPR 2005, S. 122, 129.

55 Näher zu dem aleatorischen Charakter unten, § 5, C., III., 4., S. 259 ff..

56 Mayer in: Bamberger/ Roth (Stand: Edition 20), § 2346, Rn. 39; Mayer in: Mayer/ Süß, S. 418 f.; Wegerhoff in: MünchKomm, § 2346, Rn. 35 f.; Braun, Anm. zu LG Düsseldorf, Urt. v. 29.01.2014, MittBayNot 2016, S. 58, 60; Müller in: Schlitt/ Müller, § 10, Rn. 60.

57 Muscheler in: Festschrift für Spiegelberger, S. 1079, 1089 f.

58 Zur Teilunwirksamkeit bei Eheverträgen vgl. § 4, A., III., 2., c), S. 93 ff..

59 Wegerhoff in: MünchKomm, § 2346, Rn. 35 f.; Gageik, FPR 2005, S. 122, 129, meint, eine Gesamtschau erbrechtlicher und ehevertraglicher Regelungen, ggf. mit der Nichtigkeitsfolge für beide Verträge, lasse außer Acht, dass ein Erbvertrag häufig aus Kostengründen in derselben Urkunde wie der Ehevertrag erklärt werde, vom Bestand des Ehevertrages jedoch unabhängig bleiben solle.

60 Zimmer, NJW 2017, S. 513, 517.

Interesse nachgewiesen werde[61]. Vielmehr handele es sich um legale Gestaltungsmittel, deren Inhalt allein eine Sittenwidrigkeit nicht begründen könne[62]. Es gebe keinen Mindestbestand an Folgen, die nach einem Erbfall bestehen bleiben müssten. Im Gegensatz zu Eheleuten, welche ihre güterrechtlichen Verhältnisse gemäß ihren individuellen Verhältnissen differenziert gestalten könnten, sei dies bei einem Pflichtteilsverzicht nicht möglich, da ein solcher Anspruch existiere oder aufgrund Verzichts nicht bestehe. Der Pflichtteil sei ein verzichtbarer Regelungsvorschlag[63]. Die gesetzlichen Instrumentarien der Störfallvorsorge der §§ 138, 119, 123 und § 313 [64] würden einen ausreichenden Schutz gewährleisten und seien mithin abschließend[65]. Die Regeln der Anfechtung und der Störung der Geschäftsgrundlage seien vorrangig, bevor eine Inhaltskontrolle nach den allgemeinen Grundsätzen zur Sittenwidrigkeitsprüfung im Rahmen des § 138 nach Inhalt, Beweggrund sowie Zweck und den äußeren Umständen des Geschäfts in Frage komme. Auch diese bleibe beschränkt auf evidente Ausnahmefälle[66].

Eine andere Ansicht lehnt zwar ebenfalls eine Übertragung der ehevertraglichen Inhaltskontrolle auf Pflichtteilsverzichte ab, bejaht jedoch mit Blick auf die Wildmoser-Entscheidung des OLG München im Wege der Wirksamkeitskontrolle eine Sittenwidrigkeit. Diese sei anzunehmen, wenn „sich die Umstände, die zum Vertragsschluss geführt haben, entsprechend darstellten“, insbesondere auf den Verzichtenden unzulässiger Druck ausgeübt worden sei[67]. § 138 gewährleiste eine ausreichende Wirksamkeitskontrolle[68]. Entsprechendes gelte für die Ausübungskontrolle. Auch hier würden sich „konzeptionelle Unpässlichkeiten“ ergeben. Charakteristisch für die Betrachtung des Ehevertrages sei der Zeitpunkt der Trennung bzw. Scheidung. Entscheidend sei bei dieser Perspektive die Frage, ob die Eheleute einverständlich den Lebensplan oder -zuschnitt gelebt hätten, welcher den Vorstellungen bei Vertragsschluss entsprochen habe. Völlig anders stelle sich dies bei einem Erb- oder Pflichtteilsverzicht als aleatorischem Rechtsgeschäft dar. Dementsprechend berechtigten Irrtümer bei der Entwicklung der Vermögenslage nicht zur

---

61 Zehentmeier, NWB 2018, S. 483, 486 f.; zu etwaigen verfassungsrechtlichen Anforderungen an einen wirksamen Pflichtteilsverzicht siehe § 5, B., S. 172 ff..

62 Everts, Anm. zu OLG Hamm, Urt. v. 08.11.2016, ZEV 2017, S. 163, 166.

63 Ludyga, S. 63.

64 Diese gesetzlichen Instrumentarien der Störfallvorsorge werden erläutert unter § 3, S. 51 ff..

65 Fach, S. 198 f.; Braun, Anm. zu LG Düsseldorf, Urt. v. 29.01.2014, MittBayNot 2016, S. 58, 60; Litzenburger in: Bamberger/ Roth, § 2346, Rn. 25; Wegerhoff in: MünchKomm, § 2346, Rn. 35 b f.; soweit von einigen Verfassern auf die (mehr oder weniger) abschließende Funktion der §§ 138, 119, 123, 313 BGB abgestellt wird vgl. auch unten § 3, D., S. S. 71 ff..

66 Von Proff, ZEV 2017, S. 301, 307.

67 Kapfer, MittBayNot 2006, S. 385, 387, insb. auch dort Fn. 25; Weidlich, NotBZ 2009, S. 149, 159.

68 Kapfer, MittBayNot 2006, S. 385, 388; Weidlich, NotBZ 2009, S. 149, 159.

Anfechtung, so dass die insoweit verbleibenden Fälle der Anpassung rar seien[69]. Im Ergebnis seien auch die Grundsätze der Ausübungskontrolle von der Zielrichtung her unpassend. § 313 und § 242 böten ausreichenden gesetzlichen Spielraum für die Berücksichtigung von Treu und Glauben auch beim Erb- und Pflichtteilsverzicht[70].

Nach wiederum anderer Ansicht ist eine Inhaltskontrolle zwar grundsätzlich zulässig. Sie hält aber die gesetzlichen Kontrollmechanismen von Pflichtteilsverzichten für ausreichend. Die Frage nach der Unterwerfung des Erb- und Pflichtteilsverzichts unter die Vorgaben des BGH in Ehesachen, die Wirksamkeits- und Ausübungskontrolle, sei unter der Prämisse legitim, dass in dem zu erwartenden Erb- bzw. Pflichtteil nur eine von Todes wegen besonders ausgestaltete Unterhaltsleistung gesehen werde[71]. Es sei naheliegend, dem Pflichtteil Unterhaltscharakter zuzuerkennen, da die Teilhabe des Pflichtteilsberechtigten am Nachlass in jedem Falle der Versorgung, ihrer Sicherung oder auch ihrer Besserung diene, ungeachtet des wirtschaftlichen Niveaus des Berechtigten im Zeitpunkt des Erbfalls[72]. Im Hinblick auf die Tatsache, dass erbrechtlichen Verzichten ebenso wie Unterhaltsverzichten ein schuldrechtlicher Verpflichtungsvertrag zugrunde liege, sei sowohl bei der Vertragsgestaltung als auch bei der Bewertung der Abreden der Blick auf den Rechtsgrund des jeweiligen Verzichts zu lenken, da „auf diesem Feld der Streit über einen bestehenden Interessenkonflikt" auszutragen sei[73]. Bei Unterhalts- und Erbverzichten sei deshalb vordringlich zu prüfen, ob die Verknüpfung des Verzichts mit dem angestrebten Zweck dem Anstandsgefühl aller billig und gerecht Denkenden entspreche[74]. Tatbestandlich würden im Ergebnis jedoch die bestehenden gesetzlichen Regularien die schützenswerten Fälle erfassen[75].

III. Befürworter einer dem Ehevertragsrecht entsprechenden Inhaltskontrolle

Das Bekenntnis der Vertreter, welche sich für eine Übertragung der ehevertraglichen Inhaltskontrolle auf Pflichtteilsverzichtsverträge aussprechen, erfolgt selten so ausdrücklich und uneingeschränkt wie bei *Wendt*, der als ehemaliges Mitglied des Erbrechtssenats des BGH erklärt[76], der von dem Familienrechtssenat des BGH

---

69 Kapfer, MittBayNot 2006, S. 385, 388 f.
70 Kapfer, MittBayNot 2006, S. 385, 389; diese verweist in diesem Zusammenhang auf die angeblich einzig verbleibenden Fälle des erbrechtlichen Verzichts zusammen mit einem Ehevertrag in derselben Urkunde, ebenso Weidlich, NotBZ 2009, S. 149, 159; vgl. dazu unten § 5, D., S. 299 ff..
71 Kuchinke, FPR 2006, S. 125, 127.
72 Kuchinke, FPR 2006, S. 125, 126.
73 Kuchinke, FPR 2006, S. 125, 127.
74 Kuchinke, FPR 2006, S. 125, 128.
75 Kuchinke, FPR 2006, S. 125, 128.
76 Unter Berufung auf die unten dargestellte Entscheidung des OLG Nürnberg, vgl. § 5, A., I., 3., S. 142 ff..

entwickelten zweigleisigen Inhaltskontrolle sei „auch aus der Sicht des Erbrechtssenats beizutreten". Beziehe sich die Wirksamkeitskontrolle gemäß §§ 138, 134 auf den Zeitpunkt des Vertragsschlusses, seien bei der Ausübungskontrolle gemäß § 242 die Verhältnisse in dem Zeitpunkt zu beachten, in dem die Folge bei ihrem Nichtausschluss eingetreten wäre, mithin im Zeitpunkt des Erbfalls. Es liege auf der Hand, dass sich familienrechtliche, insbesondere güterrechtliche und erbrechtliche Gestaltungen bei der Kontrolle wechselseitig beeinflussen könnten[77].

Einen anderen prägnanten wie plakativen Ansatz bietet die isolierte Sichtweise auf die vertragliche Selbstbestimmung, welche eine Inhaltskontrolle des Vertrages erforderlich mache[78].

Häufiger wird auf die Unzulänglichkeiten eines direkten Vergleichs mit der Situation bei Eheverträgen hingewiesen, eine Inhaltskontrolle von Pflichtteilsverzichtsverträgen aber dennoch bejaht. Dabei wird der entscheidende Unterschied zu den Kontrollen bei Eheverträgen vor allem in dem Wesen des Pflichtteilsverzichts als typischem Risikogeschäft gesehen[79]. Bei der Frage, ob der abstrakte Pflichtteilsverzichtsvertrag oder das Kausalgeschäft[80] im Wege der Ausübungskontrolle anzupassen ist, sei diese Differenzierung zwar dogmatisch geboten, sie wirke sich aber im Ergebnis nicht aus. Denn ob das Gericht die schuldrechtliche causa anpasse, mit dem Ergebnis, dass der Verzichtende so gestellt wird, als hätte er teilweise nicht verzichtet, oder ob das Gericht den Pflichtteilsverzicht selbst anpasse, könne wirtschaftlich offen bleiben, da der Pflichtteilsverzicht anders als der Erbverzicht nach dem Erbfall keine dingliche Wirkung gegenüber jedermann entfalte[81]. Damit finde sich auf der Tatbestandsseite der Ausübungskontrolle, anders als bei dem dinglich wirkenden Erbverzicht, nichts, was gegen eine Ausübungskontrolle von Pflichtteilsverzichten spreche. Allerdings könne die Häufigkeit der Anwendung der Ausübungskontrolle auf Pflichtteilsverzichte bezweifelt werden, weil diese in vielen Fällen bereits aufgrund des aleatorischen Charakters bei Vermögensveränderungen bis zum Zeitpunkt des Todes nicht anwendbar sei. Damit sei im Ergebnis die Ausübungskontrolle im Bereich der Pflichtteilsverzichte außerhalb der Eheverträge und Scheidungsfolgenvereinbarungen der „selten begründbare Ausnahmefall"[82]. Auch wenn der Pflichtteilsverzicht zusammen mit einem Ehevertrag oder einer Scheidungsfolgenvereinbarung in einer Urkunde niedergelegt sei, werde der Pflichtteilsverzicht auch nicht durch diese körperliche Verbindung dem Kernbereich zugehörig. Dies ändere jedoch nichts daran, dass in jedem Fall gemäß § 138

77 Wendt, ZNotP 2006, S. 2, 3.
78 Hachenberg, NZFam 2018, S. 668, 668; eine weitere Begründung für diese Ansicht sucht man bei Hachenberg vergeblich.
79 Bengel, ZEV 2006, S. 192, 192.
80 Zu der Differenzierung zwischen Kausal- und Verfügungsgeschäft siehe § 2, A., II., 2., S. 40 ff.. und § 5, C., III., 9., S. 273.
81 Bengel, ZEV 2006, S. 192, 195 f.; im Ergebnis ebenso Menzel, S. 265 ff.
82 Bengel, ZEV 2006, S. 192, 195 f.

eine Wirksamkeitskontrolle durchgeführt werden könne. Hierbei sei ebenfalls im Rahmen der Gesamtwürdigung auf den Zeitpunkt des Vertragsabschlusses abzustellen[83]. Werde in einer einheitlichen Scheidungsfolgenvereinbarung ein Erb- und Pflichtteilsverzicht vereinbart, so könne die Sittenwidrigkeit der Scheidungsfolgenvereinbarung auch zur Sittenwidrigkeit des erbrechtlichen Teils führen[84]. Dies sei ein Problem des § 139 [85]. Innerhalb dieser Ansicht wird vereinzelt maßgeblich darauf abgestellt, dass der Pflichtteil generell Unterhaltsfunktion habe[86]; er diene, wie auch der nacheheliche Unterhalt, dem Schutz des Schwächeren, weshalb für Erb- und Pflichtteilsverzichte dieselben Kriterien anzuwenden seien wie für Eheverträge[87].

Andere möchten die Inhaltskontrolle nur dann angewendet wissen, wenn dem Pflichtteil im konkreten Fall Unterhaltsfunktion zukomme[88]. Diene der Pflichtteilsanspruch (auch) der Sicherung des laufenden Unterhalts und der Altersversorgung des Pflichtteilsberechtigten, werde ein gerichtlicher Schutz in Betracht zu ziehen sein. Diene der Pflichtteilsanspruch hingegen vor allem der Teilhabe an einem (größeren) Familienvermögen, sei eine Einschränkung der Vertragsfreiheit grundsätzlich nicht sachgerecht. Entscheidend seien die jeweiligen familiären und wirtschaftlichen Verhältnisse. Dabei sei zu berücksichtigen, wer das Vermögen geschaffen und zu seinem Erhalt beigetragen habe. Im Ergebnis lasse sich mithin nicht ausschließen, dass Pflichtteilsverzichtsverträge zukünftig einer gerichtlichen Inhaltskontrolle unterzogen würden[89].

In vergleichbarer Weise argumentieren andere vorrangig mit der Frage der Bedürftigkeit. Die Inhaltskontrolle erstrecke sich bei Pflichtteilen mit Unterhaltsfunktion auf bedürftige Abkömmlinge, Eltern und Ehegatten[90]. Unter Bezugnahme auf die unterschiedlichen Grenzen der Vertragsfreiheit im Unterhaltsrecht, § 1614 mit seinem Unterhaltsverzichtsverbot für Familien- und Trennungsunterhalt und § 1585 c mit seinen ungeschriebenen Grenzen für Vereinbarungen über nachehelichen Unterhalt, sei das Unterhaltsverzichtsverbot auf den Pflichtteilsverzicht übertragbar. Hinsichtlich des Pflichtteilsrechts bedürftiger Ehegatten könne zwar zunächst daran gedacht werden, den Ehegattenpflichtteil den Grenzen für den nachehelichen Unterhalt in § 1585 c zu unterwerfen. Dafür spreche, dass die Unterhaltsfunktion des Ehegattenpflichtteilsrechts stets nachehelich sei, weil die Ehe durch den Tod beendet werde. „Die Unterhaltsfunktion des Ehegattenpflichtteilsrechts

83 Bengel, ZEV 2006, S. 192, 196.
84 Große- Boymann in: Burandt/ Rojahn, § 2346, Rn. 31.
85 Vgl dazu unten § 5, D., S. 299 ff..
86 Eggert, S. 126 f., der den Pflichtteil mit seiner vermeintlichen Unterhalts- und Versorgungsfunktion auf der Stufe des Versorgungsausgleichs einordnen möchte.
87 Eggert, S. 126 f.
88 Menzel, S. 265 ff.; Wachter, ZErb 2004, S. 238, 245 f.
89 Wachter, ZErb 2004, S. 238, 245 f.
90 Dutta, AcP 2009, S. 760, 792; ebenso Kühle, S. 116.

erhalte die eheliche Solidarität nach dem Tod eines Ehegatten stärker aufrecht als der nacheheliche Unterhaltsanspruch nach einer Scheidung und verdiene daher auch strengere Grenzen der Vertragsfreiheit." Der Pflichtteil versorge nämlich den bedürftigen überlebenden Ehegatten umfassend, während der nacheheliche Unterhaltsanspruch vor allem auf den Ausgleich ehebedingter Nachteile gerichtet sei und im Übrigen auf die Eigenverantwortung der Ehegatten verweise[91]. Dieses Unterhaltsverzichtsverbot sei aber weder durch eine analoge Anwendung des § 1614 Abs. 1 noch über eine teleologische Reduktion des § 2346 zu lösen, da beides keine Berücksichtigung einer späteren Bedürftigkeit, die erst beim Erbfall vorliege, erlauben würde. Aus diesen Gründen sei die zweistufige Inhaltskontrolle zu Rate zu ziehen[92]. Sittenwidrigkeit zumindest des Kausalgeschäfts liege demnach vor, wenn bereits bei Vertragsschluss offensichtlich sei, dass der Verzichtende nach dem Erbfall bedürftig sein und der „Pflichtteilsverzicht die Unterhaltsfunktion des Pflichtteilsrechts sicher vereiteln" werde. Allerdings werde diese spätere Bedürftigkeit selten im Zeitpunkt des Vertragsabschlusses offensichtlich sein[93]. Habe der Erblasser für die Zeit nach seinem Tod den Verzichtenden auf andere Weise versorgt, und fehle mithin die Bedürftigkeit, komme § 138 nicht in Betracht. Für den Fall der offensichtlichen Bedürftigkeit des Pflichtteilsberechtigten im Zeitpunkt des Erbfalls sei in der Regel von Gesamtnichtigkeit des Kausalgeschäfts auszugehen, während ein Erstrecken auf den gesamten Erbverzicht sicherlich über das Ziel hinaus schieße; der Erblasser hätte schließlich auch eine Enterbung vornehmen können.

Im Hinblick auf die Ausübungskontrolle sei weder eine ergänzende Vertragsauslegung, eine Irrtumsanfechtung noch § 313 vorrangig[94]. Sei der Pflichtteilsberechtigte im Zeitpunkt des Erbfalles bedürftig oder werde er später bedürftig, so sei wegen Vereitelung der Unterhaltsfunktion eine Anpassung des Kausalgeschäfts oder des Pflichtteilsverzichts vorzunehmen und „die Unterhaltsfunktion des Pflichtteilsrechts herauszuschälen". Die vollständige Wiederherstellung des Pflichtteilsanspruchs der Höhe nach sei meist nicht geboten. Angemessen sei keine Einmalzahlung, sondern ein Unterhaltsanspruch gegen die Erben, der wie bei § 1586 b auf den ausgeschlossenen Pflichtteilsanspruch begrenzt sei[95].

Teilweise wird die Bedürftigkeit erkennbar nur mit der sogenannten Fernwirkung des Pflichtteilsverzichts begründet, da nach dieser Ansicht der Pflichtteilsverzicht zum Entfallen des nachehelichen Unterhaltsanspruchs gem. § 1586 b führt[96]. Der Pflichtteil sei dann in den höchsten Rang der Systematik der Kernbereichslehre

---

91 Dutta, AcP 2009, S. 760, 792.
92 Dutta, AcP 2009, S. 760, 793.
93 Dutta, AcP 2009, S. 760, 793 f.
94 Dutta, AcP 2009, S. 760, 798 f.
95 Dutta, AcP 2009, S. 760, 800 f.
96 Kühle, S. 152; näher zu der Fernwirkung des Pflichtteilsverzichts im Rahmen des § 1586 b siehe § 5, C., II., 1., S. 222 ff..

einzuordnen, da er aufgrund der Fernwirkung bei frühem Vorversterben des Unterhaltsschuldners nach der Scheidung wie ein Globalverzicht auf nachehelichen Unterhalt wirke. In den übrigen Fällen richte sich der Rang des Ehegattenpflichtteils nach dem Rang des nachehelichen Unterhaltsanspruches, dessen Funktion er im Falle der Beendigung der Ehe durch Tod statt durch Scheidung übernehme. Hinsichtlich des Verwandtenpflichtteils seien die Dispositionsgrenzen umso enger zu ziehen, je größer die Bedeutung des Pflichtteils für den Verzichtenden und je stärker der Erblasser mitverantwortlich für die Bedürftigkeitslage sei[97]. Der einen Unterhaltsanspruch ersetzende Pflichtteil sei daher im Rang vor dem Zugewinnausgleichsanspruch anzusiedeln[98].

In ähnlicher Weise bejahen andere eine Inhaltskontrolle nur für von Ehegatten erklärte Pflichtteilsverzichte[99]. Ein Ansatz geht dabei aufgrund eines angeblichen, Verfassungsrang besitzenden, Gebotes einer postmortalen Solidarität davon aus, der überlebende Ehegatte sei in seinem Vertrauen darauf, nach dem Erbfall nicht plötzlich allein gestellt zu sein, derart zu schützen, dass ihm ein Unterhaltsnachteil bis an die Grenze der ehebedingten Nachteile zuzugestehen sei[100]. Die damit einhergehende Ungleichbehandlung mit auf den Pflichtteil verzichtenden Verwandten sei hinzunehmen, da gegenüber Verwandten nicht auf diesen Maßstab des Nachteilsausgleichs abgestellt werden könne[101].

Ein anderer Ansatz geht von einem systematischen Befund aus, wonach dem Ehegattenpflichtteil „jedenfalls auch" eine dem Geschiedenenunterhalt vergleichbare Unterhalts- und Versorgungsfunktion zukomme. Der Pflichtteil habe im Fall der Auflösung der Ehe durch den Tod mithin eine ähnliche Funktion wie der nacheheliche Unterhalt für den Fall der Auflösung der Ehe durch Scheidung. Dies folge aus der Tatsache, dass der Zugewinnausgleich auch im Falle des Todes stattfinde und in Form der Witwenrente auch Ansprüche gegen die Rentenversicherung bestünden, während eine Perpetuierung des ehelichen Unterhaltsanspruchs aus dem Vermögen des Verpflichteten über den Tod des nicht geschiedenen Ehepartners hinaus nicht vorgesehen sei, ein entsprechendes Rechtsinstitut bezüglich des Unterhalts im Fall des Todes also fehle. Werde die Ehe durch Tod aufgelöst, habe deshalb der Pflichtteil eine ähnliche Funktion wie der Geschiedenenunterhalt im Falle der Scheidung[102]. Für die Bestimmung der Disponibilität des Pflichtteils sei daher die Frage erheblich, inwieweit ehebedingt ein Existenzsicherungsbedarf bestehe, der Pflichtteil im konkreten Fall eine durch die Ehe bedingte Bedürfnislage ausgleiche und zur Vermeidung einer unzumutbaren Belastung für den Berechtigten erforderlich sei[103].

---

97 Kühle, S. 235 f.
98 Kühle, S. 161.
99 Aldinger, S. 169 ff., 261 f.; Wiemer, S. 163 ff.
100 Aldinger, S. 152, 236.
101 Aldinger, S. 262.
102 Wiemer, S. 172 f.
103 Wiemer, S. 175 f.

Der Ansatz einer rein objektiv verfassungsrechtlichen Wirksamkeitskontrolle ohne subjektive Voraussetzungen für Pflichtteilsverzichte führt zu vergleichbaren Ergebnissen[104]. Danach sei gem. § 242 ein auf Versorgung gerichteter verfassungsrechtlich geforderter Unterhaltsanspruch zu gewähren, begrenzt auf das potentielle Pflichtteilsrecht[105]. Dieses sei auf Absicherung bzw. Versorgung gerichtet[106]; dabei komme dem ehelichen Pflichtteilsrecht Unterhaltsfunktion zu[107]. Es wird davon ausgegangen[108], der Zugewinnausgleich solle ehebedingte Nachteile ausgleichen und eröffne allein unter diesem Aspekt eine Inhaltskontrolle für Eheverträge und damit auch für Pflichtteilsverzichte[109]. Versorgungsausgleich und Zugewinnausgleich wiesen insbesondere in der Unternehmerehe eine partielle Funktionsidentität auf[110].

Vereinzelt wird unter dem Gesichtspunkt des Pflichtteilsverzichts als eines Geschäftes im Familieninteresse eine Inhaltskontrolle bejaht. Zwischen Eltern und Kindern könnten daher, den ehebedingten Nachteilen vergleichbar, sog. familienbedingte Nachteile entstehen[111]. Das Pflichtteilsrecht habe in Form des Ausgleichspflichtteiles gem. § 2316 eine „Nachteilsausgleichsfunktion“[112]. Weil der gewöhnliche Pflichtteil, gemeint ist § 2303, nicht ausreichend sei, um familienbedingte Nachteile auszugleichen, habe man §§ 2057 a, 2316 eingeführt. Im Ergebnis bleibe allerdings ein schmaler Anwendungsbereich einer solchen an § 2316 orientierten Inhaltskontrolle, zumal normgemäß mindestens zwei Abkömmlinge vorhanden sein müssten[113]. Ungeachtet dessen könne eine teilhabebezogene Inhaltskontrolle in Betracht kommen, bei welcher der Verzicht auf seinen verfolgten Zweck hin kontrolliert werde, ob dieser im Familieninteresse liege. Überprüft werde, inwieweit sich aus dem Nachlass und dessen Zusammensetzung bzw. den dem Verzicht zugrundeliegenden Interessen der Parteien ein berechtigtes Interesse für den Abschluss des Verzichtsvertrages ergebe[114]. Im Falle einer Abfindung sei der Pflichtteilsverzicht unwirksam, wenn zwischen dem erwarteten Pflichtteilsanspruch und der gewährten Abfindung ein grobes Missverhältnis bestehe, welches nicht durch ein berechtigtes Interesse der Parteien zu rechtfertigen sei[115].

---

104 Burkhardt, S. 259 ff., 263.

105 Burkhardt, S. 261 f.

106 Burkhardt, S. 85, 176.

107 Burkhardt, S. 85, 176.

108 Burkhardt folgt damit dem Vorschlag von Dauner-Lieb, die insoweit in der Literatur singular vertreten wird, vgl. Dauner-Lieb, AcP 210 (2010), S. 580, 591.

109 Burkhardt, S. 30, 202.

110 Burkhardt, S. 277 wiederum in Anlehnung an Dauner-Lieb (vgl. Dauner-Lieb, AcP 210 (2010), S. 580, 607).

111 Schulz, S. 136.

112 Schulz, S. 138 f., 186.

113 Schulz, S. 138 ff.

114 Schulz, S. 172 f.

115 Schulz, S. 172 ff.

Einen anderen Weg geht die Ansicht, welche von einer grundsätzlich schwierigen Selbstbestimmung in familialen Beziehungen ausgeht[116]. Stelle sich der Pflichtteilsverzicht nicht mehr als berechtigte Wahrnehmung von Gestaltungsfreiheit, sondern als Missbrauch und daher Pflichtteilsumgehung dar, so sei § 2346 Abs. 2 ähnlich der Inhaltskontrolle bei Eheverträgen entsprechend teleologisch zu reduzieren[117]. Pflichtteilsverzichte zwischen Eltern und Kindern oder unter Eheleuten seien, wie Eheverträge auch, geprägt von situationstypischen Durchsetzungsgefällen und verzichtstypischen Rationalisierungsdefiziten. Erziehungstypische Beherrschungs- und Belohnungsmuster würden auch bei volljährigen Kindern weiterwirken, so dass sich ein Kind im Zweifel dem Ansinnen der Eltern nach einem Pflichtteilsverzicht nicht widersetzen werde[118]. Bei dem Verzicht bestünde die Gefahr überoptimistischer Fehleinschätzungen der Vermögens- und Beziehungsentwicklung, weshalb der Risikocharakter von Pflichtteilsverzichten nicht gegen, sondern gerade für eine Inhaltskontrolle spreche[119].

Im Folgenden soll versucht werden, diese unterschiedlichen Sichtweisen und Aspekte hinsichtlich ihrer wesentlichen Argumente zu untersuchen und nach Argumentationsmustern zu bündeln bzw. die einzelnen Argumente getrennt, aber im entsprechenden Kontext aufzuarbeiten.

C. Ziel und Gang der Untersuchung

Um die Frage der Übertragbarkeit der Rechtsprechung zu der Inhaltskontrolle von Eheverträgen auf Pflichtteilsverzichtsverträge beantworten zu können, ist zunächst eine Klärung der erbrechtlichen Begrifflichkeiten erforderlich.

In einem zweiten Schritt werden die bereits praktizierten, insbesondere gesetzlich kodifizierten Kontrollmechanismen gestörter Vertragsverhältnisse bei Pflichtteilsverzichtsverträgen dargestellt, um schlussendlich die Frage beantworten zu können, ob diese ausreichend und abschließend sind. Dies könnte bejahendenfalls eine Inhaltskontrolle von Pflichtteilsverzichtsverträgen entbehrlich erscheinen lassen.

Sodann soll das Instrumentarium „Inhaltskontrolle" als quasi „Übertragungsmaterial" in seiner Entwicklung systematisch unter Berücksichtigung der maßgeblichen Entscheidungen, insbesondere des Bundesverfassungsgerichts und des Bundesgerichtshofs aufgearbeitet werden. Bevor auch hier eine Abgrenzung zu anderen verwandten Rechtsinstituten stattfindet, um das Charakteristikum der

116 Röthel, AcP 212 (2012), S. 157, S. 192 ff.; Röthel, NJW 2012, S. 337, 338 ff.; ähnlich im Rahmen der Testierfreiheit Röthel, AcP 210 (2010), S. 32, 62 ff.

117 Röthel, NJW 2012, S. 337, 339 f.

118 Röthel, NJW 2012, S. 337, 338; Röthel, AcP 212 (2012), S. 157, 192 f.

119 Röthel, NJW 2012, S. 337, 339; Röthel, AcP 212 (2012), S. 157, 193; Röthel ist, soweit ersichtlich, die einzige Vertreterin im Schrifttum, welche den Risikocharakter des Pflichtteilsverzichts in diese Richtung interpretiert wissen will.

Inhaltskontrolle klar vor Augen zu führen, werden die maßgeblichen Kriterien der Inhaltskontrolle aufgezeigt.

Als Kernstück der Arbeit werden unter Berücksichtigung der Fragestellung zunächst einige relevante gerichtliche Entscheidungen dargestellt und analysiert, welche Aufschluss über die Disponibilität des Pflichtteils und damit ggf. über die freie Verhandelbarkeit desselben geben können. Sodann wird geprüft, inwieweit das Verfassungsrecht Vorgaben für eine pflichtteilsspezifische Inhaltskontrolle macht. Dabei wird der Pflichtteil bzw. der Verzicht auf diesen im Kontext der Grundrechte in eine vergleichende Betrachtung mit anderen Grundfreiheiten, wie insbesondere Privatautonomie und Testierfreiheit gestellt. Dies erlaubt eine verfassungsrechtlich vergleichende Betrachtung mit Eheverträgen. Im Anschluss daran werden die einzelnen Kriterien der Übertragbarkeit, teils als differenzierendes, teils als gemeinsames Moment zwischen Pflichtteilsverzichts- und Eheverträgen untersucht bzw. entwickelt.

Nach einem Blick auf die praxisrelevante Niederlegung eines Ehevertrages zusammen mit einem Pflichtteilsverzichtsvertrag in einer notariellen Urkunde und auf die entsprechenden Rechtsfolgen wird auf die Konsequenzen sowohl für eine erbrechtliche Wirksamkeits- als auch für eine erbrechtliche Ausübungskontrolle eingegangen.

Ein kurzer prognostischer Blick auf die zu erwartende Entwicklung der Jurisprudenz bildet den Abschluss der Arbeit.

§ 2 Erb- und Pflichtteilsverzicht

A. Begrifflichkeiten – historischer Rückblick

I. Ein geschichtlicher Rückblick – Entstehungsgeschichte im BGB

1. Erbverzicht

Das Gesetz unterscheidet heute zwischen dem Verzicht auf das gesetzliche Erbrecht und auf das Pflichtteilsrecht, normiert in §§ 2346, 2349, 2350 und dem Verzicht auf eine Zuwendung aus einer letztwilligen Verfügung, sog. Zuwendungsverzicht, § 2352 [120]. Gemäß § 311 b Abs. 4 ist ein Vertrag über den Nachlass eines noch lebenden Dritten grundsätzlich nichtig. Erbrechtliche Rechtsgeschäfte über den zukünftigen Nachlass unter Mitwirkung des Erblassers an dem betreffenden Rechtsgeschäft als Partei sind jedoch zugelassen[121]. Hauptanwendungsfälle solcher Rechtsgeschäfte sind der Erbvertrag und der Erbverzicht.

Die Grundlagenkommission entschied sich für die Kodifizierung eines Erbverzichts mit erbrechtlicher Wirkung; weitere Vorgaben wurden nicht erteilt[122]. Die erste Kommission hielt fest: „Der Entwurf hat den Vertrag aufgenommen, obschon das Institut für ihn um so eher entbehrlich erscheinen kann, als nach dem § 1755 Abs. 2 eine bestimmte Person von der Erbfolge durch letztwillige Verfügung ohne Einsetzung eines Erben ausgeschlossen werden kann und sich aufstellen lässt, nur derjenige Vertrag sei noch zu regeln, durch welchen das Pflichtteilsrecht ausgeschlossen wird. Allein der Erbverzicht ist dem deutschen Rechtsleben geläufig, in Gewohnheit und Sitte so tief verwurzelt, wie das geltende Recht bestätigt, dass er nicht wohl lediglich beseitigt werden kann, weil der dadurch erstrebte Zweck auf andere Weise sich erreichen lässt. Die Anerkennung des Instituts bietet ferner praktische Vorteile, unter anderem den, dass der Ausschluss des Pflichtteilsberechtigten von dem Pflichtteilsrechte und der gesetzlichen Erbfolge in einem

---

120 Bei diesen erbrechtlichen Gestaltungsmöglichkeiten handelt es sich keinesfalls um Selbstverständlichkeiten unserer Rechtsordnung. So versagen viele Rechtsordnungen, vor allem die romanischen, Rechtsgeschäften zwischen dem Erblasser und zukünftigen Erben, Vermächtnisnehmern oder Pflichtteilsberechtigten jedwede Anerkennung, da sich der Erblasser in deren Geltungsbereich insoweit überhaupt nicht einer vertraglichen Bindung unterwerfen kann, Schotten in: Staudinger, Einl. zu § 2346, Rn. 1, 59 ff. zu den Rechtsordnungen im Einzelnen.

121 Krüger in: MünchKomm, § 311 b, Rn. 117; Schotten in: Staudinger, Einl. zu § 2346, Rn. 2.

122 Jakobs/ Schubert: Die Beratung des BGB, Erbrecht 1. Teilband, S. 35.

Rechtsgeschäft erfolgen kann, während ohne die Anerkennung zwei Geschäfte erforderlich sein würden[123]." Dabei bezwecke der Verzicht, lediglich dem Erblasser die Freiheit der unbeschränkten Verfügung über seinen Nachlass zu geben[124]. Diskutiert wurde, ob der Erblasser oder der Verzichtende im Vordergrund des Erbverzichts steht. Die erste Kommission wandte sich schließlich ausdrücklich gegen eine Fassung, nach welcher der Verzichtende als Verfügender und der Erblasser nur als Akzeptant erschienen wäre. Kern des Erbverzichts sei, dass unter Zustimmung des Verzichtenden der Erblasser eine Änderung der gesetzlichen Erbfolge herbeiführe. Die erbrechtliche Wirkung des Erbverzichts liege daher unverkennbar mehr in dem Willen und in der Verfügung des Erblassers, auch wenn dies äußerlich in Bezugnahme auf den Verzichtenden einen anderen Eindruck vermittle[125].

Der Pflichtteilsverzicht wurde mit dem Verzicht auf einen Geldanspruch verglichen. Mit Rücksicht auf seine Quelle und seine erbrechtliche Bedeutung wurde er denselben für den Erbverzicht geltenden Normen unterstellt[126]. Im Wesentlichen aus Gründen der Rechtstradition wurden damit der Erbverzicht und auch der Pflichtteilsverzicht in das BGB aufgenommen[127].

2. *Pflichtteilsverzicht*

Nach den Vorbildern des österreichischen ABGB und des Preußischen ALR gestaltete das BGB letztlich das Pflichtteilsrecht als reinen Wertanspruch (Geldpflichtteil) und wählte damit diejenige Rechtsform, welche die Testierfreiheit am wenigsten beeinträchtigt[128]. Das Pflichtteilsrecht wird heute vielfach als ein Ausgleich zwischen dem Grundsatz der Testierfreiheit und dem der Familienerbfolge verstanden[129].

Im Jahr 1871, als die Arbeiten zur Kodifizierung des deutschen Bürgerlichen Rechts in einem Bürgerlichen Gesetzbuch für das Deutsche Reich begannen, war das Pflichtteilsrecht als ein, zumindest von den Rechtsphilosophen des

123 Jakobs/ Schubert: Die Beratung des BGB, Erbrecht 2. Teilband, S. 2072 (Prot. I., S. 10405) = Motive V, S. 470 f.

124 Jakobs/ Schubert: Die Beratung des BGB, Erbrecht 2. Teilband, S. 2072 (Prot. I., S. 10406).

125 Jakobs/ Schubert: Die Beratung des BGB, Erbrecht 2. Teilband, S. 2072 (Prot. I., S. 10406).

126 Jakobs/ Schubert: Die Beratung des BGB, Erbrecht 2. Teilband, S. 2072 (Prot. I., S. 10407).

127 Jakobs/ Schubert: Die Beratung des BGB, Erbrecht 2. Teilband, S. 2072 (Prot. I., S. 10407); vgl. auch die Erwägungen von Damrau, Der Erbverzicht, S. 26.

128 Wacke in: HRG, Band 3, S. 1742; vgl. auch die ausführliche Auseinandersetzung mit der Gestaltungsmöglichkeit als (formelles) Noterbenrecht bei Planck´s Kommentar V, S. 866, sowie Motive V, S. 385 ff.

129 Bauer, A., S. 1; Werkmüller, S. 5; Herzog, S. 25; Merkle, S. 103.

19. Jahrhunderts, anerkanntes naturrechtlich begründetes drittes Prinzip des Erbrechts, neben Testierfreiheit und Familienerbrecht, im deutschen Recht verankert[130].

Gottfried von Schmitt[131] kam die Aufgabe zu, einen Teilentwurf für das Erbrecht des BGB auszuarbeiten. Dieser sollte sich dabei an den geltenden Gesetzbüchern orientieren[132]. Die von dem Bundesrat gewählte erste Kommission zur Ausarbeitung des ersten Entwurfs eines BGB sollte sich wörtlich an folgende Marschroute halten: „Der Entwurf soll, unter Berücksichtigung der geltenden Gesetzbücher und der von den Einzelstaaten, sowie im Auftrage des ehemaligen Deutschen Bundes über einzelne Rechtsteile ausgearbeiteten Gesetzentwürfe, das den Gesamtzuständen des deutschen Rechts entsprechende bürgerliche Recht in einer den Anforderungen der heutigen Wissenschaft gemäßen Form kodifizierend zusammenfassen.[133]"

Hinsichtlich der Motive, weshalb das Pflichtteilsrecht in das BGB aufgenommen wurde, verhalten sich die Ausführungen allerdings spärlich. Es findet sich insoweit lediglich unter Bezugnahme auf eine mögliche Aufhebung des Pflichtteilsrechts die folgende wörtliche Stellungnahme: „Von dem Standpunkte der Sozialpolitik aus ist die Frage nicht spruchreif. Die Hauptaufgabe des Entwurfs besteht darin, einheitliches Recht für Deutschland herzustellen. Das Recht, welches durchweg in Geltung sich befindet, kann nur beseitigt werden, soweit ganz überwiegende Gründe die Beseitigung fordern[134]." Das Pflichtteilsrecht war also keinesfalls unumstritten. So war teilweise für dessen Abschaffung plädiert worden, u.a. da übermäßige Abfindungslasten den Handwerker- und Bauernstand in ihrer Existenz gefährden könnten[135]. Durchsetzen konnten sich diese Bedenken ersichtlich nicht. Als Grund für die Kodifizierung des Pflichtteilsrechts wird oftmals schlicht der historisch gewachsene Hintergrund benannt[136]. Soweit vereinzelt vertreten wird, die erste Kommission scheine insgeheim eine zwingende Berechtigung der nächsten Angehörigen am Nachlass abzulehnen[137], steht dem das einstimmige Bekenntnis

---

130 Vgl. insbesondere zu der gewählten Formulierung: Bauer, A., S. 43.

131 Von Schmitt in: Vorentwürfe der Redaktoren, war zunächst Richter, wurde dann Rat am obersten Gerichtshof Bayerns und schließlich Ministerialrat im bayerischen Justizministerium.

132 Bauer, A., S. 44.

133 Von Schmitt in: Vorentwürfe der Redaktoren, S. 117.

134 Motive V, S. 382.

135 Werkmüller, S. 15; Wacke in: HRG, Band 3, S. 1742; Haas in: Staudinger, Vorbem. zu §§ 2303 ff., Rn. 8 mit Verweis auf den 14. Deutschen Juristentag 1878 in Jena, wo Bruns und Meyersburg für die teilweise Beseitigung des Pflichtteilsrechts eintraten; detaillierter zu den Inhalten der Gutachten zum 14. Deutschen Juristentag, Bruns und Meyersburg unten § 5, C., I., 1., S. S. 194 ff..

136 Bauer, A., S. 51 mit dem Hinweis, dass von Schmitt das Pflichtteilsrecht im Kern auf ein „nicht erdrückbares Gefühl des menschlichen Herzens" gestützt habe; Bauer, S. 8 m.w.N.

137 So etwa Schulz, S. 70.

der Kommission für eine „Pflichtteils*berechtigung* überhaupt" entgegen[138]. In der zwölften Sitzung der Grundlagenkommission wurden die für die völlige Beseitigung der Beschränkungen der Testierfreiheit durch den Pflichtteil anzuführenden Gründe geprüft und ausdrücklich als nicht ausreichend erachtet, um das durchweg in Deutschland bestehende Pflichtteilsrecht aufzuheben[139]. Auch der pflichtteilsberechtigte Personenkreis wurde im heute bekannten Umfang festgeschrieben[140].

Die Höhe des Pflichtteils wurde schon früh auf die Hälfte des gesetzlichen Erbteils festgelegt. Dazu heißt es bereits in den Motiven wörtlich: „Die Festsetzung auf die Hälfte erscheint ferner deshalb angemessen, weil der Pflichtteil nicht bedeutungslos werden, andererseits nicht so anschwellen soll, dass der Erblasser behindert wird, berechtigten Rücksichten bei der Teilung Rechnung zu tragen. Dazu wird die Hälfte genügen; sie ermöglicht, dass der Erblasser, auch wenn er sechs Kinder hat, dem einen davon 7/12 zuwendet. Dies genügt in der Regel, um selbst ein Gut, eine Fabrik, ein größeres Geschäft einem Kinde zuzuweisen[141]." Die Grundlagenkommission bestätigte mehrheitlich die stets hälftige Mindestbeteiligung am gesetzlichen Erbteil und lehnte wechselnde Bruchteile je nach Zahl der Beteiligten ab[142].

Im Hinblick auf die sich inzident stellende Frage, mit welcher Intention das Pflichtteilsrecht in das Gesetz aufgenommen werden solle, wird auch die Frage nach dem Alimentationscharakter des Pflichtteils als Gesetzesmotiv negativ beantwortet: „Auch mag ohne weiteres zugegeben werden, dass weder der Alimentations-, noch der Ausstattungsgedanke, noch die Idee der den Kindern geschuldeten Liebe das Noterbenrecht begründet. Alimentation- und Ausstattungspflicht decken sich schon umfänglich nicht mit der Erbschaft; jene würde die Bedürftigkeit des Berechtigten voraussetzen; diese den Tod des Erblassers nicht voraussetzen[143]."

Der Teilentwurf, welcher der ersten Kommission als Grundlage der Beratungen diente, setzt sich mit dem Spannungsverhältnis zwischen Testierfreiheit und Pflichtteilsrecht auseinander[144]. Die Frage nach dem Grund der Berufung zum Erben beantwortet die Begründung zum Teilentwurf für das Erbrecht mit der

---

138 Jakobs/ Schubert: Die Beratung des BGB, Erbrecht 1. Teilband, S. 24.

139 Jakobs/ Schubert: Die Beratung des BGB, Erbrecht 1. Teilband, S. 24; nicht haltbar ist daher die Ansicht von Schulz, S. 70, die Kommission würde eine zwingende Berechtigung der nächsten Angehörigen am Nachlass ablehnen.

140 Jakobs/ Schubert: Die Beratung des BGB, Erbrecht 1. Teilband, S. 25.

141 Motive V, S. 388 f.; Mugdan V, S. 874; zu der sich somit erneut stellenden Frage des Alimentationscharakters, auch wenn diese aufgrund vorbezeichneter Erläuterungen ggf. zu verneinen sein sollte, vgl. unten § 5, C. I., 4., e), S. S. 214 ff..

142 Jakobs/ Schubert: Die Beratung des BGB, Erbrecht 1. Teilband, S. 25, vgl. auch dort S. 42.

143 Von Schmitt in: Vorentwürfe der Redaktoren, S. 170; zu den Funktionen des Pflichtteils, auch im Hinblick auf die Inkorporation in das BGB, siehe unten § 5, C., I., 1., S. 194 ff..

144 Von Schmitt in: Vorentwürfe der Redaktoren, S. 155 ff.

Alternative, „den Erben bestimmt, unabhängig von dem Willen des Erblassers, jenes besondere Verhältnis selbst, in welchem sich der Erblasser und Erbe schon durch die Natur nahe gebracht sind, Familie, Verwandtschaft (Gesetzeserben), oder den Erben bestimmt die freie Wahl des Erblassers (Testierfreiheit)[145]." Die Frage der einschlägigen Alternative, Familienerbrecht oder Testierfreiheit, wird im Ergebnis nicht beantwortet[146]. Trotz ausdrücklicher Befassung mit dem Thema wollte man insoweit explizit keine Entscheidung treffen[147]. Der Widerstreit zwischen Testierfreiheit und Familienerbrecht wurde konstruktiv durch ein Regel-Ausnahme-Verhältnis gelöst. So wurde „die Regel der freien Testierbefugnis" durch die Ausnahme beschränkt: „Jedem Abkömmlinge des Erblassers ...steht kraft Gesetzes das nur durch rechtmäßige Enterbung oder Erbunwürdigkeitserklärung entziehbare Recht auf Hinterlassung des Pflichtteils zu[148]." Lediglich im Zusammenhang mit der Formulierung der Norm wurde festgehalten, dass eine Rechtspflicht des Erblassers bestehe, die ihm gewährte Testierfreiheit nicht zu missbrauchen, und dass die Pflichtteilsberechtigung die Kehrseite dieser Rechtspflicht des Erblassers sei[149].

Die zweite Kommission ging auf Fragen der Reform oder gar der Abschaffung des Pflichtteilsrechts nicht ein; Gegenstand der Diskussion war die Ausgestaltung der Vorschriften im Einzelnen[150].

Dem „Familien- und Sippengedanken" sollte in der Zeit der nationalsozialistischen Machtergreifung durch Stärkung des Pflichtteilsrechts und Zurückdrängung der Testierfreiheit des Erblassers Rechnung getragen werden. Zu einer entsprechenden Reform kam es jedoch nicht[151]. Das Gleichberechtigungsgesetz 1957 und das Gesetz über die rechtliche Stellung der nichtehelichen Kinder 1969 und später das Gesetz zur Gleichstellung nichtehelicher Kinder (ErbGleichG) brachten weitere Änderungen mit sich, die aber an der dogmatischen Begründung des Pflichtteilsrechts nichts änderten[152].

---

145 Von Schmitt in: Vorentwürfe der Redaktoren, S. 155 f.

146 Von Schmitt in: Vorentwürfe der Redaktoren, S. 155 ff., insbesondere S. 170 ff.

147 Jakobs/ Schubert: Die Beratung des BGB, Erbrecht 1. Teilband, S. 43 (Prot. I., S. 8876).

148 Von Schmitt in: Vorentwürfe der Redaktoren, S. 174.

149 Jakobs/ Schubert: Die Beratung des BGB, Erbrecht 2. Teilband, S. 1821 (Prot. I., S. 10136).

150 Ebke, S. 27 f.; Werkmüller, S. 17; Schulz, S. 78 ff.

151 Haas in: Staudinger, Vorbem. zu §§ 2303 ff., Rn. 9.

152 ähnlich Haas in: Staudinger, Vorbem. zu §§ 2303 ff., Rn. 11.

II. Begriff / Sinn und Zweck des Erb- und Pflichtteilsverzichts

1. Inhalt des Erb- und Pflichtteilsverzichts

a) Arten des Erb- bzw. Pflichtteilsverzichts

aa) Umfassender Erbverzicht sowie Teilverzicht und Beschränkungen beim Erbverzicht

Geregelt ist der Erbverzicht in § 2346 Abs. 1, wobei das Gesetz einen isolierten Verzicht auf das Pflichtteilsrecht erlaubt[153]. Begrifflich wird der Erbverzicht gemeinhin verstanden als ein vor dem Erbfall[154] zwischen dem Erblasser auf der einen und einem durch Gesetz oder Verfügung von Todes wegen berufenen Erben, Pflichtteilsberechtigten oder Vermächtnisnehmer auf der anderen Seite geschlossener Vertrag, durch den der Anfall der Erbschaft bzw. die Entstehung des Pflichtteils oder eines Vermächtnisses ganz oder teilweise ausgeschlossen wird[155]. Entsprechend dieser (weiten) Definition umfasst der Erbverzicht sowohl den Verzicht auf das Erbrecht als auch den Verzicht auf den Pflichtteil oder ein Vermächtnis[156]. Wird nichts anderes vereinbart, umfasst der Erbverzicht im engeren Sinne gemäß § 2346 Abs. 1 S. 2, letzter HS auch den Verzicht auf etwaige Pflichtteilsansprüche[157]. Der Erbverzicht hat damit einen nur negativen Inhalt, nämlich den Ausschluss des Verzichtenden. Zudem ist er die einzige vom Gesetz zugelassene Verfügung des Erbanwärters über seine Rechtsposition vor dem Erbfall[158]. Im Folgenden wird der

---

153 § 2346: „(1) Verwandte sowie der Ehegatte des Erblassers können durch Vertrag mit dem Erblasser auf ihr gesetzliches Erbrecht verzichten. Der Verzichtende ist von der gesetzlichen Erbfolge ausgeschlossen, wie wenn er zur Zeit des Erbfalls nicht mehr lebte; er hat kein Pflichtteilsrecht. (2) Der Verzicht kann auf das Pflichtteilsrecht beschränkt werden."

154 Zu den zeitlichen Grenzen vergleiche unten § 2, A., II., 1., d), S. 36 ff..

155 Schotten in: Staudinger, Einl. zu § 2346, Rn. 14; Wegerhoff in: MünchKomm, § 2346, Rn. 2; beide ohne die Differenzierung zu dem isolierten Pflichtteilsverzicht.

156 Schotten in: Staudinger, Einl. zu § 2346, Rn. 14, § 2346, Rn. 2: Der Verzicht auf Zuwendungen aus einer Verfügung von Todes wegen, sog. Zuwendungsverzicht, ist im Sinne dieser weiten Definition ein Unterfall des Erbverzichts.

157 Brox/ Walker, S. 167; Zimmermann, S. 206.

158 Wegerhoff in: MünchKomm, § 2346, Rn. 2; Schotten in: Staudinger, Einl. zu § 2346, Rn. 23; vgl. im übrigen die Vorschrift des § 311 b Abs. 5 BGB, die nur schuldrechtliche Verträge und nicht solche mit erbrechtlich- dinglicher Wirkung hinsichtlich eines Vertrages über den Nachlass eines Dritten zulässt.

Begriff des Erbverzichts, auch zum näheren Verständnis, eng gefasst; gemeint ist der Verzicht auf das gesetzliche Erbrecht und den Pflichtteil[159].

Sinn und Zweck des Erbverzichts ist es, dem Erblasser die Möglichkeit zu eröffnen, die Erbfolge im Hinblick auf die besonderen Verhältnisse des Einzelfalls bereits vor dem Erbfall im Einvernehmen mit dem Verzichtenden zu regeln[160]. Dies ermöglicht das Schaffen klarer Verhältnisse zur Vermeidung späterer Streitigkeiten unter den Erben[161]. So kann durch einen Erbverzicht im vorbezeichneten Sinne erreicht werden, dass die Erb- und Pflichtteilsrechte des Ehegatten, des eingetragenen Lebenspartners[162], eines Abkömmlings, einschließlich seines gesamten Stammes oder der Eltern des Erblassers entfallen. Dadurch erhält der Erblasser zu seinen Lebzeiten Klarheit und Sicherheit über das Ausscheiden des Verzichtenden und ggf. auch dessen Stammes aus der Erbfolge, was zugleich die Erbregelung unter den übrigen verbleibenden Erben vereinfacht[163].

Der Erbverzicht kann ferner auf einen (ideellen) Bruchteil der Erbschaft beschränkt werden. Der Verzichtende wird dann in Höhe des verbleibenden Bruchteils gesetzlicher Erbe[164]. Eine Beschränkung hinsichtlich einzelner Nachlassgegenstände kommt bei dem Erbverzicht nicht in Betracht, da dies dem Grundsatz der Universalsukzession zuwider laufen würde. Denn gemäß § 1922 gehen mit dem Erbfall alle nicht erlöschenden Rechte und Pflichten des Erblassers als Ganzes auf den Erben oder die Erben über[165]. Eine Ausnahme besteht dort, wo eine Sondererbfolge vorgesehen ist, wie beispielsweise im Höferecht[166].

---

159 So gesteht denn auch Wegerhoff ein, der u.a. von ihm definierte weite Begriff des Erbverzichts sei ungenau; hinsichtlich des genauen Verzichtsgegenstandes vgl. sogleich § 2, A., II., 1., S. 27 ff..

160 Wegerhoff in: MünchKomm, § 2346, Rn. 1.

161 Schotten in: Staudinger, Einl. zu § 2346, Rn. 3.

162 Seit dem 01.10.2017 können Personen gleichen Geschlechts gem. § 1353 Abs. 1 S. 1 die Ehe miteinander eingehen; Lebenspartnerschaften können nach dem 30.09.2017 nicht mehr begründet werden (§ 1 LPartG). Die bisher geschlossenen Lebenspartnerschaften können gem. § 20 a LPartG umgewandelt werden. Solange dies nicht geschieht, bleibt die Lebenspartnerschaft bestehen; für diese „Altfälle“ sowie ggf. für im Ausland geschlossene Lebenspartnerschaften, soweit auf sie deutsches Recht anwendbar ist, gilt dann noch das Lebenspartnerschaftsgesetz (§ 1 Nr. 1 und 2 LPartG).

163 Schotten in: Staudinger, § 2346, Rn. 3.

164 Damrau in: Soergel, § 2346, Rn. 9; Schotten in: Staudinger, § 2346, Rn. 41.

165 Damrau in: Soergel, § 2346, Rn. 9; Schotten in: Staudinger, § 2346, Rn. 41; Edenhofer in: Palandt, § 2346, Rn. 3.

166 Ohne zugleich auf das gesetzliche Erbrecht zu verzichten, kann der Hoferbe durch Vertrag mit dem Erblasser auf das Erbrecht am Hof verzichten; umgekehrt kann der Verzicht auf das hoffreie Erbe beschränkt werden (Edenhofer in: Palandt,§ 2346, Rn. 3; unter Verweis auf § 11 HöfeO, Damrau in: Soergel, § 2346, Rn. 13; Schotten in: Staudinger, § 2346, Rn. 47).

Beschränkungen und Beschwerungen verschiedenster Art können schließlich in einem Vertrag zwischen Erblasser und gesetzlichem Erben zu Lasten des insoweit verzichtenden Erben zugelassen werden. Diese stellen einen teilweisen Erbverzicht dar[167].

bb) Arten des (isolierten) Pflichtteilsverzichts

Gemäß § 2346 Abs. 2 kann der Verzicht auf den Pflichtteil beschränkt werden, sog. isolierter Pflichtteilsverzicht (im Folgenden schlicht Pflichtteilsverzicht).

In der Beseitigung des Pflichtteilsrechts kann die eigentliche Bedeutung des Rechtsinstituts des Erbverzichts erblickt werden, da der Erblasser das gesetzliche Erbrecht aufgrund der ihm zustehenden Testierfreiheit auch durch Verfügung von Todes wegen ausschließen kann[168].

Eine einseitige Entziehung oder Beschränkung des Pflichtteils ist hingegen nur nach Maßgabe der §§ 2333–2338 möglich[169]. Besonders attraktiv ist der Pflichtteilsverzicht zudem, weil der Verzichtende bei der Ermittlung von Pflichtteils- und Ausgleichsquoten anderer Pflichtteilsberechtigter mitgezählt wird wie diejenigen, die allein durch Verfügung von Todes wegen von der Erbfolge ausgeschlossen sind oder die Erbschaft ausgeschlagen haben oder für erbunwürdig erklärt wurden[170]. Anders ist dies bei dem Erbverzicht, §§ 2310 S. 2, 2346 Abs. 1 S. 2 [171]. Konsequenterweise profitieren andere Pflichtteilsberechtigte nicht von dem Verzicht, da eine Erhöhung der Pflichtteilsquote mit dem isolierten Pflichtteilsverzicht gerade nicht einhergeht. Der Erblasser erhält insoweit eine größere Gestaltungsfreiheit[172], was oftmals auch als ein Zurückerlangen der Testierfreiheit[173] beschrieben wird. Der Pflichtteilsverzicht ist daher in der Praxis die Regel[174].

Da der Pflichtteilanspruch ein Geldanspruch und damit obligatorischen Charakters ist[175], entfällt für Beschränkungen des Verzichts auf das Pflichtteilsrecht die Begrenzung durch den Typenzwang des Erbrechts[176]. Damit ist eine Beschränkung

---

167 Schotten in: Staudinger, § 2346, Rn. 47 mit weiteren Beispielen.

168 Schotten in: Staudinger, § 2346, Rn. 27.

169 Reul, MittRhNotK 1997, S. 373, 378; Hau in: jurisPK, § 2346, Rn. 19.

170 Crezelius, S. 73; Mayer, ZEV 2007, S. 556, 556; Schotten in: Staudinger, § 2346, Rn. 77; Dieckmann in: Soergel, § 2310, Rn. 11; Damrau in: Soergel, § 2346, Rn. 11.

171 Insb. zu der Erhöhung der Pflichtteilsquoten im Anwendungsbereich des § 2310 S. 2 vgl. oben § 2, A., II., 1., b), bb), S. 29 f.f.

172 Hau in: jurisPK, § 2346, R. 19.

173 Reul, MittRhNotK 1997, S. 373, 378; Lange/ Kuchinke, S. 173; Gottwald, S. 290.

174 Mayer, ZEV 2007, S. 556, 556; Schotten in: Staudinger, § 2346, Rn. 79; zu den praktischen Anwendungsgebieten vgl. unten § 2, B., S47 ff..

175 Dazu näher unten § 2, A., II., 2, S PAGEREF _Ref362463647 \h S. 4040 ff..; in einigen ausländischen Rechtsordnungen ist das Pflichtteilsrecht, wie in der deutschen Rechtsordnung das Erbrecht auch, als Gesamtrechtsnachfolge in den Nachlass gestaltet (vgl. Schotten in: Staudinger, § 2346, Rn. 47).

176 Damrau in: Soergel, § 2346, Rn. 10.

des Verzichts in jeder Weise möglich, in der auf eine Geldforderung verzichtet werden kann[177]. Dementsprechend kann neben einem Verzicht auf einen ideellen Bruchteil des Pflichtteils beispielsweise eine Stundung eines Pflichtteilsanspruchs oder die ratenweise Zahlung des Pflichtteils vereinbart werden[178]. Als weitere Beschränkung kommen in Betracht der Verzicht lediglich auf den Pflichtteilsrestanspruch nach den §§ 2305, 2307 und/oder auf den Pflichtteilsergänzungsanspruch gemäß §§ 2325 ff.[179]. Möglich ist auch die Vereinbarung eines bestimmten Höchstbetrages, die Festlegung eines bestimmten Bewertungsverfahrens für den Pflichtteil, etwa dass eine Gesellschaftsbeteiligung nur zum Buchwert anzusetzen ist, die nachträgliche Anrechnung einer bislang nicht anrechnungspflichtigen Zuwendung auf den Pflichtteil oder die Herausnahme bislang ausgleichspflichtiger Zuwendungen an andere Abkömmlinge aus der Pflichtteilsberechnung[180]. § 2311 Abs. 2 S. 2 steht dem nicht entgegen, da durch diese Vorschrift nur einseitige Festlegungen durch den Erblasser verboten werden[181].

Besonders praxisrelevant zur Sicherung der Unternehmensfolge, insb. bei der vorweggenommenen Erbfolge, aber auch bei ehevertraglichen Vereinbarungen über die Modifizierung der Zugewinngemeinschaft[182] ist der sog. gegenständlich beschränkte Pflichtteilsverzicht. Ein bestimmter Nachlassgegenstand oder ein Inbegriff desselben wie etwa ein bestimmter Betrieb wird bei der späteren Berechnung des Pflichtteilsanspruchs wertmäßig als nicht zum Nachlass gehörend angesehen[183]. Anders als bei dem Erbverzicht steht hier das Prinzip der Universalsukzession dieser Beschränkung nicht im Wege[184]. Wegen des Charakters des Pflichtteilsanspruchs als reinem Geldanspruch ist jede Beschränkung möglich, die mit dem Charakter des Pflichtteils als Geldanspruch vereinbar ist. Der Pflichtteilsverzicht bezieht sich damit stets auf die Verringerung einer Forderung, wobei es gleichgültig ist, ob der Pflichtteilsanspruch unmittelbar verringert oder aber mittelbar durch eine besondere Bewertungsweise, der sich der Pflichtteilsberechtigte unterwirft, herabgesetzt wird[185].

177 Mayer in: Bamberger/ Roth, § 2346, Rn. 17; Schotten in: Staudinger, § 2346, Rn. 50.

178 Mayer in: Bamberger/ Roth, § 2346, Rn. 17; Wegerhoff in: MünchKomm, § 2346, Rn. 20; Schotten in: Staudinger, § 2346, Rn. 53; Damrau in: Soergel, § 2346, Rn. 10.

179 Edenhofer in: Palandt, § 2346, Rn. 15; Mayer in: Bamberger/ Roth (Stand: Edition 20), § 2346, Rn. 17; Schotten in: Staudinger, § 2346, Rn. 51.

180 Mayer in: Bamberger/ Roth (Stand: Edition 20), § 2346, Rn. 17; Wegerhoff in: MünchKomm, § 2346, Rn. 20.

181 Tschichoflos in: Frieser, S. 981.

182 Dazu näher unten § 2, C, S. 48 ff..

183 Mayer in: Bamberger/ Roth (Stand: Edition 20), § 2346, Rn. 17.

184 Vgl. insoweit oben § 2, A., II., 1., b), aa), S. 27 f.f.

185 Damrau, Der Erbverzicht, S 57 f.; Schotten in: Staudinger, § 2346, Rn. 50.

cc) Verzicht auf das gesetzliche Erbrecht unter Vorbehalt des Pflichtteilsrechts

Soweit gemäß § 2346 Abs. 2 der Verzicht auf den Pflichtteil beschränkt werden kann, bleibt ein bloßer Verzicht auf das Erbrecht bei gleichzeitigem Vorbehalt des Pflichtteilsrechts möglich[186]. Die Zulässigkeit dieses Verzichts ergibt sich aus der Tatsache, dass das Gesetz einen solchen Verzicht im Gegensatz zu der Rechtslage bei der Ausschlagung nicht verbietet[187]. Diese praktisch wenig bedeutsame Konstellation, die im Ergebnis einer Enterbung gleichkommt, beschränkt sich im wesentlichen auf den Fall, in welchem der Erblasser seinen gesetzlichen Erben auf den Pflichtteil setzen will, dies durch enterbende letztwillige Verfügung jedoch nicht mehr erreichen kann, weil er testierunfähig ist. Das Erbrecht bleibt damit lediglich als Quelle des Pflichtteilsrechts bestehen[188]. Das Gesetz erlaubt dem testierunfähigen Erblasser insoweit gemäß § 2347 Abs. 2 S. 2 die Stellvertretung. Mangels praktischer Relevanz wird dieser Form des Erbverzichts in dieser Arbeit nicht weiter nachgegangen werden[189].

b) Beteiligte des Erb- und Pflichtteilsverzichts

Beteiligte des Erbverzichts sind der Erblasser auf der einen Seite und Erbprätendenten auf der anderen Seite. Als letztere kommen in Betracht Verwandte des Erblassers, der Ehegatte oder der eingetragene Lebenspartner (§ 10 Abs. VII LPartG) des Erblassers, da nur dieser Personenkreis ein gesetzliches Erbrecht hat[190]. Der Verzichtende selbst muss im Zeitpunkt des Vertragsabschlusses nicht zur Erbfolge berufen sein; auch vor einer Adoption oder Eheschließung kann auf das erst noch entstehende Erbrecht verzichtet werden[191]. Mithin kann jeder Präsumtiverbe auch auf ein noch ungewisses oder zukünftig erst entstehendes gesetzliches Erbrecht verzichten[192].

Der Pflichtteilsverzicht wird zwischen Erblasser und Pflichtteilsberechtigtem abgeschlossen. Der Kreis der Pflichtteilsberechtigten umfasst nicht alle gesetzlichen Erben, sondern ist beschränkt auf die Abkömmlinge, unabhängig davon, ob es sich um eheliche, nichteheliche oder angenommene Abkömmlinge handelt, auf

---

186 Hoeren in: Hk- BGB, § 2346, Rn. 2; Bengel in: Münchener Anwaltshandbuch Erbrecht (4. Auflage), § 34, Rn. 3; Mayer in: Bamberger/ Roth (Stand: Edition 20), § 2346, Rn. 15; Wegerhoff in: MünchKomm, § 2346, Rn. 11; Damrau in: Soergel, § 2346, Rn. 9; Kupka- Göll, S. 25; Kramm, S. 22; Zimmermann, S. 211.

187 Schotte in: Staudinger, § 2346, Rn. 39.

188 Schotten in: Staudinger, § 2346, Rn. 35, 36.

189 Lediglich unter § 5, E., S. 304 ff.. wird der Gedanke der Vollständigkeit halber nochmals kurz aufgegriffen.

190 Damrau in: Soergel, § 2346, Rn. 6; Edenhofer in: Palandt, § 2346, Rn. 1; Mayer in: Bamberger/ Roth (Stand: Edition 20), § 2346, Rn. 5.

191 Mayer in: Bamberger/ Roth (Stand: Edition 20), § 2346, Rn. 5; Wegerhoff in: MünchKomm, § 2346, Rn. 7; Schotten in: Staudinger, § 2346, Rn. 6.

192 Schotten in: Staudinger, § 2346, Rn. 6.

die Eltern[193], den Ehegatten oder eingetragene Lebenspartner[194]. Pflichtteilsschuldner gegenüber dem Pflichtteilsberechtigten, mithin im Außenverhältnis, nicht jedoch Vertragspartner, ist regelmäßig der Erbe, § 2303 Abs. 1, bei mehreren Erben je nach dem Stand der Erbengemeinschaft als Teilschuldner oder Gesamtschuldner, §§ 2058 ff.; ausnahmsweise schuldet, so beim Pflichtteilsergänzungsanspruch der Beschenkte, jedoch nur subsidiär, § 2329 [195].

c) *Allgemeine Inhalte des Erb- und Pflichtteilsverzichts*

aa) Anforderung an die Erklärung

Wie jeder erbrechtliche Verzicht muss der Erb- und Pflichtteilsverzicht ausdrücklich erklärt sein oder sich aus dem gesamten Inhalt des Vertrages mit Zuverlässigkeit ergeben[196], gesetzliche Vermutungsregeln greifen nicht Platz, andernfalls würde das Formerfordernis des § 2348 umgangen[197].

bb) Verzichtsgegenstand

Gegenstand des Erbverzichts ist das gesetzliche Erbrecht des Verzichtenden, so wie es ohne den Verzicht beim Tode des Erblassers bestehen würde, beim Alleinerben also der gesamte Nachlass, beim Miterben der Erbteil und das Pflichtteilsrecht[198]. Damit umfasst der Erbverzicht in seiner globalen Wirkung grundsätzlich alle Ansprüche aus der gesetzlichen Erbfolge ohne Beschränkung auf das zur Zeit des Vertragsschlusses bestehende hypothetische Erbrecht[199]. Im Regelfall lässt sich die genaue Höhe der Erbquote damit erst anhand der tatsächlichen rechtlichen

---

193 Den Eltern steht nur dann ein Pflichtteil zu, wenn pflichtteilsberechtigte Abkömmlinge fehlen, da sie nur dann als gesetzliche Erben berufen sind, §§ 2309, 1924, 1930 BGB.

194 Bauer, A., S. 57 f.

195 Birkenheier in: jurisPK, § 2303, Rn. 42.

196 Str., so die weit überwiegende Lit.; der BGH hat jedoch unter gewissen Voraussetzungen einen stillschweigenden Verzicht als zulässig erachtet, vgl. die Rechtsprechungsnachweise bei Schotten in: Staudinger, § 2346, Rn. 14 und Mayer in: Bamberger/ Roth (Stand: Edition 20), § 2346, Rn. 8.

197 Damrau in: Soergel, § 2346, Rn. 8; ausführlich zu der Frage der Beurkundungspflicht des Kausalgeschäfts: Keller, Die Form des Erbverzichts, ZEV 2005, S. 229–235; ungeachtet dessen wird ein wegen Verstoßes gegen § 2348 nichtiges Kausalgeschäft zum Erbverzicht durch den formgerecht erklärten abstrakten Erbverzicht geheilt, so Schotten in: Staudinger, § 2346, Rn. 119.

198 Mayer in: Bamberger/ Roth (Stand: Edition 20), § 2346, Rn. 9; Wegerhoff in: MünchKomm, § 2346, Rn. 11; Schotten in: Staudinger, § 2346, Rn. 20; ausführlich zu den einzelnen Ansichten: Kupka- Göll, S. 17–21.

199 Mayer in: Bamberger/ Roth (Stand: Edition 20), § 2346, Rn. 9; Wegerhoff in: MünchKomm, § 2346, Rn. 11; Schotten in: Staudinger, § 2346, Rn. 20.

Verhältnisse zum Zeitpunkt des Erbfalls und nicht durch die hypothetischen Verhältnisse zum Zeitpunkt des Eintritts des Erbfalls bestimmen[200]. Auch der Rechtsgedanke der in § 2346 Abs. 1 S. 2 normierten Vorversterbensfiktion führt zu dem Ergebnis, dass solche Ereignisse, die zwischen Abschluss des Verzichtsvertrages und dem Erbfall eintreten und die zu einer Veränderung der Größe der Erbquote führen grundsätzlich ohne Einfluss auf die Wirksamkeit und Reichweite des Verzichts sind[201]. Dies gilt zumindest unumstritten für den Fall der Veränderung der Größe der Erbquote durch das Hinzukommen oder den Wegfall eines anderen gesetzlichen Erben in dem Zeitraum zwischen Abschluss des Erbverzichtsvertrages und dem Eintritt des Erbfalls[202]. Die gleichermaßen dynamische Wirkung des Erbverzichts ist kein Problem des Verfügungsgeschäfts, sondern, wenn überhaupt, ein solches des Grundgeschäfts, welches sich insbesondere beim entgeltlichen

200 Schotten in: Staudinger, § 2346, Rn. 20.

201 Wegerhoff in: MünchKomm, § 2346, Rn. 11.

202 Mayer in: Bamberger/ Roth (Stand: Edition 20), § 2346, Rn. 9; Schotten in: Staudinger, § 2346, Rn. 22.

Umstritten ist jedoch die Rechtslage bei Veränderung der Größe der Erbquote infolge Änderung der gesetzlichen Bestimmungen hinsichtlich der Erbfolge, beispielsweise durch die Erhöhung des gesetzlichen Ehegattenerbteils nach § 1371 Abs. 1 durch das Gleichberechtigungsgesetz für Ehegatten in Zugewinngemeinschaft. Die herrschende Ansicht in der Literatur geht auch hier von einer Unbeachtlichkeit in Bezug auf Wirksamkeit und Reichweite des Erbverzichts aus (Mayer in: Bamberger/ Roth (Stand: Edition 20), § 2346, Rn. 9; Schotten in: Staudinger, § 2346, Rn. 23; Johannsen in: RGRK, § 2346, Rn. 25). Die Gegenansicht nimmt hingegen an, diese Veränderungen der Erbquote müssten auch Auswirkungen auf den Umfang des Erbverzichts haben. Bei einer Vergrößerung der Erbquote solle in der Regel nur ein Verzicht auf einen Bruchteil angenommen werden, nämlich in der Höhe der Erbquote, die der gesetzlichen Erbquote zur Zeit des Vertragsschlusses entsprochen hätte, wohingegen im Falle einer Verkleinerung der Erbquote Wegfall der Geschäftsgrundlage vorliegen könne (Damrau in: Soergel, § 2346, Rn. 21). Die besseren Gründe sprechen für die erstgenannte Ansicht. Bereits der Aspekt der Rechtssicherheit spricht für diese herrschende Meinung. Das Rechtsinstitut des Erbverzichts ist nur dann praktikabel, wenn für den Fall des Fehlens einer anderslautenden Vereinbarung sämtliche Ansprüche aus der gesetzlichen Erbfolge erfasst werden und nicht eine Beschränkung auf eine hypothetische Erbquote stattfindet (ähnlich Schotten in: Staudinger, § 2346, Rn. 22). Die Mindermeinung findet zudem keine Stütze im Gesetz. Die Vorversterbensfiktion ist hinsichtlich des Zeitmoments eindeutig; maßgeblich ist der Eintritt des Erbfalls. Eine die von der Gegenansicht vorgenommene Differenzierung rechtfertigende Argumentation ist nicht ersichtlich, insbesondere ist nicht nachvollziehbar, warum eine Veränderung der Erbquote aufgrund Änderung der gesetzlichen Bestimmungen eine anderweitige Konsequenz nach sich ziehen soll als eine Veränderung der Erbquote aufgrund Wegfalls oder Hinzutretens eines gesetzlichen Erben.

Erbverzicht stellt und unter Berücksichtigung des aleatorischen Charakters des Erbverzichts beantwortet werden muss[203].

Im Hinblick auf das Zeitmoment sehen die einen als Verzichtsgegenstand des Erbverzichts das künftige Erbrecht[204], während andere in dem Verzicht das Aufgeben einer Erbchance[205] sehen. Die Diskussion um die Rechtsqualität und das Objekt des Verzichts hat jedoch in der Praxis keine weitreichenden Folgen, weshalb an dieser Stelle eine Auseinandersetzung mit den einzelnen Ansichten wenig zweckdienlich ist.

Die Begriffe „Pflichtteilsrecht" und „Pflichtteilsanspruch", im Gesetz auch ‚Pflichtteil" genannt, werden insbesondere in der Praxis teilweise nicht ausreichend auseinandergehalten, was sich auf die rechtliche Beurteilung auswirkt[206]. Für den Auskunftsanspruch über den Nachlass gemäß § 2314 kommt es beispielsweise nicht darauf an, ob ein Pflichtteilsanspruch besteht, sondern ob der die Auskunft Begehrende ein Pflichtteilsrecht hat, er also zum Kreis derjenigen nahen Angehörigen zählt, denen das Gesetz eine nicht entziehbare Beteiligung am Nachlass gewährt[207]. Nach heute einhelliger Auffassung ist daher zwischen Pflichtteilsrecht und schuldrechtlichem Pflichtteilsanspruch zu differenzieren[208]. Das Pflichtteilsrecht ist nicht identisch mit dem Pflichtteilsanspruch, sondern nur seine Quelle[209].

Das Pflichtteilsrecht wurzelt in der familienrechtlichen Beziehung der Beteiligten zueinander und begründet ein bereits zu Lebzeiten bestehendes Rechtsverhältnis zwischen Pflichtteilsberechtigtem und künftigem Erblasser, weshalb in diesem Stadium auch von einem potentiellen Pflichtteilsrecht gesprochen werden kann. Dieses Rechtsverhältnis setzt sich nach dem Tode des Erblassers mit den Erben fort[210]. Es gewährt jedoch zu Lebzeiten des Erblassers den Pflichtteilsberechtigten noch keine durchsetzbaren Rechte und Ansprüche; denn bis zu seinem Tode bleibt dem Erblasser die unbeschränkte Verfügungsfreiheit erhalten[211].

---

203 Vgl. dazu insb. unten § 5, C., III., 4., S. 259 ff..

204 Kipp/ Coing, § 83 I a; Schotten in: Staudinger, § 2346, Rn. 23; Schlüter in: Erman (Stand 12. Auflage), § 2346, Rn. 3.

205 Lange/ Kuchinke, S. 183; Damrau in: Soergel, § 2346, Rn. 1.

206 Firsching/ Graf, Rn. 1335.

207 Firsching/ Graf, Rn. 1335.

208 Mayer, MittBayNot 1997, S. 85, 85; Gottwald, S. 288; zu der Unterscheidung zwischen Pflichtteilsrecht und Pflichtteilsanspruch im Hinblick auf die Frage, bis wann ein Pflichtteilsverzichtsvertrag geschlossen werden kann vgl. BGH, Urt. v. 13.12.1996, MittBayNot 1997, S. 108, 108 ff.

209 Lange/ Kuchinke, S. 872; Gierse, S. 50–73, weist darauf hin, dass der Erbverzichtsvertrag auf das künftige gesetzliche Erbrecht einwirkt und damit seine Verzichtswirkung bezüglich des Erbrechts erst mit dem Tode des Erblassers entfaltet; insoweit sei fraglich, ob der Pflichtteilsberechtigte mit Abschluss des Pflichtteilsverzichts bereits zu Lebzeiten auf eine derzeitige Rechtsposition verzichte.

210 Mayer, MittBayNot 1997, S. 85, 85; Lange/ Kuchinke, S. 871 f.

211 Lange/ Kuchinke, S. 871.

Aus dem Pflichtteilsrecht kann sich mit dem Erbfall, § 2317 Abs. 1, der vererbliche und übertragbare, § 2317 Abs. 2, Pflichtteilsanspruch herleiten[212]. Dieser richtet sich auf Geldzahlung, entsteht gemäß § 2317 Abs. 1 mit dem Erbfall und ist grundsätzlich sofort fällig. Er beläuft sich gemäß § 2303 Abs. 1 S. 2 auf die Hälfte des gesetzlichen Erbteils[213]. Vor Eintritt des Erbfalls ist das Pflichtteilsrecht nicht übertragbar, pfändbar, verpfändbar und vererbbar. Es ist Ausdruck für eine unentziehbare Rechtsposition des Pflichtteilsberechtigten, aus der sich bei Eintritt des Erbfalls Ansprüche und Rechtsstellungen ergeben können, falls der Pflichtteilsberechtigte den Erbfall erlebt[214].

cc) Umfang des Erb- und Pflichtteilsverzichts

Der Erbverzicht umfasst, liegt keine anderweitige Vereinbarung vor, neben dem gesetzlichen Erbrecht auch alle mit diesem verbundenen Ansprüche wie das Pflichtteilsrecht, § 2346 Abs. 1 S. 2, den Pflichtteilsrestanspruch gemäß §§ 2305, 2307 und den Pflichtteilsergänzungsanspruch gemäß §§ 2325 ff.[215]. Ebenfalls erfasst ist das Hoferbrecht nach § 12 HöfeO[216] und der Voraus des Ehegatten gemäß § 1932[217].

Treffen die Parteien des Pflichtteilverzichtsvertrages keine anderweitige Vereinbarung umfasst dieser Verzicht die voraufgeführten Ansprüche aus §§ 2305, 2307 sowie §§ 2325 ff. und eventuell auch ein Pflichtteilsvermächtnis[218]. Wird der Verzichtende gesetzlicher oder testamentarischer Erbe, so schließt der Verzicht auf das Pflichtteilsrecht auch die Berufung auf die Rechte nach § 2306 und nach den §§ 2318 Abs. 2, 2319 und 2328 aus[219].

---

212 Deppenkemper in: PWW, § 2303, Rn. 4.

213 Edenhofer in: Palandt, § 2317, Rn. 1; Deppenkemper in: PWW, § 2303, Rn. 4.

214 Gottwald, S. 288.

215 Schlüter in: Erman (Stand 12. Auflage), § 2346, Rn. 3; Mayer in: Bamberger/ Roth (Stand: Edition 20), § 2346, Rn. 16; Reul, MittRhNotK 1997, S. 374, 374.

216 Edenhofer in: Palandt, § 2346, Rn. 4; Stürner in: Jauernig, § 2346, Rn. 2.

217 Damrau in: Soergel, § 2346, Rn. 16; Edenhofer in: Palandt, § 1932, Rn. 2. Vor Inkrafttreten des Erbrechtsgleichstellungsgesetzes am 01.04.1998 wurde von dem Erbverzicht auch der Erbersatzanspruch gemäß §§ 1934 a ff. BGB a.F. erfasst sowie bei einem nichtehelichen Kind der Anspruch gegenüber dem Vater auf vorzeitigen Erbausgleich gemäß § 1934 d BGB a.F.

218 Mittenzwei in: Damrau, § 2346, Rn. 15; Mayer in: Bamberger/ Roth (Stand: Edition 20), § 2346, Rn. 16; Schotten in: Staudinger, § 2346, Rn. 30.

219 Mayer in: Bamberger/ Roth (Stand: Edition 20), § 2346, Rn. 16; Schotten in: Staudinger, § 2346, Rn. 30. Der Anspruch des Kindes auf den vorzeitigen Erbausgleich nach § 1934 d a.F. wurde bis zum Inkrafttreten des Erbrechtsgleichstellungsgesetzes am 01.04.1998 ebenfalls von einem Pflichtteilsverzicht des nichtehelichen Kindes gegenüber seinem Vater erfasst (Damrau in: Soergel, § 2346, Rn. 18; Reul, MittRhNotK 1997, S. 373, 377; Schotten in: Staudinger, § 2346, Rn. 30).

d) *Zeitliche Begrenzungen / Aufhebungsvertrag*

aa) Erbverzicht

Die Frage nach zeitlichen Begrenzungen beim Zustandekommen und dem Aufheben von Verzichtsverträgen zeigt einmal mehr exemplarisch die Charakteristika von Erb- und Pflichtteilsverzicht und deren tatsächliche rechtliche Relevanz auf.

Der Erbverzicht hängt in zeitlicher Hinsicht eng mit dem Gebot der Rechtssicherheit zusammen. Mit dem Tode des Erblassers muss die Erbfolge feststehen und kann nicht nach beliebig langer Zeit, etwa durch eine Genehmigungserklärung des beeinträchtigten Bedachten wieder umgestoßen werden[220]. Die Parteien des Erbverzichtsvertrages können den Vertrag gemäß § 2351 ganz oder teilweise aufheben. Dieser Aufhebungsvertrag erfordert weder eine Mitwirkung der Abkömmlinge, auf die sich der Verzicht gemäß § 2349 erstreckt, noch die Zustimmung der durch den Verzicht Begünstigten[221]. Begünstigte eines solchen Verzichts sind beispielsweise die durch § 2310 S. 2 kraft Gesetzes begünstigten anderen Pflichtteilsberechtigten, da diejenigen, welche durch Erbverzicht von der gesetzlichen Erbfolge ausgeschlossen sind, bei der Berechnung des Pflichtteils nicht mitgezählt werden. Aus Gründen der Rechtssicherheit soll ein entsprechender Aufhebungsvertrag jedoch nach dem Tod des Erblassers und/oder Verzichtenden nicht mehr möglich sein[222]. Für den Erblasser ergibt sich dies ausdrücklich durch die Verweisung in § 2351 auf § 2347 Abs. 2 S. 1 [223].

220 Bengel in: Münchener Anwaltshandbuch Erbrecht (4. Auflage), § 34, Rn. 12; Wegerhoff in: MünchKomm, § 2346, Rn. 10; Frenz in: Würzburger Notarhandbuch, S. 1697; Edenhofer in: Palandt, § 2346, Rn. 1; Mayer in: Bamberger/ Roth (Stand: Edition 20), § 2346, Rn. 7; Abweichende Begründung allein Schotten in: Staudinger, § 2346, Rn. 19: Unabdingbar für die Wirksamkeit des Verzichts sei, dass der Vertrag bereits vor Eintritt des Erbfalles wirksam geworden sei. Der Verzicht sei abstraktes erbrechtliches Verfügungsgeschäft unter Lebenden auf den Todesfall, der die Rechtslage bei Eintritt des Erbfalles unmittelbar umgestalte. Eine solche auf den Erbfall bezogene rechtsgestaltende Wirkung könne ein Rechtsgeschäft unter Lebenden nur haben, wenn es im maßgeblichen Zeitpunkt- nämlich Tod des Erblassers – wirksam sei. Willenserklärungen, die erst nach Eintritt des Erbfalles abgegeben oder wirksam würden, könnten und dürften deshalb die beim Tod des Erblassers entstandene Rechtslage nicht mehr ändern. Hinsichtlich der Frage der Anfechtung des vorzeitigen Erbausgleichs (§ 1934 d a.F.) nach Tod des Erblassers: verneinend OLG Schleswig, Urt. v. 27.05.1997, NJW-RR 1997, S. 1092, 1093 mit dem Hinweis auf die Sicherheit des Rechtsverkehrs und die schützenswerte Interessenlage des Erblassers.

221 Edenhofer in: Palandt, § 2351, Rn. 1.

222 BGH, Urt. v. 24.06.1998, NJW 1998, S. 3117, 3117; Zimmermann, S. 202; Edenhofer in: Palandt, § 2351, Rn. 2; Damrau in: Staudinger, § 2351, Rn. 5; Frenz in: Würzburger Notarhandbuch, S. 1698; Mayer in: Bamberger/ Roth (Stand: Edition 20), § 2351, Rn. 3; Quantius, S. 55 ff.

223 Kupka- Göll, S. 93; Edenhofer in: Palandt, § 2351, Rn. 2; Mayer in: Bamberger/ Roth (Stand: Edition 20), § 2351, Rn. 3.

Aus Gründen der Rechtsklarheit muss jedoch nach Ansicht der Rechtsprechung und herrschenden Lehre auch mit dem Tod des Verzichtenden feststehen, dass er und sein Stamm endgültig aus der Erbfolge ausgeschieden sind. Die Erben des Verzichtenden können daher mit dem Erblasser auch keinen Aufhebungsvertrag mehr schließen. Andernfalls würde der Erblasser nämlich die gesetzlich vorgesehene Begünstigung, § 2310 S. 2, der anderen Pflichtteilsberechtigten ohne deren Zustimmung rückgängig machen[224]. Zudem könnten die Abkömmlinge des Verzichtenden nach dessen Tod andernfalls die Motive des Verzichtenden für den Abschluss des Erbverzichts durchkreuzen, da es denkbar ist, dass der Verzichtende im Interesse einer Erhöhung der Pflichtteilsquote seiner Geschwister oder gerade zu dem Zweck auf sein gesetzliches Erbrecht verzichtet hat, seine Abkömmlinge von der gesetzlichen Erbfolge auszuschließen. Ein das Interesse des Verzichtenden überwiegendes Interesse der Abkömmlinge zur Durchsetzung ihrer abweichenden Wünsche ist nicht ersichtlich[225].

bb) Pflichtteilsverzicht

Es fragt sich, ob die Frage des Zeitmoments in Bezug auf das Zustandekommen des Pflichtteilsverzichts in gleicher Weise zu beantworten ist wie bei einem Erbverzicht.

Die herrschende Meinung in Rechtsprechung und Literatur geht wie bei einem Erbverzicht davon aus, dass auch der Pflichtteilsverzicht nur zu Lebzeiten des Erblassers geschlossen werden kann[226].

Eine Mindermeinung nimmt demgegenüber an, dass zumindest ein vom Erblasser zu seinen Lebzeiten dem potentiell Verzichtenden gemachtes Angebot zum Abschluss eines Pflichtteilsverzichtsvertrages nach Eintritt des Erbfalls von dem Verzichtenden in notarieller Form angenommen werden könne, § 153 BGB. Soweit der BGH dieser Rechtsauffassung eine Absage erteilt habe[227], könne dem nicht

---

224 Wegerhoff in: MünchKomm, § 2351, Rn. 2; BGH, Urt. v. 24.06.1998, NJW 1998, S. 3117, 3117; Edenhofer in: Palandt, § 2351, Rn. 2; Kupka- Göll, S. 100; umstritten, a.A. bspw. Mayer in: Bamberger/ Roth (Stand: Edition 20), § 2351, Rn. 6: Nach dem Tod des Verzichtenden sollen seine Abkömmlinge wegen der belastenden „Drittwirkung", die von einem Erbverzicht gemäß § 2349 ausgeht, sehr wohl durch Vereinbarung mit dem Erblasser den Erbverzicht aufheben können; dies gelte im Wege der Universalsukzession auch für die Erben des Verzichtenden, zumal sich daraus für die von der Erstreckungswirkung des § 2349 betroffenen Abkömmlinge keine Nachteile ergeben würden; so auch im Ergebnis Reul, MittRhNotK 1997, S. 373, 383 und Schotten in: Staudinger, § 2346, Rn. 97 a f., 161.

225 BGH, Urt. v. 24.06.1998, S. 3117, 3117 f.

226 BGH, Urt. v. 13.12.1996, MittBayNot 1997, S. 108, 108 ff.; Schotten in: Staudinger, § 2346, Rn. 31; Olzen, S. 395, 396; Gottwald, S. 289; Wegerhoff in: MünchKomm, § 2346, Rn. 10; Edenhofer in: Palandt, § 2346, Rn. 5.

227 BGH, Urt. v. 13.12.1996, MittBayNot 1997, S. 108, 108 ff.

gefolgt werden. Begründet wird dies unter anderem damit, dass die erbrechtliche Formenstrenge und Klarheit es nicht gebiete, dass der Pflichtteilsverzicht bereits bei Eintritt des Erbfalls wirksam sei, da Gegenstand desselben nur ein schuldrechtlicher Anspruch sei. Da das Pflichtteilsrecht die Quelle des späteren Pflichtteilsanspruchs sei, sei es nicht zutreffend, im Erbfall eine endgültige Zäsur zu sehen, die den Verzichtenden daran hindere, ein Angebot zum Abschluss eines Pflichtteilverzichts nach dem Tod des Erblassers anzunehmen, weil dann kein Pflichtteilrecht, sondern nur noch ein Pflichtteilsanspruch bestehe[228]. Der Pflichtteilsanspruch schaffe im Übrigen lediglich eine Nachlassverbindlichkeit, bei der es nicht ungewöhnlich sei, dass bei Eintritt des Erbfalls die genaue Höhe derselben noch nicht feststehe[229].

Der BGH hat in der Tat, wie, zumindest was die Schlussfolgerung angeht, von der Mindermeinung kritisiert, seine Entscheidung unter anderem damit begründet, dass mit dem Tod des Erblassers ein Pflichtteils*recht*, auf das hätte verzichtet werden können, nicht mehr bestanden habe; vielmehr sei mit dem Tod bereits der Pflichtteils*anspruch* entstanden[230]. Entsprechend der vorzunehmenden, weil in der Sache zutreffenden Differenzierung mag diese Unterscheidung übertrieben dogmatisch wirken, sie ist jedoch konsequent und wird ergänzt durch den aleatorischen Charakter des Pflichtteilsverzichts, mit dem jeder Pflichtteilsberechtigte im Zeitpunkt des Vertragsabschlusses zu Lebzeiten des Erblassers belastet ist. Der BGH hält denn auch fest, dass es das Risiko jedes Verzichtenden ist, wenn er gegen eine bestimmte Abfindung auf das Pflichtteilsrecht verzichtet, ohne die Höhe des Pflichtteilsanspruchs, der sich im Zeitpunkt des Erbfalls realisiert, zu kennen[231]. Da nach dem Erbfall der Wert des Nachlasses und damit die Höhe des Pflichtteilsanspruchs feststehen, ist der Geschäftsgegenstand des Erlasses eines Pflichtteilsanspruchs ein ganz anderer als der des Pflichtteilsverzichts gemäß § 2346 Abs. 2 [232]. Weiteres Charakteristikum ist die durch den Pflichtteilsverzicht (wieder-) erlangte Testierfreiheit des Erblassers[233]. Folgerichtig betrifft der Pflichtteilsverzicht ein Rechtsgeschäft, das seinem Gegenstand und seiner Eigenart nach nur mit dem Erblasser zu dessen Lebzeiten abgeschlossen werden kann, nicht zuletzt aus Gründen

228 Mayer in: Bamberger/ Roth (Stand: Edition 20), § 2346, Rn. 7; Mayer, MittBayNot 1997, S. 85, 85 ff.

229 Mayer, MittBayNot 1997, S. 85, 87.

230 BGH, Urt. v. 13.12.1996, MittBayNot 1997, S. 108, 109.

231 BGH, Urt. v. 13.12.1996, MittBayNot 1997, S. 108, 109.

232 BGH, Urt. v. 13.12.1996, MittBayNot 1997, S. 108, 109.

233 BGH, Urt. v. 13.12.1996, MittBayNot 1997, S. 108, 109: der BGH hält insoweit wörtlich fest: „Hinzu kommt, dass es beim Pflichtteilsverzicht darum gehen kann, dem Erblasser freie Hand für von ihm beabsichtigte Vermögensdispositionen sowohl unter Lebenden wie von Todes wegen zu schaffen. Derartige Gesichtspunkte spielen keine Rolle, wenn es nach dem Erbfall um die Frage geht, ob der Pflichtteilsberechtigte durch einen Erlassvertrag mit den Erben auf einen bereits entstandenen und der Höhe nach bestimmbaren Pflichtteilsanspruch verzichtet."

der Rechtssicherheit, aber nicht mehr nach seinem Tode[234]. Freilich werden auch diese Argumente des BGH angegriffen, indem behauptet wird, zwischen Pflichtteilsrecht und -anspruch bestehe kein „aliud-Verhältnis", das Pflichtteilsrecht setze sich nach dem Tod des Erblassers mit seinen Erben fort, das potentielle Pflichtteilsrecht werde zum aktuellen Erbrecht[235]. Die herrschende Meinung bedient sich jedoch noch eines weiteren Arguments, wenn sie bezüglich der hier in Rede stehenden Frage eine Vergleichbarkeit von Erb- und Pflichtteilsverzicht bejaht. Aus Gründen der Rechtssicherheit müsse beim Erbverzicht im Zeitpunkt des Erbfalls die Erbfolge feststehen. Grundsätzlich habe der Pflichtteilsverzicht zwar keine Auswirkung auf die Erbfolge, dies könne jedoch dann anders sein, wenn ein Erbfall andernfalls von § 2306 Abs. 1 S. 1 [236] erfasst würde[237]. Unter Zugrundelegung dieser Prämisse verändert der Pflichtteilsverzicht die Erbfolge und löst insoweit das zum Erbverzicht vergleichbare Bedürfnis nach einer klaren Rechtslage im Zeitpunkt des Erbfalls aus.

Auch der Pflichtteilsverzicht kann vertraglich wieder aufgehoben werden. § 2351 gilt nach ganz herrschender Meinung auch für den Pflichtteilsverzicht[238], wobei nach herrschender Meinung auch die Aufhebung des Pflichtteilsverzichtsvertrages nur zu Lebzeiten der Vertragsparteien in Betracht kommt[239].

Im Hinblick auf etwaige zeitliche Komponenten bei Eheverträgen werden vorliegend lediglich Verzichtsverträge untersucht, die zu Lebzeiten der Vertragsparteien eines Erb- oder Pflichtteilsverzichts zustande kommen oder gekommen sind.

---

234 BGH, Urt. v. 13.12.1996, MittBayNot 1997, S. 108, 110.

235 Mayer, MittBayNot 1997, S. 85, 86.

236 § 2306 Abs. 1 S. 1 HS. 1 lautet wörtlich: "Ist ein als Erbe berufener Pflichtteilsberechtigter durch die Einsetzung eines Nacherben, die Ernennung eines Testamentsvollstreckers oder eine Teilungsanordnung beschränkt oder ist er mit einem Vermächtnis oder einer Auflage beschwert, so kann er den Pflichtteil verlangen, wenn er den Erbteil ausschlägt".

237 Schotten in: Staudinger, § 2346, Rn. 31 führt dazu in Anlehnung an § 2306 Abs. 1 S. 1 a.F. folgende Konstellation an: Wurde der Pflichtteilsberechtigte mit einer die Hälfte des gesetzlichen Erbteils nicht übersteigenden Quote zum Erben eingesetzt und gleichzeitig durch Einsetzung eines Nacherben, die Ernennung eines Testamentsvollstreckers oder eine Teilungsanordnung beschränkt oder mit einem Vermächtnis oder einer Auflage beschwert, so würde diese Beschränkung oder Beschwerung ohne Pflichtteilsverzicht als nicht angeordnet gelten, während sie mit Pflichtteilsverzicht wirksam ist.

238 Wegerhoff in: MünchKomm, § 2351, Rn. 1; Mayer in: Bamberger/ Roth (Stand: Edition 20), § 2351, Rn. 1; Edenhofer in: Palandt, § 2351, Rn. 1.

239 BGH, Urt. v. 24.06.1998, NJW 1998, S. 3117, 3117; Zimmermann, S. 202; Edenhofer in: Palandt, § 2351, Rn. 2; Damrau in: Staudinger, § 2351, Rn. 5; Frenz in: Würzburger Notarhandbuch, S. 1698.

2. *Rechtsnatur des Erb- und Pflichtteilsverzichts*

a) Abstraktes Verfügungsgeschäft

Da es sich bei dem auf den Pflichtteil beschränkten Verzicht lediglich um eine von mehreren Ausgestaltungsformen des Erbverzichts handelt, teilt der (isolierte) Pflichtteilsverzicht die Rechtsnatur des (unbeschränkten) Erbverzichts[240], weshalb eine weitere Differenzierung an dieser Stelle entbehrlich ist.

Der Erbverzicht ist ein vertragliches, erbrechtliches, abstraktes Verfügungsgeschäft unter Lebenden auf den Todesfall mit negativem Inhalt[241]. Hauptmotiv der Konzipierung des Erbverzichts als Vertrag und nicht als beispielsweise einseitige Erklärung des Verzichtenden ist das Mitbestimmungsrecht des Erblassers, der selbst mitentscheiden soll, was nach seinem Tode mit seinem Vermögen geschieht[242]. Hinzukommt, dass nur die vertragliche Natur des Erbverzichts die bindende Wirkung dieses Rechtsinstituts rechtfertigt[243]. Nach der herrschenden Meinung ist er zugleich Verfügungsgeschäft, weil er unmittelbar den Verlust des Erbrechts bewirkt und die Rechtslage entsprechend umgestaltet. Der Berufungsgrund für die Erbschaft wird unmittelbar mit dem Verfügungsgeschäft aufgehoben; der Verzichtende erwirbt gar nicht erst das subjektive Recht, Erbe oder Pflichtteilsberechtigter zu werden[244]. Damit beseitigt der Verzicht also nicht das Recht, sondern hindert seine Entstehung[245]. Als abstraktes Rechtsgeschäft treten bei dem Erbverzicht die Wirkungen unabhängig von Bestehen und Wirksamkeit eines Grundgeschäfts ein, so die heute wohl ganz herrschende Meinung[246].

---

240 Gierse, S. 49; vgl. im Einzelnen § 2, A., II., 2., S40 ff..

241 Schmoeckel, S. 150; Deppenkemper in: PWW, § 2346, Rn. 2; Edenhofer in: Palandt, § 2346, Rn. 4; Schotten in: Staudinger, Einl. zu § 2346, Rn. 15; Wegerhoff in: MünchKomm, § 2346, Rn. 3; Mayer in: Bamberger/ Roth (Stand: Edition 20), § 2346, Rn. 2; Bengel in: Münchener Anwaltshandbuch Erbrecht (4. Auflage), § 34, Rn. 3; Reul, MittRhNotK 1997, S. 373, 374.

242 Deppenkemper in: PWW, § 2346, Rn. 2; Schotten in: Staudinger, Einl. zu § 2346, Rn. 16.

243 Schotten in: Staudinger, Einl. zu § 2346, Rn. 16.

244 Damrau in: Soergel, § 2346, Rn. 1; Mayer in: Bamberger/ Roth (Stand: Edition 20), § 2346, Rn. 2; Schotten in: Staudinger, Einl. zu § 2346, Rn. 17; Wegerhoff in: MünchKomm, § 2346, Rn. 2; Bengel in: Münchener Anwaltshandbuch Erbrecht (4. Auflage), § 34, Rn. 3; Edenhofer in: Palandt, § 2346, Rn. 4; Deppenkemper in: PWW, § 2346, Rn. 2.

245 Weidlich, Anm. zu OLG Düsseldorf, Beschl. v. 21.06.2011, ZEV 2011, S. 529, 530; Schotten in: Staudinger, § 2346, Rn. 17; lediglich Kornexl spricht insoweit von einer vom Gesetz vorgegebenen negativen Geltungsanordnung und verneint damit das Vorliegen eines Verfügungsgeschäfts, Kornexl, Der Zuwendungsverzicht, S. 28.

246 Deppenkemper in: PWW, § 2346, Rn. 2; Schotten in: Staudinger, Einl. zu § 2346, Rn. 19, § 2346,Rn. 115; Mayer in: Bamberger/ Roth (Stand: Edition 20), § 2346, Rn. 2; Damrau in: Soergel, § 2346, Rn. 1; Edenhofer in: Palandt, § 2346, Rn. 4; Damrau,

b) Kausalgeschäft

Soweit früher mit der Begründung, der Erbverzicht habe keine causa[247], eine Einordnung des Rechtsgeschäfts als abstrakt abgelehnt wurde, da eine solche Qualifikation eines Rechtsgeschäfts als abstrakt nur vorgenommen werden könne, wenn zwischen dem Kausalgeschäft und dem dinglichen Erfüllungsgeschäft ein Zusammenhang bestehe, ist diese Ansicht heute nicht mehr vertretbar. Sie beruhte auf der früher herrschenden Meinung zur Rechtsnatur des Erbverzichts. Da das Gesetz heute wie früher nur den abstrakten Erbverzicht regelte, wurde angenommen, der Erbverzicht trage seine Rechtfertigung in sich selbst, dass es sich mithin um ein Rechtsgeschäft ohne causa handele[248]. Heute ist jedoch allgemein anerkannt, dass der Erbverzicht als abstraktes Rechtsgeschäft wie jedes sonstige Verfügungsgeschäft als Rechtsgrundlage eines Verpflichtungsgeschäfts als Rechtsgrundlage bedarf[249]. Auch wenn das Kausalgeschäft im Gesetz nicht vorgesehen ist, folgt dessen Zulässigkeit aus dem Prinzip der Vertragsfreiheit[250].

Auch das Kausalgeschäft zum Erbverzicht soll mit der herrschenden Meinung, ebenso wie der abstrakte Erbverzicht, nur zu Lebzeiten des Erblassers vereinbart werden können, denn ein erst nach dem Tod des Erblassers geschlossener oder wirksam gewordener Vertrag[251] wäre auf eine unmögliche Leistung gerichtet[252].

Von den gegenseitigen schuldrechtlichen Verträgen unterscheidet sich der Erbverzicht dadurch, dass diesen nur obligatorische Wirkung zukommt, während jener eine abstrakte Verfügungswirkung besitzt. Der Erbverzicht als Verfügungsgeschäft ist in seinem rechtlichen Bestand unabhängig von der Gültigkeit des Verpflichtungsgeschäfts[253]. Deshalb ist der Erbverzicht auch kein gegenseitig verpflichtender Vertrag, auf welchen die §§ 320 ff. BGB Anwendung finden könnten[254]. Die

---

Der Erbverzicht, S. 98; Hau in: jurisPK, § 2346, Rn. 3; Deppenkemper in: PWW, § 2346, Rn. 2.

247 Zu der Frage der causa beim entgeltlichen Erbvertrag: Kilian, Die causa beim entgeltlichen Erbvertrag.

248 Meyer in: Festschrift für Enneccerus; Crome, S. 177; Woesch, S. 18; Walsmann, S. 297.

249 Mayer in: Bamberger/ Roth (Stand: Edition 20), § 2346, Rn. 2; Schotten in: Staudinger, Einl. zu § 2346, Rn. 19, § 2346, Rn. 115; Kupka- Göll, S. 22; Edenhofer in: Palandt, § 2346, Rn. 4; Hau in: jurisPK, § 2346, Rn. 3; Bengel in: Münchener Anwaltshandbuch Erbrecht (4. Auflage), § 34, Rn. 5; ausführlich zu der Frage der Erforderlichkeit eines Kausalgeschäfts: Kupka- Göll, S. 23–25 sowie von Proff, DNotZ 2017, S. 84–106.

250 Mayer in: Bamberger/ Roth (Stand: Edition 20), § 2346, Rn. 26; Schotten in: Staudinger, § 2346, Rn. 116.

251 Siehe hierzu das Beispiel im vorhergehenden Abschnitt hinsichtlich der zeitlichen Begrenzungen beim Pflichtteilsverzicht, § 2, A., II., 1., d), bb), S. 37 ff..

252 Von Proff, DNotZ 2017, S. 84, 84 ff.; Mayer in: Bamberger/ Roth (Stand: Edition 20), § 2346, Rn, 30; Schotten in: Staudinger, § 2346, Rn. 118.

253 Schotten in: Staudinger, § 2346, Rn. 117.

254 Mayer in: Bamberger/ Roth (Stand: Edition 20), § 2346, Rn. 2; Schotten in: Staudinger, Einl. zu § 2346, Rn. 20; Deppenkemper in: PWW, § 2346, Rn. 2; differenzierend zu dem Erbverzicht gegen Abfindung, vgl. unten § 2, A., II., 3., S43 ff..

Abstraktheit des Erbverzichts ist jedoch umgekehrt kein Grund für die Annahme, das Kausalgeschäft könne kein gegenseitig verpflichtender Vertrag sein[255].

Auch der Pflichtteilsverzicht trägt seinen Rechtsgrund nicht in sich selbst, sondern bedarf nach heute herrschender Meinung einer „causa". Diese ist beim unentgeltlichen Pflichtteilsverzicht ein einseitiges, beim entgeltlichen Pflichtteilsverzicht ein gegenseitiges Rechtsgeschäft[256]. Dem Pflichtteilsverzicht als reines Verfügungsgeschäft liegt damit ebenso wie dem Erbverzicht regelmäßig ein entsprechendes schuldrechtliches Verpflichtungsgeschäft zugrunde, wenn er gegen Abfindung erklärt wird[257].

c) *Einordnung als Rechtsgeschäft unter Lebenden auf den Todesfall und Konsequenzen*

Entsprechend der herrschenden Meinung ist der Erb- und Pflichtteilsverzicht ein Rechtsgeschäft unter Lebenden auf den Todesfall und keine Verfügung von Todes wegen, da er keine Verfügung des Erblassers, sondern nur eine des Erbanwärters über dessen Rechtsposition enthält[258]. Aus diesem Grund sind auf den Erbverzicht auch grundsätzlich die Vorschriften des Allgemeinen Teils über Rechtsgeschäfte, Willenserklärungen und Verträge anzuwenden, soweit nicht die erbrechtliche Natur des Verzichts entgegensteht[259]. Im Einzelnen anwendbar sind damit in Fragen der Auslegung, ausgenommen § 2350, die für Rechtgeschäfte unter Lebenden geltenden Normen der §§ 133, 157 [260]. Willensmängel beurteilen sich nach §§ 116 ff. BGB[261]. Wird der Erbverzicht wegen Irrtums, Drohung oder Arglist angefochten sind die §§ 119, 123, nicht hingegen §§ 2078, 2079 einschlägig[262]. Bei teilweiser Nichtigkeit des Verzichts beurteilt sich die Wirksamkeit des Rechtsgeschäfts nach § 139 und nicht etwa nach § 2085 [263].

---

255 Siehe dazu die sogleich folgenden Ausführungen zum entgeltlichen Erb- und Pflichtteilsverzicht, § 2, A., II., 3., S. 43 ff..

256 Mayer in: Mayer/ Süß, S. 419; Mayer in: Bamberger/ Roth (Stand: Edition 20), § 2346, Rn. 26.

257 Mayer in: Mayer/ Süß, S. 407.

258 Damrau in: Soergel, § 2346, Rn. 1; Wegerhoff in: MünchKomm, § 2346, Rn. 4; Mayer in: Bamberger/ Roth (Stand: Edition 20), § 2346, Rn. 3; Schotten in: Staudinger, Einl. zu § 2346, Rn. 21; Zellmann, S. 144 ff.; ausführlich zur Entwicklung und zu den verschiedenen Ansichten: Kupka- Göll, S. 13–16 sowie Gierse, S. 13–35.

259 Schotten in: Staudinger, Einl. zu § 2346, Rn. 21; Mayer in: Bamberger/ Roth (Stand: Edition 20), § 2346, Rn. 3; Edenhofer in: Palandt, § 2346, Rn. 5.

260 Deppenkemper in: PWW, § 2346, Rn. 2; Wegerhoff in: MünchKomm, § 2346, Rn. 4.

261 Mayer in: Bamberger/ Roth (Stand: Edition 20), § 2346, Rn. 3; Edenhofer in: Palandt, § 2346, Rn. 5.

262 Wegerhoff in: MünchKomm, § 2346, Rn. 4; Schotten in: Staudinger, Einl. zu § 2346, Rn. 21.

263 Mayer in: Bamberger/ Roth (Stand: Edition 20), § 2346, Rn. 3; Edenhofer in: Palandt, § 2346, Rn. 5.

Dass der Erbverzicht erbrechtlicher Vertrag und nicht schuldrechtlicher Vertrag[264] ist, hat einige Besonderheiten zur Folge. So gelten etwa hinsichtlich der Geschäftsfähigkeit der Vertragsparteien besondere Regeln, etwa § 2347; der Erblasser kann den Erbverzicht grundsätzlich nur persönlich schließen, § 2347 Abs. 2; er bedarf gemäß § 2348 der notariellen Beurkundung, wobei bei getrennter Beurkundung von Antrag und Annahme letztere zu Lebzeiten des Antragstellers erklärt werden muss, § 153 gilt insoweit nicht für den Erbverzicht; ebenso findet § 130 Abs. 2 keine Anwendung[265].

3. Der entgeltliche Erb- und Pflichtteilsverzicht

a) Abfindung durch Zuwendung unter Lebenden und durch Zuwendung von Todes wegen

In der Mehrzahl der Fälle vereinbaren Erblasser und Verzichtender die Erklärung des Erbverzichts gegen Zahlung einer Abfindung, sog. entgeltlicher[266] Erbverzicht[267]. Auch der Pflichtteilsverzicht kann gegen Leistung einer Abfindung geschlossen werden und unterliegt den gleichen vertraglichen Gestaltungsmöglichkeiten wie der Erbverzicht. Im Folgenden ist daher schlicht vom Erbverzicht die Rede. Die Abfindung kann wie meist in einer Zuwendung unter Lebenden, nämlich in einer einmaligen oder laufenden Geld- oder Sachleistung, aber auch in einer Verfügung von Todes wegen bestehen[268]. Eine Abfindung für einen Erbverzicht durch Zuwendung von Todes wegen kann beispielsweise dadurch erfolgen, dass der Erblasser zugunsten des Verzichtenden mit erbvertraglich bindender Wirkung ein Vermächtnis aussetzt, also allgemein gesprochen sich der Erblasser schuldrechtlich verpflichtet, eine bestimmte Verfügung von Todes wegen zu errichten, und der Verzichtende, den Erbverzicht zu erklären[269].

b) Vertragliche Gestaltungsmöglichkeiten angesichts des Abstraktionsprinzips

Die bloße Abfindungsvereinbarung und der Erbverzicht sind im Grundsatz selbständige Geschäfte, die keinen einheitlichen Vertrag i.S.d. §§ 320 ff. bilden, weil der Erbverzicht als abstraktes Rechtsgeschäft seiner Natur nach nicht in einem

---

264 Wegerhoff in: MünchKomm, § 2346, Rn. 2; Schotten in: Staudinger, Einl. zu § 2346, Rn. 16; Mayer in: Bamberger/ Roth (Stand: Edition 20), § 2346, Rn. 2.

265 Schotten in: Einl. zu § 2346, Rn. 22.

266 Ausführlich zu dem Begriffspaar entgeltlich- unentgeltlich: Vollmar, S. 73–83.

267 BGH, Beschl. v. 29.11.1996, NJW 1997, S. 653, 653; Damrau, Der Erbverzicht, S. 97; Holthaus, S. 12 f.; Kupka- Göll, S. 25; Schotten in: Staudinger, § 2346, Rn. 122; Reul, MittRhNotK 1997, S. 373, 380; Kipp/ Coing, § 82, VI; Mayer in: Bamberger/ Roth (Stand: Edition 20), § 2346, Rn. 28; Wegerhoff in: MünchKomm, § 2346, Rn. 21; Hau in: jurisPK, § 2346, Rn. 26.

268 Hau in: jurisPK, § 2346, Rn. 26.

269 Schotten in: Staudinger, § 2346, Rn. 141 f.

Synallagma[270] zu der Abfindungsvereinbarung stehen kann[271]. Der juristische Laie wird aus wohlverstandenen Interessen heraus jedoch von der Einheit beider Geschäfte ausgehen, insbesondere der Verzichtende hat im Fall der Nichtleistung der Abfindung ein gesteigertes Interesse am Wegfall des Verzichts bzw. an der Wiederherstellung des status quo ante. So entspricht es meist dem Parteiwillen, Abfindung und Erbverzicht zum Gegenstand eines Vertrages zu machen, in welchem beide Leistungen „miteinander stehen und fallen". Verpflichtet sich einerseits der Verzichtende zur Erklärung des Erbverzichts und andererseits der Erblasser zur Leistung der Abfindung, handelt es sich bei einem solchen schuldrechtlichen Rechtsgeschäft um einen gegenseitigen Vertrag i.S.d. §§ 320 – 326 [272]. Der gegenseitige Vertrag wird durch die beiden selbständigen Vollzugsgeschäfte erfüllt[273]. Wie bei jedem synallagmatischen Vertrag steht der gegenseitige Leistungsaustausch, das Prinzip des „do ut des" im Vordergrund[274], so dass bei Leistungsstörungen in diesem Austauschverhältnis die Abwicklung über §§ 320 ff. stattfindet[275].

---

270 Ausführlich zu dem bei einem Erbvertrag vorliegenden Synallagma: Rothe, Erbvertrag und Synallagma.

271 Schotten in: Staudinger, § 2346, Rn. 21.

272 Hau in: jurisPK, § 2346, Rn. 27; Schotten in: Staudinger, § 2346, Rn. 122; Mayer in: Bamberger/ Roth (Stand: Edition 20), § 2346, Rn. 29; Wegerhoff in: MünchKomm § 2346, Rn. 22; BGH, Beschl. v. 29.11.1996, NJW 1997, S. 653, 653; Edenhofer in: Palandt, § 2346, Rn. 7; Reul, MittRhNotK 1997, S. 373, 380; Damrau, Der Erbverzicht, S. 97; Rheinbay, S. 11 f.; Damrau in: Soergel, § 2346, Rn. 3; Wuchenauer, S. 33.

273 Schotten in: Staudinger, § 2346, Rn. 122.

274 Kupka- Göll, S. 25; vgl. auch dort zu der Differenzierung zwischen genetischem und funktionellem Synallagma.

275 Bei der Frage der Rückforderung der Abfindung stellt sich die Frage, ob die Abfindung eine Schenkung darstellt. Dies ist äußerst umstritten. Aktuell hatte sich der BGH mit der Frage zu beschäftigen, ob die mit einem Erbverzicht verbundene Zuwendung als Schenkung zu qualifizieren ist (BGH, Urt. v.07.07.2015, FamRZ 2016, S. 214, 214 mit Anm. Croon-Gestefeld). Maßgeblich sei die Frage der Einigkeit der Parteien hinsichtlich der Unentgeltlichkeit der Zuwendung. Dafür komme es auf den Parteiwillen und die Würdigung aller Umstände im Einzelfall an. Unentgeltlichkeit sei nicht schon deshalb zu verneinen, weil der Verzicht nach dem Parteiwillen als Ausgleich für die Zuwendung dienen solle (BGH, Urt. v.07.07.2015, FamRZ 2016, S. 214, 216 mit Anm. Croon-Gestefeld). Dabei könne eine Schenkung sogar dann noch angenommen werden, „wenn die Höhe der Zuwendung in etwa der Erberwartung entspricht oder diese gar übersteigt" (BGH, Urt. v.07.07.2015, FamRZ 2016, S. 214, 216 mit Anm. Croon-Gestefeld).

Eine ausführliche Darstellung findet sich u.a. bei Kupka- Göll, S. 153–172; der BGH hat zuletzt mit Urt. v. 03.12.2008, NJW 2009, 1143, 1145 sein Urt. v. 08. 07.1985, NJW 1986, 127 f. bestätigt, wonach die Abfindung eine unentgeltliche Zuwendung darstelle. Eine aktuelle differenzierende Darstellung unter Bezugnahme auf das vorzitierte BGH- Urt. v. 07.07.2015 findet sich bei von Proff, DNotZ 2017, S. 84, 102 ff.

Meist werden in der Praxis Erbverzicht und schuldrechtliches Grundgeschäft, trotz Selbständigkeit beider Rechtsgeschäfte, mit einer auflösenden oder aufschiebenden Bedingung i.S.d. § 158 miteinander verbunden[276]. Die Gültigkeit der Abfindungsvereinbarung kann zur Bedingung des Erbverzichts gemacht werden oder der Erbverzicht wird als durch die Leistung der Abfindung aufschiebend oder auflösend bedingt gestaltet[277].

4. Der unentgeltliche Erb- und Pflichtteilsverzicht

Von einem unentgeltlichen Erb – und Pflichtteilsverzicht spricht man, wenn dieser erklärt wird, ohne dass der Verzichtende dafür eine Abfindung erhält. Er ist ein einseitig verpflichtender unentgeltlicher Vertrag, in dem sich der Verzichtende verpflichtet, ganz oder teilweise auf sein zukünftiges Erbrecht zu verzichten[278]. Die ganz herrschende Meinung geht davon aus, dass der unentgeltliche Verzicht keine Schenkung des Verzichtenden an den Erblasser oder an den durch den Verzicht Begünstigten darstellt[279]. Dementsprechend bestimmt § 517 im Sinne einer Negativdefinition, dass eine Schenkung dann nicht vorliegt, wenn jemand zum Vorteil eines anderen einen Vermögenserwerb unterlässt oder auf ein angefallenes, noch nicht endgültig erworbenes Recht verzichtet oder eine Erbschaft oder ein Vermächtnis ausschlägt. Zudem bewirkt der Verzicht keine unmittelbare Vermögensminderung des Verzichtenden und eine daraus korrespondierende Bereicherung des Erblassers[280]. Vielmehr liegt ein unentgeltliches Rechtsgeschäft sui generis vor[281].

276 Edenhofer in: Palandt, § 2346, Rn. 10; Mayer in: Bamberger/ Roth (Stand: Edition 20), § 2346, Rn. 34; Wegerhoff in: MünchKomm, § 2346, Rn. 25; Reul, MittRhNotK 1997, S. 373, 380; Gierse, S. 177.

277 Wegerhoff in: MünchKomm, § 2346, Rn. 25. Auch die Aufnahme eines Rücktrittsvorbehalts in das Verpflichtungsgeschäft ist möglich, vgl. dazu die Ausführungen von Kramm, S. 114 f. Möglich ist ferner eine Kombination von Rücktritt und Bedingung derart, dass mit dem Rücktritt vom Grundgeschäft der unter der entsprechenden auflösenden Bedingung erklärte verfügende Erbverzicht entfällt (Damrau in: Soergel, § 2346, Rn. 5; Mayer in: Bamberger/ Roth (Stand: Edition 20), § 2346, Rn. 35).

278 Mayer in: Bamberger/ Roth (Stand: Edition 20), § 2346, Rn. 27.

279 Schmoeckel, S. 150; Damrau in: Soergel, § 2346, Rn. 1; Edenhofer in: Palandt, § 2346, Rn. 4; Mayer in: Bamberger/ Roth (Stand: Edition 20), § 2346, Rn. 27; Wegerhoff in: MünchKomm, § 2346, Rn. 5; Schotten in: Staudinger, § 2346, Rn. 121; zuletzt offen gelassen von BGH, Urt. v. 28.11.2012, FamRZ 2013, S. S. 278, 279 mit Anm. Maurer.

280 Mayer in: Bamberger/ Roth (Stand: Edition 20), § 2346, Rn. 27.

281 Von Proff, DNotZ 2017, S. 84, 106; Keller, ZEV 2005, 229, 232; Bengel in: Münchener Anwaltshandbuch Erbrecht (4. Auflage), § 34, Rn. 5; Wegerhoff in: MünchKomm, § 2346, Rn. 5; Mayer in: Bamberger/ Roth (Stand: Edition 20), § 2346, Rn. 27.

Wird ein unentgeltlicher Verzicht erklärt, so handelt es sich dabei in der Praxis häufiger um einen isolierten Pflichtteilsverzicht als um den umfassenderen Erbverzicht[282].

5. Wirkungen des Erb- und Pflichtteilsverzichts

Der Verzicht im engeren Sinne bewirkt, dass der Verzichtende von der gesetzlichen Erbfolge ausgeschlossen ist, wie wenn er zum Zeitpunkt des Erbfalls nicht mehr lebte, § 2346 Abs. 1 S. 2 HS 1, sog. Vorversterbensfiktion. Der Erbverzicht bewirkt, im Gegensatz zum Pflichtteilsverzicht[283], eine unmittelbare Änderung der gesetzlichen Erbfolge[284]. Gemäß § 2310 S. 2 wird derjenige, der durch Erbverzicht von der gesetzlichen Erbfolge ausgeschlossen ist, bei der Feststellung des für die Berechnung des Pflichtteils maßgebenden Erbteils nicht mitgezählt. Dadurch erhöhen sich notwendigerweise die Pflichtteilsquoten der anderen pflichtteilsberechtigten Erben[285]. § 2349 bestimmt, dass sich die Wirkung des Verzichts eines Abkömmlings oder eines Seitenverwandten des Erblassers auf die Abkömmlinge des Verzichtenden erstreckt, sofern nicht etwas anderes bestimmt wird. Damit erstrecken sich die Wirkungen des Erbverzichts eines Abkömmlings oder Seitenverwandten grundsätzlich auf den ganzen Stamm, mithin auf die vorhandenen wie die künftigen Abkömmlinge. Entgegen dem Wortlaut des § 2349 tritt die dort normierte Erstreckung entsprechend der herrschenden Meinung auch beim Pflichtteilsverzicht ein[286].

Güterrechtlich bedeutet der Erbverzicht bei im gesetzlichen Güterstand der Zugewinngemeinschaft lebenden Ehegatten nicht automatisch einen Verzicht auf den Zugewinnausgleich nach § 1371 Abs. 2, wohl aber nach § 1371 Abs. 1, dies gilt jedenfalls für die Wirkungen des Erbverzichts. Dogmatisch erfordert der Verzicht auf den Zugewinn eine ehevertragliche Grundlage[287]. § 1371 Abs. 1 bestimmt

---

282 Schotten in: Staudinger, § 2346, Rn. 120.

283 Wegerhoff in: MünchKomm, § 2346, Rn. 19; Hau in: jurisPK, § 2346, Rn. 18. Der Verzichtende wird Erbe, wenn der Erblasser nicht anders testiert.

284 Wegerhoff in: MünchKomm, § 2346, Rn. 30.

285 Der bloße auf den Pflichtteil beschränkte Verzicht erhöht hingegen das Pflichtteilsrecht anderer Pflichtteilsberechtigter nicht; bei der Berechnung der Pflichtteilsberechtigten wird der Verzichtende mitgezählt (BGH, Urt. v. 13.1.1996, MittBayNot 1997, S. 109, 109).

286 Deutsches Notarinstitut, DNotI-Report 2007, S., 73, 73 f.; Damrau in: Soergel, § 2349, Rn. 1; Schotten in: Staudinger, § 2349, Rn. 11, § 2346, Rn. 75; Gierse, S. 51; Hau in: jurisPK, § 2346, Rn. 21; Edenhofer in: Palandt, § 2349, Rn. 1; im Zusammenhang mit der gleichwertigen Wirkung bei dem umfassenderen Erbverzicht und damit für ein „argumentum a maiore ad minus" Weidlich, NotBZ 2009, S. 149, 154; vgl. i.Ü. die Erläuterungen zu § 2, A., II., 5., S46 ff..

287 Schotten in: Staudinger, § 2346, Rn. 70; Mayer in: Bamberger/ Roth (Stand: Edition 20), § 2346, Rn. 21.

zugunsten des überlebenden Ehegatten, dass der Ausgleich des Zugewinns im Falle des Todes des anderen Ehegatten dadurch verwirklich wird, dass sich der gesetzliche Erbteil des überlebenden Ehegatten um ein Viertel der Erbschaft erhöht, unabhängig von der Frage, ob wirklich ein Zugewinn erzielt wurde. Da aufgrund des Erbverzichts kein gesetzliches Erbrecht am Nachlass mehr vorhanden ist, kann sich auch der gesetzliche Erbteil gemäß § 1371 Abs. 1 nicht mehr erhöhen. § 1371 Abs. 2 gibt dem überlebenden Ehegatten, der nicht Erbe wird und dem auch kein Vermächtnis zusteht, die Möglichkeit, den Ausgleich des Zugewinns nach den Vorschriften der §§ 1373 bis 1383, 1390 zu verlangen. Diesen rechnerischen Zugewinnausgleich kann der betroffene Ehegatte jedoch nur geltend machen, wenn er weder Erbe noch Vermächtnisnehmer wird; ggf. ist hierzu die Ausschlagung einer solchen Zuwendung erforderlich[288].

Hinsichtlich der Auswirkungen auf die Testierfreiheit des Erblassers beschränkt der Erbverzicht diese nicht. Er wird durch den Erbverzicht nicht daran gehindert, dem Verzichtenden zu Lebzeiten unentgeltliche Zuwendungen zu machen oder den Verzichtenden durch eine Verfügung von Todes wegen zu bedenken[289]. Im Falle des Pflichtteilsverzichts erhält der Erblasser insoweit seine volle Testierfreiheit, da mit der Geltendmachung des Pflichtteils des Verzichtenden nicht mehr gerechnet werden muss[290].

Inwieweit der Erb- und Pflichtteilsverzicht Auswirkungen auf den nachehelichen Unterhaltsanspruch im Fall des Todes des Unterhaltsverpflichteten gemäß §§ 1586 b, 1933 S. 3 hat, ist umstritten und wird an anderer Stelle behandelt[291].

B. Motivation von Familienangehörigen zum Abschluss von Erb- oder Pflichtteilsverzichten

In der Praxis wird, wie dargelegt, regelmäßig dem Pflichtteilsverzicht der Vorzug gegeben, da dieser, wie gesehen, im Gegensatz zu dem Erbverzicht nicht zu einer Erhöhung des Pflichtteils anderer Pflichtteilsberechtigter führt[292].

Bereits 1966 konstatierte *Damrau,* der Pflichtteilsverzicht stehe im Gegensatz zu dem Erbverzicht wegen der mannigfaltigen Möglichkeiten, der sinnvollen Vorsorge für den Todesfall im Vordergrund. Besonders hinzuweisen sei auf seine Verwendungsfähigkeit bei der Durchführung der allgemein zu empfehlenden antizipierten Erbfolge; er stelle sicher, dass Familienunternehmen im Familienbesitz ungeteilt in einer Hand erhalten werden könnten, ohne dass der Fortbestand der Wirtschaftseinheit bedroht werde; Gesellschaftsanteile an Personengesellschaften

---

288 Mayer in: Bamberger/ Roth (Stand: Edition 20), § 2346, Rn. 21; Schotten in: Staudinger, § 2346, Rn. 70.
289 Schotten in: Staudinger, § 2346, Rn. 71.
290 Lange/ Kuchinke, S. 173; Gottwald, S. 290; Edenhofer in: Palandt, § 2346, Rn. 16.
291 Vgl. unten § 5, C., II., 1., S. 222 ff..
292 Mayer, ZEV 2007, S. 556, 556.

könnten vor Zersplitterung durch Erbgang bewahrt und in Familienbesitz erhalten bleiben, ohne dass das Unternehmen selbst in Gefahr gerate; schließlich könne der Pflichtteilsverzicht auch die Erhaltung von Beteiligungen an Kapitalgesellschaften in Familienbesitz sicherstellen[293]. Der praktische Bedarf des (gegenständlich beschränkten) Pflichtteilsverzichts aus vorgenannten Gründen besteht bis heute unverändert fort[294].

Hauptanwendungsfälle des Erbverzichts sind die vollständige oder teilweise Regelung der Vermögensnachfolge zu Lebzeiten des Erblassers (sog. vorweggenommene Erbfolge), der Ausschluss eines Ehegatten oder des eingetragenen Lebenspartners von der Erbfolge, die Abfindung erstehelicher oder nichtehelicher Kinder sowie die Sicherung des Fortbestands eines Unternehmens, insbesondere im mittelständischen oder landwirtschaftlichen Bereich[295].

Bedeutsam ist dabei der entgeltliche Erbverzicht vor allem, wenn die Abfindung es dem Verzichtenden ermöglichen soll, eine eigene Existenz auszubauen, also etwa ein eigenes Unternehmen zu gründen[296].

C. Kombination von familien- und erbrechtlichen Elementen

Bei Ehegatten bietet sich häufig eine Verknüpfung familienrechtlicher und erbrechtlicher Komponenten an. Meist handelt es sich in diesen Konstellationen um Scheidungsfolgenvereinbarungen mit erbrechtlichen Verzichten.

Kaum gebräuchlich ist in der Praxis die Verbindung eines Ehevertrages mit einem gemeinschaftlichen Testament. Dem liegt die Tatsache zugrunde, dass ein gemeinschaftliches Testament nicht von Verlobten, sondern nur von Ehegatten errichtet werden kann und damit von vornherein nicht Betracht kommt, soweit die Verlobten ihre Vermögensverhältnisse vor der Heirat regeln wollen. Möglich ist aber die Errichtung eines gemeinschaftlichen Testaments zusammen mit einem Erb- und Pflichtteilsverzicht in einer notariellen Urkunde, sowie die Zusammenfassung eines Erb- und Pflichtteilsverzichts mit einem Ehevertrag. Letztgenannte Konstellation mit einer Vereinbarung von Gütertrennung und einem gegenseitigem Erb- und Pflichtteilsverzicht kommt insbesondere in Betracht bei der Wiederverehelichung älterer, finanziell unabhängiger Ehegatten mit jeweils einseitigen Kindern, um das jeweilige Vermögen zugunsten der Abkömmlinge zu erhalten[297].

293 Damrau, Der Erbverzicht, S. 137 f.

294 Zu der Frage der Belastung einer Unternehmensnachfolgeplanung durch Pflichtteilsansprüche und entsprechender kautelarjuristischer Störfallvorsorge vgl. Winkler, Unternehmensnachfolge und Pflichtteilsrecht- Wege zur Minimierung des Störfaktors „Pflichtteilsansprüche“, ZEV 2005, S. 89–95.

295 Schotten in: Staudinger, Einl. zu § 2346, Rn. 3.

296 Hau in: jurisPK, § 2346, Rn. 26; weitere anschauliche Beispiele finden sich bei Wachter, ZErb 2004, S. 238, 239 und Kuchinke, FPR 2006, S. 125, 127.

297 Döbereiner, S. 13; Wiemer, S. 163.

Im Falle eines Ehevertrages kann sich ebenso zur Vermeidung der Zerschlagung der Unternehmenseinheit ein Pflichtteilsverzicht als Ergänzung zur Gütertrennung wirtschaftlich anbieten. So beispielsweise in dem vom OLG Koblenz zu entscheidenden Fall vom 13.01.2004. Knapp zwei Wochen vor der Eheschließung vereinbarten die künftigen Ehegatten ehevertraglich den Güterstand der Gütertrennung, modifizierten den nachehelichen Unterhalt und verzichteten gegenseitig auf Pflichtteilsansprüche[298].

Auch bei Eheverträgen kommt ein gegenständlich beschränkter Pflichtteilsverzicht in Betracht, etwa um einen güterrechtlichen Zugewinnausgleich im Erbfall nach § 1371 Abs. 3 auszuschließen[299]. Um Manipulationen und spätere Rechtsstreitigkeiten zu vermeiden, ist eine klare Abgrenzung des Umfangs des Pflichtteilsverzichts erforderlich, was auch für die Nachlassverbindlichkeiten gilt[300]. Auch in Ergänzung zur Gütertrennung, insbesondere wenn ein Unternehmen zur Erbmasse gehört, kann der gegenständlich beschränkte Pflichtteilsverzicht wirtschaftlich sinnvoll sein[301].

Wegen der nachteiligen Wirkungen des Erbverzichts wird dieser selten vereinbart. Lediglich in besonderen Situationen, etwa wenn alle Pflichtteilsberechtigten einen Erbverzicht erklären oder im Rahmen einer Scheidungsfolgenvereinbarung, wenn es mit dem Eintritt der Scheidung oder durch die Vorwirkung nach § 1933 [302] wenig später ohnehin durch das Ausscheiden des verzichtenden Ehegatten zu einer Erhöhung des Erb- und Pflichtteils der anderen Angehörigen kommen wird, kann der Erbverzicht angezeigt sein[303].

Generell sind bei Ehegatten im Falle der Verbindung ehevertraglicher mit erbrechtlichen Regelungen die wechselseitigen Auswirkungen zu berücksichtigen. Dies gilt insbesondere für das Zusammenspiel von Ehegüterrecht und Erbrecht im Hinblick auf die Erbquote, §§ 1371, 1931 [304], ferner für die Auswirkungen, die ein Scheidungsantrag auf die gesetzliche Erbfolge gemäß § 1933 hat, auf eine Verfügung von Todes wegen gemäß § 2077, auf ein gemeinschaftliches Testament, § 2268, und auf einen Erbvertrag gemäß § 2279 Abs. 3 [305]. Ebenfalls relevant ist die Verzahnung von Erbrecht und Unterhaltsrecht [306], §§ 1371 Abs. 4, 1586 b, 1933 S. 3[307].

---

298 OLG Koblenz, Urt. v. 13.01.2004, FamRZ 2004, S. 805–808 mit Anm. Bergschneider.

299 Mayer in: Würzburger Notarhandbuch, S. 1387; Mayer in: Bamberger/ Roth (Stand: Edition 20), § 2346, Rn. 17, § 1408, Rn. 59.

300 Mayer in: Bamberger/ Roth (Stand: Edition 20), § 2346, Rn. 17.

301 Wiemer, S. 163.

302 Zu dem Ausschluss des Ehegattenerbrechts gemäß § 1933 vgl. unten § 5, C., III., 2., S. 254 ff..

303 Riegel in: Handbuch der notariellen Vertragsgestaltung, S. 644; Mayer, ZEV 2007, S. 556, 556.

304 Dazu näher unten § 5., C., IV., 2., S. 293 ff..

305 Bergschneider in: Handbuch des Fachanwalts Familienrecht, S. 1285.

306 Zu § 1586 b vgl. unten § 5, C., II., 1., S. 222 ff..

307 Bergschneider in: Handbuch des Fachanwalts Familienrecht, S. 1286.

D. Zwischenergebnis

Zusammenfasssend bleibt festzuhalten, dass Erbverzicht und Pflichtteilsverzicht zwei grundsätzlich voneinander zu unterscheidende Rechtsinstitute sind, die allerdings teilweise auch denselben Regeln unterliegen. Der Erbverzicht enthält, existiert keine andere Vereinbarung, den Verzicht auch auf das Pflichtteilsrecht, § 2346 Abs. 1 S. 2. Umgekehrt gilt dies nicht. Häufiger als der Erbverzicht ist in der Praxis jedoch der (isolierte) Pflichtteilsverzicht anzutreffen. Dies kann verschiedenste Gründe haben.

Der Pflichtteilsverzicht erweitert die Testierfreiheit des Erblassers um den Pflichtteil des Verzichtenden. Er ändert gemäß § 2346 Abs. 2 im Gegensatz zum Erbverzicht die gesetzliche Erbfolge nicht, weshalb der auf den Pflichtteil Verzichtende auch Erbe wird, wenn der Erblasser nicht anderweitig testiert. Wird er enterbt, wird der auf den Pflichtteil Verzichtende im Gegensatz zum Erbverzicht bei der Berechnung der Hälfte des gesetzlichen Erbteils und bei der Ausgleichspflicht berücksichtigt, weshalb sich anders als bei dem Erbverzicht, § 2310 S. 2, die Quoten anderer Pflichtteilsberechtigter auch nicht erhöhen.

Der Pflichtteilsverzicht erstreckt sich grundsätzlich auf den ordentlichen Pflichtteil, den Restpflichtteil und den Ergänzungsanspruch.

Bei dem Erbverzicht kann lediglich auf einen ideellen Bruchteil des gesetzlichen Erbrechts verzichtet werden, während beim Pflichtteilsverzicht, wegen der Natur des Pflichtteils als Geldanspruch beispielsweise auch ein bestimmter Geldbetrag, eine Berechnungsgrundlage oder ein gegenständlich beschränkter Pflichtteilsverzicht vereinbart werden kann.

Erb- und Pflichtteilsverzicht können befristet oder bedingt gestaltet sein, sowie entgeltlich oder unentgeltlich erfolgen.

Gegenstand dieser Arbeit sind der entgeltliche und der unentgeltliche Pflichtteilsverzicht und damit auch der im Sinne vorstehender Erwägungen als solcher definierte Erbverzicht, weil dieser gemäß § 2346 Abs. 1 S. 2 BGB den Verzicht auf den Pflichtteil mitumfasst.

§ 3 Möglichkeiten des kodifizierten Rechts zur Kontrolle von Pflichtteilsverzichten

A. Sittenwidrigkeit, § 138 BGB

Zum näheren, auch dogmatischen Verständnis ist eine Darstellung der gesetzlich bereits vorgesehenen Kontrollmechanismen für Pflichtteilsverzichtsverträge unabdingbar. Ohne die klare Abgrenzung, wann welches Rechtsinstitut auf den Pflichtteilsverzichtsvertrag anwendbar ist, kann weder ein (auch dogmatischer) Vergleich zwischen den gesetzlichen und richterrechtlichen Überprüfungsinstrumentarien von Eheverträgen und Pflichtteilsverzichtsverträgen angestellt noch die Frage nach einer vermeintlichen „Lücke" für die Anwendbarkeit einer Inhaltskontrolle in diesem erbrechtlichen Bereich beantwortet werden[308], zumal teilweise die Existenz dieser gesetzlichen Kontrollmöglichkeiten als ausreichend und auch abschließend betrachtet wird[309]. Soweit zum besseren Verständnis erforderlich, wird auch eine Darstellung hinsichtlich des Erbverzichts mit einbezogen.

Grundsätzlich ist ein Rechtsgeschäft, das gegen die guten Sitten verstößt, gemäß § 138 Abs. 1 nichtig. Verstößt das Geschäft bereits gegen ein gesetzliches Verbot i.S.d. § 134, kommt die Generalklausel des § 138 Abs. 1 nicht mehr in Betracht, weil § 134 i.V.m. dem Verbotsgesetz konkretere Anforderungen statuiert und damit als lex specialis zu betrachten ist[310].

Auch das Kausalgeschäft zum Erbverzicht, das gegen die guten Sitten verstößt, kann gemäß § 138 Abs. 1 nichtig sein[311]. Jedoch gilt bei § 138 Abs. 1, dass die Nichtigkeit des Verpflichtungsgeschäfts nicht auf das Verfügungsgeschäft übergreift; letzteres ist nichtig, wenn es autonom sittenwidrig ist[312]. Ist das Kausalgeschäft nichtig, so werden die Nichtigkeitsgründe jedoch sehr oft den abstrakten Erbverzicht miterfassen[313]. Als weitere Nichtigkeitsgründe kommen vor allem in Betracht: Willensmängel, §§ 116 ff., ein Verstoß gegen das Formerfordernis, § 125, Beschränkungen in der Geschäftsfähigkeit, §§ 105 ff., sowie Wucher gemäß § 138 Abs. 2 [314].

Weil die Parteien aber im Rahmen der Vertragsfreiheit grundsätzlich frei vereinbaren können, zu welchen Konditionen, insbesondere ob sie gegen Zahlung einer

308 Zum Verhältnis der einzelnen Rechtsinstitute untereinander, siehe unten § 3, D., S. 71 ff..

309 Vgl. die Darstellung oben § 1, B., S. 8 ff.. sowie unten § 3, D., S. 71 ff..

310 Mückenheim, S. 39.

311 Schotten in: Staudinger, Einl. zu § 2346, Rn. 21; Damrau in: Soergel, § 2346, Rn. 20.

312 Theiss/ Boger, ZErb 2006, S. 164, 165.

313 Schotten in: Staudinger, § 2346, Rn. 180.

314 Schotten in: Staudinger, § 2346, Rn. 172.

Abfindung oder ohne Gegenleistung einen entsprechenden Verzicht abschließen, wird selten ein sittenwidriges Rechtsgeschäft oder Wucher vorliegen[315]. Zu prüfen ist im Rahmen der Sittenwidrigkeit[316] jedoch insbesondere die Verknüpfung von Verzicht und angestrebtem Zweck[317]. So kann im Einzelfall etwa die missbräuchliche Ausnutzung der sich aus § 2349 ergebenden Erstreckungswirkung einen Verstoß gegen die guten Sitten darstellen und gemäß § 138 ganz oder zum Teil nichtig sein. Das ist namentlich dann der Fall, wenn die Wirksamkeit eines Pflichtteilsverzichts von dem Vorversterben des Verzichtenden vor dem Erblasser abhängig gemacht wird und die Erstreckungswirkung nur zu Lasten der Abkömmlinge gewollt ist[318].

Die Nichtigkeit des Grundgeschäfts erfasst gelegentlich auch das Erfüllungsgeschäft, sog. Fehleridentität, was beide Geschäfte nichtig macht[319]. Eine bereits geleistete Abfindung kann von dem Verzichtenden, da ohne rechtlichen Grund geleistet, gemäß § 812 Abs. 1 S. 1 zurückgefordert werden. Das Recht der Rückforderung geht mit Tod des Erblassers auf dessen Erben über; nach dem Tode des Verzichtenden haben dessen Erben die Pflicht zur Rückzahlung[320].

Während bei Verstößen gegen das Wucherverbot des § 138 Abs. 2 die Nichtigkeitssanktion nicht nur das Verpflichtungsgeschäft, sondern auch das Erfüllungsgeschäft trifft[321], ist dies bei § 138 As. 1 nicht per se der Fall. Die Nichtigkeitssanktion des Erfüllungsgeschäfts muss, da § 138 Abs. 1 grundsätzlich zunächst nur das Verpflichtungsgeschäft erfasst, gesondert festgestellt werden[322]. In der Regel besteht bei § 138 Abs. 1 keine Fehleridentität, weil das Äquivalenzmissverhältnis allein das Kausalgeschäft betrifft[323]. Das Erfüllungsgeschäft kann jedoch auch nichtig sein, wenn es autonom sittenwidrig ist, was insbesondere dann der Fall ist, wenn die Sittenwidrigkeit gerade im Vollzug der Erfüllungsleistung liegt oder wenn mit dem Erfüllungsgeschäft ein sittenwidriger Zweck verfolgt wird[324]. Abstrakte

---

315 OLG Koblenz, Beschl. v. 04.03.1999, NJW-RR 1999, S. 708, 708; Damrau, Der Erbverzicht, S. 130 f.; Schotten in: Staudinger, § 2346, Rn. 173.

316 Zu den Fällen der sog. Umstandssittenwidrigkeit insb. der eingangs erwähnte „Wildmoserfall" des OLG München; näher dazu unten § 5, A., I., S. 136 ff..

317 Kuchinke, FPR 2006, S. 125, 128; Mayer in: Bamberger/ Roth (Stand: Edition 20), § 2346, Rn. 40.

318 Wegerhoff in: MünchKomm, § 2349, Rn. 7.

319 Deppenkemper in: PWW, § 2346, Rn. 14; Mayer in: Bamberger/ Roth (Stand: Edition 20), § 2346, Rn. 31; Schotten in: Staudinger, § 2346, Rn. 180.

320 Schotten in: Staudinger, § 2346, Rn. 180.

321 Sack in: Staudinger, § 138, Rn. 139; Armbrüster in: MünchKomm, § 138, Rn. 164; Ellenberger in: Palandt, § 138, Rn. 75.

322 BGH, Urt. v. 03.10.1989, NJW 1990, S. 383, 385; Theiss/ Boger, ZErb 2006, S. 164, 165; Armbrüster in: MünchKomm, § 138, Rn. 165; Sack in: Staudinger, § 138, Rn. 140; Ellenberger in: Palandt, § 138, Rn. 20.

323 Sack in: Saudinger, § 138, Rn. 140.

324 BGH, Urt. v. 20.01.2006, NJW-RR 2006, S. 888, 889: In dem zu entscheidenden Fall waren sowohl Kaufvertrag als auch Auflassung sittenwidrig, denn mit dem Vollzug

Rechtsgeschäfte sind auch dann nichtig, wenn mit ihnen sittenwidrige Zwecke verfolgt werden[325]. Dementsprechend ist die Sittenwidrigkeit von Verfügungsgeschäften im Anwendungsbereich des § 138 Abs. 1 getrennt zu prüfen und im Rahmen der stets erforderlichen Gesamtbeurteilung sind Motive und Zwecke mit zu berücksichtigen[326].

Wenn nur das Kausalgeschäft nichtig, der (verfügende) Erbverzicht aber wirksam geschlossen ist, also insbesondere kein Fall der Fehleridentität vorliegt, kann die geleistete Abfindung ebenso gemäß § 812 Abs. 1 S. 1 vom Verzichtenden zurückverlangt werden[327]. Fraglich ist aber, wie es mit dem bereits erklärten Verzicht aussieht. Nach der herrschenden Meinung erfolgt eine Rückforderung der Verzichtserklärung dann aus Bereicherung gemäß § 812 Abs. 1 S. 1. Der Verzichtende kann von dem Erblasser das ohne rechtlichen Grund Erlangte verlangen[328]. Dabei reicht als erlangtes „etwas" i.S.d. § 812 Abs. 1 S. 1 die erworbene vorteilhafte Rechtsstellung des Erblassers aus[329], wobei diese vorteilhafte Rechtsstellung des Erblassers in seiner (wiedererlangten) Testierfreiheit[330] besteht[331].

Die Mindermeinung vertritt die Ansicht, eine Kondiktion sei ausgeschlossen, da der Erblasser durch den Verzicht nichts auf Kosten des Verzichtenden erlangt habe; lediglich die Person des Erbanwärters habe sich geändert[332]. Einige Vertreter dieser Ansicht billigen dem Verzichtenden ein Rücktrittsrecht analog § 2295 BGB zu[333], andere ein Anfechtungsrecht analog § 2078 [334]. Wiederum andere Vertreter dieser Minderansicht wollen dem Verzichtenden mit dem Einwand der unzulässigen Rechtsausübung, § 242, weiterhelfen[335]. Nach einer letzten Ansicht innerhalb dieser den Kondiktionsanspruch ablehnenden Meinung soll das Abfindungsversprechen

---

des sittenwidrigen Kaufvertrages verfolgten die Vertragsparteien einen ebenfalls sittenwidrigen Zweck, nämlich das Entstehen eines uneingeschränkten Geh- und Fahrtrechts zu Gunsten des jeweiligen Eigentümers durch die Eintragung einer Grunddienstbarkeit im Grundbuch zu vereiteln und dadurch die von der Gegenseite beabsichtigte erweiterte Nutzung des Grundstücks zu verhindern.

325 Sack in: Staudinger, § 138, Rn. 144; Armbrüster in: MünchKomm, § 138, Rn. 165.

326 Armbrüster in: MünchKomm, § 138, Rn. 165.

327 Mayer in: Bamberger/ Roth (Stand: Edition 20), § 2346, Rn. 31; Reul, MittRhNotK 1997, S. 373, 381; Wegerhoff in: MünchKomm, § 2346, Rn. 24; Schotten in: Staudinger, § 2346, Rn. 182.

328 Wegerhoff in: MünchKomm, § 2346, Rn. 24; Holthaus, S. 92 ff.; Schotten in: Staudinger, § 2346, Rn. 182; Mayer in: Bamberger/ Roth (Stand: Edition 20), § 2346, Rn. 31; Kramm, S. 147; Gimple, S. 188 f.

329 Schotten in: Staudinger, § 2346, Rn. 183.

330 Vgl. insoweit oben § 2, A., II., 5., S. 46 ff..

331 Mayer in: Bamberger/ Roth (Stand: Edition 20), § 2346, Rn. 31.

332 Schlüter, S. 138; Damrau, Der Erbverzicht, S. 99 f; Damrau in: Soergel, § 2346, Rn. 4.

333 Larenz, JherJb 81, S. 1, 17 ff.

334 Strohal, S. 528, dort Fn. 6.

335 Schlüter, S. 138 f.; Kollhosser, AcP 194 (1994), S. 231–257 f.

des Erblassers die Geschäftsgrundlage für den erklärten Erbverzicht sein und mithin im Falle eines nichtigen Kausalgeschäfts ein Fehlen oder ein Wegfall der Geschäftsgrundlage vorliegen[336].

Die besseren Gründe scheinen für die herrschende Meinung zu sprechen. Die wiedererlangte Testierfreiheit des Erblassers ist ausreichend für das erlangte „etwas" i.S.d. § 812 Abs. 1 S. 1. Ein tatsächliches Anwachsen des Erblasservermögens ist nämlich für eine Bereicherung nicht erforderlich, jeder Vermögensvorteil genügt. Zudem ist die Aussicht auf den Pflichtteil im Gesetz als vermögenswerte Position anerkannt, vgl. §§ 311 b, 1822, 1643 BGB[337]. Damit hat auch der Verzichtende etwas auf Kosten des Erblassers i.S.d. § 812 Abs. 1 S. 1 erlangt[338].

Die Herausgabe des Erlangten geschieht durch Aufhebung des Erbverzichtsvertrages gemäß § 2351 [339]. Nach allgemeiner Meinung ist eine Aufhebung des Erbverzichts nach dem Tod des Erblassers nicht mehr möglich[340]. Anstelle der Herausgabe des Erlangten soll nach herrschender Meinung dann Wertersatz gemäß § 818 Abs. 2 geleistet werden, welcher sich grundsätzlich an dem objektiven Verkehrswert orientiert[341]. Umstritten ist jedoch wiederum die Wertermittlung, insbesondere die Frage des Zeitpunkts dieser Ermittlung, worauf hier nicht näher eingegangen werden soll[342]. Da nach zutreffender Ansicht[343] eine Aufhebung des Erbverzichts auch nach dem Tod des Verzichtenden nicht mehr möglich ist, ist auch in einem solchen Fall Wertersatz gemäß § 818 Abs. 2 zu leisten.

---

336 Damrau, Der Erbverzicht, S. 112 ff.; Damrau in: Soergel, § 2346, Rn. 4; Edenhofer in: Palandt, § 2346, Rn. 11; eine ausführliche Auseinandersetzung mit dieser Ansicht findet sich bei Kupka- Göll, S. 136–139.

337 So auch Kramm, S. 147.

338 Zur Vermeidung solcher Schwierigkeiten in der Praxis wird vorgeschlagen, bei der Vertragsgestaltung die Verknüpfung zwischen Erbverzicht und Abfindung im Grundgeschäft durch die Vereinbarung eines bedingten Erbverzichts vorzunehmen. Der Erbverzicht ist dann nur wirksam, wenn das Grundgeschäft und damit auch die Abfindungsvereinbarung wirksam ist (vgl. Reul, MittRhNotK 1997, S. 373, 381; ähnlich Edenfeld, Anm. zu BGH, Beschl. v. 29.11.1996, ZEV 1997, S. 69, 71).

339 Kollhosser, AcP 194 (1994), S. 231–257; Holthaus, S. 98; Wegerhoff in: MünchKomm, § 2346, Rn. 24; Schotten in: Staudinger, § 2346, Rn. 183; Mayer in: Bamberger/ Roth (Stand: Edition 20), § 2346, Rn. 31.

340 Vgl. bereits oben § 2, A., II., 1., d), S. 36 ff..

341 Sprau in: Palandt, § 818, Rn. 19; Mayer in: Bamberger/ Roth (Stand: Edition 20), § 2346, Rn. 31; Deppenkemper in: PWW, § 2346, Rn. 14.

342 Vgl. m.w.N. Schotten in: Staudinger, § 2346, Rn. 184.

343 Vgl. oben § 2, A., II., 1., d), S. 36 ff..

B. Störung der Geschäftsgrundlage

I. Erbverzicht

1. Anwendbarkeit der Regeln über Fehlen und/ oder Wegfall der Geschäftsgrundlage

a) Begrifflichkeiten

Teilweise als am interessantesten und materiell-rechtlich schwierigsten wird in dem vorliegenden Themenkomplex die Frage bezeichnet, inwieweit die Grundsätze des Wegfalls der Geschäftsgrundlage auf erbrechtliche Verzichte im Allgemeinen und auf den isolierten Pflichtteilsverzicht im Besonderen anzuwenden und wie ggf. die Voraussetzungen und Rechtsfolgen im konkreten Fall festzulegen sind[344]. Zunächst soll der Erbverzicht betrachtet werden, bevor es dann um den spezielleren Fall des Pflichtteilsverzichts geht.

Grundsätzlich können Störungen der Geschäftsgrundlage bei allen schuldrechtlichen Verträgen auftreten, mithin, jedoch nach nicht unumstrittener Ansicht, auch bei dem Abfindungsvertrag als Grundgeschäft des Erbverzichts[345]. Geschäftsgrundlage bedeutet dabei „die bei Abschluss eines Vertrags zutage getretene, dem Geschäftsgegner erkennbare und nicht von ihm beanstandete Vorstellung der

---

344 Vgl. ausführlich zu dieser Problematik stellvertretend Wendt, ZNotP 2006, S. 2, 6–8, Bengel, ZEV 2006, S. 192–197; Wuchenauer, S. 164–174; Kupka- Göll, S. 129–146.

345 Schotten, DNotZ 1998, S. 163, 173; Schotten in: Staudinger, § 2346, Rn. 189.. Als Beispiele seien genannt:. - Nach Abschluss des Abfindungs- und/oder Erbverzichtsvertrages nimmt das Erblasservermögen eine gänzlich außergewöhnliche und unvorhergesehene Entwicklung nach oben oder unten (Schotten in: Staudinger, § 2346, Rn. 191; Schotten, DNotZ 1998, S. 163, 174; Kupka- Göll, S. 141).
- Beide Parteien legen dem Abfindungs- und/oder Erbverzichtsvertrag eine völlig falsche Vorstellung zugrunde (Schotten in: Staudinger, § 2346, Rn. 191; Schotten, DNotZ 1998, S. 163, 174; Kupka- Göll, S. 141).
- Stellt sich nach dem Erbfall heraus, dass der angestrebte Zweck nicht erreicht werden kann, kommt nur Anpassung des Abfindungsvertrages an die geänderten Verhältnisse in Betracht (Edenhofer in: Palandt, § 2346, Rn. 9).
- Der Erblasser hatte zu der Zeit des Abschlusses des Erbverzichtsvertrages erheblich mehr oder weniger Vermögen als ihm und dem Verzichtenden bekannt war (Kollhosser, AcP 194 (1994), S. 231, 255; Schotten in: Staudinger, § 2346, Rn. 191; Schotten, DNotZ 1998, S. 163, 174).
- Der Verzichtende ist nach dem Abschluss des Erbverzichtsvertrages verarmt. Mit Rücksicht auf seine gute finanzielle Lage hatte er zuvor zugunsten seiner in bescheidenen Verhältnissen lebenden Geschwister unentgeltlich auf sein gesetzliches Erbrecht am zukünftigen Nachlass seiner Eltern verzichtet (Schotten in: Staudinger, § 2346, Rn. 191; Schotten, DNotZ 1998, S. 163, 174).

einen Vertragspartei oder die gemeinsamen Vorstellungen beider Parteien von dem Vorhandensein oder dem künftigen Eintritt gewisser Umstände, sofern der Geschäftswille der Parteien auf diesen Vorstellungen aufbaut“[346].

b) Differenzierung zwischen abstraktem und kausalem Erbverzicht unter Beachtung des Risikocharakters des Erbverzichts

aa) Die Literaturmeinungen

Äußerst umstritten ist die Frage, ob die Grundsätze über die Störung der Geschäftsgrundlage anwendbar sind. Während sich die Frage der Anwendbarkeit auf das Kausalgeschäft noch recht eindeutig beantworten lässt, wird die Beantwortung derselben im Rahmen des abstrakten Erbverzichtsvertrages recht kontrovers diskutiert.

Eine Mindermeinung in der Literatur spricht sich generell gegen die Anwendbarkeit der Grundsätze über den Wegfall der Geschäftsgrundlage aus[347]. Da der Erbverzicht ein bewusstes Risikogeschäft sei, könne keine Seite sich im Falle einer nachträglichen Mehrung oder Minderung des Vermögens des Erblassers auf den Wegfall der Geschäftsgrundlage berufen[348].

Die überwiegende Ansicht in der Literatur befürwortet zumindest hinsichtlich des Kausalgeschäfts die Möglichkeit des Wegfalls der Geschäftsgrundlage[349]. Allerdings bedeutet dies auch nach dieser Ansicht keineswegs, dass jeder gestörte Erbverzicht dem Wegfall der Geschäftsgrundlage zugänglich ist, vielmehr soll eine Begrenzung auf die lediglich extremen Ausnahmefälle stattfinden[350]. Dabei liegt der Grund der Begrenzung in dem Risikocharakter des Erbverzichts, weshalb auch Änderungen der Vermögensverhältnisse der Vertragsteile zwischen dem Vertragsabschluss und dem Erbfall grundsätzlich keine Anpassung der Abfindungsvereinbarung ermöglichen[351]. Solche Veränderungen, die Einfluss auf Wert und Umfang

---

346 Vgl. BT- Drucks. 14/ 6040, S. 174 ff.; stellvertretend für die Rechtsprechung: BGH, Urt. v. 17.01.1990, NJW-RR 1990, S. 386, 387; eingehend dazu Kupka- Göll, S. 130–133.

347 Coing, NJW 1967, S. 1777, 1780; Lange in: Festschrift für Nottarp, S. 119, 130; Teubner in: AK, Vor. § 2346, Rn. 31.

348 Teubner in: AK, Vor. § 2346, Rn. 31.

349 Mayer in: Bamberger/ Roth (Stand: Edition 20), § 2346, Rn. 33; Schotten in: Staudinger, § 2346, Rn. 189 ff.; Schotten, DNotZ 1998, S. 163, 173; Wegerhoff in: MünchKomm, § 2346, Rn. 24 a; Leipold, S. 198 ff.; Edenhofer in: Palandt, § 2346, Rn. 9; Kupka- Göll, S. 129; Weidlich in: Handbuch des Erbrechts, Kapitel 15, Rn. 88.

350 Westermann in: Festschrift für Kellermann, S. 505, 522; Schotten, DNotZ 1998, S. 163, 175; Mayer in: Bamberger/ Roth (Stand: Edition 20), § 2346, Rn. 33; Kollhosser, AcP 194 (1994), S. 231, 254; Kupka- Göll, S. 135.

351 Mayer in: Bamberger/ Roth (Stand: Edition 20), § 2346, Rn. 3; Westermann in: Festschrift für Kellermann, S. 505, 511; Mayer in: MünchKomm, § 2346, Rn. 24 a; Schotten in: Staudinger, § 2346, Rn. 190 Damrau in: Soergel, § 2346, Rn. 20.

des zukünftigen Rechts des Verzichtenden haben sind vertragstypisch und gehören mangels abweichender vertraglicher Vereinbarung der Parteien zur Geschäftsgrundlage des Erbverzichts[352]. Der Erblasser ist daher auch nicht berechtigt, die geleistete Abfindung zurückzuverlangen, wenn der Verzichtende vor dem Erblasser stirbt oder er aus einem sonstigen Grund, etwa durch Ehescheidung, als Erbe wegfällt, da es sich insoweit um eben typische Risiken handelt[353].

Allerdings können auch Umstände vorliegen oder Entwicklungen eingetreten sein, die außerhalb jeder Vorstellung der Parteien liegen und mit deren Eintritt vernünftigerweise niemand zu rechnen braucht[354]. Wesentliche Änderungen der Verhältnisse begründen aber nur dann ein Recht auf Vertragsanpassung bzw. Rücktritt, wenn sich durch die Störung nicht ein Risiko verwirklicht, das eine Partei alleine zu tragen hat, weshalb die Anwendung der Grundsätze über die Störung der Geschäftsgrundlage beim Abfindungsvertrag nicht dazu führen darf, dass vertragstypische Risiken auf den anderen Vertragspartner abgewälzt werden[355]. Deshalb ist auch hier dem Risikocharakter Rechnung zu tragen. Während der Erblasser das Risiko von Vermögensminderungen sowie das Risiko des Vorversterbens des Verzichtenden zu tragen hat, muss der Verzichtende mit Blick auf den sicheren Erwerb einer Abfindung statt auf eine ungewisse Aussicht auf einen Erwerb von Todes wegen das Risiko einer ggf. erheblichen Vermögensmehrung des Erblassers sowie Versschiebungen in der Höhe seiner ursprünglich gegebenen Erbquote zu seinen Gunsten bis zum Erbfall tragen[356].

Darüber hinaus sollen die Grundsätze über Störungen der Geschäftsgrundlage auch anwendbar sein, wenn der mit dem Vertrag erstrebte Zweck nicht erreicht wird[357].

Teilweise wird auch eine Anwendung der Geschäftsgrundlagenlehre auf den abstrakten Erbverzicht bejaht[358]. Als Ausprägung des Grundsatzes von Treu und

352 Schotten in: Staudinger, § 2346, Rn. 190.

353 Coing, NJW 1967, S. 1777, 1779; Schotten in: Staudinger, § 2346, Rn. 190.

354 Schotten, DNotZ 1998, S. 163, 173; Schotten in: Staudinger, § 2346, Rn. 191; Horn, ZEV 2010, S. 295, 297.

355 Kramm, S. 154.

356 Edenfeld, Anm. zu BGH, Beschl. v. 29.11.1996, ZEV 1997, S. 69, 71; Kupka- Göll, S 134 f.; Coing, NJW 1967, S. 1777, 1779; Westermann in: Festschrift für Kellermann, S. 505, 522; Kramm, S. 155.

357 Mayer in: Bamberger/ Roth (Stand: Edition 20), § 2346, Rn. 33; Wuchenauer, S. 167; Horn, ZEV 2010, S. 295, 297; vgl. dazu auch die Entscheidung des BGH v. 29.11.1996, ZEV 1997 mit Anm. Edenfeld, S. 69–72; Kupka- Göll, S. 140 verweist in diesem Zusammenhang darauf, dass Geschäftsgrundlage und Zweckvereinbarung im Sinne der condictio ob rem oft nur schwer zu unterscheiden seien, weshalb im Einzelfall geprüft werden müsse, ob es sich bei dem „angestrebten Zweck" tatsächlich um eine Geschäftsgrundlage handele oder ob möglicherweise eine Zweckvereinbarung vorliege, welche zur Anwendbarkeit der condictio ob rem führe.

358 Damrau, Der Erbverzicht, S. 121; Kupka- Göll, S. 129 f.

Glauben gelte § 313 BGB auch für nicht schuldrechtliche Verträge, so etwa auch für Verträge des Erbrechts, jedoch seien die Besonderheiten dieses Rechtsgebiets zu beachten[359].

Dabei ist zu betonen, dass ein Vertreter dieser letztgenannten Ansicht dem älteren Schrifttum zuzuordnen ist, welches noch davon ausging, dass der abstrakte Erbverzicht die causa in sich trage[360]. Das Rechtsinstitut des Wegfalls der Geschäftsgrundlage war daher unumgänglich, um eine Verbindung zwischen der Erbringung der Abfindung und dem abstrakten Erbverzicht herzustellen. Dies war insbesondere erforderlich im Falle eines wirksamen Erbverzichts bei gleichzeitiger Weigerung des Erblassers, die versprochene Abfindung zu erbringen[361].

Die Vertreter der neuen Literatur konstatieren, eine Anwendung der Regeln über das Fehlen und den Wegfall der Geschäftsgrundlage sei in Bezug auf den (abstrakten) Erbverzichtsvertrag nicht von vornherein ausgeschlossen[362]. Zwar handele es sich hierbei nicht um einen schuldrechtlichen Vertrag, sondern um ein erbrechtliches Verfügungsgeschäft, doch fielen auch Verträge des Erbrechts in den Anwendungsbereich der Geschäftsgrundlagenlehre, wobei allerdings die jeweiligen erbrechtlichen Besonderheiten zu berücksichtigen seien[363].

bb) Die Rechtsprechung

Der Bundesgerichtshof nimmt in seinen zu diesem Problemkreis ergangenen Entscheidungen, anders als die vorherrschende Literaturmeinung, eine ausdrückliche Differenzierung zwischen kausalem und abstraktem Erbverzicht vor.

So hat der BGH in einer Entscheidung den Wegfall der Geschäftsgrundlage bejaht, als ein Abkömmling einen Erbverzicht unentgeltlich allein mit Rücksicht auf den elterlichen Wunsch erklärte, weil die Eltern den Hof der Familie in der Hand des Bruders des Verzichtenden sehen wollten, der Bruder aber kurz nach dem Tod der Eltern den Hof veräußerte[364]. Dabei hält das erkennende Gericht fest, dass der dem Verzichtsvertrag zugrunde liegende Abfindungsvertrag nach den Grundsätzen über die Änderung und den Wegfall der Geschäftsgrundlage unter Umständen dann angepasst werden kann, wenn die Vertragsteile mit dem Vertrag den Zweck nicht erreichen können, den sie angestrebt haben, ohne ihn zum Vertragsinhalt zu machen[365]. Der verzichtenden Tochter wurde im Wege der Anpassung ein Nachabfindungsanspruch zugesprochen, da der Zweck, den Hof der

---

359 Grüneberg in: Palandt, § 313, Rn. 7; Wendt, ZNotP 2006, S. 2, 7; Bengel, ZEV 2006, S. 192,195; Ludyga, S. 56; Kupka- Göll, S. 130.

360 Vgl. oben § 2, A., II., 2., b), S. 41 f.f.

361 Vgl. auch die Darstellung bei Wuchenauer, S. 168.

362 Wendt, ZNotP 2006, S. 2, 7; Bengel, ZEV 2006, S. 192,195; Ludyga, S. 56 .

363 Kupka- Göll, S. 129 f.

364 BGH, Beschl. v. 29.11.1996, ZEV 1997, S. 69, 69 mit Anm. Edenfeld.

365 BGH, Beschl. v. 29.11.1996, ZEV 1997, S. 69, 69 mit Anm. Edenfeld.

Familie, hier dem Bruder und seinen Nachkommen zu erhalten, durch den Verkauf des Hofs nicht mehr erreicht werden konnte.

Zwei Jahre später hielt der BGH ebenfalls unter Differenzierung von abstraktem und kausalem Geschäft fest, dass dem durch das Rechtsgeschäft mit dem Erblasser übervorteilten Vertragspartner zum Ausgleich seiner Vermögensnachteile Ansprüche gegen den Nachlass zuzubilligen sein können, dies im Wege der Anpassung. Der abstrakte Verzicht hingegen blieb wirksam[366].

Auch das OLG Hamm bejahte unter Differenzierung von abstraktem Verfügungsgeschäft und schuldrechtlichem Abfindungsvertrag die Anpassung der Abfindung für einen Erbverzicht wegen Wegfalls der Geschäftsgrundlage[367]. In Auseinandersetzung mit der Berufung hält das OLG fest, es sei zwar richtig, dass Erb- und Pflichtteilsverzicht als abstrakte erbrechtliche Verfügungen einer Anpassung nach den Regeln des Wegfalls der Geschäftsgrundlage nicht zugänglich seien, dies gelte aber nicht für den ihnen zugrunde liegenden schuldrechtlichen Vertrag. Gerade weil allein die Anpassung dieses schuldrechtlichen Vertrages und nicht der dinglichen Rechtslage zu erfolgen habe, könne die Klägerin ausschließlich einen Geldanspruch fordern[368].

cc) Zeitliche Grenzen

Der (abstrakte) Erbverzicht kann nach dem Tod des Erblassers nicht mehr beeinflusst werden[369]. Weder Anpassung noch Rückabwicklung des Erbverzichts als abstraktes Verfügungsgeschäft wegen Wegfalls der Geschäftsgrundlage nach Eintritt des Erbfalls sind möglich, weil die Rechtssicherheit eine gefestigte Grundlage für die Erbfolge verlangt[370]. So hat der BGH in seiner bereits erwähnten Entscheidung vom 04.11.1998 den Wegfall der Geschäftsgrundlage bei einem (abstraktem) Zuwendungsverzicht verneint, weil mit dem Erbfall die Erbfolge feststehe und diese nachträglich nicht mehr mit der Behauptung außer Kraft gesetzt werden könne, die Geschäftsgrundlage habe gefehlt oder sei entfallen[371]. Dabei betont das Gericht, dass eine Aufhebung des Verzichts gemäß § 2351 BGB nach dem Tod der Erblasserin nicht mehr möglich gewesen sei. Dieses Ziel könne dann nicht mit Rückabwicklung des Verzichtsvertrages auf der Grundlage des § 242 BGB (heute § 313) erreicht werden, wenn das Fehlen der Geschäftsgrundlage erst nach dem Erbfall geltend gemacht werde. Dem stünden gewichtige Belange der Rechtssicherheit entgegen. Die Erbfolge müsse mit dem Tod des Erblassers auf einer festen

---

366 BGH, Urt. v. 04.11.1998, NJW 1999, S. 789, 789 f.

367 OLG Hamm, Urt. v. 03.08.1999,ZEV 2000, S. 507, 508 mit Anm. Kuchinke.

368 OLG Hamm, Urt. v. 03.08.1999,ZEV 2000, S. 507, 510 mit Anm. Kuchinke.

369 Damrau in: Soergel, § 2346, Rn. 20 unter Berufung auf die bereits dargestellte Ansicht des BGH.

370 Edenhofer in: Palandt, § 2346, Rn. 17 ebenfalls unter Berufung auf die Rechtsprechung des BGH; Wendt, ZNotP 2006, S. 2, 7;

371 BGH, Urt. v. 04.11.1998, NJW 1999, S. 789, 789.

Grundlage stehen und dürfe grundsätzlich nicht noch nach beliebig langer Zeit wieder umgestoßen werden können. Insbesondere im Interesse der Nachlassgläubiger und aller an der Erbauseinandersetzung Beteiligten bedürfe es einer verlässlichen Beurteilungsgrundlage für die mit dem Erbfall eintretende Erbfolge[372]. Diese Interessen der Rechtssicherheit stünden der Vertragsanpassung allerdings nicht entgegen, soweit es nicht um die Erbfolge selbst ginge, sondern um den etwa als Rechtsgrund eines Erb- oder Zuwendungsverzichts abgeschlossenen Abfindungsvertrag[373]. Nach alledem kann die Anpassung auch noch nach dem Erbfall verlangt werden[374].

dd) Stellungnahme

Während die Gerichte also offenbar die Anwendung der Regeln über die Störung der Geschäftsgrundlage bei dem abstrakten Erbverzicht abzulehnen scheinen, geht ein Teil der Literatur von deren Anwendbarkeit aus, wobei dann allerdings die erbrechtlichen Besonderheiten zu berücksichtigen sein sollen.

Warum die Grundsätze über die Störung der Geschäftsgrundlage auf den Abfindungsvertrag generell keine Anwendung finden können sollen, so wie dargestellt eine Mindermeinung im Schrifttum, leuchtet nicht ein. Der Abfindungsvertrag ist wie gezeigt ein synallagmatischer schuldrechtlicher Vertrag. Bereits die Stellung der Norm des § 313 BGB spricht systematisch für die Anwendbarkeit auf schuldrechtliche Verträge.

Schwieriger zu beantworten ist allerdings die Frage der Anwendbarkeit auf den abstrakten Erbverzicht. Während die Literatur schlicht darauf verweist, eine Anwendung der Regeln über die Störung der Geschäftsgrundlage sei nicht von vornherein ausgeschlossen, die Besonderheiten des Erbrechts seien aber zu berücksichtigen, bleibt das Schrifttum ebenso wie die Rechtsprechung eine genauere Erklärung schuldig. Letztere geht jedoch abgesehen von dem OLG Hamm, das in dem zuvor geschilderten Fall schlicht in einem Satz pauschal die Anwendbarkeit für Erb- und zugleich für Pflichtteilsverzicht ohne weitere Differenzierung ausschließt, nicht den Schritt, die Anwendung explizit zu bejahen. Lediglich im Umkehrschluss zu den Entscheidungen des BGH kann man zu der Erkenntnis gelangen, dass die Anwendung in bestimmten Fällen nicht ausgeschlossen sein könnte. Dabei ist gemäß dem BGH[375] das ausschließende Moment die bereits mehrfach erläuterte zeitliche Komponente, nämlich der Erbfall, mit dessen Eintritt die Erbfolge feststehen muss. Damit hat das Gericht lediglich die Frage beantwortet, wie nach Eintritt des Erbfalls zu entscheiden ist. Dabei hat es allerdings explizit

372 BGH, Urt. v. 04.11.1998, NJW 1999, S. 789, 789.
373 BGH, Urt. v. 04.11.1998, NJW 1999, S. 789, 789
374 Horn, ZEV 2010, S. 295, 297; Damrau in: Soergel, § 2346, Rn. 20.
375 Vgl. insbesondere die vorherigen Ausführungen zu BGH, Urt. v. 04.11.1998, NJW 1999, S. 789, 789.

nur auf diesen Zeitpunkt und auf die fehlende Möglichkeit der Aufhebung des Verzichts gemäß § 2351 nach dem Tod der Erblasserin abgestellt. Die Aufhebung des Verzichts könne nicht auf der Grundlage von § 313 erreicht werden, wenn der Wegfall erst nach dem Erbfall geltend gemacht werde, da dann die Erbfolge feststehen müsse. Das Gericht lässt also ausdrücklich den Fall der Störung der Geschäftsgrundlage vor dem Erbfall offen und lässt konsequent die Anpassung des Abfindungsvertrages auch nach dem Erbfall zu, dies mit dem Hinweis auf die in diesem Fall mangels Einflusses auf die Erbfolge nicht entgegenstehenden Interessen der Rechtssicherheit[376].

Dass die von der Literatur erwähnten Besonderheiten des Erbrechts über die Beachtung des Zeitpunktes des Erbfalls dogmatisch und entsprechend der Natur des Erbverzichts hinausgehen, ist nicht ersichtlich[377]. Ab diesem Zeitpunkt hat

376 Das Urteil des BGH vom 04.11.1998 ebenso interpretierend Wendt, ZNotP 2006, S. 2, 6.

377 So auch im Ergebnis Bengel, ZEV 2006, S. 192, 195; anders aber Wuchenauer, S. 169–174, die § 313 BGB lediglich auf schuldrechtliche Verträge angewendet wissen will: Während abstrakte Verfügungsgeschäfte zweckfrei darauf gerichtet seien, unmittelbar auf ein bestehendes Recht einzuwirken, nämlich dieses Recht inhaltlich zu verändern, zu übertragen, zu belasten oder aufzuheben, enthielten Kausalgeschäfte den Geschäfts- und Leistungszweck, weshalb sie auch als zweckbestimmte Geschäfte bezeichnet würden. Die kausalen Geschäfte seien wirtschaftlich aus sich heraus verständlich und frei von dem Erfordernis eines außerhalb ihrer selbst in einem anderen Geschäft oder Rechtsverhältnis liegenden Zweckgrundes. Diese Unterschiede beruhten auf dem Abstraktionsprinzip, welches nicht nur die äußerliche Abstraktion der Verfügungsgeschäfte, nämlich deren Unabhängigkeit von der Wirksamkeit der Verpflichtungsgeschäfte begründe, sondern auch die inhaltliche Abstraktion der Verfügungsgeschäfte, d.h. die Tatsache, dass das dingliche Geschäft einer Zweckbestimmung nicht bedürfe. Das führe jedoch zwingend dazu, dass ein Wegfall oder das Fehlen einer –nicht vorhandenen- Geschäftsgrundlage beim abstrakten Verfügungsgeschäft ausgeschlossen sei. Vor diesem Hintergrund sei auch die Rechtsprechung zu sehen, die § 313 auf dingliche Rechtsgeschäfte nicht anwende. Dass die Lehre vom Wegfall der Geschäftsgrundlage auch nach der Einführung des § 313 eine Ausprägung des in § 242 BGB verankerten Grundsatzes von Treu und Glauben darstellt, stehe diesem Ergebnis nicht entgegen. § 242 sei zwar auf schuldrechtliche wie auf sachenrechtliche Verträge anwendbar und entfalte auch insbesondere auf dem Gebiet der vorweggenommenen Erbfolge seine Geltung, die Anwendung des § 242 vermöge jedoch nichts an der Tatsache zu ändern, dass der Erbverzicht als Verfügungsgeschäft zweckfrei sei. Bei seinem Abschluss nicht vorhandene Geschäftsgrundlagen könnten daher auch nicht vor dem Hintergrund von Treu und Glauben Berücksichtigung finden. Die Anpassung des abstrakten Erbverzichts würde zudem das Abstraktionsprinzip aushebeln und eine Art Fehleridentität festschreiben. Aufgrund des bereicherungsrechtlichen Systems bestehe auch kein Bedürfnis, die Anpassung gemäß § 313 oder § 242 zuzulassen. Es müsse vielmehr davon ausgegangen werden, dass das Bereicherungsrecht, welches das abstrakte, von seiner causa gelöste Leistungsgeschäft schuldrechtlich mit seinem

der Erbverzicht gegenüber jedermann dingliche Wirkung entfaltet und kann aus Gründen der Rechtssicherheit nicht mehr angepasst oder aufgehoben werden. Dass § 313 BGB seiner Natur nach der generellen Anwendbarkeit auf den abstrakten Erbverzicht entgegensteht, ist ebenfalls nicht ersichtlich. Auch für erbrechtliche Verfügungsgeschäfte ist die Geschäftsgrundlagenlehre als mittlerweile gesetzliche Ausprägung des Grundsatzes von Treu und Glauben anerkannt[378]. Nach alledem scheidet die Anwendung der Grundsätze über den Wegfall der Geschäftsgrundlage auf den abstrakten Erbverzicht nach Eintritt des Erbfalles aus.

2. Rechtsfolgen

Bei Störungen der Geschäftsgrundlage wird es häufig ausreichend sein, den Abfindungsvertrag anzupassen[379]. Bezieht sich die Anpassung nur auf das Kausalgeschäft, nicht auch auf den abstrakten Erbverzicht, ist eine Anpassung vor und auch noch nach dem Eintritt des Erbfalls möglich[380]. Im Hinblick auf die besondere Natur des Erbverzichts kann dessen Anpassung nach Eintritt des Erbfalls nicht zu einer Aufhebung des Erbverzichts führen, da eine solche nur gemäß § 2351 möglich wäre, der Aufhebungsvertrag aber gerade, wie gesehen, nur zu Lebzeiten beider Vertragspartner abgeschlossen werden kann[381]. Möglich ist nur eine Inhaltsänderung des Kausalgeschäfts[382]. In vielen Fällen ist es insoweit ausreichend, die Abfindung anzupassen oder erstmals zuzugestehen[383]. Der BGH hat ausdrücklich festgehalten, dass dem übervorteilten Vertragspartner wegen seiner

---

Grundgeschäft für den Fall dessen Fehlens verknüpfe, durch die Anwendung des § 242 ausgehöhlt werde. Auf die Frage entgegenstehender Rechtssicherheit komme es daher nicht an.

378 Unberath in: Bamberger/ Roth, § 313, Rn. 9; Grüneberg in: Palandt, § 313, Rn. 7; Wendt, ZNotP 2006, S. 2, 7; Bengel, ZEV 2006, S. 192,195; Ludyga, S. 56; Kupka- Göll, S. 130.

379 Kramm, S. 156.

380 BGH, Beschl. v. 29.11.1996, ZEV 1997 mit Anm. Edenfeld, S. 69, 70; BGH, Urt. v. 04.11.1998, NJW 1999, S. 789, 789 f.; Schotten in: Staudinger, § 2346, Rn. 191; Mayer in: Bamberger/ Roth (Stand: Edition 20), § 2346, Rn. 33.

381 Vgl. oben § 2, A., II., 1., d), S. 36 f.f.; Kupka- Göll ist der Ansicht, dass eine Vertragsanpassung bei Vorversterben des Verzichtenden sehr wohl in Betracht käme, da hier die Anpassung ipso jure erfolge, die Gefahr der Missachtung des Willens des Verstorbenen bestehe infolge der kraft Gesetzes und somit willensunabhängig eintretenden Vertragsanpassung nicht; diese Ansicht dürfte nach Inkrafttreten des § 313 BGB n.F. nicht mehr vertretbar sein, da die Anpassung nunmehr nicht mehr ipso jure eintritt, sondern die Parteien zunächst über die Anpassung zu verhandeln haben, so hinsichtlich des letzten Aspekts Grüneberg in: Palandt, § 313, Rn. 41.

382 BGH, Urt. v. 04.11.1998, NJW 1999, S. 789, 789; Schotten in: Staudinger, § 2346, Rn. 191; Mayer in: Bamberger/ Roth (Stand: Edition 20), § 2346, Rn. 30; Horn, ZEV 2010, S. 295, 296; Wegerhoff in: MünchKomm, § 2346, Rn. 24a.

383 Weidlich in: Handbuch des Erbrechts, Kapitel 15, Rn 89.

Vermögensnachteile aus dem Rechtsgeschäft mit dem Erblasser Ansprüche gegen den Nachlass zustehen können[384].

II. Pflichtteilsverzicht

1. *Anwendbarkeit der Regeln über Fehlen und/ oder Wegfall der Geschäftsgrundlage*

Auch bei dem (isolierten) Pflichtteilsverzicht sind nach zutreffender Ansicht die Regeln über die Störung der Geschäftsgrundlage auf das Kausalgeschäft sowie auf den abstrakten Verzicht grundsätzlich anwendbar. Allerdings stellt sich in Abweichung zu den vorstehenden Erläuterungen zu den zeitlichen Grenzen des Erbverzichts hier die Frage, ob eine zeitliche Verlagerung möglich ist, § 313 mithin auch nach dem Erbfall auf den abstrakten Pflichtteilsverzicht noch Anwendung finden kann.

Fraglich ist in konsequenter Fortführung zu den Erwägungen bei dem Erbverzicht, worin die von der herrschenden Meinung in Rechtsprechung und Literatur als charakteristisch herausgearbeiteten „Besonderheiten des Rechtsgeschäfts" beim Pflichtteilsverzicht bestehen, da mit der Beantwortung dieser Frage eine ggf. mögliche zeitliche Verlagerung einhergeht. Wie bereits dargelegt unterscheidet sich der bloße Pflichtteilsverzicht insoweit wesentlich von dem Erbverzicht, als er die gesetzliche Erbfolge nicht ändert und das Pflichtteilsrecht anderer Pflichtteilsberechtigter nicht erhöht. Für die Frage der Entstehung des Pflichtteilsanspruchs selbst muss, anders als bei der gesetzlichen Erbfolge, nicht schon im Zeitpunkt des Erbfalls abschließend feststehen, ob der Nachlass mit einer derartigen Verbindlichkeit belastet ist[385]. Dementsprechend geht ein Teil der Literatur den Schritt, die Entscheidung des BGH vom 04.11.1998 [386] im Umkehrschluss als Bejahung einer zeitlichen Vorverlagerung zu begreifen, § 313 nämlich dann zur Anwendung zu bringen, wenn die Erbfolge dadurch nicht geändert wird, mag der Erblasser noch leben oder nicht[387]. Interessen der Rechtssicherheit sind insoweit, insbesondere die von der Rechtsprechung immer wieder betonten Änderungen bei der Erbfolge, nicht tangiert. Dass Pflichtteilsverzichtsverträge nur zu Lebzeiten des Erblassers wirksam geschlossen werden können, steht dem nicht entgegen, da es bei der sich stellenden Frage lediglich darum geht, einen zu Lebzeiten des Erblassers

384 BGH, Urt. v. 04.11.1998, NJW 1999, S. 789, 790: Im Ergebnis hat der BGH allerdings dem Verzichtenden den Nachteilsausgleich verwehrt, weil der Zuwendungsverzicht unentgeltlich und aus seiner Perspektive lediglich mit Ziel, der Erblasserin volle Testierfreiheit zu gewähren, abgeschlossen worden war.

385 Wendt, ZNotP 2006, S. 2, 6.

386 BGH, Urt. v. 04.11.1998, NJW 1999, S. 789, 789 f.; vgl. dazu oben § 3, B., I., 1., b), S56 ff..

387 Wendt, ZNotP 2006, S. 2, 6; Bengel, ZEV 2006, S. 192, 195 f.; im Ergebnis ebenso Ludyga, S. 56.

geschlossenen Vertrag anzupassen, aber nicht die Verzichtsvereinbarung neu zu fassen[388].

Dementsprechend hat auch das OLG Nürnberg in seinem Urteil vom 12.11.2002 entschieden und sich mit dem vorbenannten Urteil des BGH auseinandergesetzt. Das OLG hält ausdrücklich fest, dass die Begründung des BGH auf den Fall des Erbverzichts bezogen war, da bei diesem in der Tat die Anwendung der Grundsätze über den Wegfall der Geschäftsgrundlage zu einer Rechtsunsicherheit über den Eintritt der Erbfolge führt. Wörtlich heißt es weiter: „Im Fall des bloßen Pflichtteilsverzichts liegt die Sache jedoch anders. Der BGH führt dementsprechend weiter aus, dass die Interessen der Rechtssicherheit einer Vertragsanpassung nicht entgegenstehen, soweit es nicht um die Erbfolge selbst geht, sondern um den etwa als Rechtsgrund eines Erb- oder Zuwendungsverzichts abgeschlossenen Abfindungsvertrag, weil hier die Rückabwicklung des Verzichts nur zu einem Anspruch gegen den Nachlass führt. In derselben Weise entsteht bei der Rückabwicklung eines Pflichtteilsverzichts ein bloß schuldrechtlicher Anspruch gegen den bevorzugten Erben, der dessen Erbfolge unberührt lässt.[389]" Damit sind sowohl der abstrakte Pflichtteilsverzicht als auch das entsprechende Kausalgeschäft jederzeit einer Anpassung gem. § 313 zugänglich.

2. Rechtsfolgen

Der Abfindungsvertrag kann wie gesehen ohne Probleme nach dem Erbfall angepasst werden. Interessen der Rechtssicherheit stehen dem nicht entgegen. Für den abstrakten Pflichtteilsverzicht gilt im Ergebnis nichts anderes, auch er kann nach dem Erbfall noch grundsätzlich angepasst werden, lediglich die Begründung ist anders gelagert, da hier allein der fehlende Einfluss auf die Änderung der Erbfolge entscheidend ist. Da der Pflichtteil als schuldrechtlicher Anspruch nur einen Geldanspruch vermittelt, bedeutet die Anpassung im Ergebnis eine Korrektur des abstrakten Pflichtteilsverzichts.

---

388 Wendt, ZNotP 2006, S. 2, 7.

389 OLG Nürnberg, Urt. v. 12.11.2002, FamRZ 2003, S. 634, 636; vgl. die Entscheidungsbesprechung unten § 5, A., I., 3., S. 142 ff..

C. Anfechtung, §§ 119 ff. BGB

I. Anfechtung wegen Inhalts- und Erklärungsirrtums gemäß § 119 Abs. 1 BGB

Das Grundgeschäft kann auch nach den allgemeinen Regeln gemäß §§ 119 ff. BGB angefochten werden[390]. Ein Motivirrtum ist daher anders als nach § 2078 Abs. 2 unbeachtlich[391]. Die folgenden Ausführungen beschränken sich, soweit nicht ausdrücklich anders dargestellt, ausschließlich auf das Kausalgeschäft.

Eine Anfechtung wegen Irrtums über den Erklärungsinhalt oder in der Erklärungshandlung, § 119 Abs. 1, sind bei einem Erb- und Pflichtteilsverzicht kaum denkbar[392], da wegen der erforderlichen Beurkundungspflicht durch den Notar die Rechtsfolgen des Verzichts sehr eindeutig sind und auch dem juristischen Laien nicht zuletzt aufgrund der Beurkundungsfunktion verständlich sind[393].

II. Anfechtung wegen Eigenschaftsirrtums gemäß § 119 Abs. 2 BGB

1. *Irrtum über den Wert des Vermögens*

Eigenschaftsirrtümer über verkehrswesentliche Eigenschaften gemäß § 119 Abs. 2 BGB, mithin Irrtümer über den Wert, die wertbildenden Merkmale des Erblasservermögens und/oder den Bestand des Vermögens, beschäftigen häufiger die Gerichte und sind aufgrund des aleatorischen Charakters des Erbverzichts nicht unproblematisch in der Handhabung. In der Praxis beziehen sich die Irrtümer i.S.d. § 119 Abs. 2 häufig auf das zum Vertragszeitpunkt vorhandene Erblasservermögen und dessen zukünftige Entwicklung[394]. Da der Wert, anders als die wertbildenden Merkmale, keine Eigenschaft i.S.d. § 119 Abs. 2 ist, berechtigt der einseitige Irrtum einer Vertragspartei allein über den Wert nach allgemeiner Ansicht nicht zur Anfechtung[395]. Der Wert selbst kennzeichnet nicht den Nachlass, sondern er stellt

---

390 Lange/ Kuchinke, S. 184; Mayer in: Bamberger/ Roth (Stand: Edition 20),§ 2346, Rn. 32; Schotten in: Staudinger, § 2346, Rn 175; Deppenkemper in PWW, § 2346, R. 14; Schotten, DNotZ 1998, S. 163, 171; Horn, ZEV 2010, S. 295, 296.

391 Edenhofer in: Palandt, § 2346, Rn. 18; Deppenkemper in PWW, § 2346, R. 15.

392 Kramm, S. 133; Tschichoflos in: Frieser, § 2346, Rn. 35 a; Mittenzwei in: Damrau, § 2346, Rn. 22.

393 Horn, ZEV 2010, S. 295, 296; Kramm, S. 133; Wuchenauer, S. 41.

394 Kramm, S. 145.

395 Mayer in: Bamberger/ Roth (Stand: Edition 20), § 2346, Rn. 32; Heinrichs in: Palandt, § 119, Rn. 27; Damrau in: Soergel, § 2346, Rn. 20; Schotten, DNotZ 1998, S. 163, 172; Schotten in: Staudinger, § 2346, Rn. 177; Reul, MittRhNotK 1997, S. 373, 381; Wuchenauer, S. 4; Horn, ZEV 2010, S. 295, 296; Kramm, S. 145.

lediglich einen Umstand dar, der mittelbaren Einfluss auf seine Bewertung auszuüben vermag.

2. Irrtum über die künftige Vermögensentwicklung

Dasselbe gilt nach allgemeiner Meinung auch für die Anfechtung eines Erbverzichts wegen eines Irrtums über die künftige Vermögensentwicklung[396]. Wegen des Risikocharakters des Rechtsgeschäfts kann die künftige Entwicklung des Werts des Erblasservermögens in der Zeit bis zum Eintritt des Erbfalls keinen Einfluss auf die Wirksamkeit des Verzichts haben[397]. Allerdings wird insoweit vertreten, dass in extremen Ausnahmefällen, sofern eine gemeinsame Vorstellung der Parteien erkennbar ist, der Wegfall der Geschäftsgrundlage in Betracht komme[398].

3. Irrtum über die wertbildenden Merkmale und/ oder über den Bestand des Vermögens

Bezieht sich der Irrtum hingegen auf die wertbildenden Merkmale und/oder auf den Bestand des Vermögens des Erblassers ist nach der herrschenden Meinung eine Anfechtung gemäß § 119 Abs. 2 möglich, sofern die falschen Vorstellungen der jeweiligen Vertragspartei als Berechnungsgrundlage für die Höhe der Abfindung gedient haben[399].

Lange will hingegen nur dem Erblasser, nicht jedoch dem Verzichtenden ein Anfechtungsrecht einräumen, weil der Verzichtende insoweit risikobelastet sei. Schließlich erhalte er eine Abfindung lediglich für eine Erwerbschance und nicht für ein ihm bereits zustehendes Recht. Der Verzichtende müsse sich daher auf die diesbezüglichen Informationen des Erblassers verlassen, ohne dass ihm ein Auskunftsrecht zustünde. Zuletzt müsse berücksichtigt werden, dass im Zeitpunkt des Erbverzichts für den pflichtteilsberechtigten Erben in Höhe der Hälfte des gesetzlichen Erbteils offen sei, ob er durch den Erblasser überhaupt bedacht werde; bei dem nicht pflichtteilsberechtigten Erben sei dies völlig offen. Dem Erblasser

---

396 Kollhosser, AcP 194 (1994), S. 231, 254; Wegerhoff in: MünchKomm, § 2346, Rn. 24; Damrau in: Soergel, § 2346, Rn. 20; Mayer in: Bamberger/ Roth (Stand: Edition 20), § 2346, Rn. 32; Deppenkemper in: PWW, § 2346, Rn. 14; Reul, MittRhNotK 1997, S. 373, 381; Schotten, DNotZ 1998, S. 163, 172; Schotten in: Staudinger, § 2346, Rn. 178; Wuchenauer, S. 45.

397 BGH, Beschl. v. 29.11.1996, NJW 1997, S. 653, 653; Mayer in: Bamberger/ Roth (Stand: Edition 20), § 2346, Rn. 32; Schotten in: Staudinger, § 2346,Rn. 178; Reul, MittRhNotK 1997, S. 373, 381.

398 Dazu näher unten § 3, B., S. 55 ff..

399 Mayer in: Bamberger/ Roth (Stand: Edition 20), § 2346, Rn. 32; Wegerhoff in: MünchKomm, § 2346, Rn. 24; Damrau in: Soergel, § 2346, Rn. 20; Schotten in: Staudinger, § 2346, Rn. 177; Schotten, DNotZ 1998, S. 163, 172; Wuchenauer, S. 45; Weidlich in: Handbuch des Erbrechts, Kapitel 15, Rn. 83.

hingegen sei, vergleichbar einem erkennbaren Kalkulationsirrtum, in schwerwiegenden Fällen bei einem Irrtum über die wertbildenden Faktoren ein Anfechtungsrecht zuzubilligen[400].

Holthaus lehnt jegliche Anfechtungsmöglichkeit für die Vertragsparteien im Rahmen des § 119 Abs. 2 BGB ab[401].

Die beiden letztgenannten Ansichten vermögen nicht zu überzeugen. Im Gegensatz zu dem Wert des Nachlasses stellt der Bestand desselben sehr wohl eine verkehrswesentliche Eigenschaft dar, da der Bestand für die Wertschätzung des Vermögens von unmittelbarer Bedeutung ist. Dies gilt ebenso für die wertbildenden Merkmale. Allerdings verkennen beide Ansichten, dass die fehlende Existenz eines bereits bei Vertragsschluss bestehenden Rechts an dem Nachlass zugunsten des Verzichtenden nicht notwendigerweise die völlige Bedeutungslosigkeit der Wertigkeit des Vermögensbestands im Vertragszeitpunkt zur Folge haben muss. Es ist vielmehr oftmals so, dass sich die Höhe der Abfindung an der Höhe des Erblasservermögens orientiert, zumindest aber der Verzichtende eine mehr oder weniger konkrete Vorstellung von diesem Vermögen im Zeitpunkt des Vertragsschlusses hat. Hat sich der Verzichtende jedoch überhaupt keine Gedanken über die Höhe des Vermögens gemacht, kann er auch nicht darüber geirrt haben[402]; ein für die Abgabe der Willenserklärung kausaler Irrtum kann dann nicht vorliegen. Wird die Abfindung, wie meist aufgrund einer sehr pauschalen Orientierung am Vermögen des Erblassers bemessen, so genügt auch nach der herrschenden Ansicht nicht jeder Irrtum, sondern es bedarf zusätzlich eines groben Bewertungsfehlers, um die Irrtumsanfechtung zu rechtfertigen[403].

III. Anfechtung wegen arglistiger Täuschung oder Drohung gemäß § 123 BGB

Eine Anfechtung wegen arglistiger Täuschung gemäß § 123 kann in Betracht kommen, wenn der Erblasser den Verzichtenden über den Wert des tatsächlichen Umfangs und/oder den Wert seines Vermögens[404] oder über sonstige für den Vertragsschluss relevante Umstände getäuscht hat[405]. Eine zur Anfechtung berechtigende arglistige Täuschung gemäß § 123 Abs. 1 kann auch darin liegen, dass der

400 Lange in: Festschrift für Nottarp, S. 119 ff., insb. 130.

401 Holthaus, S. 20 ff.

402 Horn, ZEV 2010, S. 295, 296; Schotten, DNotZ 198, S. 163, 171; Weidlich in: Handbuch des Erbrechts, Kapitel 15, Rn. 83.

403 Mayer in: Bamberger/ Roth (Stand: Edition 20), § 2346, Rn. 32; Schotten in: Staudinger, § 2346, Rn. 177; Schotten, DNotZ 1998, S. 163, 172.

404 Damrau in: Soergel, § 2346, Rn. 4; Damrau, Der Erbverzicht, S. 135; Schotten in: Staudinger, § 2346, Rn. 175; Kramm, S. 135; Horn, ZEV 2010, S. 295, 296.

405 OLG Koblenz, NJW-RR 1993, S. 708, 708; Schotten, DNotZ 1998, S. 163, 171; Schotten in: Staudinger, § 2346, Rn. 175; Kramm, S. 134.

Erblasser werthaltiges Vermögen verschweigt[406], obwohl er erkannt hat, dass der Verzichtende von einem viel zu geringen Vermögen ausgeht und der Erblasser diese Fehlvorstellung des Verzichtenden bewusst ausnutzt, um mit ihm einen Erbverzicht gegen eine Abfindung zu vereinbaren, die in keinem Verhältnis zum Vermögen des Erblassers einerseits und zur hypothetischen Erb- oder Pflichtteilsquote des Verzichtenden andererseits steht[407]. Ein erbrechtlicher Verzicht kann auch wegen widerrechtlicher Drohung gem. § 123 Abs. 1 angefochten werden[408], wenn etwa der Erblasser dem Verzichtenden bestimmte, für diesen nachteilige Konsequenzen androht, falls dieser das Kausalgeschäft nicht abschließt[409].

IV. Zeitliche Begrenzungen

In zeitlicher Hinsicht ist eine Anfechtung nach herrschender Meinung[410] nur zu Lebzeiten des Erblassers möglich[411]. Zwar kann auch das späte Auffinden oder die Anfechtung einer letztwilligen Verfügung dazu führen, dass die Erbfolge erst längere Zeit nach dem Tod des Erblassers feststeht und damit einstweilen keine Rechtssicherheit hinsichtlich der Rechtsfolge besteht, in diesen Fällen wird der wahre Wille des Erblassers aber im Unterschied zu einem Erbverzicht erst verzögert ermittelt, sei es durch das späte Auffinden oder die Anfechtung der letztwilligen Verfügung, welche nur bei Willensmängeln des Erblassers Erfolg haben kann. Der Wille des Erblassers ist jedoch bei einem Verzicht deutlich zum Ausdruck gekommen und würde durch Anfechtung im Nachhinein nicht nur eine Beeinträchtigung der Rechtssicherheit, sondern auch eine solche seines Willens

---

406 Zu der Frage, unter welchen Voraussetzungen das Verschweigen von Tatsachen eine Täuschung darstellt, insb. zur Aufklärungspflicht hinsichtlich der verschwiegenen Tatsachen OLG München, Urt. v. 24.06.2009, ZEV 2010, S. 140–142.

407 Schotten, DNotZ 1998, S. 163, 171; Schotten in: Staudinger, § 2346, Rn. 175; Kramm, S. 135.

408 Tschichoflos in: Frieser, § 2346, Rn. 35; Armbrüster in: MünchKomm, § 123, Rn. 107, 3 ff., 65; Schotten in: Staudinger, § 2346, Rn. 175; Fach, S. 171; Horn, ZEV 2010, S. 295, 296.

409 Fach, S. 174 mit folgenden Beispielen im Zusammenhang mit Pflichtteilsverzichtsverträgen: Der Ehemann droht seiner Ehefrau mit Beendigung der Ehe; der Verlobte droht, die Ehe erst gar nicht einzugehen; der Vater droht den Kindern mit Abbruch der persönlichen Beziehung.

410 A.A. Damrau in: Soergel, § 2346, Rn. 20; Leipold, Anm. zu BayObLG, Beschl. v. 04.01.2006, ZEV 2006, S. 209, 212; Weidlich in: Handbuch des Erbrechts, Kapitel 15, Rn. 85 ff.; Fach, S. 162 ff.

411 BayObLG, Beschl. v. 04.01.2006, MittBayNot 2006, S. 249, 250 = ZEV 2006, S. 209, 209 ff. mit Anm. Leipold; Wegerhoff in: MünchKomm, § 2346, Rn. 4 mit Vereis auf OLG Koblenz, NJW-RR 1993, S. 708, 708; Deppenkemper in: PWW, § 2346, Rn. 15; Lange/ Kuchinke, S. 184; Schotten, DNotZ 1998, S. 163, 171; Schotten in: Staudinger, § 2346, Rn. 176.

bedeuten[412]. Zudem muss die Anfechtungserklärung demjenigen, dem sie gegenüber abzugeben ist, spätestens bis zum Tod des Erblassers zugegangen sein, um wirksam zu werden[413].

Beachtet man die von der herrschenden Meinung gesetzten zeitlichen Schranken, bleibt, im Fall des § 123, die Geltendmachung eines etwaigen Schadensersatzanspruches gemäß § 826 BGB auch nach dem Tod des Erblassers als Nachlassverbindlichkeit gegenüber dessen Erben unberührt[414].

Hinsichtlich der Rechtsfolgen gilt das bereits oben zur Sittenwidrigkeit Gesagte entsprechend. Das Kausalgeschäft ist bei erfolgreicher Anfechtung gemäß § 142 Abs. 1 als von Anfang an nichtig anzusehen.

V. Anfechtung des abstrakten Erbverzichts

Ebenso wie in den Fällen der Sittenwidrigkeit werden die Nichtigkeitsgründe auch bei der Anfechtung sehr oft den abstrakten Erbverzicht miterfassen[415] (vgl. insoweit die bereits beschriebenen Fälle der Fehleridentität). So wird bei einer Anfechtung nach § 123 wegen Täuschung oder Drohung diese in der Regel nicht nur das zugrunde liegende Kausalgeschäft, sondern auch den abstrakten Erbverzicht erfassen[416]. Anders stellt sich dies im Rahmen des § 119 Abs. 2 dar, da die in dieser Norm genannten Eigenschaften nicht zum Inhalt des abstrakten Erbverzichts gehören können. Der Erbverzicht ist insoweit nur die Einigung über den Verlust der Erbberechtigung. Eine Anfechtung kommt insoweit nicht in Betracht[417].

In zeitlicher Hinsicht ist hier ergänzend auf die besondere, auf den Erbfall bezogene Natur des Erbverzichts hinzuweisen. Als abstraktes erbrechtliches Verfügungsgeschäft unter Lebenden auf den Todesfall gestaltet der Verzicht die Rechtslage bei Eintritt des Erbfalls unmittelbar um. Diese rechtsgestaltende Wirkung kann ein Rechtsgeschäft unter Lebenden auf den Todesfall nur haben, wenn es im maßgeblichen Zeitpunkt, nämlich dem Tod des Erblassers, wirksam ist[418]. Die Anfechtung des Erbverzichts ist nach herrschender Meinung daher nur zu

---

412 Vgl. insoweit die Entscheidungsbegründung des BayObLG, Beschl. v. 04.01.2006, MittBayNot 2006, S. 249, 250; der BGH hat diese Frage bis heute offen gelassen, jedoch wird auch insoweit spekuliert, dass das Bundesgericht vornehmlich aus Gründen der Rechtssicherheit eine Anfechtungsmöglichkeit nach dem Tod des Erblassers zukünftig verneinen wird, so Kuchinke in seiner Anm. zu OLG Hamm, Urt. v. 03.08.1999, ZEV 2000, S. 507, 511.

413 Schotten in: Staudinger, § 2346, Rn. 179.

414 Schotten in: Staudinger, § 2346, Rn. 179; Schotten, DNotZ 1998, S. 163, 171; ausführlich dazu auch Kramm, S. 141–144 sowie Fach, S. 169.

415 Schotten in: Staudinger, § 2346, Rn. 180.

416 Damrau in: Soergel, § 2346, Rn. 20; Schotten in: Staudinger, § 2346, Rn. 103.

417 Weidlich in: Palandt, § 2346, Rn. 18; Weidlich in: Handbuch des Erbrechts, Kapitel 15, Rn. 82; Schotten in: Staudinger, § 2346, Rn. 104; Horn, ZEV 2010, S. 295, 296.

418 Schotten in: Staudinger, § 2346, Rn. 106.

Lebzeiten des Erblassers möglich[419]. Nach dem Tod des Erblassers kann der Erbverzicht nicht mehr gem. § 2351 aufgehoben werden. Andernfalls könnte nach seinem Tod eine Erbfolge eintreten, die vom Erblasser so nicht gewollt war (im Gegensatz zur Anfechtung nach §§ 2078 f.)[420]. Im Einzelfall kommt ein schuldrechtlicher Ausgleichsanspruch als Wertersatzanspruch gegen den Nachlass in Betracht[421].

D. Abschließender Charakter der kodifizierten Kontrollmöglichkeiten?

I. Das Verhältnis der einzelnen Rechtsinstitute untereinander

Bevor die Frage beantwortet werden kann, ob die existierenden gesetzlichen Rechtsinstitute[422] ausreichend und abschließend in dem Sinne sind, dass es einer (weitergehenden) Inhaltskontrolle von Pflichtteilsverzichtsverträgen aufgrund der vorhandenen zivilrechtlichen Instrumentarien ggf. überhaupt nicht mehr bedarf, soll der besseren Übersicht wegen zunächst kurz das Zusammenspiel der einzelnen kodifizierten Kontrollmöglichkeiten dargestellt werden. Sodann wird sich zeigen, dass vor allem im Schrifttum die Existenz der gesetzlichen Prüfmechanismen als Kriterium für die Beantwortung der Frage Verwendung findet, ob die Inhaltskontrolle auf Pflichtteilsverzichtsverträge übertragbar ist.

Wirkt der Erblasser in ungebührlicher Art und Weise auf einen Pflichtteilsverzicht hin und werden unzutreffende Angaben zur Berechnungsgrundlage für die Abfindung herangezogen, können sich, wie bereits dargelegt, Anhaltspunkte für die Sittenwidrigkeit des Verzichts ergeben[423]. Dabei ist indes nach einer Ansicht

---

419 Große-Boymann in: Burandt/ Rojahn (Stand: 2019), § 2346, Rn. 21; Litzenburger in: Bamberger/ Roth (Stand 01.11.2018), § 2346, Rn. 5; Schotten in: Staudinger, § 2346, Rn. 106; OLG Celle, Beschl. v. 08.07.2003, Az.: 6 W 63/ 03, NJW-RR 2003, S. 1450, 1450; BayObLG, Beschl. v. 04.01.2006, ZEV 2006, S. 209, 210 mit Anm. Leipold; OLG Koblenz, Beschl. v. 04.03.1993, NJW-RR 1993, S. 708, 708; Ludyga, S. 29; vgl. dazu insgesamt die insoweit vergleichbaren Erwägungen oben im Rahmen des Wegfalls der Geschäftsgrundlage.

A.A. Leipold, Anm. zu BayObLG, Beschl. v. 04.01.2006, ZEV 2006, S. 209, 210; Horn, ZEV 2010, S. 295, 296 f.; Damrau, Anm. zu OLG Celle, Beschl. v. 08.07.2003, Az.: 6 W 63/ 03, ZEV 2004, S. 156, 157; Weidlich in: Handbuch des Erbrechts, Kapitel 15, Rn. 85 ff.

420 Statt aller: Litzenburger in: Bamberger/ Roth (Stand 01.11.2018), § 2346, Rn. 5.

421 So etwa im Fall des OLG Koblenz, Beschl. v. 04.03.1993, NJW-RR 1993, S. 708, 709; Litzenburger in: Bamberger/ Roth (Stand 01.11.2018), § 2346, Rn. 5; Horn, ZEV 2010, S. 295, 297; Weidlich in: Handbuch des Erbrechts, Kapitel 15, Rn. 87; zu den Rechtsfolgen im Übrigen vgl. die Ausführungen oben.

422 Zu den einzelnen Rechtsinstituten detailliert oben § 3, S. 51 ff..

423 Hau in: jurisPK, § 2346, Rn. 22 mit Verweis auf den „Wildmoserfall“ des OLG München.

zu beachten, dass der Drohungs- bzw. Täuschungsanfechtung gemäß § 123 Vorrang vor einem Rückgriff auf § 138 zukomme, weil dem Opfer der Drohung bzw. Täuschung die Wahl bleiben müsse, ob es an dem Verzicht festhalten möchte oder nicht[424]. Damit korrespondiert die Tatsache, dass die herrschende Meinung im generellen Anwendungsbereich und damit ungeachtet etwaiger erbrechtlicher Verzichte davon ausgeht, dass § 123 lex specialis gegenüber § 138 ist[425]. Gegenüber den Tatbestandsvoraussetzungen des § 123 müssen im Anwendungsbereich des § 138 nach einhelliger Ansicht weitere Umstände hinzukommen, welche auch die Sittenwidrigkeit des Inhalts eines solchen Rechtsgeschäfts begründen[426]. Dies ist z.B. dann der Fall, wenn zur arglistigen Täuschung ein grobes Missverhältnis der Leistung hinzutritt (Inhaltssittenwidrigkeit) oder wenn nicht die Drohung mit einem künftigen Übel, sondern die Ausnutzung einer gegenwärtigen Zwangslage im Vordergrund steht, weshalb auch ein durch Täuschung über zu erwartende Gewinne erschlichener Kaufvertrag nichtig sein kann, wenn sich der Verkäufer ganz gezielt an ältere, rechtlich und geschäftlich unerfahrene Personen gewandt hat[427]. Die Frage nach der Konkurrenz beider Vorschriften stellt sich daher erst dann, wenn die Voraussetzungen beider Vorschriften erfüllt sind[428]. Nach zutreffender Ansicht ist in solchen Fällen zumindest bei inhaltlicher Sittenwidrigkeit nicht einzusehen, warum § 138 keine Anwendung finden soll[429]. Dem Interesse des nach § 123 Getäuschten bzw. Bedrohten, im Einzelfall an diesem Rechtsgeschäft festzuhalten, kann nämlich mit § 242 Rechnung getragen werden, da sich jemand, der ein inhaltlich sittenwidriges Rechtsgeschäft durch Drohung oder Täuschung verursacht hat, nach Treu und Glauben nicht auf die Nichtigkeit nach § 138 berufen darf[430]. Würde man dem Anfechtungsrecht unumwunden den Vorrang einräumen, so würde dies die Rechte des schützenswerten Getäuschten verkürzen, da die Geltendmachung der Sittenwidrigkeit ohne Berücksichtigung etwaiger Fristen möglich ist, anders hingegen die Anfechtung gemäß § 124 BGB[431].

Nach *Kupka-Göll* greifen demgegenüber die Regeln über den Wegfall der Geschäftsgrundlage nur ein, wenn keine spezielle Regelung des Leistungsstörungsrechts einschlägig ist[432]. Nachdem die Regeln über die Störung der Geschäftsgrundlage nunmehr durch das Schuldrechtsmodernisierungsgesetz eine eigenständige gesetzliche Normierung erfahren haben[433], dürfte diese Ansicht als nicht mehr

---

424 Hau in: jurisPK, § 2346, Rn. 22.
425 Ellenberger in: Palandt, § 138, Rn. 15; Sack in: Staudinger m.w.N., § 138, Rn. 149.
426 Von Proff, ZEV 2017, S. 301, 305; Sack in: Staudinger, § 138, Rn. 152.
427 Armbrüster in: MünchKomm,§ 138, Rn. 6 m.w.N.
428 Sack in: Staudinger, § 138, Rn. 152.
429 Sack in: Staudinger, § 138, Rn. 152; Armbrüster in: MünchKomm, § 138, Rn. 6.
430 Sack in: Staudinger, § 138, Rn. 152.
431 Vgl. Sack in: Staudinger, § 138, Rn. 152.
432 Kupka- Göll, S. 130 mit Verweis auf die im Grundsatz von Treu und Glauben wurzelnden Regeln des Wegfalls der Geschäftsgrundlage.
433 Stadler in: Jauernig, § 313, Rn. 1.

vertretbar zu werten sein. Dementsprechend wird unter Berücksichtigung der neuen Rechtslage darauf verwiesen, dass die gesetzlich anerkannten Grundsätze zur Störung der Geschäftsgrundlage als Grundlage verschiedener Rechte und Rechtsbehelfe eine Ergänzung des allgemeinen Vertragsrechts und damit auch insbesondere des Rechts der Leistungsstörungen darstellen[434]. Vorrangig ist auch hier die dem tatsächlichen Willen der Parteien zum Durchbruch verhelfende ergänzende Vertragsauslegung[435]. Die Anwendung der Grundsätze zum Wegfall der Geschäftsgrundlage kommt daher nur subsidiär in Betracht. Sie hat zu unterbleiben, wenn auf einem regulären Weg, etwa durch Anfechtung oder Auslegung[436] eine sachgerechte Lösung gefunden werden kann. Dabei hat die (ergänzende) Auslegung Vorrang vor der Anfechtung. Die Auslegung des wahren Parteiwillens zieht dabei im Hinblick auf die Änderung der Geschäftsgrundlage den Rahmen der Gestaltung des Vertragsinhalts enger[437].

Bei der Betrachtung des generellen Verhältnisses von Anfechtung und Wegfall der Geschäftsgrundlage ist die Tatsache zu beachten, dass sich der Tatbestand der beiden Rechtsinstitute durchaus überschneiden kann. Der streng einseitige Irrtum ist allein nach § 119 beachtlich. Die Irrtumsanfechtung nach § 119 erfährt jedoch in den Fällen, in welchen die Gegenpartei in bestimmter Weise Anteil hat, quasi durch § 313 Abs. 2 eine Erweiterung[438]. Überschneiden sich beide Rechtsinstitute, hat grundsätzlich, wie bereits angedeutet, die Irrtumsanfechtung Vorrang[439]. Beim beiderseitigen Irrtum belastet dies jedoch einseitig den Anfechtenden gemäß §§ 121, 122. Nicht zuletzt wegen des differenzierten Rechtsfolgensystems spricht man sich hinsichtlich der wenigen verbleibenden Fälle[440] für die Verdrängung der Irrtumsanfechtung aus[441]. Anders verhält es sich bei Motivirrtümern, die im Rahmen der Anfechtung, außerhalb von § 119 Abs. 2, unbeachtlich sind. Diese Irrtümer stellen wichtige Anwendungsfälle im Bereich des § 313 Abs. 2 dar, sofern

---

434 Stadler in: Jauernig, § 313, Rn. 2.

435 Bengel, ZEV 2006, S. 192, 195.

436 Ausdrücklich zur Subsidiariät des Wegfalls der Geschäftsgrundlage vor der ergänzenden Vertragsauslegung: Bengel, ZEV 2006, S. 192, 195; Mayer in Bamberger/Roth, § 2346, Rn. 33; Grüneberg in: Palandt, § 313, Rn. 10; Roth in: MünchKomm, § 313, Rn. 130.

437 Kuchinke, Anm. zu OLG Hamm, Urt. v. 03.08.1999, ZEV 2000, S. 507, 512.

438 Roth in: MünchKomm, § 313, Rn. 137.

439 Roth in: MünchKomm, § 313, Rn. 138.

440 Roth in: MünchKomm, § 313, Rn. 138 verweist darauf, dass der beiderseitig übereinstimmende Irrtum i.S.d. § 119 Abs. 1 häufig schon deswegen nicht ins Gewicht falle, weil von vornherein das übereinstimmend wirklich Gewollte maßgeblich sei; desgleichen führe ein beiderseitiger Eigenschaftsirrtum gemäß § 119 Abs. 2 in den wichtigsten Fällen des § 434 Abs. 1 S. 1 zur Anwendung des Sachmängelrechts unter Ausschluss sowohl der Irrtumsanfechtung als auch des § 313.

441 Roth in: MünchKomm, § 313, Rn. 138.

es sich um wesentliche Fehlvorstellungen handelt, welche entweder bei beiden Parteien vorliegen oder die der Gegenpartei erkennbar oder bekannt waren[442].

II. Grenze der gesetzlichen Schutzmechanismen und Anwendungsbereich einer Inhaltskontrolle

Das Schrifttum ist sich, wie oben dargestellt[443], nicht nur uneinig darin, ob und mit welchen Argumenten einer Inhaltskontrolle tatbestandlich der Weg bereitet werden könnte, sondern auch darin, ob eine solche bereits deshalb ausscheiden muss, weil die gesetzlich vorgesehenen Kontrollmöglichkeiten insoweit abschließend und auch ausreichend sind. Auch hier findet oftmals lediglich eine kurze, fast pauschale Bezugnahme auf die gesetzlichen Vorschriften, indessen ohne weitere Auseinandersetzung mit dem Thema statt.

Einige Vertreter des Schrifttums sind der Ansicht, die Übertragung der Grundsätze zur ehevertraglichen Inhaltskontrolle auf den Bereich des Erb- und Pflichtteilsverzichts komme bereits deshalb nicht in Betracht, weil sie wegen der ausreichenden gesetzlichen Instrumentarien der Störfallvorsorge entbehrlich sei, namentlich der §§ 138, 119, 123 bzw. der Anpassung einer vertraglichen Vereinbarung nach den Grundsätzen des Wegfalls der Geschäftsgrundlage gemäß § 313 [444]. Die schützenswerten Fälle würden bereits tatbestandlich erfasst von diesen Regeln, welche im übrigen in Tatbestand und Rechtsfolge begrifflich exakter zu erfassen seien als die Voraussetzungen und Ergebnisse einer Angemessenheitsprüfung[445]. Im Mittelpunkt der gerichtlichen Überprüfung stehe meist das entsprechende Verpflichtungsgeschäft, oft ein entgeltlicher Erb- und Pflichtteilsverzicht gegen Abfindung. In diesen Fällen gewährten die gesetzlich gegen die Störung von Vertragsbeziehungen vorgesehenen allgemeinen Regelungen durchweg einen angemessenen Interessenausgleich[446]. Dieser Ansatz lenke die Aufmerksamkeit stärker auf den Willen der Vertragsparteien und verringere die Gefahr, „die Selbstverantwortung der Partner unter Vorgabe des Schutzes vor Überforderung zu beschränken“[447]. Gerade die ergänzende Vertragsauslegung und § 313 hätten gegenüber der vom BGH gewählten Ausübungskontrolle diesen Vorteil der vorrangigen Orientierung an der Willensrichtung der Vertragsteile im Gegensatz zu einer richterlichen Überprüfung nach „Billigkeitsgesichtspunkten“[448]. Im Ergebnis böten die rechtsgeschäftlichen Störungsregeln, auf welche sich die Kautelarjurisprudenz

442 BGH, Urt. v. 28.04.2005, NJW 2005, S. 2069, 2069.
443 Vgl oben § 1, B., S. 8 ff..
444 Wegerhoff in: MünchKomm, § 2346, Rn. 35 b; Kössinger in: Handbuch der Testamentsgestaltung, § 19, Rn. 3 b; Kuchinke, FPR 2006, S. 125, 129; Fach, S. 217.
445 Kuchinke, FPR 2006, S. 125, 129.
446 Mayer in: Bamberger/ Roth (Stand: Edition 20), § 2346, Rn. 40.
447 Kuchinke, FPR 2006, S. 125, 128.
448 Mayer in: Bamberger/ Roth (Stand: Edition 20), § 2346, Rn. 41.

eingestellt habe, den Vorteil der Rechtssicherheit, während sich die Öffnung eines neuen Weges nicht zuletzt im Hinblick auf die Schwierigkeiten in der Praxis als Irrweg erweisen könne[449].

Andere halten die gesetzlichen Instrumentarien der Störfallvorsorge zwar generell für anwendbar, jedoch in den meisten Konstellationen von Pflichtteilsverzichtsverträgen für tatbestandlich nicht einschlägig, so dass umgekehrt der Anwendungsbereich einer weitergehenden Inhaltskontrolle nicht grundsätzlich versperrt sei[450]. So wird speziell die Anwendbarkeit der Regeln über die Störung der Geschäftsgrundlage auf den Pflichtteilsverzicht bejaht[451]. Auf der Rechtsfolgenseite sei zwar grundsätzlich danach zu unterscheiden, ob im Rahmen einer etwaigen Ausübungskontrolle das Kausalgeschäft oder der abstrakte Pflichtteilsverzicht angepasst werde, aber rein praktisch sei diese Unterscheidung unerheblich, da es keinen Unterschied mache, ob das Gericht die schuldrechtliche causa anpasse und damit den Verzichtenden so stelle, als hätte er nicht verzichtet oder ob das Gericht das Verfügungsgeschäft selbst anpasse. Dafür spreche auch, dass der Pflichtteilsverzicht auch nach dem Erbfall keine dingliche Wirkung entfalte. Auf der „Tatbestandsseite der Ausübungskontrolle" sei somit nichts zu finden, was gegen eine Ausübungskontrolle spreche[452]. Hinsichtlich der tatbestandlichen Voraussetzungen des § 313 wird darauf hingewiesen, dass der aleatorische Charakter des Pflichtteilsverzichts zu einer Vorhersehbarkeit eventueller Vermögenszuwächse zwischen Vertragsabschluss und Erbfall führe. Auf solche typischen Risiken seien jedoch die Regeln über die Störung der Geschäftsgrundlage nicht anwendbar[453]. Bezüglich bedürftiger Pflichtteilsberechtigter scheitere eine ergänzende Vertragsauslegung an einer Lücke des Rechtsgeschäfts. Eine Irrtumsanfechtung liege ebenfalls regelmäßig nicht vor; die fehlende Unterhaltsbedürftigkeit werde nur selten Vertragsinhalt sein; die Unterhaltsbedürftigkeit stelle auch keine verkehrswesentliche Eigenschaft dar, da es sich um eine zukünftige Entwicklung handele. Die Anwendung des § 313 scheitere an der abstrakten Vorhersehbarkeit einer späteren Unterhaltsbedürftigkeit[454]. Halten die Vertragsparteien eine Unterhaltsbedürftigkeit des verzichtenden Ehegatten oder Verwandten im Zeitpunkt des Erbfalles bereits beim Vertragsschluss für möglich, so scheide daher eine Vertragsanpassung gemäß § 313 aus, weil der Verzichtende insoweit ein bewusstes Risiko eingegangen sei. Dasselbe gelte, wenn die Bedürftigkeit durch einen bewussten Entschluss herbeigeführt werde[455]. „Konsequenterweise müsse in diesen Konstellationen der

449 Kuchinke, FPR 2006, S. 125, 129.
450 Große- Boymann in: Burandt/ Rojahn, § 2346, Rn. 31.
451 Dies gilt mit Bengel sowohl für das Kausalgeschäft als für den abstrakten Pflichtteilsverzicht, Bengel, ZEV 2006, S. 192, 195; vgl. dazu auch § 3, B., S55 ff..
452 Bengel, ZEV 2006, S. 192, 195 f.
453 Dazu unten § 5, C., III., 4., S. 259 ff..
454 Dutta, AcP 2009, S. 760, 798 f.
455 Kühle, S. 189 f.

Anwendungsbereich der Ausübungskontrolle nach § 242 BGB dann grundsätzlich ebenso eröffnet sein, wie der BGH dies in den insoweit vergleichbaren Fällen zur Inhaltskontrolle von Eheverträgen angenommen habe[456]."

Vereinzelt werden zwar die Regeln im Rahmen der §§ 138, 313 für abschließend gehalten, aber Ausnahmen gemacht, wenn der Erb- und Pflichtteilsverzicht in einem der Inhaltskontrolle unterliegenden Ehevertrag vereinbart wurde oder aber der erbrechtliche Verzicht gemäß § 1586 b BGB zum Untergang des Unterhaltsanspruchs führt[457].

Mit der soeben dargestellten Literatur, unabhängig davon, ob sie den Anwendungsbereich einer pflichtteilsspezifischen Inhaltskontrolle für eröffnet hält oder nicht, und der Rechtsprechung[458] verbleiben damit, ungeachtet der §§ 138, 119, 123, 313, als „ungelöst" insbesondere die beschriebenen Fälle des bewusst eingegangenen Risikos. Dabei ist nach der Rechtsprechung des BGH insbesondere § 313 nicht anwendbar, „wenn die Vertragsparteien die später eingetretene Entwicklung auch nur für möglich gehalten und dennoch eine bewusst abschließende Regelung getroffen haben[459]." Als vorhersehbar und damit von § 313 ausgeschlossen gilt im Ehevertragsrecht insbesondere die mit der Geburt eines Kindes oftmals einhergehende Einkommenseinbuße bzw. Bedürftigkeit aufgrund Aufgabe der Berufstätigkeit[460]. Im Ergebnis könnte damit einer etwaigen Inhaltskontrolle sehr wohl ein, wenn auch geringer, Anwendungsbereich verbleiben. Allein von der Existenz tatbestandlich noch nicht erfasster Fallkonstellationen auf die tatbestandliche Anwendbarkeit der Inhaltskontrolle zu schließen, ist jedoch eine unzulässige Schlussfolgerung[461]. Es ist vielmehr die Frage zu stellen, ob im positiven Sinne tatbestandlich die Voraussetzungen einer pflichtteilsspezifischen Inhaltskontrolle vorliegen oder die beschriebenen Fälle der bewussten Risikoübernahme mit ihren sämtlichen Konsequenzen von der Rechtsordnung gebilligt und somit schlicht hinzunehmen sind. Letzteres ist gegeben, wenn eine dem Ehevertragsrecht vergleichbare schützenswerte Interessenlage beim Pflichtteilsverzicht nicht existiert, was im Folgenden weiter untersucht wird. Bis dahin sei festgehalten, dass unser kodifiziertes Rechtssystem nicht alle Problemlagen, insbesondere nicht die des bewusst eingegangenen Risikos, zu lösen vermag.

---

456 Kühle, S. 191; Im Ergebnis ebenso Große- Boymann in: Burandt/ Rojahn, § 2346, Rn. 31; Aldinger, S. 34.

457 Weidlich, NotBZ 2009, S. 149, 159.

458 Siehe zum Kausal- und Verfügungsgeschäft sowie zur Literatur und Rechtsprechung oben § 3, D., S. 71 ff.. sowie § 4, B., II., S. 124 ff..

459 BGH, Urt. v. 11.02.2004, NJW 2004, 930, 933.

460 Dauner-Lieb, AcP 201 (2001), S. 295, 327; wann insbesondere die Vorschrift des § 313 beim Erb- bzw. Pflichtteilsverzicht greift siehe oben Fn. 345.

461 So jedoch beispielsweise Kühle, S. 191.

§ 4 Grundsätze der Rechtsprechung zur Kontrolle von Eheverträgen

A. Die Entwicklung des Instrumentariums „Inhaltskontrolle“ bis heute

I. Die Entscheidungen des Bundesverfassungsgerichts 2001

Die ehevertragliche Inhaltskontrolle, so wie wir sie heute kennen, ist weder kodifiziertes Recht noch ein Automatismus der Jurisprudenz. Sie ist ein im Laufe des gesellschaftlichen Wandels vor allem an der Kritik durch die Literatur gewachsenes und durch die Rechtsprechung geformtes, aber von den Konturen her schwer zu fassendes Instrument zur Überprüfung von ehevertraglichen Vereinbarungen. Begrifflich wird im Folgenden unter Inhaltskontrolle das Kontrollinstrumentarium verstanden, welches sowohl eine Sittenwidrigkeitsüberprüfung als auch eine Ausübungskontrolle im Sinne der unten stehenden Ausführungen zulässt[462]. Vor dem Hintergrund der gesetzlichen Aufgabe des Leitbildes der sog. Hausfrauenehe und der Einführung des § 1356 n.F.[463] ergingen zwei Entscheidungen des Bundesverfassungsgerichts, die den Umschwung zu einer weitergehenden Inhalts- und Ausübungskontrolle brachten. Das Postulat ehemals vollständiger Vertragsfreiheit für Eheverträge fand damit sein schleichendes Ende. Die später durch die Rechtsprechung mit Inhalt ausgefüllten Begrifflichkeiten wie „strukturelle Unterlegenheit“, „gestörte Vertragsparität“ und „einseitige Belastung des unterlegenen Teils“ waren zu diesem Zeitpunkt bereits durch die Rechtsprechung des BVerfG zu der Sittenwidrigkeit von Bürgschaftsverträgen naher Familienangehöriger[464] sowie aus

---

462 Näher zu den Begrifflichkeiten, insbesondere zum Begriff der Inhaltskontrolle früher und heute: Fastrich, S. 5 ff.; zur „allgemeinen Inhaltskontrolle“ außerhalb familienrechtlicher Vereinbarungen vgl. unten § 4, B., III., S. 130 ff..

463 Bis zum Gleichberechtigungsgesetz von 18.06.1957 galt das sog. Direktionsrecht des Mannes, wonach der Mann allein zu bestimmen und zu entscheiden hatte. Die Norm trat mit dem Gleichberechtigungsgesetz außer Kraft und die „Hausfrauenehe“ wurde eingeführt. Dieses Leitbild wurde 1976 aufgegeben. § 1356 BGB n. F. hält heute ausdrücklich fest, dass die Ehegatten die Haushaltsführung im gegenseitigen Einvernehmen regeln und beide berechtigt sind, erwerbstätig zu sein, wobei bei Wahl und Ausübung der Erwerbstätigkeit auf die Belange des anderen Ehegatten und die Familie die gebotene Rücksicht zu nehmen ist.

464 BVerfG, Beschl. v. 19.10.1993, NJW 1994, S. 36–39: Die Rechtsprechung zur strukturellen Unterlegenheit ist u.a. im Rahmen des Bürgschaftsrechts entwickelt worden vom BVerfG. Die wirtschaftlich überlegene Bank steht dem schwachen Bürgen gegenüber. Entscheidender Gesichtspunkt war dabei, dass damit ein Vertragspartner, nämlich die Bank ein so starkes Übergewicht hat, dass er den Vertragsinhalt praktisch einseitig bestimmen und extrem zu seinem Vorteil ausgestalten kann.

der Rechtsprechung des BVerfG zu seiner wegweisenden Entscheidung zum Wettbewerbsrecht für Handelsvertreter[465] bekannt. Ohne einen kurzen Blick auf die Charakteristika der wesentlichen, die ehevertragliche Inhaltskontrolle prägenden Entscheidungen kann weder die Frage der Übertragung dieser Kontrolle bzw. dieser maßgeblich von der Rechtsprechung entwickelten Kriterien auf Pflichtteilsverzichtsverträge beantwortet noch geprüft werden, ob Pflichtteilsverzichtsverträge überhaupt mit Eheverträgen vergleichbare Parameter bzw. Vertragsszenarien aufzeigen.

In dem zunächst durch das Bundesverfassungsgericht zu entscheidenden Fall hatte eine Schwangere gegenüber ihrem zukünftigen Ehemann auf jeglichen nachehelichen Unterhalt verzichtet und diesen von Kindesunterhaltsansprüchen über einen monatlichen Betrag von 150,- DM hinaus freigestellt[466]. Die

465 BVerfG, Beschl. v. 07.02.1990, BVerfGE 81, S. 242–263.

466 BVerfG, Urt. v. 06.02.2001, NJW 2001, S. 957–961: Die späteren Eheleute lebten zunächst in nichtehelicher Lebensgemeinschaft zusammen. Die Ehefrau versorgte ein fünfjähriges Kind aus erster Ehe als sie feststellte, dass sie von ihrem Lebensgefährten schwanger war. Dieser erinnerte an seine ursprüngliche Absicht zu Beginn der Beziehung, nämlich keine Kinder zu haben und nicht heiraten zu wollen. Die Partnerin drängte jedoch zur Heirat und wollte damit eine eheliche Geburt des erwarteten Kindes erreichen. Im fünften Monats schwanger schlossen die Parteien sodann im Juli 1976 einen Ehevertrag, der im Wesentlichen folgenden Wortlaut hatte: „Die Vertragsschließenden beabsichtigen, spätestens im August 1979 zu heiraten. Frau F. erwartet ein Kind, das nach ärztlichem Urteil im November 1976 geboren werden wird. Sollte die zu schließende Ehe geschieden werden aus jetzt noch nicht ersichtlichen Gründen, so haben die Vertragsschließenden für den Fall der Scheidung folgende Vereinbarung getroffen: 1. Frau F. und Herr S verzichten gegenseitig für Vergangenheit, Gegenwart und Zukunft auf jeglichen Unterhalt ab Rechtskraft der Scheidung, auch für den Fall der Not. 2. Herr S. verpflichtet sich auch für den Fall der Scheidung, ab Rechtskraft der Scheidung gerechnet, an das zu erwartende Kind einen monatlichen Unterhalt von 150,- DM...im Voraus bis spätestens zum 5. Werktag eines jeden Monats zahlbar zu Händen von Frau F. zu leisten. Von allen weitergehenden Unterhaltsansprüchen des zu erwartenden Kindes gegen Herrn. S. stellt Frau F. Herrn S. frei.“ Nach Beendigung des Mutterschutzes nahm die Ehefrau ihre vorherige Berufstätigkeit als Bürokraft wieder auf. Die Scheidung erfolgte im Jahr 1989. Ein Jahr später nahm der aus der Ehe hervorgegangene Sohn seinen Vater auf Kindesunterhalt im Wege der Stufenklage in Anspruch. Unter Berufung auf die Sittenwidrigkeit der Vereinbarung wurde der Vater durch Teilurteil zur Auskunftserteilung verurteilt. Sodann klagte der Vater gegen seine geschiedene Ehefrau auf Freistellung von einem über 150,00 DM monatlich hinausgehenden Unterhaltsanspruch des Kindes gegen ihn. Auf die Berufung des Vaters hin wurde die geschiedene Ehefrau antragsgemäß verurteilt. Dagegen richtete sich die Verfassungsbeschwerde, welche die geschiedene Ehefrau als Beschwerdeführerin auf die Verletzung ihrer Rechte aus Art. 6 Abs. 1, 2, 4 und aus Art. 103 Abs. 1 GG stützte.

Verfassungsbeschwerde war wegen Verletzung der Rechte aus Art. 2 Abs. 1 i.V.m. Art. 6 Abs. 4 sowie wegen Verletzung von Art. 6 Abs. 2 GG begründet.

Das BVerfG hielt fest, die Vorinstanz habe das Recht auf Schutz vor unangemessener Benachteiligung durch den Ehevertrag verkannt. Zwar habe der Staat im Rahmen der durch Art. 2 Abs. 1 gewährleisteten Privatautonomie grundsätzlich den übereinstimmenden Willen der Vertragsparteien, der in der Regel auf einen sachgerechten Interessenausgleich schließen lasse, zu respektieren; sei jedoch aufgrund einer besonders einseitigen Aufbürdung von vertraglichen Lasten und einer erheblichen ungleichen Verhandlungsposition der Vertragspartner ersichtlich, dass in einem Vertragsverhältnis ein Partner ein solches Gewicht habe, dass er den Vertragsinhalt faktisch einseitig bestimmen könne, sei es Aufgabe des Rechts, auf die Wahrung der Grundrechtspositionen beider Vertragspartner hinzuwirken, um zu verhindern, dass sich für einen Vertragsteil die Selbstbestimmung in eine Fremdbestimmung verkehre[467]. Im Rahmen von Eheverträgen gewährleiste Art. 6 Abs. 1 GG zwar grundsätzlich die freie Gestaltungsmöglichkeit; in Anlehnung an Art. 3 Abs. 2 sei verfassungsrechtlich geschützt eine solche Ehe, in der Mann und Frau in gleichberechtigter Partnerschaft zueinander stünden. Der Staat habe jedoch der Freiheit der Ehegatten dort Grenzen zu setzen, wo der Vertrag nicht Ausdruck und Ergebnis gleichberechtigter Lebenspartnerschaft sei, sondern eine auf ungleichen Verhandlungspositionen basierende einseitige Dominanz eines Ehepartners widerspiegele. Es sei Aufgabe der Gerichte, in solchen Fällen gestörter Vertragsparität über die zivilrechtlichen Generalklauseln zur Wahrung beeinträchtigter Grundrechtspositionen eines Ehevertragspartners den Inhalt des Vertrages einer Kontrolle zu unterziehen und gegebenenfalls zu korrigieren. Das BVerfG hielt ausdrücklich fest, dass die Eheschließungsfreiheit nicht die Freiheit zu unbegrenzter Ehevertragsgestaltung und insbesondere nicht eine einseitige ehevertragliche Lastenverteilung rechtfertige[468]. Enthalte ein Ehevertrag eine erkennbar einseitige Lastenverteilung zuungunsten der Frau und sei der Vertrag vor der Ehe und im Zusammenhang mit ihrer Schwangerschaft geschlossen worden, so gebiete es auch der Anspruch auf Schutz und Fürsorge der werdenden Mutter aus Art. 6 Abs. 4, die ehevertragliche Vereinbarung einer besonderen richterlichen Inhaltskontrolle zu unterziehen[469]. Das gelte umso mehr, als der Gesetzgeber davon abgesehen habe,

---

467 BVerfG, Urt. v. 06.02.2001, NJW 2001, S. 957, 958.

468 BVerfG, Urt. v. 06.02.2001, NJW 2001, S. 957, 958.

469 Bei einer nicht verheirateten Schwangeren resultiere das Gefühl der Unterlegenheit bereits daher, dass sie sich vor die Alternative gestellt sehe, in Zukunft entweder allein für das erwartete Kind Verantwortung und Sorge zu tragen oder durch die Eheschließung den Kindsvater in die Verantwortung einzubinden, wenn auch um den Preis eines sie stark belastenden Ehevertrages. Geschwächt werde ihre Verhandlungsposition durch die tatsächliche und rechtliche Lage, insbesondere als ledige Mutter mit dem Bemühen um die Sicherung der eigenen Existenz und der des Kindes. Die nicht verheiratete Mutter bleibe nach geltendem Recht für das Kind allein verantwortlich, wenn der Vater zur gemeinsamen Sorge nicht bereit sei. Auch

bei ehevertraglichen Abreden über Unterhaltslasten, anders als bei Vereinbarungen über den ehelichen Zugewinn oder den Versorgungsausgleich, durch Formerfordernisse oder Verfahrensregelungen eine gewissen Schutz vor Übervorteilung eines Vertragsteils zu bieten[470]. Eine Schwangere befinde sich wegen ihrer Sorge auch um die Zukunft des Kindes und unter dem Druck der bevorstehenden Geburt typischerweise in einer dem Vertragspartner gegenüber weit unterlegenen Position[471]. Die Schwangerschaft selbst sei allerdings nur Indiz für eine vertragliche Disparität. Vermögenslage, berufliche Qualifikation und Perspektive sowie die von den Eheleuten beabsichtigte Aufteilung von Erwerbs- und Familienarbeit in der Ehe seien weitere maßgebliche, die Situation der Schwangeren beeinflussende Faktoren, welche im Einzelfall ihre Unterlegenheit ausgleichen könnten, auch wenn im Ehevertrag gesetzliche Rechtspositionen abbedungen würden. Werde aber die Schwangere durch den Inhalt des Ehevertrages einseitig belastet und fänden ihre Interessen keine angemessene Berücksichtigung, liege eine offenkundige Schutzbedürftigkeit vor. Ob die Frau durch den Vertrag mehr belastet sei als der Mann, hänge wesentlich davon ab, welche familiäre Konstellation die Parteien anstreben und dem Vertrag zugrunde legen würden[472]. „Je mehr im Ehevertrag gesetzliche Rechte abbedungen oder zusätzliche Pflichten übernommen würden, desto mehr könne sich dieser Effekt einseitiger Benachteiligung verstärken[473].“ Eine eben solche einseitige, nicht zu rechtfertigende Benachteiligung hat das Gericht im vorliegenden Fall angenommen[474].

---

der Unterhaltsanspruch sei eingeschränkt. Zwar stehe der unverheirateten Mutter gemäß § 1615 l Abs. 2 S. 3 ein mittlerweile dreijähriger Unterhaltsanspruch zu, dieser sei jedoch nicht vergleichbar mit der unterhaltsrechtlichen Absicherung verheirateter Frauen, die den ehelichen Kindern zugute komme, BVerfG, Urt. v. 06.02.2001, NJW 2001, S. 957, 958 f.

470 Gemäß § 1585 c S. 2 BGB n.F. bedarf in Abweichung zum im Zeitpunkt des Urteilserlasses geltenden Recht eine Vereinbarung über den nachehelichen Ehegattenunterhalt, die vor Rechtskraft der Scheidung getroffen wird, der notariellen Beurkundung.

471 BVerfG, Urt. v. 06.02.2001, NJW 2001, S. 957, 959.

472 BVerfG, Urt. v. 06.02.2001, NJW 2001, S. 957, 959; das Verfassungsgericht macht sodann weitere Ausführungen zu einzelnen „Ehemodellen“: Gingen etwa beide Partner einer etwa gleichwertigen Berufstätigkeit nach und teilten sich Haus- und Familienarbeit, liege in einem wechselseitigen Verzicht auf nacheheliche Unterhaltsansprüche keine ungleiche Belastung. Solle hingegen einer der Eheleute unter Aufgabe seiner beruflichen Tätigkeit die Haushaltsführung und Kindererziehung übernehmen, so bedeute ein solcher Verzicht einen Nachteil.

473 BVerfG, Urt. v. 06.02.2001, NJW 2001, S. 957, 959.

474 Mit dem Verzicht auf nachehelichen Unterhalt habe die Ehefrau ihre wirtschaftliche Lage nachhaltig geschwächt, da sie nicht damit habe rechnen können, mit zwei Kindern ihre Einkommenslage noch wesentlich verbessern zu können. Mit der Übernahme der Unterhaltspflicht für das gemeinsame Kind, welche sich an dem höheren Einkommen des Kindsvaters bemesse, habe sie ihre Situation weiter geschwächt und den Ehemann nicht nur entlastet, sondern ihn sogar besser gestellt

Nur wenige Tage nach dieser Entscheidung hat das Bundesverfassungsgericht seine Rechtsprechung erneut bestätigt[475].

---

als den Vater eines nichtehelichen Kindes. Die Vorinstanz habe verkannt, dass die Eheschließungsfreiheit nicht die Freiheit zu unangemessener einseitiger vertraglicher Interessendurchsetzung eröffne. Ferner habe das OLG den Schutz aus Art. 6 Abs. 2 GG außer Acht gelassen, der vertraglichen Abreden von Eltern im Interesse des Kindeswohls Grenzen setze. Zu der Verantwortung der Eltern im Sinne dieser Norm gehöre es auch, für einen ihrem Vermögen gemäßen und zugleich angemessenen Unterhalt des Kindes zu sorgen und seine Betreuung sicherzustellen. Dieser Verantwortung würden die Eltern im Falle einer wie hier vorgenommenen Freistellung von Kindesunterhaltsansprüchen durch den Elternteil, der das Kind betreue, dann nicht gerecht, wenn eine dem Kindeswohl dienliche Betreuung und ein den Verhältnissen beider Eltern angemessener Barunterhalt nicht mehr sichergestellt seien. Die Beeinträchtigung von Kindesinteressen im Fall einer solchen Freistellung sei nur dann ausgeschlossen, wenn ohne erhebliche Einschränkungen für den eigenen Unterhalt des betreuenden Elternteils auch die Betreuungskosten und der angemessene Lebensunterhalt für das Kind sichergestellt werden könne. Sei dies im Zeitpunkt des Abschlusses der Freistellungsvereinbarung nicht gewährleistet, gefährde auch hier die elterliche Vertragsabrede das Kindeswohl. Vorliegend habe die Ehefrau in diesem Zeitpunkt bereits ein weiteres Kind versorgen müssen. Dem erkennenden Gericht habe es sich daher aufdrängen müssen, ob die Freistellung unter den gegebenen Umständen nicht die Interessen des gemeinsamen Kindes zu verletzten geeignet sei und der den Eltern obliegenden Verantwortung zuwiderlaufe.

475 1984 lernte die spätere Ehefrau einen Diplom- Wirtschaftsingenieur mit einem Monatseinkommen von 7000 DM kennen. Zu diesem Zeitpunkt hatte die Frau bereits ein aus einer früheren Beziehung stammendes schwerbehindertes Kind von ihr zu versorgen. Als sie von ihrem späteren Ehemann erneut schwanger wurde, schlossen die Parteien vor der Heirat im Dezember 1985 einen notariellen Ehevertrag und vereinbarten Gütertrennung. Der Versorgungsausgleich wurde ausgeschlossen und beide verzichteten auf Ehegattenunterhalt für den Fall der Scheidung. Nachdem der gemeinsame Sohn im Mai 1986 zur Welt gekommen war, ließ man sich sechs Jahre später, 1992, scheiden. Die Mutter erhielt die elterliche Sorge und der Vater wurde zur Zahlung von Kindesunterhalt verurteilt. Der weitergehende Antrag der Frau gegenüber dem Mann auf Zahlung von nachehelichem Ehegattenunterhalt, Durchführung des Versorgungs- und Zugewinnausgleichs wurde von dem Familiengericht zurückgewiesen. Das OLG verurteilte den Mann zur Zahlung nachehelichen Unterhalts und wies die Anträge im Übrigen zurück. Der Ehevertrag sei nicht sittenwidrig, so das OLG. Daran ändere auch der Umstand nichts, dass die spätere Ehefrau bei Vertragsschluss schwanger gewesen sei und möglicherweise der Sozialhilfe zur Last falle. Die Verfassungsbeschwerde war erfolgreich.

Die Beschwerdeführerin sei in ihren Rechten aus Art. 2 Abs. 1 i.V.m. Art. 6 Abs. 4 GG verletzt. Das OLG habe den Schutz vor unangemessener Benachteiligung durch den Ehevertrag verkannt. Das BVerfG bestätigt sodann seine vorangegangene Entscheidung. Die Schwangere sei davor zu schützen, dass sie durch ihre Situation zu Vereinbarungen gedrängt würde, die ihren Interessen massiv zuwiderliefen. Die Schwangerschaft bei Abschluss eines Vertrages sei allerdings nur ein Indiz für eine

Aus der Eheschließungsfreiheit wurde mithin nicht länger automatisch die nahezu unbeschränkte Ehevertragsfreiheit gefolgert, sondern unter Bezugnahme auf die Art. 2 Abs. 1, 3 Abs. 2, 6 Abs. 2 und 6 Abs. 4 GG und auf die durch die Schwangerschaft indizierte Unterlegenheit auf die Erforderlichkeit einer Inhaltskontrolle geschlossen. Die weitaus überwiegende Literatur stimmte den Ausführungen des BVerfG zu[476].

Damit war nunmehr klargestellt, dass sich eine Nichtigkeit von Eheverträgen nicht nur in den Fällen der Belastung Dritter[477], insbesondere des Sozialhilfeträgers[478],

---

mögliche vertragliche Disparität, was Anlass für eine stärkere richterliche Inhaltskontrolle des Ehevertrages gebe. Die Vermögenslage der Schwangeren sowie ihr berufliche Qualifikation und Perspektive seien weitere maßgebliche Faktoren, die ihre Situation bestimmen und bei der gerichtlichen Prüfung, ob sich die Schwangere bei Abschluss des Vertrages in einer unterlegenen Situation befunden habe, zu berücksichtigen seien. Die Schutzbedürftigkeit der nicht verheirateten Schwangeren werde offenkundig, wenn der Inhalt des Ehevertrages ebenfalls eine Unterlegenheitsposition durch die einseitige vertragliche Belastung und eine unangemessene Berücksichtigung ihrer Interessen zum Ausdruck bringe. Für die Beurteilung, ob die vertraglichen Vereinbarungen die Frau deutlich mehr belasten als den Mann, sei auch die familiäre Konstellation maßgeblich, die die Vertragspartner anstreben und ihrem Vertrag zugrunde legen. Der Verzicht auf gesetzliche Ansprüche bedeute insbesondere für den Ehegatten eine Benachteiligung, der sich unter Aufgabe einer Berufstätigkeit der Betreuung des Kindes und der Arbeit im Haus widme. Je mehr im Ehevertrag gesetzliche Rechte abbedungen werden, desto mehr könne sich der Effekt einseitiger Benachteiligung verstärken. Das OLG habe, als es der Mutter den Ehegattenunterhalt zuerkannt habe, zwar das Kindeswohl und damit das berücksichtigt, was notwendig sei, um die Pflege des Kindes durch die Mutter sicherzustellen. Die besondere Situation der Schwangeren mit einem noch dazu schwerbehinderten Kind im Zeitpunkt des Vertragsschlusses sei allein schon deutliches Indiz für ihre Unterlegenheit als Vertragspartnerin gewesen, was allerdings das Gericht nicht zum Anlass genommen habe, um der Frage nachzugehen, ob der Ehevertrag die Schwangere in unangemessener Weise belaste. Dementsprechend sei in die Prüfung auch nicht mit einbezogen worden, dass die Ehefrau auf sämtliche gesetzlichen Ansprüche aus der Ehe in ihrer familiären und wirtschaftlich beengten Situation verzichtet und damit eine offenkundige Schutzbedürftigkeit vorgelegen habe. Im Ergebnis habe das OLG die Kontrolle des gesamten Vertrages unterlassen und damit verkannt, dass die Freiheit der Lebensplanung des Ehemannes nicht die Freiheit zu einer unangemessenen einseitigen vertraglichen Interessendurchsetzung eröffne.

476 Büttner, FF 2001, S. 65, 65; Dauner-Lieb, AcP 201 (2001), S. 295, 319; weitere Nachweise finden sich beispielsweise bei Luhn, S. 110.

477 Kanzleiter in: MünchKomm, § 1408, Rn. 22; namentlich waren dies Fälle, in denen Kinder benachteiligt wurden, da deren Betreuung durch einen Unterhaltsverzicht des betreuenden Ehegatten beeinträchtigt wurde, weil dieser gezwungen war, einer Erwerbstätigkeit nachzugehen.

478 In einer Grundsatzentscheidung des BGH, Urt. v. 08.12.1982, FamRZ 1983, S. 137, 137 f., heißt es dementsprechend in den Leitsätzen: „Eine Scheidungsvereinbarung,

bei unzulässigen Koppelungsvereinbarungen, wie etwa elterlicher Sorge gegen Unterhaltsverzicht[479] ergeben kann, sondern auch in Fällen gestörter Vertragsparität[480]. Auch nach den Entscheidungen des BVerfG blieb jedoch zunächst offen, ob die Nichtigkeit im Einzelfall auf § 138 zu stützen oder ob über § 242 eine Korrektur ausreichend sei. Dieser Schwebezustand hielt bis zu der Entscheidung des BGH im Jahr 2004 an.

II. Die Entscheidung des Bundesgerichtshofs vom 11. Februar 2004

1. Kein unverzichtbarer Mindestgehalt an Scheidungsfolgen und Ehevertragsfreiheit

Auf die Entscheidungen des BVerfG im Jahr 2001 musste der BGH erstmals 2004 reagieren und fällte sein bahnbrechendes Urteil, dessen Grundsätze bis heute die ehevertragliche Kontrolle prägen. Auch nach diesem Urteil lässt sich nicht abschließend für alle Fälle beantworten, unter welchen Voraussetzungen Unwirksamkeit gemäß § 138 vorliegt oder die Berufung auf die vertragliche Regelung gemäß § 242 unwirksam ist. Erforderlich ist im jeweiligen Einzelfall eine Gesamtschau

---

in der ein nicht erwerbsfähiger und nicht vermögender Ehegatte auf nachehelichen Unterhalt verzichtet mit der Folge, dass er zwangsläufig der Sozialhilfe anheimfallen muss, kann den guten Sitten zuwiderlaufen und damit nichtig sein, auch wenn sie nicht auf einer Schädigungsabsicht der Ehegatten zu Lasten des Trägers der Sozialhilfe beruht. Für die Beurteilung der Sittenwidrigkeit der Verzichtsabrede kommt es insoweit entscheidend auf den aus der Zusammenfassung von Inhalt, Beweggrund und Zweck zu entnehmenden Gesamtcharakter der Vereinbarung an“. In subjektiver Hinsicht sei danach ausreichend, dass sich die Ehegatten dem im objektiven Tatbestand erforderlichen Element der Belastung des Sozialhilfeträgers durch den Unterhaltsverzicht grob fahrlässig verschlossen hätten. Hinsichtlich des Vermögens bestehe die allgemeine Verpflichtung für den Unterhaltsbedürftigen zum Ausschöpfen aller ihm zur Verfügung stehenden privaten Erwerbsquellen und Unterhaltsansprüche, bevor die Allgemeinheit über die Inanspruchnahme der Sozialhilfe beansprucht werden könne. Eine Einschränkung dieser Rechtsprechung wurde für vorsorgende Eheverträge vorgenommen. Werde im Vorfeld der Ehe oder bei laufendem Sozialhilfebezug zur Ehestabilisierung auf den nachehelichen Unterhalt verzichtet, so werde dadurch das Risiko, den Sozialhilfeträger in Anspruch nehmen zu müssen, nicht erhöht, da es ohne den Verzicht nicht zur Eheschließung gekommen wäre, BGH, Urt. v. 09.07.1992, FamRZ 1992, S. 1403, 1403 f. Hinsichtlich weiterer Aspekte in diesem sozialrechtlichen Kontext, auch zu einer Lockerung der Rechtsprechung im Zuge der Unterhaltsrechtsreform und damit zu einer Erweiterung der Vertragsfreiheit, siehe unten § 5, C., III., 8., S. 269 ff. sowie § 5, C., III., 10., b), S. 276 ff..

479 BGH, Urt. v. 23.05.1984, NJW 1984, S. 1951, 1952.

480 Ein hilfreicher Überblick findet sich bei Grziwotz, FF 2001, S. 41–45.

der Vereinbarungen, der Gründe und Umstände des Zustandekommens sowie der beabsichtigten und verwirklichten Gestaltung des ehelichen Lebens[481].

Nachehelicher Unterhalt, Zugewinn und Versorgungsausgleich unterliegen nach dem BGH grundsätzlich der vertraglichen Disposition der Ehegatten. Einen unverzichtbaren Mindestgehalt an Scheidungsfolgen zugunsten des berechtigten Ehegatten kenne das geltende Recht nicht[482].

Beim Ehegattenunterhalt habe der Gesetzgeber einerseits dem in § 1569 [483] verankerten Grundsatz der nachehelichen unterhaltsrechtlichen Eigenverantwortung ein nahezu lückenloses System von Unterhaltsansprüchen gegenübergestellt, um den sozial Schwächeren abzusichern. Andererseits habe der Gesetzgeber in den §§ 1353, 1356 das grundgesetzlich geschützte Recht der Ehegatten verbürgt, ihre Lebensgemeinschaft eigenverantwortlich und frei von gesetzlichen Vorgaben entsprechend ihren individuellen Vorstellungen und Bedürfnissen zu gestalten[484]. Auch § 1585 c enthalte keine Einschränkung in Richtung eines unverzichtbaren Mindestgehalts an Rechten[485].

Der Zugewinnausgleich hingegen sei weniger Ausfluss nachehelicher Solidarität als Ausdruck einer Teilhabegerechtigkeit, die zwar im Einzelfall ehebedingte Nachteile ausgleichen könne, in ihrer Typisierung aber weit über dieses Ziel hinausgreife und nicht zuletzt deshalb von § 1408 Abs. 1 der Disposition der Ehegatten unterstellt sei[486].

Der Versorgungsausgleich, seiner Zielrichtung nach ein vorweggenommener Altersunterhalt, könne gemäß § 1408 Abs. 2 modifiziert, sogar vollständig ausgeschlossen werden. Vereinbarungen über den Versorgungsausgleich im Zusammenhang mit einer Scheidung bedürften gemäß § 1587 o Abs. 2 a.F. der Genehmigung des Familiengerichts, welches dabei eine Inhaltskontrolle vorzunehmen habe, die auch die Unterhaltsregelung und die Vermögensauseinandersetzung berücksichtige[487].

---

481 BGH, Urt. v. 11.02.2004, NJW 2004, S. 930, 933.

482 BGH, Urt. v. 11.02.2004, NJW 2004, S. 930, 933.

483 Im Zeitpunkt des Urteilserlasses, 11.02.2004 lautete die Fassung des § 1569 BGB: „Kann ein Ehegatte nach der Scheidung nicht selbst für seinen Unterhalt sorgen, so hat er gegen den anderen Ehegatten einen Anspruch auf Unterhalt nach den folgenden Vorschriften." Die aktuelle Fassung lautet seit dem 01.01.2008: „Nach der Scheidung obliegt es jedem Ehegatten, selbst für seinen Unterhalt zu sorgen. Ist er dazu außerstande, hat er gegen den anderen Ehegatten einen Anspruch auf Unterhalt nur nach den folgenden Vorschriften."

484 BGH, Urt. v. 11.02.2004, NJW 2004, S. 930, 933.

485 BGH, Urt. v. 11.02.2004, NJW 2004, S. 930, 933.

486 BGH, Urt. v. 11.02.2004, NJW 2004, S. 930, 933.

487 BGH, Urt. v. 11.02.2004, NJW 2004, S. 930, 934.

2. *Begrenzung der Ehevertragsfreiheit durch den Schutzzweck der gesetzlichen Regelungen*

In einer der bedeutendsten Passagen seiner Entscheidung hält der BGH fest, die Disponibilität der Scheidungsfolgen dürfe nicht dazu führen, dass der Schutzzweck der gesetzlichen Regelungen durch vertragliche Vereinbarungen beliebig unterlaufen werden könne[488]. Dann heißt es zu der Frage, wann ein Unterlaufen vorliegt, wörtlich weiter – und dabei handelt es sich um eine bis heute in Rechtsprechung und Literatur immer wiederkehrende, weil für die zu behandelnde Problematik charakteristische Formulierung: „Das wäre der Fall, wenn dadurch eine evident einseitige und durch die individuelle Gestaltung der ehelichen Lebensverhältnisse nicht gerechtfertigte Lastenverteilung entstünde, die hinzunehmen für den belasteten Ehegatten – bei angemessener Berücksichtigung der Belange des anderen Ehegatten und seines Vertrauens in die Geltung der getroffenen Abrede – bei verständiger Würdigung des Wesens der Ehe unzumutbar erscheint. Die Belastungen des einen Ehegatten werden dabei umso schwerer wiegen und die Belange des anderen Ehegatten umso genauerer Prüfung bedürfen, je unmittelbarer die vertragliche Abbedingung gesetzlicher Regelungen in den Kernbereich des Scheidungsfolgenrechts eingreift[489].“

3. *Kernbereichslehre und Abstufungen im Rang der Scheidungsfolgen*

Bei der Ausrichtung am Kernbereich der Scheidungsfolgen nimmt der BGH für deren Disponibilität eine Rangabstufung vor, die sich in erster Linie danach bemisst, welche Bedeutung die einzelnen Scheidungsfolgenregelugen für den Berechtigten in seiner jeweiligen Lage haben[490]. Dabei sei die Absicherung des laufenden Unterhaltsbedarfs für den Berechtigten in der Regel wichtiger als etwa der Zugewinn- oder der spätere Versorgungsausgleich. Deshalb sei nach dem Betreuungsunterhalt[491], § 1570, der Krankheitsunterhalt, § 1572, und Altersunterhalt,

---

488 BGH, Urt. v. 11.02.2004, NJW 2004, S. 930, 934.

489 BGH, Urt. v. 11.02.2004, NJW 2004, S. 930, 934.

490 BGH, Urt. v. 11.02.2004, NJW 2004, S. 930, 934.

491 Der BGH stuft den Betreuungsunterhalt als erstes in den Kernbereich des Scheidungsfolgenrechts ein, da dieser Anspruch bereits im Hinblick auf seine Ausrichtung am Kindesinteresse nicht der freien Disposition der Ehegatten unterliege. Aber selbst hier seien Modifikationen denkbar, wenn sich Erwerbstätigkeit und Kinderbetreuung miteinander vereinbaren ließen, BGH, Urt. v. 11.02.2004, NJW 2004, S. 930, 934.

Nicht geklärt hat der BGH die Frage, ob eine Begrenzung nach unten auf den Notbedarf im Rahmen des § 1570 erfolgen darf. Nach der überwiegenden Ansicht wird dies als nicht mehr mit der neuen Rechtsprechung vereinbar betrachtet, da diese Beschränkung letztlich zu Lasten des Lebensstandards der zu betreuenden Kinder ginge, so Gageik, RNotZ 2004, S. 295, 302; Mayer in: Würzburger Notarhandbuch, S. 1282; Ziemann, S. 150. Über den Schutzzweck der Regelung würden im Ergebnis

§ 1571, einzustufen. Die Unterhaltspflicht wegen Erwerbslosigkeit, § 1573, erscheine demgegenüber nachrangig, da das Gesetz das Arbeitsplatzrisiko ohnehin auf den Berechtigten verlagere. Sodann folgten im Rangverhältnis Krankenvorsorge- und Altersvorsorgeunterhalt nach. Am ehesten verzichtbar erschienen Ansprüche auf Aufstockungs- und Ausbildungsunterhalt, weil diese Ansprüche vom Gesetz am schwächsten ausgestaltet und nicht nur der Höhe nach, sondern auch dem Grunde nach gemäß §§ 1573 Abs. 5, 1575 Abs. 1 zeitlich begrenzbar seien[492].

Wie auch der Altersunterhalt rangiere ebenfalls auf der zweiten Stufe der Versorgungsausgleich, der als vorweggenommener Altersunterhalt vertraglicher Disposition nur begrenzt offen stehe. Diesbezügliche Vereinbarungen seien deshalb nach denselben Kriterien zu prüfen wie ein vollständiger oder teilweiser Unterhaltsverzicht[493].

Der Zugewinnausgleich sei ehevertraglicher Disposition am weitesten zugänglich[494]. Daran ändere auch das geltende Eheverständnis nichts, welches nämlich

---

dem Kind im Hinblick auf die ansonsten fortgeltenden ehelichen Lebensverhältnisse die gleichen Entwicklungschancen genommen, Ziemann, S. 120, mit Hinweis auf die insoweit bereits von Dauner-Lieb in AcP 201 (2001), S. 295, 330 gemachte Prognose. Demgegenüber wird allerdings eine Beschränkung als zulässig erachtet, wenn dadurch wenigstens die ehebedingten Erwerbsnachteile des Unterhaltsberechtigten ausgeglichen werden, Langenfeld, ZEV 2004, S. 311, 313; Mayer in: Würzburger Notarhandbuch, S. 1282. Damit würden die vorehelichen Einkommensverhältnisse des Unterhaltsberechtigten festgeschrieben, Münch, ZNotP 2004, S. 122, 125. Mithin bildet im Rahmen des Betreuungsunterhalts das Kindeswohl nicht nur die Grenze für Begrenzung der Höhe nach, sondern auch für die grundsätzlich zulässige zeitliche Begrenzung, Mayer in: Würzburger Notarhandbuch, S. 1282.

492 BGH, Urt. v. 11.02.2004, NJW 2004, S. 930, 934 (im Kontext zu den im Jahr 2004 geltenden Vorschriften, §§ 1573 Abs. 2, 1575 BGB a.F.; heute regelt § 1578 b BGB, in Kraft seit 01.01.2008, sowohl die Herabsetzung als auch zeitliche Begrenzung des Unterhalts ohne spezifische Beschränkung auf einzelne Unterhaltstatbestände).

Diskutiert wurde im Rahmen des Aufstockungsunterhalts insbesondere die Möglichkeit der Begrenzung der Höhe nach. So sei eine Begrenzung derart denkbar, dass Maßstab für den Unterhalt nicht die ehelichen Lebensverhältnisse, sondern allein der Ausgleich der ehebedingen Nachteile sei, was eine Orientierung des Unterhalts gemessen an der fiktiv weitergeführten vorehelichen Berufstätigkeit bedeute, Rauscher, DNotZ 2004, S. 524, 546; Mayer in: Würzburger Notarhandbuch, S. 1284.

493 BGH, Urt. v. 11.02.2004, NJW 2004, S. 930, 934.

494 Auf der Kernbereichsleiter selbst wurde zunächst die Einordnung oder vielmehr der Ausschluss des Zugewinns von den Kernbereichen des Scheidungsfolgenrechts kritisiert. Es sei die Frage zu diskutieren, ob es wirklich als fair gelten könne, wenn der Partner in traditionellen Einverdienerehen, der die Familienarbeit übernimmt, von jeglicher Partizipation am Zugewinn ausgeschlossen werden könne. Sehe man wie das moderne Schrifttum den Sinn des Zugewinnausgleichs darin, dass der nicht berufstätige Partner einen Ausgleich für den Verzicht auf eine eigene Erwerbsbiographie und die Möglichkeit der Vermögensbildung bekommt, dann erscheine die völlige Vertragsfreiheit zum Ausschluss des Zugewinnausgleichs für diesen Ehetyp

keine bestimmte Vermögenszuordnung in der Ehe erfordere. Die eheliche Lebensgemeinschaft sei nicht notwendig auch eine Vermögensgemeinschaft. Auch das Gebot der ehelichen Solidarität erfordere keine wechselseitige Vermögensbeteiligung der Ehegatten. Ihr trage das geltende Unterhaltsrecht Rechnung. Das geltende Güterrecht knüpfe demgegenüber nicht an Bedarfslagen an; die vom Regelgüterstand verfolgte Gewinnbeteiligung habe keine unterhaltsrechtliche Funktion[495].

4. *Zweistufige Inhaltskontrolle*

Im Rahmen der Wirksamkeitskontrolle ist zu prüfen, „ob die Vereinbarung schon im Zeitpunkt ihres Zustandekommens offenkundig zu einer derart einseitigen Lastenverteilung für den Scheidungsfall führt, dass ihr – und zwar losgelöst von der künftigen Entwicklung der Ehegatten und ihrer Lebensverhältnisse – wegen Verstoßes gegen die guten Sitten die Anerkennung der Rechtsordnung ganz oder teilweise mit der Folge zu versagen ist, dass an ihre Stelle die gesetzlichen Regelungen treten (§ 138 I BGB). Erforderlich ist dabei eine Gesamtwürdigung, die auf die individuellen Verhältnisse beim Vertragsschluss abstellt, insbesondere also auf die Einkommens- und Vermögensverhältnisse, den geplanten oder bereits verwirklichten Zuschnitt der Ehe sowie auf Auswirkungen auf die Ehegatten und auf die Kinder. Subjektiv sind die von den Ehegatten mit der Abrede verfolgten Zwecke sowie die sonstigen Beweggründe zu berücksichtigen, die den begünstigten Ehegatten zu seinem Verlangen nach der ehevertraglichen Gestaltung veranlasst und den benachteiligten Ehegatten bewogen haben, diesem Verlangen zu entsprechen. Das Verdikt der Sittenwidrigkeit wird dabei regelmäßig nur in Betracht kommen, wenn durch den Vertrag Regelungen aus dem Bereich des Scheidungsfolgenrechts ganz oder jedenfalls zu erheblichen Teilen abbedungen werden, ohne dass dieser Nachteil für den anderen Ehegatten durch anderweitige Vorteile gemildert oder durch die besonderen Verhältnisse der Ehegatten, den von ihnen angestrebten oder gelebten Ehetyp oder durch sonstige gewichtige Belange des begünstigten Ehegatten gerechtfertigt wird[496]."

überdenkenswert, Dauner-Lieb, FF 2004, S. 61, 62. (Ausführlich zum Teilhabegedanken, auch bei verschiedenen Ehetypen: Dauner-Lieb und Sanders – Abdingbare Teilhabe – unabdingbare Verantwortung? – Grenzen güterrechtlicher Vereinbarungen im Lichte der Rechtsprechung des BVerfG und des BGH, FPR 2005, S. 141–146; die Autorinnen schlagen unter dem Gesichtspunkt des Teilhabegedankens vor, die Schwächen des Zugewinnausgleichs, nämlich der vorzunehmende Ausgleich auch für solche Bereiche, welche nicht durch die eheliche Arbeitsverteilung entstanden sind, wie etwa Lottogewinne etc., auszugleichen, indem der Zugewinn auf seinen eigentlichen Zweck zurückgeführt und beispielsweise stärker an die eheliche Aufgabenverteilung gekoppelt wird, so Dauner-Lieb und Sanders, FPR 2005, S. 141, 144.)

495 BGH, Urt. v. 11.02.2004, NJW 2004, S. 930, 934.

496 BGH, Urt. v. 11.02.2004, NJW 2004, S. 930, 934 f.

Wenn der Vertrag danach Bestand hat, die von den Parteien getroffenen Abreden auch in subjektiver Hinsicht[497] einer richterlichen Wirksamkeitskontrolle am Maßstab des § 138 Abs. 1 standhalten, muss laut BGH der Richter sodann „im Rahmen der Ausübungskontrolle prüfen, ob und inwieweit ein Ehegatte die ihm durch den Vertrag eingeräumte Rechtsmacht missbraucht, wenn er sich im Scheidungsfall gegenüber einer von dem anderen Ehegatten begehrten gesetzlichen Scheidungsfolge darauf beruft, dass diese durch den Vertrag wirksam abbedungen sei (§ 242 BGB). Dafür sind nicht nur die Verhältnisse im Zeitpunkt des Vertragsschlusses maßgebend. Entscheidend ist vielmehr, ob sich nunmehr – im Zeitpunkt des Scheiterns der Lebensgemeinschaft – aus dem vereinbarten Ausschluss der Scheidungsfolge eine evident einseitige Lastenverteilung ergibt, die hinzunehmen für den belasteten Ehegatten auch bei angemessener Berücksichtigung der Belange des anderen Ehegatten und seines Vertrauens in die Geltung der getroffenen Abrede sowie bei verständiger Würdigung des Wesens der Ehe unzumutbar ist. Das kann insbesondere dann der Fall sein, wenn die tatsächliche einvernehmliche Gestaltung der ehelichen Lebensverhältnisse von der ursprünglichen, dem Vertrag zugrunde liegenden Lebensplanung grundlegend abweicht. Nacheheliche Solidarität wird dabei ein Ehegatte regelmäßig nicht einfordern können, wenn er seinerseits die eheliche Solidarität verletzt hat; soweit ein angemessener Ausgleich ehebedingter Nachteile in Rede steht, werden dagegen Verschuldensgesichtspunkte eher zurücktreten. Insgesamt hat sich die gebotene Abwägung an der Rangordnung der Scheidungsfolgen zu orientieren: Je höherrangig die vertraglich ausgeschlossene und nunmehr dennoch geltend gemachte Scheidungsfolge ist, umso schwerwiegender müssen die Gründe sein, die – unter Berücksichtigung des inzwischen einvernehmlich verwirklichten tatsächlichen Ehezuschnitts – für ihren Ausschluss sprechen. Hält die Berufung eines Ehegatten auf den vertraglichen Ausschluss der Scheidungsfolge der richterlichen Rechtsausübungskontrolle nicht stand, führt dies im Rahmen des § 242 BGB noch nicht zur Unwirksamkeit des vertraglich vereinbarten Ausschlusses. Auch wird dadurch nicht notwendig die vom Gesetz vorgesehene, aber vertraglich ausgeschlossene Scheidungsfolge in Vollzug gesetzt. Der Richter hat vielmehr diejenige Rechtsfolge anzuordnen, die den berechtigten Belangen beider Parteien in der nunmehr eingetretenen Situation in ausgewogener Weise Rechnung trägt. Dabei wird er sich allerdings umso stärker an der vom Gesetz vorgesehenen Rechtsfolge zu orientieren haben, je zentraler diese Rechtsfolge im Kernbereich des gesetzlichen Scheidungsfolgenrechts angesiedelt ist[498]."

Im Ergebnis manifestieren sich die Auswirkungen dieses Grundsatzurteils in den auch heute weiterhin anzuwendenden Instrumentarien der Inhaltskontrolle von Eheverträgen, der zweistufigen Kontrolle mittels Wirksamkeitskontrolle auf der ersten und Ausübungskontrolle auf der zweiten Stufe.

---

497 BGH, Urt. v. 11.02.2004, NJW 2004, S. 930, 936.
498 BGH, Urt. v. 11.02.2004, NJW 2004, S. 930, 935.

III. Die zweistufige Inhaltskontrolle heute

1. Allgemeines

Auch wenn der BGH und die weitere obergerichtliche Rechtsprechung die Instrumentarien des BGH in der Zeit nach dem 11.02.2004 beständig bestätigt haben und durch die Inhaltskontrolle die vormals grundsätzliche Vertragsfreiheit limitiert wurde, existieren bis heute keine allgemein überzeugenden Maßstäbe, die weitgehende Rechtssicherheit schaffen würden. Dennoch wird dem BGH überwiegend zugestanden, er habe mit seiner Grundsatzentscheidung und den darauf aufbauenden Entscheidungen einen Erfolg versprechenden Weg eingeschlagen[499]. In der Literatur wurde die Entscheidung überwiegend positiv aufgenommen[500]. Kritisiert wird jedoch das unklare Verhältnis zwischen Ausübungskontrolle, Wegfall der Geschäftsgrundlage und ergänzender Vertragsauslegung[501]. Dies gilt auch für die dogmatische Einordnung[502]. Zum notwendigen Verständnis und letztlich zur Beantwortung der Frage, ob die gesetzlichen Instrumentarien der Störfallvorsorge abschließend sind, gehört daher auch eine Abgrenzung zu anderen, teils vergleichbaren Rechtsinstituten in dem sich nun anschließenden Kapitel. Zunächst soll jedoch ein kurzer Überblick über die sich an das wegweisende Urteil des BGH anschließende Rechtsprechung die Weiterentwicklung der Inhaltskontrolle bis heute aufzeigen. Sodann werden die wesentlichen Kriterien der Inhaltskontrolle dargestellt.

Bei der Überprüfung von Eheverträgen besteht heute Einigkeit darüber, dass die Grenzen des Allgemeinen Teils des BGB zu beachten sind[503]. Dementsprechend können nach ganz herrschender Meinung Eheverträge gemäß § 119 Abs. 2 oder § 123 wegen Irrtums über eine verkehrswesentliche Eigenschaft oder wegen arglistiger Täuschung oder Drohung angefochten werden[504]. Ehevertragliche Vereinbarungen werden weiter begrenzt durch § 134, wonach ein Rechtsgeschäft, das gegen ein gesetzliches Verbot verstößt, nichtig ist, wenn sich nicht aus dem Gesetz ein

499 Ebenso Kanzleiter in: MünchKomm § 1408, Rn. 27, der jedoch auch festhält, dass es an methodischer und dogmatischer Klarheit fehle und ein theoretisches Begründungsdefizit bestehe, weil die Maßstäbe des BGH nicht das Ergebnis einer ordentlichen zivilrechtlichen Diskussion gewesen seien, sondern auf der unerwartet provozierten Reaktion auf das BVerfG beruhten.

500 Dauner-Lieb, FF 2004, S. 61, 61 ff.; Langenfeld, ZEV 2004, S. 311, 313; Schwab, FF 2004, S. 97, 98; Gageik, RNotZ 2004, S. 295, 307; Brandt, MittBayNot 2004, S. 278, 281; Kornexl, FamRZ 2004, S. 1609, 1610; Bergschneider, FamRZ 2005, S. 1457, 1465.

501 Dauner-Lieb, FF 2004, S. 65, 68; Kappler, S. 174; Schultz, S. 156.

502 Rakete-Dombek, NJW 2004, S. 1273, 1277; näher zu der Abgrenzung der einzelnen Rechtsinstitute unten, § 4, B., S. 123 ff..

503 Heinrichs in: Palandt, Einleitung, Rn. 6; Rehme in: Staudinger, § 1408, Rn. 65.

504 Rehme in: Staudinger, § 1408, Rn. 65; Gaul in: Soergel, § 1408, Rn. 42.

anderes ergibt[505]. Dementsprechend kann weder gemäß §§ 1361 Abs. 4 S. 4, 1360 a Abs. 3, 1614 Abs. 1 wirksam ein Verzicht auf Ehegatten- Trennungsunterhalt noch gemäß § 1614 Abs. 1 ein wirksamer Verzicht auf Kindesunterhalt vereinbart werden[506].

2. Wirksamkeitskontrolle am Maßstab des § 138 BGB

a) Tatbestandsvoraussetzungen

Bei der Inhaltskontrolle soll im Rahmen der Wirksamkeits- oder auch Bestandskontrolle von dieser nur zurückhaltend Gebrauch gemacht werden: „Mit dem scharfen Schwert der Sittenwidrigkeit soll sparsam umgegangen werden[507]."

Maßgeblich für die vorrangig zu prüfende Wirksamkeitskontrolle ist der Kontrollmaßstab des § 138 Abs. 1, nicht hingegen § 138 Abs. 2, da die letztgenannte Norm ein auf Austauschverträge zugeschnittener Spezialtatbestand ist, der keine Anwendung auf Eheverträge findet[508]. Die grundlegenden Wertvorstellungen, welche durch die Verfassung zum Ausdruck kommen, sind bei der Konkretisierung der guten Sitten i.S.d. § 138 Abs. 1 zu berücksichtigen[509]. Bei der gerichtlichen Inhaltskontrolle von Verträgen bedeutet dies allgemein die Berücksichtigung der durch Art. 2 Abs. 1 GG gewährleisteten allgemeinen Handlungsfreiheit und damit auch

505 Rehme in: Staudinger, § 1408, Rn. 65, der sich zur Begründung noch auf § 1408 Abs. 2 S. 1 BGB a.F. bezieht, wonach die Ehegatten in einem Ehevertrag auch durch ausdrückliche Vereinbarung den Versorgungsausgleich ausschließen können. § 1408 Abs. 2 S. 1 bestimmt, dass bei Vereinbarungen über den Versorgungsausgleich die §§ 6 und 8 VersAusglG anzuwenden sind. An der Wertung hinsichtlich § 134 BGB hat sich durch die Neufassung jedoch nichts geändert, so auch Bergschneider, Richterliche Inhaltskontrolle von Eheverträgen und Scheidungsvereinbarungen, S. 88.

506 Bergschneider, Richterliche Inhaltskontrolle von Eheverträgen und Scheidungsvereinbarungen, S. 88; Höger, S. 149 f. mit dem Hinweis, dass bei Vereinbarungen zum Trennungsunterhalt die Disponibilität des § 1614 Abs. 1 (Der laufende Unterhalt ist durch Zahlung einer Geldrente zu gewähren.) anerkannt sei; ausführlich erläutert Höger zudem die Abgrenzung zwischen einem unzulässigen Teilverzicht auf Trennungsunterhalt und einer insoweit zulässigen vertraglichen Ausgestaltung.

507 So die vielzitierte Aussage aus mehreren Vorträgen von Hahne, der bis 2012 Vorsitzenden des für Familiensachen zuständigen XII. Senats des BGH; die Beschränkung der Sittenwidrigkeit auf Ausnahmefälle entspricht der h.M., stellvertretend insoweit Münch, ZNotP 2004, S. 122, 127.

508 BGH, Urt. v. 09.07.1992, FamRZ 1992, S. 1403, 1404; Eggert, S. 134; Traulsen, S. 69.

509 Der unbestimmte Rechtsbegriff der „guten Sitten" des § 138 Abs. 1 bedeutet nach der gängigen Definition, dass ein Rechtsgeschäft dann sittenwidrig ist, wenn es gegen das Anstandsgefühl aller billig und gerecht Denkenden verstößt, Hafermehl in: Soergel, § 138, Rn. 4; Ellenberger in: Palandt, § 138, Rn. 2; Sack in: Staudinger, § 138, Rn. 13.

Vertragsfreiheit[510]. Der Begriff der „guten Sitten" findet sich nicht explizit bei der Frage der Beurteilung familienrechtlicher Vereinbarungen[511]. Im Ergebnis kommt nach der herrschenden Meinung in Rechtsprechung und Literatur Sittenwidrigkeit regelmäßig nur dann in Betracht, wenn Regelungen aus dem Kernbereich des Scheidungsfolgenrechts betroffen sind[512].

In subjektiver Hinsicht ist es im Rahmen der Inhaltssittenwidrigkeit unerheblich, ob die Parteien das Bewusstsein der Sittenwidrigkeit hatten oder ob sie die Tatsachen kannten, die das Rechtsgeschäft sittenwidrig machen, da die Rechtsordnung Verträgen, deren Inhalt bereits sittenwidrig ist, auch bei Gutgläubigkeit der Parteien die Anerkennung versagt[513].

---

510 Höger, S. 152, der auch ausdrücklich dazu Stellung nimmt, ob die Ausstrahlungswirkung der Art. 6 Abs. 1 und Art. 3 Abs. 2 GG bei der Konkretisierung des Begriffs der „guten Sitten" im Eherecht heranzuziehen ist.

511 Langenfeld, DNotZ 2001, S. 272, 278; Traulsen, S. 69; Höger, S. 134; Kilger/ Pfeil in: Göppinger, S. 253; Brudermüller, § 1408, Rn. 8.

Der Sittenverstoß kann sich grundsätzlich entweder aus den Umständen des Zustandekommens oder aus dem Inhalt der Vereinbarung ableiten. Unterschieden wird insoweit zwischen Inhalts- und Umstandssittenwidrigkeit, Armbrüster in: MünchKomm, § 138, Rn. 21; Ellenberger in: Palandt, § 138, Rn. 8. Bereits der Inhalt eines Vertrages ohne Berücksichtigung der Begleitumstände kann zu einer sog. Inhaltssittenwidrigkeit führen, wenn bereits das Geschäft auf ein rechts- oder sozialethisch mißbilligenswertes Verhalten gerichtet ist oder die Förderung eines solchen bezweckt, Hefermehl in: Soergel, § 138, Rn. 20; Wendtland in: Bamberger/ Roth, § 138, Rn. 21. Wie bereits dargestellt sind im Anwendungsbereich dieser Inhaltssittenwidrigkeit beispielsweise Verträge nichtig, welche das Sorgerecht über das gemeinsame Kind zum Gegenstand eines Koppelungsgeschäftes machen.

In den Fällen der Umstandssittenwidrigkeit kann sich die Nichtigkeit auch aus dem Gesamtcharakter des Rechtsgeschäfts ergeben, wobei der objektive Gehalt des Geschäfts und die Begleitumstände, die zum Abschluss des Geschäfts geführt haben, zu würdigen sind, sowie die Absichten und Motive der Parteien, Ellenberger in: Palandt, § 138, Rn. 8; Sack in: Staudinger, § 138, Rn. 61; Wendtland in: Bamberger/ Roth, § 138, Rn. 21; Schumacher, F., S. 55.

Erforderlich ist eine umfassende Gesamtwürdigung des Geschäfts. Die Sittenwidrigkeit ergibt sich dabei aus einer sog. Summenwirkung, aus dem Zusammenwirken mehrerer objektiver und subjektiver, beweglicher Faktoren, Sack in: Staudinger, § 138, Rn. 3, 59; Armbrüster in: MünchKomm, § 138, Rn. 33 f.; Hefermehl in: Soergel, § 138, Rn. 19. Bei der Gesamtwürdigung sind stets Inhalt, Beweggrund und Zweck des Geschäfts einzubeziehen, Ellenberger in: Palandt, § 138, Rn. 8; Wendtland in: Bamberger/ Roth, § 138, Rn. 21.

512 Kilger/ Pfeil in: Göppinger, S. 252; Mayer in: Würzburger Notarhandbuch, S. 1286; Ellenberger in: Palandt, § 138, Rn. 47; Hauß in: Schulz/ Hauß, § 1408, Rn. 22; BGH, Urt. v. 11.02.2004, NJW 2004, S. 930, 935; im Übrigen zur Frage der Sittenwidrigkeit bei Verständnismängeln der Parteien hinsichtlich des Vertragsinhalts, Sanders FPR 2005, S. 104–112.

513 Armbrüster in: MünchKomm, § 138, Rn. 129; Ellenberger in: Palandt, § 138, Rn. 7.

Die herrschende Meinung in Rechtsprechung und Literatur fordert, anders als bei der Inhaltssittenwidrigkeit, bei der hier im Vordergrund stehenden Umstandssittenwidrigkeit eine subjektive Komponente[514]. Für Eheverträge bedeutet dies, dass subjektiv die von den Ehegatten verfolgten Zwecke zu berücksichtigen sind, sowie die sonstigen Beweggründe, die den begünstigten Ehegatten zu seinem Verlangen nach der ehevertraglichen Gestaltung veranlasst und den benachteiligten Ehegatten bewogen haben, diesem Verlangen zu entsprechen[515]. Dieses subjektive Element korrespondiert mit dem von dem BVerfG aufgenommenen Element der erheblich ungleichen Verhandlungsposition[516]. Beispielhaft sei insoweit auf die

---

514 BGH, Urt. v. 11.02.2004, NJW 2004, S. 930, 935; BGH, Urt. v. 05.11.2008, NJW 2009, S. 115, 116; BGH, Beschl. v. 17.01.2018, DNotZ 2018, S. 620, 625 f. (mit Anm. Reetz); Koch, NotBZ 2004, S. 147, 148; Münch, ZNotP 2004, S. 122, 128.

Dabei sind das Bewusstsein der Sittenwidrigkeit und eine Schädigungsabsicht jedoch nicht erforderlich; die Kenntnis der Tatsachen, aus denen sich die Sittenwidrigkeit ergibt, ist ausreichend. Dem steht es gleich, wenn sich der Handelnde der Kenntnis einer erheblichen Tatsache bewusst oder grob fahrlässig verschließt, Palm in: Erman (Stand 12. Auflage), § 138, Rn. 40; Sack in: Staudinger, § 138, Rn. 61; Armbrüster in: MünchKomm, § 138, Rn. 129; Hefermehl in: Soergel, § 138, Rn. 19, 33.

Eine a.A. in der Literatur will einen objektiven Sittenverstoß genügen lassen, so etwa Sack in: Staudinger, § 138, Rn. 62; wieder andere verlangen eine besonders verwerfliche Gesinnung und einen „Makel der Sittenwidrigkeit", vgl. etwa die w.N. bei Sack, a.a.O.

515 Vgl. BGH, Urt. v. 11.02.2004, NJW 2004, S. 930, 935; bestätigt von: BGH, Urt. v. 12.01.2005, DNotZ 2005, S. 703–706; BGH, Urt. v. 22.11.2006, MittBayNot 2007, S. 405–408; BGH, Beschl. v. 28.03.2007, FamRZ 2007, S. 1157; BGH, Urt. v. 28.03.2007, FuR 2007, S. 373–376; BGH, Urt. v. 05.11.2008, NJW 2009, S. 115–117; BGH, Beschl. v. 18.03.2009, NJW 2009, S. 2124–2126; BGH, Beschl. v. 17.01.2018, DNotZ 2018, S. 620, 625 f. (mit Anm. Reetz).

516 Häufig wurde im Zusammenhang mit diesen Vorgaben des BVerfG aus dem Jahr 2001 kritisiert, die Grundsatzentscheidung des BGH stehe auf einer schwachen Grundlage. Während noch das BVerfG als Voraussetzung der Inhaltskontrolle eine erheblich ungleiche Verhandlungsposition gefordert habe, trete dies in der Entscheidung des BGH gegenüber dem objektiven Element der ungleichen Lastenverteilung völlig zurück, Münch, ZNotP 2004, S. 128, 128; Langenfeld, ZEV 2004, S. 311, 314; Mayer, FPR 2004, S. 363, 368; Koch, NotBZ 2004, S. 147, 148; Schultz, S. 155; Ziemann, S. 119 f.. (a.A. bereits Kappler, S. 175 mit Hinweis auf den späteren Beschluss des BGH vom 28.03.2007, Az.: XII ZR 199/ 04 („russische Klavierlehrerin"): In dieser Entscheidung sei das Kriterium der Verhandlungsdisparität wirkungsstark wieder aufgetaucht; denn nach Ansicht des BGH habe sich die russische Antragsgegnerin gegenüber dem Antragsteller unter anderem bereits deshalb in einer deutlich schwächeren Verhandlungsposition befunden, weil bereits im Zeitpunkt des Abschlusses des Ehevertrages absehbar gewesen sei, dass sie als der deutschen Sprache nicht mächtig als Klavierlehrerin in Deutschland schwerlich Erwerbsmöglichkeiten finden würde, die ihr und ihrem Kind im Fall der Trennung ein vom Antragsteller wirtschaftlich unabhängiges Auskommen hätten vermitteln

Entscheidung der „russischen Klavierlehrerin“ verwiesen[517]. Auf die verwerfliche Gesinnung des begünstigten Ehegatten kann dann geschlossen werden, wenn die Annahme gerechtfertigt ist, dass sich in dem unausgewogenen Vertragsinhalt eine auf ungleichen Verhandlungspositionen basierende einseitige Dominanz eines Ehegatten und damit eine Störung der subjektiven Vertragsparität widerspiegelt. Auf eine subjektive Imparität deuten insbesondere das Ausnutzen einer Zwangslage, sozialer oder wirtschaftlicher Abhängigkeit oder intellektueller Unterlegenheit hin[518].

b) Beurteilungszeitpunkt

Maßgeblicher Zeitpunkt für die Beantwortung der Frage, ob der Vertrag wegen Verstoßes gegen § 138 Abs. 1 nichtig ist, ist nach herrschender Meinung, in systemkonformer Übereinstimmung mit dem sonstigen Vertragsrecht, der Zeitpunkt des Zustandekommens[519]. Dies gilt auch für die Frage der der Beurteilung zugrunde

---

können.) Damit stelle sich die Frage, ob allein das objektiv unrichtige Ergebnis des Vertragsinhalts die Inhaltskontrolle rechtfertige oder erst die subjektiven Umstände des Zustandekommens des Vertrages im Sinne einer Drucksituation, Mayer, FPR 2004, S. 363, 368; Koch, NotBZ 2004, S. 147, 148; dazu auch Fach, S. 197 f. Dies war zeitweilig im Schrifttum umstritten. Mittlerweile wird nach zutreffender und überwiegender Ansicht diese Frage, ob neben das objektive Element einer evident ungleichen Lastenverteilung noch das subjektive Element einer erheblichen ungleichen Verhandlungsstärke hinzutreten muss, bejaht, von Proff, ZEV 2017, S. 301, 303; Hahne, S. 111, 130. In späteren Entscheidungen des BGH legt dieser nämlich das Kriterium der ungleichen Verhandlungsposition wieder zugrunde, siehe sogleich.

517 BGH, Beschl. v. 28.03.2007, FamRZ 2007, S. 1157, 1157 mit. Anm. Bergschneider; in neuerer Zeit bestätigt durch BGH, Urt. v. 31.10.2012, MittBayNot 2013, S. 240, 240 mit Anm. Münch sowie BGH, Beschl. v. 15.03.2017, FamRZ 2017, S. 884–887 f. mit Anm. Bergschneider sowie BGH, Beschl. v. 17.01.2018, DNotZ 2018, S. 620, 625 f. (mit Anm. Reetz).

518 BGH, Beschl. v. 17.01.2018, DNotZ 2018, S. 620, 625 f. (mit Anm. Reetz).

519 BGH, Urt. v. 11.02.2004, S. 930, 935; Bergschneider, Richterliche Inhaltskontrolle von Eheverträgen und Scheidungsvereinbarungen, S. 92; Kanzleiter in: MünchKomm, § 1408, Rn. 31; Kilger/ Pfeil in: Göppinger, S. 252; Mayer in: Würzburger Notarhandbuch, S. 1285; Münch, ZNotP 2004, . 122, 126; Hauß in: Werner/ Hauß, § 1408, Rn. 22; Traulsen, S. 73; Lotter, S. 198; Höger, S. 157; Wagenknecht, S. 108 f.

Mit Hinweis auf die mangelnde Flexibilität gegenüber nach Vertragsschluss eintretenden Veränderungen wird teilweise in der Literatur erwogen, den Zeitpunkt der Beurteilung nach hinten zu verschieben auf den Moment der Ehescheidung, denn die Prognosen der Eheleute für den Verlauf ihrer Ehe könnten sich im Nachhinein, auch wenn sie ursprünglich achtenswert gewesen seien, als unbillig erweisen (Ein durchaus einleuchtendes Beispiel findet sich bei Bergschneider, Richterliche Inhaltskontrolle von Eheverträgen und Scheidungsvereinbarungen, S. 94: Eine schwangere Braut schließt einen Ehevertrag mit Globalverzicht, einschließlich des Verzichts auf Versorgungsausgleich und auf Unterhalt wegen Kindesbetreuung ab. Während dieser

liegenden Wertvorstellungen[520]. Sich im Nachhinein als unbillig erweisende Prognosen können über § 242 ausgeglichen werden[521].

Vertrag unter normalen Umständen als sittenwidrig und damit als von Anfang an nichtig behandelt würde, sei dieses Ergebnis bei unterstellter Fehlgeburt anders zu beurteilen, so wenn aus der Ehe keine Kinder mehr hervorgingen, beide Ehegatten uneingeschränkt erwerbstätig seien mit nicht ehebedingt unterschiedlich hohem Einkommen und die Ehe nach 25- jähriger Ehe geschieden würde.). Etwas anderes sei auch unter dem Gesichtspunkt der Rechtssicherheit nicht geboten, da derjenige, der in die Zukunft plane, auch mit zwischenzeitlichen Änderungen rechnen müsse, Hess, FamRZ 1996, S. 981, 986. Andere befürworten als erheblich den Zeitpunkt des Eintritts der Rechtswirkungen, Eckert, AcP 199 (1999), S. 337, 352, 359. Gestützt wird eine Verschiebung des Beurteilungszeitpunkts im vorbezeichneten Sinne teilweise auch mit einer etwaigen Parallele zum Erbrecht. So nimmt eine beachtliche Gruppe von Vertretern sowohl der Rechtsprechung als auch der Literatur an, speziell bei letztwilligen Verfügungen sei nicht auf den Zeitpunkt der Errichtung der letztwilligen Verfügung, sondern auf den Eintritt des Erbfalls abzustellen. Letztwillige Verfügungen würden dem Wandel der Verhältnisse in besonderem Maße ausgesetzt und zwischen dem Zeitpunkt der Errichtung des Testaments und dem Erbfall liege meist eine sehr große Zeitspanne. Das Abstellen auf den Zeitpunkt der Errichtung widerspreche im Übrigen dem Erblasserwillen, da durch die Nichtigkeitsfolge in der Regel die Personen begünstigt würden, die der Erblasser gerade nicht habe begünstigen wollen, Sack in: Staudinger, § 138, Rn. 81; Armbrüster in: MünchKomm, § 138, Rn. 134; Lange/ Kuchinke, S. 835 f.; Stein in: Soergel, § 1937, Rn. 28. Insbesondere der BGH stellt jedoch auch bei testamentarischen Verfügungen auf den Zeitpunkt der Errichtung ab, da andernfalls die Nichtigkeit der letztwilligen Verfügung von ggf. mittlerweile (zufällig) geänderten Wertvorstellungen abhinge, BGH, Urt. v. 15.02.56, BGHZ 20, 71, 73 ff.; Ellenberger in: Palandt, § 138, Rn. 9; Schmidt in: Erman (Stand 12. Auflage), § 2064, Rn. 13. Dies gilt auch für den Erbvertrag, der ja im Übrigen bereits im Zeitpunkt des Vertragsschlusses aufgrund des Vertragscharakters Rechtswirkungen entfaltet, Flume, Allgemeiner Teil des BGB, Zweiter Band, S. 378 f. Nach zutreffender Ansicht besteht daher keine Möglichkeit zum Ziehen vergleichbarer Parallelen. Maßgeblich ist das Kriterium der Rechtssicherheit für beide Vertragsparteien, was ein einheitliches Unwerturteil erfordert. Ein Vertrag wird nicht sittenwidrig, wenn nachträglich ein Missverhältnis zwischen Leistung und Gegenleistung entsteht; ebenso wenig wird ein sittenwidriger Vertrag durch nachträgliche Änderung der Verhältnisse wirksam, Ellenberger in: Palandt, § 138, Rn. 9. Dementsprechend können sittenwidrige Verträge auch nicht nachträglich durch den Eintritt von Umständen, welche die Sittenwidrigkeit aufheben, wieder zum Leben erweckt werden, vgl. dazu Wagenknecht, S. 109. Eine Ausweitung des § 138 Abs. 1 auf nachträglich eintretende Umstände würde den Systemzusammenhang innerhalb der Inhaltskontrolle aufheben und insgesamt zu Rechtsunsicherheit führen, vgl. insoweit auch Eggert, S. 140; Höger, S. 262.

520 Sanders, S. 205 ff.; Wagenknecht, S. 110.

521 Eggert, S. 139 f.; Traulsen, S . 73; Höger, S. 158.

c) *Rechtsfolgen*

aa) Teilnichtigkeit oder Gesamtnichtigkeit bei Eheverträgen

Ein besonderes Augenmerk ist auf die Rechtsfolgen der Inhaltskontrolle zu richten. Dies gilt umso mehr, als Teile des Schrifttums davon ausgehen, unwirksame Teile des Ehevertrages könnten die Wirksamkeit eines etwaigen damit im Zusammenhang stehenden Pflichtteilsverzichtsvertrages negativ beeinflussen. Ausgangspunkt zum näheren Verständnis dieser Problematik ist die unbedingte Differenzierung der einzelnen Rechtsfolgen von Wirksamkeits- und Ausübungskontrolle.

In seiner Entscheidung hält der BGH fest, es lasse sich nicht abschließend beantworten, unter welchen Voraussetzungen „eine Vereinbarung, durch welche die Ehegatten ihre unterhaltsrechtlichen Verhältnisse oder ihre Vermögensangelegenheiten für den Scheidungsfall abweichend von den gesetzlichen Vorschriften regeln, unwirksam ist (§ 138 BGB) oder die Berufung auf alle oder einzelne vertragliche Regelungen unzulässig macht (§ 242 BGB)[522]." Aus diesen Urteilsgründen wurden vor allem in der Literatur die unterschiedlichsten Schlussfolgerungen gezogen[523]. Der BGH selbst hat in einer späteren Entscheidung den

522 BGH, Urt. v. 11.02.2004, NJW 2004, S. 930, 933.

523 So geht eine Mindermeinung im Schrifttum davon aus, der BGH habe sich in seiner Entscheidung mit dem Verweis auf das teilweise Versagen der Anerkennung der Vereinbarung zu einer Teilnichtigkeit bei Eheverträgen bekannt, weil die Ehevertragsparteien die Scheidungsfolgen stets auf ein Minimum beschränken wollten. Der Parteiwille erfasse in jedem Fall die in Folge der Teilnichtigkeit verbleibenden Regelungen, Kornexl, FamRZ 2004, S. 1609, 1610; Mayer, FPR 2004, S. 363, 370; Rauscher, DNotZ 2004, S. 524, 542; Rakete-Dombek, NJW 2004, S. 1273, 1275 f.; Wachter, ZFE 2004, S. 132, 134.

Vermittelnd wird in der Literatur vertreten, die Frage der Gesamt- oder Teilnichtigkeit hänge von dem Einheitlichkeitswillen der Vertragsparteien ab, was das entscheidende Kriterium des auch bei Eheverträgen anzuwenden § 139 sei, Brambring, FPR 2005, S. 130, 131 f.; Borth, Anm. zu BGH, Urt. v. 11.02.2004, FamRZ 2004, S. 609, 611. Zu prüfen sei, ob der Gesamtcharakter des Vertrages die Totalnichtigkeit fordere. In der Regel werde daher beispielsweise die Nichtigkeit eines Unterhaltsverzichts die Vereinbarung über die Gütertrennung oder den Versorgungsausgleich nicht berühren, Borth, Anm. zu BGH, Urt. v. 11.02.2004, FamRZ 2004, S. 609, 611.

Nach der herrschenden Meinung in der Literatur ist im Regelfall von Gesamtnichtigkeit des Vertrages auszugehen, Langenfeld, ZEV 2004, S. 311, 314; Kanzleiter in: MünchKomm, § 1408, Rn. 31; Sanders, FF 2004, S. 249, 250 f.; Gageik, FPR 2005, S. 122, 124; Gageik, RNotZ 2004, S. 295, 309; Münch, ZNotP 2004, S. 122, 127; differenzierend Lotter, S. 216 f.; Bergschneider, Richterliche Inhaltskontrolle von Eheverträgen und Scheidungsvereinbarungen, S. 96, die beide als Ausnahme entsprechende salvatorische Klauseln anerkennen, dazu im nächsten Abschnitt. Dies ergebe sich aus der Gesamtheit aller Vereinbarungen, weshalb auch nur die Gesamtheit aller Vereinbarungen in Form einer Summenwirkung nichtig sein könne, Sack

Interpretationsversuchen des Schrifttums, generell sei von Teilnichtigkeit bzw. geltungserhaltender Reduktion auszugehen, zumindest insoweit eine Absage erteilt, als er wörtlich festhält: „Ergibt die Wirksamkeitskontrolle, dass einzelne Klauseln eines Ehevertrages schon im Zeitpunkt seines Zustandekommens nach § 138 Abs. 1 BGB nichtig sind, so ist nach § 139 BGB in der Regel der gesamte Ehevertrag nichtig, wenn nicht anzunehmen ist, dass er auch ohne die nichtigen Klauseln geschlossen sein würde, was sich insbesondere aus anderweitigen Parteivereinbarungen, z.B. salvatorischen Klauseln, ergeben kann[524]."

Damit wurde zumindest eine generell eingreifende Teilnichtigkeit abgelehnt. Jedoch auch der Umkehrschluss, in der Regel liege Gesamtnichtigkeit vor, ist unzutreffend. Etwas anderes ergibt sich auch nicht aus der vorzunehmenden Gesamtabwägung der getroffenen Vereinbarungen, da die Gesamtabwägung auf einer Würdigung aller Umstände des Vertrages, mithin dem Gesamtcharakter des Vertrages basiert. Richtig ist allerdings die zwingende Annahme von Gesamtnichtigkeit für den Fall, dass sich die Sittenwidrigkeit erst aus der Gesamtwürdigung der getroffenen Abreden und der Tatsache ergibt, dass sich die Vertragsparteien bei Vertragsschluss nicht als gleich starke Verhandlungspartner gegenüberstanden[525]. Dementsprechend hat der BGH konsequent in einem Fall die Frage, ob das objektive Zusammenspiel von einseitig die Ehefrau benachteiligenden Regelungen bereits ausreiche, um den Ehevertrag insgesamt als sittenwidrig zu erachten, offen gelassen, da sich jedenfalls die Parteien bei Vertragsschluss nicht als „gleich starke Verhandlungspartner" gegenüberstanden, der Ehevertrag vielmehr erkennbar auf einer gravierenden wirtschaftlichen wie sozialen Imparität der späteren Ehegatten beruhte[526].

Demnach bleibt jedoch mit dem BGH dann Raum für eine Teilnichtigkeit des Vertrages, wenn sich die Sittenwidrigkeit gerade nicht aus dem Gesamtcharakter, dem Zusammenspiel der einzelnen vertraglichen Regelungen ergibt, sondern einzelne, voneinander isoliert zu betrachtende und in ihrer Existenz unabhängig voneinander bestehende Regelungen sittenwidrig sind. Diese generell bestehende Möglichkeit der Teilnichtigkeit hat der BGH in der jüngeren Rechtsprechung unter anderem auch mit der Darstellung seiner Prüfung und insbesondere der

---

in: Staudinger, § 138, Rn. 59; Armbrüster in: MünchKomm, § 138, Rn. 33 ff. Andernfalls bestehe die Gefahr der Etablierung einer Vertragsgestaltung am Rande der Sittenwidrigkeit, Dauner-Lieb, FF 2004, S. 65, 68. Dementsprechend wird teilweise kritisiert, der BGH werde mit der Annahme der Teilnichtigkeit seinen eigenen Prämissen nicht gerecht, da er die Sittenwidrigkeit auf offenkundige, evidente Verstöße beschränke, Dauner-Lieb, FF 2004, S. 65, 68.

524 BGH, Urt. v. 25.05.2005, MittBayNot 2006, S. 44–49 mit Anm. Brandt; BGH, Beschl. v. 17.01.2018, DNotZ 2018, S. 620, 623 (mit Anm. Reetz).

525 Vgl. insoweit auch die Ausführungen zur Inhalts- und Umstandssittenwidrigkeit; BGH, Urt. v. 09.07.2008, FPR 2008, S. 574, 576 mit Anm. Kesseler.

526 BGH, Urt. v. 09.07.2008, FPR 2008, S. 574, 576 mit Anm. Kesseler.

Prüfungsreihenfolge bestätigt[527]. So ist zunächst zur Beantwortung der Frage, ob einer Vereinbarung ganz oder teilweise die Anerkennung der Rechtsordnung zu versagen ist, eine Gesamtwürdigung der individuellen Verhältnisse bei Vertragsschluss vorzunehmen[528]. Im Rahmen der Wirksamkeitskontrolle werden sodann isoliert die einzelnen Regelungen betrachtet. In dem zu entscheidenden Fall kam der BGH zu dem Ergebnis, dass der grundsätzlich die Ehefrau benachteiligende Unterhaltsverzicht für sich allein nicht das Verdikt der Sittenwidrigkeit rechtfertigte. Der wechselseitige Verzicht auf den Versorgungsausgleich, welcher sich ebenfalls zu Lasten der Ehefrau auswirkte, war bereits für sich genommen sittenwidrig. Der im Ergebnis ebenfalls zu Lasten der Ehefrau vereinbarte Verzicht auf den Zugewinnausgleich infolge vereinbarter Gütertrennung war wiederum bei isolierter Betrachtung wirksam[529]. Weil der objektive Gehalt der Gesamtregelung aber erkennbar auf eine einseitige Benachteiligung der Ehefrau abzielte, erklärte der BGH aufgrund des objektiven Zusammenspiels dieser die Frau benachteiligenden Regelungen und der bei Vertragsschluss vorliegenden Disparität den gesamten Vertrag für sittenwidrig[530].

Mithin bleibt die Sittenwidrigkeit einzelner Vertragsteile und damit auch eine Teilnichtigkeit denkbar, wenn der Ehevertrag für einen Vertragspartner nicht ausnahmslos nachteilig und der Inhalt auch nicht aufgrund einer Gesamtbetrachtung sittenwidrig ist. Dann – und zwar dogmatisch und systematisch erst dann – stellt sich die Frage der Anwendbarkeit des § 139 und der Wirksamkeit etwaiger salvatorischer Klauseln[531].

bb) Salvatorische Klauseln – Erhaltungs- und Ersetzungsklauseln

Lassen sich ungleiche Verhandlungspositionen nicht feststellen und eine Gesamtnichtigkeit scheidet aus, mag der Tatrichter im Einzelfall mit Hilfe der

527 BGH, Urt. v. 09.07.2008, FPR 2008, S. 574–578 mit Anm. Kesseler; vgl. auch die Darstellung von Elden in NJW-Spezial 2008, S. 676–677 unter Bezugnahme auf das Urteil des BGH vom 09.07.2008, abgedruckt in FPR 2008, S. 574–578.

528 BGH, Urt. v. 09.07.2008, FPR 2008, S. 574, 575 mit Anm. Kesseler.

529 BGH, Urt. v. 09.07.2008, FPR 2008, S. 574, 575 f. mit Anm. Kesseler.

530 BGH, Urt. v. 09.07.2008, FPR 2008, S. 574, 576 mit Anm. Kesseler; BGH, Beschl. v. 17.01.2018, DNotZ 2018, S. 620, 624 (mit Anm. Reetz); neuerlich bestätigt für die sog. Unternehmerehe, BGH, Beschl. v 15.03.2017, FamRZ 2017, S. 884–889 mit Anm. Bergschneider (Der Ausschluss der einzelnen Scheidungsfolgen war für sich betrachtet wirksam, jedoch die Gesamtwürdigung aller Elemente des Ehevertrages führte zur Sittenwidrigkeit des gesamten Vertrages, weil das Zusammenwirken aller ehevertraglichen Regelungen erkennbar auf eine objektiv einseitige Benachteiligung abzielte und zudem eine ebenfalls kumulativ im Rahmen des § 138 Abs. 1 erforderliche subjektive Imparität gegeben war).

531 Im Ergebnis ebenso: Scherer/ Lehmann, ZEV 2007, S. 26, 27; Langenfeld in: Heiß/ Born, 15. Kapitel, Rn. 74 a; Kesseler, Anm. zu BGH, Urt. v. 09.07.2008, FPR 2008, S. 574, 577; Wiemer, S. 247–255.

salvatorischen Klausel zu dem Ergebnis kommen, ein teilweise nichtiger Ehevertrag wäre auch ohne seine unwirksamen Bestimmungen geschlossen worden[532]. Mit anderen Worten: „Ist der Vertrag nicht unfair zustande gekommen, kann die salvatorische Klausel ihre Wirkung entfalten[533]."

Im Falle von Teilnichtigkeit hat somit im Anwendungsbereich des § 139 eine genaue Untersuchung des Parteiwillens über den Wortlaut hinaus zu erfolgen. Dabei dürfte sich ein solcher in standardisierten salvatorischen Klauseln kaum widerspiegeln[534]. Soll dabei das Verhältnis einzelner Bestimmungen zueinander konkret geregelt werden, eine Vertragsbestimmung mit der Wirksamkeit einer anderen also etwa „stehen und fallen", dann muss ein solches Abhängigkeitsverhältnis expressis verbis in die Urkunde aufgenommen werden[535]. Dieser Zuwachs an Rechtssicherheit lässt sich sowohl durch Erhaltungs- als auch durch Ersetzungsklauseln erzielen[536]. Aber auch dieser „Vertrag hinter dem Vertrag" entbehrt nicht der Wirksamkeitskontrolle, sondern reduziert nur die Wahrscheinlichkeit der Nichtigkeitsfolge im Überprüfungsfalle.

---

532 BGH, Urt. v. 21.11.2012, FamRZ 2013, S. 269, 272 mit Anm. Bergschneider.

533 Bergschneider, Anm. zu BGH, Urt. v. 21.11.2012, FamRZ 2013, S. 269, 274.

534 Wiemer, S. 255.

535 Münch, ZNotP 2004, S. 122, 128; Langenfeld, ZEV 2004, S. 311, 314; Gageik, FPR 2005, S. 122, 125; Grziwotz, FamRB, 1. Teil, S. 199, 203.

536 Erhaltungsklauseln, nach denen das Rechtsgeschäft ohne die nichtige Regelung wirksam sein soll, weisen im Falle standardmäßiger Verwendung abweichend von § 139 demjenigen die Beweislast zu, der sich auf die Gesamtnichtigkeit des Vertrages beruft, Brambring, NJW 2007, S. 865, 869; Brambring, FPR 2005, S. 130, 133; Ellenberger in: Palandt, § 139, Rn. 17; Langenfeld, ZEV 2004, S. 311, 313; Eggert, S. 147. Da die Klausel, um Wirksamkeit entfalten zu können, dem tatsächlichen Willen der Ehegatten entsprechen, spezifisch gefasst sein und den Zusammenhang der einzelnen Vertragsklauseln verdeutlichen muss, ist sie in der Praxis aufgrund entsprechender Mängel meist bedeutungslos, vgl. Eggert, S. 147 f.

Ersetzungsklauseln legen fest, welche Regelung an die Stelle der möglicherweise unwirksamen treten soll, Ellenberger in: Palandt, § 139, Rn. 17; Bergschneider, Richterliche Inhaltskontrolle von Eheverträgen und Scheidungsvereinbarungen, S. 96. Diese Regelung alternativer Rechtsfolgen für den Fall der Scheidung kann beispielsweise geschehen durch sog. Ersetzungsklausel mit automatischer Ersetzung (Bei unwirksamer Unterhaltsregelung soll alternativ beispielsweise jedenfalls ein hälftiger Verzicht gelten o.Ä., vgl. die weiteren Nachweise bei Wiemer, S. 258.) oder sog. Ersetzungsklausel mit Ersetzungsverpflichtung (Die unwirksame Klausel ist durch eine dem bezweckten Erfolg am nächsten kommende Klausel zu ersetzen, vgl. auch hier die weiteren Nachweise bei Eggert, S. 258, der im übrigen auf S. 259 ff. die grundsätzliche Unwirksamkeit von Erhaltungs- sowie Ersetzungsklauseln aufgrund der damit verbunden geltungserhaltenden Reduktion vertritt, im Einzelfall, bei dem Bestreben um einen sachgerechten Interessenausgleich und entsprechender sachlicher Rechtfertigung diese aber als wirksam erachtet.)

3. *Ausübungskontrolle, § 242 BGB*

a) Tatbestandsvoraussetzungen

Die Ausübungskontrolle ist im Vergleich zur Wirksamkeitskontrolle das flexiblere Instrument, welches der konkreten Situation in ausgewogener Weise Rechnung tragen kann; eine Beschränkung auf die extremen Fälle der Sittenwidrigkeit, verbunden mit der Nichtigkeitsfolge und dem zwingenden Eintreten der gesetzlichen Regelungen besteht nicht[537]. Wegen der wesentlich höheren Hürden des § 138 Abs. 1 kommt die Ausübungskontrolle gemäß § 242 in der Praxis weitaus häufiger zum Tragen[538]. Inhaltlich ist die Ausübungskontrolle nicht mehr wie früher begrenzt auf die Fälle einer Benachteiligung von Drittinteressen, sondern sie erfasst jede Art von unbilliger Belastung[539].

Mit dem BGH ist nach bestandener Wirksamkeitskontrolle zu prüfen, ob und inwieweit ein Ehegatte die ihm durch den Vertrag eingeräumte Rechtsmacht missbraucht, wenn er sich im Scheidungsfall gegenüber einer vom anderen Ehegatten begehrten gesetzlichen Scheidungsfolge darauf beruft, dass diese durch den Vertrag wirksam abbedungen sei, § 242. Entscheidend ist, ob sich aus dem vereinbarten Ausschluss der Scheidungsfolge eine evident einseitige Lastenverteilung ergibt, die hinzunehmen für den belasteten Ehegatten auch bei angemessener Berücksichtigung der Belange des anderen Ehegatten und seines Vertrauens in die Geltung der getroffenen Abrede sowie bei verständiger Würdigung des Wesens der Ehe unzumutbar ist. Das kann insbesondere dann gegeben sein, wenn die tatsächliche einvernehmliche Gestaltung der ehelichen Lebensverhältnisse von der ursprünglichen, dem Vertrag zugrunde gelegten Lebensplanung abweicht. Die insoweit vorzunehmende Abwägung der beiderseitigen Interessen hat sich an der Rangordnung der Scheidungsfolgen zu orientieren. Dabei gilt: Je höherrangig die vertraglich ausgeschlossene und nunmehr dennoch geltend gemachte Scheidungsfolge ist, umso schwerwiegender müssen die Gründe sein, die – unter Berücksichtigung des inzwischen einvernehmlich verwirklichten Ehezuschnitts – für ihren Ausschluss sprechen[540]. Im Rahmen der Abwägung der beiderseitigen

537 Klam, INF 2004, S. 315, 318.

538 Während die Sittenwidrigkeit die Wirksamkeit eines Rechtsgeschäfts ex tunc beseitigt, lässt § 242 die Wirksamkeit des Rechtsgeschäfts unberührt. Die Tatbestandsvoraussetzungen des § 138 Abs. 1 sind daher auch deutlich enger als die des § 242. Stellt die Sittenwidrigkeit immer auch einen Verstoß gegen Treu und Glauben dar, wird hingegen nicht in jedem Verstoß gegen § 242 zugleich ein solcher gegen § 138 Abs. 1 gesehen, Roth in: MünchKomm, § 242, Rn. 116; Grüneberg in: Palandt, § 242, Rn. 20; Werner in: Erman (Stand 12. Auflage), § 242, Rn. 15; Schmidt in: Staudinger, § 242, Rn. 270.

539 Gageik, RNotZ 2004, S. 295, 310; Dauner-Lieb, AcP 201 (2001), S. 295, 301.

540 BGH, Urt. v. 11.02.2004, NJW 2004, S. 930, 935. Die Literatur hat sich diesen Prüfungskriterien der Ausübungskontrolle weitestgehend angeschlossen, Münch, ZNotP 2004, S. 122, 127; Koch, NotBZ 2004, S. 147, 149; Kilger/ Pfeil in: Göppinger,

Interessen hat eine Orientierung an der Kernbereichslehre zu erfolgen[541]. Erfasst werden damit von der Ausübungskontrolle beispielsweise die folgenden Konstellationen: Die dem Vertrag zugrunde liegende Lebensplanung der Parteien weicht grundlegend von der einvernehmlich jetzt praktizierten Gestaltung der Lebensverhältnisse ab, wie beispielsweise im Fall der Krankheit eines Ehegatten oder der Aufgabe der Berufstätigkeit[542]; die schutzwürdigen Interessen gemeinsamer Kinder würden durch die Berufung auf einen Unterhaltsverzicht beeinträchtigt[543]; die Ehefrau würde bei Durchführung des Verzichts auf den Versorgungsausgleich unzumutbare erhebliche Nachteile erleiden[544].

Nach einhelliger Ansicht scheidet eine Berufung auf § 242 und damit ein Einfordern der nachehelichen Solidarität dann aus, wenn ein Ehegatte seinerseits die eheliche Solidarität verletzt hat. Steht dagegen ein angemessener Ausgleich ehebedingter Nachteile im Raume, so treten Verschuldensgesichtspunkte eher zurück[545].

b) Beurteilungszeitpunkt

Die Korrektur über § 242 kommt insbesondere dann in Betracht, wenn sich die Lebensumstände nach Vertragsschluss ändern. Es kommt auf den Zeitpunkt der Berufung auf die Vereinbarung bzw. der Geltendmachung der Verzichtsvereinbarung, mithin auf den Zeitpunkt des Scheiterns der Ehe[546] und auf den Verlauf der Ehe als tatsächlich gelebter, gemeinsam gestalteter Vertragsbeziehung an, auch im Vergleich zum hypothetischen Verlauf bei Unterbleiben der Eheschließung[547]. Die Begleitumstände im Zeitpunkt des Vertragsabschlusses haben noch geringere Bedeutung als bei der Frage der Sittenwidrigkeit[548]. Der BGH formuliert insoweit regelmäßig, in Abgrenzung zur Bestandskontrolle seien bei der

---

S. 254; Mayer in: Würzburger Notarhandbuch, S. 1286; Eggert, S. 157 f.; Bergschneider, Richterliche Inhaltskontrolle von Eheverträgen und Scheidungsvereinbarungen, S. 98 f.; Brudermüller in: Palandt, § 1408, Rn. 11; Rehme in: Staudinger, § 1408, Rn. 84; Hauß in: Schulz/ Hauß, § 1408, Rn. 23 ff.; Wiemer, S. 179 f.; Schultz, S. 303; Lotter, S. 199; Sanders, insb. S. 360, entwickelt eine eigene Fallgruppe der Ausübungskontrolle aufgrund des „dynamischen Verlusts der Vertragsparität".

541 Eggert, S. 158; Schultz, S. 303.

542 BGH, Urt. v. 28.11.2007, NJW 2008, S. 1080–1084; Kilger/ Pfeil in: Göppinger, S. 254; Mayer in: Bamberger/ Roth (Stand: Edition 20), § 1408, Rn. 39; Koch, NotBZ 2004, S. 147, 149.

543 M.w.N. Traulsen, S. 103 f.

544 BGH, Beschl. v. 06.10.2004, NJW 205, S. 139–141.

545 BGH, Urt. v. 11.02.2004, NJW 2004, S. 930, 935; Lotter, S. 199; Kilger/ Pfeil in: Göppinger, S. 254; Mayer in: Bamberger/ Roth (Stand: Edition 20), § 1408, Rn. 39.

546 Kilger/ Pfeil in: Göppinger, S. 254; Münch, ZNotP 2004, S. 122, 127; Rehme in: Staudinger, § 1408, Rn. 84; Kanzleiter in: MünchKomm, § 1408, Rn. 35; Brambring, S. 16; Mayer in: Würzburger Notarhandbuch, S. 1286.

547 Rehme in: Staudinger, § 1408, Rn. 84; Kanzleiter in: MünchKomm, § 1408, Rn. 35.

548 Kanzleiter in: MünchKomm, § 1408, Rn. 35.

Ausübungskontrolle nicht nur die Verhältnisse im Zeitpunkt des Vertragsschlusses maßgebend. Entscheidend sei vielmehr, ob sich nunmehr, im Zeitpunkt des Scheiterns der Lebensgemeinschaft eine unzumutbare Belastung ergebe[549]. Der Ehevertrag ist mithin nicht mehr als statisches Instrumentarium anzusehen, sondern als Reaktion auf die jeweilige Ehekonstellation[550].

c) *Rechtsfolgen*

aa) Anpassung

Während die Rechtsfolge der Wirksamkeitskontrolle im Falle der Sittenwidrigkeit die Unwirksamkeit ist, bleiben bei der Ausübungskontrolle die vertraglichen Vereinbarungen wirksam[551]. Dem Begünstigten ist es lediglich nach Treu und Glauben zeitweilig – ausnahmsweise auch dauerhaft – verwehrt, sich auf diese zu berufen, weil sich ein solches Verhalten als Rechtsmissbrauch darstellen würde[552].

Der Richter ordnet diejenige Rechtsfolge an, die den berechtigten Belangen beider Parteien in der nunmehr eingetretenen Situation in ausgewogener Weise Rechnung trägt[553]; er passt den Vertrag insbesondere an die aktuellen Verhältnisse an[554]. Es erfolgt mithin keine Ergänzung des Vertrages auf dem „niedrigsten Niveau“, sondern nach Billigkeitskriterien[555]. Damit geht einher, dass die Ausübungskontrolle nicht automatisch zur Unwirksamkeit des vertraglich vereinbarten Ausschlusses führt und auch nicht automatisch die gesetzlich vorgesehene Scheidungsfolge in Vollzug setzt[556]. Vielmehr hat sich der Richter im Rahmen der berechtigten Belange der Parteien umso stärker an der vom Gesetz vorgesehenen Rechtsfolge zu orientieren, je zentraler diese Rechtsfolge im Kernbereich des

549 BGH, Urt. v. 11.02.2004, NJW 2004, S. 930, 935; BGH, Urt. v. 25.05.2005, MittBayNot 2006, S. 44, 45 mit Anm. Brandt.
550 Münch, ZNotP 2004, S. 122, 127.
551 Anders als bei der Wirksamkeitskontrolle ist daher bei der Ausübungskontrolle die geltungserhaltende Reduktion im Grundgedanken des Rechtsinstruments angelegt, Eggert, S. 162.
552 Koch, NotBZ 2004, S. 147, 149; Hahne, DNotZ 2004, S. 84, 95; Traulsen, S. 102; Höger, S. 169.
553 BGH, Urt. v. 11.02.2004, NJW 2004, S. 930, 935; BGH, Urt. v. 25.05.2005, MittBayNot 2006, S. 44, 45 mit Anm. Brandt; Mayer in: Würzburger Notarhandbuch, S. 1286; Hauß in: Schulz/ Hauß, § 1408, Rn. 23; Rehme in: Staudinger, § 1408, Rn. 85; Bergschneider, Richterliche Inhaltskontrolle von Eheverträgen und Scheidungsvereinbarungen, S. 99; Brudermüller in: Palandt, § 1408, Rn. 11.
554 Hauß in: Schulz/ Hauß, § 1408, Rn. 23.
555 Grziwotz in: Beck´sches Notarhandbuch, S. 745.
556 BGH, Urt. v. 11.02.2004, NJW 2004, S. 930, 935.

gesetzlichen Scheidungsfolgenrechts angesiedelt ist[557]. Bei der Rechtsfolgenbestimmung hat sich der Richter zudem am Geist des Vertrages zu orientieren. Hat sich die Ehekonstellation geändert, so ist zunächst ggf. eine ergänzende Vertragsauslegung durchzuführen und der Regelungswille der Ehegatten zu erforschen[558]; der BGH formuliert gleichbedeutend eine „Vertragsanpassung an den mutmaßlichen Parteiwillen im Falle geänderter Umstände[559]".

Die Vertragsanpassung hat das Ziel, ehebedingte Nachteile ausgleichen; sie verlangt nicht, dass der Ehegatte besser gestellt wird, als er bei Weiterführung seiner Erwerbstätigkeit ohne die Kindesbetreuung stünde[560]. Auch soll nicht dem Teilhabegedanken, dem Halbteilungsgrundsatz zur Durchsetzung verholfen werden. Die gesetzliche Ausgleichsregelung stellt die Obergrenze dar, sofern die Parteien die nach den gesetzlichen Vorschriften bestehenden Ansprüche gemindert haben[561]. Der benachteiligte Ehegatte ist so zu stellen, als ob der benachteiligende Umstand wie beispielsweise die Aufgabe der Erwerbstätigkeit zugunsten der Betreuung gemeinschaftlicher Kinder nicht eingetreten wäre.

Wurde auf Unterhalt verzichtet, so ist umstritten, wie der Makel der Unzulässigkeit der Rechtsausübung auszuräumen ist, genauer welche Unterhaltshöhe insoweit als ausgleichendes Element dem Verzichtenden zuzusprechen ist. Während früher, insbesondere vor Erlass der Leitentscheidung des BGH häufig, auch für die kindesbetreuende Mutter im Rahmen des § 1570 der notwendige Unterhalt als ausreichend erachtet wurde[562], gilt dies heute, teilweise bereits seit Erlass der Entscheidung des BVerfG am 29.03.2001 [563] unter Kindeswohlgesichtspunkten als nicht mehr vertretbar[564]. Mit den oben genannten Argumenten ist zumindest der

557 BGH, Urt. v. 11.02.2004, NJW 2004, S. 930, 935; Münch, ZNotP 2004, S. 122, 128; Mayer in: Würzburger Notarhandbuch, S. 1287; Koch, NotBZ 2004, S. 147, 149; Lotter, S. 217.

558 Hahne, Familienrecht im Brennpunkt, S. 181, 200 f.; Münch, ZNotP 2004, S. 122, 128; Lotter, S. 217.

559 BGH, Beschl. v. 06.10.2004, NJW 2005, S. 139–141.

560 Brambring, S. 16; Schultz, S. 307; Rehme in: Staudinger, § 1408, Rn. 85; Brudermüller in: Palandt, § 1408, Rn. 11; Bergschneider, Richterliche Inhaltskontrolle von Eheverträgen und Scheidungsvereinbarungen, S. 99 f.; BGH, Urt. v. 28.02.2007, NJW 2007, S. 2848, 2850 mit Anm. Kesseler.

561 Rehme in: Staudinger, § 1408, Rn. 85; Wiemer, S. 262 ff.; Bergschneider, Richterliche Inhaltskontrolle von Eheverträgen und Scheidungsvereinbarungen, S. 100; Brudermüller in: Palandt, § 1408, Rn. 11.

562 Traulsen, S. 111 ff. m.w.N.

563 Zum Beschluss des BVerfG vom 29.03.2001 vgl. oben § 4, A., I., S77 ff..; Traulsen, S. 113; Dauner-Lieb, AcP 201 (2001), S. 295, 300.

564 Dauner-Lieb, AcP 201 (2001), S. 295, 300; Langenfeld, Handbuch der Eheverträge, 4. Kapitel, Rn. 749; Eggert, S. 164.

ehebedingte Nachteil zu ersetzen[565]. Lässt sich dies wirtschaftlich nicht bewerkstelligen, so wird eine Berechnung anhand des Halbteilungsgrundsatzes vorgeschlagen[566].

bb) Salvatorische Klauseln

In der Praxis werden meist nur einzelne Teile eines mehrteiligen Ehevertrages im Wege der Ausübungskontrolle zu beanstanden sein, wobei nicht ausgeschlossen ist, dass sich diese Kontrolle auch auf alle Regelungspunkte des Vertrages beziehen kann[567]. Für salvatorische Klauseln bedeutet dies, dass sie grundsätzlich im Rahmen der Vertragsfreiheit zu respektieren sind und selbst auch der Inhaltskontrolle unterliegen, eine selbständige Bedeutung auch hier jedoch nur entfalten, wenn sie nicht pauschal gefasst sind, da letztere lediglich deklaratorisch den Richter ermächtigen, die Rechtsfolge anzuordnen[568].

---

565 BGH, Urt. v. 28.02.2007, NJW 2007, S. 2348, 2348 (2. und 3. Leitsatz) mit Anm. Kesseler: Sind die Ehegatten bei der Bemessung des nachehelichen Unterhalts davon ausgegangen, dass der voraussichtlich unterhaltsberechtigte Ehegatte in der Ehe die Haushaltsführung und Kindesbetreuung mit einer teilweisen Erwerbstätigkeit verbinden werde, so kommt, wenn dieser Ehegatte in der Ehe nicht erwerbstätig ist, eine richterliche Vertragsanpassung nur in Betracht, wenn die vorgestellte, aber nicht verwirklichte Teilerwerbstätigkeit dieses Ehegatten erheblich sein sollte und ihm ein Festhalten am Ehevertrag deshalb nicht zumutbar ist. Die richterliche Vertragsanpassung führt in einem solchen Fall nur in dem Umfang zu einer Anhebung des vereinbarten Unterhalts, in dem der unterhaltsberechtigte Ehegatte nach den Vorstellungen der Ehegatten im Zeitpunkt des Vertragsschlusses einer Teilerwerbstätigkeit hätte nachgehen sollen; hinsichtlich des Teils seiner Arbeitskraft, den dieser Ehegatte nach den dem Vertrag zugrunde liegenden Vorstellungen der Ehegatten auf die Haushaltsführung und Kindesbetreuung hätte verwenden sollen, bleibt es dagegen bei der ehevertraglichen Unterhaltsregelung.

566 Eggert, S. 167.

567 Münch, ZNotP 2004, S. 122, 128; Bergschneider, Richterliche Inhaltskontrolle von Eheverträgen und Scheidungsvereinbarungen, S. 100.

568 Münch, ZNotP 2004, S. 122, 128; Bergschneider, Richterliche Inhaltskontrolle von Eheverträgen und Scheidungsvereinbarungen, S. 100 f.

Insoweit werden unterschiedliche Vorschläge zur Vertragsgestaltung gemacht: Sind nachträgliche Veränderungen der tatsächlichen Lebensverhältnisse zu erwarten, so wird teilweise rechtstechnisch eine auflösende Bedingung bzw. ein Widerrufsvorbehalt für den Fall des Eintretens eines bestimmten Ereignisses vorgeschlagen (Langenfeld, Handbuch der Eheverträge, 1. Kapitel, Rn. 73: In der Praxis entspricht es hier einer Standardlösung, die auf die kinderlose Doppelverdienerehe zugeschnittenen ehevertraglichen Regelungen durch die Geburt eines gemeinsamen Kindes mit anschließender Aufgabe oder Einschränkung der Berufstätigkeit durch den kindesbetreuenden Ehegatten wegfallen zu lassen mit der Folge, dass dann die gesetzliche Regelung des Zugewinnausgleichs, Versorgungsausgleichs und nachehelichen Unterhalts oder eine Modifizierung dieser Scheidungsfolgen,

4. Die wichtigsten Kriterien der Inhaltskontrolle von Eheverträgen

a) Die Lehre von den Ehetypen

Sowohl Wirksamkeits- als auch Ausübungskontrolle erfordern eine Gesamtschau aller Vertragsbestandteile; diese erfolgt anhand von der Rechtsprechung für Eheverträge speziell entwickelten Kriterien. Diese bestimmen damit letztlich, ob der Vertrag Bestand hat und ob und in welcher Höhe ggf. ein Ausgleich zu erfolgen hat. Im Falle einer den Eheverträgen vergleichbaren Inhaltskontrolle von Pflichtteilsverzichtsverträgen müssten diese spezifisch ehevertraglichen Prüfkriterien vergleichbar zur Überprüfung von Pflichtteilsverzichtsverträgen heranzuziehen sein, weshalb an dieser Stelle ein genauerer Blick erforderlich ist.

Geplantes und gelebtes Ehebild[569] können voneinander derart abweichen, dass im Scheidungsfall der ehevertraglich festgelegte Ehetypus und darauf aufbauend die im Vertrag festgelegten Scheidungsfolgen auf die zu scheidende Ehe[570] nicht

---

die die Lasten und Risiken der Geburt des Kindes auf die Schultern beider Eheleute verteilt, eintritt). Allerdings lassen sich damit nur typische Störfälle regeln, alle möglichen Wechselfälle des ehelichen Lebens lassen sich mit dieser Gestaltung nicht erfassen, Langenfeld, Handbuch der Eheverträge, 1. Kapitel, Rn. 75, weshalb wieder andere in den Ehevertrag einen einklagbaren vertraglichen Anpassungsanspruch für denjenigen Ehegatten aufnehmen wollen, zu dessen Lasten sich die bei Abschluss des Ehevertrages gemeinsam zugrunde gelegten Verhältnisse verändert haben, Kornexl, FamRZ 2004, S. 1609, 1612 f. Da jedoch auch durch dieses Vorgehen das selbständige Tätigwerden des Richters nicht gänzlich ausgeschlossen werden könne, solle eine Schiedsgutachterklausel Abhilfe schaffen, Langenfeld, Handbuch der Eheverträge, 1. Kapitel, Rn. 77. Insoweit ausreichend ist jedoch auch eine häufig vorgeschlagene Bestimmung alternativer Rechtsfolgen, die auf den Ausgleich der ehebedingten Nachteile gerichtet ist und diese ersetzt. Eine solche Klausel sollte dabei den Ausgleich der ehebedingten Nachteile konkret regeln, ohne pauschal den Ausgleich der Nachteile festzuschreiben, Münch, DNotZ 2005, S. 819, 832; Münch, ZNotP 2004, S. 122, 130; Bergschneider, Richterliche Inhaltskontrolle von Eheverträgen und Scheidungsvereinbarungen, S. 101; Eggert, S. 171 f.

569 Nach mehreren Reformgesetzen folgte 1957 das Gleichberechtigungsgesetz, welches zwar noch dem Leitbild der Hausfrauenehe verhaftet war, jedoch die Hausfrauentätigkeit im Sinne „funktionaler Gleichberechtigung" der Erwerbstätigkeit des Mannes gleichstellte, Hepting, S. 23, 24; Langenfeld, Handbuch der Eheverträge, 2. Kapitel, Rn. 124 f. Mit dem 1. EheRG beseitigte der Gesetzgeber dann das einseitige Leitbild der patriarchalisch strukturierten Hausfrauenehe, Wagenitz/ Barth, FamRZ 1996, S. 577, 582. Ebenfalls abgeschafft wurde das verschuldensabhängige Scheidungsrecht und der Versorgungsausgleich eingeführt. Gesetzlich vorgegeben wurden nur die Grundstrukturen der Ehe, nicht jedoch die Art und Weise, in der sich das Zusammenleben der Ehegatten zu vollziehen hat, BT- Drucks. 7/ 650, S. 105. Beibehalten wurde allerdings das gesetzliche Modell der Einverdienerehe.

570 Der BGH hat in seinem Grundsatzurteil unter Berufung auf §§ 1353, 1356 das Recht der Ehegatten bestätigt, ihre eheliche Lebensgemeinschaft eigenverantwortlich und frei von gesetzlichen Vorgaben entsprechend ihren individuellen Vorstellungen und

mehr passen. Die Kategorisierung der unterschiedlichen Lebensmodelle der Ehegatten in Ehetypen, und zwar sowohl was die geplante als auch die gelebte Eheform angeht, führt in der Kautelarjurisprudenz zumindest zu einer Vermutung der Richtigkeitsgewähr des sodann aufgrund des Ehetyps gewählten Vertragstypus. Die Erkenntnis, dass ein bestimmter Ehetyp zumindest Anhaltspunkte für den sachgerechten Inhalt des Ehevertrages geben kann, hat zur Herausbildung von Ehevertragstypen geführt, die dem Richter bei entsprechender vertraglicher Dokumentation die Ausübungskontrolle im Scheidungsfall erleichtern[571]. In der Vielzahl der Fälle wird der Ehevertrag mit der Wahl eines bestimmten Ehetypus, entsprechend der Vorstellungen der Parteien von der weiteren Lebensgestaltung ihrer Ehe, und damit auch eines bestimmten Vertragstyps der Wirksamkeitskontrolle standhalten. Denn ein Ehevertrag, mit dem die Verlobten oder Eheleute ihre Ehe im Zeitpunkt des Vertragsschlusses dadurch sachgerecht gestalten, dass sie nicht passende und als ungerecht empfundene gesetzliche Regelungen abbedingen oder modifizieren, hält der ersten Stufe der Inhaltskontrolle stand[572]. Im Laufe der Ehe, z.B. bei einer wesentlichen Veränderung der Verhältnisse, kann der ursprüngliche Ehevertrag unsachgemäß oder ungerecht werden, was durch den Richter im Rahmen der Ausübungskontrolle korrigiert werden kann[573].

Langenfeld sieht angesichts der an Fallgruppen orientierten Vertragsgestaltung den Ehevertrag im weiteren Sinne der Güterrechtsregelung und der Regelung der Scheidungsfolgen als ein existentielles Instrument persönlicher freiheitlicher Lebensgestaltung auf der Grundlage des Schutzes von Ehe und Familie im Sinne von Art. 6 des Grundgesetzes[574]. Denn bedienen sich die Ehegatten der vertraglichen Instrumente zur Gestaltung ihrer Ehe und ihres Ausgangs nicht, so müssen sie mit den vom Gesetz vorgesehenen Folgen leben. Diese sind jedoch, basierend auf § 1356 BGB, auf die sog. „Hausfrauenehe" bzw. „Einverdienerehe" („Alleinverdienerehe")

Bedürfnissen zu gestalten. Die auf die Scheidungsfolgen bezogene Vertragsfreiheit sei insoweit eine notwendige Ergänzung dieses verbürgten Rechts und entspringe dem legitimen Bedürfnis, Abweichungen von den gesetzlich geregelten Scheidungsfolgen zu vereinbaren, die zu dem individuellen Ehebild der Ehegatten besser passten. So könnten etwa Lebensrisiken eines Partners, wie sie zum Beispiel in einer bereits vor der Ehe zu Tage getretenen Krankheit oder in einer Ausbildung, die offenkundig keine Erwerbsgrundlage verspreche, angelegt seien, von vornherein aus der gemeinsamen Verantwortung der Ehegatten füreinander herausgenommen werden, BGH, Urt. v. 11.02.2004, NJW 2004, S. 930, 933.

571 Dementsprechend wird für die Vertragspraxis empfohlen, in einer Präambel des Ehevertrages die derzeitige persönliche und wirtschaftliche Situation der Eheleute und ihre künftige Lebensplanung zu dokumentieren, so beispielsweise Brambring in: Münchner Anwaltshandbuch Familienrecht, § 23, Rn. 101.

572 Langenfeld, Handbuch der Eheverträge, Kapitel 8, Rn. 1235.

573 Langenfeld, Handbuch der Eheverträge, Kapitel 8, Rn. 1236.

574 Langenfeld, Handbuch der Eheverträge, Kapitel 1, Rn. 121.

zugeschnitten[575]. Das Maß der Abweichung des gelebten Ehetyps von der „Hausfrauenehe" bestimmt zugleich den erforderlichen Korrekturbedarf[576]. Mit anderen Worten: Je weiter der Ehetyp von dem der „Alleinverdienerehe mit Kind" („Hausfrauenehe") abweicht, desto größer ist der erforderliche Korrekturbedarf durch Ehevertrag[577]. Die von *Langenfeld* entwickelte Ehetypenlehre[578] hat ungeachtet des gesetzlichen Ehebildes der „Hausfrauenehe", auch „Alleinverdienerehe" genannt, zu einer vielfältigen soziologischen Typenbildung[579] geführt: Zu nennen sind insoweit die „Doppelverdienerehe", „Zuverdienerehe", „Mithelfendenehe" und „Unternehmerehe" [580].

---

575 Grziwotz in: Beck´sches Notarhandbuch, S. 742; Brambring, S. 25; Langenfeld, Handbuch der Eheverträge, Kapitel 1, Rn. 115; Becker, S. 34; instruktiv zur Rechtsphilosophie betreffend das innere Maß des Scheidungsfolgenrechts bzw. die einzelnen Ehetypen: Grziwotz, DNotZ 2006, S. 32–43.

Die Richtigkeitsgewähr dieses gesetzlich normierten Ehevermögens- und Scheidungsfolgenrechts ist nämlich dann in Frage gestellt, wenn die Ehegatten in der Ehe ihrer Lebensgemeinschaft einvernehmlich einen anderen Zuschnitt gegeben haben, etwa beide unter Verzicht auf Kinder berufstätig geblieben sind. Verfügten etwa beide über ein gleich hohes Einkommen, die Frau als Beamtin legte ihr Erspartes an und der Mann als Selbständiger ohne getätigte Altersvorsorge gab sein Geld für teure Autos aus, so muss die Ehefrau im Scheidungsfall die Hälfte ihrer Ersparnisse über den Zugewinnausgleich an den Ehemann zahlen. Dies gilt auch für die Hälfte der Pensionen der Ehefrau über den Versorgungsausgleich, Beispiel nach Brambring, S. 26.

576 Brambring, S. 26.

577 Brambring in: Münchner Anwaltshandbuch Familienrecht, § 23, Rn. 12; Langenfeld, Handbuch der Eheverträge, Kapitel 1, Rn. 117.

578 Vgl. Langenfeld, Handbuch der Eheverträge, 1. Auflage.

579 Langenfeld, Handbuch der Eheverträge, 1. Kapitel, Rn. 117; Grziwotz in: Beck´sches Notarhandbuch, S. 742; Kanzleiter in: MünchKomm, § 1408, Rn. 38; Brambring in: Münchner Anwaltshandbuch Familienrecht, § 23, Rn. 11.

580 Auch heute in Zeiten der „modernen Ehe", in der beide Partner eine Berufsausbildung haben und typischerweise bis zur Geburt des ersten Kindes berufstätig sind, ist ein sozialer Schutz durch die Unterhaltstatbestände keinesfalls entbehrlich. Es ist weiterhin unverändert so, dass Ehepartner ihre Lebens- und Arbeitsbiographie aufeinander einstellen und im Vertrauen auf die soziale Absicherung durch den anderen eine vom Partner unabhängige Sicherung eben gerade nicht durchführen. Die späteren Probleme beim Wiedereinstieg in den Beruf beruhen meist typischerweise auf der im Kindes- und Partnerinteresse eingetretenen Berufspause, Büttner in: Johannsen/ Henrich, Vorbem. §§ 1569–1586 b, Rn. 4. Aber auch phasenverschobene Ehen, Patchworkfamilien und neue Formen des Zusammenlebens haben zu einem Verschwinden der „klassischen" Rollenmodelle und zu erhöhten Anforderungen an die Vertragsgestaltung geführt (Grziwotz, Beck´sches Notarhandbuch, S. 742; Koch in: MünchKomm, Einl. §§ 1363–1563, Rn. 14 meint, die Vertragsfreiheit im ehelichen Güterrecht werde weit seltener genutzt als es notwendig wäre, um Ehetyp und adäquaten Güterstand zur Deckung zu bringen). Bestrebungen,

b) Grundsatz der ehelichen Solidarität

Das Kriterium der ehelichen Solidarität[581] wird sich meist im Rahmen des Unterhalts stellen. Unter ehelicher Solidarität wird die Pflicht der Ehegatten verstanden, sich sowohl während als auch nach der Ehe zu unterstützen und gegenseitig Beistand zu leisten[582]. Die in § 1569 S. 2 geregelte fortwirkende wirtschaftliche Mitverantwortung tritt neben die wirtschaftliche Eigenverantwortung des geschiedenen Ehegatten als Nachwirkung ehelicher Solidarität[583]. Eigenverantwortung und Solidaritätsgedanke standen daher seit jeher in einem gewissen Spannungsverhältnis zueinander. Der von dem Gesetzgeber festgeschriebene Schutz- und Kompensationscharakter des Scheidungsfolgensystems ist von der sachlichen Begründung her eng mit dem im Gesetz verankerten Ehebild der Hausfrauenehe verwoben[584].

Im Anschluss an die oben wiedergegebenen Ausführungen des BGH[585] zu dem individuellen Ehebild der Ehegatten und dessen Auswirkungen auf die

---

die verschiedenen Ehetypen jeweils gesetzlich zu regeln (vgl. w.N. bei Langenfeld, Handbuch der Eheverträge, Kapitel 1, Rn. 118 mit Verweis auf die Vorschläge von Gernhuber, Eherecht und Ehetypen, 1981) sind glücklicherweise gescheitert. Nach zutreffender Ansicht birgt eine gesetzliche Kodifikation die Gefahr, dass der Richter anstelle der Beteiligten im Nachhinein bestimmt, welche Rechtsfolgen sich aus dem Zusammenleben ergeben, Langenfeld, Handbuch der Eheverträge, Kapitel 1, Rn. 118.

Ausführlich zu den einzelnen Ehetypen und der vertraglichen Gestaltung, Rakete-Dombek in: Beck´sches Notarhandbuch, S. 869 f.:

„Einverdienerehe mit Kindern": ...Regelung der Unterhaltsverpflichtungen gegenüber nicht berufstätigem kinderbetreuendem Elternteil mit Unterwerfungsklausel; Regelung der Unterhaltsverpflichtungen gegenüber Kindern mit Unterwerfungsklausel; Darstellung der Grundlagen der Unterhaltsberechnung: Einkommenshöhe-Unterhaltsbedarf gemäß § 1578 BGB; Steuerliche Gesichtspunkte; Ggf. Regelung zum Versorgungsausgleich mit Antrag auf Genehmigung durch Familiengericht; Zugewinnausgleichsregelung und vermögensrechtliche Auseinandersetzung, ggf. Gütertrennung; Schuldenregelung; Regelung über Ehewohnung und Hausrat; Erb- und Pflichtteilsverzicht; Vereinbarungen zur Kostentragung....

„Doppelverdienerehe": ...im Falle ehebedingter Einbußen der Frau in beruflicher Stellung und Vermögenserwerb alternativ: Zeitliche Stufung der Unterhaltstatbestände der §§ 1570–1573 Abs. 2 BGB; Zeitliche Begrenzung und Herabsetzung der Unterhaltsansprüche nach den ehelichen Lebensverhältnissen, § 1578 b BGB.

„Unternehmerehe": ...insbesondere im Falle erheblichen Anfangsvermögens und privilegiertem Erwerb: Modifizierungen bei Berechnung des Zugewinnausgleichs...

581 Ausführlich zu diesem Kriterium, insbesondere im Hinblick auf den nachehelichen Unterhalt, vgl. die Ausführungen von Kremer.

582 Lipp, NJW 2002, S. 2201, 2201.

583 Maurer in: MünchKomm, § 1569, Rn. 7.

584 Petzold, S. 11; Lang, S. 36 weist in diesem Zusammenhang darauf hin, dass sich das Leitbild der Hausfrauenehe zwischenzeitlich zu einem Phasenmodell beziehungsweise einer zeitlich beschränkten Hauptverdienerehe gewandelt habe.

585 Vgl. oben § 4, A., III., 4., a), S. 102 ff..

Vertragsgestaltung bzw. auf die Vertragsfreiheit, führt das Gericht weiter den Gedanken der nicht allein auf die Ehezeit beschränkten ehelichen Solidarität aus, der seinen Niederschlag gefunden habe in § 1353 Abs. 1 S. 2 HS 2 BGB[586], wobei die Norm zwar eine gegenseitige Verantwortung der Ehegatten füreinander vorgebe, aber weder dazu bestimmt noch geeignet sei, unterhaltsrechtliche Pflichten, in denen sich die nacheheliche Solidarität konkretisiere, als zwingendes, der Disposition der Parteien entzogenes Recht zu statuieren[587]. Der BGH sieht damit insbesondere in den Unterhaltstatbeständen eine Konkretisierung der nachehelichen Solidarität. Anders hingegen wird beispielsweise der Zugewinnausgleich als Ausdruck einer Teilhabegerechtigkeit und weniger als Ausfluss einer nachehelichen Solidarität betrachtet[588].

Diese Rechtsprechung sowie die generelle Bewertung und Einordnung des Kriteriums der ehelichen Solidarität ist im Schrifttum[589] nicht ohne Kritik geblieben.

---

586 § 1353 Abs. 1 S. 2 Halbs. 2 BGB lautet: „sie tragen füreinander Verantwortung."

587 BGH, Urt. v. 11.02.2004, NJW 2004, S. 930, 933.

588 BGH, Urt. v. 11.02.2004, NJW 2004, S. 930, 933.

589 Als ein Überspannen der ehelichen Solidarität wird oftmals in der Literatur die Ausdehnung des nachehelichen Unterhaltsanspruchs auf nicht ehebedingte Bedürfnislagen gesehen; dies gelte sowohl für den Krankheitsunterhalt bei Krankheiten, die nicht erst in der Ehe aufgetreten sind, als auch für den Aufstockungsunterhalt, Büttner in: Johannsen/ Henrich, Vorbem. §§ 1569–1586 b, Rn. 3. Dabei sei zu berücksichtigen, dass für die neuere Rechtsprechung des BGH hinter dem Grundsatz der nachehelichen Solidarität vor allem der Gedanke des ehebedingten Nachteilsausgleichs stehe, Eggert, S. 116 mit Verweis auf BGH FamRZ 2005, S. 185, 185 ff. Risiken, die von beiden Ehegatten gemeinsam übernommen wurden, wie etwa die Wahl eines bestimmten Ehetyps oder die Entscheidung für Kinder, dürften nicht einseitig einem Ehegatten auferlegt werden. Anhaltspunkt sei dabei der Ausgleich dessen, was ohne Risikoübernahme vom wirtschaftlich Schwächeren erwirtschaftet werden könne. Dabei dürfe der Grundsatz der nachehelichen Solidarität nicht überbewertet werden. Das individuelle Eheverständnis kenne nämlich keine Pflicht zur Aufrechterhaltung eines sozialen Status. Nach Auflösung der ehelichen Lebensgemeinschaft könnten die Ehegatten nicht mehr Solidarität einfordern als während der Ehe, vielmehr würden mit Beendigung der Ehe grundsätzlich die gegenseitigen Rechte und Pflichten erlöschen, Eggert, S. 116 f.

Andere halten den Begriff der nachehelichen Solidarität für untauglich, unter anderem deshalb, weil er als Ausgleich zwischen den Prinzipien der nachehelichen Eigenverantwortung und der fortwirkenden Mitverantwortung, der Solidarität, das Maß offen lasse. Abgesteckt seien dadurch nur die äußeren Grenzen personaler Verantwortung, innerhalb derer eine unterhaltsrechtliche Einstandspflicht gerade einer Begründung bedürfe. Für die Bestimmung der Grenzen zulässiger ehevertraglicher Disposition führe die Solidarität daher nicht weiter, Wiemer, S. 89. Maßgeblich im Rahmen der Unterhaltsansprüche sei vielmehr der Ausgleich ehebedingter Nachteile, Wiemer, S. 90.

Wieder andere erläutern die Frage der nachehelichen Solidarität und deren Auswirkungen auf die Inhaltskontrolle am Schutzzweck des Art. 6 Abs. 1 GG. Die

Die am 01.01.2008 in Kraft getretene Unterhaltsreform bildet jedoch eine zeitliche sowie inhaltliche Zäsur. Die Gesetzesbegründung spricht unter Bezugnahme auf die Begrenzungsmöglichkeiten des Unterhalts in § 1578 b BGB und in Abgrenzung zur Lebensstandardgarantie von einem Anspruch auf gleiche Teilhabe an dem Erwirtschafteten[590]. Grund für die nachehelichen Unterhaltsansprüche sei die sich aus Art. 6 GG ergebende fortwirkende Solidarität. Diese fortwirkende Verantwortung für den bedürftigen Partner erfordere vor allem einen Ausgleich der Nachteile, die dadurch entstünden, dass der Unterhaltsberechtigte wegen der Aufgabenverteilung in der Ehe, insbesondere der Kinderbetreuung, nach der Scheidung nicht oder nicht ausreichend für seinen eigenen Unterhalt sorgen könne. Diese Erwägung liege insbesondere den Unterhaltstatbeständen des § 1570 (Betreuungsunterhalt), § 1573 (Unterhalt wegen Erwerbslosigkeit und Aufstockungsunterhalt) und § 1575 (Ausbildungsunterhalt) zugrunde. Wegen der ehebedingten Nachteile, die typischerweise mit der Dauer der Ehe immer mehr verfestigt würden, könne im Einzelfall eine lebenslange Unterhaltspflicht gerechtfertigt sein. Je geringer aber diese Nachteile seien, desto eher sei im Lichte des Grundsatzes der Eigenverantwortung unter Billigkeitsgesichtspunkten eine Beschränkung des Unterhaltsanspruchs geboten, wobei in besonderer Weise auf die Belange von Kindern zu achten sei. Sodann heißt es in der Gesetzesbegründung weiter wörtlich: „Die nach der Ehe fortwirkende Verantwortung erschöpft sich allerdings nicht im Ausgleich ehebedingter Nachteile.“ Beispielsweise bei Unterhaltsansprüchen wegen Alters, Krankheit oder Arbeitslosigkeit bestünden die Ansprüche auch unabhängig von der Ehe und ihrer Ausgestaltung. Gleiches gelte auch für den Aufstockungsunterhalt. Auch in diesen Fällen könne jedoch eine uneingeschränkte Fortwirkung der nachehelichen Solidarität unter Billigkeitsgesichtspunkten unangemessen sein. Im Spannungsverhältnis zwischen fortwirkender Verantwortung und Eigenverantwortung müsse auch hier in jedem Einzelfall eine angemessene und für beide Seiten gerechte Lösung gefunden werden, bei der die Dauer der Ehe von besonderer Bedeutung sein werde[591]. § 1578 b des Entwurfs erfasse auch die Fälle, in denen es nicht um die Kompensation ehebedingter Nachteile, sondern allein um das Ausmaß der darüber hinausgehenden nachehelichen Solidarität gehe. Zu denken sei etwa an den Fall der Erkrankung eines Ehegatten, die ganz unabhängig von der Ehe eingetreten ist. Billigkeitsmaßstab für die Herabsetzung oder Begrenzung sei hier allein die fortwirkende Solidarität im Lichte des Grundsatzes der Eigenverantwortung, wobei

---

aufgelöste Ehe, ebenso wie die finanziellen Folgen der Ehescheidung, seien nicht durch Art. 6 Abs. 1 GG geschützt, auch nicht über den Gedanken einer nachehelichen Solidarität. Folglich sei auch der Schutzbereich der Norm durch vertragliche Vereinbarungen hierüber nicht eröffnet, so dass Art. 6 Abs. 1 GG auch keine entsprechende richterliche Inhaltskontrolle vertraglicher Vereinbarungen fordere, Lang, S. 32 ff., insb. 46.

590 BT- Drucks. 16/ 1830, S. 18.

591 BT- Drucks. 16/ 1830, S. 18 f.

die in § 1578 b Abs. 1 genannten Umstände auch Bedeutung für das Ausmaß einer fortwirkenden Verantwortung hätten. Dies gelte insbesondere für die Dauer der Ehe. Diese Grundsätze würden auch dann gelten, wenn etwa eine Erwerbstätigkeit allein an der bestehenden Arbeitsmarktlage scheitere und die Arbeitslosigkeit kein ehebedingter Nachteil sei[592].

Der BGH hat diese Intention des Gesetzgebers mit Zustimmung des Schrifttums umgesetzt und mittlerweile eben nicht nur einen Ausgleich ehebedingter Nachteile vorgenommen, sondern sogenannte Übergangs- bzw. Schonfristen[593] auch für den Fall des Fehlens ehebedingter Nachteile[594] beim nachehelichen Unterhalt geschaffen. Dabei orientieren sich diese von ehebedingten Nachteilen unabhängigen Übergangsfristen maßgeblich an der Ehedauer[595]. Die ehebedingten Nachteile sind bei der Frage der Begrenzungsmöglichkeit zwar das vorrangige Kriterium, weil oftmals eine Begrenzung, jedoch nicht automatisch, ausscheidet, wenn dauerhaft ehebedingte Nachteile vorliegen[596]. Da § 1578 b BGB aber nicht auf die Kompensation ehebedingter Nachteile beschränkt ist, ist die darüber hinausgehende nacheheliche Solidarität zu berücksichtigen. Der BGH führt insoweit aus, dass § 1578 b Abs. 1 S. 2 BGB „insbesondere" auf das Vorliegen ehebedingter Nachteile abstelle, damit aber andere Gesichtspunkte für die Billigkeitsabwägung nicht

---

592 BT- Drucks. 16/ 1830, S. 19.

593 Diese Übergangszeit beträgt häufig ein Viertel bis zu einem Drittel der Ehezeit, so der 18. Deutsche Familiengerichtstag, Begrenzung und Befristung beim nachehelichen Unterhalt, Ziff. 9; zu den Möglichkeiten der Begrenzung des Geschiedenenunterhalts nach altem Recht, vor der Unterhaltsreform siehe Dirk Möllmann, Die zeitliche Begrenzung des Geschiedenenunterhalts.

594 BGH, Urt. v. 25.06.2008, NJW 2008, S. 2644, 2645; Heiß in: Heiß/ Born, Kapitel 1, Rn. 202 m.w.N.

595 Bereits das alte, vor dem 01.01.2008 geltende Unterhaltsrecht sah in § 1573 Abs. 5 BGB a.F. eine Begrenzungsmöglichkeit für den nachehelichen Unterhalt vor, wobei bereits damals bei der Bemessung der Übergangsfrist entscheidend auf die Prognose der Umstellungsdauer abgestellt wurde; zu prüfen war daher, wie lange der Berechtigte voraussichtlich braucht, um der nachwirkenden Mitverantwortung des Ehepartners nicht mehr zu bedürfen, was wiederum davon abhängt, inwieweit und wie lange die Ehegatten ihren Lebenszuschnitt aufeinander eingestellt und auf ein gemeinsames Lebensziel ausgerichtet haben; eine schematische Abhängigkeit von der Ehedauer besteht zwar nicht, sie ist jedoch ein wichtiges Kriterium für die zur Umstellung benötigte Zeit und für den daraus resultierenden Umfang der nachwirkenden Verantwortung, so beispielsweise Büttner in: Johannsen/ Henrich, § 1573, Rn. 43.

596 BGH, Urt. v. 20.03.2013, Az.: XII ZR 72/ 11, NJW 2013, S. 1530, 1533; Witt, Anmerkung zu BGH, Beschl. v. 08.06.2016, FamRZ 2016, S. 1345, 1348; BGH, Urt. v. 27.05.2009, NJW 2009, S. 2450, 2453; BGH, Urt. v. 11.08.2010, FamRB 2010, S. 329, 330 mit Anm. Kieninger.

ausschließe[597]. Mit dem Unterhaltsanspruch wegen Krankheit habe der Gesetzgeber ein besonderes Maß an nachehelicher Solidarität festgeschrieben[598]. Aber auch in solchen Fällen, in denen die fortwirkende eheliche Solidarität den wesentlichen Billigkeitsmaßstab bilde, falle den in § 1578 b Abs. 1 S. 3 genannten Umständen besondere Bedeutung zu. Auf deren Grundlage, insbesondere der Dauer, der Pflege oder Erziehung gemeinschaftlicher Kinder, der Gestaltung von Haushaltsführung und Erwerbstätigkeit während der Ehe sowie der Dauer der Ehe sei auch der Umfang einer geschuldeten nachehelichen Solidarität zu bemessen[599].

Richtigerweise trägt der Grundsatz der nachehelichen Solidarität Elemente des Vertrauensschutzes in sich, welche Abwägungskriterien im aktuellen Scheidungsfolgenrecht darstellen, die einer Anspruchsbegrenzung bzw. – herabsetzung entgegenstehen können. Das seit dem 01.01.2008 in Kraft getretene reformierte Unterhaltsrecht hat mit der Abschaffung der Lebensstandardgarantie und mit der gleichzeitigen Stärkung der Eigenverantwortung[600] zwar klar Stellung bezogen zu der Frage lebenslanger Unterhaltsansprüche ohne Orientierung an Bedürfnislagen. Daraus jedoch den Schluss zu folgern, Aspekte der nachehelichen Solidarität seien dadurch weiter in den Hintergrund gerückt, was sich auf den ersten Blick aufdrängen könnte, ist indessen unzutreffend. Vielmehr darf die nacheheliche Solidarität gerade im Bereich der Unterhaltstatbestände und deren Begrenzungsmöglichkeiten als über die Kompensation ehebedingter Nachteile hinausgehender Aspekt mit Vertrauensschutzgesichtspunkten verstanden werden, der zwischen der Abschaffung der Lebensstandardgarantie und der reinen Kompensation der ehebedingten Nachteile eine dem Grunde und der Höhe nach vermittelnde Funktion hat.

---

597 BGH, Urt. v. 27.05.2009, NJW 2009, S. 2450, 2453; BGH, Beschl. v. 08.06.2016, FamRZ 2016, S. 1345, 1346 („§ 1578 b BGB beschränkt sich allerdings nicht auf die Kompensation ehebedingter Nachteile, sondern berücksichtigt auch eine darüber hinausgehende nacheheliche Solidarität“).

598 BGH, Urt. v. 27.05.2009, NJW 2009, S. 2450, 2453; Borth in FamRZ 2011, S. 153, 154 hebt in diesem Zusammenhang unter Berufung auf den BGH hervor, dass bei dem Anspruch aus § 1572 BGB die in der Ehe eingetretene Erkrankung sowie die daraus folgende Erwerbsunfähigkeit i.d.R. schicksalhaft sei, sodass allein aus diesem zeitlichen Zusammenhang der Erkrankung mit der Ehe eine dauerhafte Unterhaltsverantwortung nicht ohne weiteres abgeleitet werden könne.

599 BGH, Urt. v. 27.05.2009, NJW 2009, S. 2450, 2454.

600 Vgl. beispielhaft Kilger/ Pfeil in: Göppinger, S. 255: mit § 1574 BGB hat der Gesetzgeber ausgedrückt, dass es die Lebensstandardgarantie nicht mehr gibt, was der BGH bereits als das „voreheliche Qualifikationsdefizit“ gesehen hat (mit dem Hinweis auf BGH, NJW 2008, S. 2644).

c) Ehebedingte Nachteile und der Kompensationsgedanke

Ebenso wie bei dem Kriterium der ehelichen Solidarität, lässt sich das Kriterium des ehebedingten Nachteils[601] am besten an den Unterhaltstatbeständen nachweisen bzw. in diesem Falle sogar errechnen. Aber auch beim Versorgungsausgleich kommt dem Element des ehebedingten Nachteils und damit einhergehend der Kompensation solcher Nachteile durch das Scheidungsfolgensystem herausragende Bedeutung zu. Bei der Frage nach der ehevertraglichen Disponibilität wird von vielen Vertretern im Schrifttum der ehebedingte Nachteil als das entscheidende Kriterium bei der Frage des Nachteilsausgleichs behandelt[602].

Ein ehebedingter Nachteil liegt vor, wenn ein Ehegatte um der gemeinsamen Lebensplanung willen für sein berufliches Fortkommen Risiken auf sich genommen hat und diese Risiken sich aufgrund der Abweichung der bei Vertragsschluss vorgestellten Lebenssituation von der späteren tatsächlichen Lebenslage im Scheidungsfall als Nachteil konkretisieren[603]. Unter der Ehebedingtheit wird eine Kausalbeziehung zwischen wirtschaftlichem Nachteil und ehelicher Lebensgemeinschaft verstanden[604]. Beispielhaft sei erwähnt die erschwerte Rückkehr in das Berufsleben, das Fehlen einer eigenen Altersversorgung oder Ausbildungsdefizite infolge des Ausbildungsabbruchs, um eine gemeinsame Wohnung in einer anderen Stadt zu nehmen[605]. Der ehebedingte Nachteil äußerst sich in der Regel darin, dass der unterhaltsberechtigte Ehegatte nachehelich nicht die Einkünfte erzielt, die er ohne Ehe und Kinderbetreuung erzielen würde[606]. Maßstab ist dabei

601 Vollständig gegen dieses Kriterium ist Kähler, der meint, ehebedingte Nachteile müssten bereits aufgrund der notwendigen Typisierung als Maßstab des Scheidungsunterhalts ausscheiden; bereits der Vorstellung nach würden sie zu stark einem nach der Scheidung zu zahlenden Schadensersatz ähneln und die Vorteile der Ehe außer Acht lassen.

602 Wiemer, S. 206; Kremer, S. 81; so auch bezüglich der Begrenzungsmöglichkeit des § 1578 b BGB Borth, FamRZ 2011, S. 153, 153 und Münch, MittBayNot 2012, S. 10, 10.
Es entspricht dem Gedanken des Scheidungsfolgensystems, dass ehebedingte Nachteile, die ein Ehegatte um der Ehe oder der Kindererziehung willen in seinem eigenen beruflichen Fortkommen und dem Aufbau einer entsprechenden Altersversorgung oder von Vermögen auf sich genommen hat, bei einer Scheidung ausgeglichen werden sollen, Lotter, S. 223; BGH, Urt. v. 25.05.2005, MittBayNot 2006, S. 44, 46 mit Anm. Brandt. Am deutlichsten tritt der ehebedingte Nachteilsausgleich bei der Hausfrauenehe zu Tage, Dauner-Lieb/ Sander, FPR 2005, S. 141, 144.

603 BGH, Urt. v. 28.02.2007, NJW 2007, S. 2848 ff. mit Anm. Kesseler; Hausch in: jurisPK, § 1408, Rn. 112.

604 Wiemer, S. 206, der im übrigen nur dann von einem solchen kausalen ehebedingten Nachteil ausgeht, wenn er auf einer einvernehmlichen Entscheidung der Ehepartner beruht, die im Hinblick auf die zwischen ihnen bestehende Lebensgemeinschaft getroffen wurde, wovon es jedoch einige Ausnahmen gebe; ebenfalls zu dem Erfordernis der Einvernehmlichkeit Sanders, S. 351 f.

605 Eggert, S. 120.

606 BGH, Beschl. v. 08.06.2016, FamRZ 2016, S. 1345, 1346 mit Anm. Witt.

dasjenige, was unter dem hypothetischen Wegdenken der Ehe zum jetzigen Zeitpunkt erwirtschaftet worden wäre bzw. unter Berücksichtigung etwaiger üblicher Karrieresprünge erwirtschaftet werden kann[607]. Solche ehebedingten Nachteile können sich auch in aufgrund der ehelichen Rollenverteilung reduzierten Altersvorsorgebeiträgen manifestieren, wenn der insoweit für den Nachteilsausgleich primär berufene Versorgungsausgleich die Versorgungsnachteile nicht vollständig zu beseitigen vermag[608].

Auch die Rechtsprechung sieht in dem Kriterium des ehebedingten Nachteils beispielsweise im Rahmen des § 1578 b ein vorrangig zu berücksichtigendes Moment[609]. Aber auch losgelöst von der Scheidungsfolge des nachehelichen Unterhalts überprüft der BGH bereits auf der ersten Stufe der Inhaltskontrolle den Ehevertrag anhand des ehebedingten Nachteils[610]. Der Ausgleich aller ehebedingten Nachteile auf fortgeschriebenem vorehelichen Lebensstandard schließt zumindest die Sittenwidrigkeit[611] eines Ehevertrages aus[612]. Damit hält ein Ehevertrag der Sittenwidrigkeitskontrolle stand, der beispielsweise bei der Unterhaltsbegrenzung der Höhe nach jedenfalls den Unterhalt gewährt, den der unterhaltsberechtigte Ehegatte durch eigenes Einkommen nunmehr erzielen könnte, unterstellt er habe

607 BGH, Urt. v. 25.05.2005, FamRZ 2005, S. 1449, 1452 mit Anm. Bergschneider; keine Ehebedingtheit in diesem Sinne liegt beispielsweise vor, wenn die Ehefrau während der Ehe eine Ausbildung aus gesundheitlichen Gründen und eine weitere Ausbildung wegen Prüfungsangst abgebrochen hat, vgl. BGH, Urt. v. 24.03.2010, NJW 2010, S. 1813, 1815. „Sind ehebedingte Nachteile nicht vorhanden oder bereits vollständig kompensiert, dient die richterliche Ausübungskontrolle nicht dazu, dem durch den Ehevertrag belasteten Ehegatten zusätzlich (entgangene) ehebedingte Vorteile zu gewähren und ihn dadurch besser zu stellen, als hätte es die Ehe und die mit der ehelichen Rollenverteilung einhergehenden Dispositionen über Art und Umfang seiner Erwerbstätigkeit nicht gegeben“, BGH, Beschl. v. 20.06.2018, FamRZ 2018, S. 1415, 1419 mit Anm. Bergschneider.

608 BGH, Urt. v. 04.08.2010, NJW 2010, S. 3097–3100 (so bereits der erste Leitsatz) = FamRB 2010, S. 330, 331 mit Anm. Kühner.

609 BGH, Urt. v. 25.05.2009, NJW 2009, S. 2450–2454; insbesondere im Hinblick auf die Begrenzungsmöglichkeiten beim Unterhalt BGH, Urt. v. 17.02.2010, NJW 2010, S. 1598–1603.

610 BGH, Urt. v. 25.05.2005, MittBayNot 2006, S. 44, 47 mit Anm. Brandt.

611 Im Fall von BGH, Urt. v. 05.07.2006, abgedruckt NJW 2006, S. 3142 mit Anm. Grziwotz = LMK 2006, 196755, war der Vertrag u.a. deshalb sittenwidrig, weil der vereinbarte Ehegattenunterhalt nur geringfügig über dem Existenzminimum der Ehefrau lag und keine ausreichende Kompensation für die durch die Kindererziehung eingetretenen Nachteile darstellte.

612 Münch, FamRZ 2005, S. 570, 573; Münch, ZNotP 2004, S. 122, 130; Münch, DNotZ 2005, S. 819, 828: Ausnahmen seien allenfalls da gerechtfertigt, wo die voreheliche Einkommenssituation des kindesbetreuenden Ehepartners so schlecht ist, dass den betreuten Kindern bei einer Unterhaltszahlung auf diesem Niveau evident Nachteile drohten.

seinen Beruf nie aufgegeben und auf der Grundlage seiner Ausbildung kontinuierlich auch die übliche Berufskarriere durchlaufen[613]. Der BGH formuliert in diesem Zusammenhang, dass das Verdikt der Sittenwidrigkeit nicht schon dann gerechtfertigt ist, wenn der eheangemessene Unterhalt nicht erreicht ist, sondern allenfalls dann, wenn die vertraglich vorgesehene Unterhaltshöhe nicht annähernd geeignet ist, die ehebedingten Nachteile auszugleichen[614].

Im Rahmen der Vertragsanpassung auf der zweiten Stufe der Inhaltskontrolle ist es regelmäßig angemessen und sachgerecht, die ehebedingten Nachteile auszugleichen unter weitgehender Aufrechterhaltung der ehevertraglichen Absichten[615]. Liegen keine ehebedingten Nachteile vor, so besteht meist kein Prüfungserfordernis, weshalb häufig als Grenze privatautonomer Gestaltung der Gesichtspunkt des angemessenen Ausgleichs ehebedingter Nachteile angesehen wird[616].

Der Ausgleich der ehebedingten Nachteile erfordert eine individuelle Gesamtschau, die in jeder Familie anders ausfallen wird[617]. Durch den Ausgleich lediglich dieser Nachteile wird dem Parteiwillen so weit als möglich zum Durchbruch verholfen[618].

d) Die Kernbereichslehre des Bundesgerichtshofs

Ohne Eingriff in die Kernbereiche des Scheidungsfolgenrechts wird selten ein sittenwidriger oder anpassungsbedürftiger Ehevertrag vorliegen. Im Anwendungsbereich des § 138 Abs. 1 fungiert die Kernbereichslehre[619] insoweit als Negativschranke[620].

Die Kernbereichslehre gibt aber auch den Anwendungsbereich für die weiteren voraufgeführten Prüfungskriterien vor, wie beispielsweise die Überprüfung des Kernbereichs Versorgungsausgleich anhand des ehebedingten Nachteils[621]. Soweit ehebedingte Nachteile die Grenze privatautonomer Gestaltung darstellen, haben sie mithin Einfluss auf die Einstufung in die Kernbereiche[622]. So hat der BGH etwa

---

613 Münch, ZNotP 2004, S. 122, 130.

614 BGH, Urt. v. 25.05.2005, MittBayNot 2006, S. 44, 47 mit Anm. Brandt; BGH, Urt. v. 09.07.2008, FPR 2008, S. 574, 575 mit Anm. Kesseler.

615 BGH, Urt. v. 28.11.2007, NJW Spezial 2008, S. 229; Hausch in: jurisPK, § 1408, Rn. 112 mit zahlreichen weiteren Rechtsprechungsnachweisen; Münch, Ehebezogene Rechtsgeschäfte, S. 150; Münch, FamRZ 2005, S. 570, 572; Rehme in: Staudinger, § 1408, Rn. 85.

616 Kilger/ Pfeil in: Göppinger, S. 254 f.

617 Brandt, Anm. zu BGH, Urt. v. 25.05.2005, MittBayNot 2006, S. 44, 49.

618 Brandt, Anm. zu BGH, Urt. v. 25.05.2005, MittBayNot 2006, S. 44, 49.

619 Zur Darstellung der Kernbereichslehre vgl. die Ausführungen oben § 4, A., II., 3., S. 84 ff..

620 Schultz, S. 411.

621 Vgl. hierzu BGH, Urt. v. 09.07.2008, FPR 2008, S. 574, 577 mit Anm. Kesseler sowie BGH, Beschl. v. 18.03.2009, NJW 2009, S. 2124, 2125.

622 Münch, DNotZ 2005, S. 819, 828; Lotter, S. 224.

entschieden, dass bei der Inhaltskontrolle der Krankenvorsorge- und Altersvorsorgeunterhalt den Rang des Elementarunterhalts teilt, sofern die Unterhaltspflicht ehebedingte Nachteile ausgleichen soll[623]. Richtig ist, dass die Kernbereichslehre eine Eingriffsschranke darstellt.

e) Weitere Komponenten

Neben den Kriterien der Vertragsgestaltung orientiert an bestimmten Ehetypen, der ehelichen Solidarität, der Kernbereichslehre, ehebedingten Nachteilen und etwaigen Kompensationen gibt es weitere diverse Kriterien, mit deren Hilfe die Eheverträge einer Inhaltskontrolle unterzogen werden können. Vorliegend sollen lediglich die wichtigsten dieser Prüfsteine betrachtet werden.

Insbesondere im Zusammenhang[624] mit den ehebedingten Nachteilen spielt die Ehedauer regelmäßig eine wichtige und oftmals entscheidende Rolle bei der Frage der vertraglichen Überprüfung[625]. So hält denn auch die Gesetzesbegründung beispielsweise bei der Frage der Begrenzung der Unterhaltsansprüche gemäß § 1578 b fest, dass die Dauer der Ehe für sich gesehen nicht zwangsläufig zu einem Nachteil führe, aber gleichwohl von Bedeutung sei, da sich der berufliche Nachteil, der sich nach der Scheidung für den die Hausarbeit oder Kindererziehung übernehmenden Ehegatte ergebe, in aller Regel mit zunehmender Dauer der Ehe erhöhe[626]. Der BGH hat nach Inkrafttreten des neuen Unterhaltsrechts diese Rechtsauffassung der zunehmenden Verflechtung bestätigt und der Ehedauer ein immer größer werdendes Gewicht, orientiert an der Zunahme der wirtschaftlichen Verflechtung beigemessen[627]. Der 18. Familiengerichtstag sieht dementsprechend in der Dauer der Ehe ein wichtiges Indiz für die zunehmende Verflechtung der ehelichen Lebensverhältnisse. Diese Verflechtung ist danach auch für die Bemessung der Übergangsfrist

---

623 BGH, Urt. v. 25.05.2005, FamRZ 2005, S. 1449–1452 mit Anm. Bergschneider: In dem zu entscheidenden Fall hatte die Ehefrau durch die Kinderbetreuung Nachteile erlitten, welche nicht auf den Elementarunterhalt beschränkt blieben. Aufgrund der Kinderbetreuung war es der Frau nicht möglich gewesen, eigene Rentenanwartschaften zu erwerben bzw. die Krankenvorsorgekosten sicherzustellen. Die Ausübungskontrolle führte sodann zu einer Anpassung durch Ersatz der ehebedingten Nachteile, wobei als Maßstab nicht die ehelichen Verhältnisse dienten, sondern, und dies entsprach auch zudem am ehesten dem ursprünglich am Unterhaltsverzicht orientierten Parteiwillen, der Betrag an Altersvorsorge, der bei Weiterführung der beruflichen Tätigkeit – ohne Kinderbetreuung – hätte erworben werden können, BGH, Urt. v. 25.05.2005, FamRZ 2005, S. 1449–1452, vgl. auch BGH, Urt. v. 17.02.2010, NJW 2010, S. 1598–1603.

624 Zu einer Abgrenzung bzw. zum Zusammenspiel dieser Kriterien vgl. unten, § 4, A., III., 4., f)., S. 116 ff..

625 Vgl. dazu bereits § 4, A., III., 4., b), S. 105 ff..

626 BT- Drucks. 16/ 1830, S. 19.

627 BGH, 06.10.2010, NJW 2011, S. 147, 147, 3. Leitsatz mit Anm. Börger; BGH, Urt. v. 11.08.2010, NJW 2010, S. 3372, 3372, 3. Leitsatz.

zu berücksichtigen[628]. Mit Datum vom 01.03.2013 hat der Gesetzgeber im Anwendungsbereich des § 1578 b Abs. 1 für eine weitere Modifikation gesorgt[629]. Die Dauer der Ehe ist in der Neufassung des § 1578 b Abs. 1 S. 2 nunmehr neben den ehebedingten Nachteilen als weiteres Billigkeitskriterium eigens aufgeführt[630], so dass der ehebedingte Nachteil neben der Ehedauer steht[631]. Die Dauer der Ehe ist danach nicht mehr nur Indiz für die Feststellung der ehebedingten Nachteile und nicht mehr nur ein Kriterium im Rahmen der sonstigen Kriterien der nachehelichen Solidarität, sondern eigenständiges gleichberechtigtes Kriterium[632], welches in diesem Sinne eine Aufwertung erfahren hat[633]. Liegen keine ehebedingten

628 18. Deutscher Familiengerichtstag, Unterhalt bei langer Ehedauer, Ziff. III.

629 Weil entgegen der ursprünglichen Intention des Reformgesetzgebers der Eindruck entstanden ist, dass die Instanzgerichte bei Fehlen ehebedingter Nachteile die nachehelichen Unterhaltsansprüche oftmals „automatisch" befristen, ohne die weiteren Umstände des Einzelfalls wie insbesondere die Ehedauer zu beachten, hat der Gesetzgeber für eine „Klarstellung" gesorgt, BT- Drucks. 17/ 11885, S. 5. Nunmehr sollen eindeutig Befristung oder Begrenzung des Unterhalts auch dann unzulässig sein können, wenn ehebedingte Nachteile zwar nicht vorliegen, die Befristung oder Begrenzung jedoch insbesondere im Hinblick auf Ehen von langer Dauer unbillig erscheint, BT- Drucks. 17/ 11885, S. 6 mit Verweis auf die Rechtsprechung des BGH, Urt. v. 06.10.2010, NJW 2011, S. 147 –151 mit Anm. Börger. Mithin können sich die sog. Altehen, welche vor dem 01.01.2008 geschlossen wurden (Die neue Rechtslage mit ihren Beschränkungsmöglichkeiten galt bekanntlich mit der Rechtsprechung des BGH bereits ab dem 12.04.2006, siehe die Ausführungen von Graba, FamFR 2013, S. 49, 50 m.w.N.), besser auf die neue Rechtslage einstellen, da sie insbesondere nicht mit einer „automatischen" Befristung bei Fehlen ehebedingter Nachteile rechnen müssen, vgl. die Erwägungen des Rechtsausschusses, BT- Drucks. 17/ 11885, S. 5.

630 Die Vorschrift lautet seit dem 01.03.2013: „Dabei ist insbesondere zu berücksichtigen, inwieweit durch die Ehe Nachteile im Hinblick auf die Möglichkeit eingetreten sind, für den eigenen Unterhalt zu sorgen, oder eine Herabsetzung des Unterhaltsanspruchs unter Berücksichtigung der Dauer der Ehe unbillig wäre."

631 Borth, FamRZ 2013, S. 165, 166.

632 Schürmann, FamRZ 2013, S. 1082, 1097; Born, NJW 2013, S. 561, 564; Borth, FamRZ 2013, S. 165, 168.

633 Born, NJW 2013, S. 561, 564.
Der BGH bezieht sich hinsichtlich der prüfungsrechtlichen Stellung des Kriteriums der Ehedauer ausdrücklich auf die Gesetzesbegründung und deren Hervorhebung der langen Ehedauer als lediglich eine Klarstellung im Vergleich zu der Rechtslage vor dem 01.03.2013. Eine Änderung der Senatsrechtsprechung sollte damit ausdrücklich nicht einhergehen, BGH, Urt. v. 20.03.2013, Az.: XII ZR 120/ 11, NJW 2013, S. 1447, 1449; BGH, Urt. v. 20.03.2013, Az.: XII ZR 72/ 11, NJW 2013, S. 1530, 1533. Ist die nacheheliche Solidarität daher in einem Fall das wesentliche Billigkeitskriterium bei der Abwägung nach § 1578 b, gewinnt die Ehedauer ihren wesentlichen Stellenwert bei der Bestimmung des Maßes der gebotenen ehelichen Solidarität aus der Wechselwirkung mit der in der Ehe einvernehmlich praktizierten Rollenverteilung und der darauf beruhenden Verflechtung der wirtschaftlichen

Nachteile vor, so muss die Billigkeitsprüfung, auch unter Berücksichtigung der Ehedauer, ergeben, ob ein fortdauernder Unterhaltsanspruch unbillig und daher eine Herabsetzung und/oder Befristung auszusprechen wäre[634]. Im Ergebnis ist die Dauer der Ehe für eine über den Nachteilsausgleich hinausgehende Billigkeitsprüfung das gewichtigste Argument, stellt aber für sich gesehen kein ausreichendes Kriterium dar[635] und hat damit auch nicht anspruchsbegründende Funktion.

In Drucksituationen, insbesondere im Falle einer bei Vertragsschluss bestehenden Schwangerschaft, ist eine solche für sich betrachtet noch nicht ausreichend, um den Makel der Sittenwidrigkeit auszulösen bzw. eine Ungleichgewichtssituation zu begründen[636]. Die Schwangerschaft, auch eine weit fortgeschrittene, führt nicht zur Geschäftsunfähigkeit der Frau[637]. Sie ist aber ein gewichtiges Indiz für eine vertragliche Disparität, die zu verstärkter richterlicher Kontrolle Anlass gibt[638]. Der BGH spricht allerdings von einem Indizieren einer ungleichen Verhandlungsposition und damit einer Disparität bei Vertragsschluss, die es rechtfertige, den Vertrag einer verstärkten richterlichen Inhaltskontrolle zu unterziehen, wobei in einer Gesamtschau alle maßgeblichen Faktoren zu berücksichtigen seien[639].

Verhältnisse, BGH, Urt. v. 20.03.2013, Az.: XII ZR 72/ 11, NJW 2013, S. 1530, 1533 sowie 3. Leitsatz. Es stellt sich dennoch die Frage, ob allein aufgrund langer Ehedauer eine Begrenzung bzw. Befristung ausscheiden muss, vgl. Die Erwägungen von Borth, FamRZ 2013, S. 165, 167. Dem hat der BGH zu Recht eine Absage erteilt. Liegt beispielsweise eine Einkommensdifferenz wegen bereits vor der Ehe absolvierter unterschiedlicher Berufsqualifikationen vor und haben beide Ehegatten in der Ehe vollschichtig gearbeitet, dann rechtfertigt allein die lange Ehedauer und damit die lange Teilhabe an den die eigene Lebensstellung übersteigenden ehelichen Lebensverhältnissen keinen fortdauernden Unterhaltsanspruch, so bereits BGH, Urt. v. 06.10.2006, NJW 2011, S. 147, 149; die neue Rechtslage bestätigend BGH, Urt. v. 20.03.2013, Az.: XII ZR 72/ 11, NJW 2013, S. 1530, 1533; so auch die Literatur, Reinecke, Anm. zu BGH, Urt. v. 18.02.2015, NZFam 2015, S. 456, 460.

634 BGH, Beschl. v. 08.06.2016, NJW 2016, S. 2256, 2257 mit Anm. Born; BGH, Urt. v. 20.03.2013, Az.: XII ZR 72/ 11, NJW 2013, S. 1530, 1533.

635 So bereits Borth, FamRZ 2011, S. 153, 155.

636 BGH, Urt. v. 25.05.2005, MittBayNot 2006, S. 44, 46; Grziwotz, LMK 2006, 196755.

637 Brandt, Anm. zu BGH, Urt. 25.05.2005, MittBayNot 2006, S. 44, 48.

638 Brandt, Anm. zu BGH, Urt. 25.05.2005, MittBayNot 2006, S. 44, 48.

639 BGH, Urt. v. 09.07.2008, FPR 2011, S. 574, 576; BGH, Urt. v. 28.03.2007, FuR 2007, S. 373, 374.

Auch wenn im Schrifttum im Anschluss an diese Rechtsprechung die Frage gestellt wurde, ob nunmehr zu Lasten des Mannes von einer Darlegungs- und Beweislast derart ausgegangen werden müsse, dass der Mann darlegen und beweisen müsse, dass keine ungleiche Verhandlungsposition vorgelegen habe (so etwa Bergschneider, Anm. zu BGH, Urt. v. 25.05.2005, FamRZ 2005, S. 1444, 1449), ist jedoch eine Tendenz des BGH, eine solche Beweislastumkehr vorzunehmen, nicht ersichtlich. Damit korrespondieren in Fällen der vorliegenden Art die regelmäßig angestellten weiteren Feststellungen des BGH, wenn er im Anschluss ausführt, dass auch bei dieser Gesamtschau das Verdikt der Sittenwidrigkeit nur dann in Betracht

Es existieren zudem zahlreiche weitere subjektive Faktoren, insbesondere Zwangslagen, die den Vertragsschluss mehr oder weniger beeinflussen können. Wird etwa dem anderen Vertragspartner lediglich eine kurze Bedenkzeit zur Durchsicht des im Auftrag des anderen Ehegatten angefertigten notariellen Vertragsentwurfs gestattet, wird bereits aufgrund der kurzen Zeitspanne zwischen der Möglichkeit der Durchsicht und dem bereits vereinbarten Beurkundungstermin eine Drucksituation geschaffen[640]. Ebenso können Probleme finanzieller Art auf Seite des in wirtschaftliche Not Geratenen für einen entsprechenden Druck sorgen[641]. Auch persönliche Merkmale wie etwa Alkoholismus, die zu einer erheblichen Drucksituation und insbesondere auch zu einer starken emotionalen Belastung führen, können zusammen mit dem Vorliegen weiterer Kriterien dazu führen, dass die Rechtsordnung solchen Verträgen die Wirksamkeit versagt[642]. Eine offensichtlich massive und außergewöhnliche Art der Zwangssituation allein ist nicht ausreichend, um ein Sittenwidrigkeitsurteil zu rechtfertigen, sondern es müssen darüber hinaus regelmäßig weitere Umstände hinzukommen[643].

Soweit teilweise vertreten wird, Verschuldensgesichtspunkte einer Partei seien im Rahmen der Inhaltskontrolle einzubeziehen, findet diese Auffassung jedenfalls in der zu § 1578 b BGB ergangenen Rechtsprechung keine Stütze, im Gegenteil, der BGH hat die Relevanz solcher Aspekte ausdrücklich ausgeschlossen. Bei den in § 1578 b BGB aufgeführten Kriterien handele es sich um objektive Umstände,

---

komme, wenn durch den Vertrag Regelungen aus dem Kernbereich ohne weitere Rechtfertigung abbedungen würden, BGH, Urt. v. 28.03.2007, FuR 2007, S. 373, 374. Lediglich vereinzelt wurde insoweit früher von der strukturellen Unterlegenheit der Frau gesprochen, die aufgrund der sozioökonomischen und psychologischen Situation der Frau zu einer ausnahmslosen richterlichen Ehevertragskontrolle führen sollte, Schwentzer, AcP 196 (1996), S. 88, 113. Teilweise sollte die Schwangerschaft als Ausdruck einer bestimmten Drucksituation ebenfalls per se zu einer Inhaltskontrolle führen, Büttner, FamRZ 1998, S. 1, 10. Wie bereits erläutert überzeugen diese Ansichten nicht.

640 Nach Besprechung beider Vertragsteile bei dem Notar soll dieser beiden Beteiligten den Vertragsentwurf zur Durchsicht geben, Münch, ZNotP 2004, S. 122, 129; Gageik, RNotZ 2004, S. 295, 315. In Anlehnung an § 17 Abs. 2a BeurkG soll die zur Verfügung gestellte Zeit, sich mit dem Entwurf zu befassen, in der Regel mit zwei Wochen ausreichend sein (§ 17 Abs. 2a BeurkG lautet: „...Bei Verbraucherverträgen soll der Notar darauf hinwirken, dass...Ziff. 2 der Verbraucher ausreichend Gelegenheit erhält, sich vorab mit dem Gegenstand der Beurkundung auseinander zu setzen; bei Verbraucherverträgen, die der Beurkundungspflicht nach § 311 b Abs. 1 Satz 1 und Abs. 3 des Bürgerlichen Gesetzbuchs unterliegen, geschieht dies im Regelfall dadurch, dass dem Verbraucher der beabsichtigte Text des Rechtsgeschäfts zwei Wochen vor der Beurkundung zur Verfügung gestellt wird....".), Gageik, RNotZ 2004, S. 295, 315.

641 Bergschneider, Anm. zu OLG Celle, Urt. v. 25.02.2004, FamRZ 2004, S. 1202, 1205.

642 OLG Koblenz, Urt. v. 25.10.2005, FamRZ 2006, S. 428, 429 mit Anm. Bergschneider.

643 Lang, S. 69.

denen kein Unwerturteil bzw. keine subjektive Vorwerfbarkeit anhafte, weshalb im Rahmen der Abwägung dieser Norm keine Aufarbeitung ehelichen Fehlverhaltens stattfinde[644]. Damit ist jedoch noch nichts darüber ausgesagt, ob ungeachtet der Begrenzungsmöglichkeiten beim Ehegattenunterhalt ein in der Ehe angelegtes bzw. zu Tage getretenes Verschulden eines Ehegatten bei der Ausübungskontrolle zu berücksichtigen ist. Der BGH ist der Ansicht, dass jedenfalls derjenige, der die eheliche Solidarität verletzt habe, die nacheheliche Solidarität nicht einfordern könne; soweit ein Ausgleich ehebedingter Nachteile in Rede stehe, würden dagegen Verschuldensgesichtspunkte eher zurücktreten[645]. Damit sind Aspekte des Verschuldens sehr wohl zu berücksichtigen, was mit der Wertung der Verwirkungstatbestände des § 1579 BGB korrespondiert. Auch im Zusammenhang mit dem Kriterium der ehelichen Solidarität muss der Verschuldensaspekt als Kehrseite ein und derselben Medaille Berücksichtigung finden[646].

f) Das Verhältnis der einzelnen Kriterien – Gesamtschau

Welches Verhältnis die einzelnen hier näher beleuchteten Kriterien zueinander haben, ist nicht immer eindeutig. Unstreitig hat eine Gesamtwürdigung aller Kriterien stattzufinden. Grundsätzlich hat im Rahmen der Abwägung der wirtschaftlich besser gestellte geschiedene Ehegatte entgegen der getroffenen Vereinbarung im Bereich des Unterhalts und des Versorgungsausgleichs die ehebedingten Nachteile des anderen Ehegatten auszugleichen, soweit es ihm nach seinen eigenen Lebensverhältnissen und unter Berücksichtigung der getroffenen Vereinbarung und der Bedeutung der Scheidungsfolge zumutbar ist[647]. Dabei kann der Ausgleich auch aufgrund der nachehelichen Solidarität über die ehebedingten Nachteile hinausgehen, ist allerdings begrenzt durch die Bedürftigkeit und Leistungsfähigkeit im Unterhaltsrecht[648]. Die dargestellten Kriterien der Inhaltskontrolle und ihr Zusammenspiel verdeutlichen letztlich, unter welchen Voraussetzungen wirksame eherechtliche Vereinbarungen geschlossen werden können. Im Folgenden wird beispielhaft der Bereich des Unterhaltsrechts gewählt, da vornehmlich dieser als vergleichbare Parallele zum Pflichtteilsrecht in Betracht kommt.

Umstritten ist beispielsweise das Verhältnis zwischen Ehedauer und ehebedingten Nachteilen in unterhaltsrechtlichen Mangelfällen. Der BGH hat bei der Frage der Rangfolge der Unterhaltsansprüche der geschiedenen und der neuen Ehefrau im Rahmen des § 1609 NNr. 2 festgehalten, dass bei der Rangfolge insbesondere zu berücksichtigen sei, inwieweit durch die Ehe Nachteile eingetreten seien, für den eigenen Unterhalt zu sorgen. Die gesetzliche Neuregelung des § 1609 Nr. 2 stelle

---

644 BGH, Urt. v, 20.10.2010, NJW 2010, S. 3653, 3653, 4. Leitsatz.

645 BGH, Urt. v. 11.02.2004, NJW 2004, S. 930, 935.

646 So im Ergebnis auch Rauscher, DNotZ 2004, S. 524, 545; Dauner-Lieb, FF 2004, S. 65, 68.

647 Kanzleiter in: MünchKomm, § 1408, Rn. 40.

648 Kanzleiter in: MünchKomm, § 1408, Rn. 41.

für den Vorrang gegenüber anderen (geschiedenen) Ehegatten allerdings, wie die Begrenzung des nachehelichen Unterhalts nach § 1578 b, zusätzlich zu der Ehedauer darauf ab, ob ehebedingte Nachteile vorliegen[649]. Im Ergebnis verneint der BGH Gleichrangigkeit der Ansprüche mit der Voraussetzung der langen Ehedauer mangels Vorliegens ehebedingter Nachteile[650]. Die ehebedingten Nachteile haben daher auch Auswirkungen auf den Rang der Unterhaltsansprüche und damit auch auf die Kernbereichslehre.

---

649 BGH, Urt. v. 30.07.2008, NJW 2008, S. 3213, 3219.

650 Im Leitsatz heißt es wörtlich: „Der Anspruch auf Aufstockungsunterhalt nach geschiedener Ehe ist nur dann mit dem Anspruch eines neuen Ehegatten auf Betreuungsunterhalt gleichrangig, wenn nach langer Ehedauer auch ehebedingte Nachteile i.S. des § 1578 b I 2 und 3 BGB vorliegen (§ 1609 Nr. 2 BGB). Auch insoweit ist darauf abzustellen, inwieweit durch die Ehe Nachteile im Hinblick auf die Möglichkeit eingetreten sind, für den eigenen Unterhalt zu sorgen.", BGH, Urt. v. 30.07.2008, NJW 2008, S. 3213, 3219, 5. Leitsatz.

Im Schrifttum wird, orientiert an dem Wortlaut des § 1609 Nr. 2 vertreten, dieser spreche eher dafür, dass für die Bestimmung der Ehedauer auch die Frage der ehebedingten Nachteile eine Rolle spielen solle, mithin insbesondere bei Vorliegen ehebedingter Nachteile eher als ohne ehebedingte Nachteile von einer Ehe von langer Dauer auszugehen sei, Börger, FPR 2009, S. 71, 74. Der BGH schließe eine Ehe von langer Dauer faktisch aus, wenn keine ehebedingten Nachteile bestünden, unabhängig von der tatsächlichen Dauer der Ehe. Hätte der Gesetzgeber dies gewollt, so hätte er formulieren müssen: „aus einer Ehe von langer Dauer mit ehebedingten Nachteilen", Börger, FPR 2009, S. 71, 74. Dies scheint zwar auf den ersten Blick zutreffend zu sein, berücksichtigt aber nicht, dass sich die Entscheidung auf den ggf. konkurrierenden Rang mit der jetzigen kinderbetreuenden Ehefrau bezieht und damit nicht auf die Frage, ob der Anspruch, hier auf Aufstockungsunterhalt dem Grunde nach bestehen kann. Auch unter einem anderen Gesichtspunkt kann dem Einwand aus dem Schrifttum nicht gefolgt werden. Der BGH verneint häufig im Ergebnis bei Vorliegen ehebedingter Nachteile eine Befristung des Unterhalts, BGH, Urt. v. 20.10.2010, NJW 2010, S. 3653–3657, Borth, FamRZ 2010, S. 153, 154; dazu bereits der vorhergehende Abschnitt. Umgekehrt bedeutet das Fehlen ehebedingter Nachteile nicht automatisch eine Begrenzung anhand von Übergangs- und Schonfristen, vgl. hierzu die Erwägungen weiter unten § 5, C., III., 8., S. S. 269 ff.., sondern es kann dennoch unter bestimmten Umständen von einem unbefristeten bzw. unbegrenzten Unterhaltsanspruch ausgegangen werden, so BGH, Urt. v. 06.10.2010, NJW 2011, S. 147, 149 mit Anm. Börger. Die Richtigkeit der voraufgeführten Literaturansicht unterstellt, müsste aber bei langer Ehedauer eine Begrenzung des Unterhalts aufgrund der dann zwangsläufig auch vorliegenden ehebedingten Nachteile in der Regel ausscheiden. Genau dies ist aber, wie gesehen, nicht der Fall (die klarstellende Änderung im Wortlaut des § 1578 b Abs. 1 zum 01.03.2013, vgl. dazu den vorhergehenden Abschnitt, hat zu keiner anderen Bewertung dieses Streitpunktes im Rahmen des § 1609 Nr. 2 geführt; vgl. insoweit die Erwägungen von Borth, FamRZ 2013, S. 165, 167).

Das Zusammenspiel von Ehedauer, ehebedingten Nachteilen und ehelicher Solidarität wird daher besonders deutlich im Anwendungsbereich des § 1578 b Abs. 1. Während häufig, aber nicht automatisch, im Falle des Vorliegens ehebedingter Nachteile mangels Prognostizierbarkeit der weiteren Entwicklung, insbesondere hinsichtlich der ehebedingten Nachteile, eine Begrenzung von Unterhaltsansprüchen ausscheidet, scheidet umgekehrt, in den Fällen, in denen keine ehebedingten Nachteile vorhanden sind, nicht automatisch eine Gewährung von Unterhalt aus[651]. Dies hat seinen Grund auch in der nach Scheidung noch für eine gewisse Zeit fortwirkenden ehelichen Solidarität, welche im Bereich des Unterhaltsrechts Übergangs- und Schonfristen gewährt[652], die dem Unterhaltsberechtigten aufgrund seiner Erwerbsobliegenheit und Eigenverantwortung vornehmlich den Wiedereinstieg in das Berufsleben erleichtern sollen. Damit erfolgt im Grundsatz der Nachteilsausgleich unabhängig von der Dauer der Ehe[653]. Die Ehedauer ist gewichtiges Indiz für die zunehmende Verflechtung der ehelichen Lebensverhältnisse. Diese Verflechtung wiederum ist auch für die Bemessung der Übergangsfrist zu berücksichtigen[654]. Im Ergebnis können daher zwei differenziert zu betrachtende Unterhaltsansprüche bestehen; einmal derjenige, welcher auf den Nachteilsausgleich abzielt und einmal derjenige, welcher aufgrund der langen Ehedauer bzw. der ehelichen Solidarität darüber hinausgeht[655].

Gerade im Bereich des Unterhaltsrechts sind jedoch nicht allein die spezifisch unter Ehegatten geltenden Charakteristika maßgeblich. Auch außerhalb der Ehe existierende Pflichten der Allgemeinheit können Platz greifen und die ehelichen Pflichten begrenzen bzw. ablösen und so in eine Gesamtbetrachtung einzubeziehen sein. Dementsprechend ist mittlerweile, gerade im Zuge der Möglichkeiten der „neuen“ Unterhaltsbegrenzungsmöglichkeiten, anerkannt, dass eine etwaige Sozialleistungsbedürftigkeit im Falle der Unterhaltsversagung die Befristungsmöglichkeiten nicht ausschließt, das Gesetz vielmehr mit § 1578 b die nacheheliche Verantwortung durch eine staatliche Verantwortung ersetzt[656].

5. *Zusammenfassung*

Die Sittenwidrigkeit ist gemäß dem BGH auf „gravierende Verletzungen der sittlichen Ordnung[657]“ beschränkt. Dabei ist im Rahmen der Inhaltskontrolle in einem

651 Siehe bereits oben § 4, A., III., 4., b), S. 105 ff..; BGH, Urt. v. 20.03.2013, Az.: XII ZR 72/ 11, NJW 2013, S. 1530, 1533; Born, NJW 2013, S. 561, 563.

652 Vgl. oben § 4, A., III., 4., b), S. 105 ff..; ähnlich auch Münch, DNotZ 2005, S. 819, 833.

653 Borth, FamRZ 2011, S. 153, 154; so auch der 18. Deutsche Familiengerichtstag, Unterhalt bei langer Ehedauer, Ziff. II.

654 18. Deutsche Familiengerichtstag, Unterhalt bei langer Ehedauer, Ziff. III.

655 Siehe beispielhaft die Ausführungen von Borth, FamRZ 2013, S. 165, 168.

656 BGH, Urt. v. 30.03.2011, FamRZ 2011, S. 877, 876; zu Fragen des Sozialrechts, insbesondere Unterhaltsverzichten zu Lasten der Sozialhilfe vgl. unten § 5, C., III., 10., b), aa), S. 276 ff..

657 BGH, Urt. v. 11.02.2004, NJW 2004, S. 930–937.

ersten Schritt eine Bestandskontrolle vorzunehmen und der Vertrag auf seine Wirksamkeit hin zu überprüfen. Maßgeblich sind die Verhältnisse im Zeitpunkt des Abschlusses des Vertrages und damit die Gründe des Vertragsabschlusses, die Veranlassung für den begünstigten Ehegatten zum Vertragsabschluss waren sowie die Gründe für den belasteten Ehegatten, die Belastungen anzunehmen und den Vertrag zu akzeptieren. Relevant sind damit auch die äußeren Umstände beim Zustandekommen des Vertrages. Nach Betrachtung der einzelnen Klauseln ist anhand einer Gesamtwürdigung der individuellen Verhältnisse zu prüfen, ob es zu einer sittenwidrigen einseitigen Lastenverteilung gekommen ist. Besondere Bedeutung erlangen dabei die Einkommens- und Vermögensverhältnisse, der Lebenszuschnitt und die Auswirkungen auf die Ehegatten und die Kinder. Im Falle eines Verzichts wird die Wertigkeit desselben im Rahmen der Gesamtschau der getroffenen Vereinbarungen gemessen an der Stelle des entsprechenden Rechts im Kernbereich des Scheidungsfolgenrechts[658]. Sittenwidrigkeit kommt danach regelmäßig dann in Betracht, wenn Regelungen aus dem Kernbereich ganz oder zum erheblichen Teil abbedungen werden, keine ausreichende Kompensation und keine Rechtfertigung durch die Besonderheiten des Ehetyps vorliegen. Die Frage, wann Teilnichtigkeit vorliegt, hängt von dem Umfang des Anwendungsbereichs der Wirksamkeitskontrolle ab. Je näher der Vertrag in die Nähe eines kompensationslosen Totalverzichts rückt, desto eher wird er der Gesamtnichtigkeit unterfallen[659].

In Abgrenzung dazu kommt die Ausübungskotrolle gemäß § 242 dann in Betracht, wenn der Ehevertrag nicht schon sittenwidrig ist, wobei maßgeblicher Zeitpunkt der Betrachtung der Zeitpunkt des Scheiterns der Lebensgemeinschaft ist, subsidiär der Zeitpunkt des Vertragsabschlusses[660]. Soweit eine Gesamtschau der einzelnen Vertragsbestandteile vorzunehmen ist, spielen auch die Gründe des Zustandekommens des Vertrages sowie die Umstände des Vertragsschlusses eine Rolle. Die einzelnen Teilregelungen des Vertrages können jedoch auch einer getrennten Betrachtung unterzogen werden. Damit wird die Ausübungskontrolle auch zu einer Art „Auffangkontrolle" für die Fälle, in denen eine Sittenwidrigkeit gerade des Gesamtvertrages nicht vorliegt[661]. Von der Ausübungskontrolle betroffen sind damit insbesondere die Fälle, in denen zum Zeitpunkt des Vertragsschlusses keine Disparität vorlag, die Regelungen zur ehevertraglichen Gestaltung jedoch nicht ausgewogen, sondern einseitig nachteilig sind, auf der anderen Seite aber die Rechtsgrundsätze der Lehre von der Störung der Geschäftsgrundlage beispielsweise deshalb keine Anwendung finden können, weil es an deren

658 Vgl. die stichwortartige Zusammenfassung bei Bergschneider, Inhaltskontrolle von Eheverträgen und Scheidungsvereinbarungen, S. 92.

659 Ähnlich Münch, FamRZ 2005, S. 570, 571 zu einem kompensationslosen Globalverzicht im Falle einer Einverdienerehe und für die Fälle, in denen der Betreuungsunterhalt über Gebühr beschränkt wird.

660 BGH, Urt. v. 11.02.2004, NJW 2004, S. 930–937.

661 Vgl. insoweit auch die Ausführungen von Münch, ZNotP 2004, S. 122, 28.

Voraussetzungen, wie etwa der Unvorhersehbarkeit der Änderung der Umstände fehlt[662]. Soweit sich sodann aus dem Vertragswerk eine evident einseitige Lastenverteilung ergibt, ist danach zu fragen, ob diese Lastenverteilung für den belasteten Ehegatten unzumutbar ist. Dabei sind die Belange des anderen Ehegatten und sein Vertrauen in die Geltung der getroffenen Abrede ebenfalls angemessen zu berücksichtigen. Ein Fall der Unzumutbarkeit kann sich danach vor allem dann ergeben, wenn die tatsächlich eingetretene einvernehmliche Gestaltung der ehelichen Lebensverhältnisse von der dem Vertrag zugrunde liegenden Lebensplanung abweicht[663]. Der Vertrag bleibt unter Anwendung der Ausübungskontrolle wirksam. Der Richter ordnet flexibel diejenige Rechtsfolge an, die den Interessen der Parteien in ausgewogener Weise Rechnung trägt. Die Ausübungskontrolle wahrt somit im Sinne eines geringstbelastenden Eingriffs die verfassungsrechtlich gewährleistete Privatautonomie[664].

Die Rechtsprechung bedient sich bei der Inhaltskontrolle diverser Kriterien, welche die Charakteristika dieser familienrechtlichen Verträge verdeutlichen. Der von den Vertragsparteien in Aussicht genommene Ehetyp hat Auswirkungen auf eine spätere Vertragskontrolle. So kann beispielsweise der gelebte Ehetyp insbesondere im Rahmen der Wirksamkeitskontrolle m.E. den (teilweisen) Verzicht auf dem Kernbereich zugehörige Scheidungsfolgenansprüche rechtfertigen. Die eheliche Solidarität kann durch ihre Fortwirkung nach der Ehe, insbesondere im Bereich des Unterhaltsrechts, für einen über die ehebedingten Nachteile hinausgehenden Ersatz sorgen. Die Disponibilität von Scheidungsfolgeansprüchen wird weiterhin maßgeblich von der Frage bestimmt, inwieweit ehebedingte Nachteile entstanden sind und ggf. kompensiert wurden. Diese Nachteile spielen ebenfalls eine Rolle für Rangfragen im Unterhaltsrecht und damit auch für die Kernbereichslehre. Letztere stellt eine Eingriffsschranke dar, da ohne Eingriff in den Kernbereich selten ein korrekturbedürftiger Ehevertrag vorliegen wird. Auch andere Faktoren wie die Ehedauer, Zwangslagen, Drucksituationen und auch Verschuldensaspekte finden Berücksichtigung. Alle diese Komponenten sind im Rahmen der Inhaltskontrolle in eine Gesamtwürdigung einzubeziehen.

IV. Inhaltskontrolle von Scheidungsfolgenvereinbarungen

Die Prüfung von Scheidungsfolgenvereinbarungen mittels Inhaltskontrolle war ein seit jeher umstrittenes juristisches Instrumentarium, da zwischen Eheverträgen und Scheidungsfolgenvereinbarungen wesentliche Unterschiede bestehen. So muss der Ehevertrag eine Prognose über die zukünftige Entwicklung leisten,

---

662 Zur Abgrenzung zu anderen Rechtsinstituten, auch zur Störung der Geschäftsgrundlage siehe sogleich § 4, B., S. 123 ff..

663 Vgl. auch hier die stichwortartige Zusammenfassung bei Bergschneider, Inhaltskontrolle von Eheverträgen und Scheidungsvereinbarungen, S. 92.

664 Vgl. zu der Terminologie Langenfeld, DNotZ 2001, S. 272, 277.

während bei einer Scheidungsfolgenvereinbarung eine Bilanz der Ehezeit gezogen werden kann, so dass diese von einer gesicherten Datenbasis, aber auch von einer rückblickenden Beurteilung der gelebten Ehe ausgehen kann[665]. Insbesondere durch das Inkrafttreten des Versorgungsausgleichsgesetzes am 01.09.2009 und die dort erstmals gesetzlich verankerte Inhalts- und Ausübungskontrolle gemäß § 8 Abs. 1 VersAusglG für Vereinbarungen über den Versorgungsausgleich hat sich die Gesetzeslage im Ergebnis nicht nur hinsichtlich solcher Übereinkommen im Rahmen des Versorgungsausgleichs erheblich geändert.

§ 8 Abs. 1 VersAusglG normiert, dass die Vereinbarung über den Versorgungsausgleich einer Inhalts- und Ausübungskontrolle standhalten muss. § 6 Abs. 1 S. 2 VersAusglG führt einzelne Regelbeispiele für die Ausgestaltung von Vereinbarungen auf[666]. Unter anderem diese Tatsache zeigt, dass Vereinbarungen der Eheleute zum Versorgungsausgleich durchaus gewünscht sind[667]. Der Gesetzgeber geht sogar einen Schritt weiter und postuliert in der Gesetzesbegründung: „Die Reform schafft mehr Gestaltungsspielräume für die Eheleute, die Familiengerichte und die Versorgungsträger: die Eheleute können im weiteren Umfang als bislang Vereinbarungen über den Versorgungsausgleich schließen, und zwar sowohl in Eheverträgen als auch in Scheidungsfolgenvereinbarungen. Die Inhalts- und Ausübungskontrolle nach Maßgabe der höchstrichterlichen Rechtsprechung stellt sicher, dass dies nicht zu Lasten eines Ehegatten geht. § 8 Abs. 1 VersAusglG weist ausdrücklich auf diese Prüfpflicht des Familiengerichts hin. Hält eine Vereinbarung dieser Prüfung und den sonstigen formellen und materiellen Wirksamkeitsvoraussetzungen nach den §§ 7 und 8 VersAusglG stand, ist das Gericht aber nach § 6 Abs. 2 VersAusglG an die von den Ehegatten getroffene Entscheidung gebunden[668].“ Unter Bezugnahme auf die einschneidende Entscheidung des BVerfG vom 6. Februar 2001 – 1 BvR 12/ 92 -[669] und die Entscheidungen des BGH sowohl vom 11. Februar 2004 – XII ZR 265/ 02 -[670] als auch vom 6. Oktober 2004 – XII ZB 57/ 03 – werden sodann in der Gesetzesbegründung die Maßstäbe der Prüfung der Wirksamkeit gemäß § 138 und der Ausübungskontrolle gemäß § 242 kurz erläutert und die Übertragbarkeit derselben auf Vereinbarungen über den Versorgungsausgleich bejaht. Im Anschluss heißt es dann wörtlich „Auf eine Scheidungsfolgenvereinbarung sind diese Grundsätze entsprechend anzuwenden[671].“

---

665 Münch, Ehebezogene Rechtsgeschäfte, S. 177.

666 § 6 Abs. 1 lautet: „Die Ehegatten können Vereinbarungen über den Versorgungsausgleich schließen. Sie können ihn ganz oder teilweise 1. in die Regelung der ehelichen Vermögensverhältnisse einbeziehen, 2. ausschließen sowie 3. Ausgleichsansprüchen nach der Scheidung gemäß den §§ 20 bis 24 vorbehalten.“

667 Schmid/ Eulering, FamRZ 2009, S. 1269, 1269; Langenfeld, FPR 2009, S. 497, 498.

668 BT- Drucks. 16/ 10144, S. 40.

669 Vgl. dazu § 4, A., I., S. 77 ff..

670 Vgl. dazu § 4, A., II., S. 83 ff..

671 BT- Drucks. 16/ 10144, S. 54.

Dementsprechend wird seit Inkrafttreten des VersAusglG die Ansicht vertreten, die bisherige Zweifelsfrage, ob eine gerichtliche Inhaltskontrolle nicht nur bei Eheverträgen, sondern auch bei Scheidungsfolgenvereinbarungen erfolgen könne und müsse, sei schon dadurch im positiven Sinn entschieden, dass Vereinbarungen über den Versorgungsausgleich jetzt nicht mehr an zwei Gesetzesstellen (§§ 1408 Abs. 2, 1587 o BGB) geregelt seien, sondern einheitlich in §§ 6 und 8 VersAusglG, wobei in § 8 Abs. 1 VersAusglG die Kontrollfestigkeit verlangt werde[672]. Dem ist im Ergebnis zuzustimmen[673]. Beachtenswert in diesem Zusammenhang ist, dass selbst diejenigen, welche unter Geltung der alten Rechtslage eine vollständige Inhaltskontrolle von solchen Scheidungsfolgenverträgen abgelehnt haben, nunmehr eine eben solche Kontrolle propagieren[674].

Eine Vereinbarung über den Versorgungsausgleich, die vor Rechtskraft der Entscheidung über den Wertausgleich bei der Scheidung geschlossen wird, bedarf nunmehr gemäß § 7 Abs. 1 VersAusglG der notariellen Beurkundung; Abs. 3 bestimmt, dass eine Vereinbarung über den Versorgungsausgleich im Rahmen eines Ehevertrages der Form des § 1410 BGB, nämlich gleichzeitiger Anwesenheit beider Teile zur Niederschrift eines Notars, bedarf. Auch hier regelt das Gesetz mithin die formellen Anforderungen für beide Typen von Ehevereinbarungen. § 6 Abs. 1 S. 2 VersAusglG stellt mit der nicht abschließenden Aufzählung (vgl. die Formulierung „insbesondere") klar, dass weitere als die dort genannten Vereinbarungsmöglichkeiten gewählt werden können. Zudem hält die Norm keine zeitliche Begrenzung bereit, was den Abschluss von entsprechenden Eheverträgen, Trennungsvereinbarungen und Scheidungsfolgenvereinbarungen erlaubt[675].

Im Ergebnis müssen konsequenterweise die mit einer Vereinbarung über den Versorgungsausgleich ebenfalls in einem Vertrag disponierten weiteren Scheidungsfolgen wie beispielsweise nachehelicher Unterhalt und Zugewinn einer Inhaltskontrolle unterliegen, da andernfalls die erforderliche Gesamtwürdigung aller Umstände nicht möglich ist[676]. Dass die Prüfungsintensität bzw. der Prüfungsmaßstab bei Scheidungsfolgenvereinbarungen ein anderer ist, weil bei einer zeitnah zur Scheidung getroffenen Regelung die Sittenwidrigkeit meist nur unter engen Voraussetzungen gegeben sein und es zudem in dem Stadium nach Trennung, in

---

672 Langenfeld, FPR 2009, S. 497, 499.

673 So auch unter Bezugnahme auf nunmehr geltendes Recht, insbesondere das VersAusglG, mit unterschiedlicher Schwerpunktsetzung in der Argumentation: Brüggen, MittBayNot 2009, S. 337, 337 ff; Brambring, Richterliche Inhaltskontrolle von Eheverträgen und Scheidungsvereinbarungen, S. 36; Brambring, FGPrax 2010,S. 7, 7 ff.; Langenfeld, FPR 2009, S. 497, 497 ff.; Bredthauer, FPR 2009, S. 500, 500 ff.

674 Langenfeld, Handbuch der Eheverträge, 1. Kapitel, Rn. 34; Langenfeld, FPR 2009,S. 497, 499.

675 Im Ergebnis ebenso: Brambring, FGPrax 2010, S. 7, 7 f.

676 Holzwarth in: Johannsen/ Henrich, § 8 VersAusglG, Rn. 4; konkludent Eichenhofer in: MünchKomm, § 8 VersAusglG, Rn. 8 f.; so bereits unter Geltung des alten Rechts: Langenfeld, Handbuch der Eheverträge, 5. Kapitel, Rn. 993.

Anbetracht der Scheidung an einer gemeinsamen Lebensplanung wie zu Beginn der Ehe fehlen dürfte[677], steht auf einem anderem Blatt und hat mit der hier gestellten grundsätzlichen Frage der Anwendbarkeit nichts gemein.

Auch wenn bei Scheidungsfolgenvereinbarungen das den Eheverträgen typische Prognoserisiko fehlt, unterliegen jene nach heute einhelliger Meinung[678] dennoch der Inhaltskontrolle.

B. Dogmatische Abgrenzung zu anderen Rechtsinstituten

I. Ergänzende Vertragsauslegung

Um die dogmatischen Grundlagen der Inhaltskontrolle fest umreißen zu können, ist eine Negativabgrenzung zu anderen verwandten, teils vorrangigen, teils nachrangigen Rechtsinstituten unabdingbar. So konstatiert etwa der BGH im Rahmen der Ausübungskontrolle, die Vertragsanpassung habe sich auf der Rechtsfolgenseite an dem mutmaßlichen Parteiwillen zu orientieren[679].

Die ergänzende Vertragsauslegung geht den Regeln über die Störung der Geschäftsgrundlage vor[680]. Sie zielt darauf ab, lückenhafte Rechtsgeschäfte um solche Inhalte zu ergänzen, die die Vertragspartner redlicherweise als gerechten Interessenausgleich vereinbart hätten[681]. Die äußerste Grenze der ergänzenden Vertragsauslegung ist dort zu ziehen, wo das Ergebnis dem erkennbaren tatsächlichen Willen der Parteien widerspricht; eine Abänderung des gewollten Vertragsinhaltes ist per Auslegung nicht mehr möglich[682]. Eine Lücke liegt dann nicht vor,

---

677 Vgl. dazu und zu Rechtfertigungsgründen für vertragliche Modifikationen des Versorgungsausgleichs sowie Kompensationsmodalitäten bei Ausschluss bzw. Teilausschluss der Rentenanwartschaften Schmucker, NotRV 2008, S. 114, 114 ff.

678 Auch der BGH macht bei Scheidungsfolgenvereinbarungen Gebrauch von der richterlichen Inhaltskontrolle, BGH, Beschl. v. 29.01.2014, DNotZ 2014, S. 361, 369 für den Fall eines sog. „Krisen- Ehevertrages“: Das Ehepaar hatte anlässlich einer Ehekrise, ohne sich getrennt zu haben, einen Ehevertrag für den Fall einer Scheidung geschlossen, zu der es in der Folgezeit dann auch gekommen ist. Der BGH benennt in den Entscheidungsgründen als Gegenstand der Inhaltskontrolle ausdrücklich auch den Abschluss eines „Vertrages zur umfassenden Regelung aller Scheidungsfolgen“ und damit eine Scheidungsfolgenvereinbarung. Bemerkenswert ist, dass der BGH mit keinem Wort explizit auf die Frage der Anwendbarkeit der Inhaltskontrolle von Scheidungsfolgenvereinbarungen eingeht, sondern automatisch von einer zweifellosen Anwendbarkeit ausgeht.

679 Vgl. oben § 4, A., III., 3., c), aa), S. 99 ff..

680 Münch in: Ehebezogene Rechtsgeschäfte, S. 149; Münch, DNotZ 2005, S. 819, 824; Roth in: MünchKomm, § 313, Rn. 130; Grüneberg in: Palandt, § 313, Rn. 10; Hoffmann in: Göppinger/ Wax, S. 516.

681 Ellenberger in: Palandt, § 157, Rn. 2.

682 Roth in: MünchKomm, § 313, Rn. 132.

wenn die betroffene Regelung bewusst abschließend sein soll[683]. Bei familienrechtlichen Vereinbarungen fehlt bereits meist schon das Element der Regelungslücke, weil diese abschließend im vorbenannten Sinne sind. Die Ehegatten sehen die von ihnen vertraglich fixierte Risikoverteilung in Kenntnis der Tatsache, dass ein anderer bestimmter Verlauf des ehelichen Zusammenlebens und damit des gemeinsamen Lebensplans durchaus möglich ist, und damit als abschließend an[684].

II. Störung der Geschäftsgrundlage

1. Allgemeine Voraussetzungen – Abgrenzung

Ungeachtet des Rechtsinstituts der Störung der Geschäftsgrundlage können Eheverträge nach § 119 Abs. 2 oder § 123 BGB wegen Irrtums über eine verkehrswesentliche Eigenschaft oder arglistiger Täuschung oder Drohung angefochten werden[685].

Die Kriterien der Abgrenzung der Regeln über die Störung der Geschäftsgrundlage gemäß § 313 BGB[686] und der Ausübungskontrolle nach der Rechtsprechung sind seit jeher schwierig voneinander zu trennen, teils unklar[687], werden teils auch als rätselhaft beschrieben[688]. Gemeinsam ist beiden Rechtsinstituten die Möglichkeit, nachträglichen Veränderungen Rechnung zu tragen[689]. Als gesetzliche Ausformung des Gedankens von Treu und Glauben[690] ermöglicht § 313 unter bestimmten

---

683 Jauernig in: Jauernig, § 157, Rn. 2; Kornexl, FamRZ 2004, S. 1609, 1610.

684 Kornexl, FamRZ 2004, S. 1609, 1610.

685 Kanzleiter in: MünchKomm, § 1408, Rn. 4; Rehme in: Staudinger, § 1408, Rn. 65; Mayer in: Bamberger/ Roth (Stand: Edition 20), § 1408, Rn. 56; vgl. auch oben § 4, A., III., 1., S PAGEREF _Ref441564191 \h S. 8888 ff... Schulze in: Hk- BGB, § 1408, Rn. 6 weist darauf hin, dass im Verhältnis zur Anfechtung wegen Irrtums die Vorstellungen, welche die Geschäftsgrundlage bilden abzugrenzen seien. Strittig sei dabei insbesondere die Behandlung des beiderseitigen Irrtums über eine verkehrswesentliche Eigenschaft der Person oder Sache. Da bei der Anwendung des § 119 Abs. 2 die Berechtigung beider Parteien zur Anfechtung entgegen dem Normzweck das Ergebnis im Hinblick auf § 122 davon abhängig machen würde, wer jeweils das Recht (zuerst) ausübe, sei daher die Anwendung der Vorschrift über die Störung der Geschäftsgrundlage vorzugswürdig, zumal der Gesetzgeber in Kenntnis der strittigen Frage den Wortlaut des § 313 BGB so weit gefasst habe, dass der beiderseitige Irrtum eingeschlossen sei (so auch i.E. Ellenberger in: Palandt, § 119, Rn. 30).

686 Das Schuldrechtsmodernisierungsgesetz hat das zuvor von Rechtsprechung und Lehre entwickelte Institut des Wegfalls der Geschäftsgrundlage seit dem 01.01.2002 einer gesetzlichen Regelung zugeführt.

687 Brudermüller in: Palandt, § 1408, Rn. 11.

688 Bergschneider, Richterliche Inhaltskontrolle von Eheverträgen und Scheidungsvereinbarungen, S. 88.

689 Wiemer, S. 189; Schwenzer, AcP 196 (1996), S. 88, 112 ist insoweit der Ansicht, die Inhaltskontrolle nehme Elemente des Wegfalls der Geschäftsgrundlage auf.

690 Grüneberg in: Palandt, § 313, Rn. 1; Traulsen, S. 96; Wiemer, S. 187.

Voraussetzungen bei Störungen der Geschäftsgrundlage eine Anpassung des Vertragsinhalts an veränderte Verhältnisse. Das Rechtsinstitut schränkt damit den Grundsatz „pacta sunt servanda" ein und bezweckt einen Ausgleich zwischen dem Bestands- und Erfüllungsinteresse des einen Vertragsteils und dem Anpassungs- oder Beendigungsinteresse des anderen Teils[691]. Die Norm des § 313 ist dabei nicht nur auf alle schuldrechtlichen Verträge anwendbar, sondern nicht zuletzt auch aufgrund seiner Ableitung aus dem Grundsatz von Treu und Glauben auf familien- und erbrechtliche Verträge[692]. Anders als die Ausübungskontrolle gibt § 313 auf der Rechtsfolgenseite dem entscheidenden Richter keine Möglichkeit eines richterlichen Gestaltungsaktes, sondern verschafft dem benachteiligten Vertragsteil lediglich einen schuldrechtlichen Anspruch auf Vertragsanpassung[693] und sekundär ein Rücktrittsrecht[694].

Voraussetzung der Anwendung über die Regeln der Störung der Geschäftsgrundlage ist unter anderem, dass die Geschäftsgrundlage selbst nicht zum Vertragsinhalt geworden ist; was bereits Vertragsinhalt ist, kann nicht Geschäftsgrundlage sein[695]. Was wiederum Vertragsinhalt ist und was im Falle des Wegfalls, der Änderung oder des Fehlens bestimmter Umstände gelten soll, ist daher vorrangig durch die ergänzende Vertragsauslegung zu beantworten[696]. Tatbestandlich setzt § 313 mithin zunächst voraus, dass die gemeinsam von den Parteien vorgestellten Umstände, die sich verändert haben, überhaupt Grundlage des Vertrages, und damit nicht Vertragsinhalt geworden sind (tatsächliches Element). Ferner müssten die Parteien den Vertrag bei Vorhersehung dieser Veränderung nicht oder mit anderem Inhalt beschlossen haben (hypothetisches Element). Schließlich muss einem der Vertragsteile infolge der Veränderung der Umstände das Festhalten am unveränderten Vertrag nicht zugemutet werden können[697].

2. *Die Rechtsprechung*

Der BGH hält in seiner Grundsatzentscheidung vom 11.02.2004 bezogen auf die Möglichkeit, den Vertrag mit den Grundsätzen über den Wegfall der Geschäftsgrundlage zu korrigieren, wörtlich fest: „Soweit die Grundsätze über den Wegfall

691 Grüneberg in: Palandt, § 313, Rn. 1.

692 Bengel, ZEV 2006, S. 192, 194; Hausch in: jurisPK, § 1408, Rn. 99; Grüneberg in: Palandt, § 313, Rn. 7.

693 Bengel, ZEV 2006, S. 192, 195.

694 Eggert, S. 159.

695 Schulze in: Hk- BGB, § 313, Rn. 5; Traulsen, S. 99; Grüneberg in: Palandt, § 313, Rn. 10.

696 Roth in: MünchKomm, § 313, Rn. 130; Grüneberg in: Palandt, § 313, Rn. 10; Hoffmann in: Göppinger/ Wax, S. 516; Traulsen, S. 97; Schulze in: Hk- BGB, § 313, Rn. 5; vgl. zudem oben § 4, B., I., S. .

697 Bengel, ZEV 2006, S. 192, 194 f.; zur objektiven und subjektiven Geschäftsgrundlage, Wagenknecht, S. 223 f.

der Geschäftsgrundlage und der ergänzenden Vertragsauslegung in Betracht gezogen werden, besteht Einigkeit, dass diese Instrumente – unbeschadet ihrer Abgrenzung im Einzelnen – versagen, wenn die Vertragsparteien die später eingetretene Entwicklung auch nur für möglich gehalten und dennoch eine bewusst abschließende Regelung getroffen hätten; genau dies werde aber bei ehevertraglich vereinbarten Verzichten vielfach der Fall sein[698]."

Wenige Monate später hatte der BGH den Fall eines grundsätzlich wirksamen Ausschlusses des Versorgungsausgleichs und dessen Anpassung an veränderte Verhältnisse zu entscheiden; die Ehefrau hatte es in der Ehe aufgrund der Geburt zweier Kinder nicht geschafft, ausreichend eigene Anwartschaften auszubauen, auch wenn beide Ehegatten vor der Ehe von einer solchen Möglichkeit ausgegangen waren[699]. Der BGH konstatierte: „In einem solchen Fall ist es im Rahmen der nach den Grundsätzen des Wegfalls der Geschäftsgrundlage gemäß § 242 BGB vorrangig vorzunehmenden Vertragsanpassung regelmäßig angemessen und sachgerecht, jeweils nur die ehebedingten Versorgungsnachteile eines Ehegatten beim Aufbau seiner eigenständigen Altersversorgung auszugleichen[700]." Im Leitsatz spricht der BGH sodann terminologisch entgegengesetzt von einer Anpassung des Versorgungsausgleichs im Rahmen der Ausübungskontrolle[701].

In der Folgezeit bekannte sich der BGH, nachdem er sich zuvor in den Urteilsgründen mit seiner Leitsatzentscheidung, insbesondere der Ausübungskontrolle auseinandergesetzt hatte, erneut zu § 313: „Indessen finden auf Eheverträge, soweit die tatsächliche Gestaltung der ehelichen Lebensverhältnisse von der ursprünglichen Lebensplanung, die die Parteien dem Vertrag zugrunde gelegt haben, abweicht, auch die Grundsätze über den Wegfall der Geschäftsgrundlage (jetzt: § 313 BGB) Anwendung[702]." Allerdings könne dabei ein Wegfall der Geschäftsgrundlage nicht schon deswegen angenommen werden, weil ein Vertragspartner ein erheblich höheres Einkommen als der andere erziele. Das gelte umso weniger, als Eheverträge, die gesetzliche Scheidungsfolgen abbedingen, üblicherweise gerade im Hinblick auf solche bestehenden oder sich künftig ergebenden Unterschiede in den wirtschaftlichen Verhältnissen geschlossen würden. § 313 komme allenfalls in Betracht, wenn die Parteien bei Abschluss des Vertrages ausnahmsweise eine bestimmte Relation ihrer Einkommens- und Vermögensverhältnisse als auch künftig gewiss angesehen und ihre Vereinbarung darauf abgestellt haben[703]. Erneut bestätigt wurde diese Fallgruppe des § 313 zwei Jahre später[704].

---

698 BGH, Urt. v. 11.02.2004, NJW 2004, 930, 933.

699 BGH, Beschl. v. 06.10.2004, NJ 2005, S. 139, 141.

700 BGH, Beschl. v. 06.10.2004, NJ 2005, S. 139, 141.

701 BGH, Beschl. v. 06.10.2004, NJ 2005, S. 139, 139; zu diesem offenen Widerspruch auch Lotter, S. 225.

702 BGH, Urt. v. 25.05.2005, MittBayNot 2006, S. 44, 48 mit Anm. Brandt.

703 BGH, Urt. v. 25.05.2005, MittBayNot 2006, S. 44, 48 mit Anm. Brandt.

704 BGH, Urt. v. 17.10.2007, Az.: XII ZR 96/ 05, NJW 2008, S. 1080, 1084.

3. *Die Literaturmeinungen*

Im Schrifttum gehen die Ansichten zur konkurrierenden Anwendbarkeit der Regeln über die Störung der Geschäftsgrundlage bei Eheverträgen teils weit auseinander[705]. Bei näherem Hinsehen zeigt sich meist eine lediglich unterschiedliche Schwerpunktsetzung in der Argumentation.

Nach einer Ansicht seien in aller Regel die Tatbestandsvoraussetzungen des § 313 nicht erfüllt. Die Änderungen der Lebensumstände und der Eintritt unvorhersehbarer Situationen sei ja gerade der Gegenstand der vertraglichen Verzichte und Ausschlüsse. Daher könnten sie nicht Geschäftsgrundlage werden[706]. Die Hürde der Unzumutbarkeit des Festhaltens am Vertrag sei nur selten überwindbar[707].

Andere betonen die strengeren Voraussetzungen des § 313 im Vergleich zu einer Ausübungskontrolle im Sinne einer Missbrauchskontrolle. Es müsse sich deshalb um eine schwerwiegende Veränderung handeln, bei deren Voraussicht die Parteien den Vertrag nicht oder jedenfalls nicht so geschlossen hätten. Ferner dürfe das Festhalten am Vertrag der benachteiligten Partei nicht zumutbar sein. Dem BGH entsprechend scheide eine Anwendung aus, wenn ein Partner erheblich höheres Einkommen erziele, da Eheverträge gerade im Hinblick auf diese Einkommensunterschiede geschlossen würden. Ausgeschlossen sei die Anwendung damit in Fällen vertraglicher Risikoübernahme, wenn die Parteien sehenden Auges ein Risiko eingingen. Bei der notariellen Beurkundung würden vielfach die üblichen Risiken wie etwa bei der Geburt von Kindern angesprochen; ein Rückgriff auf § 313 sei dann versperrt[708].

Ein weiterer Teil des Schrifttums bestimmt die Frage der Anwendbarkeit in Abgrenzung zum Anwendungsbereich der Ausübungskontrolle. Ist Grundlage der Ausübungskontrolle der Ausgleich ehebedingter Nachteile[709], die einverständlich durch die Ehegatten herbeigeführt wurden, komme § 313 in Betracht bei Veränderungen, die unabhängig von der ehelichen Arbeitsverteilung eingetreten seien, z.B. starke Auseinanderentwicklung der Einkommensverhältnisse zweier berufstätiger Ehegatten[710].

Wieder andere sehen die Grenzen der ergänzenden Vertragsauslegung und der Störung der Geschäftsgrundlage gleichermaßen im Parteiwillen; damit seien beide

---

705 Vorliegend soll auf die wesentlichen Ansichten kurz eingegangen werden; eine abschließende Aufführung aller Literaturansichten wird damit nicht verfolgt.

706 Koch, NotBZ 2004, S. 147, 149.

707 Bergschneider, Anm. zu OLG München, FamRZ 2003, S. 376, 378.

708 Münch, FamRZ 2005, S. 570, 572; Münch, Ehebezogene Rechtsgeschäfte, S. 149; Münch, DNotZ 2005, S. 819, 824; Münch, angedeutet bereits in ZNotP 2004, S. 122, 128.

709 Zu dem Begriff des ehebedingten Nachteils vgl. unten § 4, A., III., 4., c), S. 109 ff..

710 Brudermüller in: Palandt, § 1408, Rn. 11; Sanders, S. 289; Kanzleiter in: MünchKomm, § 1408, Rn. 32.

Institute unanwendbar, wenn die Vertragsparteien die eingetretene Entwicklung auch nur für möglich gehalten und dennoch eine bewusst abschließende Regelung getroffen hätten. Genau dies sei jedoch bei einem Globalverzicht regelmäßig der Fall. Insbesondere die Geburt eines Kindes und die dadurch veranlasste Aufgabe der Berufstätigkeit durch einen Ehegatten seien regelmäßig vorhersehbar und würden auch von dem beurkundenden Notar zum Gegenstand der Beratung und Belehrung gemacht. Damit beschränke sich der Anwendungsbereich von vornherein auf wirklich kaum vorhersehbare und damit planbare Situationen, wie etwa die Geburt eines behinderten Kindes oder rauschgift- oder sektenbedingte Probleme[711].

Einer Negativabgrenzung entsprechend seien die Regeln über die Störung der Geschäftsgrundlage dann nicht anzuwenden, wenn die Parteien die spätere Entwicklung für möglich gehalten, aber trotzdem bewusst einen Verzicht vereinbart hätten[712].

Auch ein pauschaler Anwendungsausschluss wird vertreten. § 313 sei auf Eheverträge nicht anwendbar, denn die Norm könne und dürfe nur dann zur Anwendung kommen, wenn die Vertragsteile den fraglichen Umstand nicht vorausgesehen hätten und auch nicht hätten voraussehen können[713].

4. *Ergebnis*

Ausgehend davon, dass die Tatbestandsvoraussetzungen des Rechtsinstituts der Störung der Geschäftsgrundlage enger sind als die der Ausübungskontrolle ist § 313 als kodifiziertes Rechtsinstitut vorrangig vor der Ausübungskontrolle anzuwenden[714]. So muss es sich um eine schwerwiegende Veränderung handeln, bei deren Voraussicht die Parteien den Vertrag nicht oder jedenfalls nicht so geschlossen hätten. Ferner darf das Festhalten am Vertrag der benachteiligten Partei nicht zumutbar sein[715]. Aus dem Kriterium der fehlenden Vorhersehbarkeit ergibt sich, dass die Anwendung des § 313 ausscheiden muss, wenn die Parteien die Veränderung vorausgesehen haben. Haben also die Parteien die Veränderung vorausgesehen, verbietet sich die Hypothese, dass sie sonst etwas anderes vereinbart hätten[716]. Danach werden Umstände zum Vertragsinhalt erhoben und damit der Geschäftsgrundlage entzogen, wenn die Ehegatten die Umstände zumindest bedacht und dennoch eine bewusst abschließende Regelung getroffen haben. Das ist auch bei Globalverzichten meist der Fall. Erklärtes Ziel der Parteien im Hinblick auf

711 Dauner-Lieb, AcP 201 (2001), S. 295, 327; Dauner-Lieb, FF 2004, S. 65, 69; so im Ergebnis auch Traulsen, S. 101; auch Wagenknecht, S. 236, schließt sich diesen außerhalb des Bewusstseins der Parteien liegenden Fallgruppen an.

712 Hahne, DNotZ 2004, S. 84, 94.

713 Bengel, ZEV 2006, S. 192, 195.

714 Eggert, S. 160 ff.; Kemper in: Hk- BGB, § 1585 c, Rn. 6; im Ergebnis auch Dauner-Lieb, AcP 201 (2001), S. 295, 327.

715 Münch, FamRZ 2005, S. 570, 572.

716 Wagenknecht, S. 235.

beispielsweise Unterhaltsansprüche ist es regelmäßig, die vermögensrechtlichen Verhältnisse endgültig und abschließend zu regeln und im Hinblick auf nacheheliche Ansprüche Planungssicherheit herzustellen, ungeachtet des späteren Eheverlaufs[717]. Zu behaupten, die Beteiligten würden etwa im Falle eines Verzichts bzgl. § 1570 und der Lebensplanung, keine Kinder in die Welt zu setzen, den umgekehrten Fall, dass dennoch ein Kind zur Welt kommen kann, nicht bedenken, ist lebensfremd und regelrecht entmündigend. Die Vertragsparteien wären ihrer Vertragsfreiheit, da faktisch überflüssig, beraubt, die Belehrungen des Notars entbehrlich und der beratende Rechtsanwalt müsste sich bei derart unmündigen, das Risiko fehleinschätzenden Parteien in jedem Falle eine Haftungsfreistellung unterzeichnen lassen. Richtig ist daher, § 313 dann anzuwenden, wenn den Parteien eine eigenständige Risikoabwägung in der Lebensplanung mit eigenen bewussten Handlungsmodalitäten versagt ist und in diesem Sinne eine Fremdbestimmung eingetreten ist.

Zusammenfassend kommt die Ausübungskontrolle in Abgrenzung zu § 313 insbesondere dann in Betracht, wenn für den Zeitpunkt des Vertragsschlusses eine Disparität der Parteien zu verneinen ist, sich jedoch ein erhebliches nicht hinzunehmendes Ungleichgewicht bei den Scheidungsfolgen zeigt, wobei diese veränderten Umstände für die Beteiligten durchaus als vorhersehbar gelten konnten. Mangels Anwendbarkeit von § 138 und § 313 kommt in solchen Fällen die Ausübungskontrolle zum Tragen.

III. Allgemeine Inhaltskontrolle außerhalb des Familienrechts

Die allgemeine Inhaltskontrolle[718] ist ein neben der Inhaltskontrolle von Eheverträgen stehendes separates Rechtsinstitut, entwickelt unter anderem durch die Rechtsprechung zur AGB-Kontrolle[719]. Richtigerweise findet es auf Eheverträge keine Anwendung.

In Betracht kommt diese allgemeine Inhaltskontrolle als „erweiterte Inhaltskontrolle"[720] am Maßstab des § 242 BGB[721]. Hier haben sich unter Zustimmung von

---

717 Vgl. Hohenbleicher, S. 103.

718 Zu den Begrifflichkeiten im Einzelnen: Fastrich, S. 5 ff.; Luhn, S. 32 ff.

719 Allgemein zu den zivilrechtlichen Grundlagen, Becker, S. 4 ff.

720 Der Begriff der „erweiterten Inhaltskontrolle" stellt im Bereich außerhalb des Familien- und Erbrechts das Gegenstück zu der Inhaltskontrolle dar, die sich in der Anwendung des § 138 BGB erschöpft (vgl. die Darstellung bei Looschelders/ Olzen in: Staudinger, § 242, Rn. 465). Dauner-Lieb, AcP 201 (2001), S. 295, 325, Fn. 177 weist darauf hin, dass die Grenzen zwischen § 138 BGB und einer Inhaltskontrolle im Sinne einer Angemessenheitskontrolle, wie sie das AGBG (heute §§ 305 ff. BGB) vorsieht, im Einzelfall fließend seien. Identisch seien beide Instrumente jedoch nicht, wie schon § 8 AGBG (heute § 307 Abs. 3 S. 1 BGB) zeige.

721 Coester-Waltjen, AcP 190 (1990), S. 1, 33 fasst exemplarisch die Anwendungsvoraussetzungen dieser allgemeinen Inhaltskontrolle zusammen: „Die Vertragsfreiheit ist im geltenden Recht durch die Maßstäbe von Treu und Glauben eingeschränkt, wenn

Rechtsprechung und Literatur in den letzten Jahrzehnten verschiedene Fallgruppen herausgebildet, auf welche die Inhaltskontrolle im vorbezeichneten Sinn auch und gerade heute angewendet wird. Im Folgenden wird kurz auf die wichtigsten dieser Fallgruppen eingegangen, um die strukturellen Unterschiede zu ehevertraglichen Regelungen und damit im Ergebnis zu der ehevertraglichen Inhaltskontrolle aufzuzeigen.

Eine wichtige Fallgruppe gestörter Vertragsparität sind Verträge unter Verwendung vorformulierter Vertragsbedingungen, mithin insbesondere Allgemeine Geschäftsbedingungen (AGB). Gemäß § 305 Abs. 1 S. 1 sind Allgemeine Geschäftsbedingungen alle für eine Vielzahl von Verträgen vorformulierten Vertragsbedingungen, die eine Vertragspartei (Verwender) der anderen Vertragspartei bei Abschluss eines Vertrages stellt; entsprechend S. 3 liegen solche Bedingungen nicht vor, soweit die Vertragsbedingungen zwischen den Vertragsparteien im Einzelnen ausgehandelt sind. 1956 ging der BGH in seiner Leitentscheidung hinsichtlich des Rechts der AGB zur offenen Inhaltskontrolle Allgemeiner Geschäftsbedingungen am Maßstab des § 242 über[722]. Das Gericht führte aus, dass der völlige Ausschluss von Sachmängeleinwendungen durch AGB seitens des Verkäufers bei einem Verkauf fabrikneuer Möbel mit den allgemeinen rechtlichen Geboten in Widerspruch treten könne. Hinsichtlich der Frage, wann dies der Fall sei, müsse an die Erwägungen des Reichsgerichts über die Ausnutzung einer Monopolstellung oder einer monopolähnlichen Stellung (§ 138) sowie an die Grundsätze des § 242 angeknüpft werden[723]. Im Bann dieser Rechtsprechung schwoll die Judikatur zur Inhaltskontrolle lawinenartig an[724]. Der Gesetzgeber versuchte mit dem AGBG sodann, die Entwicklung in geordnete Bahnen zu lenken[725]. Dementsprechend regelt § 307 heute,

---

die durch den Vertragsmechanismus üblicherweise gegebene Richtigkeitsgewähr typischerweise fehlt. Von einem generellen Versagen des Vertragsmechanismus heute kann nicht gesprochen werden. Es gibt aber typische Fallgestaltungen, bei denen der Vertragsmechanismus versagt, die Richtigkeitsgewähr daher fehlt. Die Richtigkeitsgewähr fehlt, wenn der Vertragsmechanismus durch das massenweise Aufstellen unbilliger Regelungsmuster gefährdet wird und der Wettbewerb versagt. Gekennzeichnet sind diese Situationen typischerweise durch die mehrfache Verwendung von Vertragsbedingungen, deren für einen Teil nachteilige Rechtsfolge für ihn nicht transparent ist und auch nicht ohne unverhältnismäßig hohen Aufwand ermittelt werden kann. Die Angemessenheit einer Regelung ist mit dem Maßstab von Treu und Glauben am dispositiven, möglicherweise im Wege der Rechtsfortbildung ergänzten dispositiven Recht zu messen. Die Unwirksamkeit einer unangemessenen Regelung hat die Anwendung dispositiven Rechts zur Folge; zur ergänzenden Vertragsauslegung kommt es nur, wenn dispositives Gesetzes- und Richterrecht fehlen."

722 BGH, Urt. v. 29.10.1956, BGHZ 22, S. 90–101.

723 BGH, Urt. v. 29.10.1956, BGHZ 22, S. 90, 97.

724 Fastrich, S. 1.

725 Fastrich, S. 1.

dass im Rahmen der Inhaltskontrolle die Bestimmungen in AGB dann unwirksam sind, wenn sie den Vertragspartner des Verwenders entgegen den Geboten von Treu und Glauben unangemessen benachteiligen. Auf Verträge auf dem Gebiet des Erb-, Familien- und Gesellschaftsrechts sowie auf Tarifverträge, Betriebs- und Dienstvereinbarungen sind die Vorschriften nicht anwendbar, § 310 Abs. 4 S. 1. Während die richterliche AGB- Kontrolle ursprünglich der Präzedenzfall einer zunächst auf der Grundlage von § 242 entwickelten Inhalts- (Angemessenheits-) Kontrolle war[726], stellen die §§ 305 ff. heute nur eine (gesetzliche) Teilmodifikation der Inhaltskontrolle dar.

Weil eine Partei existentiell auf den Vertragsgegenstand angewiesen ist, hat sich auch im Arbeitsrecht früh eine Inhaltskontrolle herausgebildet[727]. Diese Kontrolle gemäß §§ 307 ff. ist nunmehr nach der Schuldrechtsreform anwendbar aufgrund § 310 Abs. 4 S. 2, wobei allerdings die im Arbeitsrecht geltenden Besonderheiten zu berücksichtigen sind. Vor der Reform waren Arbeitsverträge von der Bereichsausnahme gemäß § 23 AGBG erfasst, weshalb sich früher meist die Kontrolle auf die Fälle bezog, in denen der Arbeitgeber auf Grund der gestörten Vertragsparität in der Lage war, vorformulierte Vertragsbedingungen durchzusetzen, die einseitig seinen Interessen dienten[728]. Heute ist die Inhaltskontrolle von Arbeitsverträgen weiterhin eröffnet, wenn sich im Einzelfall eine strukturelle Störung der Vertragsparität feststellen lässt[729]. Ausgangspunkt ist das einseitige Direktionsrecht des Arbeitgebers gemäß § 315[730]. Die Arbeitsgerichte rechtfertigen so etwa im Individualarbeitsrecht die Inhaltskontrolle durch eine strukturelle Unterlegenheit des einzelnen Arbeitnehmers gegenüber dem einzelnen Arbeitgeber; damit sei die Vertragsparität nicht gewährleistet[731]. Bei der Überprüfung des konkreten Vertrages werden bei der gerichtlichen Inhaltskontrolle die mit dem Arbeitsvertrag gegenseitig übernommenen Rechte und Pflichten gegenübergestellt und geprüft, ob eine ausgewogene oder einen Teil unangemessen benachteiligende Regelung vorliegt. Wird sodann eine nicht unerhebliche Abweichung von wesentlichen gesetzlichen Grundgedanken oder vertragstypischen Rechten und Pflichten festgestellt, so wird im Wege der Interessenabwägung weiter geprüft, ob diese durch sachliche Gründe gerechtfertigt ist oder durch eine anderweitige Regelung kompensiert wird[732]. Ohne eine dogmatisch strikte Differenzierung durch die Gerichte wird in der Mehrzahl der Fälle § 242 angewandt[733].

---

726 Roth in: MünchKomm, § 242, Rn. 431; Looschelders/ Olzen in: Staudinger, § 242, Rn. 473.
727 Looschelders/ Olzen in: Staudinger, § 242, Rn. 469.
728 Looschelders/ Olzen in: Staudinger, § 242, Rn. 470.
729 Fastrich, S. 160 ff.; Looschelders/ Olzen in: Staudinger, § 242, Rn. 471.
730 Fastrich, S. 160; Eggert, S. 76.
731 BAG, Urt. v. 28.09.1989, BB 1990, S. 634, 635.
732 Höger, S. 139.
733 Höger, S. 139 m.w.N.

Innerhalb des Gesellschaftsrechts entwickelte sich wegen § 310 Abs. 4 S. 1 der Bereich der Gesellschaftsverträge von Publikumsgesellschaften besonders weitreichend[734]. Eine Vertragsklausel verfällt demgemäß der Unwirksamkeit, wenn sie ohne ausreichende sachliche Rechtfertigung einseitig die Belange der Gründer bzw. bestimmter Gesellschafter verfolgt und die berechtigten Interessen der Anlagegesellschafter „unangemessen und unbillig" beeinträchtigt[735]. Außerhalb des Rechts der Publikumsgesellschaften wendet der BGH die Inhaltskontrolle restriktiver an. Hier wird ein gestörtes Verhandlungsungleichgewicht nur im Ausnahmefall angenommen, nämlich bei einem Verzicht auf Gesellschafterrechte aus dem Kernbereich des Gesellschaftsrechts wie beispielsweise das Recht, nicht grundlos aus der Gesellschaft hinausgekündigt werden zu können oder eine Kürzung des Abfindungsanspruchs als ausscheidender Gesellschafter auf die Hälfte des buchmäßigen Kapitals hinnehmen zu müssen[736].

Auch Verbands- und Vereinssatzungen unterliegen einer Billigkeitskontrolle, wobei die Machtstellung im wirtschaftlichen oder sozialen Bereich eine Rolle spielt[737].

Im Handelsvertreterrecht hat das BVerfG unabhängig von der Person der Vertragsparteien die Frage der Wirksamkeit eines entschädigungslos vereinbarten nachvertraglichen Wettbewerbsverbots entschieden. Das Gericht hat eine fehlende Vertragsparität angenommen, da Handelsvertreter in aller Regel wirtschaftlich abhängig seien und deshalb typischerweise über keine ausreichende Verhandlungsstärke verfügten, um die Verträge mit den betreffenden Unternehmen frei aushandeln zu können[738].

Auch auf das Bürgschaftsrecht wurde das Instrumentarium ausgeweitet. Das BVerfG musste die Frage beantworten, inwieweit die Zivilgerichte von Verfassungs wegen verpflichtet sind, Bürgschaftsverträge mit Banken einer Inhaltskontrolle zu unterziehen, soweit einkommens- und vermögenslose Angehörige von Kreditnehmern als Bürgen hohe Haftungsrisiken übernehmen[739]. Im Leitsatz heißt es sodann: „Die Zivilgerichte müssen – insbesondere bei der Konkretisierung und Anwendung von Generalklauseln wie § 138 und § 242 BGB – die grundrechtliche Gewährleistung der Privatautonomie in Art. 2 I GG beachten. Daraus ergibt sich ihre Pflicht zur Inhaltskontrolle von Verträgen, die einen der beiden

734 Einzelne Rechtsprechungsnachweise finden sich bei Fastrich, S. 2, Fn. 10.

735 Coester-Waltjen, AcP 190 (1990), S. 1, 8 f.; Roth in: MünchKomm, § 242, Rn. 432; vgl. dazu auch Eggert, S. 76 f.; ausführliche Darstellungen sind zu finden in der Arbeit von Sanders, Statischer Vertrag und dynamische Vertragsbeziehungen – Wirksamkeits- und Ausübungskontrolle von Gesellschafts- und Eheverträgen -.

736 Eggert, S. 77 m.w.N.

737 Looschelders/ Olzen in: Staudinger, § 242, Rn. 480; Roth in: MünchKomm, § 242, Rn. 433; Coester-Waltjen, AcP 190 (1990), S. 1, 10.

738 BVerfG, Beschl. v. 07.02.1990, BVerfGE 81, S. 242, 260.

739 BVerfG, Beschl. v. 19.10.1993, NJW 1994, S. 36–39.

Vertragspartner ungewöhnlich stark belasten und das Ergebnis strukturell ungleicher Verhandlungsstärke sind[740]." Der BGH hat in der Folgezeit die Voraussetzungen dieser Bürgschaftsfälle durch Richterrecht geschaffen[741].

Im Ergebnis kann hier dahingestellt bleiben, auf welche Grundrechte insbesondere das BVerfG in seinen Entscheidungen im Einzelnen abgestellt hat. Entscheidende Kriterien bei der aufgezeigten allgemeinen Inhaltskontrolle sind die Merkmale der strukturellen Unterlegenheit, die fehlende Möglichkeit eines gerechten Aushandelns von Vertragsinhalten aufgrund fehlender Vertragsparität, der fehlende Einfluss und das damit einhergehende Ausgeliefertsein gegenüber der anderen Vertragspartei.

Der Rückgriff auf diese soeben näher dargestellte allgemeine Inhaltskontrolle auf Eheverträge wird jedoch zutreffend abgelehnt[742]. Typisierbare Ungleichgewichtslagen bzw. die typischerweise gestörte Vertragsparität wie beispielsweise zwischen Arbeitnehmer und Arbeitgeber fehlen unter Ehegatten. Dies gilt auch für die strukturelle Unterlegenheit eines Vertragspartners[743]. Auch außerhalb des AGB-Rechts ist das Instrumentarium der allgemeinen Inhaltskontrolle von seiner Struktur her auf einseitig vorformulierte allgemeine Regelungen zugeschnitten, weshalb als typischer Individualvertrag der Ehevertrag dazu nicht passt[744]. Im Übrigen bezieht sich zumindest die Kontrolle im Rahmen der AGB auch auf Nebenabreden, von welchen bei den Scheidungsfolgen als familienrechtliche Essentialia nicht die Rede sein kann. Spätere Veränderungen werden von der allgemeinen Inhaltskontrolle aufgrund des dort maßgeblichen Zeitpunkts des Vertragsabschlusses nicht derart aufgefangen wie im Ehevertragsrecht[745]. Mangels Anlegens eines individuellen Maßstabs unter Beachtung des jeweiligen Einzelfalls wird die allgemeine Inhaltskontrolle als Korsett der Vertragsfreiheit der stetigen Veränderungen unterliegenden Ehe nicht gerecht. Wenn auch die Abgrenzung der beiden Rechtsinstitute wie dargelegt unscharf und im Einzelfall kaum zu vollführen ist, so ist diese Unterscheidung dennoch der Dogmatik geschuldet. Die Inhaltskontrolle von Eheverträgen hat sich demgemäß nach eigenen Regeln und unter einer eigens ehevertraglichen Rechtsprechung entwickelt[746].

---

740 BVerfG, Beschl. v. 19.10.1993, NJW 1994, S. 36, 36.

741 Rechtsprechungsnachweise finden sich bei Höger, S. 144 f.

742 Dauner-Lieb, AcP 201 (2001), S 295, 326; Wiemer, S. 189 f.; Höger, S. 167 f.

743 Dauner-Lieb, AcP 201 (2001), S 295, 326 kommt auch bei absichtlich unterstellter Annahme, es existiere eine strukturelle Sondersituation der Frau, zu diesem Ergebnis.

744 Dauner-Lieb, AcP 201 (2001), S 295, 326.

745 Dauner-Lieb, AcP 201 (2001), S 295, 326.

746 Hierzu oben § 4, A., S. 77 ff..

IV. Rechtsmissbrauch

Anders als es die Formulierung „Rechtsmissbrauch" vermuten lässt, greift diese Fallgruppe nicht nur dann ein, wenn ein Recht bewusst zweckentfremdet zur Schädigung der Gegenpartei eingesetzt wird, sondern schon, wenn seine Ausübung aus anderen Gründen dem Gebot von Treu und Glauben widerspricht. Dieses Rechtsprinzip[747] begrenzt also jedes Recht dergestalt, dass allein seine Nichtbeachtung dazu führt, die Ausübung des Rechts als unzulässig anzusehen, sog. Innentheorie[748]. Allgemein werden zwei Ausprägungen unterschieden: Als individuellen Rechtsmissbrauch bezeichnet man die Ausübung eines Rechts, die nach Abwägung im Einzelfall gegen Treu und Glauben verstößt, wohingegen ein institutioneller Missbrauch vorliegt, wenn die Rechtsfolgen, die sich aus einem Rechtsinstitut ergeben, deshalb zurücktreten müssen, weil sie zu einem untragbaren Ergebnis führen[749].

Neben der Inhaltskontrolle der AGB gemäß §§ 305 ff., insb. § 307 BGB soll die unzulässige Rechtsausübung, auch „Ausübungskontrolle"[750] genannt, anwendbar bleiben. Bei dieser „Ausübungskontrolle" wiege der Eingriff in die Privatautonomie weniger schwer, weil der Inhalt der vertraglichen Vereinbarungen als solcher unberührt bleibe, weshalb, anders als bei der Inhaltskontrolle, § 242 bei der „Ausübungskontrolle" daher nach wie vor große praktische Bedeutung habe[751].

Dementsprechend befindet auch die Literatur, dass die (ehevertragliche) Ausübungskontrolle dogmatisch nur schwer unter die allgemeine Rechtsmissbrauchskontrolle subsumierbar ist[752]. Das gilt insbesondere für die vom BGH entschiedenen Fälle der vertraglichen Risikoübernahme, die bei späterem Vorliegen evident einseitiger Belastungen über die Ausübungskontrolle korrigiert werden können[753].

---

747 Zu der Frage, ob es sich bei dem Gedanken des Rechtsmissbrauchs bzw. der unzulässigen Rechtsausübung um eine eigenständige Rechtsfigur handelt, Looschelders/ Olzen in: Staudinger, § 242, Rn. 214 ff.

748 Looschelders/ Olzen in: Staudinger, § 242, Rn. 217; Mansel in: Jauernig, § 242, Rn. 33; Roth in: MünchKomm, § 242, Rn. 63; Grüneberg in: Palandt, § 242, Rn. 38; eine kurze Übersicht zur Entwicklung, auch zur exceptio doli findet sich u.a. bei Sanders, S. 291 f.

749 Looschelders/ Olzen in: Staudinger, § 242, Rn. 218; Roth in: MünchKomm, § 242, Rn. 185.

750 Zu den Begriffen Fastrich, S. 5 ff; Luhn, S. 32 ff.; da in dieser Arbeit der Begriff der Ausübungskontrolle bereits definiert ist als zweite Stufe der ehevertraglichen Inhaltskontrolle, erfolgt an hiesiger Stelle im Rahmen der unzulässigen Rechtsausübung eine entsprechende Kennzeichnung mittels Anführungszeichen, um Verwechslungen zu vermeiden.

751 Roth in: MünchKomm, § 242, Rn. 344, 473.

752 Münch, Ehebezogene Rechtsgeschäfte, S. 149.

753 Münch, Ehebezogene Rechtsgeschäfte, S. 149 mit Verweis auf BGH, FamRZ 2005, S. 1449, wo der Notar ausdrücklich angeregt hatte, den Unterhaltsverzicht unter die auflösende Bedingung zu stellen für den Fall, dass aus der Ehe Kinder hervorgehen.

§ 5 Übertragung der ehevertraglichen Rechtsprechung auf den Pflichtteilsverzicht

A. Überblick über die Rechtsprechung zur Wirksamkeit von Pflichtteilsverzichten

I. „Vorgaben“ der Rechtsprechung vor dem Urteil des BGH vom 19. Januar 2011

1. Einleitung

Die Inhaltskontrolle ist, wie gesehen, weder für Eheverträge noch für Verzichtsverträge auf den Pflichtteil im Gesetz geregelt. Sowohl Rechtsprechung als auch Literatur müssen sich daher bei der Auseinandersetzung mit dem hier in Rede stehenden Thema mit dem „Material“ zufrieden geben, das zunächst einmal die Rechtsprechung bis heute hinterlassen hat und dem, was die Literatur unter anderem aus dieser Rechtsprechung für eine Inhaltskontrolle folgert. Wie bereits oben in der Einführung in die Thematik erwähnt, hat die obergerichtliche Judikative bis heute die Frage nach einer Inhaltskontrolle von Pflichtteilsverzichtsverträgen unbeantwortet gelassen. Das gilt auch für die Fälle, in welchen sich ein Bekenntnis in die eine oder andere Richtung geradezu aufgedrängt hätte. Wie die weitere Darstellung einiger relevanter Gerichtsentscheidungen zeigen wird, scheint den Gerichten teils der Mut zu einem solch klaren Bekenntnis zu fehlen, teils vermag sich bei näherer Lektüre auch der Eindruck eines fehlenden Problembewusstseins aufdrängen. Oder aber hat die rechtsprechende Gewalt eine Inhaltskontrolle von solchen Verzichtsverträgen in jeder Hinsicht unerwähnt gelassen, weil es eine solche nicht gibt und sie sich auch nicht einmal in ihrer Negation anbietet? Handelt es sich dabei gar um eine übereifrige Kreation der Literatur, um Fällen gerecht zu werden, deren Ergebnis ansonsten nicht zuletzt auch moralisch schwer erträglich erscheint? Die im Folgenden geschilderten Fälle extrahieren das, was die Rechtsprechung an Ansatzpunkten für eine Inhaltskontrolle im Wesentlichen hinterlassen hat. Im Anschluss daran werden die Ansichten des Schrifttums aufbereitet, bevor dann näher auf den im Januar 2011 vom BGH entschiedenen Sonderfall des Pflichtteilsverzichts eines behinderten Sozialleistungsbeziehers und die Frage eingegangen wird, ob dieser als Vorgabe für die weitere Behandlung des Themas zu werten ist oder aber zumindest weitere verwertbare Kriterien bietet.

2. *Die Hohenzollern-Entscheidung des Bundesverfassungsgerichts vom 22. März 2004*

a) Sachverhalt

Die Entscheidung des Bundesverfassungsgerichts[754] reiht sich ein in eine Kette von Entscheidungen zur Inhaltskontrolle privatrechtlicher Rechtsgeschäfte, wobei das allgemeine Thema hier in ungewöhnlicher, einzigartiger Einkleidung auftritt: Als Streit unter den Erbprätendenten innerhalb des Hauses Hohenzollern um die Verfassungsmäßigkeit der erbvertraglichen Ebenbürtigkeitsklausel, nämlich darüber, dass nicht Erbe sein kann, wer nicht aus einer den Grundsätzen der alten Hausverfassung des Brandenburg-Preußischen Hauses entsprechenden Ehe stammt oder in einer nicht hausverfassungsmäßigen Ehe lebt, und der auch nicht Dispens vom Ebenbürtigkeitserfordernis erlangt hat, wobei ein solcher Dispens in Ausnahmefällen das Oberhaupt des königlichen Hauses erteilen kann, dies „mit Rücksicht darauf, dass die Auswahl unter den nach der Hausverfassung des königlichen Hauses ebenbürtigen Damen protestantischen Glaubens außerordentlich gering und ständig im Abnehmen ist"; Kriterien einer „versunkenen Welt der Erbmonarchie"[755]. Diese über Generationen hinweg übliche und im Rahmen der Erbfolge praktizierte Ebenbürtigkeitsklausel hatte das Bundesverfassungsgericht in seinem als „Hohenzollern-Entscheidung" bekannt gewordenen Beschluss zu überprüfen.

In der Sache hatte 1938 der Erblasser, ehemaliger Kronprinz Wilhelm von Preußen, als ältester Sohn des Kaisers Wilhelm II. mit seinem zweitältesten Sohn, Prinz Louis Ferdinand, einen Erbvertrag geschlossen, in welchem dieser zum alleinigen Vorerben eingesetzt worden war. Unter Beteiligung Wilhelms II. hatte dieser auf seine Rechte am Hausvermögen dieses früheren Preußischen Königshauses zugunsten des Erblassers verzichtet. Als Nacherben waren jeweils die ältesten Söhne eingesetzt, allerdings mit der Einschränkung der soeben näher dargelegten Ebenbürtigkeitsklausel[756]. 1950 hatte der Erblasser sodann unter Aufrechterhaltung des Vertragswerkes von 1938, seinen Sohn Louis Ferdinand auch zu seinem Universalerben desjenigen Vermögens eingesetzt, welches nicht das ererbte Vermögen nach Wilhelm II. betraf. Nach dem Tod des Erblassers hatte Louis Ferdinand 1981 testamentarisch seinen Enkelsohn, den Sohn seines bereits vorverstorbenen Sohnes, nämlich Georg Friedrich Prinz von Preußen, zum Alleinerben seines gesamten Vermögens eingesetzt. Damit waren Prinz Friedrich Wilhelm, der älteste Sohn von Louis Ferdinand und Beschwerdeführer des verfassungsgerichtlichen Verfahrens, sowie seine Brüder und Schwestern übergangen worden. Dabei hatte der Beschwerdeführer bereits in den Jahren 1967 und 1976 jeweils aus Anlass einer

754 BVerfG, Beschl. v. 22.03.2004, FamRZ 2004, S. 765–771 mit Anm. Staudinger.
755 Vgl. dazu Isensee, DNotZ 2004, S. 754, 754 m.w.N.
756 BVerfG, Beschl. v. 22.03.2004, FamRZ 2004, S. 765, 765 mit Anm. Staudinger.

Eheschließung mit nicht ebenbürtigen Ehefrauen notariell auf seine Rechte unter Bezugnahme auf die Hausverfassung verzichtet[757].

Während die beiden ersten Instanzen die Ebenbürtigkeitsklausel gemäß § 138 BGB als sittenwidrig erachteten, kam das OLG Stuttgart zu der Auffassung, der Berufung auf diese stehe jedenfalls gemäß § 242 BGB der Einwand der unzulässigen Rechtsausübung entgegen. Nach Einholung eines rechtshistorischen Gutachtens zu der Frage der Ebenbürtigkeit der Ehefrau des Beschwerdeführers kam der BGH zu dem Ergebnis, dass die Ebenbürtigkeitsklausel wirksam und daher Georg Friedrich Prinz von Preußen ein Erbschein als Nacherbe des Erblassers zu erteilen sei. Weil der Beschwerdeführer laut Gutachten nicht in einer ebenbürtigen Ehe lebe, sei er von der Erbfolge ausgeschlossen[758].

Der Beschwerdeführer war der Ansicht, die Entscheidung des BGH verletzte Art. 6 Abs. 1 GG, weil die staatliche Schutzpflicht im Hinblick auf die Eheschließungsfreiheit verkannt worden sei. Auch Art. 3 Abs. 1 und Abs. 3 S. 1 GG seien verletzt, weil er aufgrund seiner frei gewählten Eheschließung mit einer nicht ausreichend hochadeligen Frau als erbunwürdig aus dem Familienbund ausgeschlossen werde, was diskriminierend und willkürlich sei[759].

b) *Entscheidungsgründe*

Das Bundesverfassungsgericht kam zu dem Ergebnis, dass die Entscheidung des BGH das Grundrecht des Beschwerdeführers auf freie Eheschließungsfreiheit aus Art. 6 Abs. 1 GG verletze. Der BGH habe nicht alle in Betracht kommenden Umstände ausreichend gewürdigt, die auf die Eheschließungsfreiheit des Beschwerdeführers Einfluss gehabt haben könnten. Der durch Art. 14 Abs. 1 GG geschützten Testierfreiheit des Erblassers stehe hier das Grundrecht aus Art. 6 Abs. 1 gegenüber. Da der Abkömmling auch dann noch zum Nacherben berufen werden könne, wenn er im Zeitpunkt des Nacherbfalls in einer hausverfassungsmäßigen Ehe lebe, werde durch die Klausel auch dahingehend Druck ausgeübt, die einmal geschlossene Ehe wieder zu lösen. Mithin liege ein mittelbar wirkender und fortdauernder Eingriff auf die Eheschließungsfreiheit vor[760].

Zudem habe der BGH die Würdigung der Umstände außer Betracht gelassen, die eine sittenwidrige oder treuwidrige Beeinträchtigung der Eheschließungsfreiheit ergeben könnten. Es sei nicht ausreichend geprüft worden, ob die Klausel geeignet gewesen sei, auf den Beschwerdeführer einen für diesen unzumutbaren Druck bei Eingehung einer Ehe zu erzeugen. Im Rahmen seiner Verzichtserklärungen sei er vom Erblasser bereits darauf hingewiesen worden, dass damit im Falle einer nicht hausverfassungsmäßigen Ehe der Verlust der Nacherbenstellung einhergehe.

---

757 BVerfG, Beschl. v. 22.03.2004, FamRZ 2004, S. 765, 765 mit Anm. Staudinger.
758 BVerfG, Beschl. v. 22.03.2004, FamRZ 2004, S. 765, 766 mit Anm. Staudinger.
759 BVerfG, Beschl. v. 22.03.2004, FamRZ 2004, S. 765, 766 mit Anm. Staudinger.
760 BVerfG, Beschl. v. 22.03.2004, FamRZ 2004, S. 765, 767 mit Anm. Staudinger.

Durch die Abgabe der Erklärungen sei auf den Beschwerdeführer möglicherweise erheblicher Druck ausgeübt worden, die beabsichtigten Eheschließungen zu unterlassen. Auch seien keine Feststellungen dazu getroffen worden, ob der Wert des Nachlasses geeignet gewesen sei, die Eheschließungsfreiheit bei Eingehung der Ehe nachhaltig zu beeinflussen[761]. Ebenfalls unerläutert sei die Frage geblieben, ob der Ebenbürtigkeitsklausel im Vergleich zu einer Heiratsklausel[762] eine stärker beeinträchtigende Wirkung in Bezug auf die Eheschließungsfreiheit zugekommen sei. Unter Bezugnahme auf die Tatsache, dass keine effektiven Auswahlmöglichkeiten im Hinblick auf seine Partnerin bestanden hätten, habe eine Prüfung nahegelegen, ob es für den Beschwerdeführer eine realistische Möglichkeit gegeben habe, durch Eingehung einer hausverfassungsmäßigen Ehe seine Erbenstellung zu behalten[763].

Weil für die Bestimmung des Staatsoberhauptes heute Ehe- und Familientraditionen von adeligen Familien keine Rolle mehr spielten, habe im Rahmen der Abwägung näher erläutert werden müssen, ob der Begriff der Ebenbürtigkeit im Sinne des Hausgesetzes auch nach Abschaffung der Monarchie noch geeignet gewesen sei, Eingriffe in die Eheschließungsfreiheit der Erbprätendenten zu rechtfertigen. Wegen der veränderten staatsrechtlichen Verhältnisse sei es insbesondere geboten gewesen, die Frage zu beleuchten, ob eine mit der Wahrung des Ebenbürtigkeitsprinzips verknüpfte Erbeinsetzung noch Eingriffe in die Eheschließungsfreiheit eines Erben zu rechtfertigen vermöge und ob eine Rechtfertigungsgrundlage für eine solche bedingte Erbeinsetzung weggefallen sei[764]. Ob die weiteren Grundrechtsrügen durchgreifen, könne mithin dahinstehen.

c) Auswirkungen der Entscheidung

Das BVerfG gab den für sich selbst eröffneten Prüfungsumfang bekannt, indem es erläuterte, dieser beschränke sich bei Anwendung der Generalklauseln der §§ 138, 242 BGB auf die Frage, ob die Gerichte Bedeutung und Reichweite des Grundrechts auf Eheschließungsfreiheit richtig erkannt und gegenüber der Testierfreiheit umfassend abgewogen hätten. Je mehr die Gerichtsentscheidung in Grundrechte eingreife, desto eingehender müsse die gerichtliche Prüfung sein[765]. Allgemein wird daher aus der eingehenden Prüfung der Ebenbürtigkeitsklausel durch das

761 BVerfG, Beschl. v. 22.03.2004, FamRZ 2004, S. 765, 767 f. mit Anm. Staudinger.

762 Die Klausel in einem fürstlichen Hausgesetz, wonach ein Mitglied des fürstlichen Hauses, welches ohne schriftliche Einwilligung des Fürsten heiratet, von den im Hausgesetz gewährten Rechten ausgeschlossen ist, kann in einem Erbvertrag mit Bezugnahme auf dieses Hausgesetz als auflösende Bedingung für die Erbeinsetzung angesehen werden, so BayObLG, Beschl. v. 04.08.1999, FamRZ 2000, S. 380–387, bekannt als die Leiningen- Entscheidung.

763 BVerfG, Beschl. v. 22.03.2004, FamRZ 2004, S. 765, 768 mit Anm. Staudinger.

764 BVerfG, Beschl. v. 22.03.2004, FamRZ 2004, S. 765, 768 mit Anm. Staudinger.

765 BVerfG, Beschl. v. 22.03.2004, FamRZ 2004, S. 765, 766 f. mit Anm. Staudinger.

BVerfG vielfach die Schlussfolgerung gezogen, dass erbrechtliche Verfügungen dann einer Inhaltskontrolle unterliegen, wenn die Testierfreiheit des Erblassers mit einem gegenüber dem Erblasser geschützten Grundrecht des Bedachten kollidiere[766]. Wegen des hohen Stellenwertes der Testierfreiheit seien jedoch insoweit strenge Anforderungen zu stellen[767]. Konkret zeigt die Entscheidung indessen, dass nicht jede verhaltensbezogene Anordnung des Erblassers einem institutionellen Missbrauch der Testierfreiheit gleichkommt. Entsprechende Bedingungen, welche die Freiheit zur Eheschließung beeinflussen, unterliegen demnach einer konkret-individuellen Betrachtung[768]. Wenn auch die Art und Weise der Prüfung des BVerfG teils heftig kritisiert wird[769], so bleibt zu betonen, dass das Gericht

---

766 Münch, ZEV 2008, S. 571, 576 (mit dem Hinweis, dass aufgrund des hohen Stellenwerts der Testierfreiheit von hohen Hürden auszugehen sei, bevor Unwirksamkeit einer erbrechtlichen Verfügung eintrete). Sehr kritisch insoweit Isensee, DNotZ 2004, S. 754, 765 f., der meint, das BVerfG hätte vor diesen sich selbst gesetzten Grenzmarkierungen von der Inhaltskontrolle gänzlich absehen müssen. Wenn bereits der vorliegende Fall die Inhaltskontrolle auslöse, so sei unklar, welcher Fall überhaupt noch von der Inhaltskontrolle verschont werde. Im Sinne der Rechtssicherheit würde das BVerfG gut daran tun, wenn es die Privatautonomie respektiere und sich darauf konzentriere, die Schranken der Privatautonomie statt die Ausübung derselben zu überprüfen. Im übrigen würden auch die weiteren Voraussetzungen der Inhaltskontrolle wie eine „strukturelle Unterlegenheit" und „ungewöhnlich belastende Folgen für den unterlegenen Teil" nicht vorliegen.

767 Münch, ZEV 2008, S. 571, 576.

768 Staudinger, Anm. zu BVerfG, Beschl. v. 22.03.2004, FamRZ 2004, S. 765, 769; zu der Wirkung von Grundrechten im Privatrecht vgl. unten § 5, B., S. 172 ff..

769 So meint etwa Otte, ZEV 2004, S. 393, 396 zutreffend, die Schwachstelle des Beschlusses zeige sich darin, dass das BVerfG die Eignung der Ebenbürtigkeitsklausel zur Beeinflussung der Heiratsentscheidung als mittelbaren Eingriff in die Eheschließungsfreiheit bezeichne. Dies verwische die Grenze zwischen einem verlockenden Angebot (gemeint ist die Nacherbeneinsetzung) und einem freiheitsbeschränkenden Eingriff. Die Unterscheidung zwischen bloßer Einflussnahme und unzumutbarem Druck im Falle von Potestativbedingungen sei für künftige Erbrechtsfälle unverzichtbar. Lange, S. 68, sowie Lange, ErbR 2017, S. 397, 398, meint, die von dem BVerfG ohne näheren Erklärungsaufwand als Hauptargument herangezogene „Druck-These" werde zu Recht in seiner Tauglichkeit als Begründung des Grundrechtverstoßes bezweifelt; ähnlich insoweit Kroppenberg, DNotZ 2006, S. 86, 96, 105. Isensee, DNotZ 2004, S. 755, 762 ff. wendet sich insgesamt gegen die Eröffnung der Inhaltskontrolle im vorliegenden Fall und meint, die Situation biete keinen Grund, nach einem etwaigen Druck zu forschen, das Kriterium des unzumutbaren Drucks sei belanglos; mehr noch, ungeachtet des Druckkriteriums habe der Konflikt überhaupt keine grundrechtliche Qualität, sondern lediglich moralische. Isensee schließlich über die Entscheidung des BVerfG: „In seiner Betulichkeit und Hyperempflindlichkeit entspricht es der Rührungsschwelle von Leserinnen der Herz- Schmerz- Postillen, Soraya- Blättern, Regenbogenpresse. Grundrechtskitsch."

gerade nicht das Ergebnis vorweggenommen und die Sittenwidrigkeit der Ebenbürtigkeitsklausel festgestellt hat.

Im Hinblick auf Heiratsklauseln ist die Entscheidung zutreffend auch nicht als „Kurskorrektur“ im Fall Leiningen[770] zu verstehen[771]. In jenem Fall ergab sich der Eingriff in die Eheschließungsfreiheit nicht unmittelbar aus dem Erbvertrag, sondern erst aufgrund einer „zwischengeschalteten“ Entscheidung eines Dritten[772]. Allerdings wird allgemein, insbesondere den Vertragsgestaltern, geraten, bei der Verwendung von Wiederverheiratungsklauseln[773] nunmehr besondere Vorsicht walten zu lassen[774]. Dementsprechend wird teils die Quintessenz der Entscheidung in der genaueren Betrachtung der wirtschaftlichen Auswirkungen der Wiederverheiratungsklausel auf das Leben des überlebenden Ehegatten gesehen. Die Klausel muss demnach zunächst objektiv geeignet sein, die Entscheidung des Bedachten für und wider eine neue Ehe zu beeinflussen[775]. Ferner muss die Klausel geeignet sein, unzumutbaren Druck ausüben zu können[776]. Entscheidend dürfte eine etwaige gegen die guten Sitten verstoßende Verknüpfung von Mittel und Zweck sein[777]. Diese anfänglichen Prüfungsfragen müssen mithin zwingend bei allen erbrechtlichen Klauseln gestellt werden, die eine Zuwendung unter eine auflösende oder aufschiebende Bedingung der Ausübung eines verfassungsrechtlich geschützten Freiheitsrechts stellen[778].

Nicht ausdrücklich entschieden hat das BVerfG die Frage des für die Beurteilung der Sittenwidrigkeit maßgeblichen Zeitpunktes. Dieser ist hinsichtlich der Verfügungen von Todes wegen umstritten[779]. Es wird auf verschiedene Zeitpunkte abgestellt, namentlich auf den Zeitpunkt der Errichtung der Verfügung, des Erbfalles oder den der richterlichen Entscheidung[780]. Das Verfassungsgericht hat unter anderem auch darauf abgestellt, dass in der Klausel ein fortdauernder Eingriff liege, der geeignet sei, Druck dahingehend auszuüben, eine nicht hausverfassungskonforme Ehe aufzulösen. Im Ergebnis erfolgt die Abwägung auch aufgrund von

---

770 BayObLG, Beschl. v. 04.08.1999, FamRZ 2000, S. 380–387; vgl. i.Ü. oben in diesem Abschnitt.

771 Staudinger, Anm. zu BVerfG, Beschl. v. 22.03.2004, FamRZ 2004, S. 765, 769.

772 Scheuren-Brandes, ZEV 2005, S. 185, 185.

773 Solche Klauseln, welche an den Fall der (Wieder)heirat eine Rechtsfolge knüpfen, werden oftmals verendet in letztwilligen Verfügungen, aber auch in betrieblichen Pensionszusagen und Gesellschaftsverträgen.

774 Lange, S. 68

775 Otte, ZEV 2004, S. 393, 397; vgl. auch die Ausführungen von Scheuren-Brandes, ZEV 2005, S. 185, 185 mit weiteren Gestaltungshinweisen.

776 Otte, ZEV 2004, S. 393, 397; Gaier, S. 27, 37.

777 Keim, FamRZ 2017, S. 502, 506.

778 Vgl. die Erläuterungen von Otte, ZEV 2004, S. 393, 398 und Staudinger, Anm. zu BVerfG, Beschl. v. 22.03.2004, FamRZ 2004, S. 765, 771.

779 Vgl. die Ausführungen oben unter § 4, A., III., 2., b), S. 92 ff..

780 Vgl. die weiteren Nachweise bei Otte in: Staudinger, Vorbem. zu §§ 2064 ff., Rn. 179 ff.

Umständen, die nach dem Abschluss des Erbvertrages und auch nach dem Erbfall angesiedelt sind[781]. Ein Gewinn an Rechtssicherheit hinsichtlich des Beurteilungszeitpunktes geht mithin mit dem Beschluss nicht einher.

3. *Das Urteil des OLG Nürnberg vom 12. November 2002*

a) Sachverhalt

Das OLG Nürnberg beschäftigte sich, zeitlich zwischen den Grundsatzentscheidungen des BVerfG und des BGH, mit einem vor der Eheschließung vereinbarten Ehevertrag zwischen einer damals 48jährigen russischen Staatsangehörigen ohne Deutschkenntnisse und einem 40 Jahre alten Deutschen[782]. Der Ehevertrag enthielt, zum Schutze vor Gläubigern des Ehemannes einen Komplettverzicht auf die Durchführung des Versorgungsausgleichs, nachehelichen Unterhalt sowie den Pflichtteil; ferner wurde Gütertrennung vereinbart. Der spätere Ehemann brachte zu dem Beurkundungstermin ein im Zuge seiner anwaltlichen Beratung erstelltes Vertragskonzept und einen Bekannten der russischen Botschaft als Übersetzungshilfe mit. Weil sich die Vertragsparteien auf den dennoch abgeschlossenen Pflichtteilsverzicht aufgrund Weigerung der Ehefrau zunächst nicht hatten einigen können, wurde auf Anraten der Notarin der folgende Satz angefügt: „Die Parteien versichern, nach ihrer Eheschließung ein gemeinschaftliches Testament errichten zu wollen." In der russischen Übersetzung findet sich sodann statt der Formulierung „errichten zu wollen" die Worte „verpflichten sich" zu errichten[783]. Nachdem beide Ehegatten über kein nennenswertes Vermögen verfügten, der Ehemann hatte bescheidene Einkünfte aus seiner Tätigkeit in einem Marketing-Unternehmen, die Ehefrau aus einer solchen in einem wissenschaftlichen Institut, und Kinder nicht geplant waren, erbte der Ehemann nach Eheschließung und setzte testamentarisch seinen Sohn aus erster Ehe ein. Gegenüber diesem verlangte die Ehefrau nach dem Tod des Ehemannes den Pflichtteil nebst pauschalem Zugewinn mit der Behauptung, der Ehevertrag sei insgesamt nichtig, sowie auch der Pflichtteilsverzicht selbst[784].

---

781 Vgl. auch Staudinger, Anm. zu BVerfG, Beschl. v. 22.03.2004, FamRZ 2004, S. 765, 770 f., der in dem Beschluss hinsichtlich des Abstellens (auch) auf den Zeitpunkt des Erbfalles insoweit einen Auftakt für einen tiefgreifenden Wandel in der zivilgerichtlichen Judikatur sieht.

782 OLG Nürnberg, Urt. v. 12.11.2002, FamRZ 2003, –S. 634–638 mit Anm. Grziwotz; die Entscheidung ist wegen Rücknahme der Revision rechtskräftig, elektronische Mitteilung des BGH v. 24.01.2012.

783 OLG Nürnberg, Urt. v. 12.11.2002, FamRZ 2003, S. 634, 634 f. mit Anm. Grziwotz.

784 OLG Nürnberg, Urt. v. 12.11.2002, FamRZ 2003, S. 634, 634 f. mit Anm. Grziwotz.

b) Entscheidungsgründe

Während das Landgericht die Klage der Ehefrau abgewiesen und die Vereinbarungen allesamt als wirksam erachtet hatte, sprach das OLG der Ehefrau dem Grunde nach einen Pflichtteilsanspruch zu, verneinte aber wegen Wirksamkeit der Gütertrennung eine Verpflichtung zur Zahlung des pauschalen Zugewinns[785]. Der Pflichtteilsverzicht sei zwar nicht deshalb unwirksam, weil der gesamte Vertrag gemäß § 138 Abs. 1 nichtig sei, jedoch entfalte er wegen Wegfalls der Geschäftsgrundlage keine Wirkung. Die bei Vertragsschluss vorhandenen Umstände ließen eine einseitige Dominanz eines der Vertragspartner nicht erkennen. Unter anderem weil in diesem Zeitpunkt für beide vermögenslosen Ehegatten nicht ersichtlich gewesen sei, ob der Ehemann aus dem Vermögen seines Vaters etwas erhalten würde, handele es sich bei dem Ehevertrag um eine durchaus ausgewogene Regelung zwischen zwei unabhängigen und wirtschaftlich selbständigen Partnern[786]. Der Ehevertrag sei auch nicht gemäß § 2302 i.V.m. § 139 insgesamt unwirksam. Eine Einschränkung der Testierfreiheit könne der bloßen Absichtserklärung, ein gemeinschaftliches Testament errichten zu wollen, nicht entnommen werden. Da nicht auszuschließen sei, dass es sich insoweit bei der russischen Übersetzung um einen Übersetzungsfehler des anwesenden Dolmetschers handele, müsse davon ausgegangen werden, dass sich beide nicht rechtsgeschäftlich entsprechend hätten binden wollen. Weil es jedoch nachweislich ohne den entsprechenden Zusatz nicht zum Abschluss des Vertrages gekommen wäre und es die gemeinsame Vorstellung beider Parteien gewesen sei, dass der Überlebende an dem während der Ehe hinzugewonnenen Vermögen des anderen beteiligt werde, um daraus seinen Unterhalt zu bestreiten, baue der Geschäftswille der Parteien, den Pflichtteilsverzicht bestehen zu lassen, ersichtlich auf der künftigen Erstellung eines gemeinschaftlichen Testaments auf[787]. Diese gemeinsame Vorstellung sei Geschäftsgrundlage für den Pflichtteilsverzicht geworden, welche mit der Enterbung der Ehefrau entfallen sei. Im Wege der Anpassung sei dieser Verzicht in Wegfall zu bringen, auch wenn der Erbfall bereits eingetreten sei. Die Rechtssicherheit erfordere, insoweit anders als bei einem Erbverzicht, kein anderes Ergebnis[788]. Der pauschale Zugewinn stehe der Ehefrau hingegen nicht zu; der gesetzliche Güterstand sei schließlich wirksam ausgeschlossen und Gütertrennung vereinbart worden. Der Fehlschlag der Erwartungen der Parteien erfordere nicht, dass die Güterstandsvereinbarung korrigiert

---

785 OLG Nürnberg, Urt. v. 12.11.2002, FamRZ 2003, S. 634, 634 f. mit Anm. Grziwotz.

786 OLG Nürnberg, Urt. v. 12.11.2002, FamRZ 2003, S. 634, 635 mit Anm. Grziwotz.

787 OLG Nürnberg, Urt. v. 12.11.2002, FamRZ 2003, S. 634, 636 mit Anm. Grziwotz.

788 OLG Nürnberg, Urt. v. 12.11.2002, FamRZ 2003, S. 634, 636 mit Anm. Grziwotz, wobei sich das OLG hier auf die Rechtsprechung des BGH, Urt. v. 04.11.1998, NJW 1999, S. 789–790, beruft; vgl. zu den zeitlichen Grenzen eines Erbverzichts im Übrigen die Darstellungen oben § 3, B., I., 1., b), cc), S. 60 f.f.

werden müsse. Diese wäre durch ein späteres gemeinschaftliches Testament ebenfalls nicht tangiert worden[789].

c) *Bewertung der Entscheidung*

Unter Beachtung der zeitlichen Grenzen des Wegfalls der Geschäftsgrundlage ist die Entscheidung in Anlehnung an die obigen Ausführungen[790] zutreffend. Richtigerweise wird jedoch kritisiert, dass die Feststellungen insoweit mangelhaft und lückenhaft sind, als vorschnell von einer ausgewogenen Regelung ausgegangen wird, obwohl der Ehemann den Vertragsinhalt offenkundig vorgegeben hatte und zwischen den Parteien ein erhebliches Informationsgefälle herrschte[791]. Dazu gehört auch, dass der Ehefrau offenbar hinsichtlich des vermeintlichen Schutzes vor Gläubigern des Ehemannes nicht klar war, dass es dazu keiner Gütertrennung bedurft hätte. Wenn die Ehegatten insbesondere auch die Absicherung der Ehefrau für den Fall des Todes bezweckt haben, dann ist auch der Verzicht auf den Pflichtteil nicht nachvollziehbar. Insoweit wird teils damit argumentiert, der Pflichtteil diene ja gerade einer Mindestsicherung[792]. Verstärkt werden diese Zweifel dann durch die unzureichende Übersetzungstätigkeit des Dolmetschers und die dadurch verursachte Unterlegenheit der Ehefrau[793]. Während teilweise vertreten wird, es handele sich um einen Fall, in dem von vornherein die Geschäftsgrundlage gefehlt habe, da sie mangels wirksam zu vereinbarendem Pflichtteilsverzicht[794] nie existiert habe[795], ist die Geschäftsgrundlage in dem unbestrittenen und von dem Ehemann bei Vertragsabschluss auch zumindest erkennbaren Bedürfnis nach (weiterer) Absicherung für den Erbfall durch jedwede Art der Vermögensteilhabe zu sehen[796]. Ungeachtet der unzureichenden Aufklärung durch das Gericht, vornehmlich bezüglich solcher Tatsachen, die für die Überprüfung einer Ungleichgewichtslage

789 OLG Nürnberg, Urt. v. 12.11.2002, FamRZ 2003, S. 634, 637 mit Anm. Grziwotz.

790 Vgl. dazu oben § 3, B., I., 1., b), cc), S. 60 f.f.

791 Wendt, ZNotP 2006, S. 2, 3 f.; Grziwotz, Anm. zu OLG Nürnberg, Urt. v. 12.11.2002, FamRZ 2003, S. 634, 637.

792 Grziwotz, Anm. zu OLG Nürnberg, Urt. v. 12.11.2002, FamRZ 2003, S. 634, 637.

793 Ähnlich insoweit Wendt, ZNotP 2006, S. 2, 5.

794 Wendt, ZNotP 2006, S. 2, 4 f.; Grziwotz, Anm. zu OLG Nürnberg, Urt. v. 12.11.2002, FamRZ 2003, S. 634, 637 f. Die bloße Unwirksamkeit des ggf. nach IPR unwirksamen Pflichtteilsverzichts kann nach § 139 den Pflichtteilsverzicht des anderen Ehegatten erfassen. Nach dem für den Pflichtteilsverzicht des Ehemannes geltenden russischen Recht ist das Pflichtteilsrecht ein Noterbrecht, auf welches bei Erwerbsunfähigkeit nicht wirksam verzichtet werden kann. Demnach sei durch den unwirksamen Pflichtteilsverzicht des Ehemannes auch der Verzicht der Ehefrau unwirksam.

795 Bengel, ZEV 2006, S. 192, 193; Grziwotz, Anm. zu OLG Nürnberg, Urt. v. 12.11.2002, FamRZ 2003, S. 634, 637.

796 Wendt, ZNotP 2006, S. 2, 8 geht davon aus, dass hier von der Ehefrau eine mehr auf die Unterhaltssicherung fokussierte Absicherung gewollt war und dies von dem Ehemann auch so akzeptiert wurde.

erforderlich sind, sowie der teils unzutreffenden rechtlichen Schlussfolgerungen hinsichtlich der Geschäftsgrundlage[797], zeigt die Entscheidung jedenfalls doch, dass nicht nur der Ehevertrag auf der einen und der Pflichtteilsverzicht auf der anderen Seite (isoliert) untersucht wurden, sondern auch die Wechselwirkung bei der Frage der Wirksamkeit der Gütertrennung sowie im Rahmen der zuvor erfolgten Gesamtwürdigung des Ehevertrages.

4. *Das Urteil des OLG München vom 25. Januar 2006*

Das einleitend bereits dargestellte „Wildmoser-Urteil"[798] wird teils deshalb als bedenklich eingestuft, weil das OLG München die Grenzziehung zwischen Sittenwidrigkeit und arglistiger Täuschung nicht klar gezogen habe[799]. So sei im Zusammenspiel der beiden Normen etwa zu beachten gewesen, dass allein die Voraussetzungen des § 123 die Sittenwidrigkeit nicht zu begründen vermögen, sondern weitere einschlägige Umstände hinzukommen müssten[800]. Die Kritik ist insoweit zutreffend, als hier die mangelnde Erfahrung des Verzichtenden und die vermeintliche Beratung durch den Vater des Verzichtenden zu der Täuschung erkennbar hinzukamen[801].

Kritisiert wird weiter, dass die Verzichtenden als Abfindung mehr erhalten hätten, als nach der damaligen Rechtslage aufgrund des vorzeitigen Erbausgleichs im Klagewege möglich gewesen sei[802]. Auch dieser Einwand ist zunächst zutreffend, unterstellt, der Ausgleichsbetrag i.S.d. § 1934 d a.F., welcher von dem Rechtsanwalt des Vaters mit 8.000 DM beziffert wurde, ist richtig ermittelt worden. Allerdings hätten die 19jährigen nichtehelichen Kinder aufgrund der in § 1934 d a.F. enthaltenen Altersgrenze den vorzeitigen Erbausgleich erst zwei Jahre später bei Erreichen der Altersgrenze erhalten können. Möglich war damit für die 19jährigen Geschwister im entscheidenden Zeitpunkt nur ein Verzicht auf den Erbersatzanspruch, der sich am Nachlasswert orientierte. Dass ein solcher Verzicht auch unentgeltlich möglich gewesen wäre, ist insoweit unbeachtlich, als den Kindern

797 Eine Stellungnahme zu der Frage eines versteckten Dissenses und zur Möglichkeit der Irrtumsanfechtung hätte ebenfalls nahe gelegen, vgl. Wendt, ZNotP 2006, S. 2, 6.

798 OLG München, Urt. v. 25.01.2006, MittBayNot 2006, S. 428–430, vgl. oben § 1, A, S. 1 ff.

799 Theiss/ Boger, ZErb 2006, S. 164, 165; Mayer in: Mayer/ Süß, S. 420 f.; Mayer in: Bamberger/ Roth (Stand: Edition 20), § 2346, Rn. 43; zu dem Verhältnis der beiden Rechtsinstitute vgl. unten § 3, D., I., S. S. 71 ff..

800 Rogler, Anm. zu OLG München, Urt. 25.01.2006, ErbR 2007, S. 154, 157; von Proff, ZEV 2017, S. 301, 305 mit dem Verweis, dass andernfalls die Anfechtungsfristen des § 124 umgangen und der Wuchertatbestand des § 138 Abs. 2 entgegen der gesetzlichen Systematik auf ein aleatorisches Rechtsgeschäft übertragen wird.

801 Vgl. insoweit auch Theiss/ Boger, ZErb 2006, S. 164, 165.

802 Mayer in: Mayer/ Süß, S. 421; Mayer in: Bamberger/ Roth (Stand: Edition 20), § 2346, Rn. 43; dazu bereits oben § 1, A., S. 1 ff.

vorgegeben wurde, die errechneten 8.000 DM seien das rechnerische Ergebnis für den Erbanteil im Fall des Versterbens des Vaters. Dies war selbstverständlich falsch und zudem eine Täuschung. Für eine Risikoabwägung im Sinne einer Abschätzung, welchen Betrag sie in einem möglichen Erbfall würden erben können, und einer zeitnahen, rechnerisch am Unterhalt orientierten vorzeitigen Abfindung, blieb mithin den Kindern kein Raum[803].

Ferner wird dem Urteil in eher generalisierendem Stil entgegengehalten, verlässliche Berechnungsmethoden für den entgeltlichen Erbverzicht fehlten und würden sich angesichts des aleatorischen Rechtscharakters wohl auch nicht entwickeln lassen[804]. Auch lasse das Urteil das Verhältnis von Erbverzichtsvertrag und Kausalgeschäft ohne Erläuterung außer acht[805]. Auch diese beiden Einwände sind zutreffend. Das OLG hätte sich näher mit der Frage befassen müssen, wie zu verfahren ist, wenn nur das Kausalgeschäft sittenwidrig ist[806].

Schlussendlich wird teils konstatiert, das Urteil des OLG München sei gerade kein „Wegweiser in der schwelenden Diskussion um die Inhaltskontrolle von Erb- und Pflichtteilsverzichten“[807]. Andere meinen, es handele sich „um eine Entscheidung zu der klassischen Sittenwidrigkeit im Einzelfall“; sie begründe keine eigene Fallgruppe und setze keine eigenen Maßstäbe zur Konkretisierung der Sittenwidrigkeit[808]. Gleichzeitig wird jedoch hervorgehoben, der Verzichtende dürfe nicht über die Berechnungsgrundlage der Abfindung getäuscht und seine Unerfahrenheit und schwächere Verhandlungsposition ausgenutzt werden. Ebenfalls dürfe seine (strukturelle) Unterlegenheit nicht etwa dadurch verstärkt werden, dass ein Anwalt ihn zum Schein berate[809].

Auch wenn das OLG München seine Entscheidung nicht explizit mit der Inhaltskontrolle von Eheverträgen bzw. einer entsprechenden Anwendung dieser Grundsätze auf den vorliegenden Fall begründet hat, so führt es in den Entscheidungsründen doch Elemente auf, die stark an die ehevertragliche Kontrolle erinnern[810].

---

803 Zu dem Verhältnis von Erbersatzanspruch, Erbausgleich und Testierfreiheit, Coing, NJW 1988, S. 1753–1756.

804 Mayer in: Bamberger/ Roth (Stand: Edition 20), § 2346, Rn. 43, dazu nochmals unten § 5, C., III., 4., S. 259 ff.

805 Theiss/ Boger, ZErb 2006, S. 164, 165; Kapfer, MittBayNot 2006, S. 385, 385.

806 Vgl. dazu oben § 3, A., S51 ff..; dazu auch Theiss/ Boger, ZErb 2006, S. 164, 165.

807 Kapfer, MittBayNot 2006, S. 385, 386; ähnlich Bengel, der meint, der Fall des OLG München bringe für den weiteren Komplex, gemeint ist die Inhaltskontrolle von Pflichtteilsverzichten, keine weiteren Einsichten, Bengel, ZEV 2006, S. 192, 193.

808 Theiss/ Boger, ZErb 2006, S. 164, 166.

809 Theiss/ Boger, ZErb 2006, S. 164, 166.

810 Zu den Entscheidungsgründen siehe das vergleichbare Urteil des OLG Hamm v. 08.11.2016, ZEV 2017, S. 163–167 mit Anm. Everts; vgl. i.Ü. kurz dazu unter § 5, F., S. 306 ff..

5. *Das Urteil des LG Ravensburg vom 31. Januar 2008*

a) *Sachverhalt*

Das Landgericht Ravensburg musste sich mit den Wechselwirkungen von ehevertraglich vereinbarten Scheidungsfolgen und einem in derselben Urkunde vereinbarten Erb- und Pflichtteilsverzicht befassen[811]. Die Erblasserin hinterließ zwei Kinder aus erster Ehe und ihren zweiten Ehemann, welcher nach deren Tod von diesen Kindern seinen Erbteil verlangte. Als sich die Erblasserin und ihr späterer Ehemann kennengelernt hatten, zog er zu ihr in das in ihrem Eigentum stehende Einfamilienhaus und gab kurz darauf seine Tätigkeit als Montage- Maschinenschlosser, mit der er zuletzt 50.000 DM jährlich verdient hatte, im Alter von 32 Jahren auf. Beide lebten von den Einkünften der Erblasserin aus Vermietung und Verpachtung von Immobilien. Drei Jahre später schlossen beide kurz nach der sodann erfolgten Eheschließung einen Ehevertrag, der Gütertrennung, einen Totalverzicht auf Unterhalt sowie einen Verzicht auf das Erb- und Pflichtteilsrecht beinhaltete. Entsprechend der gemeinsamen Lebensplanung wollten beide keine Kinder. Eine Aufnahme der Erwerbstätigkeit durch den Ehemann war nicht geplant, da man weiter von den Einnahmen der Ehefrau leben wollte[812]. Fünf Jahre nach der Heirat starb die Ehefrau an einer schweren Krankheit, von welcher sie bereits zwei Jahre zuvor Kenntnis gehabt hatte. Aufgrund dessen erhielt der Ehemann als Bezugsberechtigter eine Lebensversicherungssumme von 51.000 € und eine Witwerrente von monatlich 184, 31 €. Ein Testament der Ehefrau existierte nicht[813].

Im Erbscheinsverfahren wehrte sich der Ehemann gegen den Antrag der Kinder, ihnen einen Erbschein mit Erbteilen von jeweils ½ zu erteilen, da er der Ansicht war, der notarielle Vertrag sei sittenwidrig, weshalb er zu ½ gesetzlicher Erbe seiner Ehefrau geworden sei. Die beklagten Kinder hielten den Ausschluss von Unterhalt und Zugewinn insbesondere deshalb für wirksam, weil das Vermögen der Erblasserin überwiegend während ihrer ersten Ehe gebildet worden sei. Der Ehemann sei durch die Lebensversicherung im Übrigen ausreichend abgesichert. Weil die Ehe bereits vor der Vertragsunterzeichnung geschlossen worden sei, habe auch keine Drucksituation bestanden. Auch sei nicht vorstellbar, dass der Ehemann den Vertrag vor dem Beurkundungstermin nicht gesehen habe, da die Erblasserin ihm den Vertrag bereits zwei Monate vorher überlassen habe. Sollte die Scheidungsfolgenregelung unwirksam sein, so müsse wenigstens die Gütertrennung und der Erb- und Pflichtteilsverzicht wirksam bleiben[814].

---

811 LG Ravensburg, Urt. v. 31.01.2008, ZEV 2008, S. 598–600 = FamRZ 2008, S. 1289–1292 mit Anm. Bergschneider.

812 LG Ravensburg, Urt. v. 31.01.2008, ZEV 2008, S. 598, 598.

813 LG Ravensburg, Urt. v. 31.01.2008, ZEV 2008, S. 598, 598.

814 LG Ravensburg, Urt. v. 31.01.2008, ZEV 2008, S. 598, 598.

b) Entscheidungsgründe

Das Landgericht gab den Kindern insoweit Recht, als die Gütertrennung als wirksam erachtet wurde. Weil aber wegen der evident einseitigen Lastenverteilung die verbleibenden Scheidungsfolgenregelungen unwirksam seien und diese Unwirksamkeit auch den Erb- und Pflichtteilsverzicht erfasse, habe der Ehemann die Erblasserin zusammen mit deren Kindern jeweils zu 1/3 beerbt[815].

Der Totalausschluss der Unterhaltsansprüche bedeute einen Eingriff in den Kernbereich des Scheidungsfolgenrechts. Eine weitere unterhaltsrechtliche Belastung sei durch die gleichzeitige Vereinbarung des Erb- und Pflichtteilsverzichts bedingt, denn dadurch entfalle gemäß § 1933 S. 3 i.V.m. §§ 1569–1586 b der Unterhaltsanspruch gegen die Erben für den Fall, dass der Ehegatte nach Rechtshängigkeit des Scheidungsantrages verstürbe[816]. Für diese Fallkonstellation werde dem Ehemann jeder gesetzliche Unterhaltsanspruch ohne Kompensation durch einen Erb- oder Pflichtteilsanspruch entzogen[817]. Die individuelle Gestaltung der Lebensverhältnisse könne diese einseitige Lastenverteilung auch nicht rechtfertigen. Beide seien einvernehmlich davon ausgegangen, dass sich der Ehemann aus dem Erwerbsleben vollständig zurückziehe und man von den Einkünften der Ehefrau lebe. Zwar sei der Versorgungsausgleich nicht ausgeschlossen worden, jedoch seien etwaige von der Ehefrau zugunsten des Ehemannes auszugleichende Anrechte aufgrund der Erwerbslosigkeit der Ehefrau nicht zu erwarten gewesen. Auch die Lebensversicherung stelle keine ausreichende Absicherung dar, weil die Ehefrau als Versicherungsnehmerin die Bezugsberechtigung jederzeit habe widerrufen können. Das gleiche gelte für die Witwerrente, die im Scheidungsfall nicht zur Auszahlung komme[818]. Über die objektive Benachteiligung hinaus habe die Erblasserin bei Vertragsabschluss die Unerfahrenheit des Ehemannes ausgenutzt. Die Erblasserin sei nämlich anwaltlich vertreten gewesen und habe bereits eine Ehescheidung mit entsprechenden Erfahrungen hinter sich, während der Ehemann die für ihn erste Ehe eingegangen sei. Aufgrund seiner Berufsausbildung und Berufserfahrung als Maschinenschlosser habe der Ehemann keine ausreichenden Kenntnisse gehabt, um die rechtliche Tragweite des Vertrages abschätzen zu können. Diese Unterlegenheit sei verstärkt worden durch seine wirtschaftliche Abhängigkeit, da er im Zeitpunkt des Vertragsschlusses bereits seit drei Jahren aus dem Berufsleben ausgeschieden gewesen sei und man von den Einkünften der Erblasserin gelebt habe. Wegen der zeitlichen Nähe zu der kurz zuvor erfolgten Heirat habe er zudem erheblich unter Druck gestanden[819].

---

815 LG Ravensburg, Urt. v. 31.01.2008, ZEV 2008, S. 598, 599.

816 Ob diese äußerst umstrittene Annahme zutreffend ist, vgl. unten § 5, C., II., 1., S. 222 ff..

817 LG Ravensburg, Urt. v. 31.01.2008, ZEV 2008, S. 598, 599.

818 LG Ravensburg, Urt. v. 31.01.2008, ZEV 2008, S. 598, 599.

819 LG Ravensburg, Urt. v. 31.01.2008, ZEV 2008, S. 598, 599.

Weil durch den Erb- und Pflichtteilsverzicht gemäß § 1933 S. 3 auch der spezielle Unterhaltsanspruch für den Fall des Todes des Ehegatten nach Rechtshängigkeit des Scheidungsantrages entfalle und dieser Unterhaltsausschluss zu einer evident einseitigen Lastenverteilung im Ehevertrag beitrage, sei der gesamte Verzicht gemäß § 138 Abs. 1 unwirksam. Die Vereinbarung der Gütertrennung bleibe als abtrennbarer Teil des Ehevertrages auch im Rahmen der Gesamtwürdigung wirksam, da ein erheblicher Zugewinn der Erblasserin ohnehin nicht zu erwarten gewesen sei. Gemäß § 139 HS 2 hätten die Eheleute die Gütertrennung auch ohne den nichtigen Teil vereinbart[820].

c) *Bewertung der Entscheidung*

Die Entscheidung wird, wie kurz nach Urteilserlass erwartet, vielfach kritisiert[821]. Gelobt wird sie allerdings für den mehr als überfälligen Diskussionsanstoß. So fragt *Bergschneider* in Anlehnung an den rechtlichen Kern der Entscheidung: „Steckt der Blitz, der beim Ehevertrag einschlägt, das ganze Vertragswerk samt erbrechtlichem Teil in Brand?[822]" *Münch* stellt die Frage: „Infiziert der Ehevertrag erbrechtliche Verzichte oder Verfügungen?[823]" Dieser Infizierungsgedanke des einen Vertragswerkes auf das andere, der in der Sache eine strikte Unterscheidung von § 139 und der bei der Inhaltskontrolle anzustellenden Gesamtwürdigung aller Umstände unter besonderer Beachtung des Zeitpunktes bedingt, hat hier das Landgericht Ravensburg regelrecht zu einer Addition sämtlicher, für den Ehemann negativer Vertragsbestandteile verführt, ohne Differenzierung in erbrechtlicher und familienrechtlicher Hinsicht. In der Sache ist der mögliche Scheidungsfall von dem nunmehr eingetretenen Erbfall ohne Scheidung von der Rechtsfolgenseite getrennt zu betrachten.

Bei unterstellt wirksamer Vertragsgestaltung hätte der Ehemann bei Scheidung wohl keine Rentenanwartschaften im Wege des Versorgungsausgleichs erhalten; Ansprüche auf Zugewinn und Unterhalt waren ausgeschlossen. Bei einem fiktiv nach Scheidung hinzugedachten Erbfall und Hinwegdenken des erbrechtlichen Verzichts hätte dem Ehemann auch erbrechtlich selbstverständlich nichts mehr zugestanden. Auch die Ansprüche auf nachehelichen Unterhalt wären wegen des wirksamen Unterhaltsverzichts entfallen, ebenso Zugewinnausgleichsansprüche. Der Verzicht auf Erb- und Pflichtteil ist also für diese Konstellation neutral.

Ohne Scheidungsfolgenvereinbarung und Scheidung, aber nach erklärtem Erb- und Pflichtteilsverzicht erhält der Ehemann im Erbfall ebenfalls keinen Unterhalt, §§ 1360 a Abs. 3, 1615 Abs. 1, der auf die Erben gemäß § 1586 b übergehen könnte,

820 LG Ravensburg, Urt. v. 31.01.2008, ZEV 2008, S. 598, 599 f.
821 Schotten in: Staudinger, § 2346, Rn. 197; Bergschneider, FamRZ 2008, S. 1289, 1291; Edenhofer in: Palandt, § 2346, Rn. 17; Münch, ZEV 2008, S. 571, 571 ff.
822 Bergschneider, FamRZ 2008, S. 1289, 1292.
823 Münch, ZEV 2008, S. 571, 571.

allenfalls erhält er eine Witwerrente. Wegen des wirksamen erbrechtlichen Verzichts existieren auch keine erbrechtlichen Ansprüche. Der Unterhaltsverzicht ist somit unerheblich.

Wenn aufgrund der Scheidung bzw. der hierfür vorliegenden Voraussetzungen das Erbrecht entfällt, der Erbfall eingetreten ist und kein wirksamer Verzicht auf Unterhalt (und Erbrecht[824]) im obigen Sinne vorliegt, kann der nacheheliche Unterhalt gemäß §§ 1933 S. 3, 1586 b „vererbt" werden. Das Landgericht begründet aber die zusätzliche unzumutbare Belastung des ohnehin ehevertraglich bestehenden Unterhaltsverzichts mit dem Fehlen des Unterhaltsanspruchs aufgrund des erklärten Erb- und Pflichtteilsverzichts gemäß §§ 1933 S. 3, 1586 b, ohne zu sehen, dass es zu diesem letztgenannten Verlust in Fällen der vorliegenden Art überhaupt nicht mehr kommen kann. Mangels Scheidung bzw. Vorliegens der entsprechenden Voraussetzungen wird kein Unterhaltsanspruch ausgelöst, auf welchen zusätzlich verzichtet werden könnte bzw. welcher aufgrund des Pflichtteilsverzichts entfallen könnte. Eine solche Kumulation von Nachteilen ist nicht denkbar, weil sie sich alternativ darstellen. Damit vermögen sie auch keine (weitere) unzumutbare Belastung für den Unterhaltsbedürftigen zu begründen. Dass im Ergebnis das Gericht auf diese Weise mit einem nicht bestehenden Unterhaltsanspruch zu dem Ergebnis kommt, dass der Erb- und Pflichtteilsverzicht unwirksam ist, darf zutreffend als paradox beschrieben werden[825].

Mit eben dieser fehlerhaften Begründung untersucht das Gericht zwar die Vereinbarung zum Erb- und Pflichtteilsverzicht isoliert vom Ehevertrag, gelangt jedoch dann zu dem Ergebnis, dass der mit dem Erb- und Pflichtteilsverzicht herbeigeführte Verlust des Unterhaltsanspruchs zu der evident einseitigen Lastenverteilung beigetragen habe, weshalb auch der erbrechtliche Verzicht, neben dem ehevertraglichen, unwirksam sei. Von einer Trennung des ehevertraglichen von dem erbrechtlichen Vertragsteil auszugehen, ist zwar grundsätzlich vertretbar. Im Hinblick auf die weiteren Feststellungen, dass nämlich auch die Vereinbarung zur Gütertrennung abermals rechtlich selbständig sein solle, hätte es aber einer ausführlicheren und natürlich zutreffenden Begründung bedurft. Eine solche allerdings wird sich nicht finden lassen. Denn die Gesamtbetrachtung von Ehevertrag und erbrechtlichem Verzicht kann wohl kaum zu dem Ergebnis führen, dass beides unwirksam, ein Bestandteil des Teiles Ehevertrag jedoch wirksam ist. Das Gericht war rein praktisch bestrebt, die Erbquote des überlebenden Gatten durch Aufrechterhaltung der Gütertrennung möglichst gering zu halten[826]. Ebenfalls ist

824 Das Landgericht vertritt die sog. „Einheitslösung", wonach mit dem Pflichtteilsverzicht bzw. mit einem vorbehaltlosen Erbverzicht automatisch auch der vererbbare nacheheliche Unterhalt des § 1586 b entfällt, erwähnt jedoch nicht einmal, dass diese Frage hoch streitig ist, dazu näher unten § 5, C., II., 1., S. 222 ff..

825 Vgl. die Ausführungen von Bergschneider, Anm. zu LG Ravensburg, Urt. v. 31.01.2008, FamRZ 2008, S. 1289, 1292.

826 Vgl. hierzu die Erwägungen von Münch, ZEV 2008, S. 571, 578.

das Gericht eine Erklärung zu dem von ihm offensichtlich angenommenen Automatismus schuldig geblieben, dass der Verlust des Unterhaltsanspruchs durch den erbrechtlichen Verzicht die Unwirksamkeit des erbrechtlichen Verzichts selbst bedingt. Offenbar soll in diesem Sinne, um bei den Worten von *Münch* zu bleiben, eine Art Selbstinfektion vorliegen[827]. Der Pflichtteilsverzicht wäre quasi von vornherein nach seinem Sinn und Zweck darauf angelegt, sich selbst zu zerstören.

6. Weitere Gerichtsentscheidungen im Überblick

a) Das Urteil des OLG Koblenz vom 13. Januar 2004

Kurze Zeit vor dem Grundsatzurteils des BGH aus Februar 2004 hatte das OLG Koblenz über einen Ehevertrag zu entscheiden, in welchem die Ehegatten zwei Wochen vor der Heirat, die Ehefrau erwartete die Geburt von Zwillingen, einen Ehevertrag mit Pflichtteilsverzicht abgeschlossen hatten. Neben der ebenfalls vereinbarten Gütertrennung wurde hinsichtlich des Unterhalts vertraglich fixiert, dass grundsätzlich auf nachehelichen Unterhalt verzichtet würde. Für den Fall des Scheiterns der Ehe innerhalb von acht Jahren nach der Heirat sollte der Ehemann für die Dauer von zwei Jahren einen Unterhalt in Höhe von monatlich 1500,- DM zahlen, der sich wiederum bis zum dritten Lebensjahr des jüngsten Kindes auf 2000,- DM monatlich erhöhen sollte. Die Dauer der Unterhaltszahlung sollte sich entsprechend verlängern, wenn eines oder mehrere gemeinsame Kinder bei der Mutter leben würden. Die Unterhaltsverpflichtung sollte dann wiederum unabhängig von einer etwaigen Verhinderung der Ehefrau an der Ausübung ihrer beruflichen Tätigkeit mit dem sechzehnten Lebensjahr des jüngsten Kindes enden. Weil keine Regelung zum Versorgungsausgleich getroffen wurde, hatte das Gericht diesen durchzuführen[828].

Den Streit der acht Jahre nach Eheschließung geschiedenen Parteien um die Wirksamkeit des Ausschlusses von Vorsorgeunterhaltsansprüchen entschied das OLG zugunsten der Ehefrau und sprach ihr dem Grunde nach einen über den vereinbarten Betrag von 1500,- DM monatlich hinausgehenden Betreuungsunterhalt zu. Da der Ehemann über ein monatliches Nettoeinkommen in Höhe von 5150,- € verfügte und mit dem Vertrag die wirtschaftliche Folgen einer Scheidung für ihn möglichst gering habe halten wollen, sei dies zwar hinsichtlich der Gütertrennung und des Pflichtteilsverzichts zu akzeptieren; allerdings gelte das aufgrund der nachgewiesenen Zwangssituation der Ehefrau im Zeitpunkt des Vertragsabschlusses und einer entsprechend ungleichen Verhandlungsposition nicht für den Betreuungsunterhalt, welcher in voller Höhe zuzusprechen sei. Der Betrag in Höhe von 1500,- DM monatlich habe dem Selbstbehalt der damaligen Düsseldorfer

827 Zu der Frage der Verzichtswirkungen auf den Unterhalt gemäß § 1586 b sowie die Frage der einheitlichen Unwirksamkeit von Ehevertrag und erbrechtlichen Verzichten vgl. unten § 5, C., II., 1., S. 222 ff.. und § 5, D., S. 299 ff..

828 OLG Koblenz, Urt. v. 13.01.2004, FamRZ 2004, S. 805, 805 mit Anm. Bergschneider.

Tabelle entsprochen, während der errechnete Unterhalt mehr als doppelt so hoch wie der vereinbarte sei[829].

Offen ließ das OLG die Frage, ob vorbenanntes im Wege der Inhaltskontrolle gefundene Ergebnis letztlich der Wirksamkeitskontrolle oder aber der Ausübungskontrolle entspringe[830]. Die Revisionsinstanz hat sodann, ohne das Ergebnis der von dem OLG vorgenommenen Gesamtwürdigung in Frage zu stellen, wegen der einseitigen Lastenverteilung die Sittenwidrigkeit der Unterhaltsregelung festgestellt[831].

Ohne näher auf die Qualität des Pflichtteils bzw. –verzichts einzugehen, hat das OLG ohne Anzeichen eines diesbezüglichen Problembewusstseins inzident mit seiner Entscheidung vollständige Vertragsfreiheit hinsichtlich des Pflichtteilsverzichts angenommen und indirekt durch die Bezugnahme zur Gütertrennung diese beiden Institute zumindest hinsichtlich ihrer Disponibilität gleichgestellt[832]. Der BGH verzichtete ebenfalls auf irgendwelche Ausführungen zum Verzicht auf den Pflichtteil[833]. Bedeutsam war die Entscheidung des BGH vor allem deshalb, weil sie erstmals zu einer modifizierten Unterhaltsregelung Stellung nahm und Maßstäbe für die konkrete Höhe des nachehelichen Unterhalts lieferte[834]. Obwohl mithin alle mit der Entscheidung befassten Instanzen eine umfassende Abwägung unter Berücksichtigung der beiden Entscheidungen des BVerfG aus dem Jahre 2001 getroffen haben, sieht man die fehlende Bereitschaft der Gerichte, einen Verzicht auf den Pflichtteil ohne weitere konkrete Anhaltspunkte für seine Unwirksamkeit in die Inhaltskontrolle näher einzubeziehen.

b) Das Urteil des LG Düsseldorf vom 02. März 2007

In einem der Entscheidung des OLG München vergleichbaren Fall klagte der testamentarisch enterbte Sohn aus erster Ehe des Erblassers gegen die als Alleinerbin von dem Erblasser eingesetzte zweite Ehefrau auf Zahlung eines Pflichtteils im Wege der Stufenklage[835]. Nachdem der Sohn zunächst nach der Trennung seiner Eltern zu seinem Vater 20 Jahre keinen Kontakt mehr gehabt hatte, vereinbarte

829 OLG Koblenz, Urt. v. 13.01.2004, FamRZ 2004, S. 805, 806 mit Anm. Bergschneider.
830 OLG Koblenz, Urt. v. 13.01.2004, FamRZ 2004, S. 805, 807 mit Anm. Bergschneider.
831 BGH, Urt. v. 05.07.2006, NJW 2006, S. 3142–3146 mit Anm. Rakete-Dombek.
832 Ähnlich insoweit Wiemer, S. 175, Fn. 667, mit Verweis auf die vorliegende Entscheidung des OLG Koblenz; Bergschneider, Anm. zu OLG Koblenz, Urt. v. 13.01.2004, FamRZ 2004, S. 805, 807, prognostizierte in seiner Anmerkung zu der zweiten Instanz bereits, dass der BGH als Revision wohl kaum diese Vertragsfreiheit von Pflichtteilsverzicht und Gütertrennung beanstanden würde, da erbrechtliche Regelungen und Gütertrennung außerhalb des Kernbereichs des Scheidungsfolgenrechts anzusiedeln seien.
833 BGH, Urt. v. 05.07.2006, NJW 2006, S. 3142–3146 mit Anm. Rakete-Dombek.
834 Rakete-Dombek, Anm. zu BGH, Urt. v. 05.07.2006, NJW 2006, S. 3124, 3146.
835 LG Düsseldorf, Urt. v. 02.03.2007, BeckRS 2007, 16585.

der Bürovorsteher des beurkundenden Notars für den damals 29jährigen Sohn und seine Schwester mit dem Erblasser einen Pflichtteils- und Erbverzicht. Ferner erhielt jedes Kind einen Miteigentumsanteil von ¼ an einem Hausgrundstück. Die Geschwister genehmigten sodann die vollmachtlose Vertretung durch den Bürovorsteher. Nach Ansicht des Klägers war der Vertrag gem. § 138 Abs. 1 unwirksam, weil der Erblasser ihn zu dem Abschluss des Erb- und Pflichtteilsverzichts durch Täuschung und Irrtumserregung hinsichtlich seiner Vermögensverhältnisse gebracht und die wirtschaftlich angespannte Lage des Klägers und seiner Schwester – zum damaligen Zeitpunkt waren beide in Ausbildung befindlich – ausgenutzt habe. Tatsächlich habe der Erblasser im Zeitpunkt des Vertragsabschlusses über ein Vermögen in Höhe von mehr als 5 Millionen Euro verfügt.

Das Landgericht wies die Klage ab, weil der Pflichtteilsverzicht wirksam sei. Soweit der Kläger bezüglich der Täuschung über das Vermögen auf die Entscheidung des OLG München vom 25.01.2006 verwiesen habe, sei der Vergleich unzutreffend, da in jenem Fall konkrete Zahlen angegeben worden seien, die man nicht auf das tatsächliche Vermögen des Erblassers hätte zurückführen können. Das vermeintlich umfangreiche Vermögen des Vaters habe der Kläger nicht nachweisen können; mangels Vorstellung über die Vermögenssituation des Vaters überhaupt scheide auch ein Irrtum darüber aus. Auch habe der Kläger keine hinreichenden Angaben zu seinen eigenen Vermögensverhältnissen zum damaligen Zeitpunkt gemacht. Selbst wenn man in der von dem Kläger behaupteten Ankündigung des Erblassers, er werde seine Ehefrau zur Alleinerbin einsetzen, wenn der Kläger dem Verzichtsvertrag nicht zustimme, eine Drohung sehe, könne sich daraus allenfalls eine Anfechtbarkeit der Willenserklärung ergeben, nicht jedoch eine Nichtigkeit gemäß § 138 Abs. 1. Bei der Frage der Sittenwidrigkeit seien vielmehr auch Alter und Bildung des damals 29jährigen Medizinstudenten zu berücksichtigen. Es liege nahe, dass er intellektuell in der Lage gewesen sei, die Tragweite der Entscheidung abzusehen. Eine Anfechtung sei nicht erfolgt, die Anfechtungsfrist sei abgelaufen[836].

Die Entscheidung ist in der Tat in Teilen vergleichbar mit der des OLG München. Auch hier war die Grenzziehung von arglistiger Täuschung und Sittenwidrigkeit erforderlich. Das Landgericht hat im Rahmen des § 138 Abs. 1 zutreffend eine etwaige schwächere Verhandlungsposition sowie (strukturelle) Unterlegenheit geprüft und im Ergebnis richtigerweise verneint. Ebenso wie die des OLG München erinnern auch hier die Entscheidungsgründe teils an die Terminologie der (ehevertraglichen) Inhaltskontrolle, wiederum ohne dass diese explizit als solche benannt würden.

836 LG Düsseldorf, Urt. v. 02.03.2007, BeckRS 2007, 16585.

II. Das Urteil des BGH vom 19. Januar 2011 zum Pflichtteilsverzicht eines behinderten Sozialleistungsbeziehers

1. Auswirkungen des Sozialrechts unter Berücksichtigung der Parallele zu Unterhaltsverzichten zu Lasten der Sozialhilfe

Private und öffentliche Interessen sind nicht immer deckungsgleich. Völlig losgelöst von der oben dargestellten Diskussion im Schrifttum und den Andeutungen in der Rechtsprechung hat der BGH zu Beginn des Jahres 2011 mit dem unten näher erläuterten Urteil endlich Stellung zu der (Sonder-)Frage bezogen, ob der Pflichtteilsverzicht eines behinderten Sozialleistungsbeziehers sittenwidrig ist. Gerade an den Schnittstellen zwischen dem Familienrecht, insbesondere dem Unterhaltsrecht, und dem Sozialrecht zeigen sich Abgrenzungsprobleme bei der Frage, welche Lasten von der Allgemeinheit und welche von der Familie zu tragen sind. Sieht man die Aufgabe des Rechts auch darin, dafür Sorge zu tragen, dass jeder Einzelne seinen ihm möglichen Beitrag für die Allgemeinheit leistet, dann darf Wohlstand nicht ausschließlich privatisiert und jede schicksalhafte Belastung wie Krankheit, Pflege oder Behinderung sozialisiert werden. In Bezug auf das Erbrecht und das Recht der Sozialhilfe darf zwar grundsätzlich jeder aufgrund der Testierfreiheit über seinen Nachlass nach Belieben verfügen, inwieweit ihm das jedoch zu Lasten der Allgemeinheit gestattet sein soll, ist eine Frage von fast „hamletschem Ausmaß“[837].

Dementsprechend werden viele Eltern kreativ bei der testamentarischen Gestaltung, wenn hinsichtlich des Erbes des eigenen behinderten Kindes der Zugriff des Sozialhilfeträgers droht. Übernimmt der Sozialhilfeträger beispielsweise die Kosten für die Betreuung und den Lebensunterhalt des Kindes, wählen viele Eltern die Alternative des sog. Behindertentestaments[838].

Im Bereich des Unterhaltsrechts[839] hat der BGH den Einfluss des Sozialrechts und die damit einhergehenden Abgrenzungsprobleme zumindest an zwei Stellen ausdrücklich beantwortet. Während zwar ein Unterhaltsverzicht zu Lasten der Sozialhilfe unter bestimmten Voraussetzungen gemäß § 138 nichtig ist, besteht die Unterhaltspflicht des geschiedenen Ehegatten nicht unbegrenzt fort, sondern mit § 1578 b BGB existieren Begrenzungsmöglichkeiten für Unterhaltsansprüche, die den Ehegatten aus seinen Zahlungspflichten, mittlerweile sogar zu Lasten der

837 Dillmann, Legal Tribune, 03.03.2011.

838 Näher zu den Charakteristika des Behindertentestaments unten § 5, A., II., 2., c), aa), S. 163 ff..

839 Zu Vereinbarungen insbesondere zu Lasten der Sozialhilfe, siehe auch die grundsätzliche Entscheidung des BGH, Urt. v. 08.12.1982, FamRZ 1983, S. 137, 137 sowie die Darstellung der relevanten Entscheidungen der Rechtsprechung auf dem Gebiet des Unterhaltsrechts unten § 5, C., III., 10., b), aa), S. 276 ff..

Allgemeinheit, entlassen können[840]. In diesem Fall besteht keine Nachrangigkeit der Sozialhilfe. Das im Folgenden dargestellte Urteil des BGH beinhaltet in den Entscheidungsgründen eine Vielzahl von Grundsatzargumenten, die auch für die Frage von Pflichtteilsverzichten, die von nicht behinderten Person und damit auch für solche Verzichte, welche gerade nicht zulasten der Sozialhilfe geschlossen werden, bedeutende Auswirkungen haben könnten. Einige dieser Argumente werden später in anderem Gewand nochmals in Erscheinung treten, während andere spezifisch nur für den Fall des Verzichts zulasten der Sozialhilfe Platz greifen.

2. Das Urteil des BGH vom 19. Januar 2011

a) Sachverhalt

Der BGH hatte zu entscheiden, ob der Pflichtteilsverzicht eines behinderten Sozialleistungsbeziehers sittenwidrig ist[841]. Der klagende Sozialhilfeträger verlangte aus übergeleitetem Pflichtteilsanspruch im Wege der Stufenklage von dem Beklagten als Alleinerben seiner verstorbenen Ehefrau die Ermittlung des Nachlasswertes und Zahlung eines entsprechenden Betrages.

Die Erblasserin und ihr Ehemann errichteten am 06.11.2006 ein gemeinschaftliches Testament, in welchem sie sich gegenseitig zu Alleinerben und die drei gemeinsamen Kinder als Schlusserben einsetzten. Eines der Kinder bezog seit 1992 Eingliederungshilfe[842] vom Kläger, die seit Mai 2007 als erweiterte Hilfe gemäß § 19 Abs. 5 SGB XII gezahlt wurde. Dieses Kind wurde für den Schlusserbfall zu einer über dem Pflichtteil liegenden Quote als nicht befreite Vorerbin und die beiden Geschwister zu Voll-Miterben sowie als Nacherben eingesetzt. Über den Vorerbteil wurde Dauertestamentsvollstreckung angeordnet, wobei der Bruder als Testamentsvollstrecker angewiesen wurde, der Leistungsbezieherin zur Verbesserung der Lebensqualität solche Gelder aus den Reinerträgen des Nachlasses zukommen zu lassen, auf die der Sozialhilfeträger keinen Zugriff hat. Die drei Kinder verzichteten auf ihren jeweiligen Pflichtteil nach dem Erstversterbenden[843]. Nach dem Tod der Ehefrau des Beklagten leitete der Kläger gemäß § 93 SGB XII[844] den

---

840 Vgl. ergänzend oben § 4, A., III., 4., f), S. 116 ff..

841 BGH, Urt. v. 19.01.2011, BeckRS 2011, 02577.

842 Jetzt §§ 53 ff. SGB XII.

843 In dem Pflichtteilsverzicht der behinderten Leistungsbezieherin liegt nach Dreher/Görner, NJW 2011, S. 1761, 1761 deshalb die Besonderheit des Falles, weil die lernbehinderte Tochter der testierenden Eltern geschäftsfähig war.

844 § 93 Abs. 1 SGB XII lautet wörtlich: „Hat eine leistungsberechtigte Person oder haben bei Gewährung von Hilfen nach dem Fünften bis Neunten Kapitel auch ihre Eltern, ihr nicht getrennt lebender Ehegatte oder ihr Lebenspartner für die Zeit, für die Leistungen erbracht werden, einen Anspruch gegen einen anderen, der kein Leistungsträger im Sinne des § 12 des Ersten Buches ist, kann der Träger der Sozialhilfe durch schriftliche Anzeige an den anderen bewirken, dass dieser Anspruch bis zur Höhe seiner Aufwendungen auf ihn übergeht. Er kann den Übergang dieses

Pflichtteilsanspruch der leistungsbeziehenden Tochter nach der Erblasserin sowie das Auskunftsrecht nach § 2314 BGB auf sich über.

Während der Kläger den Pflichtteilsverzicht der Leistungsbezieherin wegen Verstoßes gegen § 138 Abs. 1 BGB für unwirksam hielt, weil er ausschließlich dazu diene, den Zugriff des Sozialversicherungsträgers auf den Pflichtteilsanspruch unter Verstoß gegen das sozialrechtliche Nachranggebot zu verhindern, weshalb sich der Verzicht als Vertrag zu Lasten Dritter darstelle, war der Beklagte gegenteiliger Ansicht. Mit dem Pflichtteilsverzicht habe der überlebende Ehegatte nach dem Tod des Erstversterbenden finanziell abgesichert, insbesondere eine Verwertung des Hausgrundstücks als wesentlichem Vermögenswert vermieden werden sollen. Nicht nur die Leistungsbezieherin, sondern alle drei Kinder hätten dabei auf ihren jeweiligen Pflichtteil verzichten sollen, weil sich sowohl die Eheleute als auch die Kinder einig gewesen seien, dass die Kinder den elterlichen Nachlass erst nach dem Letztversterbenden erhalten sollten.

b) Entscheidungsgründe

Der BGH wies die Revision des Klägers gegen die klageabweisende Entscheidung des OLG Köln[845] mangels Sittenwidrigkeit des Pflichtteilsverzichts zurück. Sowohl das gemeinschaftliche Testament als auch der Pflichtteilsverzicht seien wirksam, weshalb auch ein Wertermittlungsanspruch ausscheiden müsse[846].

Auch im Streitfall handele es sich um ein sog. Behindertentestament, welches aufgrund der sittlich anzuerkennenden Sorge für das Wohl des Kindes über den Tod der Eltern hinaus grundsätzlich nicht sittenwidrig sei[847]. Auch der Pflichtteilsverzicht der Leistungsbezieherin verstoße weder für sich genommen noch in einer Gesamtschau mit dem elterlichen Testament gegen die guten Sitten. Sodann führt der BGH die bereits oben dargelegten Ansichten zu der Frage der Sittenwidrigkeit

---

Anspruchs auch wegen seiner Aufwendungen für diejenigen Leistungen des Dritten und Vierten Kapitels bewirken, die er gleichzeitig mit den Leistungen für die in Satz 1 genannte leistungsberechtigte Person, deren nicht getrennt lebenden Ehegatten oder Lebenspartner und deren minderjährigen unverheirateten Kindern erbringt. Der Übergang des Anspruchs darf nur insoweit bewirkt werden, als bei rechtzeitiger Leistung des anderen entweder die Leistung nicht erbracht worden wäre oder in den Fällen des § 19 Abs. 5 und des § 92 Abs. 1 Aufwendungsersatz oder ein Kostenbeitrag zu leisten wäre. Der Übergang ist nicht dadurch ausgeschlossen, dass der Anspruch nicht übertragen, verpfändet oder gepfändet werden kann."

845 OLG Köln, Urt. v. 09.12.2009, ZEV 2010 S. 85–89 mit Anm. Armbrüster = ZEV 2010, S. 195–196 mit Anm. Bengel/ Spall = RNotZ 2010, S. 139–143 mit Anm. Vaupel = FamRZ 2010, S. 838–843 mit Anm. Dutta.

846 BGH, Urt. v. 19.01.2011, BeckRS 2011, 02577, insb. Rn. 9 ff.

847 BGH, Urt. v. 19.01.2011, BeckRS 2011, 02577, Rn. 12 mit Verweis auf die Rechtsprechung des BGH zu Behindertentestamenten; dazu unten § 5, A., II., 2., c), aa), S. 163 ff..

von Pflichtteilsverzichten auf, die von Sozialleistungsbeziehern erklärt werden, und kommt zu dem Ergebnis, dass eine Sittenwidrigkeit nicht vorliege; dies mit Verweis auf die bereits insoweit in der Rechtsprechung zu Behindertentestamenten angelegte Auffassung. Mit dem Verzicht auf den Pflichtteil mache die Leistungsbezieherin von ihrem Recht aus § 2346 Abs. 2 BGB Gebrauch. Nach dem Grundsatz der Privatautonomie gemäß Art. 2 Abs. 1 GG seien Rechtsgeschäfte wirksam, solange sie nicht gegen entgegenstehende Gesetze verstießen. Die Wirksamkeit könne nur in eng begrenzten Ausnahmefällen versagt werden, wenn dies aufgrund übergeordneter Wertungen, etwa infolge objektiver Wertentscheidungen der Grundrechte, die über Generalklauseln wie § 138 Abs. 1 BGB in das Zivilrecht hineinwirkten[848], erforderlich sei. In solchen Fällen müsse nicht etwa die Rechtfertigung des Rechtsgeschäfts konkret begründet werden, sondern die Unwirksamkeit des Rechtsgeschäfts. Damit könnten im Erbrecht grundsätzlich zunächst alle zur Verfügung stehenden gesetzlichen Gestaltungsmittel ausgeschöpft werden[849]. Damit sei auch im Falle etwaiger nachteiliger Wirkungen zu Lasten der Allgemeinheit positiv festzustellen und zu begründen, gegen welche übergeordneten Wertungen das Rechtsgeschäft verstoße und weshalb seine Wirksamkeit nicht hingenommen werden könne, nicht hingegen die Testierfreiheit einen sonst gegebenen Sittenverstoß ausschließe[850].

In diesem Sinne seien die gegen die Wirksamkeit des Pflichtteilsverzichts aufgeführten Gründe nicht ausreichend, dessen Sittenwidrigkeit zu rechtfertigen. Zunächst stelle der Pflichtteilsverzicht keinen unzulässigen Vertrag zu Lasten Dritter dar, weil dem Sozialversicherungsträger keine vertraglichen Pflichten auferlegt würden, der Nachteil der öffentlichen Hand vielmehr als Reflex durch die Aufrechterhaltung der Bedürftigkeit entstehe. Die mittelbaren nachteiligen Wirkungen für Dritte seien hinzunehmen[851]. Nachranggrundsatz und Subsidiaritätsprinzip des Sozialhilferechts könnten mit zivilrechtlichen Gestaltungen zwar in Konflikt geraten, wenn sie darauf gerichtet seien, die Bedürftigkeit einer Person gezielt herbeizuführen. Vorliegend sei dies jedoch nicht der Fall. Das Sozialhilferecht durchbreche selbst in erheblichem Maße den Nachranggrundsatz, welcher zudem vom Gesetzgeber nicht überall beibehalten und deshalb dem Subsidiaritätsprinzip weitestgehend die Prägekraft genommen worden sei. Während der Gesetzgeber bei allen Leistungsarten Schonvermögen akzeptiere, würde bei behinderten Menschen der Einsatz des eigenen Vermögens zudem auf das Zumutbare beschränkt; vor allem die Überleitung von Unterhaltsansprüchen, insbesondere gegenüber den Eltern des Behinderten sei nur in beschränktem Umfang möglich[852]. Gerade darin

848 Vgl. unten § 5, B., S. 172 ff..

849 BGH, Urt. v. 19.01.2011, BeckRS 2011, 02577, Rn. 18.

850 BGH, Urt. v. 19.01.2011, BeckRS 2011, 02577, Rn. 19.

851 BGH, Urt. v. 19.01.2011, BeckRS 2011, 02577, Rn. 21.

852 BGH, Urt. v. 19.01.2011, BeckRS 2011, 02577, Rn. 23 mit Verweis auf §§ 19 Abs. 3, 92, 94 Abs. 2 SGB XII; § 19 Abs. 3 SGB XII bestimmt, dass Hilfen zur Gesundheit, Eingliederungshilfe für behinderte Menschen, Hilfe zur Pflege, Hilfe zur Überwindung

zeige sich das gegenläufige Prinzip des Familienlastenausgleichs, nach welchem die besonders hohen wirtschaftlichen Lasten im Falle behinderter Kinder zu einem gewissen Teil endgültig von der Allgemeinheit getragen werden sollen, da nur Kinder die weitere Existenz der Gesellschaft sicherten[853]. In diesem Sinne verstoße auch die Übertragung eines Hausgrundstücks, welches das gesamte Vermögen darstelle, gegen das Versprechen von Versorgungsleistungen, nicht gegen die guten Sitten; selbst dann nicht, wenn die Versorgungsleistungen nur solange geschuldet seien, wie sie von dem insoweit verpflichteten Übernehmer selbst erbracht werden könnten und damit das Risiko späterer Inanspruchnahme von Sozialhilfe aufgrund etwaig erforderlicher Heimunterbringung bestehe. Den Übergebenden treffe insoweit keine Pflicht, über die Leistungen an die gesetzliche Rentenversicherung hinaus für sein Alter vorzusorgen[854]. Sodann führt der BGH zu diesem letztgenannten Fall wörtlich aus: „Anders als in den Fällen von Unterhaltsverzichten in Scheidungsfolgenvereinbarungen werden keine gesetzlichen Ansprüche abbedungen und es wird auch nicht in ein gesetzliches Konzept zum Nachteil des Sozialversicherungsträgers eingegriffen, weshalb der Nachranggrundsatz der öffentlichen Hilfe nicht berührt ist[855]."

An dieser Wertung ändere sich auch nichts dadurch, dass der Leistungsbezieher bei dem Pflichtteilsverzicht selbst aktiv handele, während er im Falle eines Behindertentestaments nur passiv von einer Regelung betroffen werde. Zutreffend sei aber, dass sich der Verzichtende nicht wie der Erblasser auf die Testierfreiheit im eigentlichen Sinn berufen könne. Insoweit sei der Pflichtteilsverzicht eher mit der Ausschlagung vergleichbar[856]. Die Senatsrechtsprechung zum Behindertentestament müsse jedoch auch bei erbrechtlich relevantem Handeln Behinderter zum Tragen kommen. Die Entscheidung dieser, zu erben oder nicht, sei von der Privatautonomie gedeckt. Insoweit sei der Erbrechtsgarantie, Art. 14 Abs. 1 GG, auch ein Gegenstück im Sinne einer „negativen Erbfreiheit" zu entnehmen. Daher stehe

besonderer sozialer Schwierigkeiten und Hilfen in anderen Lebenslagen nach dem Fünften bis Neunten Kapitel des Zwölften Buches geleistet werden, soweit den Leitungsberechtigten, ihren nicht getrennt lebenden Ehegatten oder Lebenspartnern und, wenn sie minderjährig und unverheiratet sind, auch ihren Eltern oder einem Elternteil die Aufbringung der Mittel aus dem Einkommen und Vermögen nach den Vorschriften des Elften Kapitel nicht zuzumuten ist. Gemäß § 94 Abs. 2 S. 1 geht der Anspruch einer volljährigen unterhaltsberechtigten Person, die behindert im Sinne von § 53 oder pflegebedürftig im Sinne von § 61 ist, gegenüber ihren Eltern wegen Leistungen nach dem Sechsten und Siebten Kapitel nur in Höhe von bis zu 26 Euro, wegen Leistungen nach dem Dritten Kapitel nur in Höhe von bis zu 20 Euro monatlich über.

853 BGH, Urt. v. 19.01.2011, BeckRS 2011, 02577, Rn. 23.

854 BGH, Urt. v. 19.01.2011, BeckRS 2011, 02577, Rn. 24 mit Hinweis das Urteil vom 06.02.2009, NJW 2009, S. 1346–1348.

855 BGH, Urt. v. 19.01.2011, BeckRS 2011, 02577, Rn. 24.

856 BGH, Urt. v. 19.01.2011, BeckRS 2011, 02577, Rn. 25.

dem Verzichtenden nicht nur die Privatautonomie, Art. 2 Abs. 1 GG, zur Seite, sondern auch der Grundgedanke der Erbfreiheit[857]. Eine Pflicht zu erben gebe es nicht. Das Recht zur Ausschlagung müsse den Betreffenden zustehen, um sich vor dem gesetzlichen Vonselbst-Erwerb wehren zu können[858]. Auch die Möglichkeit des Insolvenzgläubigers, von einem erbrechtlichen Erwerb zu profitieren ändere insoweit nichts[859]. Als vorläufiges Ergebnis hält der BGH sodann fest, dass daher auch gegenüber der Freiheit potentieller Erben und Pflichtteilsberechtigter gelte, dass der im Sozialrecht nur unvollkommen ausgestaltete Nachranggrundsatz keine hinreichende Prägekraft aufweise, um eine Einschränkung der Privatautonomie bzw. der negativen Erbfreiheit im dargelegten Sinne über § 138 Abs. 1 BGB rechtfertigen zu können[860].

Behinderte würden im Übrigen mit dem Pflichtteilsverzicht typischerweise einer Erwartungshaltung der Eltern nachkommen, wenn sich diese gegenseitig als Alleinerben einsetzen und sicherstellen wollen, dass ihre Abkömmlinge nicht bereits beim Tode des Erstversterbenden Nachlasswerte erhalten[861]. Dieses Recht zur freien Gestaltung der Gemeinschaft in ehelicher und familiärerer Verantwortlichkeit und Rücksicht sei geschützt durch Art. 6 Abs. 1 GG[862].

Hinzu komme, dass das gleiche wirtschaftliche Ergebnis auf anderem Wege hätte erreicht werden können. So könnten Eltern dem behinderten Nachkommen bereits für den ersten Erbfall eine Miterbenstellung einräumen, wodurch der Sozialhilfeträger nur bei einer Ausschlagung auf den Pflichtteil zugreifen könne. Das Recht zur Ausschlagung wiederum könne der Sozialhilfeträger nach einhelliger Ansicht zur Geltendmachung des Pflichtteils nicht auf sich überleiten[863]. Letztlich fehle eine tragfähige Grundlage dafür, das Nachrangprinzip über § 138 Abs. 1 in die Zivilrechtsordnung hineinwirken zu lassen, um Behinderten die erbrechtlichen Instrumente zu beschneiden[864].

Lediglich zum Ende der Entscheidung konstatiert das Gericht, seine Rechtsprechung zur Unwirksamkeit von Unterhaltsverzichten in Eheverträgen und Scheidungsfolgenvereinbarungen, die den Sozialhilfeträger benachteiligen, sei auf Pflichtteilsverzichtsverträge nicht übertragbar[865]. Der umstrittenen Frage, ob und in welchem Umfang der Pflichtteilsverzicht (noch) Unterhaltsfunktion habe, er ein funktionelles Korrelat zur Unterhaltspflicht des Erblassers darstelle, brauche nicht

857 BGH, Urt. v. 19.01.2011, BeckRS 2011, 02577, Rn. 27.
858 BGH, Urt. v. 19.01.2011, BeckRS 2011, 02577, Rn. 27.
859 BGH, Urt. v. 19.01.2011, BeckRS 2011, 02577, Rn. 28; vgl. § 5, C., III., 10., c), S. 285 ff..
860 BGH, Urt. v. 19.01.2011, BeckRS 2011, 02577, Rn. 28.
861 BGH, Urt. v. 19.01.2011, BeckRS 2011, 02577, Rn. 29.
862 BGH, Urt. v. 19.01.2011, BeckRS 2011, 02577, Rn. 29.
863 BGH, Urt. v. 19.01.2011, BeckRS 2011, 02577, Rn. 30 mit Hinweis auf diverse Rechtsprechung sowie Literatur; würde man dies anders sehen, so würde der Sozialhilfeträger im Ergebnis Einfluss auf die Erbfolge nehmen können.
864 BGH, Urt. v. 19.01.2011, BeckRS 2011, 02577, Rn. 31.
865 BGH, Urt. v. 19.01.2011, BeckRS 2011, 02577, Rn. 32.

weiter nachgegangen zu werden. Das BVerfG habe jedenfalls bei der Entscheidung zur Bestandsgarantie des Pflichtteilsrechts nicht darauf abgestellt[866]. Weiter komme es auch nicht darauf an, ob der Gesetzgeber mit § 2346 BGB eine dem in § 1614 BGB verankerten Unterhaltsverzichtsverbot vorgehende spezialgesetzliche Regelung habe schaffen wollen und ob der Pflichtteilsberechtigte im konkreten Fall seine Stellung als Unterhaltsgläubiger durch den Verzicht verschlechtern würde[867]. Dies gelte ebenso für die Frage, ob das Pflichtteilsrecht im Gegensatz zum Unterhaltsanspruch noch keine sichere Erwerbsquelle darstelle[868]. Entscheidend sei vielmehr, dass vorliegend das Pflichtteilsrecht allenfalls ein Korrelat zu den Unterhaltsansprüchen gegenüber den Eltern sei und der Sozialhilfeträger gerade diese Unterhaltsansprüche wegen des hier eingreifenden Grundsatzes des Familienlastenausgleichs nur in sehr eingeschränktem Maße auf sich überleiten könne[869]. Gemäß §§ 19 Abs. 3, 92, 94 Abs. 2 SGB XII sind Unterhaltsansprüche behinderter volljähriger Leistungsbezieher der Höhe nach nur äußerst beschränkt überleitbar. Diese Höhenbegrenzung gelte unabhängig von einer etwaigen Beschränkung der Eltern in der Lebensführung, bei deren Vorliegen der selbständig geregelte Tatbestand der unbilligen Härte gemäß § 92 Abs. 3 SGB XII vorliegen könne. Auch werde die Hilfe nicht durch das dem Sozialrecht durchaus bekannte Instrumentarium der Darlehensgewährung, § 91 SGB XII, gewährt. Dies spreche zusammen mit weiteren sozialrechtlichen Erwägungen, die der BGH an dieser Stelle ausführt, dafür, dass das Vermögen von Familien behinderter Leistungsbezieher, welches über die Grenzen des § 92 Abs. 2 SGB XII hinausgehe, nicht nur zu Lebzeiten der Eltern den Familien belassen werden, sondern auch dauerhaft der Familie zugute kommen solle[870]. Im Sinne einer Kontrollüberlegung stellt der BGH sodann fest, dass bei Unwirksamkeit des Pflichtteilsverzichts der Sozialhilfeträger ansonsten über den Pflichtteil in weiterem Umfang gegen den Unterhaltsschuldner vorgehen könne als zuvor, was nicht nur in sich widersprüchlich wäre, sondern auch dem Familienlastenausgleich widersprechen würde[871]. Darin zeige sich auch der Unterschied zum Familienrecht. „Während Unterhaltsverzichte in Eheverträgen ehebedingte Nachteile, für deren Verteilung ein gesetzliches System besteht, unter dessen Umgehung auf die Allgemeinheit verteilen sollen, gibt es für die Tragung der besonderen Lasten, die mit der Erziehung und Betreuung behinderter Kinder verbunden sind, ein gesetzliches System im Sozialrecht, das den Zugriff auf die Eltern als Unterhaltsschuldner weitgehend ausschließt und diese Lasten der Allgemeinheit aufbürdet[872]."

---

866 BGH, Urt. v. 19.01.2011, BeckRS 2011, 02577, Rn. 33.
867 BGH, Urt. v. 19.01.2011, BeckRS 2011, 02577, Rn. 34.
868 BGH, Urt. v. 19.01.2011, BeckRS 2011, 02577, Rn. 35.
869 BGH, Urt. v. 19.01.2011, BeckRS 2011, 02577, Rn. 36 mit Verweis auf §§ 19 Abs. 3, 92, 94 Abs. 2 SGB XII.
870 BGH, Urt. v. 19.01.2011, BeckRS 2011, 02577, Rn. 36.
871 BGH, Urt. v. 19.01.2011, BeckRS 2011, 02577, Rn. 37.
872 BGH, Urt. v. 19.01.2011, BeckRS 2011, 02577, Rn. 38.

Schließlich spreche das beredte Schweigen des Gesetzgebers gegen die Annahme der Sittenwidrigkeit derartiger erbrechtlicher Gestaltungsinstrumente[873]. Es sei Aufgabe des Gesetzgebers, die bislang unterbliebene Erweiterung von Zugriffsmöglichkeiten gegenüber Eltern und Familien behinderter Kinder nachzuholen[874].

c) Umfang der Entscheidung – ein obiter dictum für Pflichtteilsverzichte unter Ehegatten und anderen Familienangehörigen?

aa) Charakteristika von Behindertentestamenten sowie Anspruchsübergänge nach dem SGB

Gemäß § 2 Abs. 1 SGB XII erhält keine Sozialhilfe, wer sich vor allem durch Einsatz seiner Arbeitskraft, seines Einkommens und seines Vermögens selbst helfen kann oder wer die erforderliche Leistung von anderen, insbesondere von Angehörigen oder von Trägern anderer Sozialleistungen erhält. Dieser Grundsatz der Nachrangigkeit der Sozialhilfe wird vielfach auch als fürsorgerechtliche oder materielle Subsidiarität bezeichnet[875]. Dieser Verweis des Sozialgesetzbuches auf die grundsätzliche Eigenverantwortlichkeit jedes einzelnen und den Ausnahmecharakter der Sozialhilfe hat seine Wurzeln in dem Gedankengut liberaler Staats- und Gesellschaftstheorien des 18. und 19. Jahrhunderts, wonach sich die Verantwortung der Gemeinschaft auf die Fälle beschränkt, in denen der einzelne die eigene Existenz nicht zu sichern vermag[876]. Der Nachranggrundsatz ist als eine Leitsatznorm eine Rechtsanwendungsregel, die mangels Konkretisierung eines verfassungsrechtlichen Grundsatzes auch nicht überhöht werden kann[877]. Er wird als eines der Strukturprinzipien des Sozialhilferechts angesehen und bezeichnet im engeren Sinn nur einen rechtlichen Nachrang in der Weise, dass ein Sozialhilfeanspruch bei anderen vorrangigen Hilfeansprüchen zurücktritt[878]. Hinsichtlich der Art und Weise, wie der Bedarf selbst zu decken ist, enthält § 2 Abs. 1 SGB XII mehrere Regelbeispiele. Wie etwa das eigene Einkommen und Vermögen einzusetzen ist, wird ergänzend geregelt in §§ 82 ff. SGB XII bzw. § 90 SGB XII[879]. Kommt es zu einer Leistung von Sozialhilfe, so kann gemäß §§ 93, 94 SGB XII der Träger der Sozialhilfe Ansprüche des Hilfeempfängers gegen Dritte auf sich überleiten und so grundsätzlich im Regresswege für Ersatz seiner ihm angefallenen Kosten sorgen. Zu solchen Ansprüchen gegen Dritte können dem Grunde nach diverse Ansprüche unterschiedlichster Art gehören. Gemäß § 2317 Abs. 2 BGB ist der Anspruch auf den

---

873 BGH, Urt. v. 19.01.2011, BeckRS 2011, 02577, Rn. 39.
874 BGH, Urt. v. 19.01.2011, BeckRS 2011, 02577, Rn. 41.
875 Settergren, S. 14.
876 Vgl. Settergren, S. 15 m.w.N.
877 Wahrendorf in: Grube/ Wahrendorf (Stand: 3. Auflage), § 2, Rn. 1.
878 Wahrendorf in: Grube/ Wahrendorf (Stand: 3. Auflage), § 2, Rn. 3.
879 Groth in: Beck´scher online Kommentar Sozialrecht, § 2, Rn. 2.

Pflichtteil vererblich und übertragbar. Dementsprechend ist anerkannt, dass auch der Pflichtteilsanspruch übergeleitet[880] und grundsätzlich auch verwertet[881] werden kann. Nach zutreffender Ansicht gelten in einem solchen Fall die Begrenzungen des § 852 Abs. 1 ZPO, wonach der Pflichtteilsanspruch der Pfändung nur insoweit unterworfen ist als er durch Vertrag anerkannt oder rechtshängig geworden ist, für den Sozialhilfeträger nicht[882]. Auch wenn sich der Pflichtteilsverzicht demnach in Fällen der vorliegenden Art anbietet, ist die Konstellation des „klassischen Behindertentestaments" doch eine andere[883].

So hat der BGH zuletzt in seinem voraufgeführten Urteil die Wirksamkeit dieser sog. Behindertentestamente[884] bestätigt[885], seien solche testamentarischen Verfügungen doch Ausdruck der sittlich anzuerkennenden Sorge der Eltern für das Wohl des Kindes über den Tod der Eltern hinaus[886]. Haben Eltern ein behindertes Kind, können sie die Nachlassverteilung durch eine kombinierte Anordnung von Vor- und Nacherbschaft mit einem über der Pflichtteilsquote des behinderten Kindes liegenden Erbanteil[887] sowie einer, mit konkreten Verwaltungsanweisungen versehenen, Dauertestamentsvollstreckung so gestalten, dass das Kind zwar Vorteile aus dem Nachlassvermögen erhält, der Sozialhilfeträger auf dieses Vermögen jedoch nicht zugreifen kann[888]. Weil das behinderte Kind damit Erbe wird,

---

880 Mayer in: Bamberger/ Roth (Stand: Edition 20), § 2317, Rn. 9; so auch zuletzt inzident der BGH mit seiner oben dargestellten Entscheidung vom 19.01.2011, wobei in diesem Fall der klagende Sozialhilfeträger sogar das Auskunftsrecht gemäß § 2314 BGB auf sich übergeleitet hatte.

881 BSG, Urt.v. 06.05.2010, FD- ErbR 2010, 308332 mit Anm. Litzenburger.

882 Siehe die weiteren Nachweise bei Mayer in: Bamberger/ Roth (Stand: Edition 20), § 2317, Rn. 9; näher dazu unten § 5, C., III., 10., b), bb), S. 279 ff..

883 Allgemein zur Vermögensübertragung zugunsten behinderter Menschen durch vorweggenommene Erbfolge und Verfügungen von Todes wegen vgl. das gleichnamige Werk von Juchem; zum Behindertentestament im Spannungsfeld zwischen Privatautonomie und Nachrangprinzip siehe die Arbeit von Settergren.

884 Zu den Gestaltungsalternativen bei einem Behindertentestament siehe Wendt, ZNotP 2008, S. 2–12; van de Loo, MittRhNotK 1989, S. 233–252; zum sog. Bedürftigentestament, bei welchem ein nicht behindertes Kind bedacht werden soll, das Grundsicherungsleistungen für Arbeitssuchende gemäß SGB II erhält, ausführlich etwa Klühs, ZEV 2011, S. 15–18.

885 BGH, Urt. v. 19.01.2011, BeckRS 2011, 02577, Rn. 12; neuerlich bestätigt von BGH, Beschl. v. 10.05.2017, FamRZ 2017, S. 1259, 1259 mit Anm. Reimann; grundlegend: BGH, Urt. v. 20.10.1993, DNotZ 1994, –S. 380–386.

886 BGH, Urt. v. 19.01.2011, BeckRS 2011, 02577, Rn. 12; BGH, Beschl. v. 10.05.2017, FamRZ 2017, S. 1259, 1259 mit Anm. Reimann.

887 Vgl. hierzu die Ausführungen von Schumacher, F., S. 39, die den Mechanismus des über der Pflichtteilsquote liegenden Erbteils im Zusammenspiel mit § 2306 anhand eines Beispiels erörtert.

888 BGH, Urt. v. 19.01.2011, BeckRS 2011, 02577, Rn. 12; der BGH sieht in der Tatsache des Bezugs von Eingliederungshilfe bzw. SGB- Leistungen offenbar das maßgebliche Kriterium eines Behindertentestaments, wenn er weiter ausführt, ein solches,

erhält es den Pflichtteil nur dann, wenn es gemäß § 2306 Abs. 1 die Erbschaft ausschlägt[889]. Das regelmäßig unter Betreuung stehende Kind, welches in den meisten Fällen zudem nicht geschäftsfähig ist, wird die Erbschaft in diesem Fall oftmals nicht ausschlagen können, weil die gemäß § 1822 Nr. 2 BGB für die Ausschlagung erforderliche Genehmigung des Betreuungsgerichts aufgrund des über der Pflichtteilsquote liegenden Erbteils nicht erteilt wird[890]. Um ein solches Behindertentestament handelte es sich auch in der hier in Rede stehenden Entscheidung. Wegen der Geschäftsfähigkeit der behinderten Tochter hatte diese jedoch zuvor zudem einen Pflichtteilsverzicht erklären können. Fraglich war damit, ob dieser Pflichtteilsverzicht für sich allein genommen und/oder in einer Gesamtschau mit dem Testament sittenwidrig ist[891].

bb) Meinungsstand in der Rechtsprechung und im Schrifttum

aaa) Der Pflichtteilsverzicht von Sozialleistungsbeziehern

Nach der Feststellung, dass Behindertentestamente nicht sittenwidrig sind, geht der BGH schließlich der Frage nach, ob Pflichtteilsverzichte, die von Sozialleistungsbeziehern erklärt werden, dem Sittenwidrigkeitsverdikt unterfallen, und stellt die insoweit maßgeblichen zwei Ansichten dar. Ein Teil der Rechtsprechung und der überwiegend älteren Literatur hält insbesondere den ohne Gegenleistung erklärten Verzicht für sittenwidrig[892]. Die Begründungen sind vielfältig. Teilweise

---

gemeint ist das Behindertentestament, liege auch hier vor, wobei es unerheblich sei, dass das behinderte Kind geschäftsfähig und nicht unter gerichtlicher Betreuung stand.

889 Dieses Recht des Behinderten bzw. des Betreuers des Behinderten, die Vorerbschaft oder je nach rechtlicher Konstruktion, das Vorvermächtnis auszuschlagen und den Pflichtteil zu fordern wird auch als die „Achillesferse" jedes Behindertentestaments gesehen, so etwa Litzenburger, FD- ErbR 2008, 250069.

890 Wegen der grundsätzlichen Gefahr der Ausschlagung der Erbschaft wird hinsichtlich der Höhe des Erbteils, um den Pflichtteil zu erlangen, das leistungsbeziehende Kind absichtlich mit einem Erbanteil bedacht, der etwas höher liegt als die Pflichtteilsquote. In den Fällen des Bezugs staatlicher Leistungen kann entsprechend der nunmehr erneut bestätigten h.M. bereits das Ausschlagungsrecht nicht auf den Sozialleitungsträger übergeleitet werden, um den Pflichtteilsanspruch gemäß § 2306 Abs. 1 BGB geltend zu machen, vgl. insoweit oben § 5, A., II., 2., b), S. 158 ff..

891 BGH, Urt. v. 19.01.2011, BeckRS 2011, 02577, Rn. 13.

892 Juchem, S. 171; Settergren, S. 29 f.; van de Loo, MittRhNotK 1989, S. 233, 250; Schumacher, F., S. 142, die betont, dass die Sittenwidrigkeit Bedürftigkeit des Verzichtenden sowohl im Zeitpunkt des Rechtsgeschäfts als auch im Zeitpunkt des Erbfalls voraussetze; Dutta, Anm. zu OLG Köln, Urt. v. 09.12.2009, FamRZ 2010, S. 838, 841 f.; Dutta, AcP 209 (2009), S. 760, 793; Kleensang, RNotZ 2007, S. 22, 23; Schumacher, F., S. 142; Armbrüster, Anm. zu OLG Köln, Urt. v 09.12.2009, ZEV 2010, S. 85, 88, dem die Entscheidung zu schematisch ist und der eine einzelfallbezogene Gesamtwürdigung

wird wegen der dem Pflichtteilsrecht vermeintlich zukommenden Unterhaltsersatzfunktion[893] eine Anwendung der gleichen Grundsätze wie bei einem Unterhaltsverzicht zu Lasten der Sozialhilfe befürwortet[894]. Zusammenfassend hält der BGH fest, diese Ansicht stütze sich hauptsächlich auf eine Übertragbarkeit der Rechtsprechung des Bundesgerichtshofs zur Sittenwidrigkeit von Unterhaltsverzichten in Eheverträgen oder Scheidungsfolgenvereinbarungen, welche dazu führen, dass ein Ehegatte sozialhilfebedürftig wird[895]. *Dutta* folgt zwar auch diesem Begründungsansatz der funktionsäquivalenten Institute, lehnt aber wegen der Besonderheit des vorliegenden Falles die Sittenwidrigkeit ab. Hier sei nämlich der Erbe, gegen den sich der ausgeschlossene Pflichtteilsanspruch gerichtet habe, als Vater ohnehin der bedürftigen Tochter gegenüber unterhaltspflichtig und zwar unabhängig von seiner Stellung als Alleinerbe der Mutter. Der Unterhaltsanspruch der Tochter sei dabei gleichwertiger Ersatz für den Unterhaltsanspruch gegen die Mutter, weil der Vater als Alleinerbe auch das ererbte Vermögen für den Unterhalt der Tochter einsetzen könne[896].

Die überwiegende Auffassung, vornehmlich im jüngeren Schrifttum, verneint für den vorliegenden Fall, insbesondere unter Berücksichtigung des vor dem Eintritt des Erbfalls vereinbarten Pflichtteilsverzichts, die Sittenwidrigkeit desselben[897]. Der BGH hat sich dieser Ansicht angeschlossen[898]. Sieht man einmal von dem von dem BGH konkret zu entscheidenden Fall ab, so wird als Begründung für die Richtigkeit dieser Meinung unter anderem angeführt, dass der Verzichtende zum Zeitpunkt der Abgabe seiner Verzichtserklärung noch nicht weiß, was im Zeitpunkt des Erbfalles im Nachlass vorhanden sein wird. Anders als bei einem

---

fordert, sowie in ZEV 2010, S. 555, 556; VGH Mannheim, Urt. v. 08.06.1993, NJW 1993, S. 2953, 2954 f.; OLG Stuttgart, NJW 2001, S. 3484, 3485.

893 Ob dem Pflichtteil Unterhaltsfunktion beizumessen ist, wird äußerst kontrovers beurteilt, dazu näher unten § 5, C., I., S. 194 ff..

894 Settergren, S. 29 f.; Dutta, Anm. zu OLG Köln, Urt. v. 09.12.2009, FamRZ 2010, S. 838, 841.

895 BGH, Urt. v. 19.01.2011, BeckRS 2011, 02577, Rn. 15; der BGH zitiert an dieser Stelle folgende seiner Entscheidungen: Urt. v. 05.11.2008, NJW 2009, S. 842–846 mit Anm. Grziwotz, BGH, Urt. v. 11.02.2004, NJW 2004, S. 930–937, BGH, Urt. v. 08.12.1982, NJW 1983, S. 1851–1853 (= FamRZ 1983, S. 137–140), BGH, Urt. v. 25.10.2006, NJW 2007, S. 904–906, BGH, Urt. v. 24.04.1985, Az.: IV b ZR 22/ 84, NJW 1985, S. 1833–1835; zu diesen Entscheidungen vgl. § 5, C., III., 10., b), S. 276 ff..

896 Dutta, Anm. zu OLG Köln, Urt. v. 09.12.2009, FamRZ 2010, S. 838, 843.

897 Sturm, S. 177, 186; Bengel/ Spall, ZEV 2010, S. 195, 195; Schotten in: Staudinger, § 2346, Rn. 70 b; Vaupel, RNotZ 2009, S. 497, 508; Vaupel, Anm. zu OLG Köln, Urt. v. 09.12.2009, RNotZ 2010, S. 139, 141 ff.; Litzenburger, Anm. zu BGH, Urt. 19.01.2011, FD- ErbR 2011, 314311; Ivo, Anm. zu BGH, Urt. v. 19.01.2011, DNotZ 2011, S. 381, 387; Mayer, ZEV 2007, S. 556, 559; von Proff, ZErb 2010, S. 206, 209; Litzenburger in: Bamberger/ Roth, § 2346, Rn. 3.

898 BGH, Urt. v. 19.01.2011, BeckRS 2011, 02577, Rn. 17.

Unterhaltsverzicht verfügt der auf den Pflichtteil Verzichtende noch nicht über eine sichere Erwerbsquelle, sondern ist lediglich in diesem Sinne Inhaber einer Erwerbschance[899]. Wie die zahlreichen voraufgeführten Begründungsansätze des BGH zeigen, sprechen die weitaus besseren Gründe für die Verneinung einer Sittenwidrigkeit. Eine ausführliche Auseinandersetzung mit den dargestellten Ansichten im sozialrechtlichen Kontext wäre an dieser Stelle zu ausufernd, werden dem Leser doch Teile der entsprechenden Argumentationsmuster im Folgenden wieder begegnen[900].

bbb) Überleitung von Pflichtteilsansprüchen

Gemäß § 93 Abs. 1 S. 4 SGB XII ist der Übergang des Pflichtteilsanspruchs nicht dadurch ausgeschlossen, dass der Anspruch nicht übertragen, verpfändet oder gepfändet werden kann. Der in § 2 SGB XII normierte Subsidiaritätsgrundsatz ist mit § 93 Abs. 1 S. 4 SGB XII auch für die dort näher beschriebenen Ansprüche und damit auch für den Pflichtteilsanspruch umgesetzt worden. Danach wird der Sozialhilfeträger im Gegensatz zu anderen Gläubigern ersichtlich privilegiert behandelt, da diese nur in den beschriebenen Konstellationen des § 852 ZPO[901] auf das Vermögen des Schuldners zugreifen können. Unabhängig vom Willen des Pflichtteilsberechtigten ist der Anspruch mithin auf den Sozialhilfeträger überleitbar, womit die Entscheidungsfreiheit des Pflichtteilsberechtigten zumindest insoweit ebenso auf den Sozialhilfeträger übergeht[902]. Der BGH hielt 2004 fest, „der Sozialhilfeträger werde als Helfer des Sozialhilfeempfängers gerade anders behandelt als andere Gläubiger des Pflichtteilsberechtigten. Strikter als ein Unterhaltsberechtigter müsse der Sozialhilfeempfänger auch Pflichtteilsansprüche infolge von § 93 Abs. 1 S. 4 SGB XII vorrangig einsetzen.“ Dem Sozialhilfeträger stehe es unabhängig von einer Äußerung des Pflichtteilsberechtigten frei, nach einer Überleitung den Pflichtteilsanspruch geltend zu machen[903]. Eine Rücksichtnahme auf die familienrechtliche Verbundenheit rechtfertige keine andere Bewertung[904].

Nach anderer Ansicht ist die Betrachtungsweise des BGH dogmatisch falsch[905]. Der pflichtteilsberechtigte Erbe könnte das Erbe wegen § 83 Abs. 1 S. 1 InsO folgenlos ausschlagen[906], während der Pflichtteil mangels Ausschlagungsmöglichkeit immer dem Sozialhilfeträger zufiele. Die Bevorzugung des Sozialhilfeträgers

---

899 Vaupel, RNotZ 2009, S. 497, 508; von Proff, ZErb 2010, S. 206, 209.

900 Insbesondere zu den sozialrechtlichen Aspekten siehe unten § 5, C., III., 10., b), S. 276 ff..

901 Vgl. unten § 5, C., III., 5., S. 261 ff..

902 Van de Loo, ZEV 2006, S. 473, 477.

903 BGH, Urt. v. 08.12.2004, NJW-RR 2005, S. 369, 370 f.; bestätigt u.a. durch BGH, Urt. v. 19.10.2005, ZEV 2006, S. 76, 76.

904 BGH, Urt. v. 19.10.2005, ZEV 2006, S. 76, 77.

905 Muscheler, Erbrecht II, S. 2148.

906 Dazu sogleich im nächsten Abschnitt.

gegenüber anderen Gläubigern sei im Hinblick auf Art. 3 GG bedenklich. Der Staat missachte den ausdrücklichen Willen des Gesetzgebers, dass der Pflichtteilsberechtigte die volle Freiheit bei der Geltendmachung des Anspruchs habe[907]. Dagegen spricht, dass der BGH in seiner Entscheidung ausdrücklich darauf abgestellt hat, dass sein Ergebnis nicht im Widerspruch zu der fehlenden Überleitbarkeit des Ausschlagungsrechts steht, da das Pflichtteilsrecht kein eigenes Ausschlagungsrecht kennt[908]. Im Übrigen sieht der BGH die Vorschrift des § 93 Abs. 1 S. 4 SGB XII zutreffend dann ihres Sinnes beraubt, wenn sie einschränkend dahin verstanden werden müsste, dass der Pflichtteilsanspruch nur vorbehaltlich einer persönlichen Entscheidung des Pflichtteilsberechtigten zur Geltendmachung übergeleitet werden könnte[909]. Damit ist § 93 Abs. 1 S. 4 SGB XII gegenüber § 852 Abs. 1 ZPO ersichtlich die einzige Privilegierung des Sozialhilfeträgers im Verhältnis zu anderen Gläubigern[910]. Ob diese Privilegierung des Sozialhilfeträgers angesichts des neuen Urteils des BGH vom 19.1.2011 und des damit nunmehr für jeden geltenden Rechts der negativen Erbfreiheit noch haltbar erscheint, wird sich in Zukunft zeigen müssen[911]. Erste Stimmen halten diese Überleitungsprivilegierung zutreffend für einen Verstoß gegen die Grundsätze des Urteils vom 19.01.2011[912].

ccc) Ausschlagung und Überleitungsfähigkeit

Der BGH vergleicht den Pflichtteilsverzicht mit der Ausschlagung. Anders als für das Erbrecht hat der Gesetzgeber für das Pflichtteilsrecht kein Ausschlagungsrecht geschaffen[913]. Hinsichtlich des Rechts zur Ausschlagung im Anwendungsbereich des § 2306[914] hat sich der BGH mit seiner Entscheidung vom 19.01.2011[915] explizit gegen die Ansicht einiger Obergerichte und gegen Teile des Schrifttums gestellt, welche die Ausschlagung zu Lasten der Sozialhilfeträger, insbesondere im Falle großer Vermögen, unter anderem wegen Verstoßes gegen das Nachrangprinzip als sittenwidrig erachteten[916]. Überwiegend anerkannt war bereits bisher, dass das

907 Muscheler, Erbrecht II, S. 2148.

908 BGH, Urt. v. 08.12.2004, NJW-RR 2005, S. 369, 370.

909 BGH, Urt. v. 08.12.2004, NJW-RR 2005, S. 369, 370.

910 BGH, Urt. v. 19.01.2011, BeckRS 2011, 02577, Rn. 40; Wendt, ZErb 2012, S. 313, 320.

911 Ähnliche Bedenken äußert Spall, Anm. zu BGH, Urt. v. 19.01.2011, MittBayNot 2012, S. 138, 144.

912 Mayer in: Bamberger/ Roth (Stand: Edition 20), § 2317, Rn. 9.

913 BGH, Urt. v. 08.12.2004, ZEV 2005, S. 117, 118 mit Anm. Muscheler.

914 Zu der Vorschrift des § 2306 vgl. oben § 2, A., II., 1., d), S. 36 ff..

915 Siehe die Urteilsbesprechung oben § 5, A., II., S. 155 ff..

916 OLG Hamm, Beschl. v. 16.07.2009, ZEV 2009, S. 471 ff. mit Anm. Leipold; OLG Stuttgart, Beschl. v. 25.06.2001, NJW 2001, S. 3484 ff.; OLG Frankfurt/ M., Beschl. v. 22.06.2004, NJOZ 2005, S. 976 ff.; Dutta, Anm. zu OLG Köln, Urt. v. 9.12.2009, FamRZ 2010, S. 838, 842; in neuerer Zeit LSG Bayern, Beschl. v. 30.07.2015, MittBayNot 2016, S. 442 ff. mit Anm. Krauß.

Recht zur Ausschlagung wegen deren Höchstpersönlichkeit nicht auf den Sozialhilfeträger übergeleitet werden konnte[917]. Andernfalls könnte dieser mit der Ausschlagung auf die gesetzliche Erbfolge Einfluss nehmen. Nunmehr ist der BGH mit seiner Ablehnung der Sittenwidrigkeit eines von einem behinderten Leistungsbezieher erklärten Pflichtteilsverzichts noch einen Schritt weiter gegangen. Ob diese Entscheidung auch für die Ausschlagung nicht behinderter Sozialleistungsbezieher gilt, wird wiederum unterschiedlich betrachtet[918]. Damit ist nicht nur die Ausschlagung eines behinderten Sozialleistungsbeziehers nicht sittenwidrig, sondern es steht zu vermuten, dass auch diejenige eines sonstigen nicht behinderten Leistungsbeziehers, insbesondere aufgrund der negativen Erbfreiheit, in Zukunft zutreffend als ebenfalls nicht sittenwidrig eingestuft wird[919]. Es bleibt Aufgabe der Zivilgerichte, die Frage der Wirksamkeit der Ausschlagung zu bewerten; die Sozialgerichte dürfen nicht vorschreiben, wann der Bedachte erben darf und wann nicht[920].

cc) Fazit

Auch wenn nach Erlass der vorinstanzlichen Entscheidung des OLG Köln zunächst vereinzelt kritisiert wurde, das Ergebnis sei vornehmlich von Aspekten der Rechtssicherheit geprägt und lasse die im Rahmen des § 138 gebotene einzelfallbezogene Prüfung der Umstände vermissen[921], so sind solche Vorbehalte mit der Entscheidung des BGH nahezu verstummt. Mit seinem Urteil vom 19.01.2011 hat der BGH die Rechtsprechung zum sogenannten Behindertentestament konsequent fortgesetzt. Als maßgebliches Kriterium für die Frage der Sittenwidrigkeit

---

917 BGH, Urt. v. 08.12.2004, ZEV 2005, S. 117, 118 mit Anm. Muscheler; Leipold, Anm. zu OLG Hamm, Beschl. v. 16.07.2009, ZEV 2009, S. 471, 473; Leipold in: MünchKomm, § 1942, Rn. 14; Siegmann/ Höger in: Bamberger/ Roth, § 1942, Rn. 13.

918 Bejahend mit Verweis auf die allgemein gehaltene Begründung des BGH Ivo, Anm. zu BGH, Urt. v. 19.01.2011, DNotZ 2011, S. 381, 389; ebenso Litzenburger, Anm. zu BGH, Urt. 19.01.2011, FD- ErbR 2011, 314311; sowie im Kontext Spall, Anm. zu BGH, Urt. v. 19.01.2011, MittBayNot 2012, S. 138, 144; Krauß, Anm. zu LSG Bayern, Beschl. v. 30.07.2015, MittBayNot 2016, S. 442, 444 f.; a.A. etwa Röthel, Anm. zu BGH, Urt. v. 19.01.2011, LMK 2011, 317533, die der Entscheidung lediglich eine Andeutung in diese aufgezeigte Richtung entnimmt.

919 Keim, Fortbildungsveranstaltung Notarakademie, S. 27 f., weist auf den Kerngedanken des in Rede stehenden BGH- Urteils hin, wonach die Verwendung der gesetzlich vorgesehenen Instrumentarien grundsätzlich zulässig ist und nur ausnahmsweise zur Nichtigkeit wegen Sittenwidrigkeit führt. Auf diese Privatautonomie lasse sich der Pflichtteilsverzicht des Bedürftigen in gleicher Weise stützen.

920 Vgl. die Ausführungen von Krauß, Anm. zu LSG Bayern, Beschl. v. 30.07.2015, MittBayNot 2016, S. 442, 445, sowie von Doering- Striening, Anm. zu LSG Nordrhein-Westfalen, Beschl. v. 11.06.2015, MittBayNot 2016, S. 552, 554.

921 Klühs, ZEV 2011, S. 15, 17; Armbrüster, Anm. zu OLG Köln, Urt. v 09.12.2009, ZEV 2010, S. 85, 88.

betrachten beide zuvor dargestellten Ansichten das sozialrechtliche Nachrangprinzip. Schlussendlich nimmt die Entscheidung jedoch unmittelbar kein Ergebnis für die hier zu entscheidende Frage der Übertragbarkeit der Rechtsprechung zur Inhaltskontrolle von Eheverträgen auf Pflichtteilsverzichte vorweg. Vergleichbar der Fallgruppe der Sittenwidrigkeit bei Unterhaltsverzichten zu Lasten der Sozialhilfe betrifft sie, zumindest auf den ersten Blick, ebenfalls lediglich eine Fallgruppe unter vielen, nämlich die der Sittenwidrigkeit von Pflichtteilsverzichten behinderter Leistungsbezieher zu Lasten der Sozialhilfe. So wird denn auch im Zusammenhang mit Unterhaltsverzichten, Behindertentestamenten und Pflichtteilsverzichten zutreffend von einer eigenen Fallgruppe im Rahmen von § 138 Abs. 1 gesprochen, nämlich der von „Rechtsgeschäften zu Lasten der Sozialhilfe“[922].

Im Sinne einer Negativabgrenzung zu dem im Rahmen der vorliegenden Arbeit interessierenden Pflichtteilsverzicht hat der BGH mit seiner Entscheidung vom 19.01.2011[923] und seinen obiter dicta im wesentlichen „lediglich“ folgende erbrechtliche Gestaltungen entschieden: Behindertentestament und Pflichtteilsverzicht von behinderten Leistungsbeziehern sind grundsätzlich nicht sittenwidrig[924]. Nicht eindeutig geht aus der Entscheidung des BGH hervor, ob dies auch für den Pflichtteilsverzicht eines nicht behinderten Leistungsbeziehers gelten soll[925]. Teilweise wird dies aufgrund der allgemein gehaltenen Begründung des Senats bejaht[926], teilweise aus Gründen des Gerechtigkeitsgefühls stark bezweifelt[927]. Ähnlich uneinheitlich stellt sich die Interpretation des Urteils hinsichtlich der Frage dar, ob die Ausschlagung einer werthaltigen Erbschaft durch einen nicht behinderten

922 Schumacher, F., S. 143.

923 Das BSG, Urt. v. 17.02.2015, ZEV 2015, S. 484, 484 ff. (mit Anm. Teerstegen), hatte in neuerer Zeit zu entscheiden, ob und ggf. wie ein unter Dauertestamentsvollstreckung stehendes Nachlassvermögen bei Bezug sozialrechtlicher Leistungen, hier eines Kinderzuschlags, zu verwerten ist. Der Fall betraf zwar eine Klägerin, die „lediglich“ bedürftig und nicht zugleich auch behindert war, lässt aber unbestritten die Frage offen, ob und unter welchen Umständen, erwerbsfähige, nicht behinderte pflichtteilsberechtigte Bedürftige eine Pflicht zur Ausschlagung der Vorerbschaft und Geltendmachung des Pflichtteils haben. Vgl. dazu die Ausführungen von Manthey/ Trilsch, ZEV 2015, S. 618, 618 ff.

924 Röthel, Anm. zu BGH, Urt. v. 19.01.2011, LMK 2011, 317533; Litzenburger, Anm. zu BGH, Urt. 19.01.2011, FD- ErbR 2011, 314311.

925 Vgl. dazu auch die Ausführungen unter § 5, C., III., 10., b), bb), S. 279 ff..

926 Ivo, Anm. zu BGH, Urt. v. 19.01.2011, DNotZ 2011, S. 381, 389; Dreher/ Görner, NJW 2011, S. 1761, 1766; Litzenburger, Anm. zu BGH, Urt. 19.01.2011, FD- ErbR 2011, 314311; Spall, Anm. zu BGH, Urt. v. 19.01.2011, MittBayNot 2012, S. 138, 144; Wendt, ZErb 2012, S. 313, 316; Weidlich in: Palandt, § 1937, Rn. 16.

927 Röthel, Anm. zu BGH, Urt. v. 19.01.2011, LMK 2011, 317533; Klühs, ZEV 2011, S. 15, 18 hält es auch in Zukunft für möglich, dass die Gerichte den Pflichtteilsverzicht beispielsweise eines erwerbsfähigen ALG II- Beziehers, von dem durchaus erwartet werden könne, dass er aus eigener Kraft seinen Unterhalt bestreite, als sittenwidrig erachten.

Sozialleistungsbezieher ebenfalls nicht sittenwidrig ist. Wegen der unterschiedlichen Funktionen[928] von nachehelichem Unterhalt und Pflichtteil sei die Rechtsprechung des BGH zur Sittenwidrigkeit von Unterhaltsverzichten zu Lasten der Sozialhilfe nicht übertragbar[929]. In der Kautelarjurisprudenz wurde auch bereits vereinzelt aus der Entscheidung der Schluss gezogen, dass ein nach dem Erbfall erklärter Erlass eines Pflichtteilsanspruchs, der in einen wertungsmäßig mit einem „nachträglichen Behindertentestament[930]" vergleichbaren Sachverhaltskontext eingebettet ist, ebenfalls als nicht sittenwidrig einzustufen sei[931]. In diesem Kontext stellt sich, insbesondere in Anbetracht der negativen Erbfreiheit, die Frage nach dem weiteren Fortbestand der Überleitungsprivilegierung des § 93 Abs. 1 S. 4 SGB XII.

Anders als in Fällen des Unterhaltsverzichts zu Lasten der Sozialhilfe[932] hat der BGH mit den oben dargestellten Gründen hier entschieden, dass der Pflichtteilsverzicht der Sittenwidrigkeitskontrolle standhält. Aus der insoweit vorgenommenen Abwägung und der Bestätigung der Wirksamkeit des erbrechtlichen Vertrages geht zwangsläufig eine Stärkung der Privatautonomie einher[933]. Teilweise wird das Urteil auch als ein begrüßenswertes Bekenntnis des BGH zu dem Ausnahmecharakter solcher Vertragsgestaltungen verstanden, die sich negativ auf den Sozialhilfeträger auswirken können[934]. Die Rechtssicherheit bringende Entscheidung ermöglicht langfristige Vorsorge für den Lebensstandard behinderter Kinder und ist Ausdruck der Anerkennung der Leistungen, welche Familien mit behinderten Kindern für diese und für das Selbstverständnis unserer Gesellschaft erbringen[935].

---

928 Zu der Frage der Funktion des Pflichtteils siehe unten § 5, C., I., S. 194 ff..

929 Vgl. Ivo, Anm. zu BGH, Urt. v. 19.01.2011, DNotZ 2011, S. 381, 388; siehe dazu auch unten § 5, C., III., 10., b), S. 276 ff..

930 Gemeint sind damit vornehmliche Vertragsgestaltungen, die Zuwendungen an den Behinderten für eine Ausschlagungserklärung vorsehen, welche nicht auf seine Sozialhilfebezüge angerechnet werden können.

931 So das Deutsche Notarinstitut in seinem Gutachten vom 09.12.2011, Abruf-Nr. 111766, zu der Frage, ob der Verzicht des behinderten Sozialhilfe beziehenden Sohnes auf den wegen Vorversterbens beider Elternteile bereits fälligen Pflichtteil, mithin der Erlass dieses Anspruchs, in einer Vereinbarung mit der erbenden Schwester sittenwidrig ist. In der geplanten notariellen Vereinbarung sollte der behinderte Sohn von seiner Schwester als Erbin im Gegenzug zur Abgeltung des Pflichtteils Leistungen erhalten, die den Regelungen des Behindertentestaments nachgebildet sind; im einzelnen sollte er erhalten ein lebenslanges Wohnungsrecht sowie Naturalleistungen zur Befriedigung der kulturellen Bedürfnisse, Hobbys und Freizeitaktivitäten.

932 Vgl. dazu die Ausführungen unten § 5, C., 10., b), aa), S. 276 ff..

933 Litzenburger, Anm. zu BGH, Urt. 19.01.2011, FD- ErbR 2011, 314311, spricht davon, dass sich der BGH mit seinem Urteil unmissverständlich zur Vertrags- und Testierfreiheit bekannt habe; i.Ü. dazu sogleich.

934 Litzenburger, Anm. zu BGH, Urt. 19.01.2011, FD- ErbR 2011, 314311.

935 Röthel, Anm. zu BGH, Urt. v. 19.01.2011, LMK 2011, 317533.

Weshalb die Entscheidung auch wenige Jahre nach ihrem Erlass immer noch als „fulminant" auch für über den Streitgegenstand hinausgehende Bereiche gefeiert wird[936], werden ebenso die weiteren Ausführungen zeigen, die zwangsläufig immer wieder auf dieses Urteil zurückkommen.

B. Prüfungsmaßstab – Verfassungsrechtliche Anforderungen

I. Privatautonomie, Testierfreiheit und Pflichtteil

1. Kurzer historischer Seitenblick und verfassungsrechtliche Aspekte

Bevor weiter auf eine eventuelle Vergleichbarkeit der ehevertraglichen Inhaltskontrolle mit einer pflichtteilsverzichtsspezifischen eben solchen vertraglichen Kontrolle und damit auch insbesondere auf die Funktion des Pflichtteils eingegangen werden kann, stellt sich die Frage nach der auch verfassungsrechtlichen Notwendigkeit und Gebotenheit einer solchen Inhaltskontrolle. Offenkundig verlangt nicht jeder Vertrag nach einem der ehevertraglichen Inhaltskontrolle ähnlichen Überprüfungsinstrumentarium – ein Aspekt, der trotz seiner Offenkundigkeit leider allzu häufig bei der Bearbeitung des Themas nicht nur in Vergessenheit zu geraten, sondern oftmals ohne nahezu jegliche Begründung in seiner Notwendigkeit inzident vorausgesetzt zu werden scheint. Dabei stellt sich nicht nur die Frage der Notwendigkeit einer Inhaltskontrolle aus verfassungsrechtlicher Sicht, sondern damit verknüpft auch die nach der ggf. unterschiedlichen Wertigkeit der Grundrechte bei Eheverträgen auf der einen Seite und Pflichtteilsverzichtsverträgen auf der anderen Seite. Es scheint insoweit zumindest nicht offenkundig ausgeschlossen, dass eine pflichtteilsspezifische Inhaltskontrolle von vornherein an der unterschiedlichen Wertigkeit der bei Pflichtteilsverzichtsverträgen abzuwägenden Grundrechte im Vergleich zu Eheverträgen scheitern könnte. Dies gilt umso mehr als der Verzicht auf den Pflichtteil nunmehr im Wege der negativen Erbfreiheit unter einem besonderen Schutz zu stehen scheint. Die schlichte Schutzbedürftigkeit eines Vertragspartners vermag hingegen für sich genommen noch nicht das Wächteramt des Staates in Form der hier diskutierten Inhaltskontrolle auf den Plan zu rufen. In diesem Sinne finden sich nicht nur falsche, sondern teils sogar irreführende Behauptungen. So wird beispielsweise vertreten, die verfassungsrechtlichen Schutzpflichten geböten es, rechtliche Regelungen so auszugestalten, dass die Gefahr von Grundrechten eingedämmt bliebe. Daher werde durch die objektive Wertentscheidung „erst Recht das Bedürfnis nach einem judikativen Schutz durch eine besonders hohe Intensität richterlicher Inhaltskontrolle indiziert. Da die Kernbereichslehre diesem Schutzzweck diene, spreche allein dies verfassungsrechtlich

936 Wendt, ZErb 2012, S. 313, 321.

für die Unterwerfung unter das System der Kernbereichslehre[937]". Entscheidend ist damit, ob die normative bzw. dogmatische Verankerung der jeweils einschlägigen Grundrechte auch verfassungsrechtlich vergleichbar im benannten Sinne ist. Daher soll zunächst ein kurzer historischer Rückblick in die jüngere Vergangenheit die heutige Bewertung und erbrechtliche Einordnung der Testierfreiheit und des Pflichtteilsrechts ermöglichen.

Heute wird das gesetzliche Pflichtteilsrecht als eine Kompromisslösung zwischen dem gesetzlichen Familienerbrecht einerseits („das Gut rinnt wie das Blut[938]") und der völligen Testierfreiheit andererseits verstanden[939]. Bei den Vorarbeiten zum BGB ging der Redaktor des Vorentwurfs *von Schmitt* hinsichtlich des Verhältnisses von Testierfreiheit und Pflichtteil im Ergebnis davon aus, dass die freie Testierbefugnis die Regel und das Pflichtteilsrecht die Ausnahme sei[940]. Die Testierfreiheit habe den Vorteil der Steigerung der „Selbstthätigkeit wie der Erwerbslust des Erblassers, wie seiner Abkömmlinge", außerdem sei die Testierfreiheit besonders geeignet, die elterliche Autorität zu steigern[941]. Bei Inkrafttreten des BGB hieß es sodann in den Vorbemerkungen zum Pflichtteilsrecht, dass eine Erweiterung der Testierfreiheit durch vollständige Beseitigung des Pflichtteilsrechts nach den neuerlichen Verhandlungen[942] ausscheide. Es wurde vielmehr davon ausgegangen, „dass eine Rechtspflicht des Erblassers bestehe, die ihm gewährte Testierfreiheit nicht zu missbrauchen, und dass die Pflichtteilsberechtigung die Kehrseite dieser Rechtspflicht sei[943]." Diese obligatorische Verpflichtung des Erblassers sei jedoch nicht eine solche unter Lebenden[944]. Der Widerstreit zwischen Testierfreiheit und Familienerbrecht wurde damit konstruktiv durch ein Regel-Ausnahme-Verhältnis gelöst; die Regel der freien Testierbefugnis wurde durch den Pflichtteil beschränkt[945]. Zu einer der wenigen Änderungen der 2. Kommission gegenüber der 1. Kommission gehörte die äußere Änderung der Stoffanordnung. Ohne inhaltliche Modifikation wurde die vormals systematisch, im Sinne *von Schmitts*, als erstes aufgeführte Testierfreiheit von der 2. Kommission nunmehr an zweiter Stelle, hinter der gesetzlichen Erbfolge verankert. Damit sollte der Eindruck vermieden werden, der Gesetzgeber habe über ein Rangverhältnis entscheiden bzw. sich gar

937 Kühle, S. 98; in diesem Sinne ebenfalls viel zu verkürzt und ohne ausführliche Abwägung auf der grundrechtlichen Ebene die Arbeiten von Aldinger und Fach.

938 Germanischer Rechtsgrundsatz, vgl. Schröder, DNotZ 2001, S. 465, 472; Odersky, MittBayNot 2008, S. 2, 3.

939 Lange in: MünchKomm, § 2303, Rn. 1; Dauner-Lieb, DNotZ 2001, S. 460, 460.

940 Von Schmitt in: Vorentwürfe der Redaktoren, S. 174, vgl. die Ausführungen unten § 5, C., I., 1., S. 194 ff..

941 Von Schmitt in: Vorentwürfe der Redaktoren, S. 50.

942 Gemeint sind insbesondere der 14. Juristentag im Jahre 1878 sowie weitere Gutachten und Stellungnahmen, vgl. Motive V, S. 382.

943 Motive V, S. 382, 387.

944 Motive V, S. 387.

945 Von Schmitt in: Vorentwürfe der Redaktoren, S. 174.

bewusst für eine Subsidiarität der gesetzlichen Erbfolge gegenüber der Testierfreiheit aussprechen wollen[946]. Ein bestimmtes Verhältnis der Testierfreiheit zur Familienerbfolge wurde mithin nicht explizit festgelegt[947]. Mit der Entscheidung des Gesetzgebers, das Pflichtteilsrecht als schuldrechtlichen Anspruch und nicht als Noterbrecht auszugestalten, geht allerdings insoweit eine klare Aufwertung der Testierfreiheit einher, als das Noterbrecht in Form der Erbenbeteiligung zu einem direkten Einfluss auf die Wirksamkeit der letztwilligen Verfügung geführt hätte[948].

Vor der am 01.01.2010 in Kraft getretenen Erbrechtsreform[949] gab es zahlreiche Ansätze, das bis dato geltende Pflichtteilsrecht zu reformieren. Jedoch bereits vor den teils als wegweisend verstandenen Entscheidungen des Bundesverfassungsgerichts vom 19. 04. 2005[950] bestand weitgehend Einigkeit darüber, dass der unentziehbare Anspruch der nächsten Angehörigen auf Nachlassteilhabe über Art. 14 i.V.m. Art. 6 GG verfassungsrechtlichen Bestandschutz genießt und die Testierfreiheit des Erblassers, die ebenfalls Bestandteil der grundgesetzlichen Erbrechtsgarantie ist, insoweit begrenzt wird[951]. So hat denn auch der Bundesgerichtshof festgehalten, dass das Recht des pflichtteilsberechtigten Angehörigen des Erblassers auf angemessene Partizipation an dessen Vermögen „in einem gewissen Umfang" auch unter dem Schutz von Art. 14, 6 Abs. 1 GG stehe[952]. Das Bundesverfassungsgericht selbst hatte in der Vergangenheit zu der Frage, ob das geltende Pflichtteilsrecht verfassungsgemäß ist, mehrfach nur indirekt Stellung bezogen und festgehalten, dass es „ausdrücklich nicht geklärt" sei, „inwieweit Prinzipien des Verwandtenerbrechts in der Erbrechtsgarantie enthalten seien"[953]. Zu diesen Prinzipien zählte das Verfassungsgericht „auch das Anrecht naher Familienangehöriger auf einen angemessenen Anteil am Nachlass", welches im gesetzlichen Pflichtteilsrecht seinen Ausdruck gefunden habe. Später hat das Gericht dann konstatiert, dass das Prinzip des Verwandtenerbrechts ausdrücklich zum „grundlegenden Gehalt" der Erbrechtsgarantie zu zählen sei[954]. Der Nichtannahmebeschluss bestätigte diese

---

946 Mertens, S. 39; vgl. Bauer, A., S. 53.

947 A.A. und damit für einen Vorrang des Prinzips der Testierfreiheit vor dem Prinzip des Familienerbrechts Kleensang, DNotZ 2005, S. 509, 521, der allerdings außer dem schlichten Hinweis auf „das weitere Umfeld der Entstehung des Gesetzes" keine weitere Begründung für seine Behauptung liefert.

948 Zu der Abwägung im Ganzen, Motive V, S. 385 ff.; Mugdan V, S. 763 ff.; Protokolle V, S. 493 ff.; i.Ü. Vgl. die Schlussfolgerungen von Ebke, S. 26.

949 Vgl. dazu unten § 5, C., III., 7., S. 267 f.f.

950 Dazu sogleich unten § 5, B., I., 2., S. 176 ff..

951 Vgl. die weiteren Nachweise bei Lange in: MünchKomm, § 2303, Rn. 3; ausführlich auch zu dieser Auseinandersetzung vor der Grundsatzentscheidung des BVerfG im Jahre 2005 Herzog, S. 286–326 sowie Israel, S. 121 ff. und Mayer in: Mayer/ Süß, S. 18 ff.

952 BGH, Urt. v. 06.12.1989, NJW 1990, S. 911, 913.

953 BVerfG, Beschl. v. 16.10.1984, BVerfGE 67, S. 329, 341.

954 BVerfG, Beschl. v 22.06.1995, BVerfGE 93, S. 165, 165 f.

Auffassung[955]. Darin hieß es, die Erbrechtsgarantie umfasse nicht das unbedingte Recht, den vorhandenen Eigentumsbestand von Todes wegen ungemindert auf Dritte zu übertragen. Ferner entspreche der in dem geltenden Pflichtteilsrecht geregelte Ausgleich zwischen Testierfreiheit und Verwandtenerbrecht den verfassungsrechtlichen Vorgaben[956]. Diesen Feststellungen folgend durfte bereits zum Zeitpunkt des Nichtannahmebeschlusses davon ausgegangen werden, dass das Bundesverfassungsgericht das Pflichtteilsrecht als eine im Einklang mit der Verfassung stehende Begrenzung der Testierfreiheit versteht[957]. In der Literatur wurde allerdings darauf hingewiesen, dass das BVerfG die Einzelheiten der gesetzlichen Regelung des Pflichtteilsrechts noch keiner näheren verfassungsrechtlichen Prüfung unterzogen habe[958].

Die insoweit bereits damals herrschende Meinung[959] stellte seit jeher zur Begründung des unentziehbaren Anspruchs der nächsten Angehörigen auf Nachlassteilhabe sowie der Testierfreiheit als Bestandteil der Erbrechtsgarantie im Wesentlichen auf die geschichtliche Entwicklung des Erbrechts ab, wonach das Pflichtteilsrecht zu den traditionellen Wesensmerkmalen des deutschen Erbrechts gehöre. Gemäß Art. 14 Abs. 1 S. 2 GG würden dabei Inhalt und Schranken des Erbrechts durch die Gesetze bestimmt, weshalb ein der Disposition des einfachen Gesetzgebers entzogener Schutz der Pflichtteilsberechtigung naher Angehöriger nur aus dem nach Art. 19 Abs. 2 GG geschützten Wesensgehalt der Erbrechtsgarantie abgeleitet werden könne[960]. Wenn die Erbrechtsgarantie des Art. 14 Abs. 1 GG im Sinne eines Individualrechts nicht leer laufen solle, dann müsse die Mindestteilhabe der nächsten Angehörigen des Erblassers an dessen Nachlass zum Wesensgehalt dieser Erbrechtsgarantie gerechnet werden, weshalb das Pflichtteilsrecht zutreffend als „Angelpunkt" unseres Erbrechtssystems bezeichnet werden könne[961]. Die Mindestteilhabe naher Angehöriger könne dabei aus Art. 6 Abs. 1 GG gefolgert werden, wobei innerhalb des Kreises der pflichtteilsberechtigten Personen zumindest das Pflichtteilsrecht des Ehegatten und der Kinder als verfassungsrechtlich geschützt angesehen werden müsse. Die besondere Schutzwürdigkeit dieser Personen ergebe sich nicht zuletzt aus Art. 6 Abs. 1 GG; unter dem ungenauen Begriff der „Familie" sei jedenfalls die Kernzelle derselben, nämlich die Gemeinschaft aus Eltern und Kindern zu verstehen[962]. Damit stand, folgt

955 BVerfG, Beschl. v. 30.08.2000, NJW 2001, S. 141, 142.
956 BVerfG, Beschl. v. 30.08.2000, NJW 2001, S. 141, 142.
957 Otte, AcP 202 (2002), S. 317, 327.
958 Lange in: MünchKomm, § 2303, Rn. 3.
959 Haas, ZEV 2000, S. 249, 250; Lange in: MünchKomm, § 2303, Rn. 3; Mayer in: Bamberger/ Roth (Stand: Edition 20), § 2303, Rn. 3; a.A. und damit für die Verfassungswidrigkeit der Pflichtteilsregelungen ist beispielsweise Petri, ZRP 1993, S. 205, 206; vgl. dazu auch die Ausführungen im nächsten Abschnitt.
960 Lange in: MünchKomm, § 2303, Rn. 4.
961 Lange in: MünchKomm, § 2303, Rn. 4.
962 Vgl. Haas, ZEV 2000, S. 249, 253; Lange in: MünchKomm, § 2303, Rn. 4.

man den überzeugenden Argumenten der herrschenden Meinung, bereits vor dem Beschluss des Bundesverfassungsgerichts vom 19.04.2005 die Verfassungsmäßigkeit des Pflichtteilsrechts für Ehegatten und Kinder fest.

2. Die Vorgaben des Bundesverfassungsgerichts und des Bundesgerichtshofs

a) Die Entscheidungen des Bundesverfassungsgerichts vom 19. April 2005

In seinen beiden Grundsatzentscheidungen, jeweils vom 19.04.2005[963] hat das Bundesverfassungsgericht die soeben erläuterte Frage der Verfassungsmäßigkeit des Pflichtteilsrechts bestätigt.

In dem ersten Verfahren, Az.: 1 BvR 1644/ 00, hatte der an einer schizophrenen Psychose leidende Pflichtteilsberechtigte seine Mutter wiederholt schwer tätlich angegriffen, worauf diese ihm deshalb wegen Tötungsvorsatzes testamentarisch den Pflichtteil entzog. Später erschlug er die Erblasserin, zerstückelte die Leiche und versteckte sie im Wald. Der Betreuer des Täters machte gegen den als Alleinerben eingesetzten zweiten Sohn den Pflichtteil geltend. Da wegen Schuldunfähigkeit des Täters keine wirksame Pflichtteilsentziehung gemäß § 2333 Nr. 1 BGB vorliege, gab das OLG Köln der Klage statt. Der Alleinerbe erhob dagegen Verfassungsbeschwerde und machte damit im Wesentlichen eine Verletzung seiner Rechte aus Art. 14 Abs. 1 und Art. 6 Abs. 1 GG geltend.

In dem anderen Verfahren, Az.: 1 BvR 188/ 03, hatte der schwerkranke Erblasser seinem Sohn den Pflichtteil entzogen, da dieser ihm trotz Kenntnis von der Erkrankung jegliche Kontaktaufnahme zu seinem Enkelkind verweigert hatte. Im Pflichtteilsverfahren wandte die Erbin ein, der Sohn habe durch sein Handeln eine schwere nachteilige Wirkung auf den Gesundheitszustand des Erblassers in Kauf genommen. Das KG hielt die Pflichtteilsentziehung für unwirksam. Im Rahmen der Verfassungsbeschwerde rügte die Erbin, dass die Vorinstanzen die Anforderungen an die Darlegung eines Körperverletzungsvorsatzes im Rahmen des § 2333 Nr. 2 BGB in verfassungswidriger Weise überspannt hätten. Sie machte die Verletzung ihrer Verfassungsrechte aus Art. 14 Abs. 1, 3 Abs. 1 und 103 Abs. 1 GG geltend.

Das Bundesverfassungsgericht hielt zunächst in beiden Entscheidungen fest, dass die grundsätzlich unentziehbare und bedarfsunabhängige wirtschaftliche Mindestbeteiligung der Kinder des Erblassers an dessen Nachlass durch die Erbrechtsgarantie des Art. 14 Abs. 1 S. 1 i.V.m. Art. 6 Abs. 1 GG gewährleistet werde. Die Normen über das Pflichtteilsrecht der Kinder des Erblassers (§ 2303 Abs. 1), über die Pflichtteilsentziehungsgründe des § 2333 Nr. 1 und 2 und über den Pflichtteilsunwürdigkeitsgrund der § 2345 Abs. 2, 2339 Abs. 1 Nr. 1 seien mit dem Grundgesetz vereinbar[964]. Die Merkmale des Pflichtteilsrechts der Kinder des Erblassers

963 BVerfG, Beschl. v.19.04.2005, NJW 2005, S. 1561–1567.
964 BVerfG, Beschl. v.19.04.2005, NJW 2005, S. 1561,1562.

seien als, so wörtlich, „tradierte Kernelemente des deutschen Erbrechts neben der Testierfreiheit und dem Erwerbsrecht des Erben Bestandteil des institutionell verbürgten Gehalts der Erbrechtsgarantie des Art. 14 Abs. 1 S. 1 GG[965].“ Weiter heißt es, die Teilhabe der Kinder am Nachlass des Erblassers habe eine lange Tradition, wobei der Gedanke des Pflichtteilsrechts im Sinne einer Beschränkung des Erblasserwillens seinen Ursprung im römischen Recht habe[966].

Im Hinblick auf die Funktion des Pflichtteilsrechts führt das Gericht aus, die strukturprägenden Merkmale der Nachlassteilhabe von Kindern seien Ausdruck einer Familiensolidarität, die in grundsätzlich unauflösbarer Weise zwischen dem Erblasser und seinen Kindern bestehe. Art. 6 Abs. 1 schütze dieses Verhältnis als lebenslange Gemeinschaft. Das Pflichtteilsrecht knüpfe dabei – wie das Unterhaltsrecht – an die familienrechtlichen Beziehungen zwischen dem Erblasser und seinen Kindern an und übertrage diese regelmäßig durch Abstammung begründete und zumeist durch familiäres Zusammenleben untermauerte Solidarität zwischen den Generationen in den Bereich des Erbrechts. Die Testierfreiheit des Erblassers unterliege damit von Verfassungs wegen grundsätzlich auch den durch die Abstammung begründeten familienrechtlichen Bindungen. Diese Verpflichtung zur gegenseitigen umfassenden Sorge rechtfertige es, dem Kind mit dem Pflichtteilsrecht auch über den Tod des Erblassers hinaus eine ökonomische Basis aus dem Vermögen des verstorbenen Elternteils zu sichern. Der Erwerb und die Erhaltung von Vermögenswerten beruhe in der Familiengemeinschaft typischerweise auf ideellen oder wirtschaftlichen Beiträgen sowohl des Erblassers als auch seiner Kinder (Erziehung, finanzielle Unterstützung, Mitarbeit, Konsumverhalten, Pflegeleistungen); auch die Nutzung des Familienvermögens geschehe weithin gemeinsam durch den Erblasser und seine Kinder. Hieran anknüpfend habe das Pflichtteilsrecht die Funktion, die Fortsetzung des ideellen und wirtschaftlichen Zusammenhangs von Vermögen und Familie – unabhängig von einem konkreten Bedarf des Kindes – über den Tod des Vermögensinhabers hinaus zu ermöglichen[967].

Was die inhaltliche Ausgestaltung des Pflichtteilsrechts angehe, so genüge dieses im Rahmen des dem Gesetzgeber zustehenden Gestaltungsspielraums den verfassungsrechtlichen Anforderungen. Die Regelung des § 2303 Abs. 1 sichere einerseits den Kindern des Erblassers eine grundsätzlich unentziehbare Nachlassteilhabe, andererseits lasse dieser Anteil dem Erblasser einen hinreichend großen vermögensmäßigen Freiheitsraum, um seine Vorstellungen über die Verteilung seines Vermögens nach dem Tode umzusetzen[968]. Statt eines Geldanspruchs hätte der Gesetzgeber in Anwendung seiner Gestaltungsfreiheit auch eine Beteiligung des enterbten Kindes an der Erbengemeinschaft einführen können. Auch die Höhe

965 BVerfG, Beschl. v.19.04.2005, NJW 2005, S. 1561,1563.
966 BVerfG, Beschl. v.19.04.2005, NJW 2005, S. 1561,1563.
967 BVerfG, Beschl. v.19.04.2005, NJW 2005, S. 1561,1564.
968 BVerfG, Beschl. v.19.04.2005, NJW 2005, S. 1561,1564.

des Pflichtteils sei keineswegs verfassungsrechtlich strikt vorgegeben, lediglich eine unentziehbare angemessene Teilhabe am Nachlass müsse gewährleistet sein. Eine Verpflichtung des Gesetzgebers, über die derzeitigen Vorschriften hinaus den Kindern einen unentziehbaren Anteil am Nachlass zu sichern, bestehe jedenfalls nicht[969].

Zuletzt stellt das BVerfG fest, dass die in §§ 2333 Nr. 1 und 2 und §§ 2345 Abs. 2, 2339 Abs. 1 Nr. 1 enthaltenen Regelungen über Pflichtteilsentziehungs- und Pflichtteilsunwürdigkeitsgründe den verfassungsrechtlichen Vorgaben genügten[970].

Im Ergebnis hat das Gericht das erste Verfahren, Az.: 1 BvR 1644/ 00, an das OLG zur erneuten Entscheidung zurückverwiesen, da die Vorschrift des § 2333 Nr. 1 verfassungswidrig ausgelegt und angewandt worden sei. Der Ausstrahlungswirkung des Grundrechts der Testierfreiheit der Erblasserin aus Art. 14 Abs. 1 S. 1 GG sei nicht hinreichend Rechnung getragen worden[971]. Es existierten Fallkonstellationen, in denen es nicht möglich sei, sowohl das Prinzip der Testierfreiheit als auch den Grundsatz der unentziehbaren Nachlassteilhabe der Kinder gleichermaßen zur Geltung zu bringen. Dabei rechtfertige nicht jedes Fehlverhalten des Kindes den Vorrang der Testierfreiheit, da das Pflichtteilsrecht sonst leer liefe[972]. In dem zweiten Verfahren, Az.: 1 BvR 188/ 03, konnte ein Verstoß gegen Art. 14 Abs. 1 S. 1, Abs. 3 S. 1 und 103 Abs. 1 GG nicht festgestellt werden. Das Verfassungsgericht sah in der Pflichtteilsentziehung eine familiäre Konfliktsituation, wie sie für eine Enterbung kennzeichnend sei und in der das Pflichtteilsrecht gerade seine Funktion erfülle[973].

Zu beachten ist, dass die Entscheidung lediglich im Hinblick auf das Pflichtteilsrecht der Kinder des Erblassers ergangen ist, nicht jedoch befasst sie sich mit dem Pflichtteilsrecht entfernterer Abkömmlinge und dem der Eltern und Ehegatten bzw. eingetragenen gleichgeschlechtlichen Lebenspartnern des Erblassers[974]. Damit bleibt offen, ob und in welchem Umfang ein Gestaltungsspielraum des einfachen Gesetzgebers in Bezug auf die Regelung des pflichtteilsberechtigten Personenkreises über die Kinder des Erblassers hinaus besteht[975]. Der Frage der Verfassungsmäßigkeit des Pflichtteilsrechts von Eltern soll an dieser Stelle nicht weiter nachgegangen werden, da erbrechtliche Verträge zwischen diesen und ihrem Kind in der Position des Erblassers selten vorkommen und nicht Gegenstand dieser Arbeit sind[976]. Bereits vor der Entscheidung des BVerfG wurde von

969 BVerfG, Beschl. v.19.04.2005, NJW 2005, S. 1561,1564.
970 BVerfG, Beschl. v.19.04.2005, NJW 2005, S. 1561,1564 f.
971 BVerfG, Beschl. v.19.04.2005, NJW 2005, S. 1561,1565.
972 BVerfG, Beschl. v.19.04.2005, NJW 2005, S. 1561,1565.
973 BVerfG, Beschl. v.19.04.2005, NJW 2005, S. 1561,1566.
974 Birkenheier in: jurisPK, § 2303, Rn. 6.
975 Birkenheier in: jurisPK, § 2303, Rn. 6.
976 Ob die Entscheidung des BVerfG, Beschl. v.19.04.2005, NJW 2005, S. 1561–1567 hierüber Aufschluss gibt, vgl. bspw. Lange in: MünchKomm, § 2303, Rn. 6.

der herrschenden Meinung, wie auch heute zutreffend vertreten, dass auch das Pflichtteilsrecht des Ehegatten des Erblassers aus verfassungsrechtlichen Gründen als unantastbar angesehen werden müsse[977]. Art. 6 Abs. 1 GG[978] umfasst den Schutz von Ehe und Familie, weshalb richtigerweise unter dem Aspekt der verfassungsrechtlich gewährleisteten Familiengebundenheit des Nachlasses auch Ehegatten zu dem pflichtteilsberechtigten Personenkreis zu zählen sind[979]. Dafür spricht auch der unter Ehegatten bestehende Solidar- und Versorgungsgedanke[980], der zu Lebzeiten beispielsweise durch die gesetzlichen Unterhaltsansprüche unter Ehegatten und nach dem Tod etwa durch das gesetzliche Erbrecht seinen Niederschlag erfährt. Dieser Solidaritätsgedanke unter Ehegatten, der sich unter anderem auch in § 1353 wiederfindet[981], führt unter Ehegatten regelmäßig zu einer wirtschaftlich stärkeren Verflechtung als zwischen Eltern und ihren Abkömmlingen, was sich etwa in der nach dem Tod des Erblassers grundsätzlich weiterhin fortbestehenden Unterhaltspflicht gemäß § 1586 b gegenüber dem geschiedenen Ehegatten zeigt. Dass diese unterhaltsrechtliche Verantwortung im Ergebnis die Erben als Nachlassverbindlichkeit trifft, ist dabei unschädlich, zeigt die Norm doch die über den Tod hinaus fortwirkende eheliche Solidarität[982].

Viele sehen die wesentliche Bedeutung der Bundesverfassungsgerichtsentscheidung darin, dass sie für den Bereich der Pflichtteilsentziehung die Testierfreiheit gegenüber dem traditionellen Verständnis unter Hinweis auf den Verhältnismäßigkeitsgrundsatz stärke[983], während vor dem Erlass dieser Entscheidung das Verhältnis zwischen dem Prinzip der Testierfreiheit und dem Prinzip des Verwandtenerbrechts als nach wie vor durch das Bundesverfassungsgericht nicht

---

977 Haas, ZEV 2000, S. 249, 250; Haas in: Staudinger, Einl. zu §§ 2303, Rn. 34 a; Lange in: MünchKomm, § 2303, Rn. 3 f.; Deppenkemper in: PWW, § 2303, Rn. 1; Kuchinke, FPR 2006, S. 125, 126; Wiemer, S. 166 f.; die Gesetzesbegründung des Gesetzes zur Änderung des Erb- und Verjährungsrechts erstreckt die Gründe der Entscheidung des Bundesverfassungsgerichts ausdrücklich auch auf das Ehegatten- und Elternpflichtteilsrecht, so BT- Drucks. 16/ 8954; insgesamt dazu vgl. den vorherigen Abschnitt.

978 Zu den dogmatischen Grundlagen: Haas in: Staudinger, Einl. zu §§ 2303, Rn. 15.

979 Haas, ZEV 2000, S. 249, 254.

980 Haas in: Staudinger, Einl. zu §§ 2303, Rn. 34 a; ob dem Pflichtteilsrecht selbst ein Versorgungsgedanke innewohnt, siehe die Ausführungen unten § 5, C., I., 4., S. 205 ff..

981 Wiemer, S. 166.

982 Vgl. hierzu die ähnlichen Erwägungen von Kuchinke, FPR 2006, S. 125, 126; eine weitere Begründung des Ehegattenpflichtteils soll an dieser Stelle unterbleiben, das verfassungsrechtliche Fundament entsprechend dem Pflichtteil von Abkömmlingen vielmehr unterstellt werden, zumal der verfassungsrechtliche Hintergrund des Ehegattenpflichtteils heute als dem der Abkömmlinge gleichrangig betrachtet wird.

983 Birkenheier in: jurisPK, § 2303, Rn. 8; Otte, JZ 2005, S. 1007, 1009; Kleensang, ZEV 2005, S. 277, 277; detailliert insoweit zu den einzelnen Tatbeständen siehe Muscheler, Aktuelle Fragen des Erbrechts, S. 39, 84 f.

abschließend geklärt eingestuft wurde[984]. Dementsprechend wird als Postulat der Entscheidung positiv hervorgehoben, dass bei Anwendung der Pflichtteilsentziehungsvorschriften eine stärkere Berücksichtigung der Testierfreiheit im Rahmen der dort gebotenen Abwägung mit dem Pflichtteilsrecht des Pflichtteilsberechtigten erfolgen muss[985].

b) Die Entscheidung des Bundesgerichtshofs vom 19. Januar 2011

In seinem Urteil vom 19.01.2011[986] betont der BGH, bezugnehmend auf Behindertentestamente, dass sich der auf einen Pflichtteil Verzichtende nicht wie der Erblasser auf die Testierfreiheit berufen könne; insofern sei der Pflichtteilsverzicht eher mit dem Fall der Ausschlagung einer bereits angefallen Erbschaft vergleichbar[987]. Die Entscheidung, den Pflichtteil zu erhalten oder nicht, sei zunächst eine Frage der Privatautonomie. Insoweit enthalte die in Art. 14 Abs. 1 GG verankerte Erbrechtsgarantie ein Gegenstück im Sinne einer „negativen Erbfreiheit". Auf der einen Seite sei der Erblasser frei, andere als seine Erben einzusetzen, was auf der anderen Seite aber auch deren Einverständnis voraussetze. Da es eine Pflicht, etwas aus dem Nachlass anzunehmen, nicht gebe, müsse der Betroffene wenigstens das Recht zur Ausschlagung haben, um dem gesetzlichen Vonselbst-Erwerb entgehen zu können. In diesem Sinne sei der Pflichtteilsverzicht nicht nur Ausdruck der in Art. 2 Abs. 1 GG gewährleisteten Privatautonomie, sondern auch des Grundgedankens der Erbfreiheit[988]. Dem auf den Pflichtteil Verzichtenden steht demnach „zusätzlich" die negative Erbfreiheit zur Seite[989]. Was dies nicht nur verfassungsrechtlich, sondern gerade auch zivilrechtlich bedeutet, wird im Folgenden noch näher erläutert.

Darüber hinaus hat der BGH der „Erwartungshaltung der Eltern" ausdrücklich verfassungsrechtlichen Schutz zugesprochen, nämlich dass Behinderte in der Konstellation des Behindertentestaments oftmals aufgrund der Erwartung der Eltern auf den Pflichtteil verzichten[990]. Das entsprechende Handeln eines nicht behinderten Abkömmlings ohne Sozialleistungsbezug werde schließlich sittlich ebenfalls anerkannt. Widersetze sich der Behinderte dem Pflichtteilsverzicht, so setze er sich

---

984 Vgl. insoweit stellvertretend Lange in: MünchKomm, § 2303, Rn. 3, 4. Auflage 2004; Lange in: MünchKomm, § 2303, Rn. 3, 5. Auflage 2009; Otte, JZ 2005, S. 1007, 1009; insgesamt zur Erbrechtsreform und deren Erwartungen vgl. § 5, C., I., 2., S. 201 f.f.

985 Kleensang, ZEV 2005, S. 277, 282; Mayer in: Bamberger/ Roth (Stand: Edition 20), § 2303, Rn. 7.

986 Dazu oben § 5, A., II., S. 155 ff..

987 BGH, Urt. v. 19.01.2011, BeckRS 2011, 02577, Rn. 25.

988 BGH, Urt. v. 19.01.2011, BeckRS 2011, 02577, Rn. 27.

989 Wendt, ZErb 2012, S. 313, 318; BGH, Urt. v. 19.01.2011, BeckRS 2011, 02577, Rn. 27 (das Gericht spricht ausdrücklich davon, dass dem Pflichtteilsberechtigten „nicht nur die durch Art. 2 Abs. 1 GG gewährleistete Privatautonomie, sondern auch der Grundgedanke der Erbfreiheit zur Seite" steht).

990 BGH, Urt. v. 19.01.2011, BeckRS 2011, 02577, Rn. 29.

in einen „Gegensatz zu den Wünschen und Vorstellungen seiner Familie, die über Art. 6 Abs. 1 GG ihrerseits verfassungsrechtlichen Schutz genießen[991]“. Der BGH verweist in diesem Zusammenhang auf die Rechtsprechung des BVerfG, welche das in Art. 6 Abs. 1 GG verankerte Recht zur freien Gestaltung der Gemeinschaft in ehelicher und familiärer Verantwortlichkeit und Rücksicht bereits anerkannt hat[992]. Damit ist insoweit auch verfassungsrechtlich eine Gleichbehandlung von nicht behinderten Nachkommen mit behinderten Abkömmlingen geboten[993].

Das Urteil bedeutet eine Stärkung der Privatautonomie. Es stärkt die Gestaltungsfreiheit und wird insoweit auch zutreffend als Erleichterung für Abwägungsfragen verstanden, indem es den Pflichtteilsverzicht und die Ausschlagung unter den starken Schutz des Art. 14 Abs. 1 GG stellt[994].

II. Inhalt der grundrechtlichen Erbrechtsgarantie

1. Die Drittwirkung von Grundrechten im Privatrecht als unverzichtbarer Mindestgehalt

Bei der Untersuchung der Parallelen von Ehevertrag bzw. Scheidungsfolgenvereinbarung auf der einen Seite und Pflichtteilsverzichtsvertrag auf der anderen Seite stellt sich nunmehr nicht nur die Frage, inwieweit die Grundrechte im Rahmen einer Inhaltskontrolle zu berücksichtigen sind, sondern auch, ob das Verhältnis der jeweils betroffenen Grundrechte zueinander eine Vergleichbarkeit der in Rede stehenden vertraglichen Gestaltungsmöglichkeiten zulässt oder ggf. eine Parallelbildung von vornherein erschwert oder sogar ausschließt. Richtigerweise wird mit Blick auf Privatautonomie, Demokratieprinzip und die Gebote der Rechtssicherheit und Rechtsklarheit vor einer Durchsetzung ordnungspolitischer Anliegen durch richterliche Inhalts- und Motivkontrolle gewarnt. Auch mit Blick auf den Grundrechtsgehalt der Testierfreiheit ist es wesentliche Aufgabe des parlamentarischen Gesetzgebers und nicht des Richters, für eine „gute Erbordnung“ zu sorgen[995].

Seit dem „Lüth-Urteil“ des BVerfG ist anerkannt, dass die Grundrechte zwar in erster Linie Abwehrrechte des Bürgers gegen den Staat sind, um die Freiheitssphäre des einzelnen vor Eingriffen der öffentlichen Gewalt zu sichern[996]; allerdings stellen die Grundrechtsbestimmungen auch eine „objektive Wertordnung“ dar, welche

---

991 BGH, Urt. v. 19.01.2011, BeckRS 2011, 02577, Rn. 29.

992 BVerfG, NJW 2001, S. 957, 958.

993 Vgl. die Ausführungen des BGH, Urt. v. 19.01.2011, BeckRS 2011, 02577, Rn. 29; Zimmer, Anm. zu BGH, Urt. v. 19.01.2011, ZEV 2011, S. 258, 263.

994 Spall, Anm. zu BGH, Urt. v. 19.01.2011, MittBayNot 2012, S. 138, 144 f.; dazu im nächsten Abschnitt.

995 Vgl. die instruktiven Ausführungen von Röthel, AcP 201 (2010), S. 32, 48.

996 BVerfG, Urt. v. 15.01.1958, VerwRspr 1958, S. 419, 421.

als verfassungsrechtliche Grundentscheidung für alle Bereiche des Rechts gilt[997]. Der Rechtsgehalt der Grundrechte entfaltet sich mittelbar durch die privatrechtlichen Vorschriften, sog. „mittelbare Drittwirkung“; die Generalklauseln stellen dabei „Einbruchstellen“ der Grundrechte in das bürgerliche Recht dar[998]. Dies gilt vor allem für die §§ 138, 242[999]. Im Rahmen der Ausstrahlungswirkung der Grundrechte bezieht sich die Drittwirkung derselben nicht nur auf die Generalklauseln, sondern die wertsetzende Bedeutung der Grundrechte ist auf der Rechtsanwendungsebene zu wahren; Bedeutung und Tragweite der Grundrechte sind daher bei auslegungsbedürftigen Tatbestandsmerkmalen einer zivilrechtlichen Norm interpretationsleitend zu berücksichtigen[1000]. Die Hohenzollern-Entscheidung des BVerfG wird ungeachtet seiner Wertung zwischen Testier- und Eheschließungsfreiheit hinsichtlich der Prüfung der zivilrechtlichen Generalklauseln, §§ 138, 242, zutreffend als logische Fortführung des Lüth-Urteils betrachtet[1001]. Neben der abwehrrechtlichen Dimension der Grundrechte existiert auch eine Schutzpflicht der staatlichen Gewalt „als Dominante unter den objektiven Grundrechtsgehalten[1002].“ Die Schutzaufträge zielen vornehmlich darauf ab, Ein- oder Übergriffe in die Rechtssphäre Privater durch andere Private abzuwehren. Dabei wird der Staat aktiv zum Handeln aufgefordert. In diesem Kontext wird auch von den Grundrechten als „positiven Kompetenznormen“ gesprochen[1003]. Gerade die Privatautonomie ist Gegenstand einer solchen grundrechtlichen Schutzpflicht des Staates[1004] und gewährleistet vor allem neben der Eigentums- und Testierfreiheit die Vertragsfreiheit, dies in Form der Abschlussfreiheit sowie als Gestaltungs- und Inhaltsfreiheit[1005]. Die wichtigste Grenze der Privatautonomie ist die Privatautonomie des anderen. Dabei ist die Begrenzung der Privatautonomie durch die Privatautonomie systemimmanent, weil ohne diese Begrenzung die Möglichkeit der Fremdbestimmung eröffnet wäre[1006]. Den Staat kann damit in Form des Gesetzgebers oder als

---

997 BVerfG, Urt. v. 15.01.1958, VerwRspr 1958, S. 419, 421; BVerfG, Beschl. v. 22.03.2004, ZEV 2004, S. 241, 241; Litzenburger in: Bamberger/ Roth, § 2074, Rn. 10; Gostomzyk, JuS 2004, S. 949, 949 ff.; Herdegen in: Maunz/ Dürig (80. EL), Art. 1 Abs. 3, Rn. 19; Gaier, ZEV 2006, S. 2, 4.

998 BVerfG, Urt. v. 15.01.1958, VerwRspr 1958, S. 419, 419 ff.

999 BVerfG, Beschl. v. 19.10.1993, NJW 1994, S. 36, 38 (sog. Bürgschaftsentscheidung des BVerfG); Litzenburger in: Bamberger/ Roth, § 2074, Rn. 10; Gaier, ZEV 2006, S. 2, 4.

1000 Gaier, ZEV 2006, S. 2, 7; Gaier, S. 27, 32, verweist darauf, dass im Falle Hohenzollern von den Fachgerichten gerade diese verfassungsgemäße Auslegung der zivilrechtlichen Vorschriften nicht ordnungsgemäß erfolgt ist.

1001 Kleensang, ZEV 2005, S. 277, 281 f.; Isensee, DNotZ 2004, S. 754, 765; Gaier, ZEV 2006, S. 2, 5; Otte, ZEV 2004, S. 393, 394.

1002 Herdegen in: Maunz/ Dürig (80. EL), Art. 1 Abs. 3, Rn. 20.

1003 Gostomzyk, JuS 2004, S. 949, 952.

1004 Di Fabio in: Maunz/ Dürig (80. EL), Art. 2, Rn. 107.

1005 Paulus/ Zenker, JuS 2001, S. 1, 1.

1006 Paulus/ Zenker, JuS 2001, S. 1, 2.

Rechtsanwender die Pflicht treffen, dafür zu sorgen, dass es nicht aufgrund einer gestörten Vertragsparität im Ergebnis zu einer Fremdbestimmung des Schwächeren durch den Stärkeren kommt[1007]. Aus Art. 2 Abs. 1 folgt mithin der staatliche Schutz vor einer Umkehrung der Selbstbestimmung in eine Fremdbestimmung[1008]. Der Gesetzgeber hat bei der Gestaltung des Zivilrechts zwar einen Gestaltungsspielraum, aber er ist an die grundrechtlichen Vorgaben, namentlich die Gewährleistung der Privatautonomie gebunden[1009]. Kern und zugleich Schwierigkeit dieser Schutzpflicht ist das Spannungsverhältnis zwischen dem abwehrrechtlichen Prinzip der Freiheit der vertraglichen Gestaltung, der Vertragsfreiheit, und dem Prinzip des Schutzes vor Fremdbestimmung. Zwischen diesen aus Art. 2 Abs. 1 gegenläufigen Prinzipien ist praktische Konkordanz herzustellen[1010]. Für die Zivilgerichte bedeutet dies auf der Rechtsanwendungsebene eine grundrechtskonforme Anwendung der Generalklauseln wie §§ 138, 242, wobei sich die Pflicht des Richters zum Schutz vor Fremdbestimmung unter bestimmten Voraussetzungen zu einem verfassungsrechtlichen Anspruch auf Vertragskorrektur verdichten kann, der mit der ebenfalls verfassungsrechtlich gewährleisteten Vertragsfreiheit des „stärkeren" Vertragspartners kollidiert[1011]. Da nicht jede Störung des Vertragsgleichgewichts zu einer Vertragskorrektur berechtigt, verlangt das BVerfG sowohl eine strukturelle Unterlegenheit als auch eine ungewöhnliche Belastung für den anderen Vertragspartner[1012].

2. *Das Pflichtteilsrecht im Spannungsverhältnis zwischen Testierfreiheit und Verwandtenerbrecht*

Da die Ehegatten in der Gestaltung ihrer individuellen Lebensverhältnisse frei sind, bedeutet dies für Eheverträge, dass sie auch die Scheidungsfolgen grundsätzlich frei bestimmen können[1013]. Einen unverzichtbaren Mindestgehalt an Scheidungsfolgen

---

1007 Di Fabio in: Maunz/ Dürig (80. EL), Art. 2, Rn. 107.

1008 Di Fabio in: Maunz/ Dürig (80. EL), Art. 2, Rn. 107; Führ, MittBayNot 2006, S. 461, 467; dieser Schutzpflichtgedanke hat sich nicht zuletzt durch die Rechtsprechung fortentwickelt.

1009 Di Fabio in: Maunz/ Dürig (80. EL), Art. 2, Rn. 108.

1010 Di Fabio in: Maunz/ Dürig (80. EL), Art. 2, Rn. 108.

1011 Di Fabio in: Maunz/ Dürig (80. EL), Art. 2, Rn. 111 f. verweist zudem darauf, dass sich im Ausnahmefall, nämlich wenn der Gesetzgeber den Fall nicht mitbedacht hat oder es sich um eine grundlegend neue Entwicklung handelt, sogar eine Pflicht zur Inhaltskontrolle von Verträgen ergeben kann, wenn diese einen Vertragspartner ungewöhnlich stark belasten und das Ergebnis strukturell ungleicher Verhandlungsstärke sind. Beide Ausnahmekonstellationen liegen bei dem gesetzlich geregelten Pflichtteilsverzicht ersichtlich nicht vor.

1012 Di Fabio in: Maunz/ Dürig (80. EL), Art. 2, Rn. 108; vgl. i.Ü. die Rechtsprechung des BVerfG oben § 4, A., I., S. 77 ff.

1013 Hahne, DNotZ 2004, S. 84, 88.

gibt es dabei grundsätzlich nicht[1014]. Die scheidungsfolgenbezogene Vertragsfreiheit ist daher notwendige Ergänzung des auch grundgesetzlich verbürgten Wahlrechts hinsichtlich des gewählten Ehetyps[1015]. Auch die Ehevertragsfreiheit findet daher ihre Grenze dort, wo die durch Art. 2 Abs. 1 GG gewährleistete Privatautonomie in Form der freien Selbstbestimmung nicht mehr gegeben ist[1016].

Allerdings wird auch vor der Ausstrahlungswirkung der Grundrechte[1017] über die Generalklausel des § 138 Abs. 1 gewarnt. Beispielsweise sei das Pflichtteilsrecht als Schranke ausreichend[1018]. Insoweit wird dem Pflichtteilsrecht sogar eine befriedende, weil die richterliche Testamentskontrolle begrenzende und entlastende Funktion zugesprochen[1019]. Der Grundsatz der Privatautonomie müsse gerade im Erbrecht gewahrt werden. Letztlich seien nur wenige Fälle denkbar, in denen die Testierfreiheit an dem sie einschränkenden § 138 scheitere[1020]. Über die Generalklauseln dürfe nicht allzu leichtfertig versucht werden, Rechtshandlungen zu unterbinden, die Grundrechtsschutz genießen[1021]. Für den Bereich der Testierfreiheit und der Erbenfreiheit beispielsweise ist es im Rahmen der Grundrechtsbetrachtung anerkannt, dass dieser Vergleich Rangunterschiede der von letztwilligen Verfügungen betroffenen Grundfreiheiten erkennen lassen kann, was letztlich eine fehlerhafte Verschiebung der Größe der einzelnen Freiheitsräume verhindern mag[1022]. Der Erblasserwille steht danach im Vordergrund und dominiert bloße Erberwartungen[1023].

1014 BGH, Urt. v. 11.02.2004, NJW 2004, S. 930, 933.

1015 Mayer in: Bamberger/ Roth (Stand: Edition 20), § 1408, Rn. 17.

1016 Hahne, DNotZ 2004, S. 84, 88.

1017 Die Grundrechte werden oftmals als Störpotential im Zivilrecht empfunden; dementsprechend wurde dem BVerfG in der Hohenzollern-Entscheidung vorgeworfen, es habe sich zum obersten Nachlassgericht aufgeschwungen, vgl. die Ausführungen von Gaier, S. 27, 38 mit Verweis auf Isensee, DNotZ 2004, S. 754, 755.

1018 Lange, S. 68, der diese Aussage im Kontext der Testierfreiheit getätigt hat; ähnlich/ Führ, MittBayNot 2006, S. 461, 467.

1019 Röthel, AcP 201 (2010), S. 32, 48.

1020 Führ, MittBayNot 2006, S. 461, 466 f.

1021 Wendt, ZErb 2010, S. 45, 49.

1022 Vgl. die Ausführungen von Wendt, ZErB 2010, S. 45, 46.

1023 Reimann, NJW 2007, S. 3034, 3036; Wendt, ZErB 2010, S. 45, 46; Wendt, ErbR 2010, S. 142, 144.

Bereits unter diesem Aspekt könnte man an eine vorrangige Stellung des Erblasserwillens in der Position des den Pflichtteilsverzicht Annehmenden gegenüber der Pflichtteilserwartung des auf den Pflichtteil Verzichtenden annehmen. Wenn schon die Erberwartung als „Mehr" im Verhältnis zum Pflichtteil gegenüber dem Erblasserwillen zurücksteht, dann könnte dies erst recht für den Pflichtteil gelten. Allerdings birgt dieser Aspekt lediglich die Quantität und berücksichtigt nicht, dass in qualitativer Hinsicht der Pflichtteil immer gewiss ist, während das insoweit überschießende Erbe grundlos im Wege der Enterbung entzogen werden kann. Darauf beruht letztlich der privilegierte Rang des Erblasserwillens.

In der restriktiven Rechtsprechung des BGH zur Sittenwidrigkeit von Testamenten wird denknotwendig eine Stärkung der Testierfreiheit erblickt[1024]. Der angetroffene schlichte Verweis auf den hohen Rang der Testierfreiheit[1025] sagt für sich genommen selbstverständlich noch nichts darüber aus, wie sich das Ergebnis einer Abwägung mit anderen grundgesetzlich geschützten und tangierten Freiheiten im Einzelfall darstellen würde[1026]. Dies zeigt auch die Hohenzollern-Entscheidung mit ihrer Kollision von Testierfreiheit und Eheschließungsfreiheit[1027], deren Abwägungsergebnis nach der Entscheidung des BVerfG gerade offen blieb.

In diesem Kontext ist das Pflichtteilsrecht näher in Bezug zu setzen. Das Pflichtteilsrecht gewährt nicht nur den nächsten Angehörigen des Erblassers einen Mindestwertanteil am Nachlass, sondern begrenzt durch diese Beteiligung am Vermögen des Erblassers bekanntermaßen dessen Testierfreiheit[1028]. Derjenige Teil des Erblasservermögens, der auf den Pflichtteil entfällt, ist damit der Dispositionsbefugnis des Erblassers von Todes wegen entzogen[1029]. Anlässlich dieses auch verfassungsrechtlich relevanten[1030] Spannungsverhältnisses zwischen Testierfreiheit auf der einen Seite und dem Verwandtenerbrecht auf der anderen Seite kam es in den letzten Jahren zu intensiven Debatten über diese Grenzziehung[1031]. Dies gilt auch für das Verhältnis von Testierfreiheit und Pflichtteilsrecht zur Erbrechtsgarantie[1032]. Die Erbrechtsgarantie des Art. 14 Abs. 1 S. 1 GG gewährleistet das Erbrecht als Rechtsinstitut und als Individualrecht[1033]. Es hat die Funktion, das Privateigentum als Grundlage eigenverantwortlicher Lebensgestaltung nicht mit dem Tode des Eigentümers untergehen zu lassen, sondern seinen Fortbestand kraft Rechtsnachfolge zu sichern[1034]. Während das BVerfG zunächst das Verhältnis von Testierfreiheit und Erbrechtsgarantie derart beschrieb, dass die Testierfreiheit „bestimmendes Element der Erbrechtsgarantie" sei[1035], was vornehmlich in der Literatur zu der Frage führte, ob die Testierfreiheit alleiniger Gegenstand dieser Garantie sei[1036], führt es nunmehr aus, dass zu dem grundlegenden Gehalt der

---

1024 Meyer- Pritzl in: Staudinger/ Eckpfeiler, Kapitel, Y. Erbrecht, Rn. 100.

1025 Münch, ZEV 2008, S. 571, 576; Axer in: Beck´scher Onlinekommentar Grundgesetz (Stand: Edition 27), Art. 14, Rn. 159.

1026 Ähnlich Otte, ZEV 2004, S. 393, 395.

1027 Vgl. dazu Isensee, DNotZ 2004, S. 754, 760.

1028 BVerfG, Beschl. v. 30.08.2000, NJW 2001, S. 141, 142; Otte, AcP 202 (2002), S. 317, 327; Papier in: Maunz/ Dürig (80. EL), Art. 14, Rn. 302.

1029 Weidlich in: Palandt, § 1937, Rn. 5; Weidlich in: Palandt, § 2303, Rn. 1.

1030 Lange in: MünchKomm, § 2303, Rn. 3; Lange, AcP 204 (2004), S. 804, 807.

1031 Lange in: MünchKomm, § 2303, Rn. 3.

1032 Vgl. die Ausführungen von Otte, JZ 2005, S. 1007, 1008.

1033 BVerfG, Beschl. v. 19.01.1999, NJW 1999, S. 1853, 1853; BVerfG, Beschl. v. 30.08.2000, NJW 2001, S. 141, 141; BVerfG, Beschl. v. 19.04.2005, NJW 2005, S. 1561, 1562.

1034 BVerfG, Beschl. v. 19.04.2005, NJW 2005, S. 1561, 1562.

1035 BVerfG, Beschl. v. 19.01.1999, NJW 1999, S. 1853, 1853.

1036 Vgl. die weiteren Nachweise bei Otte, JZ 2005, S. 1007, 1008.

Erbrechtsgarantie zusätzlich auch das Verwandtenerbrecht gehört[1037]. Die unentziehbare und bedarfsunabhängige Mindestbeteiligung der Kinder am Nachlass ist tragendes Strukturprinzip des Pflichtteilsrechts und ebenfalls durch die Erbrechtsgarantie gedeckt[1038]. Diese Mindestbeteiligung ist dabei tradiertes Kernelement des Erbrechts und steht neben der Testierfreiheit und dem Erwerbsrecht des Erben[1039]. Die Testierfreiheit umfasst definitionsgemäß „als Bestandteil der Erbrechtsgarantie die Befugnis des Erblassers, zu Lebzeiten einen von der gesetzlichen Erbfolge abweichenden Übergang seines Vermögens nach seinem Tode an einen oder mehrere Rechtsnachfolger anzuordnen, insbesondere einen gesetzlichen Erben von der Nachlassbeteiligung auszuschließen und wertmäßig auf den gesetzlichen Pflichtteil zu beschränken[1040]." Zu einer Gleichbehandlung seiner Abkömmlinge ist der Erblasser bei der Gestaltung der Erbfolge dabei nicht gezwungen[1041]. Eine Zurücksetzung einzelner Angehöriger kann dabei grundlos erfolgen, da der Erblasser von seiner Testierfreiheit auch ungerecht im Sinne des Art. 3 GG Gebrauch machen kann[1042]. Die Vermögensnachfolge muss sich auch nicht an den allgemeinen gesellschaftlichen Überzeugungen oder den Anschauungen der Mehrheit orientieren[1043]. Die Testierfreiheit dient ebenso wie der Grundsatz der Privatautonomie der Selbstbestimmung des Einzelnen im Rechtsleben[1044]. Ihr entspricht auf der anderen Seite das Eigentumserwerbsrecht des Erben, das Recht des Erben kraft gesetzlicher oder gewillkürter Erbfolge zu erwerben, welches ebenfalls untrennbarer Bestandteil der

1037 BVerfG, Beschl. v. 30.08.2000, NJW 2001, S. 141, 141.

1038 BVerfG, Beschl. v. 19.04.2005, NJW 2005, S. 1561, 1563; Deppenkemper in: PWW, Vor. §§ 2303 ff., Rn. 1.

1039 BVerfG, Beschl. v. 19.04.2005, NJW 2005, S. 1561, 1563; vgl. dazu die Besprechung der Entscheidungen oben § 5, B., I., 2., a), S. 176 ff..

1040 BVerfG, Beschl. v. 03.11.1981, NJW 1982, S. 565, 567; BVerfG, Beschl. v. 30.08.2000, NJW 2001, S. 141, 142; BVerfG, Beschl. v. 19.04.2005, NJW 2005, S. 1561, 1562 f.; Axer in: Beck´scher Onlinekommentar Grundgesetz (Stand: Edition 27), Art. 14, Rn. 148; Firsching/ Graf, Rn. 1.336.

1041 BVerfG, Beschl. v. 19.04.2005, NJW 2005, S. 1561, 1563; BVerfG, Beschl. v. 22.03.2004, ZEV 2004, S. 241, 242; Isensee, DNotZ 2004, S. 754, 758.

1042 Führ, MittBayNot 2006, S. 461, 467.

1043 BVerfG, Beschl. v. 22.03.2004, ZEV 2004, S. 241, 242; Axer in: Beck´scher Onlinekommentar Grundgesetz (Stand: Edition 27), Art. 14, Rn. 149; Isensee, DNotZ 2004, S. 754, 758; zur Straf- und Disziplinierungsgewalt durch den Erblasser vgl. Westermann in: Festschrift für Wiegand, S. 661. 684 sowie Kroppenberg, DNotZ 2006, S. 86, 94 f.

1044 BVerfG, Beschl. v. 30.08.2000, NJW 2001, S. 141, 141; BVerfG, Beschl. v. 19.04.2005, NJW 2005, S. 1561, 1562; Meyer- Pritzl in: Staudinger/ Eckpfeiler, Kapitel, Y. Erbrecht, Rn. 100; Axer in: Beck´scher Onlinekommentar Grundgesetz (Stand: Edition 27), Art. 14, Rn. 148; Gaier, ZEV 2006, S. 2, 4; Leipold, S. 84, spricht insoweit davon, der Grundsatz der Testierfreiheit sei das erbrechtliche Teilstück der Privatautonomie.

Erbrechtsgarantie ist[1045]. Damit gehört die Testierfreiheit ebenso wie das Pflichtteilsrecht zum Kernbereich des Erbrechts[1046]. Andere sprechen insoweit von den „materialen Eckpfeilern des Erbrechts[1047]".

Der Gesetzgeber hat das Verhältnis von Testierfreiheit und Familienerbrecht offen gelassen[1048]. Das BVerfG geht, wie gesehen, offenkundig von einem Gleichrang, zumindest aber nicht von einem Vorrang eines dieser beiden erbrechtlichen Kernbereiche aus, wenn es ausführt, die Merkmale des Pflichtteilsrechts der Kinder des Erblassers seien als „tradierte Kernelemente des deutschen Erbrechts neben der Testierfreiheit und dem Erwerbsrecht des Erben Bestandteil des institutionell verbürgten Gehalts der Erbrechtsgarantie des Art. 14 Abs. 1 S. 1 GG[1049]." Dementsprechend gehören Testierfreiheit und Pflichtteilsrecht beide zum unantastbaren Wesensgehalt des Erbrechts i.S.d. Art. 19 Abs. 2 GG[1050], weshalb es sich dogmatisch bei dem Pflichtteilsrecht auch nicht um eine Schranke der Erblasserfreiheit handelt, sondern um eine verfassungsrechtlich bestimmte Begrenzung des Inhalts dieser Garantie[1051]. Der Gestaltungsrahmen des Gesetzgebers hinsichtlich der technischen Ausgestaltung des Pflichtteilsrechts im Rahmen des Art. 14 Abs. 1 GG ist weit, muss aber beispielsweise einen „angemessenen Anteil" am Nachlass sowie andere Verfassungsnormen wie etwa den Gleichheitssatz, die Testierfreiheit und andere Grundrechte beachten[1052].

Die Berücksichtigungsintensität der Testierfreiheit als Form der Selbstbestimmung hängt unter anderem vom Pflichtteilsrecht als solchem, der Frage, wem der Pflichtteil und wie hoch dieser gewährt wird, ab. Eine völlige und damit noch stärker zu berücksichtigende Testierfreiheit lässt sich lediglich durch Abschaffung des Pflichtteilsrechts erreichen. Dementsprechend sollte durch das am 01.01.2010 in Kraft getretene Reformgesetz ursprünglich eine quantitative Stärkung der Testierfreiheit durch eine Absenkung der Pflichtteilsquote erreicht werden. Normativ hat dieses Vorhaben jedoch keinen Niederschlag gefunden, dies vor allem deshalb nicht, weil sich der Gesetzgeber offenbar durch die das Pflichtteilsrecht verfassungsrechtlich bestätigende Entscheidung des BVerfG daran gehindert sah. Familiensolidarität und die familienschützende Funktion des Pflichtteilsrechts würden gegen eine Reduktion der Quote sprechen. Die Einführung der Abschmelzungsregelung im

1045 BVerfG, Beschl. v. 19.04.2005, NJW 2005, S. 1561, 1563.

1046 Deppenkemper in: PWW, Vor. §§ 2303 ff., Rn. 2; Leipold in: MünchKomm, Einl. ErbR., Rn. 32.

1047 Meyer- Pritzl in: Staudinger/ Eckpfeiler, Kapitel, Y. Erbrecht, Rn. 13.

1048 Mayer in: MünchKomm, § 2303, Rn. 4; Kleensang, DNotZ 2005, S. 509, 511; vgl. i.Ü. oben § 5, B., I., 1., S. 172 ff..

1049 BVerfG, Beschl. v.19.04.2005, NJW 2005, S. 1561,1563.

1050 Weidlich in: Palandt, Einl. v. § 1922, Rn. 4; Lange, AcP 204 (2004), S. 804, 807; vgl. insoweit auch die Forderungen des historischen Gesetzgebers im vorherigen Kapitel.

1051 Führ, MittBayNot 2006, S. 461, 462.

1052 Mayer in: Mayer/ Süß, S. 21.

Rahmen des § 2325 Abs. 3[1053] bedeutet gegenüber der alten Rechtslage einen verminderten Pflichtteilsschutz vor beeinträchtigenden lebzeitigen Verfügungen des Erblassers und unterstützt damit die Gestaltungsfreiheit des Erblassers selbst[1054].

Vergleicht man andere Rechtsordnungen, die ebenfalls eine feste Nachlassbeteiligung gewähren, mit dem deutschen Pflichtteilsrecht, so ist diese deutsche Beteiligung am Nachlass zurückhaltender als viele andere Rechtsordnungen hinsichtlich der Einschränkung der Testierfreiheit. Dies gilt sowohl für die (frei verfügbare) Quote des Nachlasses als auch insoweit, als der rein schuldrechtliche Geldanspruch weniger einschneidend auf die Testierfreiheit wirkt als ein dinglicher Teilhabeanspruch. Hinsichtlich der Berechtigten schützt unsere Rechtsordnung insoweit zu Lasten des Erblassers lediglich die Kernfamilie[1055].

Von der unbegrenzten Testierfreiheit geht das System der englischen „family provision" aus, welches kein Pflichtteilsrecht kennt[1056]. Während mithin der lediglich schuldrechtliche Anspruch rechtsvergleichend für eine starke Testierfreiheit spricht, bedeutet der Befund der „family provision" nahezu das Gegenteil. Eindeutige Schlüsse lassen sich daher unter rechtsvergleichenden Gesichtspunkten nicht ziehen.

3. *Die negative Erbfreiheit*

Mit seiner Entscheidung zum Pflichtteilsverzicht eines behinderten Sozialleistungsbeziehers[1057] hat der BGH als Gegenstück zu der auf Art. 14 Abs. 1 GG basierenden Erbrechtsgarantie die teils als kühne Neuerung beschriebene[1058] „negative Erbfreiheit" frisch ins Leben gerufen. Die Entscheidung des Berechtigten, ob er den Pflichtteil behalten möchte, sieht der BGH zunächst durch die in Art. 2 Abs. 1 GG gewährleistete Privatautonomie gedeckt. Dem Pflichtteilsberechtigten stehe daneben aber „auch" die in der Erbrechtsgarantie des Art. 14 Abs. 1 GG wurzelnde negative Erbfreiheit zur Seite[1059]. Dabei ist die Schaffung dieser neuen Rechtsfigur

---

1053 Die Frist zur Berücksichtigung von der Pflichtteilsergänzung unterliegenden Schenkungen wurde flexibler gestaltet und eine sog. Pro-Rata-Lösung, auch Abschmelzungsregelung genannt (Mayer, ZEV 2010, S. 2, 7), eingeführt, wonach die Schenkung nur noch innerhalb des ersten Jahres vor dem Erbfall vollständig, im zweiten Jahr vor dem Erbfall nur noch zu neun Zehnteln, im dritten Jahr zu acht Zehnteln usw. berücksichtigt wird (BT- Drucks. 16/ 8954, S. 21; Lehmann/ Schulz, ZEV 2009, S. 337, 337; Mayer, ZEV 2010, S. 2, 7). Die frühere „Alles-oder-nichts"-Lösung hat mithin durch den neuen § 2325 Abs. 3 eine Abmilderung erfahren (BT- Drucks. 16/ 8954, S. 21; Lange, DNotZ 2009, S. 732, 736 f.).

1054 Weidlich, NotBZ 2009, S. 149, 159.

1055 Bauer, A., S. 88.

1056 Vgl. unten § 5, C., I., 3., S. 202 f.f.

1057 Vgl. dazu oben § 5, A., II., S. 155 ff..

1058 Leipold, ZEV 2011, S. 528, 528.

1059 BGH, Urt. v. 19.01.2011, BeckRS 2011, 02577, Rn. 27.

bzw. deren dogmatische Begründung und Herleitung durch den BGH nicht gänzlich unkritisiert geblieben. Die Kritik bezieht sich vornehmlich auf die doch recht knappe Begründung dieser neuen Grundfreiheit. So wird etwa die Frage aufgeworfen, ob Art. 14 Abs. 1 berührt ist oder nicht lediglich Art. 2 Abs. 1 i.V.m. Art. 6 Abs. 1 GG[1060]. Weil die Erbrechtsgarantie nur das Recht auf Erben im positiven Sinne enthalte, aber ein verfassungsrechtlicher Schutz für ein Recht, nicht zu erben, gerade fehle, wird diese negative Erbfreiheit vereinzelt angezweifelt. Zwar werde gelegentlich die Testierfreiheit des Erblassers als korrespondierend mit der Freiheit des Bedachten zur Übernahme der Erbschaft dargestellt, aber ob diese Freiheit des Bedachten einer Garantie gleichzusetzen sei, wird von *Leipold* in Frage gestellt[1061]. Die Suche nach einer Parallele zu der verfassungsrechtlichen Gewährleistung des Eigentums, etwa einer „besonderen Garantie des Rechts, nicht Eigentümer zu werden" bleibe ergebnislos. Die Eingriffe, die Art. 14 Abs. 1 abwehren solle und die maßgeblichen auch insoweit zivilrechtlichen Wertungen zielten alle auf den Erwerb und Erhalt von Eigentum und Erbrecht. Die Begründung des BGH für eine über die allgemeine Privatautonomie des Art. 2 Abs. 1 GG hinausgehende negative Erbfreiheit sei im Ergebnis unzureichend. Auch die Vorschriften der Ausschlagung als Korrelat des Vonselbst-Erwerbs, die durchaus eine zentrale Rolle spielten, änderten an diesem Befund nichts, da das Erbrecht „nicht mit leichter Hand auf die Ebene des Verfassungsrechts hochgehievt werden könne"[1062]. Mit Blick auf die sich im Anschluss an das BGH-Urteil stellende Frage, ob die von dem BGH entwickelten Grundsätze auch auf einen Pflichtteilsverzicht eines nicht behinderten Sozialleistungsbeziehers übertragbar seien[1063], hält *Leipold* nachvollziehbar und zutreffend schlussendlich fest, dass mit Anerkennung einer negativen Erbfreiheit der Pflichtteilsverzicht eines nicht behinderten Empfängers von Sozialleistungen schwerlich als sittenwidrig qualifiziert werden kann[1064].

1060 Spall, MittBayNot 2014, S. 211, 219.

1061 Leipold, ZEV 2011, S. 528, 528.

1062 Leipold, ZEV 2011, S. 528, 528; bemerkenswert ist, dass auch Leipold im Ergebnis die „negative Erbfreiheit" nicht ablehnt, sondern lediglich Fragen sowie die Schwachstellen des BGH- Urteils aufwirft.

1063 Vgl. zu dieser Fragestellung bereits oben § 5, A., II., S. 155 ff..

1064 Leipold, ZEV 2011, S. 528, 529; Leipold führt a.a.O. unter Berufung auf die Tatsache der fehlenden gesetzlichen Möglichkeit für den Sozialhilfeträger, auf den Pflichtteilsanspruch zuzugreifen, aus, dass der Gesetzgeber sehenden Auges in Kenntnis der insoweit seit bereits zwei Jahrzehnten anhaltenden Diskussion keine gesetzliche Zugriffsmöglichkeit auf den Pflichtteilsanspruch geschaffen habe. Dementsprechend habe der BGH auch geurteilt, es existiere kein Grund, diese gesetzgeberische Entscheidung richterrechtlich im Rahmen des § 138 BGB nachzuholen. Leipold schlussfolgert aus diesem Befund zutreffend die Frage, ob eine durch Art. 14 Abs. 1 GG garantierte negative Erbfreiheit eine solche gesetzgeberische Regelung im Sozialrecht überhaupt (noch) zulassen würde; ebenso Ivo, DNotZ 2011, S. 381, 387. Dreher/ Görner, Anm. zu BGH, Urt. v. 19.01.2011, NJW 2011, S. 1761, 1762, gibt zu bedenken, dass es sich bei den Zugriffsmöglichkeiten

Ganz überwiegend wird denn auch die negative Erbfreiheit nachvollziehbar positiv aufgenommen[1065]. Die Entscheidung des BGH bringt insoweit Rechtssicherheit für Behindertentestamente, Pflichtteilsverzichte und die Ausschlagung durch Behinderte[1066]. Eine vollständige verfassungsrechtliche Aufarbeitung kann und soll an dieser Stelle nicht erfolgen; sie würde nicht zur Beantwortung der aktuellen Fragestellung beitragen. Aber auch in verfassungsrechtlicher Hinsicht spricht auf den ersten Blick einiges für diese neue Grundfreiheit. Bereits vor Urteilserlass gab es in der Literatur Stimmen, die als Vorbote einer negativen Erbfreiheit verstanden werden konnten. So bestand schon früher Einigkeit, dass der privatautonome Gehalt der Ausschlagung als erbrechtlichem Gestaltungsmittel im Vergleich zur Korrektur des Vonselbst-Erwerbs gerade noch nicht erforscht war[1067]. Die Testierfreiheit des Erblassers korrespondiert mit der Freiheit des Bedachten auf Übernahme der Erbschaft[1068]. Das Gesetz schätzt das Recht, nicht gegen den eigenen Willen Erbe zu werden, außerordentlich hoch ein[1069]. Der BGH hält in seiner Entscheidung denn auch selbst fest, dass sich der Verzichtende zwar nicht wie der Erblasser selbst auf die Testierfreiheit berufen kann, insofern der Pflichtteilsverzicht eher mit dem Fall der Ausschlagung einer bereits angefallenen Erbschaft vergleichbar ist[1070]. Ermöglicht die Ausschlagung als notweniger Widerpart gegenüber Zuwendungen deren grundsätzliche Ablehnungsmöglichkeit, so kann im Grundsatz für den erbrechtlichen Erwerb von Pflichtteilsansprüchen nichts anderes gelten[1071]. Was die Testierfreiheit für den Erblasser auf der einen Seite, ist daher unter Bezugnahme auf die Vergleichbarkeit mit der Ausschlagung insoweit spiegelbildlich die „negative Pflichtteilsfreiheit“ für den auf den Pflichtteil Verzichtenden auf der anderen Seite, beide Seiten gestärkt durch den starken Schutz des Art. 14 Abs. 1. Das BVerfG hat

---

von Sozialhilfeträgern nicht nur um eine einfachgesetzliche Inhalts- und Schrankenbestimmung von Art. 14 Abs. 1 S. 2 GG handele, sondern mit Blick auf das geringe Schonvermögen von Behinderten, die Testierfreiheit der Eltern, das elterliche Recht der Aufrechterhaltung eines bestimmten Lebensstatus für das behinderte Kind, die Behindertenklausel des Art. 3 Abs. 3 S. 2 GG vielmehr um einen Eingriff in den Kernbereich der Testierfreiheit. Spall, MittBayNot 2014, S. 211, 219, hält in diesem Zusammenhang fest, dass jedenfalls das Prinzip der Subsidiarität im Sozialrecht keine verfassungsrechtlich gebotene Norm ist.

1065 Von Proff, RNotZ 2012, S. 272, 274; Dreher/ Görner, Anm. zu BGH, Urt. v. 19.01.2011, NJW 2011, S. 1761, 1762; Spall, MittBayNot 2014, S. 211, 219; Menzel, MittBayNot 2013, S. 289, 292; Ivo, Anm. zu BGH, Urt. v. 19.01.2011, DNotZ 2011, S. 381, 387; Wendt, ZErb 2012, S. 313, 318; Weidlich in: Palandt, § 1937, Rn. 16.

1066 Von Proff, RNotZ 2012, S. 272, 274.

1067 Wendt, ZErb 2010, S. 45, 50; Kroppenberg, DNotZ 2006, S. 86, 102 f.

1068 Papier in: Maunz/ Dürig (80. EL), Art. 14, Rn. 303.

1069 Wendt, ErbR 2010, S. 142, 146.

1070 BGH, Urt. v. 19.01.2011, BeckRS 2011, 02577, Rn. 25.

1071 BGH, Urt. v. 19.01.2011, BeckRS 2011, 02577, Rn. 27.; vgl. Insoweit auch Wendt, ZErb 2012, S. 313, 318.

in einer anderen Entscheidung zu Art. 14 GG festgehalten, dass das Eigentumsgrundrecht „dem Einzelnen eine eigenverantwortliche Gestaltung seines Lebens ermöglichen" soll[1072]. Für dieses Eigentumsgrundrecht gem. Art. 14 Abs. 1 S. 1 GG ist das Recht anerkannt, über den Eigentumsgegenstand nicht zu verfügen und ihn nicht zu nutzen. Mit dem Grundrecht der Erbfreiheit ist das Eigentumsgrundrecht am nächsten verwandt[1073]; auch dieser Vergleich spricht dafür, die Kehrseite des Rechtes auf Erben ebenfalls grundgesetzlich zu schützen. Auch aus anderen Bereichen der Grundfreiheiten ist neben dem positiven der entsprechende negative Schutzgehalt bekannt. So Erfasst die Versammlungsfreiheit gleichzeitig das Recht, an Versammlungen nicht teilzunehmen[1074]; die Meinungsfreiheit umfasst auch das Recht, keine Meinung bilden zu müssen, eine Meinung nicht zu äußern oder eine Meinung verbreiten zu müssen[1075].

In jedem Fall bedeutet die Betrachtung einer „negativen Erbfreiheit", die hier treffender als „negative Pflichtteilsfreiheit" hätte bezeichnet werden sollen, als Bestandteil der verfassungsrechtlichen Erbrechtsgarantie, wenn verfassungsrechtlich auch bis dato weder durch Legislative noch durch das BVerfG bestätigt, dogmatisch zumindest zivilrechtlich eine immense Aufwertung für den Pflichtteilsverzicht als praktischer Umsetzung dieser Freiheit. Auch mit Bezug auf das oben näher erläuterte Verhältnis von Testierfreiheit und Pflichtteil im Rahmen der Pflichtteilsentziehungsvorschriften durch die Entscheidung des BVerfG vom 19.04.2005[1076] bringt die Entscheidung des BGH im Verhältnis von Testierfreiheit und negativer Erbfreiheit als Sonderform der Privatautonomie für die Fälle des Pflichtteilsverzichts eine wertungsmäßige „Höherstufung" mit sich. So wird denn das Urteil als eindeutiges Bekenntnis des BGH zur Vertrags- und Testierfreiheit verstanden[1077]. Die Freiheit des auf den Pflichtteil Verzichtenden wird, will man die neu gewonnene negative Erbfreiheit ernst nehmen, in der Zukunft stärkere Berücksichtigung finden müssen. Dabei spricht wie gesehen viel für einen ähnlich intensiven Schutz der „negativen Pflichtteilsfreiheit" wie für die Testierfreiheit.

4. Der Schutzzweckgedanke

Der Verzicht auf die Vermögensposition Pflichtteil löst keinesfalls die gleichen Schutzpflichten zugunsten des Verzichtenden aus wie dies auf Seiten des

1072 BVerfG, Beschl. v. 09.01.1991, NJW 1991, S. 1807, 1807; Papier/ Shirvani in: Maunz/ Dürig (80. EL), Art. 14, Rn. 107.

1073 Von Proff, RNotZ 2012, S. 272, 274.

1074 Wolff in: Hömig/ Wolff, Art. 8, Rn. 3.

1075 Grabenwarter in: Maunz/ Dürig, Art. 5, Rn. 95.

1076 BVerfG, Beschl. v. 19.04.2005, NJW 2005, S. 1561–1567; vgl. im Einzelnen oben § 5, B., I., 2., a), S. 176 ff.;; zu der Bewertung der Entscheidung: vgl. Kleensang, ZEV 2005, S. 277, 282; Mayer in: Bamberger/ Roth (Stand: Edition 20), § 2303, Rn. 7.

1077 Litzenburger, Anm. zu BGH, Urt. 19.01.2011, FD- ErbR 2011, 314311; Dreher/ Görner, Anm. zu BGH, Urt. v. 19.01.2011, NJW 2011, S. 1761, 1762.

schwächeren Ehepartners der Fall ist. Mit dem BGH erfüllt der Behinderte gleich den nicht behinderten Sozialleistungsbeziehern mit dem Pflichtteilsverzicht eine Erwartungshaltung der Eltern. Diese Wünsche und Vorstellungen der Familie in Form des Rechts zur freien Gestaltung der Gemeinschaft in ehelicher und familiärerer Verantwortlichkeit und Rücksicht sind geschützt durch Art. 6 Abs. 1 GG[1078]. Eine etwaige Inhaltskontrolle würde diese berechtigte Erwartungshaltung der Eltern und das selbständige Agieren von Kindern aufgrund des speziellen familiären Näheverhältnisses konterkarieren. Dass dem elterlichen Wunsch aufgrund familiärer Verbundenheit entsprochen wird, spricht daher gerade gegen eine Inhaltskontrolle[1079] und nicht wie *Röthel* meint[1080] für eine solche. Es ist daher gerade nicht von einem „situationstypischen Durchsetzungsgefälle" sowie einem „verzichtstypischen Rationalisierungsdefizit"[1081] auszugehen, vielmehr handeln die Kinder zumeist aus rein altruistischen Gründen[1082]. Entsprechend wird das gehorsame oder gar willenlose Kind heute allenfalls als ein Bild aus vergangenen wilhelminischen Zeiten dargestellt[1083].

Die im Rahmen von Eheverträgen im Zuge der Rechtsprechung des BVerfG[1084] den Ehegatten grundsätzlich durch Art. 6 Abs. 1 GG gewährte freie Gestaltungsmöglichkeit und Selbstbestimmung schützt im Ergebnis verfassungsrechtlich nur eine solche Ehe, welche sich gem. Art. 3 Abs. 2 als gleichberechtigte Lebenspartnerschaft darstellt[1085]. Das BVerfG leitet insoweit aus Art. 3 Abs. 2 einen Auftrag zur aktiven Durchsetzung der Gleichberechtigung von Mann und Frau ab, was deutlich über die „normale" Prüfung anhand der Generalklauseln hinausgeht[1086]. Dabei geht dieses verfassungsrechtliche Schutzgebot jedoch nicht so weit, dass es den Eheleuten die Aufteilung der gemeinschaftlichen Aufgaben in einer bestimmten Art und Weise vorschreibt[1087]. Unter anderem deshalb sind auch die Scheidungsfolgen grundsätzlich disponibel[1088]. Der staatliche Schutzauftrag reicht über den Zeitpunkt der Trennung bzw. Scheidung zur Verwirklichung der Teilhabegerechtigkeit hinaus[1089]. Mit dem BGH[1090] kann jedoch der Schutzzweck der gesetzlichen

---

1078 BGH, Urt. v. 19.01.2011, BeckRS 2011, 02577, Rn. 29; vgl. die entsprechenden Erwägungen von Wendt, ZErb 2012, S. 313, 319.
1079 Vgl. auch die Ausführungen von Zimmer, NJW 2017, S. 513, 517.
1080 Siehe die einzelnen Ansichten oben § 1, B., S. 8 ff..
1081 Begrifflichkeiten nach *Röthel*, vgl. oben § 1, B., S. 8 ff..
1082 Ähnlich auch Grziwotz, DNotZ 2016, S. 732, 740 f.
1083 Von Proff, ZEV 2017, S. 301, 302.
1084 Dazu oben die Entscheidungen des BVerfG von 2001, § 4, A., I., S. 77 ff..
1085 Brandt, MittBayNot 2004, S. 221, 224; siehe auch die Erläuterungen von Badura in: Maunz/ Dürig (80. EL), Art. 6, Rn. 4.
1086 Brandt, MittBayNot 2004, S. 221, 224.
1087 Siehe die Erläuterungen von Badura in: Maunz/ Dürig (80. EL), Art. 6, Rn. 4 f.; 27a.
1088 Badura in: Maunz/ Dürig (80. EL), Art. 6, Rn. 50a.
1089 Badura in: Maunz/ Dürig (80. EL), Art. 6, Rn. 27a f.
1090 Vgl. dazu oben die Entscheidung des BGH v. 11.02.2004, § 4, A., II., S. 83 ff..

Regelungen dadurch unterlaufen werden, dass eine ungleiche Lastenverteilung entsteht, die mit dem Wesen der Ehe unvereinbar ist. Es ist von vornherein äußerst fraglich, ob ein Pflichtteilsverzichtsvertrag bzw. die an solchen Verträgen beteiligten Personen dieses Charakteristikum der Gleichberechtigung im vergleichbaren Sinne überhaupt aufzuweisen vermögen. Damit ist denknotwendig nicht die jedem von der Rechtsordnung gebilligten Vertrag notwendigerweise innewohnende Parität der Vertragspartner, sondern eine solche der Natur der Ehe vergleichbare gemeint. Es müsste eine ungleiche Lastenverteilung entstehen können, die unter Vertrauensschutzgesichtspunkten mit dem Wesen eines „Pflichtteilsverhältnisses" als unvereinbar erscheint. Ob solche vergleichenden Parameter vorhanden sind, wird auch im Folgenden noch untersucht werden.

C. Kriterien und Schlussfolgerungen für eine etwaige grundrechtskonforme Inhaltskontrolle

I. Die Funktionen des Pflichtteils in Rechtsprechung und Literatur

1. Geschichtliche Aspekte – Zweck des Pflichtteils nach den Gesetzesmaterialien

a) Pflichtteilsbegründung in den Gesetzesmaterialien

Der BGH hat bereits in seiner die Kernbereichslehre auch im Familienrecht einführenden Entscheidung zu der Frage, ob einzelne Scheidungsfolgen zum Kernbereich des Scheidungsfolgenrechts gehören, und wenn ja, welcher Rang ihnen innerhalb der Rangabstufung zukommt, maßgeblich auf die unterhaltsrechtliche Funktion abgestellt[1091]. Der Charakter eines Rechts als Mittel der (laufenden) Versorgung und damit als Einflussfaktor auf die tägliche Existenz bestimmt maßgeblich das Maß der Disponibilität, weshalb es ganz entscheidend auf die Frage ankommt, ob dem Pflichtteilsrecht ein Unterhaltscharakter bzw. Alimentationsgedanke anhaftet. Auch wenn die meisten der nunmehr weiter zu behandelnden Kriterien ineinander greifen und thematisch miteinander verzahnt sind, wird um einer besseren Übersicht willen versucht, diese soweit als möglich dogmatisch voneinander zu trennen und zunächst isoliert aufzuarbeiten. Der Schwerpunkt der Betrachtungen, auch in dem nun folgenden Abschnitt, liegt dabei, in Ergänzung zu den bereits erläuterten verfassungsrechtlichen Anforderungen[1092], auf solchen Merkmalen, die ggf. Rückschlüsse auf einen etwaigen Unterhaltscharakter des Pflichtteils zulassen.

1091 BGH, Urt. v. 11.02.2004, NJW 2004, S. 930, 934.
1092 Vgl. oben § 5, B., S. 172 ff..

Wie bereits festgestellt, wird das gesetzliche Pflichtteilsrecht heute als eine Kompromisslösung zwischen dem gesetzlichen Familienerbrecht einerseits und der völligen Testierfreiheit andererseits verstanden[1093]. Dabei lässt sich der Zweck des Pflichtteilsrechts weniger mit einem Schlagwort als mit einem Bündel an Motiven beschreiben, insbesondere wenn man die geschichtliche Entwicklung, die (alten) Gesetzesmaterialien und die geänderten sozialen und gesellschaftlichen Verhältnisse betrachtet[1094].

Die Redaktoren des Allgemeinen Preußischen Landrechts waren der Ansicht, dass ein Pflichtteilsrecht nur so weit seine innere Berechtigung habe, als die Eltern verpflichtet seien, für die Erziehung und Alimentation unerwachsener Kinder auch nach ihrem Tode die nötigen Mittel zu schaffen. Als Zweck des Pflichtteilsrechts wurde angegeben, dass die Kinder von der erhofften „Intestatportion wenigstens soviel erhalten müssten, als nötig sei, um in dem Stande, zu welchem sie geboren, in der Lebensart, dem Beruf oder Gewerbe, in welche sie durch Erziehung und väterliche Bestimmung gesetzt worden, einige Unterstützung ihres Fortkommens zu finden[1095]."

Wie bereits angedeutet[1096], lässt sich der Aspekt der Alimentation auf den ersten Blick nicht bei den Absichten des BGB-Gesetzgebers wiederfinden. *Von Schmitt* hat in diesem Zusammenhang die Alimentations- und Ausstattungspflicht ausdrücklich abgelehnt[1097]. Dementsprechend drängt sich die Schlussfolgerung auf, das Pflichtteilsrecht solle isoliert weder den Unterhalt der Kinder sichern noch deren Ausstattung[1098]. Dennoch scheint das Pflichtteilsrecht in vielen Einzelfällen die

---

1093 Lange in: MünchKomm, § 2303, Rn. 1; Dauner-Lieb, DNotZ 2001, S. 460, 460; vgl. i.Ü. oben § 5, B., I., 1., S. 172 ff..

1094 Haas in: Staudinger, Einl. zu §§ 2303, Rn. 17 führt beispielsweise folgende zu berücksichtigenden Aspekte aus: Die Höhe des in Rede stehenden Nachlasses, der Status des Erblassers, die Art der Zusammensetzung des hinterlassenen Vermögens, die Erbenkonstellation, das Angewiesensein der Übergangenen an einer Teilhabe am Nachlass, die menschlichen und familiären Beziehungen unter den Beteiligten, die Art und Weise der Zurücksetzung der nahen Angehörigen, die in den jeweiligen Beteiligtenkreisen üblichen Gewohnheiten und Gepflogenheiten.

1095 RG, Urt. v. 26.09.1881, RGZ 6, S. 247, 248; zu der Höhe des Pflichtteils im preuß. ALR und dem Einfluss auf die Quoten im BGB, vgl. Motive V, S. 388 f.; in dem Gutachten von Meyersburg zum 14. Deutschen Juristentag findet sich die Feststellung, bei den Redaktoren des Preußischen Landrechts sei die Achtung vor der inneren Rechtfertigung des Pflichtteilsrechts keine große gewesen. Das Pflichtteilsrecht habe seinen Platz nur erhalten, weil es als „im Naturrecht nicht gegründet der natürlichen Billigkeit und dem gemeinen Wesen nicht gerade zuwider laufe", so Meyersburg, S. 50, 58 f. mit Verweis auf Förster.

1096 Vgl. dazu § 2, A., I., S. 22 ff..

1097 Von Schmitt in: Vorentwürfe der Redaktoren, S. 170; vgl. dazu bereits oben § 2, A., I., S22 ff..

1098 So etwa Otte, AcP 202 (2002), S. 317, 339, 349; Dauner-Lieb, FF 2000, S. 110, 114.

Funktion der Unterhaltssicherung oder Ausstattung erfüllen zu können, offenkundig zumindest im Fall der Bedürftigkeit durch schlichten Vermögenszuwachs bzw. durch entsprechende Bedarfsdeckung. Fraglich ist somit in historischer Hinsicht, ob der Gesetzgeber von Anfang an dem Pflichtteilsrecht eine Unterhaltsfunktion zugestanden hat oder nicht, ob die wörtliche Ablehnung des Alimentationscharakters durch *von Schmitt* also unter Beachtung sämtlicher maßgeblicher Gesetzesmotive als allgemeingültig und repräsentativ für die gesetzgeberischen Interessen im Zeitpunkt des Inkrafttretens des BGB gelten kann[1099].

Von Schmitt nimmt Bezug auf das seit „tausend Jahren in Deutschland heimische Pflichtteilsinstitut" und stellt fest, dass sich dieses „im großen Ganzen auch (als) ökonomisch unschädlich erwiesen habe[1100]." Allein bei diesem Traditionsgedanken bleibt er jedoch gedanklich nicht stehen, sondern stützt das Pflichtteilsrecht in Ansehung der Entwicklung aus dem römischen Recht auf „ein nicht erdrückbares Gefühl des menschlichen Herzens". Während die Römer denjenigen, der grundlos das Noterbenrecht verletzt habe, als „non sanae mentis" betrachtet hätten, mithin einen Verstoß gegen die menschliche Natur annahmen, sei „dieses Gefühl im deutschen Volke noch so lebendig, wie je[1101]." Dementsprechend sah er die Richtschnur des Gesetzgebers darin, sich mit der menschlichen Natur und dem Volksbewusstsein nicht in Widerspruch zu setzen[1102]. Nach Abwägung der Interessen kommt v*on Schmitt* zu dem Schluss, dass die Regel der freien Testierfreiheit durch die Ausnahme des Pflichtteils beschränkt werden solle[1103].

Die Bedenken, welche *von Schmitt* hinsichtlich der Gefahr einer Zersplitterung des Vermögens, insbesondere im Hinblick auf Bauerngüter[1104] gesehen, aber letztlich zu Gunsten des Pflichtteilsrechts im Ergebnis verworfen hatte, wurden sodann auf dem 14. Deutschen Juristentag von den Gutachtern *Meyersburg* und *Bruns* unter der Fragestellung, wie weit die Testierfreiheit im Hinblick auf das Pflichtteilsrecht einzuschränken sei, wieder aufgenommen. *Meyersburg* kritisierte das Pflichtteilsrecht, u.a. weil es nicht auf die unterschiedlichen Bedürftigkeiten der Abkömmlinge aus dringenden, sittlich gerechtfertigten Gründen eingehe, vor allem aber, weil es die Gefahr der Zersplitterung hinsichtlich des Grundbesitzes und Fabriken

---

1099 Soweit das BGB Sonderregelungen für den nachehelichen Unterhalt bereit hält und diese Einfluss auf einen Unterhaltscharakter, insbesondere hinsichtlich des Ehegattenpflichtteils haben könnten, werden diese wegen der an dieser Stelle zu umfangreichen Ausführungen weiter unten in einem separaten Abschnitt erläutert, siehe § 5, C., S. 194 ff..

1100 Von Schmitt in: Vorentwürfe der Redaktoren, S. 173.

1101 Von Schmitt in: Vorentwürfe der Redaktoren, S. 171 f.

1102 Vgl. die Ausführungen von von Schmitt in: Vorentwürfe der Redaktoren, S. 172.

1103 Von Schmitt in: Vorentwürfe der Redaktoren, S. 174; dazu auch bereits oben § 2, A., I., S22 ff..

1104 Vgl. die Ausführungen von von Schmitt in: Vorentwürfe der Redaktoren, S. 173 f.; siehe die Ausführungen oben § 2, A., I., S. S. 22 ff..

mit sich bringe[1105]. Im Ergebnis sollte das Pflichtteilsrecht besser beseitigt werden. Statt des bisherigen Pflichtteilsrechts sei entsprechend dem österreichischen Vorbild „ein Recht auf Alimente aus dem Nachlasse für bedürftige Abkömmlinge, Ascendenten und Ehegatten einzuführen, im Übrigen die volle Verfügungsfreiheit ... zu gewähren[1106]." Dabei geht auch dieser Gutachter davon aus, dass der Anspruch eines bedürftigen Noterben auf Alimente weiter greifen könne als eine selbst größere Pflichtteilsquote. Der darin enthaltene Gedanke der Dispositionsbeschränkung müsse vor allem Berücksichtigung finden[1107]. *Meyersburg* hat sich offenkundig zumindest der Sache nach vergleichbar mit einer Vererblichkeit des Unterhaltsanspruchs nicht nur auseinandergesetzt, sondern einem entsprechenden schuldrechtlichen Anspruch gegenüber dem Nachlass für den Fall der Bedürftigkeit im Ergebnis gegenüber dem Pflichtteilsrecht den Vorzug gegeben. Das wechselseitige Abwägen der Komponenten Unterhalt zu Lasten des Nachlasses einerseits und Pflichtteil andererseits lässt beiden Instrumenten zumindest parallele Gesichtspunkte zukommen, wie sie jedem Vergleich inne wohnen. Anerkannt wird allerdings auch hier, wie den folgenden weiteren Ausführungen von *Planck* entnommen werden kann, dass ein Unterhaltsanspruch, der über das Pflichtteilsrecht dem Umfang nach hinausgehen kann, mit diesem mithin nicht identisch ist. Auch *Bruns* sprach sich für die Aufhebung des geplanten Pflichtteils aus[1108]. Er sah in der Alimentationspflicht die „letzte Grundlage" für den Pflichtteil[1109].

Die Grundlagenkommission im Erbrecht hatte zunächst überlegt, ob der Pflichtteilsberechtigte, dem der Pflichtteil wirksam entzogen worden ist, einen unentziehbaren Alimentationsanspruch erhalten solle[1110]. Allerdings wurde diesen Überlegungen mehrheitlich eine Absage erteilt, da der Tod die Verbindung der Beteiligten beende und eine Aufrechterhaltung nicht gerechtfertigt sei. Eine entsprechende Vorschrift, welche dennoch einen Alimentationsanspruch vorsehe, sei anomal[1111]. Ein Unterhaltscharakter ließ sich damit auch unter vorgenanntem Aspekt in dieser Entwicklungsstufe des Gesetzes dem Pflichtteil nicht beimessen. Die zweite Kommission erläuterte sodann keine Fragen mehr, welche das Pflichtteilsrecht grundsätzlich in Frage stellte, sondern setzte entsprechend der ersten Kommission das Pflichtteilsrecht als schuldrechtlichen Anspruch um und ging somit im Gegensatz zu dem Noterbenrecht von einer insoweit grundsätzlich unbeschränkten Verfügungsfreiheit des Erblassers aus[1112]. Dabei korrespondiert

1105 Meyersburg, S. 60 f.
1106 Meyersburg, S. 65 f.
1107 Meyersburg, S. 67.
1108 Bruns, S. 72 ff.
1109 Bruns, S. 105.
1110 Jakobs/ Schubert: Die Beratung des BGB, Erbrecht 1. Teilband, S. 27.
1111 Jakobs/ Schubert: Die Beratung des BGB, Erbrecht 2. Teilband, S. 2019 (Prot. I., S. 10321).
1112 Mertens, S. 92, 99 f.; siehe dazu auch die obigen Darstellungen § 2, A., I., S22 ff..

die Argumentationsweise der Gesetzesinitiatoren im Pflichtteilsrecht mit der im Unterhaltsrecht.

b) Ausfluss des § 1615 Abs. 1 BGB auf das Pflichtteilsverständnis

Aufgrund der Tatsache, dass sich das BGB dafür entschieden hat, gemäß § 1615 Abs. 1 den Unterhaltsanspruch der Verwandten mit dem Tode des Verpflichteten zum Erlöschen zu bringen und eine passive Vererblichkeit des Unterhaltsanspruchs zu Lasten der Erben und zu Gunsten des unterhaltsberechtigten Verwandten abzulehnen, unter anderem mit dem Argument, der Unterhaltsberechtigte erhalte an Stelle des Unterhaltsanspruches einen Erbteil bzw. Pflichtteil, könnte man zu der Schlussfolgerung gelangen, das entfallene Unterhaltsrecht werde abgelöst oder ersetzt durch den Pflichtteil, dieser entfalte mithin die gleiche, nämlich unterhaltsrechtliche Qualität[1113]. In den *Motiven* und den Materialien bei *Mugdan* heißt es im Hinblick auf die abgelehnte Vererblichkeit des Unterhalts, dass das „gesetzliche Erbrecht bzw. Pflichtteilsrecht ... als Ersatz für den Wegfall des Unterhaltsanspruchs gewährt wird[1114]." Der Redaktor für das Unterhaltsrecht *Planck* sah kein Bedürfnis, von der Regel der Unvererblichkeit der Alimentationspflicht abzuweichen. In den meisten Fällen würde dem „Alimentationsberechtigten gegen den Pflichtigen ein Erbrecht bzw. Pflichtteilsrecht" zustehen. In diesen Fällen diene der „erbrechtliche Anspruch" den „Zwecken", welche durch den Alimentationsanspruch erreicht werden sollten. Im Anschluss daran heißt es: „Ein Ersatz bietet das Erbrecht dem Bedürftigen allerdings nicht für den Fall der Enterbung[1115]." Damit hat sich die Gesetzesbegründung zunächst weder für einen Ersatz, explizit nur bezogen auf den Pflichtteil, ausgesprochen, noch hat sie den Ersatzcharakter im Übrigen bestätigt. Allerdings wird sodann näher darauf eingegangen, dass dann eine Unterhaltspflicht der anderen nach dem Erblasser berufenen Verwandten in Betracht kommt, wobei die Verbindlichkeit der Verwandten unabhängig davon ist, ob der Bedürftige den zunächst zur Alimentation Berufenen beerbt oder nicht. „Durch die Enterbung oder Entziehung der Erbschaft wegen Erbunwürdigkeit wird das rechtliche Verhältnis des Enterbten oder als erbunwürdig Erklärten anderen Verwandten gegenüber nicht berührt[1116]." Es folgen Bestimmungen, wie der Pflichtteilsanspruch bei den in solchen Fällen ggf. ebenfalls für die Alimentation zuständigen Armenverbänden angerechnet werden kann[1117]. Damit ist der Pflichtteil erkennbar sehr wohl bedarfsmindernd einzusetzen. Hinsichtlich der Höhe des Pflichtteils wird damit zugestanden, dass dieser nicht unbedingt bedarfsdeckend sein muss; im Fall der Erbunwürdigkeit ist überhaupt keine eigene Bedarfsdeckung

1113 Zu den Vertretern solcher Schlussfolgerungen, vgl. die Ausführungen unten § 5, C., I., 4., e), S. 214 ff..
1114 Motive IV, S. 711; Mugdan IV, S. 377.
1115 Planck in: Vorentwürfe der Redaktoren, S. 1333 f.
1116 Planck in: Vorentwürfe der Redaktoren, S. 1334.
1117 Planck in: Vorentwürfe der Redaktoren, S. 1334.

möglich. Die Tatsache der Unterhaltspflicht der anderen Verwandten dem Grunde nach resultiert aus der insoweit pekuniären Einstandspflicht der Verwandten, jedoch nicht aus der möglichen Tatsache, dass der Pflichtteil der Höhe nach geringer ist als ein Erbteil. Dies ergibt sich zum einen aus der Anrechnungspflicht des Pflichtteils und zum anderen aus der Tatsache, dass das Rechtsverhältnis zwischen dem Enterbten/Erbunwürdigen zu seinen Verwandten unbeeinflusst bleibt von dem etwaigen erbrechtlichen Verhältnis zum Erblasser. Dieser Gedanke findet sich entsprechend bereits bei den einleitenden Ausführungen *Plancks*, wenn es heißt, die „durch die Verwandtschaft und das Familienband hervorgerufenen persönlichen Beziehungen zwischen dem Berechtigten und Verpflichteten", seien der Grund für die Alimentationspflicht. „So muss mit dem Wegfall dieser Beziehung auch die Pflicht erlöschen. Sie geht mithin als eine nicht auf dem Vermögen des Pflichtigen ruhende, sondern an seiner Person als eines Mitgliedes der Familie haftende Last auf die Erben des Pflichtigen als solche nicht über[1118]."

Die Kommission hielt in den Beratungen ausdrücklich fest, dass „das Alimentirtwerden als ein durch das familienrechtliche Verhältnis geforderter Zustand anzusehen sei[1119]." Hinsichtlich des Erlöschens des Unterhaltsanspruches bestanden ausweislich des Protokolls keine sachlichen Meinungsverschiedenheiten[1120]. In Frage könne nur kommen, „ob aus volkswirthschaftlichen Gründen durch eine positive Bestimmung die Unterhaltslast auf den Nachlaß zu übertragen sei[1121]." Diese Frage wurde mit ausdrücklichem Verweis auf die in den Motiven des Vorentwurfs von Planck aufgeführten und soeben dargestellten Gründe[1122] verneint[1123]. Grund des Erlöschens der Unterhaltspflicht ist damit der Wegfall der verwandtschaftlichen Beziehungen durch den Tod des Unterhaltsverpflichteten und nicht eine unterhaltsersetzende Funktion des Pflichtteils, der den Unterhaltsanspruch wesensgleich ablöst[1124]. Wäre das Gegenteil gewollt gewesen, nämlich eine bedarfsabhängige Absicherung nach dem Tod durch die Verwandten, so hätte der Unterhalt ohne weiteres vererblich als schuldrechtlicher Anspruch gegenüber den Erben ausgestaltet werden können. Gerade dies hat man jedoch sehenden Auges nicht getan[1125]. Ob eine solche etwaige passive Vererblichkeit bereits für sich betrachtet

---

1118 Planck in: Vorentwürfe der Redaktoren, S. 1333.

1119 Jakobs/ Schubert: Die Beratung des BGB, Familienrecht II, S. 271 (Prot. I., S. 7590).

1120 Jakobs/ Schubert: Die Beratung des BGB, Familienrecht II, S. 271 (Prot. I., S. 7591).

1121 Jakobs/ Schubert: Die Beratung des BGB, Familienrecht II, S. 271 (Prot. I., S. 7591).

1122 Verweis auf „Motive S. 1332 –1335".

1123 Jakobs/ Schubert: Die Beratung des BGB, Familienrecht II, S. 271 (Prot. I., S. 7591 f.).

1124 Dies wird von den Befürwortern einer Unterhaltsfunktion, welche sich insbesondere auch auf die Gesetzesmaterialien stützen, verkannt und bleibt gänzlich unerläutert, vgl. dazu unten die Auseinandersetzung mit den maßgeblichen Ansichten, § 5, C., I., 4., e), S. 214 ff..

1125 Auch bei den immer wiederkehrenden Reformbestrebungen des Pflichtteilsrechts, so etwa 1972 im Rahmen der Verhandlungen des 49. Deutschen Juristentages, wurde dieser Gedanke von Coing aufgegriffen, vgl. Coing, 49. Deutscher

im positiven Sinne eine Unterhaltsfunktion des Pflichtteils von Abkömmlingen hätte begründen können, bedarf daher hier, da gesetzgeberisch nicht umgesetzt, keiner Erläuterung und wird hinsichtlich des Pflichtteils von Ehegatten im Rahmen der Betrachtung des § 1586 b näher untersucht werden[1126]. Das Ergebnis der Unvererblichkeit des Unterhaltsanspruchs schien dem historischen Gesetzgeber vorliegend auch nicht unbillig, da „in den meisten Fällen" dem Unterhaltsbedürftigen ein Erbrecht bzw. Pflichtteil zustehe[1127]. Diese bereits oben näher geschilderten Auswirkungen auf den Bedürftigen durch Erhalt des Pflichtteils beziehen sich somit nur auf die billigende Inkaufnahme des Ergebnisses einer solchen Unvererblichkeit durch den Gesetzgeber, nicht jedoch im Wege eines (unzutreffenden) Umkehrschlusses auf den Sinn und Zweck des Pflichtteils selbst[1128].

c) Fazit

Zusammenfassend lässt sich das Pflichtteilsrecht in dieser Entwicklungsstufe nicht mit einem Unterhaltscharakter rechtfertigen; dies gilt auch hinsichtlich der Gründe, welche den Gesetzgeber dazu veranlasst haben, die passive Vererblichkeit des Unterhaltsanspruchs der Verwandten abzulehnen und Unterhaltsansprüche grundsätzlich mit dem Tod des Verpflichteten primär wegen Wegfalls der verwandtschaftlichen Beziehungen erlöschen zu lassen. In vielen Fällen entspricht der Pflichtteil einem Surrogat für den vormaligen Unterhalt und ermöglicht eine

Juristentag, A 1, A 46. Danach könnte das Pflichtteilsrecht durch einen besonderen Unterhaltsanspruch von bedürftigen Angehörigen gegenüber den Erben ersetzt werden. Eine andere Möglichkeit sah Coing darin, das Pflichtteilsrecht ganz oder zumindest zu einem gewissen Teil von einer durch den Pflichtteilsberechtigten nachzuweisenden Bedürftigkeit abhängig zu machen. Nach seiner Ansicht sind jedoch beide Ansätze keine gangbaren Ansätze anlässlich der verlässlichen, festen und gleichmäßigen Pflichtteilsberechtigungen.

1126 Vgl. unten § 5, C., II., 1., S. 222 ff..

1127 Planck in: Vorentwürfe der Redaktoren, S. 1334: (Der erbrechtliche Anspruch diene jedoch dann nicht den Zwecken der Alimentation, wenn der Berechtigte, beispielsweise der Enkel, von einem näher stehenden Verwandten, seinem Vater ausgeschlossen werde und der Bedürftige bis dahin von dem weiter entfernten Verwandten unterhalten wurde, weil der nähere, der Vater leistungsunfähig war. Der Vater erhält zwar dann das Erbe, ist seinem Sohn aber aufgrund der Eigenschaft als Vater zum Unterhalt verpflichtet.) Inwieweit der Pflichtteil auf Seiten des Unterhaltspflichtigen zur Steigerung der eigenen Leistungsfähigkeit einzusetzen und auf Seiten des Unterhaltsbedürftigen zur Bedarfsdeckung zu verwenden ist, vgl. die Ausführungen unten § 5, C., III., 5., S. 261 ff...

1128 A.A. Kühle, S. 112 f., der im obigen Zusammenhang ohne nähere Begründung, insbesondere auch ohne Differenzierung zwischen Substanz und Zinseinkünften behauptet, der Pflichtteil sei zur Bedarfsdeckung einzusetzen, was zur Bedarfsdeckung führe. Dass diese pauschale Behauptung unzutreffend ist, wird noch zu zeigen sein, vgl. unten § 5, C., III., 5., S. S. 261 ff..

Bedarfsdeckung für den Unterhaltsberechtigten. Bei dieser Wirkung handelt es sich jedoch teleologisch keinesfalls um Sinn und Zweck des Pflichtteils, sondern vielmehr um eine von dem Gesetzgeber gebilligte und als gerecht empfundene Nebenfolge.

Ob dieser Befund im Kontext der weiteren gesetzgeberischen Tätigkeiten, auch auf anderen Gebieten außerhalb des Pflichtteilsrechts, in gesetzeshistorischer als auch in aktueller Hinsicht heute noch Geltung beansprucht und als im Ergebnis vertretbar erscheint, insbesondere unter Berücksichtigung der verfassungsrechtlichen Wertigkeit des Pflichtteils, wird im Folgenden näher untersucht werden.

2. Die Intention des Reformgesetzes / Gesetz zur Änderung des Erb- und Verjährungsrechts

Die Begründung des Reformgesetzesentwurfs zur Änderung des Erb- und Verjährungsrechts[1129] beruft sich zunächst auf die vorerläuterte Entscheidung des Bundesverfassungsgerichts, wonach Kern des Beschlusses der verfassungsrechtliche Schutz des Pflichtteilsrechts der Abkömmlinge sei. Die grundsätzlich unentziehbare und bedarfsunabhängige Mindestbeteiligung der Kinder des Erblassers an dessen Nachlass sei durch die Erbrechtsgarantie des Art. 14 Abs. 1 S. 1 i.V.m. Art. 6 Abs. 1 GG gewährleistet. Eine zum Teil immer wieder diskutierte völlige Abschaffung des Pflichtteilsrechts scheide damit aus. Bei der Ausgestaltung des Pflichtteilsrechts könne der Gesetzgeber aufgrund des weiten Spielraums im Spannungsfeld zwischen Testierfreiheit des Erblassers einerseits und einer unentziehbaren angemessenen Nachlassteilhabe der Kinder andererseits Lösungen für einen den aktuellen gesellschaftlichen Bedingungen gemäßen Interessenausgleich finden[1130]. Die von dem BVerfG in den Vordergrund gestellte Familiensolidarität als Motiv des Pflichtteilsrechts finde in § 1618 a ihren einfachrechtlichen Niederschlag. Neben der aus dieser Vorschrift folgenden allgemeinen Verpflichtung zu Beistand und Rücksichtnahme sei vermögensrechtlich die gegenseitige Unterhaltspflicht gemäß § 1601 hervorzuheben. Diese wechselseitigen Pflichten führten dazu, dass das Vermögen von Eltern und Kindern typischerweise auf Beiträgen von beiden Seiten beruhe. Dementsprechend werde durch die Erbfolge nicht nur eigenständig erarbeitetes Vermögen vererbt, sondern auch teils ererbtes Vermögen innerhalb der Familie weitergegeben. Der dahinter stehende gesellschaftliche Wunsch des Erhalts von Familienvermögen habe als Familiensolidarität eine lange Tradition[1131]. Werde in den Familien heutzutage diese Familientradition wegen Entfremdung von Eltern und Kindern nicht mehr gelebt und zeige sich dieser Entfremdungseffekt in einer Enterbung, dann habe das Pflichtteilsrecht eine familienschützende

---

1129 Näher zu dem Gesetz zur Änderung des Erb- und Verjährungsrechts vgl. unten § 5, C., III., 7., S. 267 f.f.

1130 BT- Drucks. 16/ 8954, S. 8.

1131 BT- Drucks. 16/ 8954, S. 9.

Funktion, da die Enterbung ja nicht den Pflichtteilsbezug zu verhindern vermöge. Durch das Pflichtteilsrecht blieben daher die familiären Bande bei der Verteilung des Nachlasses erhalten[1132]. Nicht erforderlich sei ein Absenken der Pflichtteilsquote. Gerade die Aspekte der Familiensolidarität und die familienschützende Funktion des Pflichtteilsrechts würden für das Beibehalten der Quote sprechen[1133]. Der Reformgesetzentwurf liegt damit auf einer Linie mit dem BVerfG und bestätigt die Funktionen der Familiensolidarität, die Weitergabe und den Erhalt des Familienvermögens sowie den Familienschutz.

3. *Rechtsvergleichende Aspekte*

Nicht alle Rechtsordnungen kennen überhaupt ein Pflichtteilsrecht. Das Pflichtteilsrecht wird als eines der Rechtsgebiete beschrieben, auf dem sich deutlicher als in anderen Rechtsgebieten die traditionell und kulturell bedingten politisch-gesellschaftlichen Grundanschauungen niederschlagen, sei es hinsichtlich der Frage, wer pflichtteilsberechtigt ist, wie hoch der Pflichtteil ist oder welcher Art die Berechtigung ist[1134]. Das Common Law beispielsweise geht im Grundsatz von der uneingeschränkten Testierfreiheit des Erblassers aus und gewährt den nicht angemessen versorgten Angehörigen nur die Möglichkeit, auf deren Antrag eine richterlich angeordnete Rente zu erhalten. Damit existiert kein Pflichtteilsrecht, sondern zur Vermeidung unbilliger Härten lediglich in bestimmten Fällen eine Teilhabe am Vermögen des Erblassers („family provision“)[1135]. Personen, die im Zeitpunkt des Erbfalles vom Erblasser abhängig waren, wozu nur bestimmte Personen, wie beispielsweise die Kinder und Ehegatten gehören, und die vom Erblasser nicht bedacht wurden, können durch das Gericht eine nach seinem Ermessen festzulegende Summe erhalten. Dabei hängt dieser Umfang der „family provision“ als Anspruch auf Unterhaltssicherung nicht von der Höhe des gesetzlichen Erbteils oder einer bestimmten Quote ab[1136]. Entsprechende gesetzliche Regelungen gelten heute zudem in Neuseeland, Israel und allen australischen Teilstaaten[1137]. In Frankreich hat der Ehegatte nur dann ein Pflichtteilsrecht, wenn er nicht mit Abkömmlingen zusammentrifft. Soweit jedoch ein Pflichtteilsrecht vorgesehen ist, stellt sich nicht nur die Frage, wem und in welcher Höhe das Pflichtteilsrecht zusteht, sondern vor allem, ob der Berechtigte am Nachlass in Form eines Noterbrechts oder Zwangserbrechts am Nachlass unmittelbar beteiligt wird oder ob er nur einen Zahlungsanspruch wie in unserer Rechtsordnung erwirbt[1138]. In personeller Hinsicht

1132 BT- Drucks. 16/ 8954, S. 9.
1133 BT- Drucks. 16/ 8954, S. 10.
1134 Süß in: Mayer/ Süß, S. 827.
1135 Haas in: Staudinger, Einl. zu §§ 2303, Rn. 3.
1136 Henrich, DNotZ 2001, S. 441, 448; Süß in: Mayer/ Süß, S. 828.
1137 Süß in: Mayer/ Süß, S. 828.
1138 Firsching/ Graf, Rn. 1.337.

steht in Tschechien, Schweden, Norwegen und den Niederlanden nur den Kindern ein Pflichtteilsrecht zu[1139].

Der Vergleich mit anderen europäischen Rechtsordnungen zeigt, dass in Europa zwar Pflichtteilsrechte weithin üblich, jedoch ganz unterschiedlich ausgestaltet sind, so etwa als Noterbrecht[1140]. Im französischen Recht bezieht sich die Testierfreiheit des Erblassers nur auf eine bestimmte Quote des Vermögens, die „quotité disponible", während der verbleibende Rest des Vermögens („reservé") mit dem Erbfall den Pflichtteilsberechtigten („héritiers réservataires") als echte Erbbeteiligung zusteht[1141]. Wenn der Erblasser über mehr verfügt hat als seinem Freiteil entspricht, ist diese Verfügung auf Antrag der beeinträchtigten Familienangehörigen im Wege der Herabsetzungsklage zu kürzen.[1142] Dieses Modell des Noterbrechts des französischen Code Civil, Art. 912 ff., das im Grundsatz auch in Belgien, Italien, Niederlande, Portugal und der Schweiz gilt[1143], führt mithin im Erbfall als eine dingliche Nachlassbeteiligung zu einer echten Erbbeteiligung des Pflichtteilsberechtigten, während im deutschen und österreichischen Recht der Geldpflichtteil lediglich zu einem obligatorischen Anspruch des Pflichtteilsberechtigten gegenüber den Erben führt[1144]. Einen lediglich als Geldanspruch ausgestalteten Pflichtteilsanspruch sehen ferner die folgenden Rechtsordnungen vor: Österreich, das Recht der ehemaligen DDR, Ungarn, Polen, Schweden und Finnland[1145].

Viele der europäischen Rechtsordnungen kennen vom Grundsatz her ein bedarfsunabhängiges Pflichtteilsrecht, was jedoch nicht bedeutet, dass Bedarfslagen gänzlich unerheblich sind. Polen räumt minderjährigen Kindern und arbeitsunfähigen Personen einen höheren Pflichtteilsanspruch ein als den Pflichtteilsberechtigten im Allgemeinen[1146]. Das Recht der früheren DDR setzte explizit Bedürftigkeit des Anspruchstellers voraus; Kinder, Enkelkinder und Eltern des Erblassers konnten nur dann den Pflichtteil verlangen, wenn sie im Zeitpunkt des Erbfalles unterhaltsberechtigt waren[1147]. Nur der Ehegatte erhielt einen bedarfsunabhängigen Pflichtteil[1148]. Ähnlich in diesem Zusammenhang und mit Parallelen zu dem englischen System kannte das sowjetische Erbrecht Pflichtteilsansprüche nur zugunsten von Angehörigen, die bedürftig oder minderjährig waren[1149].

1139 Henrich, DNotZ 2001, S. 441, 448.
1140 Weidlich in: Palandt, § 2303, Rn. 1 mit Verweis auf Henrich, DNotZ 2001, S. 441.
1141 Meyer- Pritzl in: Staudinger/ Eckpfeiler, Y. Erbrecht, Rn. 31; Haas in: Staudinger, Einl. zu §§ 2303, Rn. 4.
1142 Haas in: Staudinger, Einl. zu §§ 2303, Rn. 4; Firsching/ Graf, Rn. 1.337.
1143 Haas in: Staudinger, Einl. zu §§ 2303, Rn. 4.
1144 Meyer- Pritzl in: Staudinger/ Eckpfeiler, Y. Erbrecht, Rn. 31.
1145 Firsching/ Graf, Rn. 1.337.
1146 Henrich, DNotZ 2001, S. 441, 448.
1147 Henrich, DNotZ 2001, S. 441, 448.
1148 Otte, AcP (202) 2002, S. 317, 348 ff.
1149 Süß in: Mayer/ Süß, S. 828.

Ungeachtet der Anknüpfung an Bedürfnislagen, rechtstechnische Beteiligungsarten oder andere Kriterien besteht auch die Möglichkeit, die Qualität des Rechts durch Absenkung der Pflichtteilsquote bei Vorliegen bestimmter individueller Voraussetzungen zu verändern. Österreich kennt beispielsweise gegenüber den Kindern des Erblassers die Reduktion, nicht wie im deutschen Recht eine „Alles-oder-Nichts-Lösung" durch vollständigen Pflichtteilsentzug, indem das Näheverhältnis zwischen Erblasser und pflichtteilsberechtigtem Kind Einfluss auf die Pflichtteilsquote hat. Bestand zwischen Kind und Elternteil zu keiner Zeit ein Näheverhältnis, wie es in der Familie üblich ist, kann der Erblasser den Pflichtteil auf die Hälfte mindern[1150].

Damit gibt es Rechtsordnungen, welche auf die Bedürftigkeit des Teilhabeempfängers abstellen, andere stellen die Qualität der persönlichen Beziehung in den Vordergrund. Wiederum andere ermöglichen individuell eine Reduktion der Quote in Abhängigkeit zur Bedürftigkeit[1151]. Soweit danach, beispielsweise im Common Law, für den Fall der fehlenden Bedürftigkeit das Pflichtteilsrecht entbehrlich erscheint, wird dies nachvollziehbar als Indiz für die überragende Stellung der Erblasserfreiheit in Form der Testierfreiheit gewertet[1152], während das Noterbrecht für das Gegenteil spricht. Das BGB, welches keine dingliche Beteiligung gewährt, aber einen Geldanspruch zuspricht, der sich der Höhe nach am gesetzlichen Erbteil orientiert, erscheint hier wie ein Kompromiss[1153]. Eine einheitliche europäische Tendenz lässt sich im Pflichtteilsrecht (noch) nicht erkennen[1154]. Dies gilt insbesondere für eine etwaige Berücksichtigung der Bedürftigkeit im Pflichtteilsrecht. All dies spricht jedenfalls nicht explizit für einen Unterhaltscharakter des Pflichtteils.

4. *Funktionenvielfalt und Rechtfertigung des Pflichtteilsrechts*

a) *Streuungseffekt durch Verteilungsfunktion*

Im Zuge der Reformvorschläge zu einem neuen Pflichtteilsrecht wurde unter anderem der Vorschlag unterbreitet, die Pflichtteilsansprüche von der Unterhaltsbedürftigkeit des Berechtigten abhängig zu machen[1155]. Umsetzen ließ sich dieser

---

1150 Henrich, DNotZ 2001, S. 441, 449.

1151 Vgl. auch die Ausführungen von Bauer, A., S. 70 ff.

1152 Führ, MittBayNot 2006, S. 461, 463; allg. für alle Rechtssysteme Ebke, S. 117.

1153 Ähnlich Süß in: Mayer/ Süß, S. 828.

1154 Ebke, S. 117; vgl. i.Ü. Lipp, NJW 2002, S. 2201, 2202; im Ergebnis ebenso Fach, S. 210; die Europäische Erbrechtsverordnung (VO (EU) Nr. 650/2012), die ab dem 17.08.2015 verbindlich in den Mitgliedsstaaten der EU gilt, bietet ein einheitliches Kollisions- und Verfahrensrecht in den Mitgliedsstaaten, so dass insbesondere Nachlassspaltungen in Zukunft vermieden werden können, vgl. hierzu beispielhaft den Überblick von Dörner, ZEV 2012, S. 505 ff.; hinsichtlich Erb- und Pflichtteilsverzichten im Anwendungsbereich der EUErbVO siehe Weber, ZEV 2015, S. 503–510.

1155 Bosch, FamRZ 1992, S. 993, 999 f.; Haas, ZEV 2000, S. 249, 256 ff.

Vorschlag jedoch nicht[1156]. Dennoch wird vielfach ein Bezug zwischen Pflichtteil und Bedürftigkeit bzw. zwischen Unterhalt und Pflichtteil gesehen. Allgemein anerkannt ist dabei, dass der Pflichtteil nicht allein eine Funktion in diesem Sinne hat, sondern verschiedene, teils auch unterschiedlich intensive Bezugspunkte aufweist[1157]. Wie bereits bei Betrachtung der einzelnen Literaturansichten deutlich wurde, kommt es für die Frage der Inhaltskontrolle entscheidend auf eine dem Unterhalt ggf. vergleichbare Funktion des Pflichtteilsrechts an. Aus diesem Grund soll an dieser Stelle zunächst ein kurzer Überblick über die sonstigen in Betracht kommenden (Haupt-) Funktionen des Pflichtteilsrechts nebst deren Relevanz für die vorliegende Fallgestaltung ausreichend sein.

Auch heute noch wird vertreten, das Pflichtteilsrecht habe einen Vermögensverteilungscharakter und biete so einen wirksamen Schutz vor der Konzentration von Vermögensmassen; die Mindestteilhabe der Pflichtteilsberechtigten führe zu einer Streuung des Vermögens[1158]. Der Mindestteilhabe am Nachlass in Form des Pflichtteils komme letztlich eine freiheitssichernde Funktion zugunsten der Allgemeinheit zu[1159].

Dem wird insoweit widersprochen, als sich die Konzentration von Vermögen heute oftmals ausschließlich in der Hand von juristischen Personen vollzieht[1160]. Das Gesetz hat im Übrigen die Gefahr der Vermögenszersplitterung nicht nur frühzeitig erkannt, sondern in Kauf genommen[1161]. Das Pflichtteilsrecht sorgt nicht für eine Umverteilung, welche der Allgemeinheit zu Gute kommt, sondern, was noch zu zeigen sein wird[1162], für eine solche zugunsten der Familie[1163]. Ferner werden Unternehmen in ihrem Bestand durch Pflichtteilsansprüche für den Fall fehlender Liquidität im Erbfall geradezu gefährdet[1164]. Der Liquiditätsabfluss

---

1156 Vgl. die weiteren Ausführungen oben § 5, C., I., 2., S. 201 f.f. sowie unten § 5, C., III., 7., S. 267 f.f.

1157 Insoweit stellvertretend Haas, ZEV 2000, S. 247, 253.

1158 Otte, ZEV 1994, S. 193, 196; Schiemann, ZEV 1995, S. 197, 199; Schöpflin, FamRZ 2005, S. 2025, 2026.

1159 So bereits von Schmitt in: Vorentwürfe der Redaktoren, S. 57.

1160 Henrich, Testierfreiheit vs. Pflichtteilsrecht, S. 11; Haas, ZEV 2000, S. 249, 251; Haas in: Einl. zu §§ 2303 ff., Rn. 20; Papantoniou, AcP 173 (1973), S. 385, 388; Schumacher, F., S. 89; Kick, S. 167, 174; a.A. Israel, S. 77 ff., der mit seinen Ausführungen einige größere Unternehmen mit Sitz in Deutschland statistisch untersucht und zu dem Ergebnis gelangt, dass in den wenigsten Großunternehmen in Deutschland die Macht noch in den Händen weniger Personen sei; das Pflichtteilsrecht müsse sich vielmehr fragen lassen, ob es nicht vielmehr einer Vermögenskonzentration zuträglich sei; für kleinere Unternehmen bringe § 2331 a BGB Entlastung; allg. ablehnend Muscheler in: Festschrift für Spiegelberger, S. 1079, 1087, Fn. 61.

1161 Motive V, S. 387.

1162 Siehe unten § 5, C., I., 4., d), S. 210 ff..

1163 Haas, ZEV 2000, S. 247, 251.

1164 Schöpflin, FamRZ 2005, S. 2025, 2026; Dutta, AcP 209 (2009), S. 760, 765; Lange in: MünchKomm, § 2303, Rn. 8; Bengel, 64. Deutscher Juristentag, L 51, L 61.

durch das Erbschaftssteuerrecht beugt den entsprechenden Konzentrationsbedenken ebenfalls vor, was auch für den Pflichtteilsverzicht gegen Abfindung gilt. Richtigerweise würde bezogen auf den Pflichtteilsverzicht eine Gefahr der Vermögenskonzentration im Übrigen erst dann entstehen können, wenn eine erhebliche Anzahl Pflichtteilsberechtigter auf ihr Recht verzichten und so das Vermögen in einer Hand erhalten würden[1165]. Diese Aspekte gelten auch für eine etwaige freiheitssichernde Funktion im Sinne der Verhinderung von Oligarchien.

b) Familienschutzfunktion

Das Reformgesetz aus dem Jahr 2010 geht davon aus, dass ein etwaig eingetretener innerfamiliärer Entfremdungseffekt durch das Pflichtteilsrecht im Sinne einer Familienschutzfunktion durch Beibehaltung der familiären Bande trotz Enterbung vermieden werden könne. Dies gelte auch gerade im Hinblick auf nichteheliche Kinder und Kinder aus vorhergehenden Verbindungen[1166]. Anders formuliert, diene das Pflichtteilsrecht nicht nur „der Festigung innerfamiliärerer Beziehungen“, sondern wäre im Falle seiner Abschaffung sogar als „Beitrag zur Erosion der Familie“ zu werten[1167]. Weil der Erblasser ohne Existenz des Pflichtteilsrechts seine Hinterbliebenen durch Enterbung vor vollendete Tatsachen stellen könne, bringe im Umkehrschluss diese Mindestbeteiligung für den Erblasser den Zwang mit sich, mit den betroffenen Angehörigen zu sprechen und diesen „zumutbare Angebote“ zu unterbreiten[1168]. In diesem Kontext wird teilweise vertreten, das Pflichtteilsrecht biete eine Befriedungsfunktion aufgrund Vermeidung von Verteilungskämpfen durch Zubilligung eines Mindestanteils am Nachlass[1169]. Andere meinen, die Schutzfunktion hinsichtlich der Person des Erblassers werde dadurch intensiviert, dass das Pflichtteilsrecht Manipulationen Pflichtteilsberechtigter gegenüber dem Erblasser zu dessen Lebzeiten durch Beeinflussungsversuche und „falsches Fürsorgegebaren“ vermeide[1170].

Es erscheint bereits zweifelhaft, ob dem Pflichtteilsrecht eine solche vereinigende und familienzusammenführende Funktion zukommt, da die (unfreiwillige)

1165 Vgl. die Ausführungen von Dutta, AcP 209 (2009), S. 760, 765.

1166 BT- Drucks. 16/ 8954, S. 9.

1167 Otte, AcP 202 (2002), S. 317, 352, 355, der die Ansicht vertritt, der Erblasser könne nur froh sein, dass im Falle der von ihm vorgenommenen Enterbung sein Zorn und seine Frustration nicht die endgültige Wirkung des vollständigen Ausschlusses des Pflichtteilsberechtigten habe.

1168 Otte, AcP 202 (2002), S. 317, 352.

1169 Wiemer, S. 169.

1170 Werkmüller, S. 86 mit dem Hinweis auf Otte, ZEV 1994, S. 193, 197, der seinerseits von einer „Beeinflussung durch Interessenten“ spricht; Coing, 49. Deutscher Juristentag, A 1, A 47, meint im Kontext der Erläuterungen einer unbegrenzten Testierfreiheit, gerade ältere Erblasser seien sehr leicht beeinflussbar und entsprechenden Beeinflussungsversuchen ausgesetzt.

Reduktion auf den Pflichtteil meist von wenig Akzeptanz geprägt sein wird und daher vielmehr bestens geeignet ist, entsprechende Erbstreitigkeiten hervorzurufen statt diese zu unterdrücken. So wird denn auch darauf hingewiesen, dass Erbstreitigkeiten ständig im Zunehmen begriffen sind[1171]. Zurück bleiben in einem solch streitigen Fall die Einzelbestandteile des großen Ganzen, der Familie. Daran vermag auch nicht die Tatsache etwas zu ändern, dass der Erhalt dieser erbrechtlichen Mindestbeteiligung naturgemäß erst zu einem Zeitpunkt stattfindet, indem der Erblasser bereits verstorben ist. Im Übrigen wird die Motivation des Erblassers, den Hinterbliebenen auf den Pflichtteil zu setzen, nur in wenigen Fällen von dem Erhalt des Familienvermögens durch Vermeidung der Zersplitterung im Wege der Enterbung getragen sein, sondern vielmehr gerade von dem Bestreben, dem (ungeliebten) Hinterbliebenen möglichst wenig zu hinterlassen. Dass sich vor diesem Hintergrund die Hinterbliebenen ihrer familiären Bande erfreuen und sich zu einer glücklichen Familie formieren, ist nichts als ein frommer Wunsch auch des aktuellen Gesetzgebers. Entsprechend selten wird sich ein wohlwollendes freundliches Gespräch zwischen Erblasser und zurückgesetztem Hinterbliebenen ergeben. Genauso wie der Erblasser gelegentlich versucht, sich von seinen nichtehelichen Kindern freizukaufen, werden sich die (ehelichen) Hinterbliebenen wohl kaum über die neuen familiären Bande zu diesem (bisher unbekannten) Teil der „Familie" freuen. Denkbar ist allenfalls das Szenario, dass sich aus den Enterbten eine Art Schicksalsgemeinschaft gegenüber dem (wider Erwarten) eingesetzten Erben ergibt. Tatsächlich möchte aber auch das in dem familienschützenden Sinne verstandene Pflichtteilsrecht den Familienfrieden gegen den Willen der Mitglieder dieser Familie selbst nicht schützen[1172].

c) Selbstbindung des Erblassers

Die Ansätze, vor allem des Schrifttums zur Untermauerung der hier in Rede stehenden Funktion sind rechtspolitisch und dogmatisch verschieden. Im Zeitpunkt der Schaffung des BGB sah *von Schmitt* das Pflichtteilsrecht zwar nicht als unterhaltsrechtlich motiviert an, den Grund des Erbrechts überhaupt sah er jedoch in dem „besonderen Verhältnis selbst, in welchem sich der Erblasser und Erbe schon durch die Natur nahe gebracht sind, Familie, Verwandtschaft[1173]."

V*on Schmitt* ging von einer willentlichen Selbstbindung des Erblassers durch Heirat oder Zeugung eines Kindes aus[1174]. „Wenn das Kind geboren ist, ist das

1171 Werkmüller, S. 86.

1172 Vgl. hierzu die Ausführungen von Dutta, AcP 209 (2009), S. 760, 766.

1173 Vgl. von Schmitt in: Vorentwürfe der Redaktoren, S. 155 ff., 170 ff.

1174 Von Schmitt in: Vorentwürfe der Redaktoren, S. 170; Mertens, S. 84 hinsichtlich der Bindung des Erblassers an gewisse biologische Faktoren; i.E. diese Auffassung auch heute noch vertretend: Stöcker, FamRZ 1971, S. 609, 617; Oechsler, AcP 200 (2000), S. 603, 606 ff.; Werkmüller, S. 87 ff.

Testament gemacht[1175]." Durch die Heirat bzw. Kinderzeugung begebe sich der Erblasser willentlich seiner Dispositionsbefugnis über sein Vermögen und sei daher verpflichtet, den nächsten Verwandten und seinem Ehepartner einen Teil des Vermögens zu hinterlassen. Das Pflichtteilsrecht sei daher eine „erbrechtliche Ausprägung des allgemeinen Satzes von der Unzulässigkeit rechtsgegensätzlichen Verhaltens"[1176]. Hinter dieser heute kaum noch vertretenen Ansicht[1177] wird teils die Perspektive gesehen, dass das gesamte Privatrecht auf der Herrschaft des Individuums beruhe[1178]. Nicht begründen kann dieser Ansatz selbstverständlich das Pflichtteilsrecht der Eltern[1179]. Ein rechtsgeschäftlicher Bindungswille ist auch hinsichtlich des Pflichtteilsrechts der Abkömmlinge (durch Realakt) nicht ersichtlich[1180]. Anders könnte dies für Ehegatten allenfalls in dem durch die Heirat konkludent zu Tage getretenen Willen gesehen werden[1181]. Aber auch in diesem Fall kann zumindest der scheidungswillige Ehegatte die unliebsamen Folgen des Erbrechts durch die Herbeiführung zumindest der Scheidungsvoraussetzungen herbeiführen, § 1933 S. 1. Lediglich der nicht zur endgültigen Trennung in diesem Sinne bereite Erblasser ist durch das Pflichtteilsrecht beschränkt. Zu Recht wird daher bezweifelt, ob diese Sachverhalte solche der Selbstbindung sind. Die Ehe kann nämlich zutreffend nicht den hier offenkundig erbrechtlich entgegenstehenden Willen überwinden[1182]. Im Übrigen kann der Erblasser auch zu anderen Familienangehörigen willentlich Beziehungen knüpfen, ohne den Pflichtteilsanspruch auszulösen[1183]. Im Ergebnis basiert die Selbstbindung auf einer reinen Fiktion[1184]. Dementsprechend werden die Zusammenhänge von Erblasserwillen und

1175 Von Schmitt in: Vorentwürfe der Redaktoren, S. 170.

1176 Stöcker, FamRZ 1971, S. 609, 617.

1177 Ausdrücklich ablehnend: Israel, S. 86 ff.; Wiemer, S. 169 f.; Sturm, S. 122 ff., Dutta, AcP 209 (2009), S. 760, 774; Schumacher, F., S. 89 f.; Bengel, 64. Deutscher Juristentag, L 51–L61; Mayer in: MünchKomm, § 2303, Rn. 2; Haas, ZEV 2000, S. 249, 252; Mayer in: Mayer/ Süß, S. 17; im Übrigen findet diese fragwürdige Begründung des Pflichtteilsrechts meist keine Erwähnung mehr.

1178 Herzog, S. 224.

1179 Israel, S. 86; Werkmüller, S. 87; Haas, ZEV 2000, S. 249, 252; Stöcker, FamRZ 1971, S. 609, 617 f., meint, dieser Aspekt sei „rechtspolitisch sicherlich nicht sehr gewichtig".

1180 Schumacher, F., S. 89; Sturm, S. 123.

1181 Ähnlich vom Ansatz Herzog, S. 225; vgl. die weiteren Erläuterungen von Israel, S. 87 ff.

1182 Vgl. die Ausführungen von Israel, S. 87, der meint, die Ehe könne lediglich nicht ohne die als negativ empfundene Konsequenz der Erbbeteiligung aufrechterhalten werden.

1183 Haas, ZEV 2000, S. 249, 252.

1184 Haas in: Staudinger, Vorbem. §§ 2303, Rn. 23; vgl. die Erläuterungen von Oechsler, AcP 200 (2000), S. 603, 606 ff. und Herzog, S. 224 ff.; Bengel, 64. Deutscher Juristentag, L 51–L61.

familiärer Bindung teils als genau gegensätzlich betrachtet. Das Pflichtteilsrecht werde nicht aufgrund des Erblasserwillens gewährt, sondern gegen den Willen des Erblassers[1185]. Wäre der Wille des Erblassers entscheidend, dann müsste bereits unter rein zeitlichen Gesichtspunkten sein späterer Wille, mithin nach Zeugung/ Familiengründung bzw. Heirat, vorrangig sein und frühere Willensbekundungen im vorbenannten Sinn aufheben können[1186]. Auch das ist nicht der Fall.

d) Teilhabefunktion und Familiengebundenheit des Vermögens

aa) Gleichwertigkeit der Funktionsansätze

Damit ist nicht der typisierte Wille des Erblassers Grundlage des Erbrechts, sondern richtigerweise führen die tatsächlichen familiären Umstände zur Bildung des mutmaßlichen Erblasserwillens[1187]. In diesem Kontext geht auch das BVerfG in neuerer Zeit, wie oben gesehen[1188], nicht zuletzt aufgrund der wirtschaftlichen und ideellen Beiträge sowohl des Erblassers als auch seiner Kinder davon aus, dass das Pflichtteilsrecht die Funktion hat, die Fortsetzung des ideellen und wirtschaftlichen Zusammenhangs von Vermögen und Familie über den Tod des Vermögensinhabers hinaus zu ermöglichen. Die strukturprägenden Merkmale der Nachlassteilhabe von Kindern sind nach Ansicht des Gerichts Ausdruck der Familiensolidarität[1189]. Die Begründung des Reformgesetzes nimmt ihrerseits Bezug auf diese Entscheidung des BVerfG und bestätigt das Motiv der Familiensolidarität[1190]. Die Sicherung der Teilhabe am Familienvermögen und die Familiengebundenheit des Vermögens finden dabei ihre Rechtfertigung in mehreren gleichrangig nebeneinander stehenden Überlegungen. Im Sinne des Äquivalenzgedankens kommt ein eigener Beitrag des Pflichtteilsberechtigten zur Schaffung des Erblasservermögens ebenso in Betracht wie der Gedanke der Solidargemeinschaft bzw. Verantwortungsgemeinschaft und die Idee eines Generationenvertrages[1191]. Der historische Gedanke der

1185 Schumacher, F., S. 90.

1186 Zu diesem Aspekt siehe auch Sturm, S. 123 ff. und Israel, S. 89.

1187 Vgl. die Ausführungen von Sturm, S. 124, der in diesem Zusammenhang ebenso wie Schumacher, F., S. 88 f. die Zielsetzung der Erhaltung des Familienvermögens ablehnt, da sich das BGB mit seinen erbrechtlichen Auseinandersetzungsregeln bzw. dem Teilungsprinzip offenkundig für die Aufspaltung des Erblasservermögens entschieden hat (so die wohl h.M.; vgl. auch Mayer in: Bamberger/ Roth (Stand: Edition 20), § 2303, Rn. 5). Ähnlich auch Lange in: MünchKomm, § 2303, Rn. 10, der von einer „typisierten Solidargemeinschaft spricht".

1188 Siehe oben § 5, B., I., 2., a), S. 176 ff..

1189 BVerfG, Beschl. v.19.04.2005, NJW 2005, S. 1561,1564.

1190 BT- Drucks. 16/ 8954, S. 9; siehe oben § 5, C., I., 2., S. 201 f.f.

1191 Mayer in: Bamberger/ Roth (Stand: Edition 20), § 2303, Rn. 2.

Unvergebbarkeit eines familiären Familienvermögens spiegelt sich dementsprechend heute in der Familiengebundenheit des Familienvermögens wieder[1192].

bb) Familiengebundenheit und Familiensolidarität

Auch das BVerfG sieht in dem Pflichtteilsrecht eine Mindestteilhabe am Nachlass für lebzeitig geübte Solidarität[1193], so auch eine starke Meinung im Schrifttum[1194]. Die Familiensolidarität kommt insbesondere dadurch zum Ausdruck, dass man ein Gefühl der Verbundenheit untereinander teilt, füreinander sorgt und gemeinsam etwas aufbaut[1195]. Das Pflichtteilsrecht symbolisiere dabei die grundsätzlich unzerstörbare familiäre Bindung, die im Gegensatz zu anderen kurzfristigen Gruppierungen eben nur der Familie eigen sei[1196]. Der Pflichtteil sei dabei Bestandteil dieser „Familienbindung" des Vermögens[1197]. Eine etwaige Änderung der gesellschaftlichen Strukturen in Familien, insbesondere der Wandel von der Großfamilie zur Kleinfamilie stünde einer Familiengebundenheit nicht entgegen[1198]. Die solidarische Nähe der Familienmitglieder und deren Engagement in der Solidargemeinschaft Familie gewähre diesen als Verdienst die pauschale Nachlassbeteiligung, womit jedoch keine Aufrechnung einzelner Leistungen einhergehe[1199].

Soweit der Familiensolidarität der Zerfall der Kleinfamilie, Entfremdungen zwischen Familienmitgliedern und die zunehmende Absicherung durch die Sozialversicherungssysteme entgegengehalten wird, vermag dieses vermeintlich aktuelle Bild unserer Gesellschaft nicht das neuerlich auch Lebenspartnern zugesprochene Pflichtteilsrecht vermitteln[1200], da auch diese, zumindest für sich betrachtet, keine größere Familie darstellen. Das spricht im Ergebnis dafür, dass auch der Gesetzgeber bei der Begründung dieser Ansprüche, auch für Lebenspartner jedenfalls den Gedanken der Familiensolidarität nicht abgelehnt, sondern eher auch legislativ verwirklicht hat. Selbstverständlich basiert auch der Gedanke einer solchen Solidarität auf einer Typisierung[1201], da nicht in jedem Einzelfall dieser familiäre

---

1192 Ähnlich Sturm, S. 117 f.; von Lübtow, S. 556, begründet das Pflichtteilsrecht an dieser Stelle mit dem Rechtsempfinden, wonach der anderweitig testierende Erblasser seiner Familie das genommen habe, was ihr gebührt habe – das Familieneigentum wirke in unserer Vorstellung entsprechend nach.

1193 BVerfG, Beschl. v.19.04.2005, NJW 2005, S. 1561,1564.

1194 Schöpflin, FamRZ 2005, S. 2025, 2026; Lange, AcP 204 (2004), S. 804, 811; Haas/ Holla, ZEV 2002, S. 169, 172; Haas in: Staudinger, Einl. §§ 2303, Rn. 24; Mayer in: Bamberger/ Roth (Stand: Edition 20), § 2303, Rn. 5; Lipp, NJW 2002, S. 2201, 2006.

1195 Haas in: Staudinger, Einl. §§ 2303, Rn. 24; Lange in: MünchKomm, § 2303, Rn. 10.

1196 Schöpflin, FamRZ 2005, S. 2025, 2027.

1197 Lange in: MünchKomm, § 2303, Rn. 9; Schöpflin, FamRZ 2005, S. 2025, 2027.

1198 Werkmüller, S. 76 ff.

1199 Herzog, S. 243 f., 278.

1200 Schöpflin, FamRZ 2005, S. 2025, 2026.

1201 Teils wird auch von einem "formalen Solidaritätsbegriff" gesprochen, so beispielsweise Haas in: Staudinger, Einl. §§ 2303, Rn. 24.

Zusammenhalt (noch) gelebt wird[1202]. Auch fehlt es für einen solchen Fall an einem Zerrütungstatbestand im Katalog der Entziehungsgründe[1203]. Insoweit und auch unter Berücksichtigung der Tatsache, dass zeitlich gesehen der Pflichtteil nach Eintritt des Erbfalls zumindest hinsichtlich der Person des Erblassers keinen Beitrag mehr zur Solidarität zu leisten vermag, wird gelegentlich auch von einer „gewissen Vorwirkung des Pflichtteilsrechts schon zu Lebzeiten des Erblassers" gesprochen[1204]. All dies spricht jedoch nicht gegen eine institutionell verstandene Solidarität[1205]. Während oben festgestellt wurde, dass das Pflichtteilsrecht in seiner Finalität weniger familienschützend als –zerstörend ist, findet hier das Pflichtteilsrecht seine Rechtfertigung als auslösendes Moment in dem bereits in der Vergangenheit von der Familie geübten Zusammenhalt. Für den Fall nicht geübter Solidarität unter den Familienmitgliedern handelt es sich zutreffend um eine formalisierte bzw. typisierte Solidarität, die zugunsten der Familiengebundenheit in Kauf zu nehmen ist. Soweit vertreten wird, mit dem Ausschluss der nächsten Verwandten missachte der Erblasser seine familienrechtlichen Bindungen[1206], ist dieser Aspekt unter eine etwaige Selbstbindung zu subsumieren.

cc) Vermögensweitergabe aufgrund Generationenvertrages

Ein anderer Ansatz sieht hinter dem Pflichtteilsrecht den Gedanken der Weitergabe des Traditionsvermögens im Sinne eines Generationenvertrages[1207]. Weil meist nicht jede Generation ihr Vermögen alleine erwirtschaftet habe, sondern dieses seinerseits zu einem gewissen Anteil von der vorherigen Generation geerbt habe, sei es rechtsethisch geboten, den Erblasser im Sinne eines Generationenvertrages zur Weitergabe dieses Familienvermögens zu verpflichten[1208]. Dementsprechend gebe es im Erbrecht keine Gegenseitigkeit wie unter Lebenden; die ältere Generation könne Vermögen nur hinterlassen und nicht von der jüngeren empfangen[1209].

1202 Mayer in: Bamberger/ Roth (Stand: Edition 20), § 2303, Rn. 5.

1203 Lange in: MünchKomm, § 2303, Rn. 10; eine Einzelfallprüfung sieht das Gesetz gerade nicht vor; lediglich für die Fälle, in denen die Mindestbeteiligung als schlechthin unerträglich empfunden wird, kann der abschließende Katalog der Erbunwürdigkeits- sowie Pflichtteilsentziehungsgründe herangezogen werden.

1204 Haas, ZEV 2000, S. 249, 252.

1205 Vgl. Schöpflin, FamRZ 2005, S. 2025, 2026; Lange in: MünchKomm, § 2303, Rn. 10 spricht von einer „typisierten Solidargemeinschaft".

1206 Lipp, NJW 2002, S. 2201, 2006, unter Berufung auf die Motive V, die ausdrücklich von einer Rechtspflicht des Erblassers hinsichtlich der Berücksichtigung der nächsten Verwandten sprechen.

1207 Otte, ZEV 1994, S. 193, 197.

1208 Otte, ZEV 1994, S. 193, 197; Werkmüller, S 78 f.

1209 Otte, ZEV 1994, S. 193, 197, der kritisiert, dass die Generation der demnächstigen Erblasser ihren materiellen Wohlstand zu leicht als alleiniges Ergebnis eigener Leistung missverstehe, als ob das Trümmergrundstück von 1945 nichts und der darauf errichtete Neubau alles gewesen sei; a.A. Haas in: Staudinger, Vorbem.

Dies gilt nicht nur für den Pflichtteil von Abkömmlingen, sondern gleichermaßen auch für Ehegatten, da auch diese untereinander das jeweils von dem anderen Ehegatten empfangene Vermögen ihrerseits weitergeben an andere außerhalb der Ehe stehende pflichtteilsberechtigte Dritte[1210]. Zudem ist das Vermögen der Ehegatten meist nicht ausschließlich von diesen erwirtschaftet worden, sondern auch diese haben zuvor ihrerseits bereits empfangen.

dd) Familiärer Teilhabegedanken

Ein weiterer Ansatz sieht als Hintergrund des familiären Teilhabegedankens am Vermögen einmal die Tatsache, dass das Erblasservermögen regelmäßig nicht allein vom Erblasser erwirtschaftet und erhalten wurde, sondern auch von anderen Familienmitgliedern, teils verschiedener früherer Familiengenerationen bereits erhalten und vermehrt wurde. Anders als bei dem Gedanken des Generationenvertrages kommt es hier nicht entscheidend auf das über Generationen hinweg weitergereichte Vermögen im Sinne eines Traditionsvermögens an, sondern auf die Frage des eigenen Beitrags zu dem Erhalt bzw. Zuwachs des Vermögens. Das Pflichtteilsrecht bietet insoweit eine Entlohnung für den Beitrag der Familienangehörigen zur Schaffung bzw. Förderung des Erblasservermögens[1211]. Familienvermögen knüpft demnach heute an die materielle und emotionale Unterstützung an, wie etwa gemeinsame Haushalts- und Lebensführung[1212]. Diese ideellen und wirtschaftlichen Beiträge der Familienmitglieder, teils über mehrere Generationen hinweg, führen dazu, dass die Familienmitglieder eine ökonomische Einheit darstellen. Das gilt selbst dann, wenn die Familienmitglieder nicht gemeinsam wirtschaften, weil in der Regel von den Mitgliedern eine Vielfalt an materiellen und nicht materiellen Beiträgen zum Vermögenserwerb der Familie geleistet wird[1213]. Dementsprechend wird kritisiert, dass das Pflichtteilsrecht mit seiner starren Quote die im Einzelfall unterschiedlich hohen Beiträge nicht berücksichtigt, sondern einen pauschalen Ausgleich gewährt. Insoweit sei ein systematischer Widerspruch zu erkennen, da diese Mindestteilhabe für den Fall unterlassener Beiträge

§§ 2303, Rn. 21, der in nicht nachvollziehbarer Weise die schlichte Behauptung aufstellt, ein Traditionsvermögen, welches von Generation zu Generation wachsend innerhalb einer Sippe vererbt würde, gebe es nicht, da das Vermögen heute innerhalb einer Generation erwirtschaftet würde; ähnlich Bengel, 64. Deutscher Juristentag, L 51, L 61, der meint, ein solches „Sippenbekenntnis“ sei unserer heutigen Zeit fremd.

1210 Wiemer, S. 168.

1211 Haas, ZEV 2000, S. 249, 251, Haas in: Staudinger, Vorbem. § 2303, Rn. 22 mit der Einschränkung, dass nur im Einzelfall entsprechende Beiträge geleistet würden; Lange, AcP 204 (2004), S. 804, 811.

1212 Lange, AcP 204 (2004), S. 804, 811.

1213 Schöpflin, FamRZ 2005, S. 2025, 2026; Lange, AcP 204 (2004), S. 804, 811.

nicht entzogen werden könne[1214]. Der Pflichtteil des Ehegatten müsse zudem in den meisten Fällen größer sein als der von Abkömmlingen, da in der Regel der Ehepartner einen höheren Anteil an der Mehrung des Vermögens habe[1215]. Auch würde die Familie in der heutigen Realität nur noch höchst selten dem Bild einer Wirtschafts- und Produktionsgemeinschaft entsprechen[1216]. Die Zeiten, in welchen sämtliche Familienmitglieder für das wirtschaftliche Fortkommen der Familie einstünden, seien vorüber[1217]. Daher vermag der Gedanke der Teilhabe in rechtstatsächlicher Hinsicht das Pflichtteilsrecht allein nicht zu rechtfertigen.

e) Versorgungs- und Alimentationscharakter – Unterhaltsfunktion

Teilweise wird vertreten, das Pflichtteilsrecht habe Unterhaltsersatzfunktion[1218]. Die Unterhaltsersatzfunktion wird teils damit begründet, der Kreis der Pflichtteilsberechtigten entspreche dem Kreis der Unterhaltsberechtigten[1219]. Was die Gesetzesintention angeht, widersprechen sich die Begründungen oftmals. Einige wollen bereits der Gesetzesbegründung eine Unterhaltsfunktion bzw. einen Alimentationscharakter entnehmen oder meinen zumindest, solche Erwägungen hätten bei Inkrafttreten des BGB eine große Rolle gespielt[1220]. Andere meinen, aufgrund der ehelichen bzw. verwandtschaftlichen Bindungen des Erblassers zu Lebzeiten in Form schuldrechtlicher Ansprüche, nämlich der familienrechtlichen Unterhaltspflichten und der entsprechenden Einschränkung der Dispositionsfreiheit des Erblassers für die Zeit nach seinem Tod durch das Pflichtteilsrecht, sei rechtspolitisch kaum denkbar, dass dem Pflichtteilsrecht ein anderer Charakter als ein unterhaltsrechtlicher zukommen könne[1221]. Soweit die Redaktoren des Erbrechts die Unterhaltsersatzfunktion zwar abgelehnt hätten, ließe sich diese dennoch auf die Motive des Gesetzgebers zum Unterhaltsrecht stützen. Danach habe der Gesetzgeber das Erlöschen des Unterhaltsanspruchs gemäß § 1615 Abs. 1 BGB hingenommen, weil der Berechtigte in den meisten Fällen gegenüber dem Erblasser zumindest pflichtteilsberechtigt gewesen sei und dieser erbrechtliche Anspruch denselben Zwecken diene, welche durch eine passive Vererblichkeit des Unterhaltsanspruchs erreicht

1214 Lange in: MünchKomm,§ 2303, Rn. 9; Lange, AcP 204 (2004), S. 804, 811 f.; Herzog, S. 238 f.

1215 Lange, AcP 204 (2004), S. 804, 812.

1216 Bengel, 64. Deutscher Juristentag, L 51, L 61; inhaltlich ebenso statt vieler Kick, S. 167, 173 f.

1217 Werkmüller, S. 84 f.

1218 Kuchinke, FPR 2006, S. 125, 126; Wachter, ZErb 2004, S. 238, 239 ff.; Settergren, S. 29; Schumacher, F., S. 88, 142; Klühs, ZEV 2011, S. 15, 17; Sturm, S. 133 ff.; Wiemer, S. 175 für den Ehegattenpflichtteil; Werkmüller, S. 71.

1219 Schumacher, F., S. 88, 90.

1220 Mayer in: Bamberger/ Roth (Stand: Edition 20), § 2303, Rn. 2; Lange in: MünchKomm § 2303, Rn. 7.

1221 Sturm, S. 125.

würden[1222]. Auf die passive Vererblichkeit sei verzichtet worden, weil man die Versorgung der Familienmitglieder durch das Pflichtteilsrecht gesichert gesehen habe[1223].

Andere sind der Ansicht, dem Pflichteil komme heutzutage keine Unterhalts- und Versorgungsfunktion mehr zu[1224]. Das Pflichtteilsrecht habe entgegen des ursprünglichen Gesetzeszwecks heute nicht mehr die Funktion, die Versorgung oder den Unterhalt bedürftiger Verwandter oder die Ausstattung der Kinder zu sichern[1225]. Die Lebenswirklichkeit habe sich aufgrund der steigenden Lebenserwartung erheblich geändert. Der Erbfall trete zeitlich erst dann ein, wenn die Abkömmlinge sich bereits eine eigene Existenz aufgebaut und auf den Pflichtteilsanspruch finanziell nicht mehr angewiesen seien[1226]. Das soziale Netz sei heute besser ausgebaut als früher, was gegen die Notwendigkeit des Einsatzes erbrechtlicher Ansprüche zur Bedarfsdeckung spreche[1227]. Viele Vertreter dieser Ansicht betonen hingegen, der Gesetzgeber habe von Anfang an dem Pflichtteilsrecht nicht die Aufgabe zugedacht, die Versorgung, den Unterhalt oder die Ausstattung zu

---

1222 Sturm, S. 132 f.; Schumacher, F., S. 90 mit Verweis auf: Motive IV, S. 710 f., Mugdan, IV, S. 377, Planck in: Vorentwürfe der Redaktoren, S. 1333 f.

1223 Sturm, S. 133; Schumacher, F., S. 90.

1224 Raude, Anm. zu LG Nürnberg-Fürth, Urt. v. 23.03.2018, DNotZ 2019, S. 213, 222; Grziwotz, DNotZ 2016, S. 732, 739 f.; Münch, ZEV 2008, S. 571, 573; Muscheler in: Festschrift für Spiegelberger, S. 1079, 1086 f.; Otte, AcP 202 (2002), S. 317, 340; Otte, JZ 2005, S. 1007, 1009; Haas in: Staudinger, Vorbem. zu §§ 2303, Rn. 18 f.; Franck, mitgeteilt von Milger, MittBayNot 2011, S. 205, 206; Wegerhoff in: MünchKomm, § 2346, Rn. 35 f.; Kapfer, MittBayNot 2006, S. 385, 388; Ludyga, S. 43; Lipp, NJW 2002, S. 2201, 2205; Müller in: Schlitt/ Müller, § 10, Rn. 60; Weidlich, NotBZ 2009, S. 149, 158; Weidlich in: Palandt, § 2303, Rn. 1, Herzog, S. 222, 224; Oechsler, AcP 200 (2000), S. 603, 626; Henrich, Testierfreiheit vs. Pflichtteilsrecht, S. 13; Bühring, S. 55 f.; Rauscher, FF Sonderheft 2004, S. 141, 149.

1225 Münch, ZEV 2008, S. 571, 573; Weidlich in: Palandt, § 2303, Rn. 1; Weidlich, NotBZ 2009, S. 149, 158; Lange in: MünchKomm, § 2303, Rn. 7; Lange, AcP 204 (2004), S. 804, 808; Muscheler in: Festschrift für Spiegelberger, S. 1079, 1086; Otte, JZ 2005, S. 1007, 1009.

1226 Haas in: Staudinger, Vorbem. zu §§ 2303, Rn. 18 f.; Haas, ZEV 2000, S. 249, 251; Papantoniou, AcP 173 (1973), S. 385, 388; Münch, ZEV 2008, S. 571, 573; Otte, ZEV 1994, S. 193, 194 f.; Otte, JZ 2005, S. 1007, 1009; Herzog, S. 222; Henrich, Testierfreiheit vs. Pflichtteilsrecht, S. 13; Lange, AcP 204 (2004), S. 804, 808; Muscheler in: Festschrift für Spiegelberger, S. 1079, 1086; Schröder, DNotZ 2001, S. 465, 469; Dauner-Lieb, DNotZ 2001, S. 460, 463.

1227 Haas in: Staudinger, Vorbem. zu §§ 2303, Rn. 19; Kuchinke, FF 2002, S. 161, 161; Münch, ZEV 2008, S. 571, 573; Muscheler in: Festschrift für Spiegelberger, S. 1079, 1086; Schröder, DNotZ 2001, S. 465, 469; Henrich, Testierfreiheit vs. Pflichtteilsrecht, S. 13, der betont, dass zumindest bei Ehegatten in vielen Fällen die (etwaig kapitalisierte) Hinterbliebenenversorgung mehr wert sei als die erbrechtlichen Ansprüche.

sichern[1228]. Dementsprechend werde der Alimentationsgedanke auch nicht erst heute durch Lebenswirklichkeit und steigende Lebenserwartung in Frage gestellt, sondern sei von Anfang an nicht bezweckt gewesen[1229]. Vereinzelt wird anerkannt, dass der fehlende Versorgungseffekt nichts mit den Auswirkungen im Einzelfall zu tun habe, nämlich der faktischen Funktion der Unterhaltssicherung oder Ausstattung als willkommene Nebenfolge. Dabei handele es sich jedoch keinesfalls um mehr als um eine eben solche Nebenfolge[1230].

Wieder andere sind der Ansicht, es sei zunächst einmal gleichgültig, ob dem Pflichtteilsanspruch (generell) eine Unterhaltsfunktion beizumessen sei oder nicht; allein entscheidend sei, dass dem Pflichtteilsanspruch in der konkreten Situation die Funktion zukomme, die Bedürftigkeit auszuschließen oder zu verringern[1231]. Auch hier sind die Begründungen der einzelnen Vertreter mehr oder weniger ausführlich. So wird angenommen, für den nach dem Erbfall versorgten Pflichtteilsberechtigten stelle sich die Frage nach der Unterhaltsfunktion überhaupt nicht; das Pflichtteilsrecht erschöpfe sich in diesem Fall in den drei Hauptfunktionen Verteilungsfunktion, Familienschutzfunktion und Teilhabefunktion[1232]. Bei dem bedürftigen Pflichtteilsberechtigten trete die Unterhaltsfunktion ungeachtet der Diskussion um ihren Stellenwert zu den anderen Hauptfunktionen einfach hinzu[1233]. Wie jedes andere Vermögensrecht auch sorge der Pflichtteil dafür, dass mit ihm der Unterhalt bestritten werden könne[1234]. Insoweit sei der Pflichtteil „funktionell Korrelat zur Unterhaltspflicht unter Lebenden“[1235].

Welche dieser Ansichten angesichts der Funktionenvielfalt des Pflichtteilsrechts sowohl im gesetzeshistorischen als auch verfassungsrechtlichen Kontext heute noch auch als rechtspolitisch vertretbar erscheinen, wird weitergehend in dem sich nun anschließenden Abschnitt näher beleuchtet.

5. *Zwischenergebnis*

Vor dem Hintergrund der oben näher beschriebenen gesetzeshistorischen Umstände, die zur Aufnahme des Pflichtteils in das BGB geführt haben, mutet die

---

1228 Lipp, NJW 2002, S. 2201, 2205; Otte, AcP 202 (2002), S. 317, 339 f.; Birkenheier in: jurisPK, § 2303, Rn. 7.

1229 Otte, AcP 202 (2002), S. 317, 340, Fn. 92.

1230 So auch Otte, AcP 202 (2002), S. 317, 340; Kapfer, MittBayNot 2006, S. 385, 388.

1231 Wachter, ZErB 2004, S. 238, 245 f.; Menzel, S. 254, 264; Dutta, AcP 209 (2009), S. 760, 764, 775 f.; Dutta, Anm. zu OLG Köln, Urt. v. 09.12.2009, FamRZ 2010, S. 838, 841; Schöpflin, FamRZ 2005, S. 2025, 2027; Kühle, S. 123.

1232 Dutta, AcP 209 (2009), S. 760, 764, 775.

1233 Dutta, AcP 209 (2009), S. 760, 775.

1234 Zu der unterhaltsrechtlichen Obliegenheit, den Pflichtteil bedarfsdeckend auf den eigenen Unterhaltsanspruch anzurechnen vgl. unten § 5, C., III., 5., S. 261 ff..

1235 Dutta, AcP 209 (2009), S. 760, 775 mit dem Verweis auf Gernhuber, FamRZ 1960, S. 326, 329.

Feststellung diverser Autoren, dem Versorgungsgedanken des Pflichtteils sei bei Inkrafttreten des BGB noch eine maßgebliche Rolle zugekommen[1236] missverständlich, wenn nicht sogar als nicht nachvollziehbar an. Wie oben festgestellt, hatte das Pflichtteilsrecht nämlich im Zeitpunkt seiner Aufnahme in das BGB gerade keinen Alimentationscharakter, zumindest von seiner Zweckrichtung her betrachtet. Bereits *von Schmitt* hat den Alimentations- und Ausstattungsgedanken als Begründungsansatz für das Pflichtteilsrecht verneint[1237]. Auch wenn das Pflichtteilsrecht faktisch früher oftmals eine Startchance in die Selbständigkeit bedeutet haben mag[1238], so scheint es, dieses Ergebnis sei lediglich im Wege eines bloßen Rechtsreflexes eingetreten, offenkundig jedoch nicht aufgrund gezielt motivierter gesetzgeberischer Tätigkeit. Damit hat der Pflichtteil teleologisch, zumindest nach den obigen gesetzeshistorischen Untersuchungen keine Unterhaltsfunktion, was im Einzelfall allerdings eine insoweit reflexhafte Bedarfsdeckung nicht ausschließt. Damit ist ein etwaiger Unterhaltscharakter jedenfalls nicht (erst) mit dem Wandel der gesellschaftlichen Verhältnisse entfallen, sondern war von Anfang an nicht Leitbild des BGB. Der oftmals für den nachträglichen Wegfall des Alimentationscharakters herangezogene Wandel der Groß- zur Kleinfamilie ändert daher an der Richtigkeit der Feststellung, dass bereits von Gesetzes wegen kein Unterhaltscharakter bestehen sollte, nichts und ist daher in diesem Zusammenhang unerheblich. Dasselbe gilt für die in die gleiche Richtung gehende Behauptung, wegen der heutzutage höheren Lebenserwartung trete der Erbfall in einem Zeitpunkt ein, in welchem der Pflichtteilsberechtigte bereits wirtschaftlich auf eigenen Füßen stehe, was erst die Versorgungsfunktion entfallen ließe[1239].

Das trotz gesetzlicher Verankerung in der Folgezeit weiterhin diskutierte Pflichtteilsrecht wurde von vielen Vertretern des Schrifttums nicht zuletzt wegen seiner

---

1236 So etwa: Lange in: MünchKomm, § 2303, Rn. 7; Haas in: Staudinger, Einl. zu §§ 2303, Rn. 18; Mayer in: Bamberger/ Roth (Stand: Edition 20), § 2303, Rn. 2; Werkmüller, S. 66.; vgl. i.Ü. oben im vorherigen Abschnitt die Ausführungen zu den einzelnen Ansichten.

1237 Vgl. die Ausführungen oben § 2, A., I., S. 22 ff..

1238 So etwa Haas in: Staudinger, Einl. zu §§ 2303, Rn. 18.

1239 Otte, AcP 2002 (202), S. 317, 335 ff., spricht gar davon, in der Literatur würde „stereotyp" wiederholt, die Väter des BGB hätten das Leitbild der Großfamilie vor Augen gehabt. Sodann legt er zutreffend und ausführlich dar, dass es statistisch die Großfamilie zum hier interessierenden Zeitraum im 19. Jahrhundert nicht häufiger als heute gegeben hat, was wesentlich auf die gestiegene Lebenserwartung bzw. auf die früher niedrigere Lebenserwartung zurückzuführen ist. Unter Berücksichtigung der steigenden Lebenserwartung und gleichzeitig gestiegener Ausbildungsdauer sind die Abkömmlinge heute, Otte legte das Jahr 2002 zugrunde, rein wirtschaftlich betrachtet bei dem Erbfall neun bis zehn Jahre älter als früher, was wegen der Geringfügigkeit im Ergebnis zu keiner anderen Betrachtungsweise führen kann. Im Ergebnis ebenso: Birkenheier in: jurisPK, § 2303, Rn. 7; Lipp, NJW 2002, S. 2201, 2206.

historischen Herkunft und Entwicklung akzeptiert. Das BVerfG hat dem Pflichtteilsrecht der Abkömmlinge seine verfassungsrechtliche Grundlage allerdings erst 2005 in seinen Grundsatzentscheidungen[1240] zugestanden. Das Pflichtteilsrecht resultiere aus einer Familiensolidarität zwischen den Generationen. Wegen der wirtschaftlichen und ideellen Beiträge des Erblassers und der Abkömmlinge müsse diesen ein derart geprägter Zusammenhang von Familie und Vermögen auch nach dem Tod des Erblassers in Form des Pflichtteils verbleiben. Der Reformgesetzentwurf bestätigt das BVerfG und hebt die Funktionen der Familiensolidarität, die Weitergabe und den Erhalt des Familienvermögens sowie den Familienschutz hervor[1241].

Im Wege der Rechtsvergleichung lässt sich eine gesamteuropäische Orientierung hinsichtlich einer Abhängigkeit des Pflichtteilsrechts von einer Bedürftigkeit oder auch nur eine schlichte Bezugnahme zu einer solchen nicht feststellen.

Die Betrachtung der Funktionenvielfalt hat ergeben, dass der Pflichtteil in den meisten Fällen insoweit keinen Schutzzweck aufweist, als er eine Begrenzung der vertraglichen Dispositionsfreiheit in Form einer entsprechenden Inhaltskontrolle erfordern würde. Der Pflichtteil bewirkt keinen Streuungseffekt durch Verteilungsfunktion. Letztlich hätte eine dennoch unterstellte Verteilungsfunktion ohnehin keinen Einfluss auf den Umfang der Disponibilität des Pflichtteils, weil der Effekt der Streuung allenfalls die Allgemeinheit zu bedenken geeignet ist und nicht den Pflichtteilsberechtigten selbst[1242]. Aber auch dem Allgemeininteresse wird nicht eine solche Bedeutung beigemessen, dass eine Dispositionsbeschränkung gerechtfertigt wäre. Die Theorie der Selbstbindung erscheint ebenfalls nicht vertretbar. Selbst bei unterstellter Selbstbindung im genannten Sinne wird gemeinhin mangels spezifischem, schützenswertem Interesse des Pflichtteilsberechtigten kein Bedürfnis einer Dispositionsbeschränkung gesehen[1243]. Ein Überwiegen der Selbstbindung des Erblassers im Verhältnis zu dem durch den Pflichtteilsverzicht hervorgetretenen Willen des Erblassers unter Berücksichtigung des durch die Selbstbindung begünstigten Pflichtteilsempfängers ist nicht ersichtlich[1244]. Unabhängig davon gibt es Stimmen in der Literatur, die nachvollziehbar davon sprechen, *von Schmitt* habe, übertragen auf den heutigen Sprachgebrauch, ohnehin von nichts anderem gesprochen als von „Verantwortung“ und „Solidarität“[1245]. Eine Familienschutzfunktion des Pflichtteilsrechts erscheint ebenso zweifelhaft. Familienbeziehungen in diesem Sinne sind bereits von Natur aus für jeden einzelnen frei disponibel. Darüber hinaus dient der Familienschutz nicht hinreichend konkretisiert den

---

1240 Vgl. § 5, B., I., 2., a), S. 176 ff..

1241 Vgl. § 5, C., I., 2., S. 201 f.f.

1242 Vgl. die Ausführungen von Dutta, AcP 209 (2009), S. 160, 765; ebenso für den Ehegattenpflichtteil Wiemer, S. 167 f.

1243 Wiemer, S. 170; Dutta, AcP 209 (2009), S. 760, 774.

1244 Vgl. Dutta, AcP 209 (2009), S. 760, 774.

1245 Otte, AcP 202 (2002), S. 317, 351; vgl. dazu sogleich.

Individualinteressen des Berechtigten, sondern der gesamten Familie, weshalb eine Begrenzung der Dispositionsfreiheit nicht in Betracht kommt.

Zutreffend ist das Pflichtteilsrecht Ausdruck der Familiensolidarität. Aus dem Gedanken soll allerdings keine Einschränkung der Vertragsfreiheit folgen, da Erblasser und Pflichtteilsberechtigter zur Entscheidung befugt sein sollten, „ob die zwischen ihnen bestehende Beziehung eine Teilhabe am Nachlass rechtfertige[1246]." Die im vorbenannten Sinne verstandene Solidarität basiert auf dem ideellen und wirtschaftlichen Zusammenhang von Vermögen und Familie zugunsten der Familie, nicht aber zugunsten des Einzelnen und schon gar nicht zugunsten von Interessen, die den Einzelnen zu dienen bestimmt sind, wie beispielsweise Versorgungsausgleichsansprüche. Das Solidarempfinden des Familiengefüges, welches u.a. materiell auch von einer Familiengebundenheit des Vermögens geprägt sein mag, ist Ausdruck eines gemeinschaftlichen rein emotionalen Status. Dieser bedarf zwar des einzelnen Familienmitglieds als notwendigem Bestandteil, verleiht ihm aber keine subjektiven (materiellen) Rechte, welche durch eine Beschränkung der Dispositionsfreiheit geschützt werden müssten. Die Betrachtung des Pflichtteils als Bestandteil eines Traditionsvermögens, welches wiederum aufgrund eines Generationenvertrages weitergereicht wird, entspricht dem Rechtsempfinden. Die Vermögensweitergabe über Generationen ist nichts anderes als Ausdruck eines familiengebundenen Vermögens. Diese Familiengebundenheit des Vermögens sowie die familiäre Solidarität legitimieren allgemein das Pflichtteilsrecht, sie zwingen aber nicht den Einzelnen dazu, an dieser Familiensolidarität bzw. am Familienvermögen teilzuhaben. Es ist kein Grund ersichtlich, warum die daraus resultierende Freiheit, auf den Pflichtteil verzichten zu können, mit Blick auf die Familiengebundenheit und -solidarität eingeschränkt werden sollte. Familiensolidarität und Familiengebundenheit als solche werden durch den Verzicht des Einzelnen nicht tangiert.

Der Teilhabegedanke als typisierter Ausdruck für insbesondere materielle Beiträge zum Erblasservermögen erscheint aufgrund seines Vermögenscharakters hingegen generell geeignet zu sein, die Vertragsfreiheit einschränken zu können. Soweit diese Funktion des Pflichtteils von einer generalisierenden Typisierung ausgeht, bleibt der konkrete Einzelfall unberücksichtigt. Dies gilt etwa für Situationen, in welchen beispielsweise das zugrunde liegende Familiengebilde nicht mehr gelebt wird, weil man sich etwa zerstritten hat oder kein eigener ideeller oder materieller Beitrag geleistet wurde. Allerdings bringt die Typisierung ein Mindestmaß an Rechtssicherheit und eine schnelle Abwicklung im Erbfall mit sich. Ein Feststellen von Zerstrittenheit bzw. nicht mehr gelebter Solidarität ist entbehrlich und spielt insoweit als „Korrektiv" nicht auf der Tatbestandsseite eine Rolle, sondern durch die Pflichtteilsentziehungsgründe allenfalls auf der Rechtsfolgenseite. Im Übrigen ist eine solch pauschale Teilhabe durch typisierte Beiträge aus

---

1246 Dutta, AcP 209 (2009), S. 760, 774; Dutta, Anm. zu OLG Köln, Urt. v. 09.12.2009, FamRZ 2010, S. 838, 841; ähnlich Wiemer, S. 171 f.

dem gesetzlichen Güterrecht bekannt. So steht dem Ehegatten, der wirtschaftlich keinen Beitrag zur Mehrung des Vermögens geleistet hat, dennoch ein Zugewinnausgleichsanspruch zu. Der eigene, wenn auch pauschalierte Beitrag dient somit grundsätzlich individualisiert dem eigenen Schutz und ist einer Vertragskontrolle zumindest dem Grunde nach zugänglich.

Offen bleibt, ob nach den bisherigen Ergebnissen neben diesen Funktionen des Pflichtteils dieser heute eine Versorgungsfunktion hat. Dem Pflichtteilsrecht der Verwandten kommt nach zutreffender Erkenntnis auch heute in der Regel kein Versorgungscharakter im Sinne einer Starthilfe ins Leben mehr zu. Statistisch gesehen tritt der Erbfall auf der Ebene der Elterngeneration ein, wenn die Kinder bereits eine eigene Existenz aufgebaut haben. Eine durch den Pflichtteil zu reduzierende Bedürftigkeit würde sich, gemessen an dem Faktor Alter, allenfalls in dem Verhältnis der Enkel zu ihren Großeltern zeigen[1247]. Wegen des gemäß § 2309 vorrangigen Bezugs des Pflichtteils durch die noch lebenden Eltern ist im Regelfall ein entsprechendes Startkapital dann auch in diesem Verhältnis nicht vorhanden. Was die reine Häufigkeit einer möglichen Versorgungsfunktion des Pflichtteils angeht, so tritt der Erbfall zugunsten der Abkömmlinge richtigerweise zwar oftmals zu einem Zeitpunkt ein, in welchem die Existenz der Abkömmlinge bereits gesichert ist, dies vermag jedoch nicht die Versorgungsfunktion in verbleibenden Bedürfnislagen prinzipiell aufzuheben[1248]. Soweit man im Schrifttum den Alimentationscharakter mit der Gesetzesbegründung zur fehlenden passiven Vererblichkeit des Unterhaltsanspruchs zu begründen versucht[1249], ist dem entgegenzuhalten, dass der Grund des Erlöschens der Unterhaltspflicht, wie festgestellt[1250], im Wegfall der verwandtschaftlichen Beziehungen durch den Tod des Unterhaltsverpflichteten und nicht in einer unterhaltsersetzenden Funktion des Pflichtteils liegt. Der Pflichtteil verfolgt nicht das Ziel, den zu Lebzeiten des Unterhaltsverpflichteten bestehenden Unterhaltsanspruch zugunsten des Unterhaltsberechtigten bzw. Pflichtteilsberechtigten funktionell gleichwertig abzulösen. Das BGB kennt keinen vererblichen Unterhaltsanspruch für Verwandte; im Gegenteil, es bringt ohne weiteren Verweis mit § 1615 Abs. 1 den Unterhaltsanspruch ersatzlos zum Erlöschen[1251]. Lediglich auf der hier als „billig und gerecht empfundenen Rechtsfolgenseite“ gewinnt das Erbe und der Pflichtteil wieder an Bedeutung, wenn nämlich beispielsweise *Planck* davon spricht, das Ergebnis des ersatzlosen Untergangs des Unterhaltsanspruchs sei auch nicht unbillig, da dem Unterhaltsberechtigten in vielen Fällen das Erbe oder der Pflichtteil zukomme. Dieses Billigkeitsmoment ist jedoch nicht zu verwechseln mit der Gesetzesintention, sondern es steht geradezu für die billigende Inkaufnahme eben der Fälle, in denen vormalige Unterhaltsberechtigte erbrechtlich leer

1247 Vgl. dazu auch die Ausführungen von Herzog, S. 216 ff.
1248 Vgl. dazu die Ausführungen von Haas, ZEV 2000, S. 249, 251 f.
1249 Sturm, S. 132 f.; Schumacher, S. 90.
1250 Siehe die Ausführungen oben § 5, C., I., 1., b), S. 198 ff..
1251 Zu § 1586 b BGB vgl. die Erläuterungen im nächsten Kapitel.

ausgehen. Im Umkehrschluss bestätigt dies die im Einzelfall gegebene reflexhafte Bedarfsdeckung durch Einsatz des Pflichtteils.

Im Ergebnis sind die erläuterten Funktionen auch in Zeiten des familiären Wandels, des vorherrschenden Bildes der Kleinfamilie zum Wohle von Ehe und Familie tragende Gründe des Pflichtteilsrechts. Trotz einer gewissen Entlastung dieser Funktionen durch die Verstärkung der Sozialsysteme[1252], die steigende Lebenserwartung und die dadurch einhergehende frühzeitige wirtschaftliche Eigenversorgung der Abkömmlinge, die grundsätzliche Eigenversorgung in Ehen, nicht zuletzt basierend auf dem emanzipatorischen Gedankengut und damit letztlich auch trotz des Funktionsverlusts der ideellen und wirtschaftlichen Versorgungseinheit Familie, hat das Pflichtteilsrecht nach dem bisherigen Befund auch neben der Testierfreiheit eine eigenständige, zudem verfassungsrechtlich gerechtfertigte Existenzberechtigung. In Zeiten steigenden Wohlstandes, insbesondere auch im Wege ererbten Vermögens, wozu selbstverständlich auch die Bereicherung durch den Pflichtteil zu zählen ist, nimmt immer häufiger der familiäre Zusammenhalt, der durch die vorbenannten Funktionen repräsentiert wird, in dem Maße ab wie der Wohlstand steigt. Das persönliche Füreinander Einstehen kann zu immer größer werdenden Teilen finanziell erkauft bzw. ersetzt werden. Je stärker also der pekuniäre Bezug des Pflichtteilsrechts ist, je größer die Pflichtteilsquote ist, desto eher könnte man davon sprechen, das Rechtsinstitut gerate mehr und mehr in die Gefahr, sich durch den damit ebenfalls steigenden Funktionsverlust seines eigenen Sinn und Zwecks zu begeben. Unterstützt wird der Funktionsverlust durch die oben beschriebene Änderung der gesellschaftlichen Strukturen in Familien, insbesondere den Wandel von der Groß- zur Kleinfamilie.

Die Zielrichtung von Pflichtteil und Unterhalt erscheinen damit ersichtlich grundverschieden. Nicht nachvollziehbar ist daher die immer wieder lediglich pauschal getätigte Aussage, das Pflichtteilsrecht von Abkömmlingen und Ehegatten habe Unterhaltscharakter und diene wie das Unterhaltsrecht dem Schutz des sozial Schwächeren[1253]. Auch dogmatisch ist die Einordnung des Pflichtteils in ein Instrumentarium mit Unterhaltsqualität verfehlt[1254]. Unterhalt erhält nur, wer bedürftig und mithin außer Stande ist, sich selbst zu unterhalten, § 1602 Abs. 1, § 1577 Abs. 1. Die Pflichtteilshöhe jedoch ist völlig unabhängig von einem etwaigen Bedarf, was ebenfalls gegen eine versorgungsrechtliche Funktion spricht[1255]. Ob weitere Erwägungen und Befunde dennoch eine Unterhaltsfunktion zu begründen vermögen und der Pflichtteil insbesondere unter dem Aspekt der Vermögensteilhabe einer Einschränkung seiner Disponibilität bedarf, werden die weiteren Untersuchungen zeigen.

1252 Vgl. die Ausführungen von Rauscher, Reformfragen, S. 89 f.
1253 Beispielhaft Wachter, ZErb 2004, S, 238, 244.
1254 Muscheler in: Festschrift für Spiegelberger, S. 1078, 1086.
1255 Haas in: Staudinger, Vorbem. zu §§ 2303 ff., Rn. 19.

II. Überprüfung der Funktion des Pflichtteils unter besonderer Berücksichtigung einfachgesetzlicher Normen

1. § 1586 b BGB

a) Problemdarstellung / Ansatzpunkte

Da die Vererblichkeit des nachehelichen Unterhaltsanspruchs in § 1586 b explizit geregelt wurde, könnte damit auf den ersten Blick bereits aus diesem Befund geschlossen werden, der Pflichtteil erfülle bei Ehegatten eine Unterhaltsfunktion, weil die passive Vererblichkeit trotz des Verlustes des Erbrechts weiterhin sicherstellt, dass dem Ehegatten entweder ein erbrechtlicher Anspruch oder, wie hier, der Unterhalt zusteht. Zudem ist dieser sog. verlängerte Unterhaltsanspruch gemäß § 1586 b Abs. 1 S. 3 für den überlebenden Unterhaltsberechtigten gegenüber dem Erben der Höhe nach auf den Betrag begrenzt, der ihm zugestanden hätte, wenn die Ehe nicht geschieden worden wäre. Das entsprechende gilt gemäß § 1933 S. 3, wenn die Ehe im Zeitpunkt des Todes des Unterhaltspflichtigen zwar noch nicht geschieden war, die Voraussetzungen der Scheidung bzw. einer Aufhebung der Ehe aber gegeben waren und der Erblasser die Scheidung beantragt oder ihr zugestimmt hatte bzw. Eheaufhebungsklage erhoben hatte[1256].

Der Anspruch auf Verwandtenunterhalt, insbesondere der im Verhältnis der Kinder zu ihren Eltern, erlischt gemäß § 1615 Abs. 1 mit dem Tod des Unterhaltsverpflichteten. Gemäß § 1360 a Abs. 3 i.V.m. § 1615 Abs. 1 erlischt der Familienunterhalt mit dem Tod des Verpflichteten, der Trennungsunterhalt erlischt gemäß § 1361 Abs. 4 S. 4 i.V.m. § 1360 a Abs. 3 i.V.m. § 1615 Abs. 1 ebenfalls mit dem Tod des Verpflichteten. Lediglich der Unterhaltsanspruch der nicht verheirateten Mutter nach § 1615 l Abs. 3 S. 4 und derjenige auf nachehelichen Unterhalt gemäß § 1586 b Abs. 1[1257] bzw. der zeitlich vorgelagerte Ehegattenunterhalt gemäß § 1933 S. 3 geht auf die Erben über[1258]. Im Gegensatz zu § 1586 b Abs. 1 ist die Vererblichkeit des Unterhaltsanspruchs bei Verwandten also gerade nicht normiert worden.

1256 § 1933 S. 3 hat gegenüber § 1586 b im Hinblick auf die Funktion des Unterhaltsanspruchs keine eigenständige Bedeutung, sondern nimmt eine zeitliche Anpassung vor, vgl. Pentz, FamRZ 1998, S. 1344, 1345, damit der Ehegatte nicht schlechter steht als nach erfolgter Scheidung, vgl. BT- Drucks. 7/ 4361, S. 52. Es handelt sich bei § 1933 S. 3 um eine „Fortsetzung des einheitlichen Unterhaltsanspruchs", vgl. die Ausführungen von Münch, ZEV 2008, S. 571, 574.

1257 § 1586 b lautet wörtlich: Abs. 1: „Mit dem Tod des Verpflichteten geht die Unterhaltspflicht auf den Erben als Nachlassverbindlichkeit über. Die Beschränkungen nach § 1581 fallen weg. Der Erbe haftet jedoch nicht über den Betrag hinaus, der dem Pflichtteil entspricht, welcher dem Berechtigten zustände, wenn die Ehe nicht geschieden worden wäre."

1258 Gemäß § 16 S. 2 bzw. § 10 Abs. 3 LParG gilt das Entsprechende für die eingetragene Lebenspartnerschaft.

Da der Anspruch auf Verwandtenunterhalt gemäß § 1615 Abs. 1 mit dem Tod des Unterhaltsverpflichteten erlischt, die Verwandten jedoch dann in der Regel zumindest einen Pflichtteilsanspruch erhalten, steht diesen entweder Unterhalt oder ein erbrechtlicher Anspruch zu. Bei Ehegatten erlischt der Anspruch auf Unterhalt mit dem Tod des Unterhaltsverpflichteten, der Unterhaltsbedürftige erhält für diesen Fall der Beendigung der Ehe durch Tod auch wenigstens den Pflichtteil. Allein im Falle geschiedener Ehegatten entfällt das Erbrecht, § 1933 S. 1, und mit einem sich dann anschließenden Tod des Unterhaltsverpflichteten grundsätzlich auch der Unterhalt, es sei denn der Unterhaltsanspruch würde auf die Erben als Nachlassverbindlichkeit übergehen, so § 1586 b.

Grundsätzlich hat der Pflichtteilsverzicht bzw. der Erbverzicht ohne Vorbehalt des Pflichtteils eine andere Zielrichtung als ehevertragliche Verzichte, weshalb er als solcher die ehevertragliche Verzichtswirkung nicht verstärkt. Ungeachtet des zuvor erläuterten teleologischen Aspekts könnte der Pflichtteilsverzicht jedoch auch unmittelbar den nachehelichen Unterhalt bereits dem Grunde nach beeinflussen, nämlich wenn er unmittelbar den Verlust des Scheidungsunterhalts zur Folge hätte, er gemäß § 1586 b bzw. § 1933 S. 3 auf den nachehelichen Unterhalt durchschlagen würde. Wer auf sein Erbrecht oder auf seinen Pflichtteil verzichtet, könnte ggf. damit zu erkennen geben, dass er nach dem Erbfall keinerlei Ansprüche mehr stellen will, insbesondere nicht solche passiv vererbbaren Unterhaltsansprüche. Der erbrechtliche Verzicht würde dann unmittelbar wie ein originärer vertraglicher Unterhaltsverzicht wirken, weshalb der Pflichtteilsverzicht ggf. bereits aufgrund dieser sog. Fernwirkung einer Inhaltskontrolle zu unterziehen wäre. Es ist umstritten, ob die Unterhaltslast der Erben entfällt, wenn der geschiedene Ehegatte einen Erbverzicht ohne Pflichtteilsvorbehalt oder einen Pflichtteilsverzicht geleistet hat. Zunächst soll die Gesetzesintention näher beleuchtet werden, bevor dann näher auf die Frage der Wirkung des Pflichtteilsverzichts auf den Unterhaltsanspruch des § 1586 b eingegangen wird.

b) Gesetzeshistorischer Hintergrund und Rechtswirklichkeit

aa) Entstehungsgeschichte im BGB

Korrespondierend zu den obigen, insbesondere gesetzeshistorischen Ausführungen hinsichtlich des Unterhalts der Verwandten[1259] soll zunächst die ursprüngliche Intention des Gesetzgebers näher untersucht werden, bevor dann rechtstatsächliche Aspekte in den Blick genommen werden. Bereits die Gesetzesmaterialien werden von der Literatur nicht einheitlich beurteilt.

Planck differenzierte im Rahmen der Vorentwürfe zwischen dem Erlöschen des Unterhaltsanspruchs der Verwandten und dem der Ehegatten, wobei zum damaligen Zeitpunkt das Verschulden der Ehegatten auch im Unterhaltsrecht seinen

1259 Vgl. die Ausführungen oben § 5, C., I., 1., S. 194 ff..

Niederschlag fand. Zwar sollte auch der Ehegattenunterhaltsanspruch auf die Lebenszeit des Pflichtigen beschränkt sein, jedoch hinsichtlich des nachehelichen Unterhalts aus der „Natur des hier in Rede stehenden Anspruchs als eines Entschädigungsanspruchs“ die Geltendmachung gegenüber den Erben möglich bleiben[1260]. Dabei sei zu berücksichtigen, dass ohne die Scheidung „an Stelle der Alimentation das Erbrecht der überlebenden Ehegatten getreten sein würde.“ Aus diesem Grunde sei es auch sachlich gerechtfertigt, „an der aus der rechtlichen Natur des Anspruchs sich ergebenden Konsequenz des Übergangs auf die Erben des schuldigen Teils festzuhalten.[1261]“ Die Begrenzung des Haftungsrahmens auf den fiktiven Pflichtteil des Berechtigten rechtfertige sich daraus, dass der Alimentationsanspruch insoweit das in Folge der Scheidung weggefallene Erbrecht ersetze[1262]. Damit stand in dieser Entwicklungsstufe der Gesetzgebung fest, dass der nacheheliche Unterhaltsanspruch nicht zuletzt aufgrund der Verschuldensaspekte einen Entschädigungscharakter hatte und zumindest auch deshalb auf die Erben überging, keinesfalls jedoch allein wegen eines Ersatzcharakters dieses insoweit verlängerten Unterhaltsanspruchs.

Der erste Entwurf lehnte die passive Vererblichkeit des nachehelichen Ehegattenunterhaltsanspruchs im Ergebnis jedoch ab. Er sah mit § 1454 Abs. 1 S. 1 a.F. zunächst zu Lasten des schuldigen Teils einen Ehegattenunterhaltsanspruch vor, der allerdings dogmatisch mit dem bis dahin in großen Teilen Deutschlands geltenden Recht begründet wurde, sowie mit der Billigkeitserwägung, der unschuldige Ehegatte werde andernfalls gezwungen, an der unerträglich gewordenen Ehe festzuhalten und falle zudem ggf. dem öffentlichen Interesse zur Last[1263]. Die Motive verneinen im Kontext der möglichen Verzichtbarkeit dieses Anspruchs im Gegensatz zu dem Anspruch auf Verwandtenunterhalt ausdrücklich einen „familienrechtlichen Charakter“ des nachehelichen Unterhalts. Dieser sei auch nicht als „Kehrseite einer sittlichen Pflicht“ des anderen Teiles zu begreifen. Der fragliche Unterhaltsanspruch diene der Befriedigung eines persönlichen Bedürfnisses des unschuldigen Ehegatten[1264]. Auch wenn ohne Scheidung mit dem Tod des Verpflichteten „an Stelle des Unterhaltsanspruchs das Erbrecht des überlebenden Ehegatten getreten sein würde“, wurde der Übergang auf die Erben dennoch abgelehnt, weil das Entschädigungsprinzip gerade nicht anerkannt wurde[1265]. Zudem wurden mit einer passiven Vererblichkeit „große praktische Schwierigkeiten“ verbunden[1266]. Mangels Entschädigungscharakters sollte daher der nacheheliche Unterhalt parallel zu dem Verwandtenunterhalt mit dem Tod des Pflichtigen und ebenfalls parallel

1260 Planck in: Vorentwürfe der Redaktoren, S. 1078 f.
1261 Planck in: Vorentwürfe der Redaktoren, S. 1079.
1262 Planck in: Vorentwürfe der Redaktoren, S. 1080..
1263 Motive IV, S. 617.
1264 Motive IV, S. 619.
1265 Motive IV, S. 619.
1266 Motive IV, S. 619.

zu dem Erlöschen des Unterhalts durch Tod während bestehender Ehe erlöschen. Obwohl damit der erste Entwurf den nachehelichen Unterhalt nicht einmal als familienrechtlich motiviert ansah, lehnte er dennoch den Entschädigungscharakter ab und begründete damit im Ergebnis wie bei dem Verwandtenunterhalt auch das Erlöschen mit dem Erlöschen der persönlichen Beziehungen.

Der zweite Entwurf sah nach den Arbeiten der zweiten Kommission nunmehr einen Anspruchsübergang auf die Erben des Unterhaltspflichtigen vor. Nach inhaltlich gegenläufigen Antragstellungen setzte sich schließlich die Vererblichkeit durch, wobei sich der Berechtigte die Herabsetzung der Rente insoweit gefallen lassen musste, als die Hälfte der Einkünfte des beim Tode vorhandenen Vermögens des Verpflichteten frei blieb[1267]. Aus den Protokollen der Beratungen ergibt sich, auf welche Weise sich der Sinneswandel der Gesetzgebung vollzog. Von der Ausgangsfrage ausgehend, ob denn überhaupt eine Vererblichkeit gesetzlich zu verankern sei, wurde festgehalten, dass der dem nicht geschiedenen überlebenden Ehegatten aus dem Nachlass zukommende Betrag „wenn auch nicht juristisch, so doch wirtschaftlich das Äquivalent für den verlorenen Unterhalt" darstelle und wesentlich dazu bestimmt sei „als Quelle für den ferneren Unterhalt zu dienen. Deshalb und im Interesse einer größeren Sicherheit des geschiedenen unschuldigen Ehegatten müsse die Vererblichkeit anerkannt werden"[1268]. Etwaige praktische Schwierigkeiten in der Umsetzung stellten jetzt keinen entgegenstehenden Grund mehr dar. Hinsichtlich der Höhe des Anspruches dürfe der Ehegatte nicht mehr erhalten als er zu seinem standesgemäßen Unterhalt benötige, insbesondere sollte er nicht mehr erhalten als er bei Beendigung der Ehe durch Tod statt durch Scheidung gehabt haben würde[1269]. Der beantragte Vorschlag, die Haftung auf den Pflichtteil des Berechtigten zu begrenzen, wurde nicht nur abgelehnt, sondern es wurde festgehalten, dass selbst im Falle der Annahme dieser Haftungsbegrenzung eine solche nicht bedeute, dass dem Berechtigten ein „wirkliches Pflichtteilsrecht zugebilligt" werde[1270]. Diese Gesetzesvariante erscheine zwar „insofern empfehlenswert, als gerade der Pflichtteil wirtschaftlich dazu bestimmt sei, zum Unterhalte des Überlebenden zu dienen und man ohne denselben dem überlebenden Ehegatten wohl in irgendeiner Rechtsform einen Unterhaltsanspruch gegen die Erben einräumen müsse." Wegen der praktischen Schwierigkeiten bezüglich der Erschöpfung des Nachlasses oder der Beeinträchtigung des überlebenden Ehegatten des schuldigen Teils wurde der entsprechende Antrag nicht Gesetz. Die Herabsetzung der Rente auf einen bestimmten Teil im oben eingangs näher beschriebenen Sinne wurde letztlich deshalb als zielführend inkorporiert, weil dies zum einen den Fall löse, „dass der Unterhalt bisher hauptsächlich aus dem Ertrage der Arbeit des

---

1267 Mugdan IV, S. 924 f.

1268 Mugdan IV, S. 925; ob der Pflichtteil als Quelle für den ferneren Unterhalt dient, wird in einem weiteren Kapitel untersucht, vgl. § 5, C., III., 5., S. 261 ff..

1269 Mugdan IV, S. 925 f.

1270 Mugdan IV, S. 926.

Pflichtigen bestritten worden sei", und zum anderen sich „auf die Grundlage des Unterhaltsanspruches überhaupt, auf die Einkünfte, stütze, das Stammvermögen aber unberührt lasse"[1271].

Bereits in dieser Phase des Gesetzes hätte ersichtlich aufgrund des Gedankens, dass der Ehegatte durch die passive Vererblichkeit nicht mehr erhalten sollte als er erhalten haben würde, wenn die Ehe durch Tod statt durch Scheidung beendet worden wäre, die Erwägung nahe gelegen, die Begrenzung der Haftung auf den Pflichtteil einzuführen, denn dann hätte der Ehegatte genau das erhalten, was er als Minimum für den Fall der Beendigung der Ehe durch Tod statt durch Scheidung gehabt haben würde. Dies hat man jedoch sehenden Auges gerade nicht getan. Eine irgendwie geartete Koppelung des Unterhalts an den Pflichtteil war mithin in dem Zeitpunkt, als der nacheheliche Unterhalt erstmals vererblich im Gesetz ausgestaltet wurde, überhaupt nicht existent, war mithin auch nicht Gesetzesintention. Im Gegenteil, zutreffend wird die Kappung auf die Hälfte der Vermögenseinkünfte als bezweckter Schuldnerschutz zugunsten des in Anspruch genommenen Erben betrachtet[1272]. Dies gilt umso mehr, als offenkundig gerade das Ziel angestrebt wurde, den Unterhaltsansprüchen typisch, diese durch laufende Erträge zu erfüllen und das (Stamm-) Vermögen in seiner Substanz unangetastet zu lassen. Genau diese Substanzbeeinträchtigung bewirkt allerdings ein Pflichtteilsanspruch. Im Ergebnis wurde, wohlwissend, dass der Pflichtteil als Vermögensbestandteil unter dem wirtschaftlichen Blickwinkel eine Unterhaltsquelle darstellen kann, juristisch eine Äquivalenz jedoch ausdrücklich abgelehnt und mit Blick auf die wirtschaftliche Notwendigkeit für den Bedürftigen eine Vererblichkeit eingeführt, die auch in ihrer Haftungsbeschränkung einzig auf den Schuldnerschutz abstellt und eine Beteiligung an der Substanz explizit ablehnt.

bb) Das Ehegesetz von 1938

Das Ehegesetz von 1938 behielt die passive Vererblichkeit bei, ebenso eine Haftungsbegrenzung, die allerdings von Billigkeitserwägungen abhängig und damit insbesondere für den nunmehr auch persönlich in Anspruch zu nehmenden Erben nicht klar vorhersehbar war. Der Berechtigte musste sich gemäß § 78 EheG[1273] die Herabsetzung der Rente auf einen Betrag gefallen lassen, der bei Berücksichtigung der Verhältnisse des Erben und der Ertragsfähigkeit des Nachlasses der Billigkeit entsprach. Demnach konnte bei ertraglosem Nachlass der in guten Verhältnissen lebende Erbe in Anspruch genommen werden[1274]. Ebenfalls neu war das Erlöschen des Unterhalts im Fall des Todes des Pflichtigen, wenn beide Ehegatten schuldig

1271 Mugdan IV, S. 926.
1272 Vgl. die Ausführungen von Roessink, S. 12 m.w.N.
1273 § 78 EheG v. 06.07.1938, RGBl Teil I, S. 816, wurde inhaltsgleich durch § 70 EheG v. 20.02.1946, Kontrollratsgesetz Nr. 16 abgelöst.
1274 Cuny in: BGB- RGRK, § 70 EheG, Rn. 14.

waren. Für den Fall der Wertlosigkeit des Nachlasses oder der Schuldigkeit beider Ehegatten entfiel mithin der Anspruch vollständig und damit naturgemäß auch ein etwaiger Ersatz für ein durch Scheidung verloren gegangenes Pflichtteilsrecht.

cc) Das Gesetz zur Reform des Ehe- und Familienrechts von 1976

Mit dem Gesetz zur Reform des Ehe- und Familienrechts vom 14.06.1976[1275] wurde die Verschuldensscheidung abgeschafft und das Zerrüttungsprinzip eingeführt. Unterhaltsansprüche zwischen Ehegatten wurden somit unabhängig von einem Verschulden ausgestaltet. Ferner wurde § 1586 b in seiner auch heute noch gültigen Fassung eingeführt. Die Norm erfordert weiterhin auf Seiten des überlebenden Ehegatten das Vorliegen eines Unterhaltsanspruches, was bedeutet, dass der Berechtigte bedürftig sein muss[1276]. Was jedoch sowohl im Schrifttum als auch in der Rechtsprechung nahezu vollständig vernachlässigt wird und wegen seiner vermeintlichen Selbstverständlichkeit wohl auch keine weitere Erwähnung findet, ist die auf den ersten Blick harmlose Feststellung, dass diesem Ehegatten auch dem Grunde nach ein Unterhaltsanspruch zustehen muss[1277]. Dieser Aspekt wird in der weiteren Argumentation noch von entscheidender Bedeutung sein. Der Gesetzgeber selbst wiederholt in seiner Begründung zu § 1586 b zunächst die bereits oben erläuterten Stellungnahmen der zweiten Kommission[1278] und hält die Beibehaltung der passiven Vererblichkeit auch nach Aufgabe der Anknüpfung des Unterhalts an die Scheidungsschuld für geboten. Als Grund wird ausgeführt, dass die „als Nachwirkung der Ehe geforderte Vorsorge für den sozial Schwächeren, dessen Bedürftigkeit regelmäßig – so im Falle der während der Ehe nicht erwerbstätigen Hausfrau – ehebedingt" sei und „mit dem Tode des Verpflichteten nicht ersatzlos enden" könne. Ein erbrechtlicher Ausgleich, wie er dem Ehegatten im Falle der Auflösung der Ehe durch Tod zukomme, müsse ausscheiden, da es „nicht Ziel einer Eherechtsreform" sein könne, den „geschiedenen Ehegatten am Nachlass des anderen erbrechtlich zu beteiligen." Wörtlich heißt es weiter: „Anzustreben ist vielmehr nur, den Lebensbedarf des geschiedenen Ehegatten über den Tod des Verpflichteten hinaus in ähnlicher Weise sicherzustellen, wie dies bei Fortbestehen der Ehe durch erbrechtliche Ansprüche erreicht worden wäre[1279]." In Abänderung zu dem bis dato geltenden Recht sollte der Unterhaltsberechtigte nun den vollen angemessenen Unterhalt verlangen können. Dabei sei den Interessen anderweitiger Unterhaltsberechtigter mit Absatz 1 Satz 3 als „allgemeine Haftungsbeschränkung

1275 BGBl Teil I, S. 1421 ff.

1276 Maurer in: MünchKomm, § 1586 b, Rn. 3 ff.; Büttner in: Johannsen/ Henrich, § 1586 b, Rn. 2 ff.; Kemper in: Hk- BGB, § 1586 b, Rn. 3.

1277 Ebenfalls, jedoch nur konkludent: Maurer in: MünchKomm, § 1586 b, Rn. 3 ff.; Büttner in: Johannsen/ Henrich, § 1586 b, Rn. 2 ff.; Kemper in: Hk- BGB, § 1586 b, Rn. 3.

1278 BT- Drucks. 7/ 650, S. 151.

1279 BT- Drucks. 7/ 650, S. 151.

des Erben hinreichend Rechnung getragen[1280]." Falle damit zwar die Berücksichtigung der Leistungsfähigkeit auf Seiten des Verpflichteten weg, so bleibe es dennoch bei dem Erfordernis der Bedürftigkeit auf Seiten des Berechtigten. So könne beispielsweise auch der Erwerb von Versorgungsansprüchen im Wege des Versorgungsausgleichs dazu führen, dass der Unterhaltsanspruch entfalle[1281]. Was die Haftungsbeschränkung angehe, so solle der geschiedene Ehegatte keinesfalls besser stehen, als er bei Fortbestand der Ehe gestanden haben würde. Das sei nicht nur wegen der Interessen der Erben, sondern auch wegen der Interessen von sonstigen Unterhaltsberechtigten geboten. Die unbeschränkte Durchsetzungsmöglichkeit des Unterhalts könne den Nachlass nämlich ggf. erschöpfen und würde damit für andere, gegenüber dem Erblasser zuvor Unterhaltsberechtigte, die jetzt wegen des Erlöschens des Unterhaltsanspruchs auf erbrechtliche Ansprüche verwiesen seien, eine unbillige Härte bedeuten[1282]. So würde das bisherige Recht den Schutz von Pflichtteilsberechtigen völlig vernachlässigen[1283]. Daher wurde eine von vornherein höhenmäßig begrenzte Haftung des Erben erwogen. Belaufe sich diese auf den Pflichtteil, so würde damit den Interessen „aller Beteiligten" Rechnung getragen. Der überlebende Ehegatte könne seinen Unterhalt voll durchsetzen und eine nicht gerechtfertigte Besserstellung des Geschiedenen zu Lasten des Erben und der Pflichtteilsberechtigten werde ebenfalls vermieden[1284]. Hinsichtlich der Höhe der Haftungsbegrenzung an den Pflichtteil anzuknüpfen sei angebracht, da auch bei Fortsetzung der Ehe der berechtigte Ehegatte mit einer Enterbung und damit mit einer Reduzierung auf den Pflichtteil habe rechnen müssen[1285].

Insbesondere aus der Formulierung des Gesetzgebers zu § 1586 b, der Zweck der passiven Vererblichkeit sei es allein, den Lebensbedarf des Geschiedenen über den Tod des Verpflichteten hinaus „in ähnlicher Weise sicherzustellen, wie dies bei Fortbestand der Ehe durch erbrechtliche Ansprüche erreicht worden wäre[1286]", wird geschlussfolgert, der verlängerte Unterhalt habe eine Ersatzfunktion für den verlorenen Pflichtteil[1287], dem dieserhalb Unterhaltscharakter zukomme, weil er die

---

1280 BT- Drucks. 7/ 650, S. 152.
1281 BT- Drucks. 7/ 650, S. 152.
1282 BT- Drucks. 7/ 650, S. 152.
1283 BT- Drucks. 7/ 650, S. 153: Als Beispiel wird der Fall genannt, dass nach Wiederheirat des Erblassers sein Kind aus erster Ehe zum Erben eingesetzt ist. In welchem Umfang dem überlebenden (nicht geschiedenen) Ehegatten im Ergebnis Pflichtteilsansprüche zukämen, hänge davon ab, ob der Erbe das ihm bis dahin nach altem Recht zustehende Herabsetzungsverlangen überhaupt geltend mache.
1284 BT- Drucks. 7/ 650, S. 153.
1285 BT- Drucks. 7/ 650, S. 153.
1286 BT- Drucks. 7/ 650, S. 152.
1287 Sturm, S. 131 f.; Kühle, S. 110 f.; Dieckmann, FamRZ 1992, S. 633, 633; Dieckmann, FamRZ 1999, S. 1029, 1030 ff.; Büttner in: Johannsen/ Henrich, § 1586 b, Rn. 1; teils wird auch ohne weitere Begründung die Behauptung aufgestellt, die passive Vererblichkeit stelle einen Ausgleich für den Verlust der erbrechtlichen Ansprüche dar, so etwa Beutler in: Bamberger/ Roth, § 1586 b, Rn. 1; Bergschneider, FamRZ

Funktion habe, künftig den Unterhalt zu sichern[1288]. *Planck* habe zudem von vornherein einen Zusammenhang von Unterhaltsrecht und Pflichtteilsrecht gesehen, als er ausführte, dass zwar ohne die Scheidung mit dem Tod der Unterhaltsanspruch wegfalle, an dessen Stelle jedoch das Erbrecht trete, weshalb es sachlich gerechtfertigt sei, an der aus der sachlichen Natur des Anspruchs sich ergebenden Konsequenz des Übergangs auf die Erben festzuhalten[1289].

dd) Fazit

Bereits die Gesetzgebungsgeschichte spricht deutlich eine andere Sprache und zeigt mit § 1586 b die Statuierung eines klassischen Unterhaltsanspruches. Der nacheheliche Unterhalt wurde zunächst von *Planck* als Entschädigungsanspruch angedacht. Dass der Übergang des Anspruchs aus Sicht *Plancks* mit der Natur des Anspruchs begründet wurde, resultiert jedoch einzig und allein daher, dass es sich nach seiner Ansicht, wie gesehen, um einen Entschädigungsanspruch handelt, der vererbbar ist, nicht jedoch aus dem Umstand eines etwaigen Ersatzes des Pflichtteilsrechts für den lebzeitigen Unterhaltsanspruch. Später wurde von der ersten Kommission die Vererbbarkeit abgelehnt; der Ehegattenunterhalt sollte in Anlehnung an den Verwandtenunterhalt ebenfalls mit dem Tod erlöschen. Die Zweite Kommission setzte dann erstmals die Vererblichkeit gesetzgeberisch um, obgleich sie deutlich betonte, dass es sich, gerade juristisch betrachtet, bei diesem Unterhalt um kein Äquivalent zum Pflichtteil handelt. Die Haftungsbegrenzung auf den Pflichtteil wurde sehenden Auges abgelehnt und eine anderweitige Haftungsbegrenzung zum Schutz der Erben eingeführt. Das EheG von 1938 gestattete einen Unterhalt, der sich nach Billigkeitsgesichtspunkten richtete, namentlich den persönlichen Verhältnissen des Erblassers sowie der Ertragsfähigkeit des Nachlasses. Danach konnte sich der Unterhaltsanspruch auch allein persönlich gegen den Erblasser richten oder je nach Sachlage gänzlich wegfallen, so dass ein Unterhalt, als „Ersatz“ eines Pflichtteils, als Anspruch gegen den Nachlass auch in dieser Entwicklungsstufe der passiven Vererblichkeit nicht gewährleistet werden konnte. Mit § 1586 b wurde ein Anspruch festgeschrieben, der als Nachwirkung der Ehe die ehebedingte Bedürftigkeit ausgleichen soll[1290], Kriterien, die allein aus

2003, S. 1049, 1050; Weidlich in: Palandt, § 1933, Rn. 10; Löffler in: jurisPK, § 1586 b, Rn. 37; Bömelburg, FF 2008, S. 144, 145; Kleffmann in: PWW, § 1586 b, Rn. 1; Brudermüller in: Palandt, § 1586 b, Rn. 1 schließt sich dieser Auffassung zwar an, hält dies jedoch immerhin angesichts der Regeln zum Vermögensausgleich für zweifelhaft.

1288 Sturm, S. 131 f.; Kühle, S. 110 f.

1289 Kühle, S. 110 f.; zu den Ausführungen Plancks vgl. in diesem Abschnitt oben.

1290 Zacher- Röder/ Grimm- Hanke in FPR 2011, S. 264, 266 wollen gar eine teleologische Reduktion des Anspruchs aus § 1586 b dahingehend vornehmen, dass nur noch der Betreuungsunterhalt bzw. der durch frühere Betreuung von ehelichen Kindern verursachte Unterhaltsbedarf passiv vererbt wird.

dem Scheidungsfolgenrecht, namentlich dem nachehelichen Unterhaltsrecht, und nicht dem Erbrecht bekannt sind[1291]. Ein (echter) erbrechtlicher Anspruch zugunsten des überlebenden geschiedenen Ehegatten wurde ausdrücklich abgelehnt, da dieser gerade nicht am Nachlass beteiligt werden sollte. Lediglich der Bedarf dieses Ehegatten soll weiterhin sichergestellt werden, und zwar in ähnlicher Weise wie „erbrechtliche Ansprüche". Der gesamte Gesetzeskontext zeigt, dass mit diesem Bezug zu einer etwaigen „Ähnlichkeit" keinesfalls ein funktionell gleichwertiges Äquivalent zu einem Pflichtteil gemeint ist. Im Übrigen spricht, was in der Argumentation allzu häufig unterschlagen wird, die Gesetzesbegründung von „erbrechtlichen" Ansprüchen und keinesfalls explizit von einem Pflichtteil. Dass auch bei unterhaltsrechtlicher Betrachtung, genauer der Frage, inwieweit ein Erbteil bzw. Pflichtteil bedürftigkeitsmindernd „als Quelle für den Unterhalt" einzusetzen ist, Differenzierungen angebracht sind, liegt auf der Hand. Schließlich sollen mit der Haftungsbegrenzung ausweislich der Gesetzesbegründung vornehmlich die Interessen Dritter, nämlich anderer Unterhaltsberechtigter und Pflichtteilsberechtigter, sowie die Erben vor übermäßiger Inanspruchnahme geschützt werden und nicht die des überlebenden Ehegatten[1292]. Der fiktive Ansatz, der Berechtigte dürfe durch die Haftungsbegrenzung im Ergebnis nicht besser stehen als bei Beendigung der Ehe durch Tod statt durch Scheidung, ist in dem obigen Kontext lediglich als Billigkeitskorrektiv zu verstehen, um unbillig empfundene Ergebnisse auszuschließen, jedoch nicht als gesetzgeberisches Motiv, um dem geschiedenen überlebenden Ehegatten einen dem Pflichtteil gleichwertigen Ersatz zuzusprechen. Die entgegengesetzte Ansicht verkennt insoweit Ursache und Wirkung.

Sie verschleiert zudem den Blick auf die klare Entscheidung des Gesetzgebers, der mit § 1933 S. 1 zunächst einmal deutlich zum Ausdruck bringt, dass der geschiedene Ehegatte gerade keinerlei erbrechtlichen Ansprüche mehr erhalten soll. Es existiert also bereits dem Grunde nach kein dem Berechtigten mehr zustehender Anspruch, und zwar weder fiktiv noch moralisch oder sonstwie, den es hier abzulösen gälte. Dies hat der Gesetzgeber in vollem Bewusstsein einer etwaigen erbrechtlichen Teilhabe auch für geschiedene Ehegatten sehenden Auges abgelehnt. Es handelt sich vielmehr um eine gesetzgeberische Wertentscheidung, die vom Ergebnis her gedacht wurde, in concreto eine rein bedürfnisorientierte Billigkeitsentscheidung darstellt, die dem Berechtigten ein billiges Auskommen sichern will, nicht zuletzt unter dem Druck der öffentlichen Kassen[1293]. Dieser Gedanke wird durch die zahlreichen Begründungen des Gesetzgebers selbst, es handele sich „gleichsam um einen Ersatz" und ähnliches, auch nicht relativiert. Es existiert

1291 So sieht Maurer in: MünchKomm, § 1586 b, Rn. 1, zutreffend den Sinn und Zweck des § 1586 b in der Fürsorge für den sozial Schwächeren, dessen Bedürftigkeit in der Regel ehebedingt sei. Als Nachwirkung der Ehe überdauere die Verpflichtung den Tod des verpflichteten Ehegatten.

1292 Pentz, FamRZ 1998, S. 1344, 1346; im Ergebnis ebenso Roessink, S. 110.

1293 Pentz, FamRZ 1998, S. 1344, 1346 spricht von dem Ziel der Sicherstellung.

keine echte direkte erbrechtliche Verknüpfung, sondern nur eine vergleichende Verbindung, nicht eine verknüpfende[1294]. Eine gleichwertige Ablöse findet nicht statt. Das zeigt sich auch ganz deutlich an folgendem einfachen Beispiel aus der Praxis. Dem überlebenden vermögenden geschiedenen Ehegatten steht gegenüber der ehemals Grundsicherungsleistungen empfangenden geschiedenen Ehefrau bereits dem Grunde nach kein Unterhaltsanspruch zu, von der Höhe gar nicht zu sprechen. Ungeachtet der Frage der mit § 1933 S. 1 ausgedrückten gesetzgeberischen Wertentscheidung entfällt hier schon der Ablösebetrag selbst. Der geschiedene potentiell Berechtigte geht leer aus und das, obwohl das Gesetz ihm angeblich einen Ausgleich für sein verlorenes (zumindest) Pflichtteilsrecht gewähren will? Pech für den, der selbst genug hat und dem das Gesetz mit der verstärkten Erwerbsobliegenheit seit 2008 und mit § 1578 b und seinen Begrenzungs- und Herabsetzungsmöglichkeiten immer mehr eigene Verantwortung auferlegt und die Unterhaltsansprüche dem Grunde und der Höhe nach immer häufiger verkürzt[1295]? Die Vertreter der entgegenstehenden Ansicht müssten dies konsequenterweise bejahen, allein die Fragestellung wird gescheut.

Damit lässt sich durch die in § 1586 b statuierte passive Vererblichkeit des nachehelichen Unterhalts weder ein Ersatzcharakter dieses Unterhalts für einen verlorenen Pflichtteil herleiten noch ein Unterhaltscharakter für den Pflichtteil entnehmen. Auch aus der Koppelung des nachehelichen Unterhaltsanspruchs auf den fiktiven Pflichtteilsanspruch ergibt sich keine andere Beurteilung.

c) Die Wirkung des Pflichtteilsverzichts

aa) Wohl noch herrschende Meinung – Einheitslösung

Würde der Verzicht auf den Pflichtteil automatisch im Sinne einer Fernwirkung auch die Ansprüche auf nachehelichen Unterhalt erfassen, so wäre der Pflichtteilsverzicht gleichbedeutend mit dem Verzicht auf den verlängerten nachehelichen Unterhalt. Da dieser auch solche Unterhaltsansprüche, welche dem Kernbereich unterfallen, ablösen kann, böte sich auf den ersten Blick die Feststellung an, dass dann zwischen dem Verzicht auf den originären Unterhalt und dem Verzicht auf den verlängerten Unterhalt mittels Pflichtteilsverzicht kein Unterschied zu machen wäre. Ein solcher Pflichtteilsverzicht müsste dann ggf. der Inhaltskontrolle unterliegen. Ob dem so ist, soll im Folgenden untersucht werden.

1294 Hinsichtlich des letzten Aspekts ebenso Pentz, FamRZ 1998, S. 1344, 1345.

1295 Vgl. dazu die Erwägungen der Bundesregierung im Rahmen des Gesetzesentwurfs für die Änderung des Erb- und Verjährungsrechts, die bereits in der Prognose davon ausging, dass mit dem Unterhaltsrechtsänderungsgesetz die Zahl der Fälle eines über den Tod des Unterhaltspflichtigen fortbestehenden Unterhaltsanspruchs weiter zurückgehen würde, BT- Drucks. 16/ 8954, S. 35.

Die sog. Einheitslösung verknüpft den Pflichtteilsverzicht in seinen Wirkungen untrennbar mit dem Verlust der Ansprüche auf den verlängerten nachehelichen Ehegattenunterhalt. Gemäß § 1586 b Abs. 1 S. 1 erlösche mit dem Pflichtteilsverzicht auch dieser Unterhaltsanspruch. Einheitlich im namentlichen Sinne dieser Auffassung und damit bejahend wird daher auch die Frage beantwortet, ob mit dem Pflichtteilsverzicht auch der in § 1933 S. 3 vorgesehene Unterhaltsanspruch für die dortige Fallkonstellation entfällt[1296]. Als Begründung werden im Wesentlichen fünf diese Ansicht unterstützende Argumente vorgebracht.

Soweit die Gesetzesmaterialien davon sprächen, der verlängerte Unterhaltsanspruch werde „gleichsam als Ersatz“ für die durch die Scheidung verlorene Nachlassteilhabe gewährt, fehle es aufgrund des Verzichts auf den Pflichtteil an dem zu ersetzenden Objekt, so dass ein Ersatz ausscheide. Der verlängerte Unterhalt verliere dann seine Ersatzfunktion und damit auch seine Berechtigung[1297]. Bezogen auf die Haftungsbegrenzung in Höhe des Pflichtteils gebe es für den Fall, dass es diesen Anspruch aus einem anderen Grund als einer Scheidung nicht mehr gebe, keinen Anspruch mehr, der auf die Erben übergehen könne. In dem Pflichtteilsverzicht manifestiere sich der deutliche Wille, dass der Ehegatte im Erbfall nichts mehr und damit auch keinen Unterhalt mehr erhalten wolle[1298]. Der auf den Pflichtteil Verzichtende wolle primär den Erben vor Unterhaltsansprüchen des Ehegatten bis zur Grenze des fiktiven Pflichtteils bewahren[1299]. Der Pflichtteilsverzicht in Scheidungsfolgenvereinbarungen werde zeitlich ohnehin alsbald durch die Scheidung überholt, so dass dieser „nicht viel wert“ sei[1300]. Der Unterhaltsberechtigte dürfe durch die Scheidung nicht besser stehen, als er ohne Scheidung stehen würde. Würde er ohne die Fernwirkung des Verzichts im ersten Fall noch den nachehelichen Unterhalt behalten, würde er ihn im zweiten Fall gemäß § 1615 Abs. 1 verlieren. Ebenfalls unerklärlich bleibe, warum der Ehegatte, der im Zeitpunkt des Erbfalls einem berechtigten Scheidungsverlangen ausgesetzt war, durch den Erhalt seines Unterhaltsanspruchs gemäß §§ 1933 S. 3, 1586 b Abs. 1 S. 1 besser gestellt sei als derjenige, der durch Beendigung seiner intakten Ehe durch Tod jeden Unterhaltsanspruch gemäß § 1615 Abs. 1 verliere. Dem Ehegatten, der während der Ehe

---

1296 Dieckmann, FamRZ 1999, S. 1019, 1019; Dieckmann, FamRZ 1992, S. 633, 633; Brudermüller in: Palandt, § 1586 b, Rn. 8; Kilger/ Pfeil in: Göppinger, S. 305; Weidlich in: Palandt, § 1933, Rn. 10; Beutler in: Bamberger/ Roth, § 1586 b, Rn. 4; Leipold in: MünchKomm, § 1933, Rn. 23; Maurer in: MünchKomm, § 1586 b, Rn. 2; Sturm, S. 204; Roessink, S. 92; Kühle, S. 143 ff.; Kühle, ZErb 2013, S. 221, 223; Kleffmann in: PWW, § 1586 b, Rn. 3; Löffler in: jurisPK, § 1586 b, Rn. 37.

1297 Brudermüller in: Palandt, § 1586 b, Rn. 8.

1298 Kleffmann in: PWW, § 1586 b, Rn. 3; Brudermüller in: Palandt, § 1586 b, Rn. 8; Dieckmann, FamRZ 1992, S. 633, 635; ebenso Kühle für den Fall von Scheidungsvereinbarungen, S. 148.

1299 Kühle, S. 148.

1300 Dieckmann, FamRZ 1992, S. 633, 635.

auf den Pflichtteil verzichtete habe, sei durch die Scheidung kein „derartiger Verlust entstanden, für den er mit § 1586 b BGB entschädigt werden müsste"[1301].

bb) Im Vordringen befindliche Ansicht

Nach einer im Vordringen befindlichen Meinung bewirkt der Pflichtteilsverzicht keinen Durchschlag auf den nachehelichen Unterhalt[1302]. Wenn die Gesetzesbegründung von einem „gleichsamen" Ersatz des verlängerten Unterhalts für die verlorenen erbrechtlichen Ansprüche spreche, dann zeige diese Relativierung deutlich, dass eben gerade kein Recht existiere, das durch den Unterhaltsanspruch ersetzt werden solle[1303]. Die Kappung auf den fiktiven Pflichtteil stelle nur eine Haftungsbegrenzung dar, nicht jedoch die Grundlage für einen Leistungsanspruch[1304]. Darüber hinaus zeige die Gesetzgebungsgeschichte deutlich, dass der Unterhalt nie in Höhe des Pflichtteils zugesprochen worden sei, vielmehr habe es schon immer Beschränkungen der Höhe nach gegeben[1305]. Ehegatten, die auf den Pflichtteil verzichten, würden im Übrigen in der Sache Abstand davon nehmen, in Zukunft diesen Anspruch bei weiterhin bestehender Ehe unter Nichtbeachtung einer Scheidung geltend zu machen, während sie beispielsweise in derselben Urkunde hinsichtlich des nachehelichen Unterhalts überhaupt keine Vereinbarung treffen, mithin davon ausgingen, dass die gesetzlichen Unterhaltsansprüche weiterhin greifen würden. Der Wegfall des nachehelichen Unterhalts im Wege des Pflichtteilsverzichts würde in diesem Sinne zu einer Fiktion eines Urkundsinhalts führen, der so von den Parteien zu keinem Zeitpunkt gewollt war[1306]. Der Pflichtteilsverzicht verfolge in diesem Sinne nicht das Ziel, den eigenen nachehelichen Unterhalt auszuschließen,

---

1301 Roessink, S. 92.

1302 Von Proff, ZErb 2017, S. 33, 36; Hahne, S. 111, 125; Grziwotz, FamRZ 1991, S. 1258, 1258 f.; Pentz, FamRZ 1998, S. 1344, 1344; Münch, ZEV 2008, S. 571, 575; Mayer, ZEV 2007, S. 556, 557; Bergschneider, FamRZ 2003, S. 1049, 1057; Bengel in: Münchener Anwaltshandbuch Erbrecht (4. Auflage), § 34, Rn. 47; Keim, FPR 2006, S. 145, 146; Kapfer, MittBayNot 2006, S. 385, 388; Büttner in: Johannsen/ Henrich, § 1586 b, Rn. 9; Muscheler, Inhaltskontrolle im nationalen und Europäischen Privatrecht, S. 119, 147; Muscheler in: Festschrift für Spiegelberger, S. 1078, 1091; Keim, FPR 2006, S. 145, 146; Schnitzler in: NomosKommentar, § 1586 b, Rn. 10; Zacher- Röder/ Grimm- Hanke, FPR 2011, S. 264, 267.

1303 Muscheler, Inhaltskontrolle im nationalen und Europäischen Privatrecht, S. 119, 147; Grziwotz, FamRZ 1991, S. 1258, 1258.

1304 Mayer, ZEV 2007, S. 556, 557; Muscheler, Inhaltskontrolle im nationalen und Europäischen Privatrecht, S. 119, 147.

1305 Münch, ZEV 2008, S. 571, 575.

1306 Mayer in: Mayer/ Süß, S. 416; Münch, ZEV 2008, S. 571, 575, hält die Frage, was die Parteien mit dem Unterhaltsverzicht bezwecken, für eine vorrangig durch Auslegung des Vertrages zu lösende Problematik, nicht für eine solche, welche auf Ebene des Theorienstreits eine Rolle spiele.

sondern die Regelung der Erbfolge[1307]. Meist werde der Verzicht während intakter Ehe im Hinblick auf die Kinder aus erster Ehe oder zwecks Sicherung des Fortbestands des Betriebs abgeschlossen, im Übrigen bei längerem Getrenntleben, wenn die Voraussetzungen des § 1933 noch nicht vorliegen[1308]. Dem Ehegatten sei bei Vereinbarung des Pflichtteilsverzichts daher in der Regel nicht bewusst, dass damit ein Verzicht auf den Unterhalt einhergehe, geschweige denn wolle er dieses Ergebnis[1309]. Schließlich könne auf den Unterhalt ausdrücklich verzichtet werden[1310]. Der verzichtende Ehegatte stehe auch nicht durch die Scheidung besser, da diese überhaupt nicht das entscheidende Anknüpfungsmoment darstelle. Der fiktive Pflichtteil diene nur der Bemessungsgrenze, ohne dass es darauf ankomme, dass dieser im Zeitpunkt der Scheidung bestehe bzw. in einem bestimmten Umfang bestehe. Auch auf den konkreten Güterstand während der Ehe komme es nicht an, ebenso nicht auf das Vermögen zum Zeitpunkt der Scheidung, was wiederum den Unterhaltscharakter des § 1586 b bestätige. Maßgeblicher Zeitpunkt sei insoweit der Tod des Verpflichteten. In diesem Sinne werde nicht der Fortbestand des Pflichtteils fingiert, sondern der Fortbestand der Ehe bis zum Tod des Verpflichteten[1311]. Die Anknüpfung an den Zeitpunkt der Scheidung für die Frage einer unberechtigten Besserstellung sei daher verfehlt[1312]. Letztlich stelle die Einheitslösung eine systemwidrige unterhaltsrechtliche Fernwirkung dar[1313].

cc) Eigener Standpunkt

Der Verzicht auf den Pflichtteil hat nach zutreffender Ansicht keine Fernwirkung auf den verlängerten Unterhaltsanspruch des § 1586 b. Dieser Unterhaltsanspruch bleibt von den Verzichtswirkungen vielmehr unberührt.

Der Gesetzgeber gibt gem. § 1586 b dem überlebenden geschiedenen Ehegatten mit dem verlängerten Unterhalt die Möglichkeit, ihm im Falle des Bestehens eines Unterhaltsanspruches wirtschaftlich eine Leistung zufließen zu lassen, die der Höhe nach gekappt ist auf das (wirtschaftliche) Äquivalent des fiktiven Pflichtteils. Dogmatisch gesehen handelt es sich bei dem verlängerten Unterhalt jedoch gerade nicht um ein dem Pflichtteil gleichwertiges Äquivalent. Der Anspruch aus § 1586 b ist als originärer Unterhaltsanspruch vielmehr ein Aliud zum Pflichtteil. Dies werden die folgenden Erwägungen verdeutlichen.

1307 Schnitzler in: NomosKommentar, § 1586 b, Rn. 10.

1308 Pentz, FamRZ 1998, S. 1344, 1344; Münch, ZEV 2008, S. 571, 575.

1309 Büttner in: Johannsen/ Henrich, § 1586 b, Rn. 9; Zacher- Röder/ Grimm- Hanke, FPR 2011, S. 264, 267.

1310 Büttner in: Johannsen/ Henrich, § 1586 b, Rn. 9.

1311 Pentz, FamRZ 1998, S. 1344, 1344; Beutler in: Bamberger/ Roth, § 1586 b, Rn. 3; Grziwotz, FamRZ 1991, S. 1258, 1259.

1312 Grziwotz, FamRZ 1991, S. 1258, 1259; Zacher- Röder/ Grimm- Hanke, FPR 2011, S. 264, 267.

1313 Zacher- Röder/ Grimm- Hanke, FPR 2011, S. 264, 267.

Der verlängerte Unterhalt stellt keinen Ausgleich für enttäuschte Erberwartungen dar, so dass es auch keine solchen erbrechtlichen Defizite gibt, die mit § 1586 b ausgeglichen werden könnten. Der fiktive Pflichtteil des § 1586 b entspricht nämlich auch der Qualität und Höhe nach nicht dem Pflichtteil des § 2303 Abs. 1. So bleiben beispielsweise gem. § 1586 b Abs. 2 güterrechtliche Besonderheiten, insbesondere die Erhöhung des § 1371 Abs. 1, außer Betracht[1314]. Auch hat der Haftungsbetrag, je größer der Abstand zwischen Scheidung und Erbfall ist, immer weniger mit dem Vermögen des Erblassers im Zeitpunkt der Scheidung gemein[1315]. Die in diesem Sinne nicht mit dem Erbrecht verknüpfte Norm des Unterhaltsrechts ist daher eher Ausdruck der Nachwirkung der ehelichen Solidarität und Vorsorge für den sozial Schwächeren. Bereits aus diesem Grund kann der Pflichtteilsverzicht nicht auf den Unterhalt dergestalt durchschlagen, dass dieser Verzicht den verlängerten Unterhalt entfallen ließe.

Dieses Ergebnis wird zudem durch die Rechtswirklichkeit gedeckt, insbesondere durch die Beratungspraxis. So entspricht es regelmäßig dem Parteiwillen, dass mit dem Pflichtteilsverzicht kein weitergehender Verzicht auf den Unterhalt verbunden sein soll. Es bestehen bereits erhebliche Schwierigkeiten, in der Beratung und im Rahmen der Belehrungspflichten rechtliches Verständnis für die mögliche durchschlagende Wirkung des Pflichtteilsverzichts zu wecken[1316]. Dieses Ergebnis wird nämlich nicht nur regelmäßig nicht gewollt sein, sondern es ist dem normalen unvoreingenommenen Rechtsbewusstsein geradezu fremd. Völlig konstruiert erscheint daher die allerdings nur selten anzutreffende Behauptung, der Parteiwille sei gerade auf den Wegfall des Unterhalts gerichtet[1317]. Soweit der auf den Pflichtteil Verzichtende tatsächlich einmal primär den Erben vor Unterhaltsansprüchen des Ehegatten bis zur Grenze des fiktiven Pflichtteils bewahren möchte[1318], mag der Unterhaltsanspruch, wie üblich, vertraglich durch den Tod des Erblassers begrenzt werden[1319]. Bringt der Rechtsrat suchende Laie überhaupt das Problembewusstsein mit, dass Erben mit Unterhaltsansprüchen belastet werden könnten, dann wird allenfalls die letztgenannte Vertragsgestaltung gewünscht sein. Im Rahmen von Scheidungsfolgenvereinbarungen wird der Pflichtteilsverzicht meist gerade deshalb gewünscht, weil die Ehegatten bereits mit erfolgter Trennung und nicht erst bei Vorliegen der Scheidungsvoraussetzungen (§ 1933 S. 1) die erbrechtlichen Ansprüche ausschließen möchten, häufig natürlich auch zum Schutz der Abkömmlinge. Im Übrigen wird in solchen Scheidungsfolgenvereinbarungen nahezu immer

1314 Brudermüller in: Palandt, § 1586 b, Rn. 6.
1315 Vgl. zu dem letztgenannten Aspekt Pentz, FamRZ 1998, S. 1344, 1344.
1316 Natürlich ist eine klarstellende Regelung durch den Notar jederzeit möglich, um die Fernwirkung auszuschließen.
1317 So Kühle für den Fall von Scheidungsvereinbarungen, S. 148.
1318 Kühle, S. 148.
1319 Fach, S. 205, stellt in diesem Zusammenhang unter anderem auf die Möglichkeit des Unterhaltsverzichts ab.

eine Regelung für den nachehelichen Unterhalt getroffen, oftmals in Form des wechselseitigen Verzichts, die andernfalls in weiten Teilen überflüssig wäre. Die Wirksamkeit unterstellt, bewirkt bereits dieser Unterhaltsverzicht das Entfallen des Unterhaltsanspruchs aus § 1586 b und nicht der Pflichtteilsverzicht. Dieser geht nämlich in Ermangelung eines gesetzlichen Erb- und Pflichtteilsrechts für den Scheidungsfall mit der Scheidung selbst ins Leere. Richtigerweise ist es daher nicht einzusehen, ihm für die Zeit danach dennoch rechtserhebliche Wirkungen zukommen zu lassen[1320]. Das auf den ersten Blick einleuchtend erscheinende Argument der Einheitslösung, der geschiedene Ehegatte dürfe durch Aufrechterhalten des verlängerten Unterhaltsanspruchs nicht besser stehen, als derjenige, dessen Ehe nach erklärtem Pflichtteilsverzicht durch Tod beendet worden sei, verfängt nicht. Dieser Betrachtungsweise der Einheitslösung ist nämlich immanent, dass sie den verlängerten Unterhalt, wie bereits oben gesehen, „gleichsam als Ersatz" für die verlorene Teilhabe am Erbrecht betrachtet. Dass dieser Ansatz unzutreffend ist, wurde bereits dargestellt. Bei § 1586 b handelt es sich weiterhin, wenn auch um einen passiv vererblichen, aber dennoch originären Unterhaltsanspruch und nicht um Nachlassteilhabe im erbrechtlichen Sinne. In zeitlicher Hinsicht verbietet sich die Frage der Besserstellung im oben beschriebenen Sinne. Das Pflichtteilsrecht besteht nur bis zur Scheidung. Ab diesem Zeitpunkt setzt frühestens der nacheheliche Unterhalt ein. Die (eigenständigen) Wirkungen eines Pflichtteilsverzichts enden daher mit der Scheidung. Nicht eine unterlassene etwaige Fernwirkung des Pflichtteilsverzichts führt zu dem Ergebnis, dass der geschiedene Ehegatte besser steht, sondern die in § 1615 Abs. 1 festgeschriebene gesetzgeberische Wertentscheidung, dass der Unterhaltsanspruch des verheirateten Ehegatten mit dem Tod des Pflichtigen erlischt. Einen passiv vererblichen Anspruch auf Familien- bzw. Trennungsunterhalt[1321] hat der Gesetzgeber nicht gewollt. Diese Intention der Gesetzgebung umgeht aber die Einheitslösung, indem sie den passiv vererblichen nachehelichen Unterhalt durch die Fernwirkung entfallen lassen möchte, damit der geschiedene Ehegatte contra legem gleich schlecht steht wie der Verheiratete. Eben diese Erwägungen gelten für die §§ 1933 S. 3, 1586 b. Letztlich versagt das Argument, der geschiedene Ehegatte dürfe nicht besser stehen als derjenige, dessen Ehe nach erklärtem Pflichtteilsverzicht durch Tod beendet worden sei, , auch deshalb, weil § 1615 l Abs. 3 S. 4 den passiv vererblichen Unterhaltsanspruch zugunsten des nicht verheiratet gewesenen Elternteiles ohne jegliche Begrenzung gewährt[1322]. Dem Gesetz sind damit weitere, sogar grenzenlose, passiv vererbliche Unterhaltsansprüche bekannt.

Zu Recht wird darüberhinaus kritisiert, dass der Wortlaut des § 1586 b eine derart schwere Folge, nämlich das Entfallen des verlängerten Unterhaltsanspruchs,

---

1320 Pentz, FamRZ 1998, S. 1344, 1344.

1321 Hinsichtlich des Trennungsunterhalts selbstverständlich außerhalb der Voraussetzungen des § 1933.

1322 Ebenso Münch, ZEV 2008, S. 571, 575.

nicht hergibt[1323]; beispielsweise in dem Fall des kurz nach der Scheidung versterbenden Verpflichteten, der eine drei kleine Kinder betreuende Mutter hinterlässt, der noch der Basisunterhalt des § 1570 Abs. 1 S. 1 zusteht.

Soweit ersichtlich werden von den Vertretern der Einheitslösung im Kontext der Diskussion lediglich die Fälle kombinierter Eheverträge mit Pflichtteilsverzichten angeführt. Wer möchte auch schon ernsthaft erläutern wollen, ein isolierter Pflichtteilsverzicht lasse den verlängerten Unterhaltsanspruch entfallen; ein Umkehrschluss, dessen Bearbeitung man sich insbesondere von dem Landgericht Ravensburg[1324] gewünscht hätte.

Ferner produziert die Einheitslösung Zufallsergebnisse, die die Rechtssicherheit beeinträchtigen. Je nachdem, wie lange der Unterhaltsverpflichtete nach der Scheidung noch lebt, desto länger oder kürzer kommt der Unterhaltsberechtigte noch in den Genuss des nachehelichen Unterhalts bis schließlich der Verpflichtete stirbt und sich in diesem Zeitpunkt der Pflichtteilsverzicht auf den verlängerten Unterhalt dergestalt auswirkt, dass er entfällt. Im Vergleich zu der hier vertretenen Auffassung bestimmt bei der Einheitslösung damit der von den Vertragsparteien unbeeinflussbare Todeszeitpunkt die Höhe des insgesamt erhaltenen Unterhalts.

Auch was die weiteren praktischen Auswirkungen angeht, wird die Einheitslösung weder dem Parteiwillen noch den Bedürfnissen der Praxis gerecht. So wird der Tatsache keine Beachtung geschenkt, dass, durch die an dieser Stelle einmal unterstellte Anwendung der Inhaltskontrolle[1325], der durch den Pflichtteilsverzicht bedingte Wegfall des nachehelichen Unterhalts nicht zwangsläufig in voller Höhe wieder ausgeglichen werden muss. Grundsätzlich bleibt nach der hier vertretenen Auffassung der Unterhaltsanspruch vollständig erhalten bis zur Haftungsgrenze. Entfällt demgegenüber nach der anderen Ansicht der Anspruch zunächst vollständig, dann würde die Anwendung der Inhaltskontrolle nicht in jedem Fall zur Wiederherstellung des ursprünglichen Zustandes, das heißt zur Anwendung der „normalen" Unterhaltsansprüche führen. Vielmehr hätte die Ausübungskontrolle in diesem Zusammenhang lediglich eine Korrektur unbilliger Ergebnisse durch Anpassung zur Folge, nicht jedoch ein Zuerkennen der Ansprüche, wie sie bei Anwendung des BGB bestehen würden. In diesem Sinne führt die Einheitslösung entgegen dem Willen der Vertragsparteien zu einer Verkürzung der

---

1323 Münch, ZEV 2008, S. 571, 575 hält dieses Ergebnis angesichts der grundrechtlich verbürgten Privatautonomie für unvertretbar, zumal sodann im Anschluss an das Entfallen des verlängerten Unterhaltsanspruchs gerade deshalb der Pflichtteilsverzicht für sittenwidrig erklärt werde.

1324 Vgl. die Besprechung oben § 5, A., I., 5., S. 147 ff..

1325 Bei der von der Einheitslösung vertretenen Fernwirkung handelt es sich um eines der Argumente, welche für eine Inhaltskontrolle sprechen könnten; mit anderen Worten gesagt, die Befürworter einer Inhaltskontrolle argumentieren, häufig zugleich als Vertreter der Einheitslösung, mit der auf den Unterhalt durchschlagenden Wirkung des Pflichtteilsverzichts.

Unterhaltsansprüche, insbesondere solcher, die nicht dem Kernbereich angehörig und damit im Rahmen der Inhaltskontrolle leichter verzichtbar sind.

Auch die rechtlichen Gestaltungsmöglichkeiten sprechen für die hier vertretene Auffassung. Die Vertreter der Einheitslösung müssten für den Fall, dass trotz Pflichtteilsverzichts der nacheheliche Unterhalt weiter Bestand haben soll, zu der Hilfskonstruktion eines auflösend bedingten Pflichtteilsverzichts greifen. Dieser müsste dann mit den Voraussetzungen des § 1933 S. 1 unwirksam werden, obwohl der Pflichtteilsverzicht de lege lata mit dem Vorliegen dieser Voraussetzungen seine Wirksamkeit verliert – eine Klausel, die zu Recht als „reine Förmelei" beschrieben wird[1326]. Nach der gegenteiligen Ansicht bleibt es für den Fall einer gewünschten Beschränkung des Ehegattenunterhalts bei den üblichen Begrenzungsmöglichkeiten, insbesondere bei der zeitlichen Begrenzung des nachehelichen Unterhalts bis zum Tod des Pflichtigen.

In der oben besprochenen Entscheidung des Landgerichts Ravensburg hat das Gericht fälschlicherweise dem erbrechtlichen Verzicht eine die Benachteiligung verstärkende Wirkung dadurch beigemessen, dass der Pflichtteilsverzicht den nachehelichen Unterhalt habe entfallen lassen. Ungeachtet der Frage, ob man der Einheitslösung folgt oder nicht, ist die Schlussfolgerung in der von dem Landgericht getroffenen Art und Weise bereits deshalb falsch, weil hier mangels Scheidung bzw. Vorliegens der Voraussetzungen des § 1933 S. 1 überhaupt kein Anspruch auf nachehelichen Unterhalt gegeben war. Damit konnte ein Pflichtteilsverzicht in diesem Fall auch keine Auswirkung auf diesen Unterhalt haben. Der Unterhaltsanspruch des Ehegatten war bereits gemäß § 1615 Abs. 1 entfallen, womit dem Verzicht auf den nachehelichen Unterhalt ebenfalls keine eigenständige Bedeutung zukam. Das Gericht hat damit in unzulässiger Weise Nachteile kumuliert, die nicht zu kumulieren sind, weil sie sich eben nur alternativ stellen. Der Pflichtteilsverzicht hat seine Bedeutung nur bis zu dem Zeitpunkt, in welchem die Scheidungsvoraussetzungen vorliegen, der Verzicht auf den nachehelichen Unterhalt hat seine Bedeutung erst ab der Scheidung. Wird die Ehe durch Tod beendet, gibt es gemäß § 1615 Abs. 1 keinen Unterhaltsanspruch. Das Gericht hat daher im Ergebnis dem Ehemann mit einem vermeintlich sittenwidrigen, aber tatsächlich nicht existenten Anspruch auf nachehelichen Unterhalt dadurch ein Erbrecht eingeräumt, dass es den erbrechtlichen Verzicht als sittenwidrig eingestuft hat.

Der Fall des Landgerichts Ravensburg zeigt deutlich, dass ein wirksamer Verzicht auf den nachehelichen Unterhalt in einem Ehevertrag bereits den Anwendungsbereich der §§ 1586 b, 1933 S. 3 ausschließt, da der Unterhaltsanspruch bereits mit diesem ehevertraglichen Verzicht entfällt. Ist der Unterhaltsverzicht hingegen unwirksam oder existiert überhaupt keine Regelung zum nachehelichen Unterhalt, dann lässt nach richtiger Ansicht der bloße Verzicht auf den Pflichtteil den verlängerten Unterhalt des §§ 1586 b, 1933 S. 3 nicht entfallen. Die Unwirksamkeit des Pflichtteilsverzichts kann mithin nicht mit dem Entfallen des Anspruchs aus § 1586

1326 Grziwotz, FamRZ 1991, S. 1258, 1259.

b begründet werden. Das gilt bereits aufgrund der oben beschriebenen zeitlichen Alternativität von Pflichtteil und nachehelichem Unterhalt. Der Pflichtteilsverzicht muss vielmehr autonom, also für sich allein betrachtet sittenwidrig sein[1327]. Der Umkehrschluss, der Pflichtteilsverzicht sei deshalb sittenwidrig, weil er den verlängerten Unterhaltsanspruch entfallen lasse, ist systemwidrig. In praktischer Hinsicht bedeutet dies für Fälle unwirksamer Eheverträge und der Beendigung der Ehe durch Tod statt durch Scheidung, dass sich lediglich Vereinbarungen zum Güterstand durch die damit einhergehende Beeinflussung der Erbquote, §§ 1931, 1371, niederschlagen können. Dementsprechend ist mit Blick auf die beschriebene Alternativität von Erbrecht und nachehelichem Unterhalt das OLG Koblenz und nach ihm der BGH in dem Fall der Beendigung der Ehe durch Scheidung nach zuvor u.a. vereinbartem Pflichtteils- und Unterhaltsverzicht zutreffend mit keinem Wort auf eine etwaige Verknüpfung im Sinne der Einheitslösung eingegangen[1328].

Überdies sprechen die unterhaltsrechtlichen Verkürzungsmöglichkeiten durch die Unterhaltsreform von 2008 dagegen, einem Pflichtteilsverzicht die Bedeutung eines Unterhaltsverzichtes zuzumessen, da der verlängerte Unterhaltsanspruch den fiktiven Pflichtteil der Höhe nach oftmals kaum noch erreichen wird. Der Anspruch des geschiedenen Unterhaltsbedürftigen auf nachehelichen Unterhalt wird damit durch Herabsetzung oder zeitliche Befristung bereits auf der Bedarfsebene weitergehenden Kürzungen unterworfen. Pflichtteil und Unterhalt werden daher auch quantitativ immer weniger vergleichbar. Der Anwendungsbereich des § 1586 b wird im Wesentlichen durch die Abschaffung der Lebensstandardgarantie, die Begrenzungs- und Herabsetzungsmöglichkeiten des nachehelichen Unterhaltsanspruchs, § 1578 b, weiter abnehmen. Auch eine Begrenzung des nachehelichen Unterhalts gem. § 1578 b anlässlich des Todes des Unterhaltspflichtigen unter anderem aufgrund der nunmehr wandelbaren ehelichen Lebensverhältnisse, des Wegfalls der Lebensstandardgarantie und der Stärkung der eigenen Erwerbsobliegenheit[1329] wird richtigerweise für möglich gehalten[1330]. Auch dies bedeutet eine Verkürzung der Ansprüche auf nachehelichen Unterhalt und damit letztlich auch des Haftungsumfangs in Form des fiktiven Pflichtteils.

Selbst wenn man sich für die Einheitslösung entscheiden wollte, bliebe die Frage, ob dadurch automatisch eine Inhaltskontrolle ausgelöst würde[1331]. Soweit diese Frage im Schrifttum bejaht wird, da man das Interesse des Unterhaltsbedürftigen

---

1327 Auch eine Vereinbarung, ggf. konkludent, dahingehend, dass ehevertraglicher und erbrechtlicher Bestandteil dergestalt miteinander verbunden sind, dass die Wirksamkeit des einen Teils mit der Wirksamkeit des anderen Teils stehen und fallen soll, ist selbstverständlich denkbar.

1328 Vgl. die Entscheidungsbesprechung oben § 5, A., I., 6., a), S. 152 f.f.

1329 Vgl. zu den Erwägungen und Auswirkungen der Unterhaltsreform unten § 5, C., III., 8., S. 269 ff..

1330 Münch, ZEV 2008, S. 571, 575.

1331 Auf diese Frage kommt es für die Vertreter der Einheitslösung entscheidend an.

an dem Anspruch auf den nachehelichen Unterhalt für identisch mit dem an dem fortgesetzten Unterhalt hält[1332], ist bereits diese Prämisse falsch, da diese Identität gerade nicht gegeben ist. Zwar handelt es sich hinsichtlich der anspruchsbegründenden Tatsachen auf der Seite des Bedürftigen weiterhin um den originären Unterhaltsanspruch, die Leistungsfähigkeit des ursprünglich Verpflichteten, des Erblassers, spielt jedoch keine Rolle mehr, so dass das Insolvenzrisiko trotz Universalsukzession grundsätzlich gegenüber einer anderen Person besteht. Ungeachtet dessen ist die „Haftungsmasse", nämlich der auf den Pflichtteil kapitalisierte Unterhalt, von vornherein nicht nur überschaubar, sondern anders als ein Unterhaltsanspruch der Höhe nach gekappt auf den Betrag, der dem fiktiven Pflichtteil entspricht.

Ferner müssten sich die Vertreter der Einheitslösung im Hinblick auf die vermeintliche Ersatzfunktion des verlängerten Unterhalts für das verlorene Pflichtteilsrecht im Rahmen der Anwendbarkeit der Inhaltskontrolle denknotwendig die Frage stellen, ob der verlängerte Unterhalt überhaupt als versorgender Unterhalt im Sinne der Kernbereichsleiter einzustufen ist oder ob es sich nicht vielmehr folgerichtig dann nur um eine Art Ersatz für einen Pflichtteil und damit ggf. um eine Vermögensposition handelt, die eventuell dem Kernbereich nicht mehr zuzuordnen ist: Eine Frage, welche in diesem Kontext jedoch nicht erörtert wird.

Die Einheitslösung setzt sich zudem dem Dilemma aus, dass der durch den Pflichtteilsverzicht gleichermaßen bewirkte Verzicht auf den verlängerten Unterhalt wegen Unwirksamkeit desselben wieder zurückschlagen kann auf den Pflichtteilsverzicht und auch diesen noch mit der Unwirksamkeit belegt. Eine Inhaltskontrolle drängt sich daher mit der Einheitslösung geradezu auf. Sicher ist jedoch, dass es sich bei dieser Inhaltskontrolle nicht um eine den Eheverträgen vergleichbare Inhaltskontrolle handelt, welche insbesondere auch tatbestandliche Anforderungen stellt. Denn in kaum nachvollziehbarer Art und Weise wird von der Einheitslösung mit den nachfolgenden Argumenten lediglich die Rechtsfolge einer bestandenen Wirksamkeitskontrolle angewandt, der Pflichtteilsverzicht mithin als dennoch wirksam behandelt, um an das gewünschte Ziel zu gelangen[1333].

Die weiteren dogmatischen Verrenkungen, welche eine konsequente Anwendung der Einheitslösung fordert, zeigen sich auch an der jetzt zusätzlich noch erforderlich werdenden Teilbarkeit der Erklärungen. Der Pflichtteilsverzicht wird künstlich aufgespalten in einen erb- und einen unterhaltsrechtlichen Teil, so dass der Pflichtteilsverzicht wirksam bleibt, wenn sich seine Unwirksamkeit nur aus der Fernwirkung ergeben würde; die Nichtigkeitsfolge bezieht sich dann nur auf den unterhaltsrechtlichen Teil[1334]. Die derart kreierte

---

1332 Kühle, S. 143 f.; im Ergebnis ebenso Dutta, AcP 2009, S. 760, 776 ff.

1333 Vgl. die Ausführungen von von Proff, ZErb 2017, S. 33, 36, der von kaum handhabbaren Schwierigkeiten spricht.

1334 Vgl. die Ausführungen von Dutta, AcP 2009, S. 760, 804 f.; Bergschneider, Anm. zu LG Ravensburg, Urt. v. 31.01.2008, FamRZ 2008, S. 1289, 1292; Münch, ZEV 2008, S. 571, 575; Kühle, S. 173 f.

Doppelnatur[1335] widerspricht nicht nur evident den vorangestellten Erwägungen, sondern findet auch im Gesetz keinerlei Stütze. Die systematischen Ungereimtheiten zeigen sich vor allem bei der praktischen Handhabung der Wirksamkeits- und Ausübungskontrolle[1336].

Insgesamt drängt sich die Frage auf, ob nicht § 1586 b eine gesetzgeberische Wertung vorgibt, die es verbietet, die Inhaltskontrolle in Fällen vorliegender Art anzuwenden. Denn immerhin nimmt das Gesetz, ungeachtet der Frage, ob man der Einheitslösung oder der hier vertretenen Auffassung folgt, mit § 1586 b in Kauf, dass Kernbereichsansprüche leer laufen können. Das ist dann der Fall, wenn der (fiktive) Pflichtteil besonders klein ist oder beispielsweise der Unterhaltsschuldner früh nach der Scheidung verstirbt und noch Ansprüche auf nachehelichen Unterhalt bestehen, die dem Kernbereich zuzuordnen sind. Die Unterhaltsansprüche können dann der Höhe nach nicht ausreichend befriedigt werden. Soll allein dieses vom Gesetzgeber bewusst in Kauf genommene Risiko für den Fall, dass es sich realisiert, die Inhaltskontrolle, vielleicht sogar in Form der Wirksamkeitskontrolle auslösen können? Doch wohl kaum. Auch im Bereich der Inhaltskontrolle sind gesetzgeberische Wertentscheidungen zu beachten.

2. *Bedarfsunabhängigkeit des Pflichtteils und das Kriterium der Unterhaltsbedürftigkeit des Pflichtteilsberechtigten*

Bekanntlich wird der Pflichtteil unabhängig von einer Bedürftigkeit des Pflichtteilsberechtigten gewährt[1337]. Dieser Aspekt wird von vielen Gegnern einer pflichtteilsspezifischen Inhaltskontrolle häufig pauschal als ein Hauptargument für die mangelnde Vergleichbarkeit von Unterhalt und Pflichtteil verwendet[1338]. Wegen der bedarfsunabhängigen Ausgestaltung wolle das Pflichtteilsrecht nicht generell die Versorgung des Berechtigten sichern; je nach Vermögenslage verbessere es lediglich abstrakt die Vermögenslage des Berechtigten[1339].

Kuchinke hält allerdings die Frage nach Unterwerfung des Erb- und Pflichtteilsverzichts unter die Wirksamkeits- und Ausübungskontrolle unter der Prämisse für legitim, dass in dem zu erwartenden Erb- bzw. Pflichtteil nur eine von Todes wegen besonders ausgestaltete Unterhaltsleistung gesehen werde[1340]. In anderem Kontext hält er fest, es sei naheliegend, dem Pflichtteil Unterhaltscharakter zuzuerkennen,

---

1335 So auch Kühle, S. 173 f.

1336 Vgl. die Ausführungen von Proff, ZErb 2017, S. 33, 36; vgl. dazu auch unten § 5, F., S. 306 ff..

1337 BVerfG, Beschl. v.19.04.2005, NJW 2005, S. 1561,1564; explizit die Bedürftigkeit verneinend mit dem Argument, der Pflichtteil habe seinen Rechtsgrund in der familiären Nähe Dittrich, ZEV 2013, S. 13, 20.

1338 Statt aller: Wegerhoff in: MünchKomm, § 2346, Rn. 35 b f.; vgl. dazu die diversen Ansichten im Schrifttum oben, § 1, B., S8 ff..

1339 Kapfer, MittBayNot 2006, S. 385, 388.

1340 Kuchinke, FPR 2006, S. 125, 127.

da die Teilhabe des Pflichtteilsberechtigten am Nachlass in jedem Falle der Versorgung, ihrer Sicherung oder auch ihrer Besserung diene, ungeachtet des wirtschaftlichen Niveaus des Berechtigten im Zeitpunkt des Erbfalls[1341]. Diese Ansicht zeigt ganz deutlich, dass der Ansatzpunkt der Bedürftigkeit des Pflichtteilsberechtigten als kontrollauslösendes Moment eine lediglich vom gewollten Ergebnis, nämlich der Bedarfsdeckung her betrachtete Methode darstellt, die eine Inhaltskontrolle einzuführen versucht, ohne die Funktion des Pflichtteils unter Berücksichtigung seiner Intention an sich näher in den Blick zu nehmen. Denn offenkundig gehen selbst die Vertreter, die eine Inhaltskontrolle nicht von vornherein ausschließen und der Mindestteilhabe am Nachlass deshalb eine Unterhaltsfunktion in Form der Besserung der Versorgung des Berechtigten beimessen, davon aus, dass dieser Effekt völlig unabhängig ist von dem wirtschaftlichen Niveau des Berechtigten. Der Pflichtteil ist und bleibt eben bedarfsunabhängig und kann auch nicht dadurch in sein Gegenteil verkehrt werden, indem man[1342] meint, seine Funktion von einer bestehenden Unterhaltspflicht des Erblassers oder einer etwaig gesicherten Versorgung des Verzichtenden durch bereits erfolgte Vermögensbildung abhängig machen zu dürfen. Dadurch würde systemwidrig eine Bedürftigkeit des Pflichtteilsberechtigten wieder eingeführt werden, die das Gesetz, wie gesehen, eben gerade nicht kennt und auch nicht will[1343]. Deshalb ist es auch wenig verwunderlich, wenn sich in den Werken der Vertreter dieses Ansatzes kein tragfähiger Begründungsansatz für ein solches Kriterium finden lässt. Vielmehr wird man unmittelbar mit der schlichten Behauptung konfrontiert, der Pflichtteil habe dann Unterhaltsfunktion, wenn der auf den Pflichtteil Verzichtende schon zu Lebzeiten des Erblassers auf dessen Unterhaltszahlungen angewiesen sei und diesem gegenüber einen Unterhaltsanspruch hab[1344]. Wer glaubt, für diese These eine tragfähige

---

1341 Kuchinke, FPR 2006, S. 125, 126.

1342 Vgl. die Darstellung der einzelnen Ansichten oben § 1, B., S. 8 ff..

1343 Zu der Gesetzgebungsgeschichte und -begründung vgl. oben § 2, A., I., S. 22 ff.. sowie § 5, C., I., 1., S. 194 ff..

1344 Wachter, ZErb 2004, S. 238, 244, meint, da die gerichtliche Inhaltskontrolle von Eheverträgen dem Schutz des sozial Schwächeren diene, dessen Unterhalt und Versorgung gesichert werden solle, und der Pflichtteil in den Fällen, in welchen die Vertragsparteien untereinander unterhaltsverpflichtet bzw. -berechtigt sind, eine ähnliche Funktion habe, müsse die Inhaltskontrolle auch auf den Pflichtteilsverzicht angewendet werden. Dutta, Anm. zu OLG Köln, Urt. v. 9.12.2009, FamRZ 2010, S. 838, 841, sowie Dutta, AcP 209 (2009), S. 760, 775 mit dem Verweis auf Gernhuber, FamRZ 1960, S. 326, 329, hält den Pflichtteil beim Bedürftigen für das „funktionelle Korrelat zur Unterhaltspflicht unter Lebenden", vgl. hierzu die Ausführungen oben § 5, C., I., 4., e), S. S. 214 ff.. Sturm, S. 136, spricht für den Fall der lebzeitigen Unterhaltsberechtigung sogar von dem primären Charakter eines Unterhaltsanspruchs. Auf die Ehebedingtheit der Bedürfnislage unter Ehegatten abstellend Wiemer, S. 172 ff.; diesen Ansichten zuletzt ebenso folgend Kühle, S. 116, 151 f., auch ausdrücklich für Ehegatten.

Begründung finden zu können, die zudem noch eine Inhaltskontrolle des Pflichtteils zu rechtfertigen vermag, irrt[1345].

Die behauptete konkrete Unterhaltsfunktion des Pflichtteils für den Einzelfall, in dem ein Unterhaltsanspruch gegen den Erblasser besteht, soll auf der anderen Seite zur Folge haben, dass die Inhaltkontrolle ausscheidet, wenn Unterhalt und Versorgung der Familienangehörigen aufgrund von eigenem Einkommen und Versorgung bereits gesichert sind[1346]. Ein merkwürdiges Ergebnis, wo der Pflichtteil doch gerade bedarfsunabhängig gewährt wird und nach seinem Gesetzeszweck eben auch den Personen zugute kommt, die auf ihn gerade nicht angewiesen sind. Bereits dies spricht evident gegen eine Unterhaltsfunktion[1347]. Ein Ergebnis, welches wohl schlicht hingenommen zu werden scheint. Auf die eigentliche ratio legis des Pflichtteils wird nicht näher eingegangen, auch nicht auf die nahe liegende Frage, ob der Verzicht eines Unterhaltsbedürftigen auf andere geldwerte Positionen, sei es in Form eines echten Verzichts oder in Form eines Erlassvertrages, nicht ebenfalls eine Inhaltskontrolle auslösen müsste. Im Übrigen garantiert der Pflichtteil auch in diesem hier nicht vertretenen Sinne doch nur eine Bedarfsdeckung dem Grunde nach, jedoch nicht der Höhe nach, da der Pflichtteil seiner Natur nach höhenmäßig begrenzt und damit endlich ist, wiederum im Gegensatz zum Unterhalt, der vornehmlich aus laufenden Geldquellen gespeist wird. Ein etwaig über den tatsächlichen (unterhaltsrechtlichen) Bedarf hinausgehender (Rest-) Pflichtteil wird von den Vertretern einer solch bedarfsabhängigen Betrachtungsweise der Einfachheit halber mit der dann insoweit verbleibenden Teilhabefunktion des Pflichtteils gerechtfertigt[1348], was, wie bereits erläutert, unzutreffend ist[1349].

Auch der Versuch, Parallelen zu vermeintlich vergleichbaren Rechtsinstituten mit Verweis auf die „unterhaltsfunktionsspezifischen Grenzen der Vertragsfreiheit"[1350] zu ziehen, verfängt nicht. Es ist zwar zutreffend, dass der BGH auch bei Abreden über den Versorgungsausgleich darauf abstellt, welche Funktionen der Versorgungsausgleich im konkreten Fall erfüllt[1351]. Allerdings hat der Versorgungsausgleich immer eine Versorgungsfunktion. Dies ist seine Hauptfunktion, die sich nicht nur im Einzelfall und auch nicht nur „funktionsspezifisch" zeigt,

---

1345 Denknotwendig müssten sich die Vertreter dieser Ansicht i.Ü. die weitere Frage stellen, ob denn ein Pflichtteil, der angeblich deshalb Unterhaltsfunktion hat, weil der Verzichtende gegen den Erblasser einen Unterhaltsanspruch hat, überhaupt bedarfsdeckend zur Reduzierung der Unterhaltshöhe einzusetzen ist. Dazu vgl. insbesondere die Erwägungen unten § 5, C., III., 5., S. 261 ff..

1346 Exemplarisch Wachter, ZErb 2004, S. 238, 245.

1347 Statt aller: Haas in: Staudinger, Einl. zu §§ 2303, Rn. 19.

1348 Dutta, AcP 209 (2009), S. 760, 778 f.

1349 Vgl. oben § 5, C., I., S. 194 ff..

1350 Dutta, Anm. zu OLG Köln, Urt. v. 9.12.2009, FamRZ 2010, S. 838, 841.

1351 So etwa Dutta, Anm. zu OLG Köln, Urt. v. 9.12.2009, FamRZ 2010, S. 838, 841, unter Berufung auf die Rechtsprechung des BGH, insbesondere das Grundsatzurteil vom 11.02.2004, NJW 2004, S. 930–937.

ganz im Gegenteil zum Pflichtteil. Der auf dem Halbteilungsgrundsatz basierende Wertausgleich der beiderseitigen Versorgungsanwartschaften dient dem Aufbau einer eigenen sozialen Absicherung des wirtschaftlich schwächeren Ehegatten im Alter und bei verminderter Erwerbsfähigkeit[1352]. Dieser Versorgungsaspekt findet sich ebenso beim Unterhalt, aber, wie gesehen, gerade nicht im Pflichtteilsrecht.

Es bleibt dabei: Der im Einzelfall eintretende Effekt der Herabsetzung der Bedürftigkeit durch den Bezug des Pflichtteils ist zufällig in dem Sinne, dass jeder vermögenswerte Zufluss diesen Effekt hervorzurufen geeignet ist. Zudem sollte diesem lediglich einzelfallbezogenen Ergebnis, das von Gesetzes wegen nicht einmal bezweckt ist und sogar dann noch eintritt, wenn nicht einmal ein Bedarf vorliegt, nicht eine Bedeutung beigemessen werden, die es nicht hat und auch nicht haben darf. Der Pflichtteil wird bedarfsunabhängig gewährt und sollte systematisch auch entsprechend behandelt werden. Gerade in diesem Sinne ist er auch kein funktionelles Korrelat zur Unterhaltspflicht. Das Abstellen auf Unterhaltsansprüche zwischen den Vertragsparteien eines Pflichtteilsverzichts zur Bestimmung der einzelfallabhängigen Funktion eines Pflichtteils stellt einen systemischen Bruch im bedarfsunabhängigen Pflichtteilsrecht dar. Der Pflichtteilsverzicht kennt keine solchen inhaltlichen Grenzen.

3. Die Bestimmungen über die Pflichtteilsentziehung, §§ 2333 Abs. 1 Nr. 3, Abs. 2 BGB

Verletzt ein Abkömmling böswillig die ihm dem Erblasser gegenüber gesetzlich obliegende Unterhaltspflicht, so kann der Erblasser gemäß § 2333 Abs. 1 Nr. 3 diesem Abkömmling den Pflichtteil entziehen. Das Entsprechende gilt für die Entziehung des Eltern- oder Ehegattenpflichtteils, § 2333 Abs. 2[1353]. Die Regeln über die Pflichtteilsentziehung finden ihre Rechtfertigung überwiegend in dem Gedanken einer Schmerzgrenze, bei deren Überschreiten dem Erblasser nicht länger zuzumuten ist, einen Mindestanteil an seinem Nachlass dem ansonsten Pflichtteilsberechtigten zukommen zu lassen[1354]. Auch der Gedanke der Verwirkung und Bestrafung wird oftmals angeführt[1355]. Gerade vor dem Hintergrund der Entscheidung des BVerfG zur Garantie des Pflichtteilsrechts[1356] scheinen die Pflichtteilsentziehungsgründe Pflichtverstöße aufzugreifen, bei deren Vorliegen die Vermutung einer engen Verbundenheit zwischen Erblasser und dem Familienmitglied entfällt[1357].

1352 Bergmann in: Bamberger/ Roth (Stand: Edition 25), § 1 VersAusglG, Rn. 2; Brudermüller in: Palandt, § 1 VersAusglG, Rn. 1.

1353 Vgl. die Ausführungen zu den maßgeblichen Entscheidungen des BVerfG unter § 5, B., I., 2. a), S. 176 ff..

1354 Lange in: MünchKomm, § 2333, Rn. 2; Mayer in: Bamberger/ Roth (Stand: Edition 20), § 2346, Rn. 1.

1355 Allerdings ebenso kritisiert, vgl. Lange in MünchKomm, § 2333, Rn. 2.

1356 Vgl. die Darstellung oben § 5, B., I., 2., a), S. 176 ff..

1357 Ebenso Lange in: MünchKomm, § 2333, Rn. 2.

Insbesondere in dem vorbenannten Entziehungsgrund der Unterhaltspflichtverletzung wird eine Verknüpfung von Unterhalt und Pflichtteil gesehen[1358]. Nach zutreffender Ansicht reichen diese Berührungspunkte allerdings nicht aus, um dem Pflichtteil eine Unterhaltsqualität beimessen zu können[1359]. Die Richtigkeit dieses Befundes zeigt sich bereits daran, dass § 2333 Abs. 1 Nr. 3 überhaupt keine Verquickung von Pflichtteil und Unterhalt dergestalt vornimmt, dass eine personenidentische Vergleichbarkeit vorliegen würde. Denn hier handelt es sich um den Pflichtteil des Abkömmlings bzw. Familienmitglieds, während auf der anderen Seite der Unterhalt des Erblassers betroffen ist. In diesem Sinne ist die gleichzeitige Erwähnung von Pflichtteil und Unterhalt rein fallspezifisch, da es sich um einen Fall der Pflichtverletzung gegenüber dem Erblasser handelt, die mit dem Charakter des Pflichtteils nichts zu tun hat. Dementsprechend wird diese schlichte Bezugnahme auf das Unterhaltsrecht als Begründung für eine Verknüpfung von Pflichtteil und Unterhalt zu Recht als absurd bezeichnet, betrachtet man einmal beispielsweise das Erbschaftssteuergesetz, welches seinerseits auf diverse Vorschriften des BGB Bezug nimmt[1360]. Auf einen etwaigen Kompensationsgedanken kommt es daher nicht mehr an[1361].

4. Der Unterhaltsanspruch der nichtehelichen Mutter gemäß § 1615 l Abs. 3 S. 4 BGB

Gemäß § 1615 l Abs. 3 S. 4 erlischt der Unterhaltsanspruch des bedürftigen nichtehelichen Elternteils wegen Betreuung des gemeinschaftlichen nichtehelichen Kindes nicht mit dem Tod des anderen Elternteils, sondern geht auf dessen Erben über. Mit dieser passiven Vererblichkeit des Unterhaltsanspruchs handelt es sich um eine Ausnahme zu der allgemeinen Regel des § 1615 Abs. 1, wonach der Unterhaltsanspruch grundsätzlich mit dem Tod des Verpflichteten erlischt[1362]. Eine Haftungsbeschränkung wie etwa § 1586 b kennt die Norm nicht[1363].

In der Gesetzesbegründung heißt es, die Vererblichkeit des Anspruchs sei deshalb geboten, weil die nichteheliche Mutter „im Gegensatz zur Ehefrau und zu den Kindern des Erblassers weder durch eine gesetzliche Beteiligung am seinem Nachlass noch durch Unterhaltsansprüche gegen Verwandte des Erblassers gesichert[1364]“ sei. Teilweise wird daraus geschlussfolgert, ähnlich dem § 1586 b werde auch hier dem nicht verheirateten Elternteil als Ersatz für den nicht gewährten Pflichtteil ein Unterhaltsanspruch zugestanden. Diese Ersetzung spreche für die

1358 Wachter, ZErb 2004, S. 238, 244; Wiemer, S. 174.
1359 Ludyga, S. 41 f.; Kühle, S. 106; Fach, S. 209.
1360 Vgl. die Ausführungen von Fach, S. 209.
1361 Dazu jedoch Kühle, S. 106.
1362 Born in: MünchKomm, § 1615 l, Rn. 62; Kemper in: Hk- BGB, § 1615 l, Rn. 9.
1363 Zacher- Röder/ Grimm- Hanke, FPR 2011, S. 264, 267.
1364 BT- Drucks. 5/ 2370, S. 57.

Unterhaltsfunktion des Pflichtteils[1365]. Richtigerweise ist jedoch das Gegenteil der Fall[1366]. Denn obwohl das Gesetz keinen Pflichtteil für die nichteheliche Mutter vorsieht, ihr also ohnehin ein solcher niemals zustehen würde, wird dennoch der Unterhaltsanspruch des § 1615 l über den Tod des Pflichtigen hinaus verlängert. Eine Ersetzung ist daher mangels Pflichtteilsrechts überhaupt nicht denkbar. Dem steht auch nicht die Gesetzesbegründung entgegen. Diese spricht nämlich, zumindest auch, ausdrücklich davon, dass die Unterhaltsverlängerung geboten sei, weil keine weitergehenden Unterhaltsansprüche, etwa gegen Verwandte des Erblassers, gewährt werden. Im Übrigen gelten die entsprechenden Erwägungen wie zu § 1586 b[1367]. § 1615 l Abs. 3 S. 4 vermag eine Unterhaltsfunktion des Pflichtteils nicht zu stützen.

5. Der Unterhaltsanspruch des § 1371 Abs. 4 BGB

§ 1371 Abs. 4 gewährt den Abkömmlingen des Erblassers, wenn sie gesetzlich erbberechtigt sind, gegenüber dem überlebenden Stiefelternteil einen Anspruch auf Ausbildungsunterhalt. Dies unter der Voraussetzung, dass Erblasser und überlebender Ehegatte im gesetzlichen Güterstand der Zugewinngemeinschaft gelebt haben und der Tod zu Gunsten des überlebenden gesetzlichen Erben zu einer Erhöhung des gesetzlichen Erbrechts um ein Viertel gemäß § 1371 Abs. 1 geführt hat. Die Zahlungsverpflichtung des überlebenden Elternteils ist von vornherein beschränkt auf dieses güterrechtliche Viertel[1368]. Die Regelung ist dispositiv und kann einseitig von dem Erblasser durch Testament ausgeschlossen werden[1369]. Da gerade kein Unterhaltsanspruch gegen den Erblasser passiv auf dessen Ehegatten vererbt wird, liegt keine Ausnahme zu § 1615 Abs. 1 vor, wonach der Unterhaltsanspruch grundsätzlich mit dem Tod des Verpflichteten erlischt[1370].

Es wird vertreten, der Unterhaltsanspruch des § 1371 Abs. 4 habe Ausgleichsfunktion für das unterhaltsberechtigte Stiefkind, weil durch die güterrechtliche Erhöhung des § 1371 Abs. 1 der Erbteil des Stiefkindes entsprechend gemindert werde[1371]. Dieses erhalte unterdessen nach dem Tod des überlebenden Ehegatten nichts mehr[1372]. Vereinzelt wird daraus der Schluss gezogen, das gesetzliche Erbrecht und damit auch der Pflichtteil hätten Aufgaben der Unterhaltssicherung, denn die Vorschrift kompensiere eine erbrechtliche Benachteiligung durch einen

---

1365 Kühle, S. 114.
1366 Ebenso Münch, ZEV 2008, S. 571, 573.
1367 Vgl. oben § 5, C., II., 1., S. 222 ff..
1368 Mayer, FPR 2004, S. 83, 87; Brudermüller in: Palandt, § 1371, Rn. 7 ff.
1369 Brudermüller in: Palandt, § 1371, Rn. 11.
1370 Zacher- Röder/ Grimm- Hanke, FPR 2011, S. 264, 268.
1371 Kühle, S. 108 f.; Zacher- Röder/ Grimm- Hanke, FPR 2011, S. 264, 267; Koch in: MünchKomm, § 1371, Rn. 52.
1372 Schausten, FPR 2008, S. 349, 349 f.; Koch in: MünchKomm, § 1371, Rn. 52.

Anspruch mit funktionellem Unterhaltscharakter[1373]. Verkannt wird bei dieser Betrachtungsweise jedoch, dass das Stiefkind von seinem leiblichen Elternteil im Wege der gesetzlichen Erbfolge sehr wohl etwas erbt und nicht gänzlich leer ausgeht. Nachhaltige Begründung für den Ausbildungsunterhalt ist vielmehr die Tatsache, dass mit dem Tod des leiblichen Elternteils ohne die in Rede stehende Regelung überhaupt kein Unterhaltsanspruch mehr gegeben wäre, da das BGB Unterhaltsansprüche von Stiefabkömmlingen im Übrigen nicht kennt[1374]. Darüber hinaus kommt § 1371 Abs. 4 nur für den gesetzlichen Erben in Betracht, nicht für den auf den Pflichtteil gesetzten enterbten Abkömmling, so dass von einer Unterhaltsfunktion des Pflichtteils bereits an dieser Stelle keine Rede sein kann. Für den zweiten Erbfall, nämlich den des Stiefelternteils gilt im Ergebnis nichts anderes. Dass das Stiefkind nicht erbberechtigt ist, basiert auf der hinzunehmenden Wertung des Gesetzgebers; mangels leiblicher Abstammung besteht kein Erbrecht für Stiefabkömmlinge. Im Übrigen haften die Verwandten und der Ehegatte des Stiefkindes nach vorherrschender Ansicht vorrangig vor dem Stiefelternteil; zudem ist der Unterhaltsanspruch selbstverständlich von der Bedürftigkeit des Berechtigten abhängig[1375]. Vor diesem Hintergrund kann von einer unbedingt gewährten Kompensation für ein reduziertes oder im zweiten Erbfall überhaupt nicht gewährtes Erbrecht durch den Anspruch auf Ausbildungsunterhalt nicht die Rede sein. Eine Alimentationsfunktion des Pflichtteils vermag damit auch § 1371 Abs. 4 nicht zu begründen.

6. *Zwischenergebnis*

Im Anwendungsbereich des § 1586 b gelangt die Einheitslösung zu unvertretbaren, teils zufälligen Ergebnissen. Eine Unterhaltsfunktion des Pflichtteils lässt sich weder dieser Auffassung noch der hier vertretenen Ansicht entnehmen. Darüber hinaus wird der Pflichtteil bedarfsunabhängig gewährt und stellt gerade kein funktionelles Korrelat zu Unterhaltsansprüchen dar. Dass die erbrechtliche Mindestteilhabe wie jeder andere Vermögenswert auch zu einer Bedarfsreduktion führen kann, ist rein zufällig und vermag eine Unterhaltsfunktion ebenfalls nicht zu rechtfertigen. Auch die weiteren Normen, namentlich § 2333 Abs. 1 Nr. 3 mit der Pflichtteilsentziehung, der passiv vererbliche Unterhaltsanspruch der nichtehelichen Mutter gemäß § 1615 l Abs. 3 S. 4 und der Anspruch auf Ausbildungsunterhalt nach § 1371 Abs. 4 sprechen nicht für den Alimentationscharakter des Pflichtteils.

1373 Kühle, S. 109.

1374 Mayer, FPR 2004, S. 83, 84; Mayer in: Bamberger/ Roth, § 1371, Rn. 36; Zacher-Röder/ Grimm- Hanke, FPR 2011, S. 264, 267 f.

1375 Zacher- Röder/ Grimm- Hanke, FPR 2011, S. 264, 268; Mayer, FPR 2004, S. 83, 85.

III. Reichweite der Disponibilität des Pflichtteils

1. Die gesetzliche Wertung des § 1614 Abs. 1 und des § 2346 Abs. 1 BGB

Im Folgenden soll untersucht werden, inwieweit einfachgesetzliche Normen sowie weitere Charakteristika von Unterhalt und Pflichtteil zu einer relevanten Vergleichbarkeit von Unterhalt und Pflichtteil führen, was eine Inhaltskontrolle von Pflichtteilsverzichten nahe legen würde. Ferner könnten einige der gesetzgeberischen Wertungen geeignet sein, Aufschluss darüber zu geben, in welchem Umfang der Pflichtteil disponibel und damit der Vertragsfreiheit zugänglich ist. Wer eine Unterhaltsfunktion des Pflichtteils bejaht[1376], kommt nicht an der Tatsache vorbei, dass ein Verzicht auf Verwandten-, Familien- und Trennungsunterhalt für die Zukunft gesetzlich ausdrücklich verboten ist, § 1614 Abs. 1 i.V.m. §§ 1360 a Abs. 3, 1361 Abs. 4 S. 4. Nichts läge näher als die logische Schlussfolgerung, dass ein Pflichtteil, der Unterhaltsqualität hat oder aber zumindest mit einem Unterhaltsanspruch vergleichbar ist, eben auch wie ein solcher behandelt werden muss und damit gemäß § 1614 Abs. 1 (analog auf den Pflichtteil) unverzichtbar ist. Das Gegenteil aber ist der Fall. Für den Pflichtteilsverzicht ist gesetzlich ausdrücklich dessen freie Verzichtbarkeit festgeschrieben, § 2346 Abs. 1. Auch dieser Widerspruch spricht einmal mehr gegen eine Vergleichbarkeit des Pflichtteils mit dem Unterhalt. In der Zusammenschau von § 1614 Abs. 1 i.V.m. §§ 1360 a Abs. 3, 1361 Abs. 4 S. 4 mit seinem Verbot des Verzichts auf zukünftigen Unterhalt und § 2346, der gerade kein Verzichtsverbot kennt, sondern diesen ausdrücklich zulässt, zeigt sich vielmehr die grundsätzliche Unterschiedlichkeit von Unterhalt und Pflichtteil[1377].

An dieser Widersprüchlichkeit der entsprechenden Ansichten vermag auch die im Wege des § 1585 c gegenüber den zuvor genannten Unterhaltsansprüchen erweiterte Disponibilität nichts zu ändern. Danach kann wegen des Grundsatzes der Vertragsfreiheit zwar auf nacheheliche Unterhaltsansprüche grundsätzlich verzichtet werden[1378], so dass man bei vordergründiger Betrachtungsweise zu dem Schluss gelangen könnte, die Verzichtbarkeit des nachehelichen Unterhalts sei vergleichbar mit der Verzichtbarkeit des Pflichtteils und bestätige damit insoweit nicht nur die Vergleichbarkeit beider Ansprüche, sondern letztlich auch die Unterhaltsqualität des Pflichtteils[1379]. Diese Schlussfolgerung ist dennoch falsch. Pflichtteil und nachehelicher Unterhalt sind auch unter diesen Aspekten nicht vergleichbar. Der nacheheliche Unterhalt löst den Pflichtteil in der Regel gerade nicht ab, denn Geschiedenen steht kein Pflichtteil zu. Umgekehrt erhalten grundsätzlich Pflichtteilsberechtigte ohne Statusveränderung (Scheidung) keinen nachehelichen

1376 Vgl. dazu die entsprechenden Ansichten oben unter § 5, C., I., 4., e), S. 214 ff..
1377 Ludyga, S. 40 f.; Kapfer, MittBayNot 2006, S. 385, 388.
1378 Huhn, RNotZ 2007, S. 177, 184; Büttner in: Johannsen/ Henrich, § 1585 c, Rn. 4; Brudermüller in: Palandt, § 1585 c, Rn. 2; Maurer in: MünchKomm, § 1585 c, Rn. 1.
1379 So im Ergebnis etwa Kühle, S. 107.

Unterhalt. Lediglich im Sonderfall des § 1586 b und lediglich nach der hier gerade nicht vertretenen Auffassung löst der vererbbare nacheheliche Unterhaltsanspruch einen Pflichtteil ab. Das Argument der mit § 1585 c festgeschriebenen Disponibilität ist daher nicht schlagend. Darüber hinaus zeigt die Entscheidung des BGH vom 19.01.2011, dass die auf den Pflichtteil verzichtende Tochter einen dem Verzichtsverbot des § 1614 Abs. 1 unterliegenden Anspruch auf Verwandtenunterhalt gehabt hätte; die Argumentation mit § 1585 c kann daher mangels Anspruchs auf Ehegattenunterhalt in solchen Fällen von vornherein nicht greifen.

Zwar kann der Unterhaltsberechtigte aufgrund des Verschüttens einer Einkommensquelle durch den Unterhaltsverzicht durchaus schutzwürdig sein, bei einem Pflichtteilsverzicht stellt sich aber die Situation bereits deshalb anders dar, weil durch den erbrechtlichen Verzicht bekanntlich eine nur ungewisse Erwerbschance aufgegeben wird. Bereits im Rahmen des nachehelichen Unterhalts wird aber auch dieser Schutzgedanke durch die grundsätzliche Möglichkeit des Verzichts, § 1585 c, gelockert, und dies, obwohl der nacheheliche Unterhalt vornehmlich ehebedingte Nachteile ausgleichen soll[1380]. Wenn mithin sogar auf den nachehelichen Unterhalt verzichtet werden kann, der zumindest auch, wenn nicht sogar schwerpunktmäßig ehebedingte Nachteile ausgleichen soll[1381], so gilt dies erst recht für den Pflichtteil, welcher bekanntlich, seiner Funktion[1382] entsprechend, nicht darauf gerichtet ist, ehebedingte Nachteile auszugleichen.

Dieses Ergebnis der grundsätzlichen Unterschiedlichkeit von Pflichtteil und Ehegattenunterhalt, insbesondere Trennungsunterhalt, wird durch den unterschiedlichen Zweck der im Zuge der obigen Diskussion herangezogenen Normen, namentlich § 1614 Abs. 1, § 1585c und § 2346, unterstützt. § 1614 Abs. 1 will Manipulationen zu Lasten Dritter, auch im öffentlichen Interesse, verhindern und gleichzeitig gewährleisten, dass der Familienunterhalt jederzeit verfügbar ist[1383]. Mit § 1585 c soll den Ehegatten die Möglichkeit einer frühzeitigen Einigung zur Vermeidung weiterer unnötiger Streitigkeiten im Scheidungsverfahren gegeben werden[1384]. Gegebenenfalls kann dadurch eine Scheidung erst ermöglicht werden[1385]. Der Unterschied zwischen dem Verbot des § 1614 Abs. 1 und der vollständigen Vertragsfreiheit des § 1585 c ist nicht etwa ein höheres Maß der Vorhersehbarkeit beim nachehelichen Unterhalt, sondern eine in diesem Bereich stärkere Betonung der Vertragsfreiheit aus Gründen der Rechtsklarheit und Rechtssicherheit[1386]. Dadurch wird im Übrigen dem Gedanken der wirtschaftlichen Eigenverantwortung nach

---

1380 BGH, Urt. v. 11.02.2004, NJW 2004, S. 930, 933.

1381 Vgl. dazu insbesondere § 4, A., III., 4., c), S. 109 ff..

1382 Dazu oben § 5, C., I., 4., S. 205 ff..

1383 Reinken in: Bamberger/ Roth, § 1614, Rn. 1; Berger/ Mansel in: Jauernig, § 1614, Rn. 1; Born in: MünchKomm, § 1614, Rn. 1.

1384 BT- Drucks. 7/ 650, S. 149; Maurer in: MünchKomm, § 1585 c, Rn. 1.

1385 Maurer in: MünchKomm, § 1585 c, Rn. 1.

1386 Born in: MünchKomm, § 1614, Rn. 4.

der Scheidung, welche durch die Reform des Unterhaltsrechts 2008 nochmals verstärkt wurde, Rechnung getragen[1387]. Erwägungen, die sich auf den Pflichtteil nicht übertragen lassen[1388].

Der Gedanke des grundsätzlichen Verzichtsverbotes des § 1614 Abs. 1 lässt sich mithin nicht auf den Pflichtteilsverzicht projizieren. Vielmehr ist § 2346 für den Pflichtteilsverzicht insoweit die einzige einschlägige Norm. Danach gilt grundsätzlich freie Verzichtbarkeit[1389]. Wer wie *Röthel* den Pflichtteilsverzicht als ein situationstypisches Durchsetzungsgefälle mit verzichtstypischem Rationalisierungsdefizit ansieht[1390], setzt dem Pflichtteilsverzicht contra legem Bedingungen und kehrt damit das Regel-Ausnahme-Verhältnis, dass solche Verzichte zunächst einmal bis zum Beweis ihres Gegenteiles wirksam sind, um. Der Pflichtteilsverzicht bedarf zu seiner Rechtfertigung keines besonderen Interesses[1391].

Nach dem Grundsatz der Privatautonomie sind nämlich Rechtsgeschäfte des Bürgerlichen Rechts solange wirksam, solange sie nicht gegen entgegenstehende Gesetze, § 134, verstoßen. In Ausnahmefällen können diese im Wege übergeordneter Wertentscheidungen der Grundrechte, die über die Generalklauseln wie § 138 Abs. 1 in das Zivilrecht hineinwirken, unwirksam sein. Dann aber muss stets die Unwirksamkeit des Rechtsgeschäfts und nicht etwa dessen Rechtfertigung konkret begründet werden[1392]. Auch in Fällen nachteiliger Wirkungen zu Lasten der Allgemeinheit ist daher nicht die Wirksamkeit des Geschäfts zu rechtfertigen, sondern festzustellen, ob und ggf. gegen welche übergeordneten Wertungen verstoßen wird[1393]. Hinsichtlich der Unterscheidung von abstraktem Verfügungs- und schuldrechtlichem Verpflichtungsgeschäft bedeutet dies, dass der vom Gesetzgeber in § 2346 zugelassene Verzicht als solcher wertneutral ist. Im Ergebnis dürfen daher im Erbrecht alle Gestaltungsinstrumente einschließlich Kombinationsmöglichkeiten ausgenutzt werden[1394]. Im Zweifel gilt mit dem Grundsatz der Privatautonomie, „dass gemacht werden darf, was nicht verboten ist (Art. 2 Abs. 1, 14 Abs. 1 GG)“[1395].

1387 Born in: MünchKomm, § 1614, Rn. 4; vgl. dazu im Übrigen unten § 5, C., III., 8., S. 269 ff..

1388 Vgl. dazu die Darlegungen zu den Funktionen des Pflichtteils § 5, C., I., S. 194 ff..

1389 . Die Beurkundungsbedürftigkeit des Erbverzichts gem. § 2348 bedeutet zwar eine Einschränkung der Vertragsfreiheit, jedoch nur in formeller Hinsicht. Materielle Hinweise und Belehrungen sind hingegen durchaus geeignet, im Einzelfall etwaige Ungleichgewichtslagen zu beseitigen; die reine Vornahme dieser Pflichten durch den Notar führt jedoch nicht automatisch zu einem Wegfall solcher Verhältnisse und damit auch nicht zu einer automatischen Richtigkeitsgewähr.

1390 Vgl. dazu die Darstellung oben § 1, B., S. 8 ff..

1391 So ausdrücklich auch Grziwotz, DNotZ 2016, S. 732, 742 f.; von Proff, ZEV 2017, S. 301, 302 f.; zu dem Ausschöpfen der erbrechtlichen Gestaltungsmöglichkeiten in Abgrenzung zu § 138 siehe oben § 5, B., II., S. 182 ff..

1392 BGH, Urt. v. 19.01.2001, BeckRS 2011, 02577, Rn. 18.

1393 Wendt, ZErb 2012, S. 313, 317.

1394 BGH, Urt. v. 19.01.2001, BeckRS 2011, 02577, Rn. 18.

1395 Wendt, ZErb 2012, S. 313, 320.

Wendt fasst insoweit die zwanzigjährige Senatsrechtsprechung des BGH mit den Worten zusammen: „Das Erbrecht steht jedermann zur Verfügung – Beschränkungen bedürfen einer eindeutigen, zumindest gleichrangigen Rechtsgrundlage“[1396].

2. Die Wertung des § 1933 S. 1 und 2 BGB

Gemäß § 1933 S. 1 BGB[1397] ist das Erbrecht des überlebenden Ehegatten sowie das Recht auf den Voraus ausgeschlossen, wenn zur Zeit des Todes des Erblassers die Voraussetzungen für die Scheidung gegeben waren und der Erblasser die Scheidung beantragt oder ihr zugestimmt hatte[1398]. Inhaltlich erfasst der Verlust das gesetzliche Erbrecht, den Voraus und auch das Pflichtteilsrecht[1399]. Ursprünglich wurde mit dieser Vorschrift das Ziel verfolgt, denjenigen Ehegatten, der schuldhaft einen Scheidungsgrund geschaffen hatte, mit dem erbrechtlichen Verlust zu bestrafen[1400]. Durch die Einführung des Zerrüttungsprinzips wurde das ehemalige gesetzliche Erfordernis des Verschuldens ersatzlos in Wegfall gebracht[1401]. Der (einseitige[1402]) Sanktionscharakter der Norm kann nach Abschaffung des Verschuldensprinzips in dieser Form folglich keinen Bestand mehr haben, weshalb heute allgemein anerkannt ist, dass mit der Regelung bloße Zufälligkeiten, die bei zerrütteter Ehe über das Bestehen des Erbrechts entscheiden, vermieden werden sollen[1403]. Der Verlust des Erbrechts hat nach der Gesetzesbegründung zwei Gründe: mit der Antragstellung habe das Erbrecht des überlebenden Ehegatten seine innere Berechtigung verloren; zum anderen entspreche das gesetzliche Erbrecht in dieser Situation nicht mehr dem mutmaßlichen Erblasserwillen[1404].

Fraglich ist, ob die unterschiedlichen zeitlichen Bezugspunkte von Unterhalt und Pflichtteil bereits für sich betrachtet eine Inhaltskontrolle auszulösen vermögen. In der Literatur wird vereinzelt vertreten, das Fehlen eines dem Unterhaltsanspruch vergleichbaren Rechtsinstituts für den Fall des Todes eines Ehegatten während

1396 Wendt, ZErb 2012, S. 313, 313.
1397 Zu der Wertung des § 1933 S. 3 siehe oben § 5, C., II., 1., S. 222 ff..
1398 § 1933 S. 2 regelt das Entsprechende für die Aufhebung der Ehe.
1399 Stürner in: Jauernig, § 1933, Rn. 2; Christmann in: Bamberger/ Roth, § 1933, Rn. 1; Leipold in: MünchKomm, § 1933, Rn. 19, 23; Thomes/ Hoeren in: Hk- BGB, § 1933, Rn. 5; Dieckmann, FamRZ 1992, S. 633, 634.
1400 Leipold in: MünchKomm, § 1933, Rn. 1; Christmann in: Bamberger/ Roth, § 1933, Rn. 1.
1401 Thomes/ Hoeren in: Hk- BGB, § 1933, Rn. 1.
1402 Es existieren gravierende verfassungsrechtliche Bedenken gegenüber dem einseitigen Wegfall des Erb- und Pflichtteilsrechts, weil bei Tod des gegnerischen Ehegatten während des Scheidungsverfahrens dieser von dem scheidungswilligen Ehegatten durchaus noch beerbt wird; vgl. hierzu beispielhaft Leipold in: MünchKomm, § 1933, Rn. 1 ff. m.w.N.
1403 Thomes/ Hoeren in: Hk- BGB, § 1933, Rn. 2.
1404 BT- Drucks. 7/ 4361, S. 52, 112.

intakter Ehe spreche indiziell bereits für die Begrenzung der Dispositionsfreiheit im Sinne einer Inhaltskontrolle. Scheidungsfolgenansprüche und Ehegattenpflichtteilsanspruch entstünden dann, wenn die eheliche Lebensgemeinschaft beendet wird, sei es durch Tod oder Scheidung. Konsequenz sei in beiden Fällen gleichermaßen das Ende unterhaltsrechtlicher Versorgung kraft Ehe und damit zugleich die Belastung eines Partners. Im Vergleich zum Zugewinn und zur Witwenrente, welche beide auch bei Tod noch stattfänden, sei „eine Perpetuierung des ehelichen Unterhaltsanspruchs aus dem Vermögen des Verpflichteten über den Tod des (nicht geschiedenen) Ehepartners hinaus nicht vorgesehen, so dass allein ein in Bezug auf den Unterhaltsanspruch im Falle des Todes eines Partners ein dem Scheidungsfolgensystem entsprechendes Rechtsinstitut fehle“[1405]. Dieser Befund sei Indiz dafür, dass dem Ehegattenpflichtteil „jedenfalls auch“ eine dem nachehelichen Unterhalt vergleichbare Unterhalts- und Versorgungsfunktion[1406] zukomme, der Pflichtteil im Todesfall mithin eine ähnliche Funktion habe wie der Geschiedenenunterhalt im Scheidungsfalle[1407]. Diese Ansicht verkennt die insbesondere mit § 1615 Abs. 1 und § 1933 S. 1 einhergehenden gesetzgeberischen Wertentscheidungen. Parallel zu den Erwägungen im Rahmen des Verwandtenunterhalts, wo die Unterhaltspflicht mit dem Erlöschen der verwandtschaftlichen Verhältnisse ebenfalls gemäß § 1615 Abs. 1 erlischt, erlischt auch der Familienunterhalt mit dem Tod des Unterhaltsschuldners, weil der Grund der Unterhaltsverpflichtung, die Ehe weggefallen ist[1408] und nicht etwa wegen einer unterhaltsersetzenden Funktion des Pflichtteils, der den Unterhaltsanspruch wesensgleich ablösen könnte[1409]. Eine bedarfsabhängige Absicherung nach dem Tod durch die Verwandten im Wege eines vererblichen schuldrechtlichen Anspruchs gegenüber den Erben hat der Gesetzgeber auch für Ehegatten gerade nicht gewollt. Umgekehrt gesprochen verfolgt der Pflichtteil entsprechend seinen Funktionen nicht das Ziel, den zu Lebzeiten des Unterhaltsverpflichteten bestehenden Unterhaltsanspruch im Falle seines Todes zugunsten des Unterhaltsberechtigten bzw. Pflichtteilsberechtigten funktionell gleichwertig abzulösen[1410]. Parallel dazu dokumentiert § 1933 S. 1 die klare Entscheidung des Gesetzgebers dahingehend, dass der geschiedene Ehegatte gerade keinerlei erbrechtlichen Ansprüche mehr erhalten soll. Damit besteht kein Anspruch mehr, der abgelöst werden müsste. Der Grund des ersatzlosen Entfallens des Erbrechts ist auch hier nicht der etwaig eintretende nacheheliche Unterhalt, der im Übrigen wie beispielhaft belegt, in vielen Fällen überhaupt nicht besteht[1411], sondern die mit

1405 Wiemer, S. 173.
1406 Dazu oben § 5, C., I., 4., e), S. 214 ff..
1407 Wiemer, S. 173.
1408 Vgl. hierzu die Ausführungen von Kuchinke, FF 2002, S. 161, 162, im Rahmen etwaiger Reformbestrebungen im Pflichtteilsrecht.
1409 Vgl. oben § 5, C., I., 1., S. 194 ff..
1410 Dazu auch § 5, C., I., 5., S. 216 ff..
1411 Insbesondere zu dem erwähnten Beispiel, vgl. oben § 5, C., II., 1., b), S. 224 ff..

der Scheidung einhergehende fehlende (familiäre) Berechtigung für den Pflichtteilserhalt. § 1933 S. 1 bestätigt mit dem zeitlich mit der Scheidung zusammenfallenden Wegfall des Erbrechts einmal mehr die Funktion des Pflichtteils, nämlich dass dieser als Ausdruck der Familiensolidarität mit seinem typisierten Teilhabegedanken an einem Traditionsvermögen eine starke Familienbezogenheit aufweist, die bekanntlich mit Scheidung entfällt. Die Gesetzesbegründung bestätigt den Befund, indem sie auf die mit Scheidung entfallende innere Berechtigung abstellt, die zudem von dem Erblasserwillen getragen ist[1412]. Dass Unterhalt und Pflichtteil voneinander strikt zu unterscheidende Rechtsinstitute sind, deren Vergleichbarkeit sich im Hinblick auf eine Ersetzung verbietet, haben auch die Erörterungen zu § 1615 l Abs. 3 S. 4 gezeigt[1413]. Die gelegentliche Feststellung in diesem Zusammenhang, es könne eben nur eines geben, entweder Pflichtteil oder Unterhalt[1414], ist zweifelsohne richtig, spricht aber, wie gesehen, für sich genommen gerade noch nicht für eine Inhaltskontrolle. Dass die Beendigung der Ehe durch Tod mit dem Fall der Beendigung durch Scheidung im obigen Sinne vergleichbar sein soll, erschließt sich mithin nicht. Eine Begründung vermag auch die hier abgelehnte Auffassung nicht zu geben. Allein aus dem Fehlen eines perpetuierten Unterhaltsanspruches für den Todesfall bei intakter Ehe kann auch nicht der Schluss gezogen werden, der Pflichtteil habe Unterhaltsfunktion. Konsequenterweise müsste die anderweitige Auffassung ohnehin ebenso im Zugewinnausgleich eine Unterhaltsfunktion erblicken, was auch aufgrund des Doppelverwertungsverbotes[1415] ersichtlich nicht der Fall ist.

1412 Verfehlt daher auch die Ansicht Aldingers, S. 235 f., der meint, ein Vertrauen des überlebenden Ehepartners, im Erbfall nicht plötzlich auf sich allein gestellt zu sein, rechtfertige im Falle des Bedarfs die Inhaltskontrolle des Pflichtteilsverzichts, der Höhe nach begrenzt auf den Ersatz der ehebedingten Nachteile. Immerhin erkennt Aldinger im Gegensatz zu Kühle, der ebenfalls diese Ansicht vertritt (vgl. § 5, C., I., 4., e), S. S. 214 ff..), dass es dazu einer dogmatischen Begründung bedürfe. Dieserhalb erfindet er das Vehikel der postmortalen ehelichen Solidarität. Dass dieses vermeintliche Gebot im Widerspruch zu den soeben erläuterten gesetzgeberischen Wertungen steht, bleibt unkommentiert, ebenso wie in Fällen der vorliegenden Art eine ggf. vorrangige und abschließende Abdeckung von Bedarfslagen durch die Witwen- bzw. Witwerrente.

1413 Siehe § 5, C., II., 4., S. 248 f.f.

1414 Münch, ZEV 2008, S. 571, 574.

1415 Danach dürfen einzelne Vermögens-/ Einkommenspositionen nur entweder im Rahmen der Berechnung des Unterhalts oder aber in der Berechnung des Zugewinnausgleichs ihren Niederschlag finden, niemals aber doppelt in jeder Berechnung aufgeführt werden; vgl. dazu auch die Erläuterungen zur Vergleichbarkeit des Pflichtteils mit dem Zugewinn, § 5, IV., 2., S. 293 ff..

3. Die Wirkung des § 2349 BGB

Gemäß § 2349 BGB erstreckt sich der Erbverzicht eines Abkömmlings oder Seitenverwandten des Erblassers auf seine Abkömmlinge, sofern nicht ein anderes bestimmt ist. Nach nicht unumstrittener, aber zutreffender h.M. gilt dies auch für den isolierten Pflichtteilsverzicht[1416]. Da sich die Wirkungen des Verzichts damit grundsätzlich auf den ganzen Stamm beziehen, erhält der Verzichtende mit der Verzichtserklärung ausnahmsweise die Möglichkeit, auf die an sich selbständigen erbrechtlichen Positionen seiner Abkömmlinge Einfluss zu nehmen, ohne dass diese in irgendeiner Form beteiligt würden[1417]. Der Verzicht gilt auch für im Zeitpunkt des Vertragsschlusses noch nicht vorhandene, ungeborene Abkömmlinge[1418]. Die Norm gilt hingegen nicht für Ehegatten. Soll die Wirkung des Verzichts eines Ehegatten auf die Kinder ausgedehnt werden, so müssen diese wegen ihrer eigenen erbrechtlichen Position selbstverständlich einen eigenen Verzicht gemäß §§ 2346 ff. erklären[1419]. Die Dispositivnorm des § 2349 gilt mithin nur im Verhältnis zu den Abkömmlingen und Seitenverwandten.

Weil die Wirkung des § 2349 bereits in dem Zeitpunkt eintreten kann, in welchem der von dem Verzicht betroffene Abkömmling nicht einmal geboren ist, können dessen Interessen einschließlich seiner Lebensplanung in solchen Fällen auch nicht berücksichtigt werden[1420]. Bereits dieser Automatismus, der nicht nur unabhängig von Bedarfslagen eintritt, sondern ohne jedwede Berücksichtigung der im späteren Leben eintretenden Umstände, die bei der Inhaltskontrolle hinsichtlich mehrerer Zeitpunkte zu berücksichtigen sind, spricht nach vereinzelter Ansicht gegen die Inhaltskontrolle von Pflichtteilsverzichtsverträgen[1421]. Dieses Argument ist in seiner pauschalen Darstellung sicherlich unzutreffend. In der Sache kann es schließlich nicht um einen Vertrag zwischen Erblasser und Abkömmling des Verzichtenden, beispielsweise dem Enkel gehen, da zwischen diesen gerade kein Vertrag geschlossen wird. Genauso wenig wie die Erstreckung auf die Abkömmlinge des Verzichtenden ein Vertrag zu Lasten Dritter ist, stellt die Erstreckungswirkung eine grundsätzlich von den Vertragsparteien des Verzichtsvertrages beabsichtigte Rechtsfolge dar[1422]; die Wirkung des § 2349 ist insoweit als Rechtsreflex zu beschreiben. Dieser Reflex auf Dritte bringt mit Bezug auf die fehlende Berücksichtigung deren Bedarfslage für die hier aufgeworfene Frage keinen Erkenntniswert. Dies

1416 § 2, A., II., 5., S. 46 ff..
1417 Weidlich in: Palandt, § 2349, Rn. 1.
1418 Wegerhoff in: MünchKomm, § 2349, Rn. 4; Weidlich, NotBZ 2009, S. 149, 159.
1419 Vgl. Wegerhoff in: MünchKomm, § 2349, Rn. 3.
1420 Weidlich, NotBZ 2009, S. 149, 159.
1421 Weidlich, NotBZ 2009, S. 149, 159.
1422 Wenn auch Fallgestaltungen anerkannt sind, bei denen primär der sog. „lästige Enkel“ ausgeschaltet werden soll, dies für den Fall des Vorversterbens des Verzichtenden vor dem Erblasser; vgl. dazu, insb. auch zu den damit zusammenhängenden Wirksamkeitshindernissen: Deutsches Notarinstitut, DNotI-Report 2007, S. 73 f.

gilt auch insoweit als die Rechtsprechung, wie oben gesehen, bei der Kontrolle von Eheverträgen, insbesondere § 1570 BGB ausnahmsweise auf die berücksichtigungswürdigen Belange Dritter, nämlich die von Kindern der Vertragsschließenden, Rücksicht nimmt. Der entscheidende Unterschied besteht darin, dass zum einen Kinder gegenüber ihren Eltern einen durchsetzbaren Unterhaltsanspruch haben, im Gegensatz zu einem fehlenden Anspruch auf Nachlassbeteiligung des Dritten, der ja gerade gemäß § 2349 abbedungen werden kann. Zum anderen werden die Belange der Kinder als Dritte inzident beispielsweise in den kindbezogenen Gründen der §§ 1570, 1578 b BGB als (auch) anspruchsbegründend berücksichtigt, so dass ausnahmsweise in diesem Sinne, auch weil der Betreuungsunterhalt dem Kind selbst zugute kommt, von einer Wirkung gesprochen werden kann, die über die übliche inter partes hinausgeht.

Wenn damit auch die Nichtberücksichtigung der Bedarfslage des Dritten als hier unerheblich eingestuft werden muss, so zeigt die gesetzlich vorgesehene Erstreckungswirkung doch, dass die Teilhabe am Vermögen ohne jedwede Einflussmöglichkeit zumindest der nachfolgenden Generation versagt werden kann. Der Anspruch auf Nachlassteilhabe kann mithin an der Disponibilität im Verhältnis des Erblassers zu seinem Abkömmling scheitern, auch wenn dieser eine Abfindung aushandeln kann. Vergleicht man hingegen das Bestehen von Unterhaltsansprüchen zwischen diesen Generationen der Großeltern und ihrer Enkel, so kann die Elterngeneration nicht wirksam auch zu Lasten der eigenen Kinder, nämlich der Enkel auf Unterhaltsansprüche verzichten. Im Ergebnis zeigt sich darin die gesteigerte Disponibilität der Pflichtteilsansprüche gegenüber Unterhaltsansprüchen[1423].

4. *Der Charakter des Pflichtteilverzichts als aleatorisches Rechtsgeschäft ohne Orientierung an Bedarfslagen*

Bereits die Zielrichtungen von Unterhalt und Pflichtteil sind unterschiedlich. Während der Unterhalt bedarfsorientiert und auch in der Zukunft, von dem üblichen Insolvenzrisiko eines Gläubigers einmal abgesehen, im Wesentlichen kalkulierbar ist, stellt der Pflichtteilsverzicht bereits von Gesetzes wegen als aleatorisches Rechtsgeschäft ein bewusst zugelassenes Risikogeschäft dar, dessen Auswirkungen sich erst in ungewisser Zukunft zeigen[1424]. Im Gegensatz zum Unterhaltsrecht wird mit einem Pflichtteilsverzicht auch keine bereits bestehende Erwerbsquelle aufgegeben. Bei einem Pflichtteilsverzicht geht es lediglich um eine ungewisse zukünftige Erwerbschance[1425].

Der aleatorische Charakter des Pflichtteilsverzichts kommt auch in den differenzierenden Ausführungen des BGH zu Pflichtteilsrecht und Pflichtteilsanspruch

---

1423 Zu dem Argument der Teilhabe am vorehelichen Vermögen, siehe unten § 5, C., IV., 2., S. 293 ff..

1424 Schotten in: Staudinger, § 2346, Rn. 197.

1425 Lange/ Kuchinke, S. 184.

zum Vorschein, wenn das Gericht wörtlich festhält: „Zu Lebzeiten des Erblassers ist unsicher, in welcher Höhe der Pflichtteilsberechtigte einmal einen Anspruch aufgrund seines Pflichtteilsrechts haben wird. Das ist sein Risiko, wenn er gegen eine bestimmte Abfindung auf das Pflichtteilsrecht verzichtet[1426]." Die volle wirtschaftliche Bedeutung des Pflichtteilsverzichts wird sich erst bei Eintritt des Erbfalls zeigen. Bis dahin ist der Wert des Nachlasses und damit auch des potentiellen Pflichtteils veränderlich, etwa wegen Vermögensveränderungen im Erblasservermögen, quotenverändernden Ereignissen wie die Geburt eines weiteren Kindes des Erblassers oder Heirat bzw. Scheidung des Erblassers[1427]. Auch wird der Pflichtteilsberechtigte nicht vor einem Verfall des Wertmessers Geld geschützt[1428]. Eine „faire" Abfindung ist daher kaum bestimmbar[1429]. Der Tod des Verzichtenden vor dem des Erblassers, aber nach Zahlung der Abfindung stellt dagegen ein charakteristisches Risiko für den Erblasser dar[1430].

Diese vertragstypischen Veränderungen werden aufgrund der Typizität von den Vertragsparteien des Pflichtteilsverzichts regelmäßig bewusst in Kauf genommen, werden dadurch zur Geschäftsgrundlage des Vertrages und können nicht zur Störung der Geschäftsgrundlage führen[1431]. Dass der Pflichtteilsberechtigte keinen Anspruch darauf hat, dass das Vermögen zum Zeitpunkt des Erbfalles einen gewissen Bestand hat, zeigt sich besonders deutlich an § 2325, wonach der Erblasser durch Schenkungen zu Lebzeiten sein Vermögen außerhalb der Frist des § 2325 Abs. 3 erheblich schmälern kann[1432]. Würde man in den soeben beschriebenen Konstellationen die Ausübungskontrolle zulassen, so würde das dem Rechtsinstitut per se innewohnende Risiko eines Wagnisgeschäfts ad absurdum geführt. Der Erb- und Pflichtteilsverzicht trägt in diesem Sinne ein „strukturell gesteigertes Risiko in sich"[1433]. Die Tatsache, dass der BGH die Ausübungskontrolle von Eheverträgen auf § 242 und nicht auf § 313 stützt, vermag deshalb wegen des ansonsten eintretenden teleologischen Bruchs die Ausübungskontrolle für Pflichtteilsverzichte ebenfalls nicht zu eröffnen[1434]. Gegen eine Anpassung spricht auch das Recht des Erblassers auf Planungssicherheit, welches zutreffend im Rahmen der Ausübungskontrolle

---

1426 BGH, Urt. v. 13.12.1996, MittBayNot 1997, 109, 110.

1427 Vgl. die Aufzählungen bei Schotten in: Staudinger, Einl. zu §§ 2346, Rn. 25.

1428 Haas, ZEV 2000, S. 249, 260.

1429 Bengel/ Dietz in: Beck´sches Notarhandbuch, S. 1032.

1430 Muscheler in: Festschrift für Spiegelberger, S. 1078, 1090; Bengel/ Dietz in: Beck´sches Notarhandbuch, S. 1032; Gierse, S. 115 f., betont insoweit, dass es sich bei dem Pflichtteilsverzicht um ein Risikogeschäft für beide Vertragsparteien handelt.

1431 Schotten in: Staudinger, Einl. zu §§ 2346, Rn. 26; dazu im Übrigen bereits oben § 3, D.,II., S74 ff..

1432 Weidlich, NotBZ 2009, S. 149, 159.

1433 Muscheler in: Festschrift für Spiegelberger, S. 1078, 1089.

1434 Im Ergebnis ebenso Muscheler in: Festschrift für Spiegelberger, S. 1078, 1089; Bengel, ZEV 2006, 192, 196.

zu berücksichtigen ist. Andernfalls könnte die gesamte Nachlassplanung in sich zusammenbrechen[1435].

Für den Fall, dass die Vertragsparteien ausdrücklich die Abfindung in Relation zum wahren Wert des Pflichtteils im Zeitpunkt des Erbfalls setzen wollen, wird eine sog. „Nachbesserungsklausel“ empfohlen[1436]. Irrt der Verzichtende mithin über den Wert des Vermögens des Erblassers, handelt es sich um einen unbeachtlichen Motivirrtum. Eine Anfechtung wegen Irrtums scheidet ebenso aus.[1437]. Ein solcher Motivirrtum ist nach allgemeinen Regeln regelmäßig unbeachtlich[1438]. Der aleatorische Charakter des Pflichtteilsverzichts spricht mithin daher gerade gegen eine Inhaltskontrolle[1439].

5. Die Wechselwirkung von Unterhalt und Pflichtteil im Rahmen des Bedarfs und der Leistungsfähigkeit im Unterhaltsrecht

Zunächst einmal könnte daran gedacht werden, der Pflichtteil habe dann Unterhaltscharakter, wenn er sich bedarfsdeckend auf Seiten des Unterhaltsberechtigten auswirkt, mit der Konsequenz, dass es sich um ein weiteres Kriterium im Rahmen der Bestimmung eines etwaigen Alimentationscharakers handeln könnte. Dies wäre jedoch zu kurz gegriffen, denn grundsätzlich ist jeder Vermögenswert, verbraucht man ihn, geeignet, eine Bedürftigkeit abzusenken. Dieser Gedanke der reinen reflexhaften, vom Unterhaltsrecht unabhängigen Bedarfsdeckung ist daher in diesem Kontext nicht nur verfehlt[1440], sondern verleitet zu falschen Schlussfolgerungen, da ansonsten jeder Vermögenswert Alimentationscharakter hätte.

Die Frage der unterhaltsrechtlichen Bedarfsdeckung durch einen Pflichtteil ist deshalb richtigerweise eine solche der Disponibilität der Mindestteilhabe am Nachlass. Müsste der Pflichtteil ohne Einschränkungen von einem Unterhaltsberechtigten bzw. -pflichtigen nach den allein maßgeblichen Regeln des Unterhaltsrechts eingesetzt werden, so könnte die Befugnis des einzelnen, über den Pflichtteil (vertraglich) zu verfügen und ggf. auf diese Weise den Unterhaltsbedarf heraufzusetzen bzw. die Leistungsfähigkeit zu reduzieren, dementsprechend eingeschränkt sein. Dieser Aspekt der unterhaltsrechtlichen Verwertungsobliegenheiten gemäß § 1577 sowie § 1581 ist von der eingangs erwähnten reflexhaften Bedarfsdeckung

1435 Bengel, ZEV 2006, S. 192, 196; Muscheler in: Festschrift für Spiegelberger, S. 1078, 1090.

1436 Wendt, ZEV 2006, S. 192, 196; Bengel, ZEV 2006, S. 192, 196; Muscheler in: Festschrift für Spiegelberger, S. 1078, 1089.

1437 Lange/ Kuchinke, S. 184 f.

1438 Hau in: jurisPK, § 2346, Rn. 10; Reul, MittRhNotK 1997, 373, 374.

1439 Falsch ist daher die Ansicht von Röthel, NJW, 2012, S. 337, 339; Röthel, AcP 212 (2012), S. 157, 193 f., welche unter anderem im Risikocharakter des Pflichtteilsverzichts das auslösende Moment für die Inhaltskontrolle sieht, vgl. insoweit die Literaturansichten oben, § 1, B., S8 ff..

1440 Vgl. dazu oben § 5, C., II., 2., S. 244 ff..

zu trennen. Die Verpflichtung zu einer solchen unterhaltsrechtlichen Verwendung könnte einer Dispositionsbeschränkung gleichzusetzen sein.

Fraglich ist somit, inwieweit der Pflichtteil die Höhe des Unterhaltsanspruchs beeinflussen kann. Die Frage stellt sich einmal im Rahmen der Bedürftigkeit des Unterhaltsberechtigten und ein weiteres Mal bei der Leistungsfähigkeit des Unterhaltsverpflichteten. Der Anspruch auf nachehelichen Unterhalt besteht nicht, wenn sich der geschiedene Ehegatte aus seinen Einkünften und seinem Vermögen selbst unterhalten kann. Dabei muss der Berechtigte gemäß § 1577 Abs. 3 den Stamm seines Vermögens nicht verwerten, soweit die Verwertung unwirtschaftlich oder unter Berücksichtigung der beiderseitigen Interessen unbillig wäre. In diesem Sinne entscheidet das Kriterium der Billigkeit darüber, ob der Pflichtteilsanspruch bedarfsdeckend einzusetzen ist. Praktisch abgedeckt ist damit insbesondere die Konstellation von Rücklagenbildung im Sinne eines Notgroschens für Not- und Krankheitsfälle[1441]. In der Regel ist daher ein Pflichtteilsanspruch zu verwerten[1442], weil es sich dabei meist um einen fälligen Zahlungsanspruch handelt[1443]. Wirtschaftliche Unbilligkeit und damit Unverwertbarkeit kann vorliegen, wenn absehbar ist, dass sich der Unterhaltsanspruch nicht wesentlich ändern würde, weil die aus dem Pflichtteilserwerb zu erwartenden Erträge die Bedürftigkeit nur geringfügig beheben würden[1444]. Wegen der grundsätzlich unterhaltsrechtlich gleichen Behandlung von Unterhaltsbedürftigem und -verpflichtetem entspricht die Verwertungsobliegenheit des Bedürftigen in § 1577 grundsätzlich der des Verpflichteten im Sinne des § 1581[1445].

Eine Obliegenheit des Pflichtigen zur Verwertung kann danach ausnahmsweise ausgeschlossen sein, wenn feststeht, dass er auch bei Weiterbestehen der Ehe den Pflichtteilsanspruch gegenüber dem überlebenden Familienangehörigen nicht geltend gemacht und der Pflichtteilsanspruch somit dem Familienunterhalt zu keinem Zeitpunkt zur Verfügung gestanden hätte[1446]. Die Rechtsprechung treibt in diesen Fällen zwar den Pflichtteilsberechtigten nicht in die ggf. streitige Geltendmachung

---

1441 Brudermüller in: Palandt, § 1577, Rn. 31; Dose in: Wendl/ Dose, § 1, Rn. 642 f.

1442 BGH, Urt. v. 21.04.1993, NJW 1993, S. 1920, 1921; OLG Oldenburg, Urt. v. 18.01.2005, FamRZ 2005, S. 718, 719; Maurer in: MünchKomm, § 1577, Rn. 19; Chr. Berger in: Jauernig, § 1577, Rn. 3; Brudermüller in: Palandt, § 1577, Rn. 31; Dose in: Wendl/ Dose, § 1, Rn. 642.

1443 Dose in: Wendl/ Dose, § 1, Rn. 642.

1444 BGH, Urt. v. 21.04.1993, NJW 1993, S. 1920, 1921; zu der Frage, ob Erbschaftsmittel als eheprägend den Bedarf beeinflussen, siehe OLG Hamm, Urt. v. 20.02.1992, FamRZ 1992, S. 1184–1187 (eheprägend in diesem Sinne seien nur Erbschaftsmittel, die bereits in der Ehe für den Familienunterhalt verfügbar gewesen seien); ähnlich auch BGH, Urt. v. 21.04.1993, FamRZ 1993, S. 1065–1067 unter Bezugnahme auf seine alte Rechtsprechung.

1445 Büttner in: Johannsen/ Henrich, § 1581, Rn. 18; Maurer in: MünchKomm, § 1581, Rn. 20; Chr. Berger in: Jauernig, § 1581, Rn. 3; Kemper in: Hk- BGB, § 1581, Rn. 6, 12.

1446 BGH, Urt. v. 21.04.1993, NJW 1993, S. 1920, 1921.

seines Anspruchs gegenüber den Erben hinein, so dass zunächst die Schlussfolgerung naheliegend erscheint, die Judikative wolle hier vorrangig einen besonderen (pflichtteilsspezifischen) Schutz der familiären Beziehungen statuieren. Diese Folge stellt jedoch zumindest im Kontext zum Unterhaltsrecht einen bloßen Rechtsreflex dar, da der Pflichtteil in solchen Fällen nicht nur aus Rücksicht zu dem familiären Gefüge unberücksichtigt bleibt, sondern aufgrund einer, im Unterhaltsrecht bei der Frage der die Ehe prägenden Einkünfte zu berücksichtigenden hypothetischen Betrachtungsweise[1447]. Wie beispielsweise andere Einkunftsarten auch bleibt in dem geschilderten Ausnahmefall der Pflichtteil auch deshalb unberücksichtigt, weil er als ein die ehelichen Lebensverhältnisse mehrendes Einkommen den Ehegatten nach einer im Nachhinein zu treffenden Prognose nie zur Verfügung gestanden hätte[1448].

Dieser Befund wird bestätigt durch den BGH, indem er festhält, dass der Pflichtteilsberechtigte grundsätzlich frei darin sei, ob er den ihm zustehenden Pflichtteil verlangen wolle. Soweit er unterhaltsrechtlich zu dieser Obliegenheit verpflichtet sei, müsse er lediglich fiktiv so behandelt werden, als habe er den Anspruch geltend gemacht[1449]. Darin erschöpften sich die Auswirkungen der Obliegenheitsverletzung. Eine einklagbare Pflicht zu einem bestimmten Handeln oder Unterlassen bestehe dagegen nicht[1450].

Mithin ist der Pflichtteilsanspruch grundsätzlich zu verwerten und kann als Vermögensposition nicht nur in diesem Sinne eheprägend für die ehelichen Lebensverhältnisse und damit für die Höhe des Unterhaltsanspruchs sein, sondern er beeinflusst grundsätzlich auch die Verwertungsobliegenheiten sowohl auf der Seite des Bedürftigen als auch auf der Seite des Pflichtigen. Die Disponibilität könnte mithin eingeschränkt sein, was eher für als gegen eine Inhaltskontrolle sprechen könnte. Das Bundessozialgericht hat entschieden, dass der Pflichtteilsanspruch zwar grundsätzlich zum verwertbaren Vermögen gemäß § 12 SGB II gehört, allerdings die Verwertung desselben nach § 12 Abs. 3 Nr. 6 SGB II dann ausgeschlossen sein kann, wenn die Verwertung für den Betroffenen eine besondere Härte bedeuten würde. Dies könne etwa dann der Fall sein, wenn die Geltendmachung der Forderung zu einer unzumutbaren Belastung des Familienverbandes

1447 Zu der Frage der die Ehe nicht prägenden Einkünfte vgl. BGH, Urt. v. 04.07.2007, DNotZ 2008, S. 193–196; inzident bestätigt durch BGH, Urt. v. 07.12.2011, FamRB 2012, S. 71–74.

1448 Dementsprechend ist anerkannt, dass auch bei dem Ehegattenunterhalt zu prüfen ist, ob es auch bei intakter Ehe zu einer Verwertung gekommen wäre; vgl. insoweit die Ausführungen von Dose in: Wendl/ Dose, § 1, Rn. 643 sowie Graba, Anm. zu BGH, Urt. v. 11.07.2012, FamFR 2012, S. 411, 413, wonach ausnahmsweise eine nach der Scheidung angefallene Erbschaft dann eheprägend sein kann, wenn der Lebenszuschnitt bereits in der Ehe in Erwartung der künftigen Erbschaft auf diese eingestellt wurde.

1449 BGH, Urt. 28.11.2012, BeckRS 25458, Rn. 21 f. = FamRZ 2013, S. 278 ff.

1450 BGH, Urt. 28.11.2012, FamRZ 2013, S. 278, 279 mit Anm. Maurer.

führen würde. Die Rechtsordnung berücksichtige die familiäre Verbundenheit zwischen Erblasser und Pflichtteilsberechtigten in besonderem Maße[1451]. Das Gesetz stellt insoweit den Versorgungsgedanken im Verhältnis der Ehegatten untereinander nicht grundsätzlich über persönliche verwandtschaftliche Befindlichkeiten, sondern berücksichtigt beides. Damit steht fest, dass mit der unterhaltsrechtlich grundsätzlich bestehenden Verwertungsobliegenheit zunächst keine Privilegierung des Pflichtteilsanspruchs im Vergleich zu anderen Vermögenswerten im Unterhaltsrecht vorgenommen wird, vielmehr in diesem Sinne, gerade auch im Hinblick auf die Bewertung des Pflichtteils als fiktivem Vermögenswert im Falle des Verstoßes gegen die Verwertungsobliegenheit, eine Gleichbehandlung vorliegt. Die Richtigkeit dieser Schlussfolgerung zeigt sich unter anderem auch in der Alternativität der gesetzlichen bzw. richterrechtlichen Gestaltungsmöglichkeiten. Denn der Pflichtteilsanspruch hätte durch Zuordnung zu dem nicht einzusetzenden Schonvermögen ohne weiteres von der unterhaltsrechtlichen Verwertung herausgenommen werden können. Dies ist jedoch nicht der Fall. Insoweit erfährt der Pflichtteil zwar keinen besonderen Schutz, allerdings gewährt das durch seinen Nachranggrundsatz insoweit strenger ausgestaltete Sozialrecht durch seinen Ausnahmetatbestand der unzumutbaren Härte, der auch von den Gerichten, wie gesehen, mit dem Schutz des Familienverbands begründet wird, eine Sonderstellung des Pflichtteils. Im Ergebnis wird damit sehr wohl der Pflichtteil zugunsten der Familie in besonderer Weise geschützt. Da er grundsätzlich nach den Regeln des Unterhaltsrechts zur Bedarfsdeckung einzusetzen ist, besteht insoweit eine eingeschränkte Disponibilität, welche allerdings durch den familiären Schutzgedanken wieder aufgeweicht wird.

Auch das geltende Zwangsvollstreckungsrecht harmoniert mit dieser Feststellung. Gemäß § 852 Abs. 1 ZPO ist der Pflichtteilsanspruch der Pfändung nur unterworfen, wenn er durch Vertrag anerkannt oder rechtshängig geworden ist. Hintergrund dieser Regelung ist die Rücksichtnahme auf die familiäre Verbundenheit von Erblasser und Pflichtteilsberechtigtem; Letzterem soll die Entscheidung überlassen bleiben, ob er den Anspruch gegen den Erben durchsetzen möchte[1452]. Das Entsprechende gilt nach § 852 Abs. 2 ZPO für den dem Schenker gemäß § 528 BGB zustehenden Anspruch sowie für den Anspruch auf Zugewinn. Da § 528 ausweislich seines Wortlautes die Sicherstellung auch des Verwandten- und Ehegattenunterhalts[1453] garantieren soll, bezwecken sowohl Abs. 1 als auch Abs. 2 des § 852 ZPO den Schutz der familiären Beziehungen. Dabei werden Unterhalt, Pflichtteil und Zugewinn gleichermaßen geschützt, so dass im Wege der vergleichenden

---

1451 BSG, Urt. v. 06.05.2010, FD- ErbR 2010, 308332 mit Anm. Litzenburger.

1452 Maurer, Anm. zu BGH, Urt. v. 28.11.2012, FamRZ 2013, S. 278, 280; Muscheler, Erbrecht II, S. 2146 f.; Sturm, S. 169; Hoeren in: Hk- BGB, § 2317, Rn. 5; Lange in: MünchKomm, § 2317, Rn. 24; Mayer in: Bamberger/ Roth (Stand: Edition 20), § 2317, Rn. 9; bestätigt durch BGH, Urt. v. 28.11.2013, FamRZ 2013, S. 278, 279.

1453 Inkludiert ist selbstverständlich auch der Unterhalt des Lebenspartners.

Betrachtung kein besonderer Schutz des Pflichtteils, insbesondere auch kein allein mit dem Unterhalt vergleichbarer Schutz ersichtlich ist. Pfändbar ist allerdings trotz des Wortlautes des § 852 Abs. 1 der durch seine Voraussetzungen aufschiebend bedingte Verwertungsanspruch[1454]. Die Verwertung darf aber nur dann erfolgen, wenn die vertragliche Anerkennung oder Rechtshängigkeit vorliegt[1455]. Damit verbleibt es auch hier bei dem familiären Schutzgedanken.

Im Ergebnis ist damit der Pflichtteil grundsätzlich einer Verwertung zuzuführen. Sowohl das SGB II als auch die ZPO und das BGB kennen jedoch Ausnahmetatbestände, welche, auf einem familiären Schutzgedanken basierend, dem Pflichtteilsberechtigten eine besondere Freiheit, nämlich die der Geltendmachung des Anspruchs selbst belassen. Im bürgerlichrechtlichen Unterhaltsrecht konkurriert dieser zwar mit den Grundsätzen zum eheprägenden Einkommen, jedoch sieht auch das BGB unter Schutzgesichtspunkten im Ergebnis davon ab, den Pflichtteilsberechtigten in die prozessuale Auseinandersetzung zu treiben, indem es eine Pflicht zu einem Handeln bzw. Unterlassen gerade ablehnt. Mithin setzt sich auch hier der Gedanke einer „negativen Pflichtteilsfreiheit" durch und spricht mit seiner Wahlfreiheit zugunsten des Pflichtteilsberechtigten gegen eine Inhaltskontrolle. Rein unterhaltsrechtlich lässt die grundsätzliche Verwertungsobliegenheit des Pflichtteils zugunsten des Unterhalts die „negative Pflichtteilsfreiheit" hinter das Schutzgut Unterhalt zurücktreten. Der Schutzcharakter der familienrechtlichen Unterhaltspflicht dominiert und überwiegt damit den des Pflichtteils, was einmal mehr die besondere Schutzbedürftigkeit der Unterhaltstatbestände im Vergleich zur pflichtteilsrechtlichen Teilhabe und damit das inhaltlich abgestufte Bedürfnis nach einer etwaigen Inhaltskontrolle zeigt. Auch dieser Vergleich zum Unterhaltsrecht spricht gegen eine Inhaltskontrolle von Pflichtteilsverzichtsverträgen.

6. Das Kriterium der Rechtssicherheit

In Frage steht weiterhin, welchen Einfluss ggf. das mit einem Pflichtteilsverzicht verknüpfte Rechtssicherheitsbedürfnis der Beteiligten auf die Frage der Übertragung der ehevertraglichen Inhaltskontrolle auf den Pflichtteilsverzicht hat: Würde durch den erklärten Pflichtteilsverzicht ein besonders schützenswertes Interesse am Erhalt der durch den Verzicht geschaffenen Rechtslage begründet, so könnte bereits dies gegen die Möglichkeit der Inhaltskontrolle sprechen. Der vertraglichen Disponibilität des Pflichtteils wäre dann der Vorrang gegenüber Eingriffen in die Vertragsfreiheit einzuräumen.

Das Kriterium der Rechtssicherheit wird dabei unter ganz unterschiedlichen Blickwinkeln betrachtet. Das Bedürfnis nach Rechtssicherheit ist bei einem isolierten Pflichtteilsverzicht mit dem bei einem Erbverzicht bereits insoweit nicht

---

1454 BGH, Beschl. v. 26.06.2009, MittBayNot 2010, S. 52, 53.

1455 BGH, Urt. v. 28.11.2012, FamRZ 2013, S. 278, 279 mit Anm. Maurer; Muscheler, Erbrecht II, S. 2147 f.

vergleichbar, weil der Verzicht auf den bloßen Pflichtteil weder die gesetzliche Erbfolge ändert noch das Pflichtteilsrecht anderer erhöht[1456].

Der BGH sieht dementsprechend die Interessen der Rechtssicherheit durch eine Vertragsanpassung dann nicht tangiert, wenn die Erbfolge nicht berührt wird. Dass der Nachlass ggf. dadurch mit einer Verbindlichkeit belastet wird, sei unschädlich[1457]. Da der Pflichtteilsverzicht die Erbfolge nicht berührt, ist zumindest in diesem Verhältnis das Gebot der Rechtssicherheit weniger geeignet, die Disponibilität des Pflichtteils in Frage zu stellen[1458].

Nicht ganz einig ist sich die Literatur bei der Bewertung der Rechtssicherheit in zeitlicher Hinsicht. So wird etwa vertreten, im Zeitpunkt des Erbfalles müsse die Belastung des Nachlasses mit einem Pflichtteilsanspruch nicht feststehen, weil dies für die Entstehung des Pflichtteils unerheblich sei[1459]. Andere sind mit Blick auf die Nachfolgeplanung der Ansicht, gerade im Verhältnis der Eltern zu den Kindern könne eine rechtssichere Abbedingung des Pflichtteils immense Bedeutung entfalten. Das betreffe beispielsweise die langfristige Sicherung der Unternehmensnachfolge oder auch die finanzielle Absicherung des überlebenden Ehegatten[1460]. Wichtig sei die Planungssicherheit insbesondere für den Erblasser. Bei Sittenwidrigkeit des Pflichtteilsverzichts könne die gesamte erbrechtliche Nachfolgeplanung in sich zusammenbrechen[1461]. Daher sei gerade in den Bereichen des Familien- und Erbrechts als den Rechtsgebieten mit weitreichenden vermögensrechtlichen und ggf. auch gesellschaftspolitischen Folgen auf Dauer Rechtssicherheit gewünscht. Allen Bestrebungen, die gesetzliche Vertragsfreiheit zur „Makulatur" werden zu lassen, müsse daher entschieden entgegengetreten werden. Das insbesondere Dauerschuldverhältnissen typischerweise innewohnende Prognoserisiko müsse dabei hingenommen werden. Nicht jede Vertragsreue dürfe das Vertrauen in die Rechtsordnung erschüttern[1462].

Die Tatsache, dass die Belastung des Nachlasses im Zeitpunkt des Erbfalles mit einem Pflichtteilsanspruch für die Entstehung desselben unerheblich ist, steht einer Inhaltskontrolle nicht von vornherein entgegen. Wie gesehen kann jedoch die Nachfolgeplanung durch eine Vertragskontrolle torpediert werden. Dies gilt in gesteigertem Maße für das grundsätzlich schützenswerte Vertrauen der Vertragsparteien in die Wirksamkeit des Vertrages. Gerade dem schwächeren Vertragspartner kann die fehlende Sicherheit des fortwährenden Bestandes des Vertrages zum

1456 Zu den Wirkungen von Erbverzicht und Pflichtteilsverzicht vgl. oben § 2, A., II., 5., S. 46 ff..

1457 BGH, Urt. v. 04.11.1998, NJW 1999, S. 789, 789.

1458 Dementsprechend beruft sich Münch auch nur insoweit auf das Kriterium der Rechtssicherheit, Münch, ZEV 2008, S. 571, 576.

1459 Wendt, ZNotP 2006, S. 2, 6.

1460 Kapfer, MittBayNot 2006, S. 385, 389, dort auch Fn. 46.

1461 Bengel, ZEV 2006, S. 192, 196.

1462 Kapfer, MittBayNot 2006, S. 385, 390.

Nachteil gereichen, da dieser es oftmals schwerer hat, einen Rechtsstreit durchzustehen[1463]. Auch bei der Inhaltskontrolle von Unterhaltsvereinbarungen wird dieses Vertrauen der Parteien in den Bestand der Vertragsgrundlagen geschützt. Indem mit dem Ehegattenunterhalt ehebedingte Nachteile ersetzt werden, wird der berechtigte Ehegatte in seinem Vertrauen so gestellt, als hätte er die nunmehr zu seinem Nachteil eingetretenen Dispositionen nicht getätigt, was eine erhöhte Kontrolldichte nach sich zieht. Solche Nachteile existieren in dem Verhältnis Erblasser zum Pflichtteilsberechtigten im erbrechtlichen Sinne aber nicht. Hier entstünden die Nachteile gerade in umgekehrter Richtung, nämlich durch den Eingriff in das Vertrauen auf den Fortbestand des Pflichtteilsverzichts durch eine Inhaltskontrolle. Eine Disponibilitätseinschränkung des Pflichtteils ist mithin unter diesem Gesichtspunkt nicht gegeben. Im Ergebnis streitet das schützenswerte Gebot der Rechtssicherheit für die Disponibilität des Pflichtteils und damit für die Vertragsfreiheit der Parteien.

7. Die Reform des Pflichtteilsrechts

Um den seit Inkrafttreten des BGB eingetretenen gesellschaftlichen Veränderungen Rechnung zu tragen, hat der Gesetzgeber das Gesetz zur Änderung des Erb- und Verjährungsrechts erlassen (in Kraft seit 01.01.2010)[1464]. Fraglich ist, ob insoweit die Reform bzw. die Intention des Gesetzgebers zumindest im Ergebnis als ein die Inhaltskontrolle von Pflichtteilsverzichtsverträgen unterstützendes Statement betrachtet werden kann.

Nach dem Beschluss der Reform des Erb- und Verjährungsrechts durch das Bundeskabinett hat sich die ehemalige Bundesjustizministerin *Brigitte Zypries* noch dahingehend geäußert, dass mit dem neuen Erbrecht „die familiäre Verantwortung innerhalb der Familien, auf der das Pflichtteilsrecht beruhe, erhalten bleiben solle. Die Mindestbeteiligung der Kinder am Nachlass ihrer Eltern könne grundsätzlich nicht entzogen werden. Zugleich solle aber die Testierfreiheit gestärkt werden, damit jeder Einzelne sein Vermögen nach seinen Vorstellungen verteilen könne[1465]." Diese Vorhaben ließen sich jedoch nicht allesamt gesetzgeberisch umsetzen. Was die Intention der Stärkung der Testierfreiheit angeht, so wurde bereits frühzeitig und noch vor der endgültigen Verabschiedung des Reformgesetzes kritisiert, dass eine solche bereits in dem Entwurf keinen Niederschlag gefunden habe. Eine Stärkung der Testierfreiheit, etwa durch Absenken der Pflichtteilsquote, war also von vornherein ausgeschlossen[1466]. Schon früh war in der Reformdiskussion die Überlegung aufgegeben worden, generell die Pflichtteilsquote von 1/2 auf 1/3 zu senken[1467]. Anders als zunächst vorgeschlagen, ist eine nachträgliche Anordnung des

1463 Ludyga, S. 50 f.
1464 Vgl. dazu, insbesondere auch zur Gesetzesbegründung § 5, C., I., 2., S. 201 ff..
1465 Zypries, Pressemitteilung BMJ v. 30.01.2008.
1466 Muscheler, ZEV 2008, S. 105, 105.
1467 Lehmann/ Schulz, S. 337.

Erblassers dahingehend, dass sich ein Beschenkter frühere Zuwendungen auf den Pflichtteil anrechnen lassen und sie gegenüber Miterben ausgleichen muss, nach dem in Kraft getretenen Erbrechtsreformgesetz nicht möglich[1468]. Auch die Erweiterung der Testierfreiheit durch solche nachträglichen Ausgleichungs- oder Anrechnungsbestimmungen konnte mithin nicht umgesetzt werden[1469]. Das Reformgesetz hat das bis dato geltende Pflichtteilsrecht in seiner Existenz und auch in der quotenmäßigen Höhe vielmehr bestätigt. Eine positive Aussage dahingehend, diese neuerliche Existenzbestätigung spreche mehr für als gegen eine Inhaltskontrolle wäre wohl zu weit gegriffen. Im umgekehrten Sinne wird man wohl eher sagen können, dass eine Stärkung der Testierfreiheit durch Absenken der Pflichtteilsquote nebst entsprechenden Anrechnungsbestimmungen einer gewissen Entwertung des Pflichtteilsrechts gleichgekommen wäre. Das wiederum hätte man als ein Bekenntnis für eine erhöhte Disponibilität werten können. Genau dies ist jedoch nicht der Fall. Die Reform des Pflichtteilsrechts verhält sich damit im Ergebnis neutral zu der Fragestellung der Disponibilität.

8. *Unterhaltsreform und Disponibilität*

Sollte die folgende Untersuchung zu dem Ergebnis kommen, dass mit der Unterhaltsreform ein „Bedeutungsverlust" des nachehelichen Unterhalts einhergeht, so könnte sich ein solcher auch auf den Pflichtteil niederschlagen. Solche etwaige reformbedingte Veränderungen der nachehelichen Unterhaltsansprüche könnten die Disponibilität dieser Unterhaltsansprüche verändern bzw. erhöhen. Die ehevertragliche Inhaltskontrolle müsste diese veränderte Dispositionsbefugnis der Vertragsparteien beachten. Eine solche wäre im Rahmen der Übertragung auf Pflichtteilsverzichtsverträge dann ebenfalls zu berücksichtigen.

Dies gilt nicht nur im Hinblick auf die Befürworter einer Unterhaltsqualität des Pflichtteils, sondern erst recht in Anbetracht des stets zum Unterhalt in Bezug gesetzten, eher vermögensrechtlich[1470] orientierten Pflichtteils. Schon in seinem Grundsatzurteil von 2004 hielt der BGH die Ansprüche auf Aufstockungs- und Ausbildungsunterhalt für am ehesten verzichtbar und ordnete sie als schwächste Unterhaltsansprüche im Sinne der Kernbereichsleiter ein. Bereits gemäß der 2004 geltenden Rechtslage waren die Unterhaltsansprüche nämlich dem Grunde und der Höhe nach zeitlich begrenzbar[1471]. Seit der am 01.01.2008 in Kraft getretenen

1468 Lehmann/ Schulz, ZEV 2009, S. 337, 337.

1469 Muscheler, Erbrecht, S. 2126.

1470 Zu den vermögensrechtlichen Aspekten des Pflichtteils, auch im Vergleich zum Zugewinnausgleich, vgl. die Ausführungen unten § 5, C., IV., 2., S. 293 ff..

1471 BGH, Urt. v. 11.02.2004, NJW 2004, S. 930, 934; vgl. dazu oben die Ausführungen § 4, A., II., 3., S84 ff..

Diskutiert wurde im Rahmen des Aufstockungsunterhalts insbesondere die Möglichkeit der Begrenzung der Höhe nach. So sei eine Begrenzung derart denkbar, dass Maßstab für den Unterhalt nicht die ehelichen Lebensverhältnisse,

Unterhaltsreform sind gemäß § 1578 b die Unterhaltstatbestände allesamt, ohne Beschränkung auf einzelne Unterhaltstatbestände, grundsätzlich herabsetzbar und der zeitlichen Begrenzung zugänglich. Damit liegt die Annahme nahe, dass Unterhaltsansprüche und ggf. etwaig damit vergleichbare Pflichtteilsansprüche aufgrund ihrer schwachen Ausgestaltung einer allenfalls geringfügigen Inhaltskontrolle unterliegen. Bereits bevor die rechtstatsächlichen Auswirkungen des zum 01.01.2008 in Kraft getretenen Unterhaltsrechts ausgewertet werden konnten, wurde in Frage gestellt, ob die Unterhaltsreform die Zulässigkeitsgrenzen ehevertraglicher Vereinbarungen nicht weiter ziehen würde[1472]. *Schwab* spricht im Hinblick auf eine etwaig durch die Reform herbeigeführte Erweiterung der Vertragsfreiheit und die einst entwickelte Theorie vom Kernbereich der Scheidungsfolgen von einer „juristischen Kernschmelze“[1473]. In der Literatur wird überwiegend die Auffassung vertreten, dass wegen der Relativierung für ehevertragliche Vereinbarungen mit der Unterhaltsreform der Rahmen für ehevertragliche Vereinbarungen erweitert wurde[1474]. Bereits der 17. Familiengerichtstag rechnete Ende 2007 in Anbetracht der geplanten Gesetzesänderung damit, dass sich aufgrund der weitgehenden Beschränkungen des nachehelichen Unterhaltes die Wirksamkeitskontrolle zukünftig auf wenige Fälle beschränken würde. Diese beträfen Sachverhalte mit einem nicht vorhersehbaren Verlauf und solche ohne bzw. ohne ausreichende Berücksichtigung ehebedingter Nachteile[1475]. In dem neuen Unterhaltsrecht sieht der Familiengerichtstag eine verstärkte Orientierung an den ehebedingten Nachteilen. Das führe nicht nur zu einem Verdrängen der Kernbereichslehre, sondern auch zu einem Mehr an Rechtssicherheit und einer Gewährleistung der grundsätzlichen Vertragsfreiheit der Parteien. Vergleichsmaßstab sei die Lage, die ohne Eheschließung bestünde, und damit das sog. negative Interesse[1476]. Die Kernbereichslehre

---

sondern allein der Ausgleich der ehebedingen Nachteile sei, was eine Orientierung des Unterhalts gemessen an der fiktiv weitergeführten vorehelichen Berufstätigkeit bedeute, Rauscher, DNotZ 2004, S. 524, 546; Mayer in: Würzburger Notarhandbuch, S. 1284.

1472 Vgl. Weidlich, NotBZ 2009, S. 149, 159.

1473 Schwab, NotRV 2008, S. 68, 70, der konkret danach fragt, ob sich der Spielraum für vertragliche Reduzierungen nicht dadurch erweitern müsste, dass sich der Spielraum der Gerichte für Kürzung, Senkung und Versagung von Unterhalt vergrößert habe; wenn es doch ein wichtiges Ziel des Gesetzgebers gewesen sei, die Eigenverantwortung geschiedener Frauen zu stärken, sollte dann diesen Frauen nicht zusätzliche Stärkung durch den Vertrag zu gönnen sein?

1474 Kilger/ Pfeil in: Göppinger, S. 256; Langenfeld, FPR 2009, 497 ff.; Langenfeld, Handbuch der Eheverträge, Kapitel 1, Rn. 65.

1475 17. Deutscher Familiengerichtstag, Eheverträge nach der Unterhaltsrechtsreform, Ziff. 4.

1476 17. Deutscher Familiengerichtstag, Eheverträge nach der Unterhaltsrechtsreform, Ziff. 2.

stelle dagegen auf den Vergleich zur Ehe ohne Ehevertrag ab, also auf das positive Interesse[1477].

Im Ergebnis dürfte das neue Unterhaltsrecht kaum eine Veränderung im Umfang bzw. im Aufwand der Inhaltskontrolle von Eheverträgen mit sich gebracht haben, anders jedoch in qualitativer Hinsicht. Vor der Unterhaltsreform war eine Befristung des Ehegattenunterhalts ab einer bestimmten Ehedauer ausgeschlossen und nur unter besonderen, außergewöhnlichen Bedingungen zulässig. Bereits 2006 eröffneten sich durch die Rechtsprechung neue, auf § 1573 Abs. 5 gestützte, Begrenzungs- und Befristungsmöglichkeiten[1478]. Diese fanden sodann in § 1578 b ihren gesetzlichen Niederschlag. Mit Einführung des § 1578 b hat der Reformgesetzgeber die nachehelichen Unterhaltsansprüche in bis dato nicht mögliche Befristungsmöglichkeiten einbezogen, während die höhenmäßige Herabsetzung bereits schon vor der Unterhaltsreform praktikabel war. Im Rahmen der Billigkeitsabwägung ist nunmehr eine kumulative Anwendung von Befristung und Herabsetzung grundsätzlich in Betracht zu ziehen. Die Herabsetzung stellt nach neuem Recht jetzt das mildere Mittel von beiden dar[1479]. § 1578 b ermöglicht neuerdings sogar einen Verzicht zu Lasten der Sozialhilfe, indem die privaten Verluste quasi sozialisiert werden[1480].

Mit der Abschaffung der Lebensstandardgarantie durch das neue Unterhaltsrecht geht die Rechtsprechung des BGH zu den sog. wandelbaren ehelichen Lebensverhältnissen einher. Danach wird der bedürftige geschiedene Ehegatte auch durch Ereignisse, die erst nach Rechtskraft der Scheidung eingetreten sind, an etwaigen Einkommenseinbußen des Pflichtigen durch einen geringeren Unterhalt beteiligt. Der bedürftige Ehegatte soll durch die Scheidung nämlich nicht besser gestellt sein als er ohne eine solche stünde[1481]. In den Vordergrund rückt damit, nicht zuletzt auch durch die Abschaffung der Lebensstandardgarantie und die Einführung einer verstärkten Erwerbsobliegenheit, der Ausgleich ehebedingter Nachteile. Das Merkmal der Ehedauer als (alleiniges) Indiz für die Dauer des zu zahlenden Unterhalts wird damit erheblich abgeschwächt. Eine automatische Unterhaltsbegrenzung durch die Gerichte anhand von Übergangs- und Schonfristen für die Unterhaltszahlungen bei Fehlen ehebedingter Nachteile hat sich nicht durchgesetzt. Gegenläufige Tendenzen sind in der Rechtsprechung deutlich

1477 17. Deutscher Familiengerichtstag, Eheverträge nach der Unterhaltsrechtsreform, Ziff. 3.

1478 Hambitzer, FamFR 2010, S. 511, 511: als zeitliche Grenze, die auch als Grenze im Rahmen der Präklusionswirkung für Abänderungsanträge gilt, wird auf das Urteil des BGH v. 12.04.2006, Az.: XII ZR 240/03, abgedruckt in NJW 2006, S. 2401–2404 abgestellt.

1479 BGH, Urt. v. 18.02.2015, NZFam 2015, S. 456, 458 mit Anm. Reinecke.

1480 Zu den sozialrechtlichen Aspekten vgl. unten § 5, C., III., 10., b), aa), S. 276 ff..

1481 BGH, Versäumnisurt. v. 06.02.2008, DNotZ 2008, S. 533, 533.

erkennbar[1482]. Die Ehedauer als Indiz wirtschaftlicher Verflechtung und die nacheheliche Solidarität können unter Vertrauensschutzaspekten dazu führen, dass der nacheheliche Unterhaltauch dann gewährt wird, wenn keine ehebedingten Nachteile vorliegen[1483].

Unterhaltsverstärkende Vereinbarungen, die sich seit der Unterhaltsreform als eigenständige Vertragstypen des Ehevertrages etabliert haben, gewinnen mehr und mehr an Bedeutung. Insbesondere gut situierte Paare können so den gesetzlichen Betreuungsunterhalt zugunsten des kinderbetreuenden Elternteils im Scheidungsfall erweitern und so eine längerfristige Eigenbetreuung der gemeinsamen Kinder gewährleisten[1484]. In diesem Zusammenhang ist weder das altbekannte vor der Reform geltende Altersphasenmodell[1485] noch ein an die Unterhaltsreform angepasstes modifiziertes Altersphasenmodell anwendbar. Damit ist jede schematische Betrachtung in Anbetracht des Kindesalters ausgeschlossen[1486]. Das erfodert eine individuelle Betrachtung jedes einzelnen Falles im Wege einer Gesamtabwägung sämtlicher Umstände.Insoweit bedeutet die Reform eine erschwerte, weil umfangreichere und individuelle(re) Überprüfung der Wirksamkeit der entsprechenden Verträge. Dies gilt im gleichen Maße für den Wegfall der langen Ehedauer als anspruchsauslösendes Moment für einen lebenslangen Ehegattenunterhalt auf gleichbleibendem Unterhaltsniveau.

Allerdings zeigen die dargestellten wesentlichen Aspekte der Unterhaltsreform ein weitergehendes Entkleiden des ehelichen Unterhalts in Richtung seines Kerns. Diese Wesensreduktion durch Abschaffung der Lebensstandardgarantie, Stärkung der eigenen Erwerbsobliegenheit, die Begrenzungs- und Befristungsmöglichkeiten des § 1578 b, die Neustrukturierung des Kindesbetreuungsunterhalts, die stärkere Orientierung am Ausgleich ehebedingter Nachteile statt bedingungsloser Halbteilung bedeutet eine quantitative Abschwächung des Unterhalts. In diesem Sinne

1482 Mittlerweile hält der BGH ausdrücklich fest, dass das Fehlen ehebedingter Nachteile keine automatische Herabsetzung oder Befristung, sondern eine umfassende Billigkeitsabwägung auslöst. Herabsetzung und/oder Befristung des nachehelichen Unterhalts sind sodann bei Unbilligkeit eines fortdauernden Unterhaltsanspruchs nach den ehelichen Lebensverhältnissen möglich, BGH, Beschl. v. 08.06.2016, FamRZ 2016, S. 1345, 1346 mit Anm. Witt; dazu bereits oben § 4, A., III., 4., d)-e), S. 111 ff..

1483 BGH, Urt. v. 06.10.2010, NJW 2010, S. 147–151 mit Anm. Börger; vgl. oben § 4, A., III., 4.,e)-f), S. 112 ff..

1484 Vgl. insbesondere auch zu vertraglichen Vorschlägen: Münch, notar 2009, S. 286–295; Münch, MittBayNot 2012, S. 10–17.

1485 Der Betreuungsaufwand und damit auch die Unterhaltsberechtigung für den betreuenden Elternteil wurde demgemäß typisierend vom Alter der zu betreuenden Kinder abhängig gemacht, Schmitz in: Familienrecht, § 3, Rn. 84.

1486 BGH, Urt. v. 15.06.2011, NJW 2011, S. 2646–2648 mit Anm. Mleczko; BGH, Urt. v. 30.03.2011, NJW 2011, S. 1582–1586 mit Anm. Maurer; Münch, MittBayNot 2012, S. 10, 10.

hat die Unterhaltsreform zweifellos eine gesteigerte Vertragsfreiheit ausgelöst[1487]. Eheliche Unterhaltsansprüche können daher als Ausdruck der Selbstbestimmung der Vertragsparteien in weiterem Umfang als zuvor gerichtsfest verhandelt werden. Dieser quantitativ abgeschwächte und auch qualitativ veränderte Unterhaltsanspruch reduziert in gleichem Maße die Schutzbedürftigkeit des schwächeren bedürftigen Ehepartners. Zu seiner rechtlichen Absicherung benötigt er einen damit korrelierenden Schutz durch eine insoweit veränderte Inhaltskontrolle. Diese muss die durch die Unterhaltsreform gesteigerten Dispositionsbefugnisse der in ihrer Vertragsfreiheit gestärkten Parteien berücksichtigen. Wenn dies für den nachehelichen Unterhalt gilt, dann muss dies erst recht für den Pflichtteil gelten, der lediglich einen Anspruch auf vermögensrechtliche Teilhabe vermittelt. Dieses Ergebnis wird unterstützt durch die Tatsache, dass dem Pflichtteil nach der in dieser Arbeit vertretenen Ansicht nicht einmal eine Alimentationsfunktion zukommt.

9. Der Pflichtteilsverzichtsvertrag als Verfügungsvertrag mit Kausalgeschäft

Der Pflichtteilsverzichtsvertrag ist als erbrechtlicher Vertrag unter Lebenden auf den Todesfall abstraktes erbrechtliches Verfügungsgeschäft, das unmittelbar dinglich auf das Pflichtteilsrecht einwirkt. Dabei wirkt der Verzicht nicht obligatorisch in dem Sinne, dass der Verzichtende verpflichtet wäre, das Pflichtteilsrecht nicht geltend zu machen; das Pflichtteilsrecht gelangt vielmehr gar nicht erst zur Entstehung. Dem Verzicht liegt wie jedem abstrakten Rechtsgeschäft auch ein Verpflichtungsgeschäft zugrunde[1488]. Die Sittenwidrigkeit des Rechtsgeschäfts scheidet jedoch nicht deshalb aus, weil es ein abstraktes erbrechtliches Verfügungsgeschäft ist[1489]. Der Sittenwidrigkeitsvorwurf manifestiert sich ja gerade in der Verfügung selbst[1490]. Bei der Frage, ob der abstrakte Pflichtteilsverzichtsvertrag oder das Kausalgeschäft im Wege der Ausübungskontrolle anzupassen ist, wirkt sich eine dogmatische Differenzierung im Ergebnis nicht aus. Ob das Verpflichtungsgeschäft angepasst wird oder das Gericht den Verzicht selbst anpasst, macht wirtschaftlich keinen Unterschied. Die dogmatische Frage, welches Rechtsgeschäft anzupassen ist, kann offen bleiben, da der Pflichtteilsverzicht anders als der Erbverzicht nach dem Erbfall keine dingliche Wirkung gegenüber jedermann entfaltet[1491]. Auch wenn der abstrakte Pflichtteilsverzicht die Rechtslage unmittelbar umgestaltet und

1487 Vgl. die Erwägungen von Langenfeld, FPR 2009, S. 497, 499; Langenfeld, Münchener Vertragshandbuch, Kapitel 1, Rn. 65 f.

1488 Dazu die Ausführungen oben § 2, A., II., 2., S. 40 ff..

1489 Kapfer, MittBayNot 2006, S. 385, 386 f.; Menzel, S. 256; vgl. i.Ü. oben § 3, A., S51 ff..

1490 Ähnlich Menzel, S. 256 und Ludyga, S. 63.

1491 Dazu näher oben § 2, A., II., 2., S. 40 ff.. sowie zum Erbverzicht unten § 5, E., S. 304 ff..; Bengel, ZEV 2006, S. 192, 195 f.

an sich wertneutral ist[1492], steht dies weder der vertraglichen Disponibilität noch einer entsprechenden Einschränkung durch die Inhaltskontrolle von vornherein entgegen.

10. Das Kriterium der Mehrbelastung unter sozialrechtlichen, insolvenzrechtlichen und steuerrechtlichen Aspekten

a) Das Kriterium der Mehrbelastung

Wie bereits im Rahmen der Wechselwirkung von Unterhalt und Pflichtteil dargestellt, kann der Pflichtteilsverzicht mit dem Tod des Erblassers wegen Erlöschens der Unterhaltspflicht dadurch zu einer Mehrbelastung für Dritte werden, dass ein bedarfsmindernder Einsatz des Pflichtteils nicht mehr möglich ist. Die Mehrbelastung tritt insoweit aufgrund des Pflichtteilsverzichts zu Lasten des Dritten ein, sofern dieser unterhaltsverpflichtet ist. Dies gilt ersichtlich nicht nur für Privatpersonen, sondern auch für den Sozialleistungsträger, der nach den allgemeinen Vorschriften des SGB II und SGB XII eintrittspflichtig wird[1493].

Fraglich ist nicht nur, ob die Fallgruppen Unterhaltsverzicht zu Lasten eines Dritten und Pflichtteilsverzicht zu Lasten eines Dritten vergleichbar sind, sondern auch, ob diese Betrachtungsweise überhaupt geeignet ist, die Frage der Inhaltskontrolle beantworten zu können. Bereits die Frage der Vergleichbarkeit ist gerade im Hinblick auf die verzichtsbedingt eintretende Unterhaltsbedürftigkeit zu verneinen. Während § 1614 BGB unter anderem die Verhinderung von rechtsgeschäftlichen Manipulationen zu Lasten an sich nachrangiger Unterhaltsverpflichteter bezweckt[1494] und der Unterhaltsverzicht im Anwendungsbereich des § 1614 zu einer Unterhaltsverpflichtung Dritter führt, erlischt nach erklärtem Pflichtteilsverzicht durch den Tod des Erblassers gemäß § 1615 Abs. 1 BGB der Unterhaltsanspruch[1495]. Im Übrigen verfolgt die Inhaltskontrolle, die ausschließlich im Zweipersonenverhältnis der familiär verbundenen Vertragspartner mit Blick auf Ungleichgewichtslagen dem besonderen Schutz der Privatautonomie dient, ersichtlich andere Zwecke[1496] als die hier in Rede stehenden als eigene Fallgruppe[1497] einzustufenden Dreipersonenverhältnisse[1498]. Im Hinblick auf eine durch den Pflichtteilsverzicht

---

1492 Vgl. die Erläuterungen oben zu § 2346 Abs. 1, § 5, C., III., 1., S. 251 ff..

1493 Zu den sozialrechtlichen Aspekten, insbesondere dem Subsidiaritäts- und Nachrangprinzip siehe oben § 5, A., II., S. 155 ff..

1494 Vgl. die Ausführungen oben § 5, C., III., 1., S. S. 251 ff.. sowie von Sturm, S. 149 ff.

1495 A.A. Sturm, S. 150 ff., der wegen der von ihm angenommenen Unterhaltsersatzfunktion des Pflichtteils logisch zwingend von dem Gegenteil ausgeht, meint in diesem Kontext, den Erben treffe insoweit die „im Pflichtteil fortwirkende Unterhaltslast“ des Erblassers.

1496 Vgl. dazu oben § 4, A., III., S. 88 ff..

1497 Beispielhaft Schumacher, F., S. 143.

1498 So jedenfalls i.E. auch Kühle, S. 138 ff. An der Sache vorbei und i.Ü. nicht zwischen der Anzahl der Personen differenzierend argumentiert insoweit Menzel, S. 267 f.,

eintretende Sozialhilfebedürftigkeit hat der BGH zudem jüngst festgestellt, dass „der im Sozialhilferecht nur höchst unvollkommen ausgestaltete Nachranggrundsatz keine hinreichende Prägekraft aufweist, um eine Einschränkung der Privatautonomie bzw. der negativen Erbfreiheit im dargelegten Sinn über § 138 Abs. 1 BGB rechtfertigen zu können[1499]". Eine Feststellung, die im Kontext der bereits dargestellten Entscheidung nun auch unter weiteren, unter anderem sozialhilferechtlichen Aspekten näher untersucht werden soll.

Aber auch wenn die ehevertragliche Inhaltskontrolle Kriterien der Drittbelastung nicht kennt[1500], so bleiben dennoch die üblichen gesetzlichen Instrumentarien, namentlich die Überprüfung am Maßstab des § 138. Soweit *Sturm*[1501] und nach ihm *Kühle*[1502] als insoweit vorrangig eine teleologische Reduktion des § 2346 untersuchen, ist dieser Ansatz in mehrfacher Hinsicht verfehlt. So meint *Sturm*, insbesondere wegen seiner Unterhaltsersatzfunktion und der Ablöse des gemäß § 1615 Abs. 1 mit dem Tod des Erblassers erloschenen Unterhaltsanspruchs durch den Pflichtteil liege es näher, den drittbelastenden Pflichtteilsverzicht bereits aus diesen Gründen als unzulässig anzusehen, als ihm über § 138 die Wirksamkeit zu versagen. Aufgrund dieser Vergleichbarkeit von Unterhalt und Pflichtteil liege es „methodisch" näher, den Anwendungsbereich des § 2346 zu reduzieren[1503]. Im Ergebnis zutreffend wird das Vorliegen einer verdeckten Regelungslücke als Voraussetzung der Reduktion verneint[1504]. Bereits der historische Gesetzgeber hat das Problem der Mehrbelastung Dritter, auch des Staates, nämlich in Form der Armenverbände durch den Pflichtteilsverzicht nicht nur gesehen, sondern aufgrund praktischer Erwägungen wie der erleichterten Nachlassabwicklung unter Verwerfung praktischer Alternativen wie der passiven Vererblichkeit des Unterhaltsanspruchs verworfen[1505]. Die Frage der teleologischen Reduktion hätte allerdings, ungeachtet der in der vorliegenden Arbeit ohnehin vertretenen anderen Ansicht, bereits systematisch nicht gestellt werden dürfen. Die Frage der Unwirksamkeit eines Rechtsgeschäfts ist explizit durch Gesetzesnormen zu beantworten und nicht

der meint, eine „pauschale Heranziehung der unterhaltsrechtlichen Rechtsprechung zur Inhaltskontrolle von Eheverträgen" verböte sich. Nur in Ausnahmefällen gelange man zur Anwendung des § 242. Regelmäßig sei an der Vereinbarung trotz beeinträchtigter Drittinteressen festzuhalten.

1499 BGH, Urt. v. 19.01.2011, BeckRS 2011, 02577, Rn. 28; auch zu den Entscheidungsgründen des Urteils vgl. oben § 5, A., II., S. 155 ff..

1500 Soweit ersichtlich subsumiert diese Fallgruppe in ihrer unterhaltsrechtlichen Ausprägung auch niemand unter den Anwendungsbereich der ehevertraglichen Inhaltskontrolle.

1501 Sturm, S. 147 ff.

1502 Kühle, S. 129 ff.

1503 Sturm, S. 150 f.

1504 Sturm, S. 154 ff.; Kühle, S. 130.

1505 Vgl. die Ausführungen oben § 5, C., I., 1., S. 194 ff..

durch (reduzierte) Anwendung der Erlaubnisnorm, hier des § 2346 selbst[1506]. Das BGB erlaubt in § 2346 explizit den Pflichtteilsverzicht, i.Ü. ohne jegliche Differenzierung von etwaigen Mehrbelastungen in verschiedenen (Mehr-) Personenverhältnissen, so dass sich eine Unwirksamkeit spiegelbildlich ebenfalls explizit aus dem Gesetz, § 138, ergeben muss. Solange Letzteres nicht der Fall ist, besteht die Wirksamkeit fort.

Auch wenn nach alledem das Kriterium der Mehrbelastung Dritter mangels vergleichbarem Anknüpfungspunkt im Scheidungsfolgenrecht zunächst als nicht unmittelbar weiterführend erscheint, soll dennoch auf diese drittbelastende Kasuistik näher eingegangen werden, um zumindest die Grenzen und die Intensität der Schutzbedürftigkeit und damit die Dipositionsbefugnisse des Pflichtteilsberechtigten näher auszuloten. Dabei wird sich insbesondere zeigen, inwieweit vergleichbare Parallelen zwischen einem Unterhalts- und einem Pflichtteilsverzicht zu Lasten der Sozialhilfe bestehen.

b) Aspekte des Sozialrechts

aa) Unterhaltsrechtliche Sichtweise

Bereits 1982 hat der BGH eine Grundsatzentscheidung zu der Frage getroffen, wann ein Unterhaltsverzicht unter sozialhilferechtlichen Aspekten sittenwidrig ist[1507]. Wollen die Eheleute mit einem Unterhaltsverzicht lediglich ihre finanziellen Verhältnisse im Rahmen eines Scheidungsverfahrens regeln, so ende die ihnen eingeräumte Vertragsfreiheit nach den allgemeinen Grundsätzen (Art. 2 Abs. 1 GG) dort, wo Rechte Dritter entgegenstehen. Bei der Beurteilung der Wirksamkeit eines Unterhaltsverzichts am Maßstab des § 138 BGB bedeute dies, dass die vereinbarte Regelung nicht nur nach den subjektiven Beweggründen, sondern auch nach ihrem objektiven Gehalt mit den guten Sitten im Einklang stehen müsse. Bei dem Eingreifen der Sozialhilfe sei zu beachten, dass diese grundsätzlich subsidiär und nachrangig gegenüber allen privaten Unterhaltsquellen sei. Dies finde als Ausfluss des Prinzips der Sozialstaatlichkeit seinen Ausdruck in dem Grundsatz, dass derjenige, „der sich aus eigener Kraft zu helfen in der Lage ist, mit seinem Wunsch nach staatlicher Hilfe zurücktreten müsse". Im privaten Unterhaltsrecht müsse der Bedürftige daher grundsätzlich, soweit nach den Umständen des Einzelfalles zumutbar, zunächst die ihm zur Verfügung stehenden privaten Erwerbsquellen und Unterhaltsmöglichkeiten, auch durch Geltendmachung der ihm gesetzlich zustehenden Unterhaltsansprüche, ausschöpfen[1508]. Weil es demnach auf den „aus der Zusammenfassung von Inhalt, Beweggrund und Zweck zu entnehmender

---

1506 Vgl. dazu oben BGH, Urt. v. 19.01.2011, BeckRS 2011, 02577, insb. Rn. 18; im Übrigen zu § 138 und § 2346 siehe die Ausführungen oben § 5, B., S. 172 ff..

1507 BGH, Urt. v. 08.12.1982, NJW 1983, S. 1851–1853 (= FamRZ 1983, S. 137–140).

1508 BGH, Urt. v. 08.12.1982, NJW 1983, S. 1851, 1852.

Gesamtcharakter“ der Verzichtsvereinbarung ankomme, könne auch ein Verzichtsvertrag sittenwidrig sein, der nicht auf einer Schädigungsabsicht der Ehegatten beruhe[1509]. Verzichten die Ehegatten vor der Ehe auf den nachehelichen Unterhalt, so scheide Sittenwidrigkeit bereits deshalb aus, weil der Verzicht die Bedürftigkeit bzw. das Risiko, auf Sozialhilfe angewiesen zu sein, nicht erhöht habe. Ohne den Verzicht sei nämlich die Eheschließung im Zweifel nicht erfolgt und der Unterhaltsanspruch auch nicht erworben worden[1510]. Insbesondere im Hinblick auf die Vertragsfreiheit würden es die berechtigten Belange des Sozialhilfeträgers den Ehegatten nicht gebieten, mit Rücksicht auf ihn Regelungen zu unterlassen, die von den gesetzlichen Scheidungsfolgen abweichen und dem individuellen Ehebild besser gerecht werden als die gesetzliche Regelung. Eine Pflicht von Eheschließenden zur Begünstigung des Sozialhilfeträgers für den Scheidungsfall kenne das geltende Recht nicht. Das gelte unabhängig davon, ob der Ehevertrag vor oder nach der Eheschließung vereinbart worden sei und ob die Ehegatten im ersten Fall die spätere Eheschließung vom Abschluss des Ehevertrages abhängig gemacht hätten[1511]. Allerdings könne die Unterhaltsabrede dann sittenwidrig sein, wenn die Ehegatten die auf der Ehe beruhenden Familienlasten objektiv zum Nachteil der Sozialhilfe geregelt hätten. Das sei namentlich dann der Fall, wenn sich im Scheidungsfall (ehebedingte) Nachteile ergeben würden, die an sich durch das nacheheliche Unterhaltsrecht ausgeglichen würden. Das gelte sogar dann, wenn im Innenverhältnis der Ehegatten zueinander der Verzicht der Inhaltskontrolle standhalte, weil beispielsweise eine Kompensation durch Zuwendung eines Wohnrechts stattgefunden habe, aber im Ergebnis die sozialhilferechtliche Bedürftigkeit nicht entfalle. Auch in einem solchen Fall könnten die Ehegatten die ehebedingten Nachteile, die durch den nachehelichen Unterhalt angemessen zwischen ihnen ausgeglichen werden sollen, nicht auf den Sozialhilfeträger verlagern und so „sozialisieren“[1512]. Schließlich hat der BGH im Hinblick auf die Person des Unterhaltspflichtigen entschieden, dass eine Unterhaltsvereinbarung auch dann sittenwidrig sein könne, wenn durch die Unterhaltsabrede bewirkt werde, dass der über den gesetzlichen Unterhalt hinaus zahlungspflichtige Ehegatte finanziell nicht mehr in

---

1509 BGH, Urt. v. 08.12.1982, NJW 1983, S. 1851, 1853; bestätigt mit Urt. v. 24.04.1985, Az.: IV b ZR 22/ 84,
NJW 1985, S. 1833–1835.

1510 BGH, Urt. v. 25.10.2006, NJW 2007, S. 904, 905; das Gericht führt an anderer Stelle (S. 906) im Hinblick auf vor der Ehe abgeschlossene Verzichtsregelungen aus, dass die Belastung durch den Sozialhilfeträger gerade kausal aufgrund der Eheschließung eintreten müsse, weil für den Scheidungsfall die Unterhaltspflicht ausgeschlossen wurde; ein solcher Fall liege nicht vor, wenn bereits im Zeitpunkt des Abschlusses des Ehevertrages Sozialhilfebedürftigkeit vorliege und entsprechende Leistungen bezogen würden.

1511 BGH, Urt. v. 25.10.2006, NJW 2007, S. 904, 905.

1512 BGH, Urt. v. 25.10.2006, NJW 2007, S. 904, 905; BGH, Urt. v. 05.11.2008, NJW 2009, S. 842, 845 mit Anm. Grziwotz; Wendt, ZErb 2012, S. 262, 265.

der Lage sei, seine eigene Existenz zu sichern und deshalb ergänzender Sozialleistungen bedürfe[1513]. Als Kernaussage dieses Urteils wird die inzidente Feststellung des BGH gewertet, die Leistungsfähigkeit des Schuldners begrenze die Unterhaltsvereinbarungen[1514].

Dementsprechend besteht grundsätzlich keine Pflicht der Eheschließenden zur Begünstigung des Sozialhilfeträgers; auch existiert dennoch keine unbegrenzte Pflicht, die unterhaltsrechtlichen Lasten der Ehe bis ans Lebensende zu tragen und so die Allgemeinheit zu entlasten. Mag zwar die Vertragsfreiheit im Ergebnis durch die vorgenannten Grundsätze mithin beschränkt sein, besteht dennoch die gesetzliche Möglichkeit der Unterhaltsbegrenzung gemäß § 1578 b BGB, die sogar dann besteht, wenn sich die Herabsetzung/Befristung im Ergebnis aufgrund der vollständigen Unterhaltsversagung als eintretende Sozialleistungsbedürftigkeit darstellt. So hat der BGH entschieden, dass auch „eine im Fall einer Unterhaltsversagung eintretende Sozialleistungsbedürftigkeit eine Befristung nach § 1578 b Abs. 2 BGB nicht notwendig ausschließt. Vielmehr nehme das Gesetz durch die Möglichkeit der Befristung, im entschiedenen Fall des Krankheitsunterhalts, in Kauf, dass der Unterhaltsberechtigte infolge der Unterhaltsbefristung sozialleistungsbedürftig werde und somit die Unterhaltsverantwortung des geschiedenen Ehegatten durch eine staatliche Verantwortung ersetzt werde[1515]“. Auch in dieser Entscheidung hat der BGH eine umfassende Billigkeitsabwägung vorgenommen und Kriterien wie eheliche Solidarität, Dauer der Ehe, Dauer der Zahlung des Trennungsunterhalts, Umfang der Belastung für den Unterhaltsschuldner etc. bewertet[1516]. Dass der BGH damit im Fazit einerseits den im Rahmen der Vertragsfreiheit getroffenen Unterhaltsverzicht zu Lasten der Sozialhilfe missbilligt, auf der anderen Seite aber dieselbe Rechtsfolge mit dem Argument, es handele sich um eine gesetzgeberische Wertung, hinnimmt, lässt das Gericht unkommentiert und wirft diesen ggf. als Widerspruch zu wertenden Befund nicht auf. Richtig verstanden handelt es sich allerdings nicht um einen Widerspruch, sondern um sich zeitlich gegenseitig ablösende, jeweils in einem Spannungsverhältnis zueinander stehende Wertungsentscheidungen. Setzt sich für den Zeitraum des gesetzlich zu zahlenden Unterhalts das Kriterium der Sozialleistungsbedürftigkeit gegenüber der Vertragsfreiheit durch, so unterliegt für den Zeitraum danach das Kriterium der Sozialleistungsbedürftigkeit dem Kriterium der ehelichen Solidarität bzw. dem der Sozialisation der Unterhaltsbedürftigkeit.

1513 BGH, Urt. v. 05.11.2008, NJW 2009, S. 842–846 mit Anm. Grziwotz.
1514 Grziwotz, Anm. zu BGH, Urt. v. 05.11.2008, NJW 2009, S. 842, 846.
1515 BGH, Urt. v. 30.03.2011, FamRZ 2011, S. 875, 876.
1516 BGH, Urt. v. 30.03.2011, FamRZ 2011, S. 875, 876 f.

bb) Pflichtteilsrechtliche Sichtweise

aaa) Allgemeine sozialrechtliche Perspektive und Pflichtteilsverzicht

Mayer hält hinsichtlich der sozialrechtlichen Auswirkungen des Pflichtteilsverzichts in bemerkenswerter Kürze und Klarheit fest: „Gegenstand des Pflichtteilsverzichts ist nur eine „jetzige Erbchance", kein Anwartschafts- oder gar Vollrecht. Daher ist auch ein während des Bezugs von Sozialhilfe erklärter unentgeltlicher Verzicht nicht sittenwidrig[1517]." So knapp dieses Statement auch ist, es trifft zumindest im Ergebnis den Kern der derzeitigen BGH-Rechtsprechung. Während Private für den Erbfall mit vielen Vermeidungsstrategien versuchen, den Zugriff des Sozialhilfeträgers zu vermeiden, ist hingegen dessen erklärtes Ziel die Überleitung von Gestaltungsrechten, um an dem Privatvermögen partizipieren zu können. Der Vorwurf des Sozialhilfeträgers kann dabei schlagwortartig mit folgender Wendung zusammengefasst werden: „Sozialisierung der Verluste bei Privatisierung der Gewinne"[1518]. Wie bereits im Rahmen der Analyse des BGH-Urteils vom 19.01.2011[1519] dargestellt, hat der sozialrechtliche Nachranggrundsatz zumindest für den Pflichtteilsverzicht eines behinderten Sozialleistungsbeziehers keine Konsequenzen, ist der Verzicht insbesondere nicht sittenwidrig. Es existiert keine Pflicht für Eltern behinderter Kinder, diesen einen Pflichtteil zu hinterlassen, damit die Kinder nicht der Allgemeinheit zur Last fallen[1520]. Während das pflichtwidrige Herbeiführen der eigenen Bedürftigkeit zwar durch Leistungskürzung sanktioniert werden kann, ändert dies nichts daran, dass ungeachtet des Verzichts auf den Pflichtteil und damit auf eine Erwerbsquelle grundsätzlich vorhandenes Vermögen und Einkommen einzusetzen ist[1521], so dass im Ergebnis zumindest im Hinblick auf Behinderte eine tragfähige Grundlage dafür fehlt, das öffentlich-rechtliche Regelungsprinzip in die Zivilrechtsordnung über § 138 Abs. 1 BGB hineinwirken zu lassen[1522]. Allein der Konflikt des sozialhilferechtlichen Nachranggrundsatzes mit zivilrechtlichen Gestaltungen kann allein nie zur Unwirksamkeit entsprechender Rechtsgestaltungen führen[1523].

Auch das „beredte" Schweigen des Gesetzgebers zu den gegenläufigen Grundsätzen der Subsidiarität und des Familienlastenausgleichs spricht ebenfalls gegen

---

1517 Mayer in: Mayer/ Süß, S. 424; Mayer, ZEV 2007, S. 556, 559; Littig/ Mayer, Rn. 177.
1518 Wendt, ZErb 2012, S. 313, 313.
1519 BGH, Urt. v. 19.01.2011, BeckRS 2011, 02577; vgl. § 5, A., II., S. 155 ff..
1520 Wendt, ZErb 2012, S. 313, 318.
1521 Wendt, ZErb 2012, S. 313, 318; dazu oben § 5, C., III., 5., S. 261 ff..
1522 BGH, Urt. v. 19.01.2011, BeckRS 2011, 02577, Rn. 31.
1523 Wendt, ZErb 2012, S. 313, 318 nennt in diesem Zusammenhang das ebenso einfache wie einleuchtende Beispiel der vorwerfbaren Kündigung des Arbeitsverhältnisses, welches sozialhilferechtlich zu Leitungskürzungen führen mag. Dennoch komme ersichtlich niemand auf die Idee, die Kündigung selbst für unwirksam zu halten. Zu diesem Gedanken vgl. oben § 5, C., III., 1., S. 251 ff..

die Annahme sittenwidriger Anwendung erbrechtlicher Gestaltungsinstrumente. Das Sozialrecht hält weder eine Regelung bereit, die den Verzicht auf den Pflichtteil verbietet, noch wird ein Mindesterbteil in Form des Pflichtteils vorgeschrieben[1524]. Trotz der jahrelangen Diskussion über Behindertentestamente und diverser Gesetzesvorschläge ist der Gesetzgeber untätig geblieben, so dass der Sozialhilfeträger im Verhältnis zu anderen Gläubigern einzig durch die Vorschrift des § 93 Abs. 1 S. 4 SGB XII privilegiert wird[1525]. Der BGH konstatiert abschließend in diesem Sinne mit aller Klarheit: „Daher besteht kein Anlass oder Grund, die bislang unterbliebene Erweiterung von Zugriffsmöglichkeiten gegenüber Eltern und Familien behinderter Kinder im Rahmen des § 138 Abs. 1 BGB richterrechtlich nachzuholen. Dies ist dem Gesetzgeber vorbehalten[1526]." Ein Bekenntnis für die Disponibilität des Pflichtteils ist daher die Feststellung von *Wendt* in Anlehnung an das Urteil des BGH: „Akten des Gesetzgebers und des Bundesverfassungsgerichts kann zweifellos begrenzende Wirkung zukommen. Solange dies nicht eindeutig geschehen ist, hat die Freiheit des Erblassers und des Erben die Oberhand[1527]."

bbb) Vergleichbarkeit mit den Sozialhilfeträger benachteiligenden Unterhaltsverzichten

Mit seiner Entscheidung vom 19.01.2011 hat der BGH entschieden, dass die Rechtsprechung zur Unwirksamkeit von Unterhaltsverzichten in Eheverträgen und Scheidungsfolgenvereinbarungen, die den (behinderten[1528]) Sozialhilfeträger benachteiligen, auf Pflichtteilsverzichtsverträge nicht übertragbar sei[1529]. Der BGH stellt maßgeblich auf die Tatsache ab, dass die besonderen Lasten von behinderten Leitungsbeziehern, auch in Abgrenzung zu ehebedingten Nachteilen im Bereich des Familienrechts gerade von der Allgemeinheit zu tragen sind. Dass damit das Familienvermögen nicht nur zu Lebzeiten, sondern auch über den Tod der Eltern hinaus schützenswert ist, stellt nicht nur einen Reflex, sondern Motiv der Entscheidungsgründe dar. Missverständlich, wenn auch im Ergebnis zutreffend mag die Feststellung des Gerichts zu den Verteilungsmechanismen im Familien- und

---

1524 BGH, Urt. v. 19.01.2011, BeckRS 2011, 02577, Rn. 39; Wendt, ZErb 2012, S. 313, 320.

1525 BGH, Urt. v. 19.01.2011, BeckRS 2011, 02577, Rn. 40; Wendt, ZErb 2012, S. 313, 320, meint, insbesondere bei der Überführung des BSHG in das SGB XII hätte sich eine entsprechende Gesetzesänderung angeboten.

1526 BGH, Urt. v. 19.01.2011, BeckRS 2011, 02577, Rn. 39; zustimmend Wendt, ZErb 2012, S. 313, 320.

1527 Wendt, ZErb 2012, S. 313, 320.

1528 Der BGH spricht zwar an der zitierten Stelle nicht ausdrücklich von dem behinderten Sozialleistungsbezieher, aus dem Kontext ergibt sich jedoch, dass sich diese Feststellung nicht explizit auch auf nicht behinderte Sozialleitungsbezieher bezieht, BGH, Urt. v. 19.01.2011, BeckRS 2011, 02577, Rn. 32 ff.

1529 BGH, Urt. v. 19.01.2011, BeckRS 2011, 02577, Rn. 32 ff.; vgl. die Begründung der Entscheidung oben § 5, A., II., 2., b), S. S. 158 ff..

Sozialrecht sein. Wie gesehen werden ehebedingte Nachteile gerade im Anwendungsbereich des nunmehr geltenden § 1578 b auch ab einer gewissen Schwelle der Allgemeinheit auferlegt[1530]. Allerdings ist dies lediglich eine Frage der zeitlichen Grenzziehung unter Berücksichtigung der besonderen ehelichen Kriterien wie Ehedauer, Solidarität etc. Im Ergebnis statuiert der BGH mit der Ablehnung der Vergleichbarkeit von Unterhaltsverzicht und Pflichtteilsverzicht zu Lasten der Sozialhilfe einen besonderen Schutz für behinderte Leistungsbezieher und deren Familien. Dies zeigt gerade der Vergleich des Familienrechts mit dem Sozialrecht.

Die Frage, ob die Rechtsprechung zur Unwirksamkeit von Unterhaltsverzichten zu Lasten der Sozialhilfe auch auf Pflichtteilsverzichte nicht behinderter Sozialhilfeempfänger übertragen werden kann, hat der BGH mit seinem Urteil von 2011 zumindest nicht explizit beantwortet. Er hat die Frage der Übertragung maßgeblich mit einem technischen Argument abgelehnt, dass nämlich Unterhaltsansprüche behinderter volljähriger Leistungsbezieher gem. § 94 Abs. 2 SGB XII nur beschränkt überleitbar sind. Im Umkehrschluss kann aus dem Fehlen einer entsprechend privilegierenden Regel für nicht behinderte Leistungsbezieher jedoch nicht positiv auf das Gegenteil, einen geringeren Schutz für nicht Behinderte mit der Konsequenz der Möglichkeit unwirksamer Pflichtteilsverzichte gefolgert werden. Vielmehr hat der BGH in demselben Urteil mit der negativen Erbfreiheit ein Bekenntnis zur Vertragsfreiheit abgegeben und damit das Kriterium der Belastung der Allgemeinheit in den Hintergrund gerückt. Dieser Befund korrespondiert zum einen mit der Tatsache, dass die Sozialleistungsbedürftigkeit auch einer nunmehr im Rahmen des § 1578 b Abs. 2 existierenden Befristungs- und Begrenzungsmöglichkeit nicht mehr von vornherein entgegensteht; zum anderen wird im Zuge der negativen Erbfreiheit auch die Vereinbarkeit mit der Überleitungsprivilegierung des § 93 Abs. 1 S. 4 SGB XII in Frage gestellt. All dies spricht, neben den vom Sozialrecht unabhängigen in dieser Arbeit aufgeführten Argumente, sehr dafür, eine Übertragung der Rechtsprechung zur Unwirksamkeit von Unterhaltsverzichten zu Lasten der Sozialhilfe nicht auf Pflichtteilsverzichte zu übertragen.

cc) Sozialrechtliche Gesamtbetrachtung

So gegenläufig die Prinzipien des Nachrangs bzw. der Subsidiarität der öffentlichen Hilfe und des Familienlastenausgleichs sind, so entgegensetzt sind die Auffassungen des Schrifttums, die sich in Folge des BGH-Urteils vom 19.01.2011 gebildet bzw. verfestigt haben. Meinen die einen in zutreffendem Verständnis des Urteils, die „Sittenwidrigkeitsnörgeleien" würden künftig kein Gehör mehr finden können[1531], halten andere es für anstößig, wenn größere Vermögen vor dem Sozialhilfeträger

---

1530 Vgl. oben § 5, C., III., 10., b), aa), S. 276 ff..

1531 Wendt, ZErb 2012, S. 313, 321; Krauß, Anm. zu LSG Bayern, Beschl. v. 30.07.2015, MittBayNot 2016, S. 442, 445; Andrissek, MittBayNot 2018, S. 57, 58; im Ergebnis ebenso Pflieger, MittBayNot 2018, S. 196, 198 f.

in Sicherheit gebracht werden sollen[1532]. In letztgenanntem Sinne plädiert *Armbrüster* für eine einzelfallbezogene Gesamtwürdigung, bei welcher hinterfragt wird, ob ein „böser" Zweck, die Vereitelung des Zugriffs des Sozialhilfeträgers, durch ein „gutes" Motiv, den wirtschaftlichen Vorteil dem Kind zuzuwenden, neutralisiert wird. Eine solche Neutralisation scheide bei größeren Vermögen aus, so dass im Ergebnis sowohl im Fall des BGH vom 19.01.2011 als auch generell Behindertentestamente in diesem Punkt gemäß § 138 Abs. 1 sittenwidrig seien[1533]. Einschlägig sei die insoweit zu § 138 Abs. 1 entwickelte Fallgruppe der Absicherung anerkannter Ordnungen unter dem Blickwinkel des Sozialrechts[1534]. Sodann zieht *Armbrüster*, ohne Unterscheidungsmerkmale zu nennen, eine Parallele zu Unterhaltsverzichten in Scheidungsfolgenvereinbarungen. Im Ergebnis hält er § 138 Abs. 1 für „ein Bindeglied zwischen dem Sozialrecht und dem Erbrecht[1535]", um dem sozialrechtlichen Nachranggrundsatz zum Durchbruch zu verhelfen. Im Sinne der Rechtssicherheit plädiert er abschließend für klarstellende Regelungen im SGB XII[1536].

Diese Ansicht ist nach dem in Bezug genommenen Urteil des BGH nicht mehr haltbar, will man nicht sämtliche Wertungen dieser Entscheidung ignorieren. *Armbrüster* geht mit keinem Wort auf die Feststellung des BGH ein, dass die den Pflichtteilsverzicht erklärenden Kinder in der Regel einer anerkennenswerten Erwartungshaltung ihrer Eltern auf Erhalt des Familienvermögens nachkommen[1537]. Diese ist zudem geschützt durch Art. 6 Abs. 1 GG, was sich spätestens, hält man § 138 Abs. 1 für anwendbar, im Rahmen der geforderten Gesamtwürdigung niederschlagen müsste. Der Gedanke der Erhaltung des Familienvermögens[1538] ist im Übrigen auch dem BGB bestens bekannt. So statuiert § 2338 einen Akt der „Zwangsfürsorge" und trägt dazu bei, das Familienvermögen der Familienangehörigen innerhalb des Anwendungsbereichs der Norm zu erhalten[1539]. Die Differenzierung von großen und kleinen Vermögen findet weder im Gesetz noch im Urteil des BGH eine Stütze und ist genauso polemisch gewählt wie der von *Armbrüster* gewählte Beispielsfall der armen steuerzahlenden Krankenschwester[1540]. Auch anerkannte Ordnungen können durch die Annahme der Sittenwidrigkeit nicht

---

1532 Armbrüster, ZErb 2013, S. 77, 78.; Armbrüster in: MünchKomm, § 138, Rn. 45; so im Ergebnis auch Dutta, AcP 209 (2009), S. 760, 787.

1533 Armbrüster, ZErb 2013, S. 77, 78.; Armbrüster in: MünchKomm, § 138, Rn. 45.

1534 Armbrüster, ZErb 2013, S. 77, 79.

1535 Armbrüster, ZErb 2013, S. 77, 79.

1536 Armbrüster, ZErb 2013, S. 77, 80.

1537 BGH, Urt. v. 19.01.2011, BeckRS 2011, 02577, Rn. 29.

1538 Vgl. dazu auch die Ausführungen oben zur Funktion des Pflichtteils, § 5, C., I., S. 194 ff..

1539 Wendt, ZErb 2012, S. 262, 264.

1540 Siehe hierzu Armbrüster, ZErb 2013, S. 77, 79; dass die Größe des hinterlassenen Vermögens für die Wirksamkeit von Behindertentestamenten zutreffend keine Rolle spielt, hat das OLG Hamm in seinem Urt. v. 27.10.2016 bestätigt, vgl. ZEV 2017, S. S. 158–163.

hinreichend geschützt werden, da dem dadurch zu schützenden Subsidiaritätsprinzip mit dem BGH die Strahlkraft fehlt[1541].

Die bereits dargestellten und auch vom BGH als maßgeblich erachteten Unterschiede zwischen Unterhaltsverzichten zu den hier in Rede stehenden erbrechtlichen Gestaltungsmitteln werden denn ebenfalls unterschlagen. Schlussendlich gesteht *Armbrüster* mit seiner Forderung nach einer Regelung im Bereich des SGB XII in inkonsequenter Weise zu, dass es gerade nicht Aufgabe des § 138 Abs. 1 sein kann, vermeintliche Lücken im Sozialrecht zu schließen. Um es mit den Worten der von *Wendt* zitierten *Rosa Maria Wendt* zu sagen: „Gebt dem Sozialrecht, was des Sozialrechts ist, und gebt dem Zivilrecht, was des Zivilrechts ist[1542]." Sozialrechtliche Grenzen muss das Sozialrecht ziehen[1543]; bis dahin bleiben sämtliche zivilrechtliche Gestaltungsmittel bekanntlich erlaubt.

In diesem Sinne ist auch hinsichtlich der anderen Senate des BGH und teils sogar im Hinblick auf die anderen Gerichtsbarkeiten eine Genereallinie auszumachen, wonach die Verdrängung öffentlicher Gläubiger allein nie ausreicht, um gesetzliche Gestaltungsinstrumente zu beschränken[1544]. So hat etwa der dritte Senat des BGH entschieden, dass eine Treuhandabrede, die den Zweck hat, das Vermögen des Treugebers in Gestalt eines Sparguthabens vor dem Sozialleistungsträger zu verheimlichen, nicht sittenwidrig ist, wenn das Vermögen selbst auf die Bewilligung der Sozialleistung ohne Einfluss ist. Dabei hat der BGH im Rahmen der Sittenwidrigkeitsprüfung allein damit argumentiert, dass der Kläger nach sozialrechtlichen Vorschriften zur Angabe des Vermögens nicht verpflichtet war[1545]. Damit bestätigt sich einmal mehr die scharfe Trennung von Zivilrecht und Sozialrecht[1546].

Auch die Verwaltungsgerichtsbarkeit hält fest, dass ein behinderter Leistungsbezieher nicht unter dem Gesichtspunkt des Nachranggrundsatzes auf die Verwertung eines geerbten Nachlasses verwiesen werden kann, wenn zuvor der Erblasser eine dauerhafte Testamentsvollstreckung und eine „sozialhilfeunschädliche"

1541 BGH, Urt. v. 19.01.2011, BeckRS 2011, 02577, Rn. 29; Krauß, Anm. zu LSG Bayern, Beschl. v. 30.07.2015, MittBayNot 2016, S. 442, 446.

1542 Wendt, ZErb 2012, S. 262, 262.

1543 Grziwotz, DNotZ 2016, S. 745, 737; als mögliche Einschränkung im Sozialrecht wird beispielsweise von Krauß, Anm. zu LSG Bayern, Beschl. v. 30.07.2015, MittBayNot 2016, S. 442, 446, der Begriff des „sozialwidrigen Verhaltens" des § 26 SGB XII herangezogen (Danach kann der Bezug von Sozialleistungen auf das „Unerlässliche" eingeschränkt werden, wenn der Berechtigte eine Vermögensminderung mit Schädigungsabsicht gegenüber dem Sozialleistungsträger vornimmt).

1544 Vgl. dazu auch die Ausführungen von Wendt, ZErb 2012, S. 262, 262 ff. und Pflieger, der den Pflichtteilsverzicht in Fällen der vorliegenden Art für einen „Königsweg" hält.

1545 BGH, Urt. v. 02.02.2012, BeckRS 2012, 04157.

1546 Wendt, ZErb 2012, S. 262, 266.

Verwendung des Nachlasses angeordnet hat[1547]. Das Gericht lehnt die Sittenwidrigkeit unter anderem mit dem Argument ab, die Durchbrechung des Nachranggrundsatzes liefe nicht einer eindeutigen gesetzgeberischen Wertung zuwider, welche eine Sittenwidrigkeit zu begründen vermöge[1548]. Die obergerichtliche Sozialgerichtsbarkeit hat für den Bezug von ALG II-Leistungen entschieden, dass der im Wege des Vorvermächtnisses zugewandte Geldbetrag, begleitet von einer Testamentsvollstreckung, kein einzusetzendes Vermögen darstellt und die entsprechende testamentarische Bestimmung dann nicht sittenwidrig ist, wenn sie einer sittlichen Verpflichtung des Erblassers entspricht. Sittlich sei es nicht zu missbilligen, wenn der Erblasser bei der Zuwendung dem Nachranggrundsatz nicht unter allen Umständen Geltung verschaffe[1549]. Damit bestätigen auch die anderen Gerichtsbarkeiten, dass dem Grundsatz des Nachrangs der öffentlichen Hilfe kein Alleinstellungsmerkmal zur Begründung einer etwaigen Sittenwidrigkeit zukommt. In diesem Sinne ist die Verdrängung öffentlicher Gläubiger zutreffend nicht ausreichend. Zuletzt hat sich die Grenzziehung insbesondere zwischen Sozialrecht und Zivilrecht bestätigt. Eine eventuelle Verschärfung der sozialhilferechtlichen Grundsätze der Subsidiarität und des Nachrangs zulasten der Wirksamkeit erbrechtlicher Gestaltungen, insbesondere Pflichtteilsverzichten, könnte nur durch das Sozialhilferecht selbst erfolgen, was im Übrigen einer weiteren Überprüfung am Maßstab der neuerlich von dem BGH entwickelten negativen Erbfreiheit nicht entbehren würde. Insoweit ist der Pflichtteil durch einen Pflichtteilsverzicht an dieser Stelle abermals als vollständig disponibel einzustufen.

c) Insolvenzrechtliche Aspekte

Gemäß § 83 Abs. 1 S. 1 InsO steht die Annahme oder Ausschlagung der Erbschaft für den Fall, dass dem Schuldner vor der Eröffnung des Insolvenzverfahrens eine Erbschaft oder ein Vermächtnis angefallen ist oder dies während des Verfahrens geschieht, nur dem Schuldner selbst zu[1550]. Danach soll die Entscheidung über Annahme oder Ausschlagung der Erbschaft wegen der Höchstpersönlichkeit nicht auf den Insolvenzverwalter übergehen, sondern bei dem Schuldner verbleiben[1551]. Auf die besonderen Beziehungen des Erben zum Erblasser ist auch in der Wohlverhaltensphase zu achten[1552]. Auch kann nach bereits eingetretenem Erbfall von dem

1547 So der Leitsatz des OVG Saarland, Urt. v. 17.03.2006, MittBayNot 2007, S. 65, 65 mit Anm. Spall.

1548 OVG Saarland, Urt. v. 17.03.2006, MittBayNot 2007, S. 65, 67 mit Anm. Spall.

1549 LSG Baden- Württemberg, Beschl. v. 09.10.2007, ZEV 2008, S. 147, 149.

1550 Ausführlich zu den insolvenzrechtlichen Aspekten die Dissertation von Neher sowie Horn/ Selker, Die Insolvenz des Pflichtteilsberechtigten, ZEV 2017, S. 439–444.

1551 Eickmann in: Gottwald, Insolvenzrechts- Handbuch, § 31, Rn. 127 f.; Horn/ Selker, ZEV 2017, S. 439, 444.

1552 BGH, Beschl. v. 25.06.2009, MittBayNot 2010, S. 52, 53 mit Anm. Menzel.

Pflichtteilsberechtigten nicht verlangt werden, dass er seinen Pflichtteil geltend macht. Eine Obliegenheit, den Pflichtteilsanspruch in der Wohlverhaltensphase geltend zu machen, besteht nicht[1553]. Die Vorschrift des § 295 Abs. 1 Nr. 2 InsO, wonach der Schuldner das Vermögen, das er von Todes wegen oder mit Rücksicht auf ein künftiges Erbrecht erwirbt, zur Hälfte des Wertes an den Treuhänder herauszugeben hat, greift erst ein, wenn der Schuldner die Erbschaft angenommen, den Pflichtteilsanspruch rechtshängig gemacht oder anerkannt hat[1554]. Da die Norm bezweckt, den Schuldner von Maßnahmen abzuhalten, die dafür sorgen, dass er das Vermögen überhaupt nicht erhält, hätte es der Vorschrift als Anreiz, wenigstens die Hälfte zu erhalten, überhaupt nicht bedurft, würde eine Obliegenheit zur Geltendmachung bestehen[1555]. Der BGH hält in diesem Zusammenhang sogar im umgekehrten Sinne explizit fest, dass die dadurch dem Schuldner eingeräumte Möglichkeit, den Halbteilungsgrundsatz dadurch zu umgehen, indem er den Pflichtteil erst nach Ablauf der Wohlverhaltensperiode annehme, in Kauf genommen werden müsse[1556]. Dasselbe gilt für die Ausschlagung[1557]. Der Erb- oder Pflichtteilsverzicht, insbesondere der in der Wohlverhaltensphase erklärte, stellt konsequent ebenso keinen Obliegenheitsverstoß i.S.d. § 295 Abs. 1 Nr. 2 InsO dar, der zum Verlust der Restschuldbefreiungsmöglichkeit führen würde[1558]. Verwertbarkeit tritt auch im Restschuldbefreiungsverfahren erst ein mit Verwertungsreife durch Anerkenntnis oder Rechtshängigkeit[1559].

In einem Erbverzicht liegt ebenso keine Gläubigerbenachteiligung im Sinne der Insolvenzordnung und des Anfechtungsgesetzes. Dies ergib sich inzident aus § 83 InsO, wonach es dem freien Belieben des Schuldners überlassen bleibt, ob er eine Erbschaft oder ein Vermächtnis annehmen oder ausschlagen will[1560]. Der BGH hält insoweit bezüglich des Anfechtungsgesetzes in seinem Leitsatz

---

1553 BGH, Beschl. v. 25.06.2009, MittBayNot 2010, S. 52, 52 f. mit Anm. Menzel (bis zu dieser Entscheidung war die Frage in Rechtsprechung und Literatur umstritten, vgl. weitere Nachweise im Beschluss selbst); bestätigt durch BGH, Beschl. v. 16.07.2009, BeckRS 23544; sowie BGH, Beschl. v. 10.03.2011, NZI 2011, S. 329, 330; sowie BGH, Beschl. v. 10.01.2013, NJW 2013, S. 870, 871; weit überwiegend zustimmend die Literatur, statt aller Dietzel, Anm. zu BGH, Beschl. v. 10.03.2011, VIA 2011, S. 35, 35; Enzensberger/ Roth, NJW-Spezial 2009, S. 263, 263; Firsching/ Graf, Rn. 1440.

1554 BGH, Beschl. v. 25.06.2009, MittBayNot 2010, S. 52, 53 mit Anm. Menzel.

1555 BGH, Beschl. v. 25.06.2009, MittBayNot 2010, S. 52, 53 mit Anm. Menzel.

1556 BGH, Beschl. v. 10.03.2011, NZI 2011, S. 329, 330.

1557 BGH, Beschl. v. 10.03.2011, NZI 2011, S. 329, 330; sowie BGH, Beschl. v. 10.01.2013, NJW 2013, S. 870, 871.

1558 Mayer in: Bamberger/ Roth (Stand: Edition 20), § 2346, Rn. 2; Wegerhoff in: MünchKomm, § 2346, Rn. 5; Schotten in: Staudinger, § 2346, Rn. 70a; Menzel, S. 271; Menzel, Anm. zu BGH, Beschl. v. 25.06.2009, MittBayNot 2010, S. 52, 54.

1559 Muscheler, Erbrecht II, S. 2149.

1560 Schotten in: Staudinger, § 2346, Rn. 105.

fest: Das Unterlassen der Geltendmachung eines Pflichtteilsanspruchs unterliegt selbst dann nicht der Gläubigeranfechtung, wenn der Berechtigte zusammen mit dem späteren Erben zum Zweck der Benachteiligung seiner Gläubiger den Erblasser dazu bewogen hat, einen anderen als Erben einzusetzen und ihm selbst auch das Pflichtteilsrecht grundlos zu entziehen[1561]. Eine Anfechtung des Erbverzichts wegen Gläubigerbenachteiligung scheidet sowohl nach dem Anfechtungsgesetz als auch nach der Insolvenzordnung aus.

Entsprechend den Grundsätzen der Einzelzwangsvollstreckung wird mithin auch im Insolvenzverfahren mit Rücksicht auf die besondere Beziehung zwischen Erblasser und pflichtteilsberechtigtem Schuldner dessen Entschließungsfreiheit geschützt, da nur er die Verwertungsreife des Pflichtteilsanspruchs herbeiführen kann[1562].

d) Steuerrechtliche Aspekte

Anders als im Zivilrecht, wo der Pflichtteilsanspruch gemäß § 2317 mit dem Erbfall entsteht, liegt ein steuerbarer Tatbestand gemäß § 3 Abs. 1 Nr. 1 Alt. 3 i.V.m. § 9 Abs. 1 Nr. 1 lit. b) ErbStG erst mit Geltendmachung des Pflichtteils durch den Berechtigten vor. Unter dem Begriff der Geltendmachung versteht man das ernstliche Verlangen des Berechtigten auf Erfüllung des Pflichtteilsanspruchs[1563]. Durch eindeutiges Verhalten wie etwa in schriftlicher oder mündlicher Form oder sonst durch schlüssiges Verhalten muss der Berechtigte zu erkennen geben, dass er auf der Erfüllung des Pflichtteilsanspruchs besteht[1564]. Dementsprechend kann das Finanzamt den Berechtigten auch nicht zwingen, den Anspruch geltend zu machen. § 3 Abs. 1 Nr. 1 Alt. 3 ErbStG schützt damit die Entschließungsfreiheit des Berechtigten[1565]. Unterlässt der Berechtigte die Geltendmachung des Pflichtteils, so wird dadurch konsequent auch keine steuerpflichtige erbschaftssteuerliche Zuwendung gesehen, § 13 Abs. 1 Nr. 11 ErbStG[1566]. Dieses Ergebnis steht

---

1561 BGH, Urt. v. 06.05.1997, NJW 1997, S. 2384, 2385.

1562 Muscheler, Erbrecht II, S. 2149; Mayer in: Bamberger/ Roth (Stand: Edition 20), § 2317, Rn. 11; einen instruktiven Überblick bietet der Aufsatz von Kiesgen, RNotZ 2018, S. 429–453, Erbrechtliche Positionen in der Insolvenz und in der Wohlverhaltensperiode – Gestaltungsüberlegungen zum Überschuldeten-Testament.

1563 Milatz in: Burandt/ Rojahn, § 9 ErbStG, Rn. 13; Wälzholz in: Mayer/ Süß, S. 744.

1564 Wälzholz in: Mayer/ Süß, S. 744.

1565 BFH, Urt. v. 07.12.2016, Az.: II R 21/ 14, ZEV 2017, S. 283, 284 f. mit Anm. Wachter (anders im Fall des derivativen Erwerbs des Pflichtteils: auch der nicht vom Erblasser geltend gemachte Pflichtteilsanspruch gehört zum Nachlass und unterliegt beim Erben der Besteuerung aufgrund Erbanfalls (§ 1922) gem. § 3 Abs. 1 Nr. 1 Alt. 1 ErbStG; auf die Geltendmachung des Pflichtteilsanspruchs kommt es dann nicht an).

1566 Bühring, S. 122, 123; Wälzholz in: Mayer/ Süß, S. 745.

zivilrechtlich im Einklang mit § 852 ZPO. Damit entscheidet sich auch das Steuerrecht für die Entscheidungsfreiheit des Pflichtteilsberechtigten[1567].

e) Fazit

Der Unterhaltsverzicht und der Pflichtteilsverzicht zu Lasten der Sozialhilfe sind nicht miteinander vergleichbar. Dies gilt für behinderte wie nicht behinderte Leistungsbezieher. Wie bereits gesehen, kennt zwar auch das Unterhaltsrecht keine Pflicht der Ehegatten, den Sozialhilfeträger im Scheidungsfall zu begünstigen, allerdings kann insbesondere das Abbedingen ehebedingter Nachteile, für deren Ausgleich grundsätzlich das gesetzliche System des Unterhaltsrechts zur Verfügung steht, unwirksam sein. Die Kriterien eheliche Solidarität, Dauer der Ehe, Dauer der Zahlung des Trennungsunterhalts und Umfang der Belastung für den Unterhaltsschuldner können jedoch auch bei anhaltenden ehebedingten Nachteilen zu einem Entfallen der gesetzlichen Unterhaltspflicht mit der Folge der Bedarfsdeckung durch den Sozialhilfeträger führen. Dies ist insbesondere im Anwendungsbereich des § 1578 b der Fall. In diesem begrenzten Sinne werden die privaten Verluste auch im Unterhaltsrecht sozialisiert.

Mit dem BGH verstieße es im Übrigen gegen den Grundsatz des Familienlastenausgleichs und der Erhalt des Familienvermögens wäre gefährdet, würde man im Fall des behinderten Leistungsbeziehers den Pflichtteilsverzicht als unwirksam ansehen, da dann der Pflichtteilsanspruch in größerem Umfang überleitbar wäre als der insoweit nur begrenzt überzuleitende Unterhaltsanspruch. Ob sich angesichts der neuen Entwicklung in der BGH-Rechtsprechung, insbesondere im Hinblick auf die negative Erbfreiheit die Überleitungsprivilegierung des § 93 Abs. 1 S. 4 SGB XII noch vertreten lassen wird, bleibt abzuwarten. Eine eventuelle Änderung müsste dann den Regeln des Insolvenzrechts und Rechts der Einzelzwangsvollstreckung entsprechend ebenfalls die persönliche Entscheidungsfreiheit desPflichtteilsberechtigten berücksichtigen.

Wie bereits dargestellt, gilt das Entsprechende für die Ausschlagung behinderter wie nicht behinderter Leistungsbezieher[1568]. Auch hier bietet sich mit der negativen Erbfreiheit die Wirksamkeit einer solchen Ausschlagung auch durch nicht behinderte Leistungsbezieher an. Die darin zum Ausdruck kommende Entschließungsfreiheit des Berechtigten wird sodann bestätigt durch das Recht der Einzelzwangsvollstreckung, das Insolvenzrecht und das Steuerrecht. Insoweit herrscht Einklang der Rechtsordnung.

1567 Ausführlich dazu, auch im Kontext mit anderen erbschaftssteuerlichen Erwerbsvorgängen Seer/ Krumm, ZEV 2010, S. 57–63.

1568 Der BGH vergleicht den Pflichtteilsverzicht mit einer erklärten Ausschlagung; vgl. dazu oben § 5, A., II., 2., c), bb), ccc), S. 168 ff..

Nach alledem ist der Pflichtteil als weitreichend disponibel einzustufen; das gilt insbesondere gegenüber den im Scheidungsfolgenrecht oftmals nur schwer einschränkbaren nachehelichen Unterhaltsansprüchen.

11. *Zwischenergebnis*

Gründe, welche der Disponibilität des Pflichtteils im Vergleich zu den Scheidungsfolgenansprüchen von vornherein entgegenstehen, existieren nicht. Zwei der in diesem Abschnitt untersuchten Aspekte verhalten sich neutral zu dieser Frage. Dies betrifft die Pflichtteilsreform und den Charakter des Pflichtteilsverzichts als Verfügungsvertrag.

Die Untersuchung gelangt weit überwiegend zu dem Ergebnis einer umfassenden Disponibilität der erbrechtlichen Mindestteilhabe. § 1614 Abs. 1 ist auf den Pflichtteil weder direkt noch analog anwendbar. Soweit § 2346 die freie Verzichtbarkeit des Pflichtteils erlaubt, verbietet sich ein Vergleich mit § 1585 c. Da der Pflichtteil anders als der nacheheliche Unterhalt gerade keine ehebedingten Nachteile ausgleichen soll, ist dessen Disponibilität im Vergleich erst recht erhöht.

§ 1933 S. 1 ist Ausdruck des Erblasserwillens; mit dem Scheidungsantrag hat das Erbrecht des überlebenden Ehegatten seine innere Berechtigung verloren. Der eheliche Unterhaltsanspruch verliert seine innere Berechtigung mit der Beendigung der Ehe durch den Tod eines Ehegatten. Die Norm zeigt daher gerade nicht, dass der nacheheliche Unterhalt das Erbrecht vermeintlich abzulösen vermag. § 1933 symbolisiert geradezu die grundsätzliche Unterschiedlichkeit von (nach-) ehelichem Unterhalt und Pflichtteil.

Anders als bei Unterhaltsansprüchen, beispielsweise im Verhältnis von Großeltern zu Enkeln, ist der Pflichtteil gem. § 2349 zu Lasten der dritten Generation insoweit erweitert verzichtbar. Der aleatorische Charakter und die Wechselwirkung von Unterhalt und Pflichtteil im Rahmen des Bedarfs und der Leistungsfähigkeit im Unterhaltsrecht sprechen ebenso für eine gegenüber Eheverträgen gesteigerte Disponibilität des Pflichtteils. Dieser ist zwar grundsätzlich unterhaltsrechtlich einzusetzen, jedoch ist diese Pflicht außerhalb des üblichen fiktiven Einkommens im Unterhaltsrecht nicht justitiabel; dies gilt mit dem BGH auch für den Fall des vorherigen Verzichts auf den Pflichtteil.

Im Kontext der unterhaltsrechtlichen Verwertung des Pflichtteils sind sowohl § 852 Abs. 1 ZPO als auch das Sozialrecht Ausdruck eines familiären Schutzgedankens, dessen Respektanz von vertraglicher Gestaltungsfreiheit abhängt.

Eine weitreichende Disponibilität des Pflichtteils ist im Übrigen unersetzlich für eine rechtssichere Nachfolgeplanung.

Die Wesensreduktion des nachehelichen Unterhalts in quantitativer und dessen Veränderung in qualitativer Hinsicht durch die Unterhaltsreform haben insgesamt zu einer Schwächung und damit zu einer weitergehenden Disponibilität sogar bei der ehevertraglichen Inhaltskontrolle geführt.

Die Rechtsprechung zur Unwirksamkeit von Unterhaltsverzichten zu Lasten der Sozialhilfe kann auf Pflichtteilsverzichte nicht übertragen werden. Ungeachtet der (nunmehr aufgrund der negativen Erbfreiheit) fraglichen Überleitungsprivilegierung des § 93 Abs. 1 S. 4 SGB XII sprechen das Recht der Einzelzwangsvollstreckung, das Insolvenzrecht, das Steuerrecht und vor allem das Sozialrecht für eine gegenüber Scheidungsfolgen gesteigerte Disponibilität des Pflichtteils.

Die mithin insgesamt gegenüber Eheverträgen deutlich gesteigerte Disponibilität des Pflichtteils spricht für ein Mehr an Vertragsfreiheit und damit ein Weniger an Inhaltskontrolle.

IV. Besondere Parallelen von Pflichtteilsanspruch und Scheidungsfolgenansprüchen

1. *Kernbereichslehre im Erbrecht?*

Soweit vornehmlich in der Literatur die Inhaltskontrolle von Pflichtteilsverzichten mit dem Argument abgelehnt wird, der Pflichtteil gehöre deshalb nicht zum Kernbereich des Scheidungsfolgenrechts im Sinne der von dem BGH entwickelten Kernbereichslehre[1569], weil er mit der Auflösung der Ehe von Gesetzes wegen gemäß § 1931 Abs. 1 S. 1 bzw. mit Vorliegen der Scheidungsvoraussetzungen nach § 1933 S. 1 entfalle[1570], so ist dies zwar zutreffend und recht offensichtlich, verkennt aber einen Teil des Kerns der hier angesprochenen Problematik. Die Frage ist nicht nur, ob das Pflichtteilsrecht zum Kernbereich des Scheidungsfolgenrechts gehört, sondern auch, ob im Erbrecht vergleichbare Kernbereiche existieren, denen das Pflichtteilsrecht im Sinne einer Kernbereichsleiter zugeordnet werden kann[1571].

Das Ehegattenerb- und Pflichtteilsrecht kann nicht zum Kernbereich der Scheidungsfolgen gehören, da der Gesetzgeber dieses mit der Scheidung nach § 1933 S. 1 und 2 erlöschen lässt[1572]. Belässt man es bei diesem Blickwinkel, kommt eine Einstufung des Pflichtteils in den Kernbereich nicht in Betracht[1573]. In diesem Sinne

---

1569 Vgl. dazu die oben unter § 1, B., S. 8 ff.. dargestellten Ansichten im Schrifttum.

1570 Wegerhoff in: MünchKomm, § 2346, Rn. 35 a; Bengel, ZEV 2006, S. 192, 196; Bengel/ Dietz in: Beck´sches Notarhandbuch, S. 1031; Fach, S. 202; zu der Wertung des § 1933 S. 1 vgl. oben § 5, C., III., 2., S. 254 ff..

1571 Dies übersehen Kühle, S. 161 ff. und Aldinger in ihren Arbeiten gleichermaßen, wenn sie beide lediglich auf die konkrete Unterhaltsfunktion des Pflichtteils bei Bedürftigkeit des Berechtigten abstellen. Der Ansatz ist zudem, wie bereits mehrfach erläutert, in vielerlei Hinsicht verfehlt.

1572 Bengel/ Dietz in: Beck´sches Notarhandbuch, S. 1031; Mayer in: Mayer/ Süß, S. 419 m.w.N.

1573 So im Ergebnis Wegerhoff in: MünchKomm, § 2346, Rn. 35 f.; Kapfer, MittBayNot 2006, S. 385, 387 f.; Mayer in: Bamberger/ Roth (Stand: Edition 20), § 2346, Rn. 39; Mayer in: Mayer/ Süß, S. 418 f.; Müller in: Schlitt/ Müller, § 10, Rn. 60; Ludyga, 39; einschränkend insoweit Bengel, ZEV 2006, S. 192, 196, der die Zuordnung des Pflichtteils in einen Kernbereich zwar verneint, im Ergebnis eine Inhaltskontrolle dennoch für möglich hält.

ergänzend wird unter Bezugnahme auf die fortwährende Diskussion der Herleitung der Erbrechtsgarantie aus dem Grundgesetz[1574] vereinzelt festgestellt, dass sich eine allzu deutliche Zuordnung des Pflichtteilsrechts zum Kernbereich des Erbrechts gerade nicht vornehmen lasse. Das Scheidungsfolgenrecht sei Schutzrecht; Kernbereich meine dabei Zentren des Schutzrechts. „Todesfolgenrecht" sei aber kein Schutzrecht, da der Pflichtteil zum Überleben nicht erforderlich sei. Als Kernbereich dieses Todesfolgenrechts gelte das, was auch systematisch im Gesetz vor dem Pflichtteilsrecht geregelt sei, nämlich die gesetzliche und gewillkürte Erbfolge und Schenkungen von Todes wegen[1575].

Ein Argument gegen die Einordnung des Pflichtteilsrechts in den Kernbereich stellt jedenfalls nicht der Hinweis auf die gesetzliche Systematik dar. Diese Erwägungen greifen offensichtlich nicht, zeigt doch das Scheidungsfolgenrecht mit seiner stufenweisen Einordnung in Kernbereiche eine vollkommene Unabhängigkeit der einzelnen Scheidungsfolgenansprüche von der Systematik des Gesetzes. So ist etwa der nicht einmal dem Kernbereich zuzuordnende Zugewinnausgleichsanspruch vor dem nachehelichen Unterhalt geregelt. Mit diesen ablehnenden Erwägungen ist allerdings noch keine positive Aussage darüber getroffen, ob das Pflichtteilsrecht dem Kernbereich des Erbrechts zuzuordnen ist.

Andere sehen daher das Pflichtteilsrecht unter Berufung auf den verfassungsrechtlich gewährleisteten Schutz[1576] als dem Kernbereich des Erbrechts[1577] zugehörig an[1578]. Dieses Recht könne dem Pflichtteilsberechtigten gegen seinen Willen praktisch nicht entzogen werden, §§ 2333 ff. BGB. Der Verzicht darauf bedeute einen weitreichenden und unmittelbaren Eingriff in die Rechtsposition des Pflichtteilsberechtigten[1579]. Diesen Tatsachen ist sicher zuzustimmen, zumal das BVerfG die Mindestteilhabe des Pflichtteilsberechtigten verfassungsrechtlich verankert hat[1580]. Die Pflichtteilsentziehungsgründe vermögen daran, ähnlich den Verwirkungsgründen im Unterhaltsrecht, grundsätzlich nichts zu ändern. Die Terminologie des erbrechtlichen Kernbereichs findet sich häufig im Kontext der Testierfreiheit[1581]. Diese umfasst als bestimmendes Element der Erbrechtsgarantie und des Kernbereichs des Erbrechts die Befugnis des Erblassers, zu Lebzeiten

---

1574 Zu der Verfassungsmäßigkeit des Pflichtteilsrechts nunmehr auf der Basis von Art. 14 Abs. 1 S. 1 <u>und</u> Art. 6 Abs. 1 GG durch das BVerfG § 5, B., I., 2., a), S. 176 ff..

1575 Muscheler in: Festschrift für Spiegelberger, S. 1079, 1084, der weiter darauf verweist, die juristischen Prüfungsordnungen würden das Pflichtteilsrecht ebenfalls nicht mehr den „Grundzügen" des Erbrechts zuordnen.

1576 Vgl. dazu § 5, B., I., 2., a), S. 176 ff..

1577 Ebenfalls zu dem Begriff des Kernbereichs im Erbrecht in Abgrenzung zur Wesensgehaltsgarantie des Art. 19 Abs. 2 GG siehe die kurze Darstellung bei Fach, S. 200 f.

1578 Ludyga, S. 39; Wachter, ZErb 2004, S. 238, 243 f.

1579 Wachter, ZErb 2004, S. 238, 243 f.

1580 BVerfG, Beschl. v.19.04.2005, NJW 2005, S. 1561,1564; zu dieser Entscheidung siehe § 5, B., I., 2., a), S. 176 ff.

1581 Beispielhaft Deppenkemper in: PWW, Vor. §§ 2303 ff., Rn. 2.

durch Verfügung von Todes wegen nach seinem Willen einen von der gesetzlichen Erbfolge abweichenden Vermögensübergang anzuordnen, insbesondere gesetzliche Erben von der Nachlassbeteiligung auszuschließen und wertmäßig auf den gesetzlichen Pflichtteil festzusetzen[1582]. Sie wird gemäß Art. 14 GG gewährleistet[1583]. Das Pflichtteilsrecht wird dabei als die verfassungsmäßige Begrenzung der Testierfreiheit verstanden[1584]. Demnach wären Testierfreiheit und Pflichtteilsrecht ganz oben im Kernbereichsranking des Erbrechts einzustufen. Dafür spricht auch die mit dem BGH neuerlich entwickelte negative Erbfreiheit des Pflichtteilsberechtigten[1585] sowie die weiteren bereits erläuterten Kriterien[1586].

Die Verwendung einer erbrechtlichen Kernbereichsleiter als Maßstab einer pflichtteilsrechtlichen, den Eheverträgen vergleichbaren Inhaltskontrolle setzt allerdings auch vergleichende Parameter in diesem Sinne voraus. So wird denn bereits die Notwendigkeit der Existenz eines entsprechenden Rangstufenmodells in Frage gestellt. Weil Pflichtteilsrecht und Testierfreiheit, ebenso wie die anderen von der Erbrechtsgarantie geschützten Rechte, selten gemeinsamer Regelungsgegenstand eines Vertrages seien, entstehe kein mit den Scheidungsfolgen vergleichbares „Rechtsfolgenbündel“[1587]. Anders als bei den Ansprüchen der ehevertraglichen Kernbereiche findet keine zeitliche Zusammenschau der einzelnen Ansprüche statt, sondern die Frage der Testierfreiheit stellt sich zu Lebzeiten des Erblassers im Zeitpunkt des Testierens, während sich die endgültige Folge des Pflichtteilsverzichts regelmäßig erst mit dem Erbfall realisieren wird. Zudem ist die Schutzrichtung von Scheidungsfolgenrecht und Pflichtteil, wie gesehen, nicht nur unterschiedlich, sondern schlechterdings nicht vergleichbar. Das Erbrecht hat nicht die Aufgabe, einen Ausgleich für zu Lebzeiten eingegangene Nachteile zu schaffen. Auch hat der Pflichtteil keine Versorgungs- und Alimentationsfunktion. Nach zutreffender Ansicht dient der Pflichtteil auch nicht dazu, das Überleben zu sichern. Die Höhe des Pflichtteils ist ebenfalls verfassungsrechtlich nicht vorgegeben[1588]. Die Schutzrichtung wird auch nicht intensiviert durch eine Bedarfsabhängigkeit des Pflichtteils. Im Gegensatz zum Zugewinnausgleich bezieht sich der Pflichtteil auch auf das Anfangsvermögen und gewährt gerade keine gleichmäßige Teilhabe an dem gemeinsam Erworbenen. Aufgrund des aleatorischen Charakters soll der Pflichtteilsverzicht, anders als grundsätzlich abänderbare Unterhaltsvereinbarungen, auch bei nachträglichen Veränderungen im Erblasservermögen

---

1582 BVerfG, Beschl. v. 19.04.2005, NJW 2005, S. 1561, 1563.
1583 Otte in: Staudinger, Einl. zu § 1922, Rn. 63; Deppenkemper in: PWW, Vor. §§ 2303 ff., Rn. 2; Leipold, S. 24.
1584 Otte, AcP 202 (2002), S. 317, 327.
1585 Vgl. das Urteil des BGH v. 19.01.2011, § 5, A., II., S. 155 ff..
1586 Siehe oben § 5, C., III., S. 251 ff..
1587 Fach, S. 201.
1588 BVerfG, Beschl. v.19.04.2005, NJW 2005, S. 1561,1564.

Bestand haben. Auch die unterschiedlichen Zwecke des Pflichtteils[1589] machen eine insoweit relevante Vergleichbarkeit unmöglich[1590].

Versteht man die Kernbereichslehre zutreffend auch als eine Frage darüber, wie weit sich die Beteiligten vom dispositiven Recht entfernen, würde eine Stufenleiter der Pflichtteilsfunktionen einen quantitativen Abgleich mit der gesetzlichen Regelung erfordern. Dieses Näherungsverfahren liefe jedoch letztlich auf die Frage der Höhe des Pflichtteils und damit auf die Vermögenssituation hinaus[1591], ein sich fortsetzender Fehler, dem bereits die Bedarfsunabhängigkeit des Pflichtteils entgegensteht. Es ist im Übrigen, wie gesehen, nicht einzusehen, warum nur Pflichtteilsverzichte von Bedürftigen in der Gestaltungsfreiheit einschränkbar sein sollen, während Vermögende in den vollen Genuss der Privatautonomie kommen[1592].

Auch wenn Kernbereiche des Erbrechts auszumachen sind, so scheitert eine dem Ehevertragsrecht entsprechende erbrechtliche Kernbereichslehre unter Einschluss des Pflichtteilsrechts doch an der Vergleichbarkeit der erbrechtlichen Institute mit denen des Scheidungsfolgenrechts. Denn im Gegensatz zum Pflichtteilsrecht knüpft das Eherecht bereits mit den Unterhaltsansprüchen an unterschiedlich „gewichtige" Bedarfslagen an.

2. Der Zugewinnausgleichsanspruch

Wäre das Pflichtteilsrecht nach seinem Sinn und Zweck funktionsähnlich zu dem Anspruch auf Zugewinn, könnte sich eine Übertragbarkeit der Grundsätze zur Disponibilität des Zugewinnausgleichsanspruchs auf den Pflichtteilsverzicht anbieten. Da der Zugewinnausgleich mit der obergerichtlichen Rechtsprechung aber gerade nicht mehr dem Kernbereich angehört[1593] und damit der Vertragsgestaltung am weitesten zugänglich ist, müsste eine Inhaltskontrolle des Pflichtteilsverzichts bei vollständiger Vergleichbarkeit der beiden Rechtsinstitute nahezu ausscheiden. Zwar wird gemeinhin anerkannt, dass Güterrecht und Erb- bzw. Pflichtteilsrecht untereinander Wechselwirkung haben, sie stellen jedoch ein Aliud dar[1594]. Vereinzelt wird daher vertreten, das Pflichtteilsrecht lasse sich dementsprechend mit dem Güterrecht[1595] nicht ohne weiteres vergleichen und könne weder der einen noch der anderen Kategorie vergleichbar zugeordnet werden[1596]. Ob dennoch vergleichende Elemente vorhanden sind, soll im Folgenden untersucht werden.

1589 Siehe oben § 5, C., I., S. 194 ff..

1590 Ähnlich Röthel, NJW 2012, S. 337, 339; Röthel, AcP 212 (2012), S. 157, 194 ff.

1591 So auch Röthel, NJW 2012, S. 337, 339; Röthel, AcP 212 (2012), S. 157, 195 f.

1592 Dazu auch oben § 5, C., II., 2., S. 244 ff..

1593 BGH, Urt. v. 17.10.2007, Az.: XII ZR 96/ 05, NJW 2008, S. 1076, 1078 ff.; Vgl. i.Ü. oben § 4, A., II., 3., S. 84 ff..

1594 Kapfer, MittBayNot 2006, S. 385, 388.

1595 Zur grundsätzlichen Kritik an der Einordnung und Bewertung des güterrechtlichen Ausgleichs Dauner-Lieb, FPR 2005, S. 141, 141 ff.; Dauner-Lieb, FF 2004, S. 61, 62.

1596 Kapfer, MittBayNot 2006, S. 385, 388.

Der Pflichtteil als Ausdruck von Familiensolidarität ist gleichzeitig Bestandteil eines Traditionsvermögens; diese Mindestteilhabe am Nachlass trägt daneben dem Gedanken der Teilhabe an materiellen und immateriellen Beiträgen zum Erblasservermögen Rechnung. Laut BVerfG dient der Pflichtteil der Fortsetzung des ideellen und wirtschaftlichen Zusammenhangs von Vermögen und Familie über den Tod des Vermögensinhabers hinaus[1597]. Damit hat der Pflichtteil wie gesehen auch die Funktion der Vermögensteilhabe[1598].

Als rechtfertigender Grund für die Zugewinngemeinschaft hingegen wird die Lebens- und Wirtschaftsgemeinschaft der Ehegatten betrachtet. Der in der Ehe erzielte Vermögenserwerb eines Ehegatten gilt im Sinne eines Verursachungsgedankens als mittelbar oder unmittelbar auch von dem anderen Ehegatten unterstützt und verursacht[1599]. Damit einher geht häufig aufgrund der vereinbarten Rollenverteilung in der Ehe der Erwerbsverzicht eines Ehegatten. Besonders deutlich tritt der Halbteilungsgrundsatz bei der sog. Hausfrauenehe zu Tage, bei welcher typischerweise die Ehefrau zugunsten von Ehe und Kindererziehung beruflich zurücksteht[1600]. Mit dem Ausgleichsgedanken soll die Gleichwertigkeit von Berufs- und Hausfrauentätigkeit hergestellt[1601] und die schematische Halbteilung der Höhe nach gerechtfertigt werden[1602]. Andererseits wird auch der Ehegatte grundsätzlich hälftig an dem Vermögen des anderen beteiligt, der aus anderen Gründen daran gehindert war, ebensoviel Vermögen wie der andere Ehegatte in der Ehe aufzubauen, beispielsweise krankheitsbedingt oder ähnliches. Diese Typisierung wird von dem Gesetz hingenommen und nur in den Fällen des privilegierten Anfangsvermögens individuell angepasst.

In seiner Grundsatzentscheidung hat der BGH festgehalten, dass auch das Gebot ehelicher Solidarität keine wechselseitige Vermögensbeteiligung erfordere, der Zugewinnausgleich vielmehr vollumfänglich disponibel sei[1603]. Verfassungsrechtlich sei eine zwingende Gleichbewertung der Tätigkeiten der Ehegatten nicht geboten[1604]. In Fällen aktueller Versorgungsbedürfnisse werde der Bedarf durch das Unterhaltsrecht gedeckt. Das Güterrecht sei hingegen unabhängig von Bedarfslagen, wobei der Zugewinn gerade keine unterhaltsrechtliche Funktion habe, auch wenn bei einer Gesamtschau die Versorgungslage des nicht oder nicht voll erwerbstätigen Ehegatten im Einzelfall auch durch das Güterrecht mitbestimmt

---

1597 BVerfG, Beschl. v.19.04.2005, NJW 2005, S. 1561,1564.

1598 Vgl. die Ausführungen unter § 5, C., I., 4., S. 205 ff..

1599 Mayer in: Bamberger/ Roth (Stand: Edition 20), § 1363, Rn. 12.

1600 Koch in: MünchKomm, Vor. § 1363, Rn. 8; Mayer in: Bamberger/ Roth (Stand: Edition 20), § 1363, Rn. 12.

1601 Mayer in: Bamberger/ Roth (Stand: Edition 20), § 1363, Rn. 12; vgl. auch Grziwotz, DNotZ 2016, S. 732, 744.

1602 Koch in: MünchKomm, Vor. § 1363, Rn. 8.

1603 BGH, Urt. 11.02.2004, NJW 2004, S. 930, 933.

1604 BGH, Urt. v. 21.11.2012, FamRZ 2013, S. 269, 271 mit Anm. Bergschneider.

werde[1605]. Verfassungsrechtlich hat das BVerfG die von Art. 6 Abs. 1 i.V.m. Art. 3 Abs. 2 GG gebotene Gleichwertigkeit von Familienarbeit und ehelichen Einkünften bestätigt[1606]. Der Zugewinn ist damit Ausdruck der Teilhabegerechtigkeit[1607] und daher ähnlich dem Pflichtteil auf Teilhabe am fremden Vermögen gerichtet[1608]. Ebenfalls dem Pflichtteil vergleichbar gleicht er in typisierter Art und Weise Beiträge zur Vermögenserhaltung und/oder –schaffung aus. Schließen die Ehegatten den gesetzlichen Güterstand aus, machen diese, wie die Parteien des Pflichtteilsverzichtsvertrages, lediglich Gebrauch von der ihnen vom Gesetz in § 1408 Abs. 1 eröffneten Gestaltungsmöglichkeit[1609]. An dieser grundsätzlichen Vergleichbarkeit von Pflichtteil und Zugewinn ändert auch § 1371 Abs. 1 nichts[1610]. Danach erhöht sich gemäß der sog. erbrechtlichen Lösung der gesetzliche Erbteil des überlebenden Ehegatten pauschal um ein Viertel, ungeachtet der Frage, ob er im konkreten Fall des Zugewinnausgleichs ausgleichsverpflichtet oder –berechtigt wäre, was auch gleichzeitig Kritikpunkt dieser Regelung ist[1611]. Die Regelung soll nicht das Ehegattenerbrecht verstärken, sondern die erbrechtliche Stellung wird allein aus güterrechtlichen Erwägungen heraus pauschal verstärkt. Damit soll Streitigkeiten bei einer ansonsten notwendig werdenden Berechnung begegnet werden, zumal den Erben die notwendigen Daten oftmals nicht zur Verfügung stehen[1612].

Damit ist sowohl der Zugewinnausgleich über die gleichwertige Teilhabe beider Ehegatten verfassungsrechtlich abgesichert über Art. 6 Abs. 1, 3 Abs. 2 GG als auch das Pflichtteilsrecht über Art. 14 Abs. 1, 6 Abs. 1 GG. Allerdings gewährt das

---

1605 BGH, Urt. 11.02.2004, NJW 2004, S. 930, 933; BGH, Urt. v. 17.10.2007, Az.: XII ZR 96/05, NJW 2008, S. 1076, 1079; missverständlich ist daher die Feststellung Aldingers, S. 47, der mit Bezugnahme auf dieses BGH- Urteil formuliert, der Zugewinnausgleich könne auch der Unterhaltssicherung des Berechtigten „dienen“.

1606 BVerfG, Beschl. v. 05.02.2002, NJW 2002, S. 1185, 1186; bestätigt beispielsweise von BGH, Urt. v. 21.11.2012, FamRZ 2013, S. 269, 270 mit Anm. Bergschneider.

1607 BGH, Urt. 11.02.2004, NJW 2004, S. 930, 933; Dauner-Lieb, FF 2004, S. 65, 66.

1608 Ähnlich Dutta, AcP 209 (2009), S. 760, 768.

1609 BGH, Urt. v. 21.11.2012, FamRZ 2013, S. 269, 271 mit Anm. Bergschneider.

1610 BGH, Urt. V. 21.03.1962, NJW 1962, S. 1719–1722; Gursky, S. 122 führt folgende zwei Beispiele an:
1) A, der mit seiner Frau B in Zugewinngemeinschaft lebte, hinterlässt die B und einen Sohn X. Er hat die B zur Alleinerbin eingesetzt. Der Pflichtteil des Sohnes beträgt, weil der Sohn bei Einsetzung des erhöhten gesetzlichen Erbteils der B (1/2) Miterbe zu 1/2 ist, 1/4. Unerheblich ist, dass B nicht gesetzliche Erbin ist.
2) A hat die B und X enterbt. B erhält nach § 1371 Abs. 2 den Ausgleich des Zugewinns und, falls ihr ein Pflichtteilsanspruch zusteht, den nach ihrem nicht erhöhten gesetzlichen Erbteil (1/4) zu berechnenden „kleinen Pflichtteil“, so dass der Pflichtteil des X 3/8 beträgt. Dennoch kann sich X schlechter stellen, weil die Ausgleichforderung der B eine Nachlassverbindlichkeit ist, die von X verhältnismäßig mitzutragen ist. Zu § 1371 vgl. oben § 2, A., II., 5., S46 ff..

1611 Zur Kritik vgl. die weiteren Nachweise bei Koch in MünchKomm, § 1371, Rn. 3 ff.

1612 Koch in: MünchKomm, § 1371, Rn. 1.

Pflichtteilsrecht auch eine Teilhabe am vorehelichen Vermögen und nicht (nur) an dem gemeinsam Erwirtschafteten wie im Zugewinnausgleich[1613]; insoweit und insbesondere mit Bezug zum Pflichtteilsrecht der Kinder wird auch von „unverdientem Vermögen“ gesprochen[1614]. Wenn mit der Rechtsprechung allerdings nicht einmal der in der Ehe erworbene Zugewinnausgleich einer etwaigen Kontrolle zugänglich ist, dann muss dies erst Recht für Vermögen gelten, welches zusätzlich auch außerhalb der Ehezeit erworben worden sein kann. In diesem Sinne ist auch die Typisierung im Pflichtteilsrecht weniger schutzbedürftig als im Güterrecht. Denn die Beiträge zum Erblasservermögen und damit auch zum Pflichtteil sind vielgestaltiger und wurzeln im Vergleich zum Zugewinn nicht nur in der besonders geschützten ehelichen Gemeinschaft[1615]. Die Disponibilität des Pflichtteils ist insoweit im Vergleich zum Zugewinn erweitert.

Fraglich ist, ob sich an dieser Bewertung etwas ändert, wenn im Einzelfall der Zugewinnausgleichsanspruch eine Versorgungsfunktion zu übernehmen scheint und eine sog. Funktionsäquivalenz von Zugewinn und Versorgungsausgleich vorliegt[1616]. Grundsätzlich hat der BGH die Gütertrennung auch für Unternehmerehen gebilligt, in denen der selbständig tätige Unternehmerehegatte keine dem Versorgungsausgleich unterliegenden Rentenanwartschaften in der Ehe aufgebaut, sondern privates Vermögen geschaffen hat[1617]. Gerade bei Selbständigen wird der Ausschluss des Zugewinnausgleichs anerkannt, weil diese regelmäßig das Vermögen des Erwerbsbetriebs und damit die Existenzgrundlage vor einem Vermögenszugriff in Form der Zugewinnausgleichszahlung retten wollen[1618].

Der BGH hat, ersichtlich ohne einen solchen Fall je entsprechend entschieden zu haben, für die Konstellation der Funktionsäquivalenz angedeutet, dass es dort besondere Sachverhaltskonstellationen geben könnte, in denen ein „Hinübergreifen“ auf das andere vermögensbezogene Ausgleichssystem im Rahmen der Ausübungskontrolle ausnahmsweise in Betracht gezogen werden könne[1619]. So hat das OLG Celle entschieden, dass die Ausübungskontrolle entgegen der ursprünglich vereinbarten Gütertrennung zur Durchführung des Zugewinnausgleichs führt, wenn die Ehefrau entgegen der ursprünglichen Planung wegen der Erziehung von zwei Kindern vierzehn Jahre überhaupt nicht berufstätig war und danach lediglich einer Teilzeittätigkeit nachgegangen ist[1620]. Weil der Ehemann in der Ehe aufgrund

---

1613 Weidlich, NotBZ 2009, 149, 158 f.; Münch, ZEV 2008, S. 571, 576.

1614 Grziwotz, DNotZ 2016, S. 732, 744.

1615 Ähnlich Dutta, AcP 209 (2009), S. 760, 771.

1616 So im Ergebnis Burkhardt, S. 197 ff.

1617 BGH, Urt. v. 21.11.2012, NJW 2013, S. 269, 271 mit Anm. Bergschneider; BGH, Urt. v. 17.10.2007, Az.: XII ZR 96/ 05, NJW 2008, S. 1076, 1078.

1618 BGH, Urt. v. 21.11.2012, NJW 2013, S. 269, 271 mit Anm. Bergschneider; BGH, Urt. v. 17.10.2007, Az.: XII ZR 96/ 05, NJW 2008, S. 1076, 1078.

1619 BGH, Beschl. v. 20.06.2018, FamRZ 2018, S. 1415, 1417 f. mit Anm. Bergschneider; BGH, Beschl. v. 08.10.2014, DNotZ 2015, S. 131, 135 f. mit Anm. Kanzleiter.

1620 OLG Celle, Urt. v. 08.02.2008, NJW-RR 2008, S. 881, 881.

nicht vorhandener Rechtsgrundlage Rentenversicherungsbeiträge erbracht und sich diese mit der Wirkung hat zurückerstatten lassen, dass diese rückwirkend in sein eheliches Vermögen fielen, hätte die Ehefrau im Versorgungsaugleich noch einige ihrer ohnehin geringen Rentenanwartschaften aus der Kindererziehungszeit abgeben müssen. Der gleichzeitig im Ehevertrag vereinbarte Ausschluss des Versorgungsaugleichs war daher wirksam, der Zugewinnausgleich wurde hinsichtlich der zurückerstatteten Rentenbeiträge teilweise im Wege der Ausübungskontrolle durchgeführt[1621]. Der Ausnahmecharakter dieser Entscheidung zeigt sich darin, dass es sich in der Sache aufgrund der zuvor zweifelsfrei als Rentenbeiträge deklarierten Zahlungen nachweislich um Altersvorsorge gehandelt hat. Entgegen dem BGH hat das OLG allerdings keine Begrenzung der Höhe eines solchen modifizierten Zugewinnausgleichs maximal auf die gesetzliche Höhe des Ausgleichsanspruchs selbst vorgenommen[1622]. Darüberhinaus wird diese Rechtsprechung durchaus wegen der beizubehaltenden strikten Trennung von Versorgungsausgleich und Zugewinn kritisiert und gerade nicht generell vom BGH übernommen. Im Gegenteil: Jüngst hat der BGH für die Grundkonstellationen die Kernbereichsferne des Zugewinnausgleichs auch im Falle von Unternehmerehen bestätigt[1623].

Im Ergebnis handelt es sich bei dem Pflichtteilsverzicht daher um einen Verzicht auf die Vermögenssubstanz, der, entsprechend dem Zugewinnausgleich, ebenfalls ohne Orientierung an Bedarfslagen, gerade nicht die Deckung des allgemeinen Lebensbedarfs bezweckt, mithin wenig Schutz verdient und weitestgehend der Privatautonomie unterliegt[1624]. In diesem Sinne als eine Verstärkung der Privatautonomie wird auch die vorerläuterte aktuelle BGH-Rechtsprechung verstanden[1625]. Vergleichbar der bereits festgestellten gelegentlich rein faktischen Bedarfsdeckung durch den Pflichtteil versagt auch der BGH dem Zugewinn nicht nur eine

1621 OLG Celle, Urt. v. 08.02.2008, NJW-RR 2008, S. 881, 882.

1622 So aber die Forderung des BGH, vgl. BGH, Beschl. v. 08.10.2014, DNotZ 2015, S. 131, 135 f. mit Anm. Kanzleiter; siehe dazu auch die Ausführungen von Hahne, S. 111, 121 f.

1623 Vgl. aus neuerer Zeit BGH, Beschl. v. 15.03.2017, BeckRS 106979 = FamRZ 2017, S. 884, 887 mit Anm. Bergschneider; ebenso Falkner, DNotZ 2013, S. 725, 729; vgl. i.Ü. die weiteren Nachweise bei Mayer in: Bamberger/ Roth (Stand: Edition 20), § 1408, Rn. 29; (Nicht mehr nachvollziehbar ist daher die Ansicht von Burkhardt, S. 30, 202, wonach der Zugewinnausgleich dem Ausgleich ehebedingter Nachteile dienen und unter anderem daher dem Kernbereich zuzuordnen sei).

1624 Muscheler in: Festschrift für Spiegelberger, S. 1079, 1087; Muscheler, Inhaltskontrolle im nationalen und Europäischen Privatrecht, S. 119, 141; im Ergebnis ebenso Dutta, AcP 209 (2009), S. 760, 773; Weidlich, NotBZ 2009, 149, 159; Fach, S. 208; Wegerhoff in: MünchKomm, § 2346, Rn. 35 f.; Müller in: Schlitt/ Müller, § 10, Rn. 60; vgl. dazu auch die besprochene Entscheidung des OLG Koblenz v. 13.01.2004, § 5, A., I., 6., a), S. 152 f.f.

1625 Zustimmend Falkner, DNotZ 2013, S. 725, 729, sowie Münch, Anm. zu BGH, Urt. v. 31.10.2012, MittBayNot 2013, S. 240, 246.

Bedarfsorientierung, sondern verneint trotz möglichem Einfluss des Zugewinns auf die Versorgungslage des Berechtigten den Unterhaltscharakter des güterrechtlichen Anspruchs. Vermögensrechtlichen Leistungen anderer Art wie etwa Schenkungen würde im Übrigen auch niemand ohne weiteres Unterhaltscharakter zuschreiben oder die entsprechenden Verträge einer Inhaltskontrolle unterziehen wollen.

An diesem Ergebnis ändert sich auch nicht deshalb etwas, weil die Verzichte auf Zugewinn und Pflichtteil oftmals in einem einzigen Vertrag aufeinandertreffen[1626]. Die bereits besprochenen Entscheidungen des LG Ravensburg[1627] und des OLG Koblenz[1628] bestätigen diese Annahme. Das OLG Koblenz hat ohne weitere Erläuterung die Regelung zum Zugewinn in ihrer Verzichtbarkeit dem Pflichtteilsverzicht als selbstverständlich gleichgestellt. Das LG Ravensburg hat immerhin festgestellt, dass die Vereinbarungen grundsätzlich voneinander abtrennbar sind, wenn es auch im Anschluss daran sogleich mit der fehlerhaften Begründung, der Pflichtteilsverzicht lasse den verlängerten Unterhalt des § 1586 b entfallen, eine neben der Sache liegende Verbindung der beiden Vertragsteile durch die Hintertür wieder eingeführt hat. Richtigerweise muss für den Vertragsteil des erbrechtlichen Verzichts dieselbe Privatautonomie gelten wie bei der vereinbarten Gütertrennung[1629].

D. Die Vereinbarung von Ehevertrag und Pflichtteilsverzicht in einer Urkunde – „Infektion“ des Pflichtteilsverzichts

Wie gesehen existieren in der Praxis diverse Kombinationsmöglichkeiten von ehevertraglichen mit erbrechtlichen Elementen[1630]. Eheverträge werden im Rahmen der Inhaltskontrolle von der obergerichtlichen Rechtsprechung einem bestimmten Prüfungsmuster unterworfen. Dies gilt auch hinsichtlich der Untersuchung der Einzelklauseln eines Ehevertrages, der Gesamtwürdigung desselben und der sich sodann ggf. anschließenden Teil- bzw. Gesamtnichtigkeit des Vertrages anhand von § 139 sowie etwaiger salvatorischer Klauseln[1631]. Fraglich ist, ob dieses Prüfungsmuster auf Pflichtteilsverzichtsverträge „übergreifen“ kann.

1626 Zu den Vereinbarungen von Ehevertrag und Pflichtteilsverzicht in einer Urkunde siehe unten § 5, D., S. 299 ff..

1627 Vgl. oben § 5, A., I., 5., S. 147 ff..

1628 Vgl. oben § 5, A., I., 6., a), S. 152 f.f.

1629 Vgl. die Erwägungen von Bergschneider, Anm. zu LG Ravensburg, Urt. v. 31.01.2008, FamRZ 2008, S. 1289, 1292, der u.a. deshalb den Pflichtteilsverzicht für wirksam hielt, weil mangels Scheidung der Ehevertrag keinerlei Wirkungen entfalten und vollständig hinweggedacht werden konnte, so dass schlicht der Pflichtteilsverzicht verblieb.

1630 Vgl. oben § 2, C., S. 48 ff..

1631 Siehe oben § 4, A., III., 2., c), S. 93 ff..

Nach der hier vertretenen Ansicht unterliegen isolierte Pflichtteilsverzichtsverträge keiner den Eheverträgen vergleichbaren Inhaltskontrolle. Da jedoch Pflichtteilsverzichtsverträge vielfach in zeitlichem und sachlichem Zusammenhang mit Eheverträgen bzw. Scheidungsfolgenvereinbarungen in einer Urkunde abgeschlossen werden, sollen diese nach einer im Schrifttum vertretenen Ansicht[1632] zumindest bei Zusammenfassung in einer Urkunde einer Inhaltskontrolle zugänglich sein. Streng auseinanderzuhalten ist infolge der gerichtlich vorgegebenen Prüfungssystematik die sich als erstes stellende Frage nach der Betrachtung von Ehevertrag und Pflichtteilsverzicht als Teile eines einheitlichen Vertrages im Wege der Gesamtschau bzw. Gesamtwürdigung einerseits von der sich sodann anschließenden Konstellation des § 139, oftmals in der Literatur unter dem Schlagwort der „Infektion" des Pflichtteilsverzichts angesprochen, andererseits.

Nach einem Teil des Schrifttums hat gemäß der ehevertraglichen Rechtsprechung des BGH auf der ersten Stufe der Wirksamkeitskontrolle eine Gesamtschau zu erfolgen, in welche auch der Pflichtteilsverzichtsvertrag mit einzubeziehen ist[1633]. Auch ein äußerliches Separieren des ehevertraglichen Vertragswerks von dem erbrechtlichen hindere die gebotene Gesamtschau nicht[1634]. Beispielhaft in diesem Sinne hält *Mayer* lapidar fest, aufgrund der Gesamtschau könne sich die Unwirksamkeit des erbrechtlichen Verzichts ergeben, wenn angesichts der übrigen, einschneidenden Vereinbarungen und Verzichte der Pflichtteilsverzicht gleichsam das „Fass zum Überlaufen bringe" und damit die Gesamtnichtigkeit bewirke[1635].

Bereits die Annahme, es handele sich bei dem meist anzutreffenden einheitlichen Urkundspapier auch in der Regel um ein einheitliches Rechtsgeschäft im Rechtssinne, ist unzutreffend und wird durch die Praxis widerlegt. Die Gestaltung in einer Urkunde geschieht häufig aus Kostengründen[1636], wobei der Wille der Parteien bei bezuglos nebeneinander stehenden ehevertraglichen und erbrechtlichen Elementen weit überwiegend dahin geht, dass bei Unwirksamkeit des Ehevertrages zumindest der erbrechtliche Verzicht bestehen bleibt[1637], zumal

1632 Wachter, ZErb 2004, S. 238, 244; Weidlich, NotBZ 2009, S. 149, 159.

1633 Wachter, ZErb 2004, S. 238, 244; Mayer in: Bamberger/ Roth (Stand 01.03.2011), § 2346, Rn. 38; Mayer, FPR 2006, S. 129, 134; Kapfer, MittBayNot 2006, S. 385, 389 immerhin mit Bekanntgabe einiger dogmatischer Bedenken; Wendt, ZNotP 2006, S. 2, 3 spricht davon, dass sich „familienrechtliche, insbesondere güterrechtliche und erbrechtliche Gestaltungen bei der Kontrolle wechselseitig beeinflussen können".

1634 Wachter, ZErb 2004, S. 238, 244; zu dem Begriff der Gesamtschau bzw. der Gesamtwürdigung siehe oben § 4, A., III., 2., c), S PAGEREF _Ref493147029 \h S. 9393 ff.. (Für die Einheitlichkeit eines Geschäfts und damit für die rechtliche Einheit spielt es freilich keine Rolle, ob sich dies in einer oder in zwei Urkunden manifestiert. Entscheidend ist der Einheitlichkeitswille der Vertragsparteien.)

1635 Mayer, ZEV 2007, 556, 559.

1636 Gageik, FPR 2005, S. 122, 129.

1637 Ähnlich Muscheler, Festschrift für Spiegelberger, S. 1079, 1085.

sich beide Vertragselemente jeweils nur alternativ verwirklichen lassen, entweder der erbrechtliche Verzicht aufgrund Vorversterbens eines Ehegatten oder der ehevertragliche Teil aufgrund Scheidung[1638]. Bei einem dennoch einmal vorliegenden einheitlichen Regelwerk ist allerdings keine der ehevertraglichen Rechtsprechung vergleichbare Gesamtschau hinsichtlich beider Elemente durchzuführen. Eine solche hat sich nur auf den ehevertraglichen Teil zu beziehen. Der Pflichtteilsverzicht unterliegt einer eigenständigen separaten klassischen Prüfung gem. § 138, gerade so, als wäre er in einem unabhängigen isolierten zweiten Vertrag abgeschlossen worden[1639]. Der Erb- und der Pflichtteil gehören bekanntlich nicht zu den Scheidungsfolgenansprüchen und realisieren sich beim Versterben des Ehegatten, indessen nicht bei der Scheidung. Insoweit wird beim Pflichtteilsverzicht auch zutreffend von einem dogmatisch klaren Aliud gesprochen[1640]. Diese funktional unterschiedlichen, sich sogar einander ausschließenden Zielrichtungen von Pflichtteilsverzicht einerseits und ehevertraglichen Verzichten andererseits verbieten daher eine entsprechende Gesamtschau. Der Pflichtteilsverzicht kann die weiteren Verzichte eben nicht intensivieren; eine Kumulation ist aufgrund der beschriebenen Sachverhaltsalternativität ausgeschlossen[1641], zumal im Beurteilungszeitpunkt der Wirksamkeitskontrolle, nämlich im Zeitpunkt des Vertragsabschlusses, in der Regel nicht vorhersehbar sein wird, welche Vertragsalternative sich verwirklichen wird[1642]. Mit anderen Worten: Der Pflichtteilsverzicht ist keine Einzelklausel des Ehevertrages, die an einer ehevertraglichen Gesamtbetrachtung teilnehmen dürfte. Einzelne Scheidungsfolgenansprüche bzw. deren Verzicht lassen sich mit dem Pflichtteilsverzicht weder in seinen nachteiligen Wirkungen addieren noch ist der Pflichtteilsverzicht durch eine ehevertragliche und damit scheidungsbedingte Kompensationsleistung abzumildern. Leistungen bzw. Verzichte, deren Erfüllung bzw. Wirkungen zu alternativen, sich ausschließenden Zeitpunkten eintreten, können daher einander in der Regel nicht bedingen. Der Pflichtteilsverzicht bleibt ein eigenständiger Vertrag. Im Übrigen ist der Einwand zutreffend, bei entgegengesetzter Betrachtungsweise würden die Verzichtsverträge anderer Pflichtteilsberechtigter mangels Eheschlusses unstreitig nicht der

---

1638 Ähnlich beispielsweise Wiemer, S. 164 f.; dieser stellt in diesem Zusammenhang auch auf die Tatsache ab, dass sich der Pflichtteilsanspruch lediglich auf den Todesfall bei intakter Ehe bezieht und nicht durch den Konfliktfall Scheidung erfolgt; dies lasse in höherem Maße erwarten, dass von den Partnern ein sachgerechter Interessenausgleich hergestellt werde mit der Folge, dass ein geringeres Kontrollbedürfnis bestehe.

1639 Münch, ZEV 2008, S. 571, 577; Fach, S. 213 ff.; so im Ergebnis jedenfalls Muscheler, Festschrift für Spiegelberger, S. 1079, 1085, der allerdings zuvor von einer anzuwendenden Gesamtschau spricht.

1640 Bengel, ZEV 2006, S. 192, 196.

1641 Vgl. dazu das oben dargestellte und besprochene Urteil des LG Ravensburg § 5, A., I., 5., S. 147 ff..

1642 Ähnlich Münch, ZEV 2008, S. 571, 577.

ehevertraglichen Gesamtschau unterliegen können, was einen Verstoß gegen das Gleichheitsgebot des Art. 3 Abs. 1 GG nahelegen würde[1643].

Eine weitere Frage nach der Wirksamkeit des Pflichtteilsverzichts gem. § 139 im Rahmen der Teilnichtigkeit kann sich stellen, wenn der Ehevertrag als Bestandteil eines einheitlichen Vertrages sittenwidrig ist: „Infiziert" der Ehevertrag dann den Pflichtteilsverzicht[1644]? „Steckt der Blitz, der beim Ehevertrag einschlägt, das ganze Vertragswerk samt erbrechtlichem Teil in Brand[1645]?" Wie bereits dargestellt[1646] ist das gesamte Rechtsgeschäft gemäß § 139 nichtig, wenn nach dem Willen der Parteien die Geschäfte miteinander stehen und fallen sollen. In der Regel haben die Parteien gerade nicht den Willen, mit Pflichtteilsverzicht und Ehevertrag ein einheitliches Geschäft in diesem Sinne abzuschließen. Vielmehr entspricht es dem Willen, im Falle der Nichtigkeit des Ehevertrages zumindest den Pflichtteilsverzicht aufrechtzuerhalten, denn der Beweggrund der Trennung bzw. Scheidung bedingt zumeist die möglichst weitgehende Vermögenstrennung in möglichst jeder Tatsachenvariante[1647]. Dies gilt gerade und erst Recht vor dem Hintergrund, dass sich erbrechtlicher und familienrechtlicher Vertragsteil exklusiv gegenüber stehen. Die Scheidungsfolgen stehen, wie gesehen, mit ihren Kriterien, wie etwa dem Nachteilsausgleich und der Orientierung an Kernbereichen, funktional auf einer anderen Ebene als der Pflichtteil. Die unterschiedlichen Funktionen von Pflichtteil und Scheidungsfolgen, auf die es hier maßgeblich ankommt, wurden in dieser Arbeit bereits beschrieben. Sie verhindern letztlich ein „Weiterfressen"[1648] der Nichtigkeit. Auch zeitlich liegt ein Ausschlussverhältnis vor. All dies legt die Schlussfolgerung nahe, dass bei Unwirksamkeit des Ehevertrages im Regelfall dann „wenigstens" der Pflichtteilsverzicht greifen soll. Zumal sich die ehevertragliche Gestaltung in solchen Fällen nicht einmal auswirkt.

Muscheler differenziert, soweit ersichtlich als einziger im Schrifttum, zwischen den verschiedenen Zeitpunkten, wann sich der Erb- bzw. Pflichtteilsverzicht realisieren soll[1649]. Voraussetzung ist eine klar vereinbarte Bedingung für den Zeitpunkt der Wirksamkeit. Für den von der Ehekrise unabhängig vereinbarten erbrechtlichen Verzicht gelte das soeben dargelegte Ergebnis; anders jedoch, wenn der Verzicht durch die bloße Trennung der Parteien bedingt ist. Wird die Ehe nunmehr durch Tod nach Trennung, aber vor Stellung eines Scheidungsantrages beendet,

1643 Muscheler, Festschrift für Spiegelberger, S. 1079, 1085 f.

1644 Terminologie nach Münch, ZEV 2008, S. 571, 571 ff.

1645 Bergschneider, Anm. zu LG Ravensburg, Urt. v. 31.01.2008, FamRZ 2008, S. 1289, 1292.

1646 Insb. zu § 139 vgl. die Ausführungen oben § 4, A., III., 2., c), aa), S. 93 f.f.

1647 Im Ergebnis ebenso Keim, FPR 2006, S. 145, 148; Münch, ZEV 2008, S. 571, 577 f.; Fach, S. 216 f.; Aldinger, S. 252.

1648 Im Ergebnis ebenso Muscheler, Festschrift für Spiegelberger, S. 1079, 1092 f.

1649 Muscheler, Festschrift für Spiegelberger, S. 1079, 1092 f. = Muscheler in: Inhaltskontrolle im nationalen und Europäischen Privatrecht, S. 119, 149 ff.

dann ist die Bedingung des Erbverzichts eingetreten. Die Scheidungsfolgen können sich aufgrund Todes in bestehender Ehe nicht mehr verwirklichen. Auch § 1933 kann mangels Scheidungsantrages keine Wirkung entfalten. Der Unterhaltsanspruch erlischt nämlich gem. § 1615 Abs. 1. Hätte der überlebende Ehegatte jedoch bereits Scheidungsantrag gestellt, erhielte er bei nichtigem Ehevertrag gem. § 1933 S. 3 einen Anspruch auf nachehelichen Unterhalt. Da die schlichte Formalie des Stellens eines Scheidungsantrages ein solch unterschiedliches Ergebnis nicht rechtfertige und der Ehegatte andernfalls gezwungen werde, das endgültige Scheitern der Ehe mit einem Scheidungsantrag voranzutreiben, spreche viel für die Bejahung der Anwendbarkeit des § 139. Der Anspruch belaufe sich entsprechend § 1933 S. 3 auf den Umfang des fiktiven Unterhaltsanspruchs[1650].

Ob man sich diesem Ergebnis anschließt, ist letztlich eine Frage der Auslegung des Parteiwillens im Rahmen der Anwendung des § 139. Weil aber die Ehegatten den Fall der Trennung als Zeitpunkt des Bedingungseintritts für den Verzicht explizit gewählt haben, und zwar ohne weitere Bedingungen oder Zusätze, haben sie diesen Fall doch wohl eher ausdrücklich genau so regeln wollen, dass nämlich in diesem Fall kein Pflichtteil anfällt. *Muscheler* geht mit seinem Ergebnis im Umkehrschluss von einer hypothetischen Betrachtungsweise der Parteien dahingehend aus, dass sie bei Berücksichtigung des nichtigen Ehevertrages, obwohl dieser bei schlichter Trennung keine Folgen auszulösen vermag, doch keinen Pflichtteilsverzicht gewollt haben, vielmehr die Wirkungen des § 1933 S. 3 hätten herbeiführen wollten. Dann aber hätten die Beteiligten richtigerweise einen Pflichtteilsverzicht bedingt durch die Rechtshängigkeit des Scheidungsantrages bzw. die Voraussetzungen des § 1933 vereinbaren müssen. Im Ergebnis erhielte der getrennt lebende Ehegatte mit *Muscheler* damit mehr als derjenige, dessen Ehegatte in intakter Ehe vorverstirbt. Letztlich stellt sich die Frage, ob die Betrachtung *Muschelers* nicht auf einen unbeachtlichen Rechtsfolgenirrtum über das Vorliegen der Anspruchsvoraussetzungen des § 1933 hinausläuft. Nicht ohne Grund wird in Fällen der vorliegenden Art eine ausdrückliche Manifestation des Parteiwillens in der Vertragsurkunde gefordert, die über die gewöhnlichen salvatorischen Klauseln hinausgeht.

Zu einer anderen Betrachtungsweise einer etwaigen Gesamtnichtigkeit von ehevertraglichem und erbrechtlichem Teil gelangen freilich die Vertreter der in dieser Arbeit abgelehnten Einheitslösung aufgrund Fernwirkung des Pflichtteilsverzichts auf die Unterhaltsansprüche der §§ 1586 b Abs. 1 S. 1, 1933 S. 3[1651]. Der Vollständigkeit halber sei an dieser Stelle kurz auf die Konsequenzen dieser Ansicht eingegangen. Wegen der Doppelfunktion des Pflichtteilsverzichts als erbrechtlichem und unterhaltsrechtlichem Verzicht schlägt der Pflichtteilsverzicht nach dem Ansatz der Einheitslösung durch auf die nachehelichen Unterhaltsansprüche nach §§ 1586 b,

---

1650 Muscheler, Festschrift für Spiegelberger, S. 1079, 1093.

1651 Dazu oben § 5, C., II., 1., c), S. 233 ff.. sowie das Urteil des LG Ravensburg § 5, A., I., 5., S. 147 ff..

1933 S. 3. Da die Vertragsparteien jedoch im Zeitpunkt des Ehevertragsabschlusses den Wegfall dieser Unterhaltsansprüche weder vorhersehen noch wollten, soll die Sittenwidrigkeit des Ehevertrages den Pflichtteilsverzicht nur insoweit erfassen, als er aufgrund der Fernwirkung den Ausschluss des Unterhalts gem. § 1586 b für den Scheidungsfall bewirke. Im Übrigen bleibe es bei der Wirksamkeit des Pflichtteilsverzichts[1652]. Endet die Ehe durch Tod, bleibe es bei dem Ausschluss der erbrechtlichen Mindestteilhabe[1653]. Diese Ansicht ist aus bereits dargelegten Gründen abzulehnen[1654]. Darüber hinaus müsste vielmehr von einer Rechtsschutzlücke ausgegangen werden, welche im Wege der Ausübungskontrolle durch Zubilligung eines Unterhaltsanspruches geschlossen werden könnte[1655]. Zutreffend kann wegen dieser selten vorkommenden Fälle des Todes im Scheidungsverfahren nicht von einer Sittenwidrigkeit des gesamten Vertrages ausgegangen werden[1656]. Dies gilt auch für den aus benannten Gründen[1657] erheblich verkürzten Zeitraum des Bezugs von nachehelichem Unterhalt für den Fall des Vorversterbens nach der Scheidung.

Die Prüfungssystematik von Eheverträgen lässt sich damit auf Pflichtteilsverzichte nicht übertragen. Es existiert bei diesen kombinierten Verträgen weder eine Gesamtschau im Sinne der ehevertraglichen Inhaltskontrolle noch kann der aus sich heraus sittenwidrige Ehevertrag ohne weitere Anhaltspunkte im Vertrag den Pflichtteilsverzicht infizieren.

E. Exkurs: Schlussfolgerungen für eine Inhaltskontrolle bei bloßem Erbverzicht unter Vorbehalt des Pflichtteils

Auch wenn die Frage der Inhaltskontrolle von Erbverzichten unter Vorbehalt des Pflichtteils nicht im Wesentlichen Gegenstand dieser Arbeit ist, soll an dieser Stelle doch ein kurzer Seitenblick auf die sich notwendigerweise anschließende Frage geworfen werden, ob auch ein solcher Verzicht der Überprüfung im Wege der ehevertraglichen Inhaltskontrolle unterliegen kann oder ob er kraft seiner Natur der Inhaltskontrolle nicht zugänglich ist.

Bereits das Merkmal der strukturellen Unterlegenheit fehlt offenkundig, da das Gesetz dem Erbprätendenten per se die schwächere Verhandlungsposition zuweist. Der Erblasser hat grundsätzlich jederzeit die Möglichkeit, potentielle Erben durch Verfügung von Todes wegen von der Erbfolge auszuschließen. Auf der anderen

1652 Kühle, ZErb 2013, S. 221, 224 f.; Kühle, S. 224 ff.
1653 Kühle, ZErb 2013, S. 221, 224.
1654 Vgl. abermals oben § 5, C., II., 1., c), S. 233 ff..
1655 Münch, ZEV 2008, S. 571, 577, der allerdings ebenfalls nicht die Ansicht Kühles teilt.
1656 Münch, ZEV 2008, S. 571, 577; Dutta, AcP 209 (2009),S. 760, 804 f., geht als Vertreter der Einheitslösung ebenfalls lediglich von einer Anpassung im Wege der Ausübungskontrolle aus und spricht einen Unterhaltsanspruch zu.
1657 Siehe oben § 5, C., III., 8.,S. 269 ff..

Seite kann er auch einen Erbverzichtsvertrag unter Vorbehalt des Pflichtteils schließen. Damit hat er die Wahl, ob er die vertragliche Lösung oder den einfacheren Weg der testamentarischen Enterbung geht. In jedem Fall aber stehen beide Lösungsmöglichkeiten und die Frage, ob und wen der Erblasser enterben will, für ihn offen. Von einer gar strukturellen Unterlegenheit kann unter diesen Voraussetzungen nicht die Rede sein, da das Gesetz diese von vornherein vorsieht und in Kauf nimmt. Daran ändert auch die Tatsache nichts, dass der Erblasser den möglichen Erben unter einen gewissen Druck setzen kann – vertraglicher Verzicht unter Vorbehalt gegen Zahlung einer Abfindung oder (einseitige) Enterbung ohne Abfindung. Damit hat der Erblasser sämtliche Druckmittel in seiner Hand, während der Erbe lediglich hoffen kann, nicht enterbt zu werden[1658]. Dabei gründet sich diese Hoffnung nicht nur auf eine Rechtsposition, die, wie gesehen, ausschließlich in den Händen des Erblassers liegt, sondern welche im Zeitpunkt des Vertragsabschlusses nicht einmal gesichert ist. Zu Lebzeiten des Erblassers besteht insoweit nämlich zu Gunsten des Erben keine hinreichend gesicherte Erwerbsposition in Form eines Anwartschaftsrechts[1659]. Mit der Möglichkeit der Enterbung kann dem Erben sogar diese vage Aussicht auf künftige Vermögensmehrung genommen werden. Damit genießt der Erblasser aufgrund der ihm von Verfassungs wegen verliehenen Instrumentarien volle Gestaltungsfreiheit bei der Erbfolge und mithin entsprechende Testierfreiheit. Schließlich wäre es widersinnig, dem Erblasser auf der einen Seite die Testierfreiheit zu gewähren und damit das Recht, über seinen Nachlass frei zu entscheiden, auf der anderen Seite aber eine Inhaltskontrolle auf die sich aus der Testierfreiheit ergebende Unterlegenheit des Verzichtenden zu stützen[1660]. Diese klare Entscheidung des Gesetzgebers für den Vorrang der Testierfreiheit kann somit im Ergebnis nicht zu einer gestörten Vertragsparität und einer Inhaltskontrolle führen. Der Verzichtende wird durch den Erbverzichtsvertrag unter Vorbehalt auch nicht schlechter gestellt als bei bloßer Enterbung, im Gegenteil: Ihm wird hierbei regelmäßig die Chance auf eine Besserstellung durch eine Abfindung eröffnet[1661].

Ferner scheitert eine Inhaltskontrolle, zumindest des abstrakten Erbverzichts und damit insbesondere eine nachträgliche, nach dem Tod des Erblassers vorzunehmende Inhaltskontrolle in Form der Ausübungskontrolle, wie gesehen[1662], bereits an dem Kriterium der Rechtssicherheit. Da der abstrakte Erbverzicht ab dem Erbfall dingliche Wirkung gegenüber jedermann entfaltet, ist eine Anpassung ab diesem Zeitpunkt ungeachtet der Anspruchsgrundlage nicht mehr möglich. Damit scheitern sowohl Störung der Geschäftsgrundlage als auch eine Ausübungskontrolle[1663].

1658 Muscheler in: Festschrift für Spiegelberger, S. 1079, 1082.
1659 Vgl. bereits oben § 2, A., II., 1., c), bb), S. 33 ff..
1660 Muscheler in: Festschrift für Spiegelberger, S. 1079, 1082.
1661 Muscheler in: Festschrift für Spiegelberger, S. 1079, 1082.
1662 Vgl. oben § 3, B., I., 1., b), dd), S. 61 ff..
1663 Muscheler in: Festschrift für Spiegelberger, S. 1079, 1088.

F. Ergebnis: Konsequenzen für eine Wirksamkeits- und Ausübungskontrolle von Pflichtteilsverzichtsverträgen

Unser kodifiziertes Recht steht zwar einer Übertragung der Rechtsprechung zur Inhaltskontrolle von Eheverträgen auf Pflichtteilsverzichtsverträge nicht von vornherein entgegen, was insbesondere für die Fälle des bewusst eingegangenen Risikos gilt; dennoch existiert keine der ehevertraglichen Inhaltskontrolle vergleichbare Kontrolle bei Pflichtteilsverzichten.

Die Prognose weiter Teile des Schrifttums, in Zukunft werde man auch mit einer den Eheverträgen vergleichbaren Inhaltskontrolle von Pflichtteilsverzichtsverträgen zu rechnen haben, hat sich bis heute nicht bestätigt und dies steht auch nicht zu erwarten[1664]. Im Gegenteil: Auch Entscheidungen jüngeren Datums bestätigen die ablehnende Haltung der Obergerichte, eine ehevertragliche Inhaltskontrolle auch im Bereich der Pflichtteilsverzichte zu etablieren[1665]. Zu diesem Themenkomplex ist bislang weder eine ausdrückliche Entscheidung des BGH ergangen noch hat eine anderweitige ausführliche obergerichtliche Auseinandersetzung stattgefunden. Lediglich das LG Nürnberg-Fürth hat, als bis dato soweit ersichtlich einziges Gericht, die Frage nach einer der ehevertraglichen Inhaltskontrolle entsprechenden Kontrolle von Pflichtteilsverzichtsverträgen explizit gestellt und im Ergebnis kurz und eindeutig verneint. Eine Inhaltskontrolle nach Maßgabe der sogenannten Kernbereichslehre gebe es nicht, da die Rechtsinstitute unterschiedliche Schutzzwecke und einen andersartigen Rechtscharakter hätten. Der Pflichtteil habe einen aleatorischen Charakter und stelle, anders als der Unterhalt, nicht auf die Bedürftigkeit ab. Außerdem sei der Pflichtteilsverzicht als solcher wertneutral, so dass sich eine Unwirksamkeit allenfalls nach den allgemeinen Grundsätzen i.S.v. § 138 ergeben könne[1666]. Eine weitergehende gerichtliche Auseinandersetzung mit dem Thema sucht man vergeblich[1667].

Soweit im Rahmen der Diskussion in letzter Zeit häufig der sog. „Sportwagenfall" des OLG Hamm[1668] Erwähnung findet, so reiht sich dieses Urteil, wie

---

1664 Dieses Ergebnis in jüngerer Zeit bestätigend etwa Andrissek, MittBayNot 2018, S. 57, 58.

1665 Beispielhaft seien die derzeit wohl populärsten Entscheidungen genannt: OLG Hamm, Urt. v. 08.11.2016, ZEV 2017, S. 163–167 mit Anm. Everts sowie LG Nürnberg- Fürth, Urt. v. 23.03.2018, BeckRS 10927, Rn. 17 = ZEV 2018, S. 593, 594 mit Anm. Keim.

1666 LG Nürnberg- Fürth, Urt. v. 23.03.2018, BeckRS 10927 = ZEV 2018, S. 593, 594 mit Anm. Keim.

1667 Vgl. insoweit die oben exemplarisch dargestellte Rechtsprechung § 5, A., I., S. 136 ff..

1668 OLG Hamm, Urt. v. 08.11.2016, ZEV 2017, S. 163–167 mit Anm. Everts = FamRZ 2017, S. 1167–1169 = NJW 2017, S. 576 f.: Das OLG Hamm entschied, ein Erb- und Pflichtteilsverzicht könne aufgrund einer Gesamtwürdigung mit der zugrundeliegenden schuldrechtlichen Vereinbarung sittenwidrig sein, sofern die Vereinbarungen ein erhebliches Ungleichgewicht zulasten des Verzichtenden aufwiesen.

insbesondere auch das eingangs dargestellte „Wildmoser-Urteil“ des OLG München[1669], im Ergebnis ein in eine „gewöhnliche Sittenwidrigkeitsprüfung“, welche mit einer vergleichbaren ehevertraglichen Inhaltskontrolle nichts gemein hat. Die Terminologie der gerichtlichen Entscheidungen mag gerade für die Vertreter einer pflichtteilsrechtlichen Inhaltskontrolle verführerisch erscheinen[1670], entspricht bei genauerem Hinsehen aber gerade nicht einer bei Eheverträgen anzuwendenden Inhaltskontrolle. Mit keinem Wort gehen beide Gerichte auf eine etwaige vergleichbare ehevertragliche Inhaltskontrolle ein. Es erscheint vielmehr geradezu selbstverständlich, „lediglich“ von den gesetzlichen Instrumenten der Störfallvorsorge Gebrauch zu machen.

Die Literatur beschäftigt sich mit der Thematik oftmals nur partiell, wobei es einige Kernargumente gegen die Übertragung der Inhaltskontrolle gibt, wie etwa der aleatorische Charakter des Pflichtteils, seine fehlende Zugehörigkeit zum Kernbereich der Scheidungsfolgenansprüche und die Vergleichbarkeit mit dem Zugewinnausgleichsanspruch. Die sozialrechtlich beeinflusste Entscheidung des BGH vom 19.01.2011 bedeutet eine zeitliche und damit auch inhaltliche Zäsur, will man die neu gewonnene negative Erbfreiheit bzw. „negative Pflichtteilsfreiheit“ ernst nehmen. Eine verfassungsrechtliche Absicherung dieses neuen Freiheitsbegriffs steht freilich noch aus.

Der Pflichtteil ist seiner Funktion entsprechend nicht mit dem (nachehelichen) Unterhalt vergleichbar. Auch kommt dem Pflichtteil um seiner selbst willen, trotz

---

Der gerade erst volljährig gewordene Sohn aus erster Ehe verzichtete unbedingt auf sein Erb- und Pflichtteilsrecht. Als Gegenleistung sollte der Sohn den väterlichen Sportwagen, für welchen sich der Sohn besonders begeisterte, bei Vorliegen dreier kumulativer Voraussetzungen erhalten: Vollendung des 25. Lebensjahres, Bestehen der Gesellenprüfung zum Zahntechniker binnen vier Jahren mit der Note eins sowie der Ablegung der Meisterprüfung mit der Bestnote. Im Vorfeld der Beurkundung bestand für den Sohn ein erhebliches Aufklärungsdefizit hinsichtlich des Vertragsinhaltes. Das OLG Hamm ist, vergleichbar dem „Wildmoser-Urteil“ des OLG München, nach einer Gesamtwürdigung von Inhalt, Beweggrund und Zweck von einer Umstandssittenwidrigkeit des Erb- und Pflichtteilsverzichts gem. § 138 Abs. 1 ausgegangen (OLG Hamm, Urt. v. 08.11.2016, ZEV 2017, S. 163, 163 f. mit Anm. Everts).
Über die eigentliche Begründung der Entscheidung des OLG Hamms lässt sich trefflich streiten, zeigt sie doch einmal mehr, wie schnell man dem Kriterium des „unzumutbaren Drucks“nachzugeben geneigt ist. Angesichts dessen scheinen die beruflichen Ziele des Sohnes sträflich in den Hintergrund zu rücken, ebenso wie das Momentum der Willensherrschaft.

1669 OLG München, Urt. v. 25.01.2006, MittBayNot 2006, S. 428–430; vgl. i.Ü. oben § 1, A., S. 1 ff. sowie § 5, A., I., 4., S. S. 145 ff..

1670 So beispielsweise auch *Röthel*, AcP 212 (2012), S. 157, 191, dort Fn. 125, die (wie gesehen fälschlicherweise) aufgrund des Urteils des OLG München sogar eine Tendenz der Rechtsprechung für eine Inhaltskontrolle ausmachen möchte; unter Bezugnahme auf Röthel: Schulz, S. 19.

der ihm auch bundesverfassungsgerichtlich zugesprochenen Funktionen[1671], keine weitere Funktion im Sinne der versorgenden scheidungsfolgenbezogenen, insbesondere unterhaltsbezogenen Ansprüche zu[1672]. Der Pflichtteil ist vielmehr dem der ehevertraglichen Inhaltskontrolle nicht unterliegenden Zugewinnausgleichsanspruch vergleichbar[1673] und ist seinerseits Ausdruck der Familiensolidarität sowie Bestandteil eines Traditionsvermögens. Diese Mindestteilhabe am Nachlass trägt daneben dem Gedanken der Teilhabe an materiellen und immateriellen Beiträgen zum Erblasservermögen Rechnung und dient der Fortsetzung des ideellen und wirtschaftlichen Zusammenhangs von Vermögen und Familie über den Tod des Vermögensinhabers hinaus. Dem Pflichtteil steht damit neben der Testierfreiheit eine eigene Existenzberechtigung zu. Die Überprüfung der einfachgesetzlichen Normen bestätigt dieses Ergebnis; insbesondere lässt sich auch aus diesen keine Alimentationsfunktion des Pflichtteils ableiten. Im Übrigen hindert in umgekehrter Richtung die formale Egalität der Pflichtteilsberechtigten den Erblasser sogar daran, den Nachlass unter Bedürftigkeitsgesichtspunkten zu verteilen[1674]. Der Pflichtteil wird bedarfsunabhängig gewährt und stellt gerade kein funktionelles Korrelat zu Unterhaltsansprüchen dar. Zwischen den Unterhalts- und Pflichtteilsberechtigten herrscht, trotz der oft gelesenen entgegengesetzten Behauptung, auch keine personelle Identität. Der Pflichtteil bedenkt einen kleineren Personenkreis[1675].

Der Pflichtteil ist auch in rechtstatsächlicher Hinsicht kein verlängerter Unterhaltsanspruch, der über diesen Umweg der Betrachtungsweise an der Unterhaltsfunktion teilnehmen könnte. Zwar tritt der Erbfall und damit der Liquiditätszufluss durch den Pflichtteil statistisch (regelmäßig) erst in einem Zeitpunkt ein, in dem zumeist die Existenz des Berechtigten bereits aufgebaut und weitestgehend gesichert ist und Unterhaltsansprüche weder dem Grunde noch der Höhe nach nicht mehr bestehen, so dass der Pflichtteil als Verlängerung oder Ablöse des Unterhalts betrachtet werden könnte. Dies ist jedoch ungeachtet der ohnehin vielfach nicht mehr bestehenden Unterhaltskette, die zumindest für einen Unterhaltsanspruch Anspruchsvoraussetzung wäre, nicht der Fall. Aus diesem Grund kann der Pflichtteil auch nicht als „funktionelles Korrelat zur Unterhaltspflicht unter Lebenden“ begriffen werden[1676], weil im Zeitpunkt des Eintritts der Rechtswirkungen dieses

---

1671 Zur Rechtsprechung des BVerfG vgl. oben § 5, B., I., 2., a), S. 176 ff..

1672 Siehe oben § 5, C., I., 4., e), S. 214 ff..

1673 Vgl. die Ausführungen oben § 5, C., IV., 2., S. 293 ff..

1674 Vgl. die Erwägungen von Dauner-Lieb, FF 2000, S. 110, 114 sowie Dauner-Lieb, DNotZ 2001, S. 460, 463.

1675 Als Beispiel seien genannt der geschiedene Ehegatte und der Enkel, der durch seinen nicht leistungsfähigen lebenden Vater von der Erbfolge ausgeschlossen wird.

1676 So aber heute noch unter Berufung auf Gernhuber, FamRZ 1960, S. 326, 329: Sturm, S. 135 und Dutta, AcP 209 (2009), S. 760, 775, sowie als Anm. zu OLG Köln, Urt. v. 9.12.2009, FamRZ 2010, S. 838, 841, der allerdings nur von einer grundsätzlichen

Korrelats ein abzulösendes, von der Funktion her gleichwertiges Rechtsinstitut überhaupt nicht mehr besteht bzw. tatbestandlich nicht mehr greifen würde.

Auch aus § 1586 b lässt sich keine Unterhaltsersatzfunktion des Pflichtteils herleiten. Die Einheitslösung gelangt zu unvertretbaren, teils zufälligen Ergebnissen. Eine Unterhaltsfunktion des Pflichtteils lässt sich weder dieser Auffassung noch der hier vertretenen Ansicht entnehmen. § 1586 b ist kein Vehikel, das der Gesetzgeber so programmiert hat, dass es uns direkt zur Inhaltskontrolle bringt, in dem erbrechtliche Ansprüche, wie etwa der auf den Pflichtteil, dieselben Rechte beinhalten wie viele Scheidungsfolgenansprüche. Der verlängerte Unterhaltsanspruch ermöglicht in diesem Sinne lediglich als Versorgungsstation den Existenzschwachen die Versorgung mit Subsistenzmitteln. Die Entscheidung des Landgerichts Ravensburg zeigt, zu welch paradoxen Ergebnissen ein falsches Verständnis sowohl von § 1586 b als auch von dem Zusammenspiel von Pflichtteil und nachehelichem Unterhalt, vor allem in zeitlicher Hinsicht, führen kann. Eine etwaige Sittenwidrigkeit des Pflichtteilsverzichts kann nicht mit seiner angeblich benachteiligenden Wirkung auf den nachehelichen Unterhalt im Sinne der Einheitslösung begründet werden. Bei Pflichtteilsanspruch und Anspruch auf den nachehelichen Unterhalt handelt es sich bereits rein zeitlich um sich ausschließende Alternativen, was auch für die entsprechenden Verzichte gilt. Der Pflichtteilsverzicht muss allein aus sich heraus oder aber aus der untrennbaren Verknüpfung mit einem Ehevertrag, bei welchem sich die Wirksamkeit des einen Teils nach der Wirksamkeit des anderen Teils richtet, unwirksam bzw. anpassungsbedürftig sein. Eine Gesamtbetrachtung von Pflichtteilsverzicht und Ehevertrag bzw. Scheidungsfolgenvereinbarung in dem Sinne einer gleichzeitigen Abwägung der Vor- und Nachteile des gesamten Vertrages und damit des erb- und familienrechtlichen Teiles verbietet sich, da sich die Rechtsfolgen in zeitlicher Hinsicht alternativ stellen. Eine Gesamtbetrachtung durch Addition der Vor- und Nachteile beider Vertragsteile würde eine unzulässige Kumulation darstellen, die von der Rechtswirklichkeit nicht gedeckt ist. Der Pflichtteilsverzicht kann in diesem Sinne auch nicht das „Fass zum Überlaufen bringen“ bzw. die Sittenwidrigkeit des Ehevertrages kann nicht den Pflichtteilsverzicht infizieren[1677].

Die Frage nach der Unterhaltsfunktion des Pflichtteils zur Bestimmung der Übertragbarkeit der Rechtsprechung zur Inhaltskontrolle von Eheverträgen führt daher im Ergebnis nicht nur angesichts der Wirkungsweise systematisch und damit auch dogmatisch nicht weiter, sondern auch unter Bezugnahme auf die grundrechtliche Betrachtungsweise. Unterhalt und Pflichtteil sind als aliud zu begreifen. So hat der BGH in seiner viel diskutierten, auch sozialrechtlichen Entscheidung[1678] das

---

Unterhaltspflicht des Erblassers zu seinen Lebzeiten gegenüber dem Pflichtteilsberechtigten spricht.

1677 Zu § 139 sowie einer „Infektion des Pflichtteilsverzichts“ durch einen sittenwidrigen Ehevertrag vgl. die Ausführungen unten § 5, D., S. 299 ff..

1678 BGH, Urt. v. 19.01.2011, BeckRS 2011, 02577; oben dargestellt unter § 5, A., II., 2., S. 156 ff..

Kriterium der Unterhaltsfunktion mit Berufung auf das BVerfG als ebenfalls nicht aussagekräftig behandelt[1679].

Die somit erforderliche Untersuchung der graduellen Einstufung der Disponibilität des Pflichtteils hat eine deutlich gesteigerte Disponibilität gegenüber Scheidungsfolgenansprüchen in Eheverträgen zu Tage gefördert, was im Ergebnis für ein Mehr an Vertragsfreiheit und ein Weniger an Inhaltskontrolle steht. Dafür sprechen insbesondere der aleatorische Charakter des Pflichtteils, die (auch analoge) Unanwendbarkeit des § 1614 Abs. 1 auf den Pflichtteilsverzicht, die Wechselwirkung von Unterhalt und Pflichtteil im Rahmen des Bedarfs und der Leistungsfähigkeit im Unterhaltsrecht, die Rechtssicherheit insbesondere bei der Nachfolgeplanung, die Wesensreduktion des nachehelichen Unterhalts in quantitativer und die Veränderung in qualitativer Hinsicht durch die Unterhaltsreform, die Wertung des § 1933 S. 1 und 2 als Ausdruck des Erblasserwillens sowie die fehlende Ausgleichsfunktion des Pflichtteils für etwaige ehebedingte Nachteile.

Auch die Betrachtung des Kriteriums der Mehrbelastung unter sozialrechtlichen, insolvenzrechtlichen und steuerrechtlichen Aspekten unterstützt diesen Befund. Aktuell muss unter Beachtung der BGH-Rechtsprechung[1680] davon ausgegangen werden, dass die Prinzipien des sozialrechtlichen Nachranges und der Subsidiarität eine Einschränkung der Privatautonomie nicht zu rechtfertigen vermögen. Die Verdrängung öffentlicher Gläubiger ist danach allein nicht ausreichend, um gesetzliche Gestaltungsinstrumente zu beschränken. Auch eine teleologische Reduktion des § 2346 scheidet insoweit aus; eine etwaige Sittenwidrigkeit muss sich aus dem Gesetz, § 138, ergeben. Die Rechtsprechung des BGH zu Eheverträgen, welche den Sozialhilfeträger benachteiligen, ist auf Pflichtteilsverzichtsverträge nicht übertragbar. Selbst im Unterhaltsrecht ermöglicht § 1578 b nunmehr eine Sozialisation der privaten Verluste, indem sogar ehebedingte Nachteile bis zu einer gewissen Schwelle der Allgemeinheit auferlegt werden können. Es bleibt abzuwarten, inwieweit die Überleitungsprivilegierung des § 93 Abs. 1 S. 4 SGB XII angesichts der „neuen" negativen Erbfreiheit, vorbehaltlich einer verfassungsrechtlichen Absicherung, noch Bestand haben wird. Da auch das Recht der Einzelzwangsvollstreckung, das Insolvenzrecht und das Steuerrecht in dem hier untersuchten Sinne für das Recht des Berechtigten und damit für dessen Vertragsfreiheit streiten, herrscht Einklang mit dem Sozialrecht. Allein dieses müsste eventuelle Einschränkungen normieren.

Die einfachgesetzlichen Normen, die untersuchten Kriterien der Disponibilität und der Mehrbelastung führen im Einklang mit den Grundrechten zu einer deutlich gesteigerten Vertragsfreiheit im Pflichtteilsrecht im Vergleich zur Ehevertragsfreiheit. Unter Schutzpflichtgesichtspunkten fordert der Pflichtteilsverzicht das Wächteramt des Staates nicht in dem Maße heraus, wie dies bei Eheverträgen

---

1679 BGH, Urt. v. 19.01.2011, BeckRS 2011, 02577, Rn. 33.

1680 Insb. aufgrund des Urteils v. 19.01.2011, BeckRS 2011, 02577; dazu näher oben § 5, A., II., S. 155 ff..

der Fall ist. Die interpretationsleitenden Grundrechte ermöglichen schwerlich eine anderweitige Sichtweise, insbesondere unter Berücksichtigung der neu hinzugewonnenen „negativen Pflichtteilsfreiheit“ des Berechtigten, der in der, ebenfalls grundrechtlich geschützten, Erwartungshaltung seiner Eltern handelt. Im Ergebnis geht damit im Vergleich zu der Rechtslage, wie sie vor dem 19.01.2011 bestand, einher, dass der Pflichtteilsverzicht in vergleichbaren Konstellationen allenfalls im Ausnahmefall als sittenwidrig betrachtet werden kann[1681], da der Verzichtende, verkürzt ausgedrückt, ja nur von seinem verfassungsrechtlich verbürgten Recht der „negativen Pflichtteilsfreiheit“ Gebrauch gemacht hat. Die Privatautonomie wird daher verstärkt durch die „negativen Pflichtteilsfreiheit“, welche damit durch die Entscheidung des BGH an Bedeutung gewonnen hat.

Die nunmehr erstmalige gesetzliche Fixierung der Inhaltskontrolle sowie die beispielhafte Aufzählung von Vertragsmodalitäten im VersAusglG bedeutet auch aus Sicht des Gesetzgebers für Eheverträge eine Stärkung der Gestaltungsspielräume und damit der Privatautonomie. Auch dieser Gedanke spricht mehr für die Beibehaltung der Vertragsfreiheit für Pflichtteilsverzichte als für eine Einschränkung derselben.

Im Rahmen von Eheverträgen gewährleistet Art. 6 Abs. 1 GG grundsätzlich die freie Gestaltungsmöglichkeit; das Entsprechende gilt für die Verfügung über die verfassungsrechtlich verbürgte Mindestbeteiligung am Nachlass als Recht zur freien Gestaltung der Gemeinschaft in ehelicher und familiärer Verantwortlichkeit. Der Verzicht auf den Pflichtteil erfüllt dabei gerade im Verhältnis der Kinder zu ihren Eltern oftmals eine Erwartungshaltung der Eltern, deren Schutz durch eine Inhaltskontrolle unterlaufen werden würde. Während hier der Hintergrund dieser Erwartungshaltung der legitime Schutz des Familienvermögens ist, mehrt der Verzicht auf Scheidungsfolgenansprüche lediglich die pekuniäre Situation des stärkeren Vertragspartners. Insoweit sind die Verzichte nicht vergleichbar. Die staatliche Schutzpflicht in Form der Inhaltskontrolle resultiert aus einer sich in eine Fremdbestimmung verkehrenden Selbstbestimmung, welche die Rechte des schwächeren Vertragspartners unzulässig verkürzt. Die Disponibilität der Scheidungsfolgen darf nicht dazu führen, dass der Schutzzweck der gesetzlichen Regelungen durch vertragliche Vereinbarungen beliebig unterlaufen werden kann. Geschützt wird in erster Linie der schwächere Ehepartner, letztlich jedoch auch das besondere Verhältnis der Vertragsparteien in Form der Ehe, abgesichert durch die Institutsgarantie von Ehe und Familie. In Anlehnung an Art. 3 Abs. 2 GG ist verfassungsrechtlich geschützt eine solche Ehe, in der Mann und Frau in gleichberechtigter Partnerschaft zueinander stehen. Der Staat hat der Freiheit der Ehegatten dort Grenzen zu setzen, wo der Vertrag nicht Ausdruck und Ergebnis gleichberechtigter Lebenspartnerschaft ist, sondern eine auf ungleichen Verhandlungspositionen basierende einseitige Dominanz eines Ehepartners widerspiegelt. Ein solches, einem speziellen Schutz notwendigerweise unterliegendes besonderes „Pflichtteilsverhältnis“

1681 Vgl. von Proff, RNotZ 2012, S. 272, 279.

existiert nicht, da keine vergleichbare Situation vorliegt. Den Scheidungsfolgenansprüchen vergleichbare postmortale Schutzansprüche zugunsten des schwächeren Partners eines sog. „Pflichtteilsverhältnisses", welche über den Tod des Erblassers hinaus diesem besonderen Verhältnis zwischen Erblasser und Pflichtteilsberechtigten zugunsten einer übergeordneten, der Ehe vergleichbaren Institution zu dienen bestimmt sind, gibt es nicht. Die an Pflichtteilsverzichtsverträgen beteiligten Personen weisen bereits dieses Charakteristikum der Gleichberechtigung, welches über die normale Vertragsparität hinausgeht, nicht auf. Eine ungleiche Lastenverteilung, die unter Vertrauensschutzgesichtspunkten mit dem Wesen eines „Pflichtteilsverhältnisses" als unvereinbar erscheint, scheidet unter diesem Aspekt aus. Auch fehlt es an weiteren vergleichenden Parametern.

So lassen sich bei dem Pflichtteilsverzichtsvertrag etwa keine dem Ehevertrag vergleichbaren Typisierungen, wie etwa die bei Eheverträgen gebräuchlichen Ehetypen, ausmachen. Die gesetzlichen Scheidungsfolgenregelungen orientieren sich an der Einverdienerehe[1682]. Modifikationen der gesetzlichen Scheidungsfolgen sind in dem Maße unbedenklich, in dem der geplante und gelebte Ehetyp von der Einverdienerehe abweicht und demzufolge ein Schutzbedürfnis gar nicht erst entsteht[1683]. Aus der Ehetypenfreiheit folgt mithin die Ehevertragsfreiheit[1684]. Verschiedene Typen von Pflichtteilsverzichtsverträgen, welche gar von einem gesetzlichen Leitbild eines Pflichtteilsverzichtsvertrages abweichen und so eine eigenständige Rechtfertigung einer entsprechenden Pflichtteilsverzichtsvertragsfreiheit rechtfertigen könnten, existieren nicht. Vergleichende Parameter scheiden daher auch insoweit aus.

Dies zeigt insbesondere die Untersuchung von vergleichbaren Kernbereichen und dem Zugewinnausgleichsanspruch. Pflichtteil und Zugewinn sind beide auf Teilhabe an fremdem Vermögen gerichtet. Die Disponibilität des Pflichtteils ist in paralleler Betrachtung zum Zugewinn erweitert, da selbst das in der Ehe erworbene Vermögen nicht zu einer ehevertraglichen Inhaltskontrolle der güterrechtlichen Teilhabe führt. Dem Zugewinnausgleichsanspruch ist richtigerweise auch keine Versorgungsintention mit der Folge erhöhter vertraglicher Schutzbedürftigkeit zu unterstellen. Eine dem Ehevertragsrecht entsprechende Kernbereichsleiter scheidet mangels Vergleichbarkeit mit den Scheidungsfolgenansprüchen aus, auch wenn Kernbereiche des Erbrechts auszumachen sind. Zu diesen gehören zweifelsohne Testierfreiheit und Pflichtteil an sich. Die Betrachtung dieser beiden

---

1682 Dauner-Lieb, AcP 201 (2001), S. 295, 315; Grziwotz in: Beck´sches Notarhandbuch, S. 742; Brambring, S. 25; Langenfeld, Handbuch der Eheverträge, Kapitel 1, Rn. 115; Becker, S. 34; Dorsel, RNotZ 2004, S. 496, 499.

1683 Brambring in: Münchner Anwaltshandbuch Familienrecht, § 23, Rn. 12; Langenfeld, Handbuch der Eheverträge, Kapitel 1, Rn. 117; Dauner-Lieb, AcP 201 (2001), S. 295, 315.

1684 Dauner-Lieb, AcP 201 (2001), S. 295, 315; Dauner-Lieb, FF 2002,S. 151, 151; ähnlich Hahne, DNotZ 2004, S. 84, 88.

Kernbereiche, auch in grundrechtlicher Hinsicht hat gezeigt, dass der Pflichtteil, unter besonderer Berücksichtigung der negativen Erbfreiheit, auf einer etwaigen erbrechtlichen Kernbereichsleiter mit der Testierfreiheit auf einer Stufe, jedenfalls nicht vor der Testierfreiheit einzugruppieren ist. Damit geht die Freiheit, über den Pflichtteil zu verfügen, unter dem Gesichtspunkt des Schutzrechts mindestens genauso weit wie die Testierfreiheit und ist, von § 138 einmal abgesehen, entsprechend schwerlich einzuschränken.

Konkret bedeutet dies, dass die „normalen" Fälle des § 138, ungeachtet einer Inhaltskontrolle[1685], damit zur Ausnahme werden, jedenfalls nur in krassen Ausnahmefällen zur Anwendung kommen[1686]. Damit wird ein Gleichlauf mit der Überprüfung letztwilliger Verfügungen erreicht. Auch hier wird Sittenwidrigkeit und damit Nichtigkeit sowohl von Rechtsprechung und Literatur schon seit langem nur noch in besonders schwerwiegenden Ausnahmefällen angenommen[1687]. Anerkannt ist dies bereits seit geraumer Zeit insbesondere für das Geliebtentestament und das Behindertentestament[1688] sowie für Wiederverheiratungsklauseln[1689]. Auch die Hohenzollern-Entscheidung, nicht zuletzt mit ihrer Kritik an dem sog. „Druck-Topos"[1690] zeigt die grundsätzlich eher restriktive Bejahung der Voraussetzungen der Sittenwidrigkeit. Als maßgebliche Begründung wird in diesem Zusammenhang immer wieder der überragende Wert der Testierfreiheit genannt[1691], was die nur in Ausnahmefällen mit besonderer Rechtfertigung und Begründung zu versehende Korrektur- bzw. Kassationskompetenz gegenüber letztwilligen Verfügungen bedingt[1692].

Die Hürden der Generalklauseln der §§ 134, 138 sind damit entsprechend hoch anzusetzen[1693], wofür im Übrigen spricht, dass das BGB die stärkste Form

---

1685 Zu der Frage der Anwendbarkeit des § 138 speziell im Falle der Benachteiligung des Sozialhilfeträgers bzw. der Allgemeinheit vgl. die Ausführungen oben § 5, C., III., 10., S. 273 ff..

1686 BGH, Urt. v. 19.01.2011, BeckRS 2011, 02577, Rn. 18; Wendt, ZErb 2012, S. 262, 313; Spall, MittBayNot 2014, S. 211, 219; Weidlich in: Palandt, § 1937, Rn. 15;

1687 Statt aller BGH, Beschl. v. 02.12.1998, MittRhNotK 1999, S. 54, 55; Wendt, ZErb 2010, S. 45, 46; Wendt, ErbR 2010, S. 142, 144; Kroppenberg, DNotZ 2006, S. 86, 96; Führ, MittBayNot 2006, S. 461, 466.

1688 Siehe die weiteren Nachweise bei Wendt, ZErb 2010, S. 45, 46.

1689 Führ, MittBayNot 2006, S. 461, 466.

1690 Terminologie nach Kroppenberg, DNotZ 2006, S. 86, 96; vgl. i.Ü. oben § 5, A., I., 2., S. 137 ff..

1691 Führ, MittBayNot 2006, S. 461, 466; Wendt, ZErb 2010, S. 45, 49.

1692 Wendt, ZErb 2010, S. 45, 47. (Umgekehrt wird im Kontext der Gefahren für die Testierfreiheit durch eine „uferlose inhaltliche Kontrolle", insbesondere durch die Entscheidungen des BVerfG zu Bürgschaftsverträgen, Handelsvertretern, Eheverträgen sowie die Entscheidungen „Hohenzollern" und „Leiningen" vor einer Übertragung der Rechtsprechung zur Inhaltskontrolle von Eheverträgen auf Erb- und Pflichtteilsverzichtsverträge gewarnt, Lange, S. 67.)

1693 Vgl. Wendt, ZErb 2010, S. 45, 54.

der Einflussnahme, die Drohung, in dem auch im Erbrecht anwendbaren § 123 Abs. 1 Alt. 2 lediglich mit der Anfechtbarkeit sanktioniert. Eine Veranlassung, die hohe Hürde des § 138 Abs. 1 mit der stärkeren Unwirksamkeitsfolge abzusenken, besteht demnach gerade nicht[1694].

Damit gilt, was der BGH in seiner die negative Erbfreiheit begründenden Entscheidung exemplarisch festgehalten hat, nämlich, dass Rechtsgeschäfte allgemein nach dem Grundsatz der Privatautonomie wirksam sind, solange sie nicht gegen entgegenstehende Gesetze verstoßen. Nur in eng begrenzten Ausnahmefällen kann ihnen die Wirksamkeit versagt werden, nämlich, wenn dies aufgrund übergeordneter Wertungen, etwa infolge objektiver Wertentscheidungen der Grundrechte, die über die Generalklauseln, wie § 138, in das Zivilrecht hineinwirken, erforderlich ist[1695]. In solchen Fällen muss nicht etwa die Rechtfertigung des Rechtsgeschäfts konkret begründet werden, sondern die Unwirksamkeit des Rechtsgeschäfts. Damit können im Erbrecht grundsätzlich zunächst alle zur Verfügung stehenden gesetzlichen Gestaltungsmittel ausgeschöpft werden[1696]. Insbesondere bedarf ein wirksamer Pflichtteilsverzicht, gerade unter Berücksichtigung auch der aktuellen Rechtsprechung, keines Nachweises eines rechtfertigenden oder berechtigten Interesses[1697].

Letztlich fehlt damit bei Pflichtteilsverzichtsverträgen auch das für eine entsprechende Inhaltskontrolle notwendige Kriterium der ungewöhnlichen Belastung[1698]. Es mangelt an einer der Unausgewogenheit des Ehevertragsinhaltes vergleichbaren Unausgewogenheit bei Pflichtteilsverzichtsverträgen. Der Verzicht auf den Pflichtteil mag sich zwar im Einzelfall als belastend darstellen, jedoch besteht kein Anspruch auf Beseitigung dieser Belastung im Wege einer Inhaltskontrolle, da sich jene rein pekuniär niederschlägt, ohne jemals das Kriterium des Ungewöhnlichen erfüllen zu können. Der Verlust des Geldanspruchs im Wege des Pflichtteilsverzichts ist nach den hier festgestellten Ergebnissen niemals ungewöhnlich im Sinne der Rechtsprechung zur Vertragsfreiheit bei Eheverträgen. Im Vergleich zu Eheverträgen sind bei diesem erbrechtlichen Verzicht keine den Ehemodellen vergleichbaren sich verändernden Umstände eines etwaigen Pflichtteilsrechtsmodells zwischen Pflichtteilsberechtigtem und Erblasser denkbar. Das Risiko des wirtschaftlichen Vollverlustes beim Pflichtteil ist, wie gesehen[1699], nicht zuletzt

---

1694 Wendt, ZErb 2010, S. 45, 50 mit Bezugnahme auf Kroppenberg, DNotZ 2006, S. 86, 96; Wendt, ErbR 2010, S. 142, 149.

1695 BGH, Urt. v. 19.01.2011, BeckRS 2011, 02577, Rn. 18.

1696 BGH, Urt. v. 19.01.2011, BeckRS 2011, 02577, Rn. 18 f.; Wendt, ZErb 2012, S. 313, 317, 320; Weidlich in: Palandt, § 1937, Rn. 15; Zehentmeier, NWB 2018, S. 483, 487; ähnlich Grziwotz, D, NotZ 2016, S. 732, 736 f.

1697 Im Ergebnis beispielhaft ebenso Zehentmeier, NWB 2018, S. 484, 487; die oben dargestellte entgegengesetzte Ansicht von Schulz, S. 83, der ausdrücklich ein berechtigtes Interesse fordert, ist weder nachvollziehbar noch vertretbar.

1698 Vgl. dazu die Ausführungen unter § 4, A., I., S. 77 ff.. sowie § 5, B., II., S. 182 ff..

1699 Siehe oben § 5, C., III., 4., S. 259 ff..

aufgrund seines aleatorischen Charakters systemimmanent und als solches von dem Verzichtenden als insoweit potentiell benachteiligter Partei zu tragen. Was jedoch bereits einer Sache anhaftet, in ihrer Natur liegt, kann nicht ungewöhnlich sein, ist vielmehr gewöhnlich im eigentlichen Sinne. Auf eine strukturelle Unterlegenheit kommt es mithin nicht mehr an; auch ist eine solche schwerlich denkbar. Das „Kind sein" allein reicht hier genauso wenig wie das „Frau sein" allein bei der Überprüfung von Eheverträgen.

Die starke Berücksichtigung von Testierfreiheit und „negativer Pflichtteilsfreiheit" führt nicht nur zu einer Art Gleichlauf von letztwilligen Verfügungen mit Pflichtteilsverzichtsverträgen, sondern verhilft mit der Ablehnung einer ehevertragsähnlichen Inhaltskontrolle im Zweifel der Privatautonomie zum Durchbruch und kommt damit der bekannten Kritik gegenüber dem BVerfG, es tendiere in diesem Zusammenhang zu einem Überspannen seines Schutzauftrages[1700], entgegen und stellt den mündigen Bürger in den Mittelpunkt der Kautelarpraxis. Es bleibt dabei: „Akten des Gesetzgebers und des Bundesverfassungsgerichts kann zweifellos begrenzende Wirkung zukommen. Solange dies nicht eindeutig geschehen ist, hat die Freiheit des Erblassers und des Erben die Oberhand[1701]."

An diesem Ergebnis vermag auch ein zusammen mit einem nachteiligen Ehevertrag in einer Urkunde vereinbarter Pflichtteilsverzicht nichts zu ändern. Die nachteiligen Wirkungen von Scheidungsfolgenansprüchen lassen sich nicht mit denen eines Pflichtteilsverzichts addieren, da die Wirkungen alternativ eintreten. In diesem Sinne kann ein Pflichtteilsverzicht auch nicht das „Fass zum Überlaufen" bringen. Ebenso „infiziert" ein (teilweise) nichtiger Ehevertrag nicht den Pflichtteilsverzicht mit der Folge, dass dieser ebenfalls nichtig wäre; vielmehr stehen sich auch hier familienrechtlicher und erbrechtlicher Vertrag exklusiv gegenüber.

In der gerichtlichen Praxis hat das Pflichtteilsrecht in den letzten Jahren zunehmend an Bedeutung gewonnen. Einer der Gründe liegt in der demographischen Entwicklung und der damit einhergehenden stetig steigenden Anzahl der Erbfälle. Zudem steigt der private Wohlstand, die Nachlasswerte und damit auch die Bereitschaft, Konflikte auf dieser Ebene streitig auszutragen[1702]. Vermehrt haben sich in der Praxis die Versuche, im Wege der vorweggenommenen Erbfolge oder durch Verfügung von Todes wegen Teile des Nachlasses an eine andere, vom Erblasser bevorzugte Person zu übertragen. Wegen der damit einhergehenden Beeinträchtigung des Pflichtteilsberechtigten in Form der Reduzierung des Pflichtteilsumfangs haben entsprechende Streitigkeiten zwischen den insoweit Bedachten und den Pflichtteilsberechtigten zugenommen[1703]. Damit spielt zwar rein statistisch das Pflichtteilsrecht in der Lebenswirklichkeit häufiger eine Rolle als früher, dies sagt jedoch nichts über die rechtstatsächliche Qualität der erbrechtlichen

---

1700 Vgl. die Darstellungen bei Di Fabio in: Maunz/ Dürig (80. EL), Art. 2, Rn. 113 m.w.N.
1701 Dieser plakative Satz stammt von Wendt, ZErb 2012, S. 313, 320.
1702 Haas in: Staudinger, Einl. zu §§ 2303, Rn. 26.
1703 Haas in: Staudinger, Einl. zu §§ 2303, Rn. 26 a.

Mindestbeteiligung aus. Diese hat nämlich insoweit eher abgenommen als das Pflichtteilsrecht heute von vielen Erblassern nicht mehr als unumgängliches Institut mit eigener Daseinsberechtigung geschätzt wird, sondern eher als lästiger Einschnitt in die Testierfreiheit, den es mit erbrechtlichen Gestaltungen zu Lebzeiten zu umgehen gilt.

In diese Lebenswirklichkeit hinein passt das Bild der mündigen Parteien eines Pflichtteilsverzichtsvertrages, dessen privatautonome Gestaltungen bis an die Grenzen der gesetzlichen Störfallvorsorge respektiert werden. Der Gesetzgeber hat dem Pflichtteilsverzicht keine inhaltlichen Grenzen gesetzt; die Wirksamkeit des Verzichts erfordert auch nicht den Nachweis eines besonderen Interesses. Eine weitergehende Inhaltskontrolle stünde nicht im Einklang mit diesem rechtstatsächlichen Befund und ist auch in Zukunft von der Rechtsprechung nicht zu erwarten. Die gesetzlichen Regeln der Störfallvorsorge sind vielmehr abschließend und auch ausreichend.

Nach alledem gilt es insbesondere bei entgeltlichen Pflichtteilsverzichten, den finanziellen Verlockungen aus eigener Kraft zu widerstehen. Es ist nicht Aufgabe des Staates, dem mündigen, aber punktuell schwachen Geist die Verlockungen des täglichen Lebens aus dem Weg zu räumen, geschweige denn, diese etwa im Wege einer Anpassung im Nachhinein noch zu vergrößern: Lehren, die sich bereits aus der Hohenzollern-Entscheidung unter dem Gesichtspunkt des „Druck-Topos“ ziehen lassen.

Literaturverzeichnis

Aldinger, Lorenz. Die Übertragbarkeit der Inhaltskontrolle von Eheverträgen auf Pflichtteilsverzichtsverträge. Hamburg 2012. zit.: Aldinger

Andrissek, Tobias. Anmerkung zu , Urt. v. 08.11.2016, Az.: 10 U 36/ 15. MittBayNot 2018, S. 57-58. zit.: Andrissek, Anm. zu OLG Hamm, Urt. v. 08.11.2016, MittBay-Not 2018

Armbrüster, Christian. Kindeswohl versus Gemeinwohl – zur Sittenwidrigkeit erbrechtlicher Gestaltungen. ZErb 2013, S. 77-80. zit.: Armbrüster, ZErb 2013

Armbrüster, Christian. BGH: Keine Sittenwidrigkeit bei untauglichem Versuch eines Sozialhilfebetrugs. Entscheidungsbesprechung BGH, Urt. v. 02.02.2012, Az.: III ZR 60/ 11. LMK 2012, 330462. zit.: Armbrüster, LMK 2012, 330462

Armbrüster, Christian. Noch einmal: Zur Sittenwidrigkeit eines Behindertentestaments sowie eines Pflichtteilsverzichtsvertrages. ZEV 2010, S. 555-556. zit.: Armbrüster, ZEV 2010

Baligand, Albert von. Der Ehevertrag. München 1906. zit.: Baligand

Bauer, Andreas. Die innere Rechtfertigung des Pflichtteils – Eine rechtsgeschichtliche, rechtvergleichende und soziologische Betrachtung –. Bielefeld 2008. zit.: Bauer, A.

Bauer, Manfred. Soziologie und Erbrechtsreform. Bielefeld 2003. zit.: Bauer, M.

Baumann, Wolfgang. Das Amt des Notars – Seine öffentlichen und sozialen Funktionen. MittRhNotK 1996, S. 2-28. zit.: Baumann, MittRhNotK 1996

Beck-aktuell / Juristische elektronische Datenbank: beck-online.beck.de. zit.: Redaktion beck-aktuell, becklink

Becker, Michael. Der unfaire Vertrag. Tübingen 2003. zit.: Becker

Beck´sches Formularbuch Familienrecht. Hrsg.: Ludwig Bergschneider. 5. Auflage, München 2017. zit: Verfasser in: Beck´sches Formularbuch Familienrecht

Beck´scher Kurzkommentar Erbrecht. Hrsg.: Burandt, Wolfgang / Rojahn, Dieter. 2. Auflage, München 2014. 3. Auflage, München 2019. zit.: Verfasser in: Burandt / Rojahn (Stand)

Beck´sches Notarhandbuch. Hrsg.: Heckschen, Heribert / Herrler, Sebastian / Starke, Timm. 6. Auflage, München 2015. zit.: Verfasser in: Beck´sches Notarhandbuch

Beck´scher Online-Kommentar. Kommentar zum Bürgerlichen Gesetzbuch. Hrsg.: Bamberger, Heinz Georg / Roth, Herbert / Hau, Wolfgang / Poseck, Roman. Stand: 01.03.2011, Edition 20. Stand: 15.06.2017, Edition 43. Stand: 01.05.2018, Edition 46. Stand: 01.11.2018, Edition 48. Stand: 01.02.2019, Edition 49. zit.: Verfasser in: Bamberger/ Roth (Stand)

Beck´scher Online-Kommentar. Kommentar zum Grundgesetz. Hrsg.: Epping, Volker / Hillgruber, Christian. Stand: 01.12.2015, Edition 27. Stand: 15.08.2017, Edition 34. zit.: Verfasser in: Beck´scher Onlinekommentar Grundgesetz (Stand)

Beck´scher Online-Kommentar. Kommentar zum Sozialrecht. Hrsg.: Rolfs, Christian / Giesen, Richard / Kreikebohm, Ralf / Udsching, Peter. Stand: 01.06.2011, Edition 22. Stand: 01.09.2017, Edition 46. Stand: 01.03.2019, Edition 52. zit.: Verfasser in: Beck´scher Onlinekommentar Sozialrecht (Stand)

Beck´scher Online-Kommentar. Kommentar zum Versorgungsausgleichsgesetz. Hrsg.: Bamberger, Heinz Georg / Roth, Herbert / Hau, Wolfgang / Poseck, Roman. Stand: 01.08.2012, Edition 25. Stand: 15.06.2017, Edition 43. Stand: 01.02.2019, Edition 49. zit.: Verfasser in: Bamberger/ Roth (Stand)

Bengel, Manfred. Die gerichtliche Kontrolle von Pflichtteilsverzichten. ZEV 2006, S. 192-197. zit.: Bengel, ZEV 2006

Bengel, Manfred. Referat anlässlich der Verhandlungen des 64. Deutschen Juristentages 2002 in Berlin zu dem Thema: Empfiehlt es sich, die rechtliche Ordnung finanzieller Solidarität zwischen Verwandten in den Bereichen des Unterhaltsrechts, des Pflichtteilsrechts, des Sozialhilferechts und des Sozialversicherungsrechts neu zu gestalten?. Band II/ 1 – L 51- L 85. München 2002. zit.: Bengel, 64. Deutscher Juristentag

Bergmann, Margarethe. Richterliche Kontrolle von Eheverträgen und Scheidungsvereinbarungen unter besonderer Berücksichtigung des Versorgungsausgleichs. FF 2007, S. 16-20. zit.: Bergmann, FF 2007

Bergschneider, Ludwig. Güterrecht und richterliche Inhaltskontrolle. FamRZ 2010, S. 1857-1860. zit.: Bergschneider, FamRZ 2010

Bergschneider, Ludwig. Richterliche Inhaltskontrolle von Eheverträgen und Scheidungsvereinbarungen. München 2008. zit.: Bergschneider, Richterliche Inhaltskontrolle von Eheverträgen und Scheidungsvereinbarungen

Bergschneider, Ludwig. Zum Formerfordernis nach der Neuregelung des § 1585 c BGB im Unterhaltsrechtsänderungsgesetz. FamRZ 2008, S. 17-19. zit.: Bergschneider, FamRZ 2008

Bergschneider, Ludwig. Einige Aspekte zur Vermögensauseinandersetzung in der Scheidung aus anwaltlicher Sicht. in: Scheidung, Trennung – Scheidungs- und Trennungsvereinbarungen. Tagungsband zum Symposium des Instituts für Notarrecht der Universität Würzburg. NotRV, Würzburg 2008. zit.: Bergschneider, NotRV 2008

Bergschneider, Ludwig. Verträge in Familiensachen – Eheverträge, Trennungs- und Scheidungsvereinbarungen –. 3. Auflage, Bielefeld 2006. zit.: Bergschneider, Verträge in Familiensachen

Bergschneider, Ludwig. Eheverträge und Scheidungsvereinbarungen: Wirksamkeit und richterliche Inhaltskontrolle – Überlegungen für die Praxis. FamRZ 2005, S. 1457-1465. zit.: FamRZ 2005

Bergschneider, Ludwig. Zur richterlichen Inhaltskontrolle von Eheverträgen - Eine Anmerkung aus rechtsphilosophischer Sicht. FF 2003, S. 118-119. zit.: Bergschneider, FF 2003

Bergschneider, Ludwig. Der Tod des Unterhaltsverpflichteten – Praktische Anmerkungen zu § 1586 b BGB – . FamRZ 2003, S. 1049-1057. zit.: Bergschneider, FamRZ 2003

BGB, Kommentar zum Bürgerlichen Gesetzbuch – Reihe Alternativkommentare. Gesamthrsg.: Wassermann, Rudolf. Band 6, Erbrecht (§§ 1922-2385). Neuwied 1990. zit.: Verfasser in: AK

BGB, NomosKommentar Familienrecht. Gesamthrsg.: Dauner- Lieb, Barbara / Heidel, Thomas / Ring, Gerhard. Band 4, Familienrecht (§§1297-1921). 3. Auflage, Baden- Baden 2014. zit.: Verfasser in: NomosKommentar

Bömelburg, Regina. Das Schicksal von Unterhaltsansprüchen nach dem Tode des Unterhaltsschuldners unter Berücksichtigung der sich aus § 1586 b BGB ergebenden Besonderheiten. FF 2008, S. 144-150. zit.: Bömelburg, FF 2008

Börger, Ulrike. Erfahrungen mit der Anwendung des neuen Rechts – Plädoyer für die Entwicklung von Anwendungskriterien zur Schaffung von Rechtssicherheit, mehr Vertrauensschutz für Altfälle und die Berücksichtigung nicht nur ehebedingter Nachteile, sondern auch ehebedingter Vorteile. FPR 2009, S. 71-75. zit.: Börger, FPR 2009

Bohlender, Achim. Vorweggenommene Erbfolge. – Nießbrauchsgestaltungen bei der Übertragung von Grundvermögen –. Saarbrücken 2007. zit.: Bohlender

Born, Winfried. Erhöhter Stellenwert der Ehedauer im Unterhaltsrecht – Klarstellung oder „Reform der Reform" ?. NJW 2013, S. 561-565. zit.: Born, NJW 2013

Borth, Helmut. Ausweitung des Schutzes des nachehelichen Unterhalts bei langer Ehedauer . – Neufassung der Begrenzungsvorschrift des § 1578 b BGB – . FamRZ 2013, S. 165-168. zit.: Borth, FamRZ 2013

Borth, Helmut. Nacheheliche Solidarität als weiteres Billigkeitskriterium zur Begrenzung bzw. Befristung des nachehelichen Unterhalts nach § 1578 b BGB. FamRZ 2011, S. 153-155. zit.: Borth, FamRZ 2011. Bosch, Friedrich- Wilhelm. Familien- und Erbrecht als Themen der Rechtsangleichung nach dem Beitritt der DDR zur . Bundesrepublik Deutschland – verbunden mit einem Vergleich zweier deutscher Familien- und Erbrechtsordnungen –. FamRZ 1992, S. 993-1000. zit.: Bosch, FamRZ 1992

Brambring, Günter. Ehevertrag und Vermögenszuordnung unter Ehegatten. 7. Auflage, Köln 2012. zit.: Brambring

Brambring, Günter. Vereinbarungen über den Versorgungsausgleich und Familiengericht. FGPrax 2010, S. 7-10. zit.: Brambring, FGPrax 2010

Brambring, Günter. Teil- oder Gesamtnichtigkeit beim Ehevertrag. NJW 2007, S. 865-870. zit.: Brambring, NJW 2007

Brambring, Günter. Führt die Teilnichtigkeit zur Gesamtnichtigkeit von Eheverträgen?. FPR 2005, S. 130-133. zit.: Brambring, FPR 2005

Brambring, Günter. Notarielle Inhaltskontrolle von Eheverträgen: Urteil des BGH v. 11.02.2004, NJW 2004, 930. FGPrax 2004, S. 175-178. zit.: Brambring, FGPrax 2004

Brandt, Eva Maria. Anmerkung zu BGH, Urteil v. 11.02.2004 – XII ZR 265/ 02. MittBayNot 2004, S. 270-282. zit.: Brandt, MittBayNot 2004

Brandt, Eva Maria. Vertragsfreiheit bei Eheverträgen?. MittBayNot 2004, S. 221-228. zit.: Brandt, MittBayNot 2004

Bredthauer, Jürgen. Vereinbarungen über den Versorgungsausgleich. FPR 2009, S. 500-506. zit.: Bredthauer, FPR 2009

Brox, Hans / Walker, Wolf- Dietrich. Erbrecht. 28. Auflage, Köln 2018. zit.: Brox/ Walker, Erbrecht

Brüggen, Andrea. Die Strukturrefom des Versorgungsausgleichs – Auswirkungen auf die notarielle Praxis. MittBayNot 2009, S. 337-345. zit.: Brüggen, MittBayNot 2009

Bruns, Carl Georg. Gutachten des Herrn Geheimen Justizrath Professor Dr. Bruns zu Berlin über die Frage: „Ob und wie weit die Testierfreiheit mit Rücksicht auf eine Pflichttheilsberechtigung beschränkt werden soll?“. S. 72-112. Verhandlungen des Vierzehnten Deutschen Juristentages 1878, Band I. zit.: Bruns

Bühring, Franziska. Pflichtteilsrecht und Erbschaftssteuer. Hamburg 2010. zit.: Bühring

Bürgerliches Gesetzbuch-Handkommentar. Schriftleitung: Schulze, Reiner. 9. Auflage, Baden-Baden 2016. zit.: Verfasser in: Hk- BGB

Büttner, Helmut / Niepmann, Birgit / Schwamb, Werner. Hrsg.: Kalthoener, Elmar. Die Rechtsprechung zur Höhe des Unterhalts. München 2010. zit.: Büttner/ Niepmann/ Schwamb

Büttner, Helmut. Grenzen ehevertraglicher Gestaltungsmöglichkeiten. FamRZ 1998, S. 1-8. zit.: Büttner, FamRZ 1998

Büttner, Helmut. Unfair zu Gretchen. FamRZ 1997, S. 600-601. zit.: Büttner, FamRZ 1997

Burkhardt, Johannes. Eheliche Vermögensgestaltung im Korsett des Grundgesetzes. – Zu den zivilrechtlichen Grenzen des Verzichts auf das Pflichtteilsrecht und des Ausschlusses des Zugewinnausgleichs –. Berlin 2016. zit.: Burkhardt

Burandt, Wolfgang / Rojahn, Dieter. Beck´scher Kurzkommentar Erbrecht. 2. Auflage, München 2014. zit.: Verfasser in: Burandt/ Rojahn

Coester-Waltjen, Dagmar. Die Inhaltskontrolle von Verträgen außerhalb des AGBG. AcP 190 (1990), S. 1-33. zit.: Coester- Waltjen, AcP 190 (1990)

Coing, Helmut. Erbersatzanspruch, Erbausgleich und Testierfreiheit. NJW 1988, S. 1753-1756. zit.: Coing, NJW 1988

Coing, Helmut. Referat anlässlich der Verhandlungen des 49. Deutschen Juristentages 1972 in Düsseldorf zu dem Thema: Empfiehlt es sich, das gesetzliche Erb- und Pflichtteilsrecht neu zu regeln?. Band I – A 1- A 55. München 1972. zit.: Coing, 49. Deutscher Juristentag

Coing, Helmut. Grundlagenirrtum bei vorweggenommener Erbfolge. NJW 1967, S. 1777-1780. zit.: Coing, NJW 1967

Crome, Karl. System des Deutschen Bürgerlichen Rechts. Fünfter Schlussband, Erbrecht. Tübingen 1912. zit.: Crome

Damrau, Jürgen- Praxiskommentar Erbrecht. Hrsg.: Damrau, Jürgen / Tanck, Manuel 3. Auflage, Angelbachtal 2014. zit.: Verfasser in: Damrau

Damrau, Jürgen. Der Erbverzicht als Mittel zweckmäßiger Vorsorge für den Todesfall. Bielefeld 1966. zit.: Damrau, Der Erbverzicht

Dauner-Lieb, Barbara. Gütertrennung zwischen Privatautonomie und Inhaltskontrolle. AcP 210 (2010), S. 580-609. zit.: Dauner- Lieb, AcP 210 (2010)

Dauner-Lieb, Barbara. Eheverträge – Pflichtteilsrecht – Justizüberlastung. FF 2004, S. 61-63. zit.: Dauner- Lieb, FF 2004

Dauner-Lieb, Barbara. Richterliche Überprüfung von Eheverträgen nach dem Urteil des BGH v. 11.02.2004. – XII ZR 265/ 02. FF 2004, S. 65-69. zit.: Dauner-Lieb, FF 2004

Dauner-Lieb, Barbara. Eheverträge im Spannungsfeld zwischen Privatautonomie und verfassungsrechtlicher Aufwertung der Familienarbeit. FF 2002, S. 151-154. zit.: Dauner-Lieb, FF 2002

Dauner-Lieb, Barbara. Bedarf es einer Reform des Pflichtteilsrechts?. DNotZ 2001, S. 460-465. zit.: Dauner- Lieb, DNotZ 2001

Dauner-Lieb, Barbara. Reichweite und Grenzen der Privatautonomie im Ehevertragsrecht. - Zugleich Anmerkungen und Fragen zum Urteil des BVerfG vom 06.02.2001; 1 BvR 12/ 92. AcP 201 (2001), S. 295-332. zit.: Dauner- Lieb, AcP 201 (2001)

Dauner-Lieb, Barbara. Pflichtteilsrecht und Pflichtteilsentziehung auf dem Prüfstand. FF 2001, S. 78-82. zit.: Dauner- Lieb, FF 2001

Dauner-Lieb, Barbara. Das Pflichtteilsrecht – Ketzerische Fragen an ein altehrwürdiges Institut –. FF 2000, S. 110-119. zit.: Dauner- Lieb, FF 2000

Dauner-Lieb, Barbara / Sanders, Anne. Abdingbare Teilhabe- unabdingbare Verantwortung? – Grenzen güterrechtlicher Vereinbarungen im Lichte der Rechtsprechung des BVerfG und des BGH. FPR 2005, S. 141-146. zit.: Dauner- Lieb, FPR 2005

Dauner-Lieb, Barbara / Sanders, Anne. Eheverträge – was hat noch Bestand?. FF 2003, S. 117-118. zit.: Dauner- Lieb, FF 2003

Dethloff, Nina. Familienrecht. 29. Auflage, München 2009. zit.: Dethloff

Deutscher Familiengerichtstag, 17. (12.- 15. September 2007). Eheverträge nach der Unterhaltsrechtsreform . Arbeitskreis Nr.: 8. zit.: 17. Deutscher Familiengerichtstag, Eheverträge nach der Unterhaltsrechtsreform

Deutscher Familiengerichtstag, 18. (16.- 19. September 2009). Unterhalt bei langer Ehedauer. Arbeitskreis Nr.: 14. zit.: 18. Deutscher Familiengerichtstag, Unterhalt bei langer Ehedauer

Deutscher Familiengerichtstag, 18. (16.- 19. September 2009). Begrenzung und Befristung beim nachehelichen Unterhalt . Arbeitskreis Nr.: 15. zit.: 18. Deutscher Familiengerichtstag, Begrenzung und Befristung beim nachehelichen Unterhalt

Dieckmann, Albrecht. Kein nachehelicher Unterhaltsanspruch gegen den Erben nach Erb- oder Pflichtteilsverzicht. – Eine Erwiderung –. FamRZ 1999, S 1029-1035. zit.: Dieckmann, FamRZ 1999

Dieckmann, Albrecht. Pflichtteilsverzicht und nachehelicher Unterhalt. FamRZ 1992, S. 633-636. zit.: Dieckmann, FamRZ 1992

Dietzel, Alexander. Obliegenheit bei Erwerb von Todes wegen in der Wohlverhaltensperiode . Entscheidungsbesprechung zu BGH, Beschl. v. 10.03.1011, Az.: IX ZB 168/ 09. VIA 2011, S. 35. zit.: Dietzel, VIA 2011

Dillmann, Franz. Testierfreiheit und Sozialhilfe – Von guten Sitten und fragwürdigen Absichten. Legal Tribune Online, 03.03.2011. zit.: Dillmann, Legal Tribune 03.03.2011

Dittrich, Lars. Verfassungsrechtliche Vorgaben des Erbrechts. ZEV 2013, S. 13-20. zit.: Dittrich, ZEV 2013

Döbereiner, Christoph . Vereinbarungen auf den Todesfall im Zusammenhang mit Eheverträgen. Regensburg 1999. zit.: Döbereiner

Dörner, Heinrich. EuErbVO: Die Verordnung zum Internationalen Erb- und Erbverfahrensrecht ist in Kraft!. ZEV 2012, S. 505-513. zit.: Heinrich, ZEV 2012

Dorsel, Christoph. Zur Inhaltskontrolle von Eheverträgen – BGH fördert Rechtssicherheit für Eheverträge. RNotZ 2004, S. 496-500. zit.: Dorsel, RNotZ 2004

Dreher, Meinrad / Görner, André. Das Behindertentestament und § 138 BGB. NJW 2011, S. 1761-1766. zit.: Dreher/ Görner, NJW 2011

Dutta, Anatol. Grenzen der Vertragsfreiheit im Pflichtteilsrecht. AcP 209 (2009), S. 760-806. zit.: Dutta, AcP 209 (2009)

Ebke, Julia. Testierfreiheit und Pflichtteilsrecht. Tübingen 2004. zit.: Ebke

Eckert, Jörn. Sittenwidrigkeit und Wertungswandel. AcP 199 (1999), S. 337-359. zit.: Eckert, AcP 199 (1999)

Eggert, Clemens M.. Die Inhaltskontrolle von Eheverträgen. Konstanz 2007. zit.: Eggert

Elden, Erkan. Gesamtnichtigkeit oder Teilwirksamkeit eines Ehevertrages. NJW-Spezial 2008, S. 676-677. zit.: Elden, NJW-Spezial 2008

Engelmann, Jacqueline. Das sogenannte Behindertentestament. MittBayNot 1999, S. 509-519. zit.: Engelmann, MittBayNot 1999

Enzensberger, Florian / Roth, Wolfgang. Der Pflichtteilsanspruch in der Pfändung und Insolvenz. NJW-Spezial 2009, S. 263-264. zit.: Enzensberger/ Roth, NJW-Spezial 2009

Erman-Bürgerliches Gesetzbuch-Handkommentar. Hrsg.: Westermann, Harm Peter. Band II (§§ 759-2385, ProdHaftG, ErbbauRG, HausratsVO, VAHRG, LPartG, WEG, EGBGB). 12. Auflage, Köln 2008. 15. Auflage, Köln 2017. zit.: Verfasser in: Erman (Stand)

Everts, Arne. Buchbesprechung: Pflichtteilsrecht und Pflichtteilsverzicht – Die Gretchenfrage des modernen Erbrechts? (Fabian Schulz). MittBayNot 2018, S. 325-327. zit.: Everts, MittBayNot 2018

Fach, Martin. Der Pflichtteilsverzicht. Köln 2011. zit.: Fach

Falkner, Melanie. Zum Ausschluss des Versorgungsausgleichs. – Rechtskraft des vereinbarten Ausschlusses nach § 224 Abs. 3 FamFG – Keine Infizierung der Sittenwidrigkeit in den Bereich des Güterrechts – . DNotZ 2013, S. 725-729. zit.: Falkner, DNotZ 2013

Familienrecht. Scheidung , Unterhalt, Verfahren - Kommentar -. Hrsg.: Henrich, Dieter; Mitbegr.: Johannsen, Kurt. 6. Auflage, München 2015. zit.: Verfasser in: Johannsen/ Henrich

Fastrich, Lorenz. Richterliche Inhaltskontrolle im Privatrecht. München 1992. zit.: Lorenz

Firsching / Graf – Handbuch der Rechtspraxis – Nachlassrecht. Hrsg.: Graf, Hans Lothar; begründet von Firsching, Karl. 10. Auflage, München 2014. zit.: Firsching/ Graf

Flume, Werner. Allgemeiner Teil des Bürgerlichen Rechts. 4. Auflage, Berlin 1992. zit.: Flume

Frieser, Andreas – Fachanwaltskommentar Erbrecht. Hrsg.: Frieser, Andreas. 4. Auflage, Köln 2013. zit.: Verfasser in: Frieser

Gageik, Astrid. Wirksamkeits- und Ausübungskontrolle von Eheverträgen unter Berücksichtigung der aktuellen Rechtsprechung seit der Entscheidung des BGH vom 11.2.2004. FPR 2005, S. 122-130. zit.: Gageik, FPR 2005

Gageik, Astrid. Die aktuelle ober- und höchstrichterliche Rechtsprechung zur Inhaltskontrolle von Eheverträgen und ihre Auswirkungen auf die notarielle Praxis. RNotZ 2004, S. 295-318. zit.: Gageik, RNotZ 2004

Gaier, Reinhard. Testierfreiheit im Spannungsverhältnis kollidierender Grundrechte, S. 27-38. Aktuelle Fragen des Erbrechts, Schriften zum Notarrecht. Hrsg.: Bayer, Walter / Koch, Elisabeth. 1. Auflage, Baden-Baden 2010. zit.: Gaier

Gaier, Reinhard. Die Bedeutung der Grundrechte für das Erbrecht. ZEV 2006, S. 2-8. zit.: Gaier, ZEV 2006

Gernhuber, Joachim. Testierfreiheit, Sittenordnung und Familie. FamRZ 1960, S. 326-335. zit.: Gernhuber, FamRZ 1960

Gernhuber, Joachim / Coester- Waltjen, Dagmar. Familienrecht. 6. Auflage, München 2010. zit.: Gernhuber/ Coester- Waltjen

Gierse, Lutz . Die Abschlussmöglichkeiten des Erb- und Pflichtteilsverzichts nach dem Tode des Erblassers. Marburg 2004. zit.: Gierse

Giesen, Dieter. Einzelfallgerechtigkeit als Problem. – Zur Entwicklung des Scheidungs- und Scheidungsfolgenrechts in Deutschland –. FamRZ 1984, S. 1188-1197. zit.: Giesen, FamRZ 1984

Gimple, Bernhard. § 242 BGB als Zuordnungsnorm im Erbrecht?. – Zur Zulässigkeit der Änderung der erbrechtlichen Status- und Güterzuordnung im Erbfall nach Treu und Glauben –. München 2002. zit.: Gimple

Göppinger, Horst. Vereinbarungen anlässlich der Ehescheidung. – Die vertragliche Regelung der zivil-, steuer- und sozialrechtlichen Folgen –. 10. Auflage, München 2013. zit.: Verfasser in: Göppinger

Göppinger, Horst / Wax, Peter / Brühl, Günter. Unterhaltsrecht. 9. Auflage, Bielefeld 2008. Zit.: Verfasser in: Göppinger/ Wax

Gostomzyk, Tobias. Grundrechte als objektiv-rechtliche Ordnungsidee. JuS 2004, S. 949-954. zit.: Gostomzyk, JuS 2004

Gottwald – Insolvenzrechts-Handbuch. Hrsg.: Gottwald, Peter. 5. Auflage, München 2015. zit.: Verfasser in: Gottwald, Insolvenzrechts- Handbuch

Gottwald, Uwe. Pflichtteilsrecht-Kommentierung der §§ 2303-2338 BGB – Berliner Kommentare. 1. Auflage, Berlin 2000. zit.: Gottwald

Graba, Hans-Ulrich. Die Ehedauer nach der Neufassung von § 1578 b BGB. FamFR 2013, S. 49-51. zit.: Graba, FamFR 2013

Graba, Hans-Ulrich. Der Faktor Zeit im Unterhaltsrecht - Besprechung von BGH, Urt. v. 11.07.2012, . Az.: XII ZR 72/ 10 – . FamFR 2012, S. 411-413. zit.: Graba, Anm. zu BGH, Urt. v. 11.07.2012, FamFR 2012

Grube / Wahrendorf . Kommentar zum SGB XII-Sozialhilfe mit Asylbewerberleistungsgesetz. Hrsg.: Grube, Christian / Wahrendorf, Volker. 3. Auflage, München 2010. 5. Auflage, München 2014. 6. Auflage, München 2018. zit.: Verfasser in: Grube/ Wahrendorf (Stand)

Grundgesetz, Handkommentar. Hrsg.: Hömig, Dieter / Wolff, Heinrich Amadeus. 12. Auflage, Plankstadt, Bayreuth, Dresden, Berlin, Meckenheim 2018. zit.: Verfasser in: Hömig/ Wolff

Grundgesetz, Kommentar. Begründet von: Maunz, Theodor / Dürig, Günter. Hrsg.: Herzog, Roman / Scholz, Rupert / Herdegen, Matthias / Klein, Hans H..

80. Ergänzungslieferung, Stand: Juni 2017. zit.: Verfasser in: Maunz/ Dürig (80. EL) . 85. Ergänzungslieferung, Stand: November 2018. zit.: Maunz/ Dürig (85. EL)

Grziwotz, Herbert. Von Geliebtentestamenten und leichtfertigen Verzichten – Richterliche Kontrolle erbrechtlich relevanter Urkunden –. DNotZ 2016, S. 732-744. zit.: Grziwotz, DNotZ 2016

Grziwotz, Herbert. BGH: Wirksamkeitskontrolle von Eheverträgen mit einer Schwangeren. Anmerkung zu BGH, Urt. v. 05.07.2006, Az.: XII ZR 25/ 04 . LMK 2006, 196755. zit.: Grziwotz, LMK 2006, 196755

Grziwotz, Herbert. Das innere Maß des Scheidungsfolgenrechts – Teilhabegerechtigkeit in der Ehe. DNotZ 2006, S. 32-43. zit.: Grziwotz, DNotZ 2006

Grziwotz, Herbert. Was geht noch? – Ehevertragsgestaltung nach Karlsruhe III (1.Teil). FamRB 2004, S. 199-205. zit.: Grziwotz, FamRB 2004, 1. Teil

Grziwotz, Herbert. Sittenwidrigkeit und Ausübungskontrolle als Grenzen von Eheverträgen. FF 2001, S. 41-45. zit.: Grziwotz, FF 2001

Grziwotz, Herbert. Pflichtteilsverzicht und nachehelicher Unterhalt . FamRZ 1991, S. 1258-1259. zit.: Grziwotz, FamRZ 1991

Gursky, Karl- Heinz. Erbrecht. 6. Auflage, Heidelberg 2010. zit.: Gursky

Haas, Ulrich / Holla, Matthias. Ausgleich für die enttäuschte Erberwartung. ZEV 2002, S. 169-172. zit.: Haas/ Holla, ZEV 2002

Haas, Ulrich. Ist das Pflichtteilsrecht verfassungswidrig?. ZEV 2000, S. 249-260. zit.: Haas, ZEV 2000

Hager, Johannes. Gesetzes- und sittenkonforme Auslegung und Aufrechterhaltung von Rechtsgeschäften. München 1983. zit.: Hager

Hachenberg, Wolfgang. Inhaltskontrolle eines Pflichtteilsverzichtsvertrages. NZFam 2018, S. 668. zit.: Hachenberg, NZFam

Hahne, Meo-Micaela. Eheverträge und Scheidungsfolgenvereinbarungen in der Rechtsprechung des Bundesgerichtshofs, S. 111-143. Scheidungsfolgenvereinbarungen, Schriften zum Notarrecht. Hrsg.: Bayer, Walter/ Koch, Elisabeth. 1. Auflage, Baden- Baden 2016. zit.: Hahne

Hahne, Meo-Micaela. Grenzen ehevertraglicher Gestaltungsfreiheit – Vortrag auf der Jahresversammlung des Rheinischen Notarvereins in Düsseldorf am 8. November 2003 –. DNotZ 2004, S. 84-95. zit.: Hahne, DNotZ 2004

Hahne, Meo-Micaela. Vertragsfreiheit im Familienrecht, in: Schwab, Dieter / Hahne, Meo- Micaela. Familienrecht im Brennpunkt – Fachkongress zum 50-jährigen Bestehen der FamRZ,. 22.–24. April 2004 in Bonn. Bielefeld 2004. zit.: Hahne, Familienrecht im Brennpunkt

Hambitzer, Ulrich M.. BGH: Keine Abänderung des nachehelichen Unterhalts auf Grund geänderter Rechtsprechung für vor dem 12.04.2006 ergangene Urteile. Anmerkung zu BGH, Urt. v. 29.09.2010, Az.: XII ZR 205/ 08 (BeckRS 2010, 25408). FamFR 2010, S. 511. zit.: Hambitzer, FamFR 2010

Handbuch der notariellen Vertragsgestaltung. Hrsg.: Reithmann, Christoph / Albrecht Andreas / Kurz, Stefan / Riegel, Anton / Röll, Ludwig 8. Auflage, Köln 2001. zit.: Verfasser in: Handbuch der notariellen Vertragsgestaltung. Handbuch der Testamentsgestaltung. Hrsg.: Nieder, Heinrich / Kössinger, Reinhard / Kössinger, Winfried. 5. Auflage, München 2015. zit.: Verfasser in: Handbuch der Testamentsgestaltung

Handbuch des Erbrechts. Hrsg.: Hausmann, Rainer / Hohloch, Gerhard. 2. Auflage, München 2010. zit.: Verfasser in: Handbuch des Erbrechts

Handbuch des Fachanwalts Familienrecht. Hrsg.: Gerhardt, Peter / v. Heintschel-Heinegg, Bernd / Klein, Michael. 11. Auflage, Köln 2018. zit.: Verfasser in: Handbuch des Fachanwalts Familienrecht

Handbuch Pflichtteilsrecht. Hrsg.: Mayer, Jörg / Süß, Rembert / Tanck, Manuel / Bittler, Jan / Wälzholz, Eckhard. 4. Auflage, Bonn 2017. zit.: Verfasser in: Mayer/ Süß

Handbuch Pflichtteilsrecht. Hrsg.: Schlitt, Gerhard / Müller, Gabriele. 2. Auflage, München 2017. zit.: Verfasser in: Schlitt/ Müller

Handwörterbuch zur deutschen Rechtsgeschichte (HRG). Hrsg.: Erler, Adalbert / Kaufmann, Ekkehard. III. Band, Berlin 1984. zit.: Verfasser in: HRG, Band 3

Heiß, Beate / Born, Winfried. Unterhaltsrecht – Ein Handbuch für die Praxis. 52. Auflage, München 2017. zit.: Verfasser in: Heiß/ Born

Henrich, Dieter. Familienerbrecht und Testierfreiheit im europäischen Vergleich. DNotZ 2001, S. 441- 452. zit.: Henrich, DNotZ 2001

Henrich, Dieter. Testierfreiheit vs. Pflichtteilsrecht – Vortrag gehalten von der Juristischen Studiengesellschaft Regensburg am 16.11.1999. München 2000. zit.: Henrich, Testierfreiheit vs. Pflichtteilsrecht

Hepting, Reinhard. Ehevereinbarungen. München 1984. zit.: Hepting

Herberger / Martinek / Rüßmann / Weth - juris Praxiskommentar –. Band 5, Erbrecht. Hrsg.: Hau, Wolfgang. 4. Auflage, Saarbrücken 2009. zit.: Verfasser in: jurisPK

Herberger / Martinek / Rüßmann /Weth – juris Praxiskommentar –. Band 4, Familienrecht. Hrsg.: Viefhues, Wolfram. 4. Auflage, Saarbrücken 2009. zit.: Verfasser in: jurisPK

Hertel, Christian. als Schriftleiter des Deutschen Notarinstituts Würzburg. Bedingtheit eines Pflichtteilsverzichts und Wirkungen nur zu Lasten der Abkömmlinge Ausschaltung des „lästigen Enkels" - §§ 2346, 2349, 138 BGB. DNotI-Report 2007, S. 73-74. zit.: Deutsches Notarinstitut, DNotI-Report 2007

Herzog, Stephanie. Die Pflichtteilsentziehung – ein vernachlässigtes Institut. Köln 2002. zit.: Herzog

Hess, Burkhard. Nachehelicher Unterhalt zwischen Vertragsfreiheit und sozialrechtlichem Allgemeinvorbehalt. FamRZ 1996, S. 981-988. zit.: Hess, FamRZ 1996

Hetmeier, Heinz. Grundlagen der Privaterbfolge in der Bundesrepublik Deutschland und in der DDR. Berlin 1990. zit.: Hetmeier

Höger, Jochen . Die gerichtliche Kontrolle von Unterhaltsvereinbarungen im Eherecht. Freiburg 2005. zit.: Höger

Hohenbleicher, Vanessa. Der Unterhaltsverzicht im nachehelichen Unterhaltsrecht nach § 1585 c BGB unter besonderer Berücksichtigung des Unterhaltsverzichts gegen Kapitalabfindung. Regensburg 2000. zit.: Hohenbleicher

Holthaus, Johannes. Leistungsstörungen beim entgeltlichen Erbverzicht. Münster 1992. zit.: Holthaus

Horn, Claus- Henrik / Selker, Marc. Die Insolvenz des Pflichtteilsberechtigten . ZEV 2017, S. 439-444. zit.: Horn/ Selker, ZEV 2017

Horn, Claus-Henrik. Angriffsstrategien gegen erklärte Erb- und Pflichtteilsverzichte – und Vorkehrungen dagegen. ZEV 2010, S. 295-298. zit.: Horn, ZEV 2010

Huhn, Christoph. Gestaltungsmöglichkeiten beim Trennungsunterhalt. RNotZ 2007, S. 177-205. zit.: Huhn, RNotZ 2007

Isensee, Josef. Inhaltskontrolle des Bundesverfassungsgerichts über Verfügungen von Todes wegen . – Zum „Hohenzollern-Beschluss“ des BVerfG – . DNotZ 2004, S. 754-766. zit.: Isensee, DNotZ 2004

Israel, Florian. Die intrafamiliären Rechte des BGB . – Eine Betrachtung der Stellung des Verwandtenpflichtteilsrechts im BGB und im Verfassungsrecht – . Marburg 2008. zit.: Israel

Jakobs, Horst Heinrich / Schubert, Werner (Hrsg.). Begründung des Entwurfs eines Rechts der Erbfolge für das Deutsche Reich und des Entwurfs eines Einführungsgesetzes –Vorlage des Redaktors – . in: Die Vorlagen der Redaktoren für die erste Kommission zur Ausarbeitung des Entwurfs eines Bürgerlichen Gesetzbuchs. Erbrecht, Teil 1. Berlin 1984. (betreffend Redaktor Schmitt von, Gottfried). zit.: von Schmitt in: Vorentwürfe der Redaktoren

Jakobs, Horst Heinrich / Schubert, Werner (Hrsg.). Begründung des Entwurfs eines Familienrechts für das Deutsche Reich. in: Die Vorlagen der Redaktoren für die erste Kommission zur Ausarbeitung des Entwurfs eines Bürgerlichen Gesetzbuchs. Familienrecht, Teil 2 (Beendigung der Ehe, Recht der Abkömmlinge, Vormundschaftsrecht). Berlin 1983. (betreffend Redaktor Planck, Gottlieb). zit.: Planck in: Vorentwürfe der Redaktoren

Jakobs, Horst Heinrich / Schubert, Werner (Hrsg.). Die Beratung des Bürgerlichen Gesetzbuchs. in systematischer Zusammenstellung der unveröffentlichten Quellen. Erbrecht, 1. Und 2. Teilband. Berlin 1978 und 2002. zit.: Jakobs/ Schubert, Die Beratung des BGB, Erbrecht 1. Teilband oder 2. Teilband

Jakobs, Horst Heinrich / Schubert, Werner (Hrsg.). Die Beratung des Bürgerlichen Gesetzbuchs. in systematischer Zusammenstellung der unveröffentlichten Quellen. Familienrecht II.. Berlin 1989. zit.: Jakobs/ Schubert, Die Beratung des BGB, Familienrecht II.

Jauernig, Othmar. Bürgerliches Gesetzbuch. 16.Auflage, Müchen 2015. zit.: Verfasser in: Jauernig

Juchem, Oliver. Vermögensübertragung zugunsten behinderter Menschen durch vorweggenommene Erbfolge und Verfügungen von Todes wegen. Bonn 2002. zit.: Juchem

Kähler, Lorenz. Nachwirkende Verantwortung statt Nachteilsausgleich –zur Rechtfertigung des Scheidungsunterhalts– . AcP 211 (2011), S. 262-286. zit.: Kähler, AcP 211 (2011)

Kapfer, Anja. Gerichtliche Inhaltskontrolle von Erb- und Pflichtteilsverzichtverträgen?. – zugleich Anmerkung zum Urteil des OLG München vom 25.01.2006, 15 U 4751/ 04 –. MittBayNot 2006, S. 385-390. zit.: Kapfer, MittBayNot 2006

Kaser, Max / Knütel, Rolf. Römisches Privatrecht. 20. Auflage, München 2013. zit.: Kaser/ Knütel

Keim, Christopher. Bedingungen in Verfügungen von Todes wegen und ihre Tücken für die Nachwelt. FamRZ 2017, S. 502-510. zit.: Keim, FamRZ 2017

Keim, Christopher. Fallstricke bei Erb- und Pflichtteilsverzichten. RNotZ 2013, S. 411-422. zit.: Keim, RNotZ 2013

Keim, Christopher. Probleme bei Pflichtteilsverzichten und ausgewählte aktuelle Probleme aus dem Erbrecht. – Fortbildungsveranstaltung der Notarakademie Baden- Württemberg vom 01. bis 03.07.2014 in Bad Waldsee –. zit.: Keim, Fortbildungsveranstaltung Notarakademie

Keim, Christopher. Erb- und pflichtteilsrechtliche Regelungen in Scheidungsfolgenvereinbarungen. FPR 2006, S. 145-148. zit.: Keim, FPR 2006

Keim, Rüdiger. Zuwendungsausgleich durch Erbverzicht. Köln 1979. zit.: Keim, R.

Keller, Hilmar. Die Form des Erbverzichts. ZEV 2005, S. 229-235. zit.: Keller, ZEV 2005. Kemper, Rainer. Besserer Schutz der langjährig verheiratet gewesenen Ehegatten – Änderungen bei der Herabsetzung und Befristung von nachehelichen Unterhaltsansprüchen. FamRB 2013, S. 20-21. zit.: Kemper, FamRB 2013

Kick, Sabine. Ist das Pflichtteilsrecht noch zeitgemäß?. Jahrbuch Junger Zivilrechtswissenschaftler 1996 – Das deutsche Zivilrecht 100 Jahre nach Verkündung des BGB, S. 167-181. Stuttgart 1996. zit.: Kick

Kiesgen, Alexander. Erbrechtliche Positionen in der Insolvenz und in der Wohlverhaltensperiode – Gestaltungsüberlegungen zum Überschuldeten-Testament. RNotZ 2018, S. 429-453. zit.: Kiesgen, RNotZ 2018

Kilian, Dirk . Die Causa beim entgeltlichen Erbvertrag. Jena 2002. zit.: Kilian

Kipp, Theodor / Coing, Helmut. Erbrecht. 14. Bearbeitung, Tübingen 1990. zit.: Kipp/ Coing

Klam, Cornelia. Inhaltskontrolle von Eheverträgen nach neuester Rechtsprechung. INF 2004, S. 315-318. zit.: Klam, INF 2004. Kleensang, Michael. Ehegattenverfügungen bei behinderten, sozialhilfebedürftigen oder verschuldeten

Kindern: Einsetzung des „Problemkindes“ als Nacherbe. RNotZ 2007, S. 22-27. zit.: Kleensang, RNotZ 2007

Kleensang, Michael. Familienerbrecht versus Testierfreiheit – Das Pflichtteilsentziehungsrecht auf dem Prüfstand des Bundesverfassungsgerichts. ZEV 2005, S. 277-283. zit.: Kleensang, ZEV 2005

Kleensang, Michael. Zur „historischen Auslegung“ der Pflichtteilsentziehungsvorschriften. DNotZ 2005, S. 509-523. zit.: Kleensang, DNotZ 2005

Klein, Michael. Das gesamte Familienrecht- Kommentar für die familienrechtliche Praxis. Hrsg.: Klein, Michael. 62. Lieferung, Köln Dezember 2009. zit.: Verfasser in: Das gesamte Familienrecht. Klühs, Hannes. Das sog. „Bedürftigentestament“ und seine Alternativen – Eine Bestandsaufnahme. ZEV 2011, S. 15-18. zit.: Hannes, ZEV 2011

Koch, Elisabeth. Richterliche Kontrolle von Eheverträgen – Zugleich Anmerkung zu BGH- XII ZR 265/ 02 –. NotBZ 2004, S. 147-149. zit.: Koch, NotBZ 2004

Kollhosser, Helmut. Aktuelle Fragen der vorweggenommenen Erbfolge. AcP 194 (1994), S. 231-264. zit.: Kollhosser, AcP 194 (1994)

Kornexl, Thomas . Ehevertragsgestaltung als Störfallvorsorge. FamRZ 2004, S. 1609-1613. zit.: Kornexl, FamRZ 2004

Kornexl, Thomas. Der Zuwendungsverzicht. Nürnberg 1997. zit.: Kornexl, Der Zuwendungsverzicht

Kramm, Maximilian . Entstehung und Beseitigung der Rechtswirkungen eines Erbverzichts. Freiburg 2003. zit.: Kramm

Krauß, Hans-Frieder. Überlassungsverträge in der Praxis. Münster 2006. zit.: Krauß

Kroppenberg, Inge. „Wer lebt, hat Recht“ – Lebzeitiges Rechtsdenken als Fremdkörper in der Inhaltskontrolle von Verfügungen von Todes wegen. DNotZ 2006, S. 86-105. zit.: Kroppenberg, DNotZ 2006

Kuchinke, Kurt. Unterhalt und Erb- oder Pflichtteilsverzicht. FPR 2006, S. 125-129. zit.: Kuchinke, FPR 2006

Kuchinke, Kurt. Unterhalt und Pflichtteil. FF 2002, S. 161-164. zit.: Kuchinke, FF 2002

Kühle, Ulrich. „Infektion“ eines Pflichtteilverzichtsvertrages durch einen sittenwidrigen Ehevertrag?. ZErb 2013, S. 221-225. zit.: Kühle, ZErb 2013. Kühle, Ulrich. Die gerichtliche Überprüfung von Erb- und Pflichtteilsverzichtsverträgen im Spiegel ehevertraglicher Inhaltskontrolle. Frankfurt a.M. 2011. zit.: Kühle

Kupka-Göll, Silke . Erbverzicht und Abfindung bei Störungen der vorweggenommenen Erbfolge . Tübingen 2001. zit.: Kupka- Göll

Kramm, Maximilian. Entstehung und Beseitigung der Rechtswirkungen eines Erbverzichts. Hamburg 2004. zit.: Kramm

Kremer, Marcel. Das Prinzip der familiären Solidarität im Unterhaltsrecht des BGB. Bielefeld 2010. zit.: Kremer

Lang, Frank. Vertragsfreiheit bei Eheverträgen. Baden-Baden 2009. zit.: Lang

Lange, Heinrich. Der entgeltliche Erbverzicht. Festschrift zum 75. Geburtstag von Hermann Nottarp, S. 119-132. Karlsruhe 1961. zit.: Lange in: Festschrift für Nottarp

Lange, Heinrich / Kuchinke, Kurt. Erbrecht. 5. Auflage, München 2001. zit.: Lange/ Kuchinke

Lange, Knut Werner. Der Pflichtteilsverzicht zwischen privatautonomer Gestaltung und gerichtlicher Inhaltskontrolle. ErbR 2017, S. 397-402. zit.: Lange, ErbR 2017

Lange, Knut Werner. Erbrecht. München 2011. zit.: Lange

Lange, Knut Werner. Das Gesetz zur Reform des Erb- und Verjährungsrechts. DNotZ 2009, S. 732-743. zit.: Lange, DNotZ 2009

Lange, Knut Werner. Die Pflichtteilsentziehung gegenüber Abkömmlingen de lege lata und de lege ferenda. AcP 204 (2004), S. 804-831. zit.: Lange, AcP 204 (2004)

Langenfeld, Gerrit (fortgeführt von Milzer, Lutz). Handbuch der Eheverträge und Scheidungsvereinbarungen. 7. Auflage, München 2015. zit.: Langenfeld, Handbuch der Eheverträge

Langenfeld, Gerrit. Inhalts- und Ausübungskontrolle bei Vereinbarungen nach den Reformen. FPR 2009, S. 497-499. zit.: Langenfeld, FPR 2009

Langenfeld, Gerrit. Die Ehevertragsgestaltung auf dem Prüfstand der richterlichen Inhaltskontrolle. ZEV 2004, S. 311-316. zit.: Langenfeld, ZEV 2004

Langenfeld, Gerrit. Zur gerichtlichen Kontrolle von Eheverträgen. DNotZ 2001, S. 272-279. zit.: Langenfeld, DNotZ 2001

Larenz, Karl. Erbverzicht als abstraktes Rechtsgeschäft. Jherings Jahrbücher 81 (1931), S. 1 ff.. zit.: Larenz, JherJb 81

Lehmann, Brigitte . Ehevereinbarungen im 19. und 20. Jahrhundert. Gießen 1989. zit.: Lehmann

Lehmann, Daniel / Schulz, Peter. ZEV 2009, S. 337-341. zit.: Lehmann/ Schulz, ZEV 2009

Leipold, Dieter. Erbrecht. 21. Auflage, Tübingen 2016. zit.: Leipold

Leipold, Dieter. Keine Sittenwidrigkeit bei Pflichtteilsverzicht eines behinderten Sozialleistungsbeziehers. ZEV 2011, S. 528-529. zit.: Leipold, ZEV 2011

Lipp, Volker.Finanzielle Solidarität zwischen Verwandten im Privat- und im Sozialrecht. NJW 2002, S. 2201-2207. zit.: Lipp, NJW 2002

Littig, Thomas / Mayer, Jörg . Sozialhilferegress gegenüber Erben und Beschenkten. Bonn 1999. zit.: Littig/ Mayer

Litzenburger, Wolfgang. Anmerkung zu BGH, Urt. v. 19.01.2011 – IV ZR 7/ 10. FD-ErbR 2011, 314311. zit.: Litzenburger, FD- ErbR 2011, 314311

Litzenburger, Wolfgang. Anmerkung zu OLG Köln, Beschl. v. 29.06.2007 – 16 Wx 112/ 07. FD-ErbR 2008, 250069. zit.: Litzenburger, FD- ErbR 2008, 250069

Löwe, Walter. Richterliche Inhaltskontrolle von notariell beurkundeten Verträgen? . NJW 1974, S. 337-341. zit.: Löwe, NJW 1974

Lotter, Anja. Nacheheliche Unterhaltsvereinbarung und Grenzen der Privatautonomie: Entwicklung der Rechtsprechung, insb. der Betreuungsunterhalt. Bayreuth 2006. zit.: Lotter

Ludyga, Hannes. Inhaltskontrolle von Pflichtteilsverzichtsverträgen. Bonn 2008. zit.: Ludyga

Lübtow von, Ulrich. Erbrecht, 1. Halbband. Berlin 1971. zit.: von Lübtow

Luhn, Christopher. Privatautonomie und Inhaltskontrolle von Eheverträgen. Frankfurt am Main 2008. zit.: Luhn

Manthey, Christina / Trilsch, Contanze. Das „Bedürftigentestament": die hohe Schule der Testamentsgestaltung. ZEV 2015, S. 618-624. zit.: Manthey/ Trilsch, ZEV 2015

Mayer, Jörg. Gewillkürte Erbfolge. FPR 2011, S. 247-252. zit.: Mayer, FPR 2011

Mayer, Jörg . Die Auswirkungen der Erbrechtsreform auf die Kautelarpraxis. ZEV 2010, S. 2-8. zit.: Mayer, ZEV 2010

Mayer, Jörg. Unliebsame Folgen des Pflichtteilsverzichts. ZEV 2007, S. 556-560. zit.: Mayer, ZEV 2007

Mayer, Jörg. Abhängigkeiten von Ehegüter- und Ehegattenerbrecht und Gestaltungsüberlegungen. FPR 2006, S. 129-135. zit.: Mayer, FPR 2006

Mayer, Jörg. Inhaltskontrolle von Pflichtteilsverzichtsverträgen?, in: ZEV- Report Zivilrecht. ZEV 2004, S. 436-440. zit.: Mayer, ZEV 2004

Mayer, Jörg. Zur Inhaltskontrolle von Eheverträgen. FPR 2004, S. 363-371. zit.: Mayer, FPR 2004

Mayer, Jörg. Verspäteter Pflichtteilsverzicht? – Anmerkungen zum Urteil des BGH vom 13.12.1996 –. IV ZR 62/ 96 –. MittBayNot 1997, S. 85-88. zit.: Mayer, MittBayNot, 1997

Menzel, Ralf. Die negative Erbfreiheit. MittBayNot 2013, S. 289-294. zit.: Menzel, MittBayNot 2013

Menzel, Ralf. Entschließungsfreiheiten im Erbrecht und Drittinteressen – eine Untersuchung über die Grenzen der Privatautonomie des Erben, des Vermächtnisnehmers und des Pflichtteilsberechtigten. Baden-Baden 2008. zit.: Menzel

Merkle, Rüdiger. Pflichtteilsrecht und Pflichtteilsverzicht im Internationalen Erbrecht. Jena 2008. zit.: Merkle

Mertens, Hans-Georg. Die Entstehung der Vorschriften des BGB über die gesetzliche Erbfolge und das Pflichtteilsrecht. Berlin 1970. zit.: Mertens

Meyer, Paul. Zur Lehre von der rechtlichen Natur des Erbverzichts nach dem Bürgerlichen Gesetzbuch. Festschrift für Ludwig Enneccerus. Marburg 1913. zit.: Meyer in: Festschrift für Enneccerus

Meyersburg, Friedrich. Gutachten des Herrn Appellationsgerichtsanwalts Meyersburg zu Celle über die Frage: „Ob und wie weit die Testierfreiheit mit Rücksicht auf eine Pflichttheilsberechtigung beschränkt werden soll?", S. 50- 71. Verhandlungen des Vierzehnten Deutschen Juristentages 1878, Band I. zit.: Meyersburg

Milger, Christine. (Vorweggenommene) Erbfolge und soziale Sicherung – Tagung der Forschungsstelle für Notarrecht am 10.11.2010 –. MittBayNot 2011, S. 205-207. zit.: Verfasser, mitgeteilt von Milger, MittBayNot 2011

Möllmannn, Dirk. Die zeitliche Begrenzung des Geschiedenenunterhalts. Regensburg 1992. zit.: Möllmann

Motive zu dem Entwurf eines Bürgerlichen Gesetzbuches für das deutsche Reich. Band IV., Familienrecht. Band V., Erbrecht. Berlin 1896. Berlin und Leipzig 1888 für Erbrecht. zit.: Motive IV bzw. V

Mückenheim, Kai . Rechtsgeschäfte alter Menschen in besonderen Zwangslagen. Hamburg 1997. zit.: Mückenheim

Müller-Freienfels, Wolfram. Ehe und Recht. Tübingen 1962. zit.: Müller- Freienfels

Münch, Christof. Rechtsprechungsübersicht Erbrecht. FamRZ 2017, S. 1105-1117. zit.: Münch, FamRZ 2017

Münch, Christof. Familienrecht in der Notar- und Gestaltungspraxis. 2. Auflage, München 2016. zit.: Verfasser in: Familienrecht

Münch, Christof. Ehebezogene Rechtsgeschäfte – Handbuch der Vertragsgestaltung –. 4. Auflage, Münster 2015. zit.: Münch, Ehebezogene Rechtsgeschäft

Münch, Christof. Unterhaltsverstärkende Vereinbarungen. MittBayNot 2012, S. 10-17. zit.: Münch, MittBayNot 2012

Münch, Christof. Buchbesprechung: Statischer Vertrag und dynamische Vertragsbeziehung (Anne Sanders). DNotZ 2009, S. 236-237. zit: Münch, DNotZ 2009

Münch, Christof. Unterhaltsverstärkende Vereinbarungen. notar 2009, S. 286-295. zit.: Münch, notar 2009

Münch, Christof. Infiziert der Ehevertrag erbrechtliche Verzichte oder Verfügungen?. ZEV 2008, S. 571-578. zit.: Münch, ZEV 2008

Münch, Christof. Trennungs- und Scheidungsvereinbarungen aus notarieller Sicht. in: Scheidung, Trennung- Scheidungs- und Trennungsvereinbarungen. Tagungsband zum Symposium des Instituts für Notarrecht der Universität Würzburg. NotRV, Würzburg 2008. zit.: Münch, NotRV 2008

Münch, Christof. Inhaltskontrolle von Eheverträgen: BGH zum Ausgleich ehebedingter Nachteile. FamRZ 2005, S. 570-574. zit.: Münch, FamRZ 2005

Münch, Christof. Inhaltskontrolle von Eheverträgen – Zurück auf festerem Boden – zur neuesten Rechtsprechung des BGH – . DNotZ 2005, S. 819-837. zit.: Münch, DNotZ 2005

Münch, Christof. Notar und Parität – Die Bedeutung notarieller Beurkundung im Rahmen der Inhaltkontrolle von Eheverträgen – . DNotZ 2004, S. 901-914. zit.: Münch, DNotZ 2004

Münch, Christof. Inhaltskontrolle von Eheverträgen – Das Urteil des BGH v. 11.02.2004 - XII ZR 265/ 02 –. ZNotP 2004, S. 122-131. zit.: Münch, ZNotP 2004

Münchener Anwaltshandbuch – Erbrecht –. Hrsg.: Scherer, Stephan. 5. Auflage, München 2018. 4. Auflage, München 2014. zit.: Verfasser in: Münchener Anwaltshandbuch Erbrecht

Münchener Anwaltshandbuch – Familienrecht –. Hrsg.: Schnitzler, Klaus. 4. Auflage, München 2014. zit.: Verfasser in: Münchener Anwaltshandbuch Familienrecht

Münchener Kommentar zum Bürgerlichen Gesetzbuch. Hrsg.: Säcker, Franz Jürgen / Rixecker, Roland / Oetker, Hartmut / Limperg, Bettina. Band 1 (§§ 1-240), 7. Auflage, München 2015. Band 2 (§§ 241-432), 7. Auflage, München 2016. Band 8 (§§ 1297-1588), Versorgungsausgleichsgesetz, . Gewaltschutzgesetz, Lebenspartnerschaftsgesetz, 7. Auflage, München 2017. Band 10 (Art. 1-46 EGBGB), 6. Auflage, München 2015. Band 10 (§§ 1922-2385, §§ 27-35 BeurkG), 7. Auflage, München 2017. zit.: Verfasser in: MünchKomm

Mugdan, Benno. Die gesamten Materialien zum Bürgerlichen Gesetzbuch für das Deutsche Reich. Band 4, Familienrecht. Band 5, Erbrecht. Aalen 1979. zit.: Mugdan IV bzw. V

Muscheler, Karlheinz. Das neue Recht der Pflichtteilsentziehung, S. 39-87. Aktuelle Fragen des Erbrechts, Schriften zum Notarrecht. Hrsg.: Bayer, Walter / Koch, Elisabeth. 1. Auflage, Baden-Baden 2010. zit.: Muscheler, Aktuelle Fragen des Erbrechts

Muscheler, Karlheinz. Erbrecht, Band II. Tübingen 2010. zit.: Muscheler, Erbrecht II

Muscheler, Karlheinz. Inhaltskontrolle im nationalen und Europäischen Privatrecht – Deutsch- griechische Perspektiven – . Schriften zum Europäischen und Internationalen Privat-, Bank- und Wirtschaftsrecht. Inhaltskontrolle im Erbrecht, Band 33. Hrsg.: Riesenhuber, Karl / Karakostas, Ioannis K.. Berlin 2009. zit.: Muscheler, Inhaltskontrolle im nationalen und Europäischen Privatrecht

Muscheler, Karlheinz. Inhaltskontrolle bei Erbverzichts- und Pflichtteilsverzichtsverträgen. Festschrift für Sebastian Spiegelberger zum 70. Geburtstag, 2009, S. 1079-1094. zit.: Muscheler in: Festschrift für Spiegelberger

Muscheler, Karlheinz. Die geplanten Änderungen im Erbrecht, Verjährungsrecht und Nachlassverfahrensrecht. ZEV 2008, S. 105-112. zit: Muscheler, ZEV 2008

Neher, Melanie. Der Erbanfall in der Insolvenz. Hamburg 2011. zit.: Neher

Odersky, Felix. Reformüberlegungen im Erbrecht. MittBayNot 2008, S. 2-7. zit.: Odersky, MittBayNot 2008

Oechsler, Jürgen. Pflichtteil und Unternehmensnachfolge von Todes wegen. AcP 200 (2000), S. 603-626. zit.: Oechsler, AcP 200 (2000)

Olzen, Dirk. Erbrecht. 4. Auflage, Berlin 2013. zit.: Olzen

Otte, Gerhard. (Anmerkung zu der Entscheidung des BVerfG vom 19.04.2005, Az.: 1 BvR 1644/ 00 und . 1 BvR 188/ 03) . JZ 2005, S. 1007-1010. zit.: Otte, JZ 2005

Otte, Gerhard. Die Bedeutung der „Hohenzollern"-Entscheidung des Bundesverfassungsgerichts für die Testierfreiheit. ZEV 2004, S. 393-398. zit.: Otte, ZEV 2004

Otte, Gerhard. Das Pflichtteilsrecht- Verfassungsrechtsprechung und Rechtspolitik. AcP 202 (2002), S. 317-362. zit.: Otte, AcP 202 (2002)

Palandt, Otto. Bürgerliches Gesetzbuch. 78. Auflage, München 2018. zit.: Verfasser in: Palandt

Paulus, Christoph G. / Zenker, Wolfgang. Grenzen der Privatautonomie. JuS 2001, S. 1-9. zit.: Paulus/ Zenker, JuS 2001

Pentz, Adolf. Nachehelicher Unterhalt trotz Pflichtteilsverzichts. FamRZ 1998, S. 1344-1346. zit.: Pentz, FamRZ 1998

Petersen, Inga. Der Verzicht auf den Scheidungsunterhalt unter besonderer Berücksichtigung des Betreuungsunterhalts gem. § 1570 BGB. Münster 1998. zit.: Petersen

Petri, Ulrich. Die Pflicht zum Pflichtteil. ZRP 1993, S. 205-206. zit.: Petri, ZRP 1993. Petzold, Andrea . Sittenwidrigkeit ehevertraglicher Unterhaltsverzichte in der höchstrichterlichen Rechtsprechung. Würzburg 2003. zit.: Petzold

Pflieger, Markus. Pflichtteilsanspruch eines bedürftigen Sozialleistungsbeziehers als sozialrechtlich verwertbarer Vermögensgegenstand und diesbezügliche Gestaltungsmöglichkeiten. MittBayNot 2018, S. 196-199. zit.: Pflieger, MittBayNot 2018

Planck´s Kommentar zum Bürgerlichen Gesetzbuch nebst Einführungsgesetz. Hrsg.: Strohal, Emil. V. Band Erbrecht. Berlin und Leipzig 1930. zit.: Planck V

Protokolle der Kommission für die zweite Lesung des Entwurfs des Bürgerlichen Gesetzbuchs. Band V, Erbrecht. Berlin 1899. zit.: Protokolle V

Prütting / Wegen / Weinreich - BGB Kommentar –. Hrsg.: Prütting, Hanns / Wegen, Gerhard / Weinreich, Gerd. 11. Auflage, Köln 2016. zit.: Verfasser in: PWW

Quantius, Markus J. . Die Aufhebung des Erbverzichts. Berlin 2001. zit.: Quantius

Rakete-Dombek, Ingeborg. Das Ehevertragsurteil des BGH – Oder: Nach dem Urteil ist vor dem Urteil. NJW 2004, S. 1273-1277. zit.: Rakete- Dombek, NJW 2004

Rauscher, Thomas. Reformbedarf im Erbrecht. FF Sonderheft 2004, S. 141-154. zit.: Rauscher, FF Sonderheft 2004

Rauscher, Thomas. Ehevereinbarungen: Die Rückkehr der Rechtssicherheit – zu BGH v. 11.02.2004 – . XII ZR 265/ 02. DNotZ 2004, S. 524-547. zit.: Rauscher, DNotZ 2004

Rauscher, Thomas. Grenzen der Vertragsfreiheit im Unterhaltsrecht . Konsequenzen aus der Rechtsprechung des BVerfG. DNotZ 2002, S. 751-767. zit.: Rauscher, DNotZ 2002

Rauscher, Thomas. Ein Bärendienst für die Freiheit der Eheschließung- Gedanken zum Urteil des BVerfG . 1 BvR 12/ 92 vom 06.02.2001. FuR 2001, S. 155-157. zit.: Rauscher, FuR 2001

Rauscher, Thomas. Reformfragen des gesetzlichen Erb- und Pflichtteilsrechts, Band II., 2. Teilband, . II. Reformvorschläge Pflichtteilsrecht. Regensburg 1993. zit.: Rauscher, Reformfragen

Reimann, Wolfgang. Die „rules against perpetuities" im deutschen Erbrecht. NJW 2007, S. 3034-3037. zit.: Reimann, NJW 2007

Reimann, Wolfgang / Bengel, Manfred / Mayer, Jörg. Testament und Erbvertrag – Kommentar mit Erläuterungen, Cheklisten und Gestaltungsvorschlägen –. 5. Auflage, Neuwied 2006. zit.: Verfasser in: Reimann/ Bengel/ Mayer

Reul, Adolf. Erbverzicht, Pflichtteilsverzicht, Zuwendungsverzicht. MittRhNotK 1997, S. 373-389. zit.: Reul, MittRhNotK 1997

RGRK – Das Bürgerliche Gesetzbuch mit besonderer Berücksichtigung der Rechtsprechung des Reichsgerichts und des Bundesgerichtshofs. herausgegeben von Reichsgerichtsräten und Bundesrichtern. Band IV, 2. Teil (§§ 1303-1320; §§ 1564-1588; VAHRG §§ 1-13; VAÜG §§ 1-5; EheG §§ 58-73; HausratsVO), 12. Auflage, Berlin 1999. Band V, 2. Teil (§§ 2147-2385), 12. Auflage, Berlin 1975. zit.: Verfasser in: RGRK

Rheinbay, Peter. Erbverzicht – Abfindung – Pflichtteilsergänzung. Frankfurt a.M. 1983. zit.: Rheinbay

Roessink, Uta. Die passive Vererblichkeit des Unterhaltsanspruchs des geschiedenen Ehegatten gemäß § 1586 b BGB. Köln 1990. zit.: Roessink

Röthel, Anne. Verzicht auf den Kindespflichtteil: Plädoyer für mehr Wachsamkeit. NJW 2012, S. 337-342. zit.: Röthel, NJW 2012

Röthel, Anne. Anmerkung zu BGH, Urt. v. 19.01.2011- IV ZR 7/ 10. LMK 2011, 317533. zit.: Röthel, LMK 2011

Röthel, Anne. Testierfreiheit und Testiermacht. AcP 210 (2010), S. 32-66. zit.: Röthel, AcP 201 (2010)

Roth, Wolfgang. Der Pflichtteilsanspruch in der Insolvenz. NJW-Spezial 2009, S. 263-264. zit.: Roth, NJW-Spezial 2009

Rothe, Daniela . Erbvertrag und Synallagma. Jena 2006. zit.: Rothe

Sanders, Anne. Statischer Vertrag und dynamische Vertragsbeziehungen – Wirksamkeits- und Ausübungskontrolle von Gesellschafts- und Eheverträgen – . Bielefeld 2008. zit.: Sanders

Sanders, Anne. Teilweise sittenwidrig? – Zur Teilnichtigkeit von Eheverträgen, insbesondere von Güterstandsvereinbarungen. FPR 2007, S. 205- 209. zit.: Sanders, FPR 2007

Sanders, Anne. Unwissende Ehegatten- Sittenwidrigkeit und Aufklärungspflichten beim Abschluss von Eheverträgen. FuR 2005, S. 104-112. zit.: Sanders, FuR 2005

Sanders, Anne. Ein bisschen sittenwidrig? Zugleich Anmerkung zum Beschluss des OLG Düsseldorf v. 15.10.2003 – 16 UF 186/ 02. FF 2004, S. 249-251. zit.: Sanders, FF 2004

Scherer, Stephan / Lehmann, Daniel. Inhaltskontrolle privatrechtlicher Rechtsgeschäfte. ZEV 2007, S. 26-30. zit.: Scherer/ Lehmann, ZEV 2007

Scheuren-Brandes, Christoph. Wiederverheiratungsklausel nach der Hohenzollern-Entscheidung. – Handlungsbedarf für die Gestaltungspraxis? –. ZEV 2005, S. 185-189. zit.: Scheuren- Brandes, ZEV 2005

Schlüter, Wilfried. Erbrecht. 17. Auflage, München 2015. zit.: Schlüter

Schlüter, Wilfried. Die Änderung der Rolle des Pflichtteilsrechts im sozialen Kontext. in: 50 Jahre Bundesgerichtshof – Festgabe aus der Wissenschaft. Hrsg.: Canaris, Claus-Wilhelm / Heldrich, Andreas. München 2000. zit.: Schlüter, 50 Jahre Bundesgerichtshof

Schlüter, Wilfried. Grenzen der Testierfreiheit – Grenzen einer „Herrschaft aus dem Grabe“. in: Festgabe Zivilrechtslehrer 1934/1935, Hrsg.: Hadding, Walther. Berlin 1999. zit.: Schlüter, Festgabe Zivilrechtslehrer 1934/1935

Schmid, Matthias / Eulering, Ruth-Maria. Der reformierte Versorgungsausgleich: Überblick, Hintergründe. FamRZ 2009, S. 1269-1273. zit.: Schmid/ Eulering, FamRZ 2009

Schmoeckel, Mathias. Erbrecht. 4. Auflage, Baden-Baden 2016. zit.: Schmoeckel

Schöpflin, Martin. Verfassungsmäßigkeit des Pflichtteilsrechts und Pflichtteilsentziehung. FamRZ 2005, S. 2025-2030. zit.: Schöpflin, FamRZ 2005

Schotten, Günter. Das Kausalgeschäft zur Erbverzicht. DNotZ 1998, S. 163-177. zit.: Schotten, DNotZ 1998

Schröder, Rainer. Pflichtteilsrecht. DNotZ 2001, S. 465-473. Zit.: Schröder, DNotZ 2001

Schürmann, Heinrich. Die Entwicklung des materiellen Unterhaltsrechts nach der Rechtsprechung des Bundesgerichtshofs und der Oberlandesgerichte im Jahr 2012. FamRZ 2013, S. 1082-1101. zit.: Schürmann, FamRZ 2013

Schultz, Michael. Zivilgerichtliche Vertragskontrolle im Eherecht. 1. Auflage, Göttingen 2008. zit.: Schultz

Schulz, Fabian. Pflichtteilsrecht und Pflichtteilsverzicht. Die Gretchenfrage des modernen Erbrechts?. 1.Auflage, Baden-Baden 2017. zit.: Schulz

Schulz, Werner / Hauß, Jörn. Familienrecht – Handkommentar. 2. Auflage, Baden-Baden 2012. zit.: Verfasser in: Schulz/ Hauß

Schumacher, Franziska. Rechtsgeschäfte zu Lasten der Sozialhilfe im Familien- und Erbrecht. Andernach 2000. zit.: Schumacher, F.

Schumacher, Silvia. Zur „Rangordnung" im Scheidungsfolgenrecht unter besonderer Berücksichtigung der Rechtsprechung zur Wirksamkeit von Scheidungsfolgenvereinbarungen, in: Gesetz, Recht, Rechtsgeschichte, Festschrift für Gerhard Otte, S. 363-383. München 2005. zit.: Schumacher, Festschrift für Otte

Schwab, Dieter. Entwicklung im Familienrecht in Vergangenheit und Zukunft – Eheverträge und BGH. FF 2004, S. 97-99. zit.: Schwab, FF 2004

Schwab, Dieter. Familienrecht. 25. Auflage, München 2017. zit.: Familienrecht

Schwab, Dieter. Grundlagen und Gestalt der staatlichen Ehegesetzgebung in der Neuzeit. Bielefeld 1967. zit.: Schwab, Grundlagen und Gestalt der staatlichen Ehegesetzgebung in der Neuzeit

Schwenzer, Ingeborg. Vertragsfreiheit im Ehevermögens- und Scheidungsfolgenrecht. AcP 196 (1996), S. 88-113. zit.: Schwenzer, AcP 196 (1996)

Seer, Roman / Krumm, Marcel. Der Pflichtteilsanspruch im System der erbschaftsteuerlichen Vermögensanfallbesteuerung. ZEV 2010, S. 57-63. zit.: Seer/ Krumm, ZEV 2010

Settergren, Pia. Das „Behindertentestament" im Spannungsfeld zwischen Privatautonomie und sozialhilferechtlichem Nachrangprinzip. Hamburg 1999. zit.: Settergren

Soergel, Theodor. Bürgerliches Gesetzbuch mit Einführungsgesetz und Nebengesetzen, Kommentar. Band 2, Allgemeiner Teil 2 (§§ 104-240), 13. Auflage, Stuttgart 1999. Band 17/1, Familienrecht 1/1 (§§ 1297-1588), 13. Auflage, Stuttgart 2013. Band 21, Erbrecht 1 (§§ 1922-2063), 13. Auflage, Stuttgart 2002. Band 23, Erbrecht 3 (§§ 2274-2385), 13. Auflage, Stuttgart 2002. zit.: Verfasser in: Soergel.
Sohm, Rudolph. Institutionen – Geschichte und System des römischen Privatrechts –. 16. und 17. Auflage, Berlin 1949. zit.: Sohm

Spall, Lorenz. Notar und Sozialrecht – Rechtsgestaltung im Spannungsverhältnis zwischen privater und öffentlicher Solidarität. MittBayNot 2014, S. 211-220. zit.: Spall, MittBayNot 2014

Spanke, Tobias. Der persönlich beschränkte Pflichtteilsverzicht. ZEV 2012, S. 345-349. zit.: Spanke, ZEV 2012

Staudinger, Julius von. Kommentar zum Bürgerlichen Gesetzbuch mit Einführungsgesetz und Nebengesetzen. Buch 1: Allgemeiner Teil §§ 134-138; ProstG (Allgemeiner Teil 4a- Gesetzliches Verbot und Sittenwidrigkeit), Berlin 2011. Buch 1: Allgemeiner Teil §§ 139-163 (Allgemeiner Teil 4b- Teilnichtigkeit),

Berlin 2015. Buch 2: Recht der Schuldverhältnisse §§ 241-243 (Treu und Glauben), Berlin 2015. Buch 2: Recht der Schuldverhältnisse §§ 255-304 (Leistungsstörungsrecht 1), Berlin 2014. Buch 4, Familienrecht §§ 1363-1563 (Eheliches Güterrecht), Berlin 2007. Buch 5, Erbrecht §§ 2064-2196 (Testament 1), Berlin 2012. Buch 5, Erbrecht §§ 2339-2385 (Erbunwürdigkeit, Erbverzicht, Erbschein, Erbschaftskauf), Berlin 2004. zit.: Verfasser in: Staudinger

Staudinger, Julius von. Kommentar zum Bürgerlichen Gesetzbuch mit Einführungsgesetz und Nebengesetzen. Eckpfeiler des Zivilrechts, Neubearbeitung, Berlin 2010. zit.: Verfasser in: Staudinger/ Eckpfeiler

Stobbe, Otto. Handbuch des deutschen Privatrechts, 5. Band. 1. und 2. Auflage, Berlin 1885. zit: Stobbe, Band 5

Stöcker, Hans A.. Die Neuordnung der gesetzlichen Erbfolge im Spiegel des mutmaßlichen Erblasserwillens. FamRZ 1971, S. 609-618. zit.: Stöcker, FamRZ 1971

Stresow, Bert. Die richterliche Inhaltskontrolle von Eheverträgen. Potsdam 2004. zit.: Stresow

Strohal, Emil. Das deutsche Erbrecht. 3. Auflage, Berlin 1903. zit.: Strohal

Sturm, Florian . Pflichtteil und Unterhalt . – Zur Unwirksamkeit drittbelastender Erbverzichts- und Pflichtteilsverzichtsvereinbarungen aus unterhaltsrechtlicher Sicht – . Berlin 1993. zit.: Sturm

Theiss, Wolfram / Boger, Michael. Möglichkeiten der Vorbeugung gegen Ansprüche aus §§ 2325, 2329 BGB wegen Abfindungen für Erb- bzw. Pflichtteilsverzichte. ZEV 2006, S. 143-146. zit.: Theiss/ Boger, ZEV 2006

Theiss, Wolfram / Boger, Michael. Besprechung des Urteils des OLG München vom 25. Januar 2006- 15 U 4751/ 04. ZErb 2006, S. 164-166. zit.: Theiss/ Boger, ZErb 2006

Thielmann, Georg. Sittenwidrige Verfügungen von Todes wegen. Berlin 1973. zit.: Thielmann

Traulsen, Jana. Inhalt und Grenzen familienrechtlicher Verträge unter besonderer Berücksichtigung der. Figur der gestörten Vertragsparität. Kiel 2006. zit.: Traulsen

Vaupel, Christian. Der Sozialhilferegress in der notariellen Praxis. RNotZ 2009, S. 497-528. zit.: Vaupel, RNotZ 2009

Vollmar, Martina . Der entgeltliche Erbvertrag. Mainz 2002. zit.: Vollmar

Van de Loo, Oswald. Möglichkeiten und Grenzen eines Übergangs des Rechts zur Erbausschlagung durch Abtretung bzw. Überleitung. ZEV 2006, S. 473-479. zit.: Van de Loo, ZEV 2006

Von Proff zu Irnich , Maximilian Freiherr. Ungewollte Fernwirkungen des Erbverzichts und Gestaltungswirkungen zu ihrer Vermeidung. ZErb 2017, S. 33-38. zit.: von Proff, ZErb 2017

Von Proff zu Irnich , Maximilian Freiherr. Neues zur Inhaltskontrolle von Erb- und Pflichtteilsverzichten: das Urteil des OLG Hamm vom . 8.11.2016 und seine Folgen für die Kautelarpraxis. ZEV 2017, S. 301-307. zit.: von Proff, ZEV 2017. Von Proff zu Irnich , Maximilian Freiherr. Das schuldrechtliche Grundgeschäft zum Erbverzicht. DNotZ 2017, S. 84-106. zit.: von Proff, DNotZ 2017

Von Proff zu Irnich , Maximilian Freiherr. Erbrechtsgestaltung nach der jüngsten BGH- Rechtsprechung zum Behindertentestament. RNotZ 2012, S. 272-281. zit.: von Proff, RNotZ 2012

Von Proff zu Irnich, Maximilian Freiherr. Pflichtteilserlass und Pflichtteilsverzicht von Sozialleistungsempfängern. ZErb 2010, S. 206-210. zit.: von Proff, ZErb 2010

Wachter, Thomas. Inhaltskontrolle von Pflichtteilsverzichtsverträgen?. ZErb 2004, S. 238-246; S. 306-317. zit.: Wachter, ZErb 2004

Wachter, Thomas. Inhaltskontrolle von Scheidungsvereinbarungen?. ZNotP 2004, S. 264-266. zit.: Wachter, ZNotP 2004

Wachter, Thomas. Neue Grenzen der Ehevertragsfreiheit – Die Entscheidung des BGH v. 11.02.2004 – . XII ZR 265/ 02 und ihre Konsequenzen. ZFE 2004, S. 132-143. zit.: Wachter, ZFE 2004

Wagenitz, Thomas / Barth, Thomas. Die Änderung der Familie als Aufgabe für den Gesetzgeber. FamRZ 1996, S 577-587. zit.: Wagenitz/ Barth, FamRZ 1996

Wagenknecht, Christopher. Das System der rechtlichen Kontrolle von Eheverträgen. Tübingen 2010. zit.: Wagenknecht

Walsmann, Hans. Der Verzicht – Allgemeine Grundlagen einer Verzichtslehre und Verzicht im Privatrecht. Leipzig 1912. zit.: Walsmann

Weber, Johannes. Erb- und Pflichtteilsverzichtsverträge im Spiegel der EUErbVO. ZEV 2015, S. 503-510. zit.: Weber, ZEV 2015

Weidlich, Dietmar. Ausgewählte Probleme bei erbrechtlichen Verzichtsverträgen. NotBZ 2009, S. 149-163. zit.: Weidlich, NotBZ 2009

Weinreich, Gerd / Klein, Michael. Fachanwaltskommentar zum Familienrecht. 6. Auflage, Köln 2018. zit.: Verfasser in: Fachanwaltskommentar zum Familienrecht

Wellenhofer, Marina. Familienrecht: Befristung des Krankheitsunterhalts. Eheliche Solidarität als Hindernis für die Unterhaltsbegrenzung. – BGH, Urt. v. 27.05.2009, XII ZR 111/ 08 – . JuS 2010, S. 74-75. zit.: Wellenhofer, JuS 2010

Wendl, Philipp / Dose, Siegfried. Das Unterhaltsrecht in der familienrichterlichen Praxis. 9. Auflage, München 2015. zit.: Verfasser in: Wendl/ Dose

Wendt, Roland. Grenzen der Pflichtteilsbeeinflussung. ZErb 2012, S. 262-267 (Teil 1), S. 313-322 (Teil 2). zit.: Wendt, ZErb 2012

Wendt, Roland. Von der Erblasserfreiheit zur Erbenfreiheit – Anmerkungen aus höchstrichterlicher Sicht. ErbR 2010, S. 142-152. zit.: Wendt, ErbR 2010

Wendt, Roland. Das Behindertentestament – ein Auslaufmodell?. ZNotP 2008, S. 2-12. zit.: Wendt, ZNotP 2008

Wendt, Roland. Unverzichtbares bei erbrechtlichen Verzichten. ZNotP 2006, S. 2-8. zit.: Wendt, ZNotP 2006

Werkmüller, Sandra. Rechtspolitische und rechtsvergleichende Aspekte desgeltenden Pflichtteilsrechts. Frankfurt a.M. 2002. zit.: Werkmüller

Westermann, Harm Peter. Der strafende und disziplinierende Erblasser, in: Norm und Wirkung – Beiträge zum Privat- und Wirtschaftsrecht aus heutiger und historischer Perspektive. Festschrift für Wolfgang Wiegand zum 65. Geburtstag, S. 661-684. zit.: Westermann in: Festschrift für Wiegand

Westermann, Harm Peter. Störungen bei vorweggenommener Erbfolge. Festschrift für Alfred Kellermann zum 70. Geburtstag, S. 505-527. Berlin 1990. zit.: Westermann in: Festschrift für Kellermann

Wiemer, Eike. Inhaltskontrolle von Eheverträgen. – Eine kritische Auseinandersetzung mit der Kernbereichslehre des BGH –. Bielefeld 2007. zit.: Wiemer

Winkler, Christian. Kommentar zum Beurkundungsgesetz. 18. Auflage, München 2017. zit.: Winkler

Winkler, Christian. Unternehmensnachfolge und Pflichtteilsrecht. Wege zur Minimierung des Störfaktors „Pflichtteilsansprüche“. ZEV 2005, S. 89-95. zit.: Winkler, ZEV 2005

Woesch, Hugo. Der Erbverzicht im Bürgerlichen Gesetzbuch. Erlangen 1935. zit.: Woesch

Wuchenauer, Viola Stefanie. Die einseitige Beseitigung eines Erb-, Pflichtteils- oder Zuwendungsverzichts nach dem Tod von Erblasser oder Verzichtendem. Hamburg 2008. zit.: Wuchenauer

Würzburger Notarhandbuch. Hrsg.: Limmer, Peter / Hertel, Christian / Frenz, Norbert / Mayer, Jörg. 5. Auflage, Würzburg 2017. zit.: Verfasser in: Würzburger Notarhandbuch

Zacher-Röder, Hannelore / Grimm- Hanke, Ursula. Der Unterhaltsanspruch im Todesfall. FPR 2011, S. 264-268. zit.: Zacher- Röder/ Grimm- Hanke, FPR 2011

Zehentmeier, Ursula. Mit Erb- und Pflichtteilsverträgen die Nachfolge gut regeln. Besonderheiten und Fallstricke von Verzichtsverträgen im Überblick. NWB 2018, S. 483-490. zit.: Zehentmeier, NWB 2018

Zellmann, Michael. Dogmatik und Systematik des Erbverzichts und seiner Aufhebung im Rahmen der Lehre von den Verfügungen von Todes wegen. Bochum 1990. zit.: Zellmann

Ziemann, Evelin. Ehevertragsfreiheit und ihre Grenzen; CD Rom (Prof. Winkler von Mohrenfels, Rostock). Rostock 2006. zit.: Ziemann

Zimmer, Maximilian. Störungen beim Erb- und Pflichtteilsverzichtsvertrag. NJW 2017, S. 513-517. zit.: Zimmer, NJW 2017

Zimmermann, Walter. Erbrecht. 4. Auflage, Berlin 2013. zit.: Zimmermann

Zypries, Brigitte. Pressemitteilung Bundesjustizministerium vom 30.01.2008. zit.: Zypries, Pressemitteilung BMJ v. 30.01.2008

Rechtsprechungsnachweise

Bundesverfassungsgericht

BVerfG, Beschl. v. 25.03.2009, Az.: 1 BvR 909/ 08. NJW-RR 2010, S. 156-157. zit.: BVerfG, Beschl. v. 25.03.2009, NJW-RR 2010

BVerfG, Beschl. v. 08.01.2009, Az.: 1 BvR 755/ 08. FamRZ 2009, S. 492-494. zit.: BVerfG, Beschl. v. 08.01.2009, FamRZ 2009

BVerfG, Beschl. v. 28.2.2007, Az.: 1 BvL 9/ 04. NJW 2007, S. 1735-1742. zit.: BVerfG, Beschl. v. 18.02.2007, NJW 2007

BVerfG, Beschl. v. 19.04.2005, Az.: 1 BvR 1644/ 00 und 1 BvR 188/ 03. NJW 2005, S. 1561-1567. zit.: BVerfG, Beschl. v. 19.04.2005, NJW 2005

BVerfG, Beschl. v. 22.03.2004, Az.: 1 BvR 2248/ 01. FamRZ 2004, S. 765-771 (mit Anm. Staudinger) = ZEV 2004, S. 241-243. zit.: BVerfG, Beschl. v. 22.03.2004, FamRZ 2004 mit Anm. Staudinger oder ZEV 2004

BVerfG, Beschl. v. 05.02.2002, Az.: 1 BvR 105/ 95, 1 BvR 559/ 95 und 1 BvR 457/ 96. NJW 2002, S 1185-1187. zit.: BVerfG, Beschl. v. 05.02.2002, NJW 2002

BVerfG, Beschl. v. 29.03.2001, Az.: 1 BvR 1766/ 92. FPR 2003, S. 199-200. zit.: BVerfG, Beschl. v. 29.03.2001, FPR 2003

BVerfG, Urt. v. 06.02.2001, Az.: 1 BvR 12/ 92. FamRZ 2001, S. 343-350 = NJW 2001, S. 957-961 = FF 2001, S. 59-66 (mit Anm. Büttner). zit.: BVerfG, Urt. v. 06.02.2001, NJW 2001 oder FamRZ 2001 oder FF 2001 mit Anm. Büttner

BVerfG, Beschl. v. 30.08.2000, Az.: 1 BvR 2464/ 97. NJW 2001, S. 141-142. zit.: BVerfG, Beschl. v. 30.08.2000, NJW 2001

BVerfG, Beschl. v. 19.01.1999, Az.: 1 BvR 2161/ 94. NJW 1999, S. 1853-1856. zit.: BVerfG, Beschl. v. 19.01.1999, NJW 1999

BVerfG, Beschl. v. 22.06.1995, Az.: 2 BvR 552/ 91. BVerfGE 93, S. 165-179. zit.: BVerfG, Beschl. v. 22.06.1995, BVerfGE 93

BVerfG, Beschl. v. 19.10.1993, Az.: 1 BvR 567/ 89. NJW 1994, S. 36-39. zit: BVerfG, Beschl. v. 19.10.1993, NJW 1994

BVerfG, Beschl. v. 09.01.1991, Az.: 1 BvR 929/ 89. NJW 1991, S. 1807-1809. zit.: BVerfG, Beschl. v. 09.01.1991, NJW 1991

BVerfG, Beschl. v. 16.10.1984, Az.: 1 BvR 513/ 78. BVerfGE 67, S. 329-348. zit.: BVerfG, Beschl. v. 16.10.1984, BVerfGE 67

BVerfG, Beschl. v. 03.11.1981, Az.: 1 BvL 11/ 77, 1 BvL 85/ 78, 1 BvR 47/ 81. NJW 1982, S.. 565-568. zit.: BVerfG, Beschl. v. 03.11.1981, NJW 1982

BVerfG, Urt. v. 15.01.1958, Az.: 1 BvR 400/ 51. NJW 1958, S. 257-259 = VerwRspr 1958, S. 419-434. zit.: BVerfG, Urt. v. 15.01.1958, NJW 1958 oder VerwRspr 1958

BVerfG, Beschl. v. 17.01.1957, Az.:. 1 BvL 4/ 54. BVerfGE 6, S. 55-84. zit.: BVerfG, Beschl. v. 17.01.1957, BVerfGE 6

Bundesgerichtshof

BGH, Beschl. v. 20.06.2018, Az.: XII ZB 84/ 17. FamRZ 2018, S. 1415-1421 (mit Anm. Bergschneider). zit.: BGH, Beschl. v. 20.06.2018, FamRZ 2018 mit Anm. Bergschneider

BGH, Beschl.v. 17.01.2018, Az.: XII ZB 20/ 17. DNotZ 2018, S. 620-633 (mit Anm. Reetz). zit.: BGH, Beschl. v. 17.01.2018, DNotZ 2018 mit Anm. Reetz

BGH, Beschl. v. 10.05.2017, Az.: XII ZB 614/ 16. FamRZ 2017, S. 1259-1261 (mit Anm. Reimann). zit.: BGH, Beschl. v. 10.05.2017, FamRZ 2017 mit Anm. Reimann

BGH, Beschl. v. 15.03.2017, Az.: XII ZB 109/ 16. BeckRS 2017, 106979 = FamRZ 2017, S. 884-889 (mit Anm. Bergschneider). zit.: BGH, Beschl. v. 15.03.2017, BeckRS 2017 oder FamRZ 2017 mit Anm. Bergschneider

BGH, Beschl. v. 08.06.2016, Az.: XII ZB 84/ 15. FamRZ 2016, S. 1345-1348 (mit Anm. Witt) = NJW 2016, S. 2256-2259 (mit Anm. Born). zit.: BGH, Beschl. v. 08.06.2016, FamRZ 2016 mit Am. Witt oder NJW 2016 mit Anm. Born

BGH, Urt. v. 07.07.2015, Az.: X ZR 59/ 13. FamRZ 2016, S. 214-217 (mit Anm. Croon-Gestefeld). zit.: BGH, Urt. v. 07.07.2015, FamRZ 2016 mit Anm. Croon-Gestefeld

BGH, Urt. v. 18.02.2015, Az.: XII ZR 80/ 13. NZFam 2015, S. 456-460 (mit Anm. Reinecke). zit.: BGH, Urt. v. 18.02.1015, NZFam 2015 mit Anm. Reinecke

BGH, Beschl. v. 08.10.2014, Az.: XII ZB 318/ 11. DNotZ 2015, S. 131-140 (mit Anm. Kanzleiter). zit.: BGH, Beschl. v. 08.10.2014, DNotZ 2015 mit Anm. Kanzleiter

BGH, Beschl. v. 19.03.2014, Az.: XII ZB 19/ 13. NJW 2014, S. 1590-1593 (mit Anm. Graba). zit.: BGH, Beschl. v. 19.03.2014, NJW 2014 mit Anm. Graba

BGH, Beschl. v. 29.01.2014, Az.: XII ZB 303/ 13. DNotZ 2014, S. 361-371. zit.: BGH, Beschl. v. 29.01.2014, DNotZ 2014

BGH, Urt. v. 20.03.2013, Az.: XII ZR 72/ 11. NJW 2013, S. 1530-1534. zit.: BGH, Urt. v. 20.03.2013, Az.: XII ZR 72/ 11, NJW 2013

BGH, Urt. v. 20.03.2013, Az.: XII ZR 120/ 11. NJW 2013, S. 1447-1449. zit.: BGH, Urt. v. 20.03.2013, Az.: XII ZR 120/ 11

BGH, Beschl. v. 10.01.2013, Az.: IX ZB 163/ 11. NJW 2013, S. 870-872. zit.: BGH, Beschl. v. 10.01.2013, NJW 2013

BGH, Urt. v. 28.11.2012, Az.: XII ZR 19/ 10. BeckRS 2012, 25458 = FamRZ 2013, S. 278-281 (mit Anm. Maurer). zit.: BGH, Urt. v. 28.11.2012, BeckRS 25458 oder FamRZ 2013 mit Anm. Maurer

BGH, Urt. v. 21.11.2012, Az.: XII ZR 48/ 11. FamRZ 2013, S. 269-274 (mit Anm. Bergschneider) = DNotZ 2013, S. 376-385 (mit Anm. Münch). zit.: BGH, Urt.

v. 21.11.2012, FamRZ 2013 mit Anm. Bergschneider oder DNotZ 2013 mit Anm. Münch

BGH, Urt. v. 31.10.2012, Az.: XII ZR 129/ 10. FamRB 2013, S. 34-35 (mit Anm. Roessink) = MittBayNot 2013, S. 240-247 (mit Anm. Münch). zit.: BGH, Urt. v. 31.10.2012 mit Anm. Roessink oder MittBayNot 2013 mit Anm. Münch

BGH, Urt. v. 02.02.2012, Az.: III ZR 60/ 11. BeckRS 2012, 04157. zit.: BeckRS 2012, 04157

BGH, Urt. v. 07.12.2011, Az.: XII ZR 151/ 09. FamRB 2012, S. 71-74. zit.: BGH, Urt. v. 07.12.2011, FamRB 2012

BGH, Urt. v. 15.06.2011, Az.: XII ZR 94/ 09. NJW 2011, S. 2646-2648 (mit Anm. Mleczko). zit.: BGH, Urt. v. 15.06.2011, NJW 2011 mit Anm. Mleczko

BGH, Urt. v. 30.03.2011, Az.: XII ZR 3/ 09. NJW 2011, S. 1582-1586 (mit Anm. Maurer). zit.: BGH, Urt. v. 30.03.2011, NJW 2011 mit Anm. Maurer

BGH, Urt. v. 30.03.2011, Az.: XII ZR 63/ 09. FamRZ 2011, S. 875-877. zit.: BGH, Urt. v. 30.03.2011, FamRZ 2011

BGH, Beschl. v. 10.03.2011, Az.: IX ZB 168/ 09. NZI 2011, S. 329-330 = DNotI-Report 2011, S. 70 = VIA 2011, S. 35 (mit Anm. Dietzel). zit.: NZI 2011 oder DNotI-Report 2011 oder VIA 2011 mit Anm. Dietzel

BGH, Urt. v. 19.01.2011, Az.: IV ZR 7/ 10. BeckRS 2011, 02577 = DNotI-Report 2011, S. 28-30 = NJW-Spezial 2011, S. 199-20 = DNotZ 2011, S. 381-389 (mit Anm. Ivo) = ZEV 2011, S. 258-263 (mit Anm. Zimmer) = MittBayNot 2012, S. 138 -145 (mit Anm. Spall). zit.: BGH, Urt. v. 19.01.2011, BeckRS 2011, 02577 oder DNotI-Report 2011 oder NJW Spezial 2011 oder DNotZ 2011 mit Anm. Ivo oder ZEV 2011 mit Anm. Zimmer oder MittBayNot 2012 mit Anm. Spall

BGH, Urt. v. 20.10.2010, Az.: XII ZR 53/ 09. NJW 2010, S. 3653-3657. zit.: BGH, Urt. v. 20.10.2010, NJW 2010

BGH, Urt. v. 06.10.2010, Az.: XII ZR 202/ 08. NJW 2011, S. 147-151 (mit Anm. Börger). zit.: BGH, Urt. v. 06.10.2010, NJW 2011 mit Anm. Börger

BGH, Urt. v. 11.08.2010, Az.: XII ZR 102/ 09. NJW 2010, S. 3372-3376 = FamRB 2010, S. 329-330 (mit Anm. Kieninger). zit.: BGH, Urt. v. 11.08.2010, NJW 2010 oder FamRB 2010 mit Anm. Kieninger

BGH, Urt. v. 04.08.2010, Az.: XII ZR 7/ 09. NJW 2010, S. 3097-3100 = FamRB 2010, S. 331-331 (mit Anm. Kühner). zit.: BGH, Urt. v. 04.08.2010, NJW 2010 oder FamRB 2010 mit Anm. Kühner

BGH, Urt. v. 24.03.2010, Az.: XII ZR 175/ 08. NJW 2010, S. 1813-1815. zit.: BGH, Urt. v. 24.03.2010, NJW 2010

BGH, Urt. v. 17.02.2010, Az.. XII ZR 140/ 08. NJW 2010, S. 1598-1603 (mit Anm. Born). zit.: BGH, Urt. v. 17.02.2010, NJW 2010 mit Anm. Born

BGH, Urt. v. 09.12.2009, Az.: XII ZR 107/ 08. NJW 2010, S. 1528-1531. zit.: BGH, Urt. v. 09.12.2009, NJW 2010

BGH, Beschl. v. 16.07.2009, Az.: IX ZB 72/ 09. BeckRS 2009, 23544. zit.: BGH, Beschl. v. 16.07.2009, BeckRS 2009, 23544

BGH, Beschl. v. 25.06.2009, Az.: IX ZB 196/ 08. MittBayNot 2010, S. 52-56 (mit Anm. Menzel) = DNotZ 2009, S. 862-868 (mit Anm. Goltzsche) = FD – InsR 2009, 285890 (mit Anm. Lang) = ZEV 2009, S. 469-470. zit.: BGH, Beschl. v. 25.06.2009, MittBayNot 2010 mit Anm. Menzel

BGH, Urt. v. 27.05.2009, Az.: XII ZR 111/ 08. NJW 2009, S. 2450-2454. zit.: BGH, Urt. v. 27.05.2009, NJW 2009

BGH, Beschl. v. 18.03.2009, Az.: XII ZB 94/ 06. NJW 2009, S. 2124-2126. zit.: BGH, Beschl. v. 18.03.2009, NJW 2009

BGH, Urt. v. 18.03.2009, Az.: XII ZR 74/ 08. BeckRS 2009, S. 1-8. zit.: BGH, Urt. v. 18.03.2009, BeckRS 2009

BGH, Urt. v. 06.02.2009, Az.: V ZR 130/ 08. NJW 2009, S. 1346-1348. zit.: BGH, Urt. v. 06.02.2009, NJW 2009

BGH, Urt. v. 03.12.2008, Az.: IV ZR 58/ 07. NJW 2009, S. 1143-1147 (mit Anm. Zimmer) = FamRZ 2009, S. 418-421 = DNotZ 2009, S. 462 f. zit.: BGH, Urt. v. 03.12.2008, NJW 2009 mit Anm. Zimmer

BGH, Urt. v. 05.11.2008, Az.. XII ZR 157/ 06. NJW 2009, S. 842-846 (mit Anm. Grziwotz). zit.: BGH, Urt. v. 05.11.2008, NJW 2009 mit Anm. Grziwotz

BGH, Urt. v. 30.07.2008, Az.: XII ZR 177/ 06. NJW 2008, S. 3213-3220 (mit Anm. Mieczko). zit.: BGH, Urt. v. 30.07.2008, NJW 2008 mit Anm. Mieczko

BGH, Urt. v. 09.07.2008, Az.: XII ZR 6/ 07. FPR 2008, S. 574-578 (mit Anm. Kesseler). zit.: BGH, Urt. v. 09.07.2008, FPR 2008 mit Anm. Kesseler

BGH, Urt. v. 25.06.2008,Az.: XII ZR 109/ 07. NJW 2008, S. 2644-2646. zit.: BGH, Urt. v. 25.06.2008, NJW 2008

BGH, Versäumnisurt. v. 06.02.2008, Az.: XII ZR 14/ 06. DNotZ 2008, S. 533-536. zit.: BGH, Versäumnisurt. v. 06.02.2008, DNotZ 2008

BGH, Urt. v. 28.11.2007, Az.: XII ZR 132/ 05. NJW 2008, S. 1080-1084 = NJW Spezial 2008, S. 229. zit.: BGH, Urt. v. 28.11.2007, NJW 2008 (Spezial)

BGH, Urt. v. 17.10.2007, Az.: XII ZR 96/ 05. NJW 2008, S. 1076-1080. zit.: BGH, Urt. v. 17.10.2007, Az.:XII ZR 96/ 05, NJW 2008

BGH, Urt. v. 17.10.2007, Az.: IV ZR 266/ 06. Auslegung und Wirksamkeit eines Erb- und Pflichtteilsverzichts. NJW 2008, S. 298-300 = ZEV 2008, S. 36 f.. zit.: BGH, Urt. v. 17.10.2007, NJW 2008

BGH, Urt. v. 18.07.2007, Az.: XII ZR 64/ 05. NJW 2007, S. 3207-3209. zit.: BGH, Urt. v. 18.07.2007, NJW 2007

BGH, Urt. v. 04.07.2007, Az.: XII ZR 141/ 05. DNotZ 2008, S. 193-196. zit.: BGH, Urt. v. 04.07.2007, DNotZ 2008

BGH, Beschl. v. 28.03.2007, Az.: XII ZR 119/ 04. FamRZ 2007, S. 1157-1157 (mit Anm. Bergschneider). zit.: BGH, Beschl. v. 28.03.2007, FamRZ 2007 mit Anm. Bergschneider

BGH, Urt. v. 28.03.2007, Az.: XII ZR 130/ 04. FuR 2007, S. 373-376. zit.: BGH, Urt. v. 28.03.2007, FuR 2007

BGH, Urt. v. 28.02.2007, Az.: XII ZR 165/ 04. NJW 2007, S. 2848-2851 (mit Anm. Kesseler). zit.: BGH, Urt. v. 28.02.2007, NJW 2007 mit Anm. Kesseler

BGH, Urt. v. 22.11.2006, Az.: XII ZR 119/ 04. MittBayNot 2007, S. 45-408 = DNotZ 2007, S. 302-308 (mit Anm. Grziwotz). zit.: BGH, Urt. v. 22.11.2006, MittBayNot 2006 oder DNotZ 2007 mit Anm. Grziwotz

BGH, Urt. v. 25.10.2006, Az.: XII ZR 144/ 04. NJW 2007, S. 904-906. zit.: BGH, Urt. v. 25.10.2006, NJW 2007

BGH, Urt. v. 05.07.2006, Az.: XII ZR 25/ 04. NJW 2006, S. 3142-3146 (mit Anm. Rakete- Dombek). zit.: BGH, Urt. v. 05.07.2006, NJW 2006

BGH, Urt. v. 17.05.2006, Az.: XII ZB 250/ 03. NJW 2006, S. 2331-2333 = FamRZ 2006, S. 1097-1099 (mit Anm. Bergschneider). zit.: BGH, Beschl. v. 17.05.2006, NJW 2006 oder FamRZ 2006 mit Anm. Bergschneider

BGH, Urt. v. 20.01.2006, Az.: V ZR 214/ 04. NJW-RR 2006, S. 888-890. zit.: BGH, Urt. v. 20.1.2006, NJW-RR 2006

BGH, Urt. v. 19.10.2005, Az.: IV ZR 235/ 03. ZEV 2006, S. 76-77. zit.: BGH, Urt. v. 19.10.2005, ZEV 2006

BGH, Urt. v. 25.05.2005, Az.: XII ZR 221/02. FamRZ 2005, S. 1449-1452 (mit Anm. Bergschneider). zit.: BGH, Urt. v. 25.05.2005, FamRZ 2005 mit Anm. Bergschneider

BGH, Urt. v. 25.05.2005, Az.: XII ZR 296/ 01. MittBayNot 2006, S. 44-49 (mit Anm. Brandt) = FamRZ 2005, S. 1444-1449. zit.: BGH, Urt. v. 25.05.2005, MittBayNot 2006 mit Anm. Brandt oder FamRZ 2005

BGH, Urt. v. 28.04.2005, Az.: III ZR 351/ 04. NJW 2005, S. 2069-2072. zit.: BGH, Urt. v. 28.04.2005, NJW 2005

BGH, Urt. v. 12.01.2005, Az.: XII ZR 138/ 03. DNotZ 2005, S. 703–706. zit.: BGH, Urt. v. 12.01.2005, DNotZ 2005

BGH, Urt. v. 08.12.2004, Az.: IV ZR 223/ 03. NJW-RR 2005, S. 369-371 = ZEV 2005, S. 117-120 (mit Anm. Muscheler). zit.: BGH, Urt. v. 08.12.2004, NJW-RR 2005 oder ZEV 2005 mit Anm. Muscheler

BGH, Beschl. v. 06.10.2004, Az.: XII ZB 57/ 03. NJW 2005, S. 139-141. zit.: BGH, Beschl. v. 06.10.2004, NJW 2005

BGH, Urt. v. 17.05.2004, Az.: II- 2 UF 79/ 03. FamRZ 2005, S. 216-221 (mit Anm. Bergschneider). zit.: BGH, Urt. v. 17.05.2004, FamRZ 2005 mit Anm. Bergschneider

BGH, Urt. v. 11.02.2004, Az.: XII ZR 265/ 02. FamRZ 2004, S. 601-612 (mit Anm. Borth) = NJW 2004, 930-937 = JuS 2004, S. 539-542. zit.: BGH, Urt. v. 11.02.2004, NJW 2004 oder FamRZ 2004 mit Anm. Borth

BGH, Urt. v. 19.02.2003, Az.: XII ZR 142/ 00. FamRZ 2003, S. 846-848. zit.: BGH, Urt. v. 19.02.2003, FamRZ 2003

BGH, Beschl. v. 02.12.1998, Az.: IV ZB 19/97. MittRhNotK 1999, S. 54-56. zit.: BGH, Beschl. v. 02.12.1998, MittRhNotK 1999

BGH, Urt. v. 04.11.1998, Az.: IV ZR 327/ 97. NJW 1999, S. 789-790. zit.: BGH, Urt. v. 04.11.1998, NJW 1999

BGH, Urt. v. 24.06.1998, Az.: IV ZR 159/ 97. NJW 1998, S. 3117-3119. zit.: BGH, Urt. v. 24.06.1998, NJW 1998

BGH, Urt. v. 13.12.1996, Az.: IV ZR 62/ 96. MittBayNot 1997, S. 108-110. zit.: BGH, Urt. v. 13.12.1996, MittBayNot 1997

BGH, Beschl. v. 29.11.1996, Az.: BLw 16/ 96. NJW 1997, S. 653 f.= ZEV 1997, S. 69-72 (mit Anm. Edenfeld). zit.: BGH, Beschl. v. 29.11.1996, NJW 1997 oder ZEV 1997 mit Anm. Edenfeld. BGH, Urt. v. 13. 11. 1996, Az.: IV ZR 62/ 96. BGHZ 134, S. 60-66. zit.: BGH, Urt. v. 13.11.1996, BGHZ 134

BGH, Beschl. v. 02.10.1996, Az.: XII ZB 1/94. NJW 1997, S. 192-193. zit.: BGH, Beschl. v. 02.10.1996, NJW 1997

BGH, Beschl. v. 18.09.1996, Az.: XII ZB 206/94. NJW 1997, S. 126-128 = JZ 1997, S. 411-415 (mit Anm. Dethloff). zit.: BGH, Beschl. v. 18.09.1996, NJW 1997 oder JZ 1997 mit Anm. Dethloff

BGH, Urt. v. 01.02.1995, Az.: IV ZR 36/ 94. NJW 1995, S. 1349-1350. zit.: BGH, Urt. v. 01.02.1995, NJW 1995

BGH, Urt. v. 20.10.1993, Az.: IV ZR 231/ 92. DNotZ 1994, S. 380-386. zit.: BGH, Urt. v 20.10.1993, DNotZ 1994

BGH, Urt. v. 21.04.1993, Az.: XII ZR 248/ 91. NJW 1993, S. 1920-1921. zit.: BGH, Urt. v. 21.04.1993, NJW 1993

BGH, Urt. v. 09.07.1992, Az.: XII ZR 57/ 91. FamRZ 1992, S. 1403-1405. zit.: BGH, Urt. v. 09.07.1992, FamRZ 1992

BGH, Urt. v. 28.02.1991, Az.: IX ZR 74/ 90. NJW 1991, S. 1610 -1611. zit.: BGH, Urt. v. 28.02.1991, NJW 1991

BGH, Urt. v. 17.01.1990, Az.: XII ZR 1/ 89. NJW-RR 1990, S. 386-388. zit.: BGH, Urt. v. 17.01.1990, NJW-RR 1990

BGH, Urt. v. 13.12.1989, Az.: IV b ZR 79/ 89. FamRZ 1990, S. 492-496. zit.: BGH, Urt. v. 13.12.1989, FamRZ 1990

BGH, Urt. v. 06.12.1989, Az.: IVa ZR 249/ 88. NJW 1990, S. 911-913. zit.: BGH, Urt. v., 06.12.1989, NJW 1990

BGH, Urt. v. 03.10.1989, Az.: XI ZR 154/ 88. NJW 1990, S. 384-386. zit.: BGH, Urt. v. 03.10.1989, NJW 1990

BGH, Urt. v. 08.07.1985, Az.: II ZR 150/ 84. NJW 1986, S. 127-129. zit.: BGH, Urt. v. 08.07.1985, NJW 1986

BGH, Urt. v. 24.04.1985, Az.: IV b ZR 17/ 84. NJW 1985, S. 787-788. zit.: BGH, Urt. v. 24.04.1985, Az.: IV b ZR 17/ 84, NJW 1985

BGH, Urt. v. 24.04.1985, Az.: IV b ZR 22/ 84. NJW 1985, S. 1833-1835. zit.: BGH, Urt. v. 24.04.1985, Az.. IV b ZR 22/84, NJW 1985

BGH, Urt. v. 23.05.1984, Az.: IV b ZR 9/ 83. NJW 1984, S. 1951-1952. zit.: BGH, Urt. v. 23.05.1984, NJW 1984

BGH, Urt. v. 08.12.1982, Az.: IV b ZR 333/ 81. FamRZ 1983, S. 137-140 = NJW 1983, S. 1851-1853. zit.: BGH, Urt. v. 08.12.1983, FamRZ 1983 oder NJW 1983

BGH, Urt. v. 21.03.1962, Az.: IV ZR 251/ 61. NJW 1962, S. 1719-1722. zit.: BGH, Urt. v. 21.03.1962, NJW 1962

BGH, Urt. v. 29.10.1956, Az.: II ZR 79/ 55. BGHZ 22, S. 90-101. zit.: BGH, Urt. v. 29.10.1956, BGHZ 22

BGH, Urt. 15.02.1956, Az.: IV ZR 294/ 55. BGHZ 20, S. 71-76. zit.: BGH, Urt. v. 15.02.1956, BGHZ 20

Weitere Bundesgerichte

BAG, Urt. 28.09.1989, Az.: 8 AZR 120/ 88. BB 1990, S. 634-636. zit.: BAG, Urt. v. 28.09.1989, BB 1990

BFH, Urt. v. 07.12.2016, Az.: II R 21/ 14. ZEV 2017, S. 183-186 (mit Anm. Wachter). zit.: BFH, Urt. v. 07.12.2016, ZEV 2017 mit Anm. Wachter

BSG, Urt. v. 17.02.2015, Az.: B 14 KG 1/ 14 R. ZEV 2015, S. 484-488 (mit Anm. Teerstegen). zit.: BSG, Urt. v. 17.02.2015, ZEV 2015 mit Anm. Teerstegen

BSG, Urt. v. 06.05.2010, Az.: B 14 AS 2/ 09 R. FD- ErbR 2010, 308332 (mit Anm. Litzenburger). zit.: BSG, Urt. v. 06.05.2010, FD- ErbR 2010 mit Anm. Litzenburger

Instanzgerichte

BayObLG, Beschl. v. 04.01.2006, Az.: 1Z BR 97/ 03. MittBayNot 2006, S. 249-254 (mit Anm. Damrau) = ZEV 2006, S. 209-214 (mit Anm. Leipold). zit.: BayObLG, Beschl. v. 04.01.2006, MittBayNot 2006 mit Anm.Damrau oder ZEV 2004 mit Anm. Leipold

BayObLG, Beschl. v. 04.08.1999, 1Z BR 187/ 97. FamRZ 2000, S. 380-387. zit.: BayObLG, Beschl. v. 04.08.1999, FamRZ 2000

LSG Baden- Württemberg, Beschl. v. 09.10.2007, Az.: L 7 AS 3528/ 07. ZEV 2008, S. 147-150. zit.: LSG Baden- Württemberg, Beschl. v. 09.10.2007, ZEV 2008

LSG Bayern, Beschl. v. 30.07.2015, Az.: L 8 SO 146/ 15 BER. MittBayNot 2016, S. 442-446 (mit Anm. Krauß). zit.: LSG Bayern, Beschl. v. 30.07.2015, MittBayNot 2016 mit Anm. Krauß

LSG Nordrhein- Westfalen, Beschl. v. 11.06.2015, Az.: L 9 SO 410/ 14 B. MittBayNot 2016, S. 552-554 (mit Anm. Doering- Striening). zit.: LSG Nordrhein- Westfalen, Beschl. v. 11.06.2015, MittBayNot 2016 mit Anm. Doering- Striening

OLG Celle, Urt. v. 08.02.2008, Az.: 21 UF 197/ 07. NJW-RR 2008, S. 881-882. zit.: OLG Celle, Urt. v. 08.02.2008, NJW-RR 2008

OLG Celle, Urt. v. 25.02.2004, Az.: 15 U 178/ 03. NJW 2004, S. 1961-1963 = FamRZ 2004, S. 1202-1205 (mit Anm. Bergschneider). zit.: OLG Celle, Urt. v. 25.02.2004, FamRZ 2004 mit Anm. Bergschneider

OLG Celle, Beschl. v. 08.07.2003, Az.: 6 W 63/ 03. ZEV 2004, S. 156-157 (mit Anm. Damrau) = NJW-RR 2003, S. 1450. zit.: OLG Celle, Beschl. v. 08.07.2003, ZEV 2004 mit Anm. Damrau oder NJW-RR 2003

OLG Düsseldorf, Beschl. v. 21.02.2013, Az.: I- 3 Wx 193/ 12. JW-RR 2013, S. 966-967. zit.: OLG Düsseldorf, Beschl. v. 21.02.2013, NJW-RR 2013

OLG Düsseldorf, Beschl. v. 21.06.2011, Az.: 3 W x 56/ 11. ZEV 2011, S. 529-531 (mit Anm. Weidlich). zit.: OLG Düsseldorf, Beschl. v. 21.06.2011, ZEV 2011 mit Anm. Weidlich

OLG Frankfurt/ M., Beschl. v. 22.06.2004, Az.: 20 W 332/ 03. NJOZ 2005, S. 976-978. zit.: OLG Frankfurt/ M., NJOZ 2005

OLG Hamm Urt., v. 08.11.2016, Az.: 10 U 36/ 15. ZEV 2017, S. 163-167 (mit Anm. Everts) = FamRZ 2017, S. 1167-1169 = NJW 2017, S. 576-578. zit.: OLG Hamm, Urt. v. 08.11.2016, ZEV 2017 mit Anm. Everts oder FamRZ 2017 oder NJW 2017

OLG Hamm, Urt. v. 27.10.2016, Az.: 10 U 13/ 16. ZEV 2017, S. 158-163. zit.: OLG Hamm, Urt. v. 27.10.2016, ZEV 2017

OLG Hamm, Beschl. v. 16.07.2009, Az.: 15 Wx 85/ 09. ZEV 2009, S. 471-473 (mit Anm. Leipold). zit.: OLG Hamm, Beschl. v. 16.07.2009, ZEV 2009 mit Anm. Leipold

OLG Hamm, Urt. v. 03.08.1999, Az.: 10 U 3/ 99. ZEV 2000, S. 507-512 (mit Anm. Kuchinke). zit.: OLG Hamm, Urt. v. 03.08.1999, ZEV 2000 mit Anm. Kuchinke

OLG Koblenz, Urt. v. 25.10.2005, Az.: 11 UF 424/ 04. FamRZ 2006, S. 428-430 (mit Anm. Bergschneider). zit.: OLG Koblenz, Urt. v. 25.10.2005, FamRZ 2006 mit Anm. Bergschneider

OLG Koblenz, Urt. v. 13.01.2004, Az.: 11 UF 713/ 02. FamRZ 2004, S. 805-808 (mit Anm. Bergschneider). zit.: OLG Koblenz, Urt. v. 13.01.2004, FamRZ 2004 mit Anm. Bergschneider

OLG Koblenz, Urt. v. 18.08.2002, Az.: 9 UF 745/ 01. NJW 2003, S. 439-442. zit.: OLG Koblenz, Urt. v. 18.08.2002, NJW 2003

OLG Koblenz, Beschl. v. 04.03.1993, Az.: 6 W 99/ 93. NJW-RR 1993, S. 708-709. zit.: OLG Koblenz, Beschl. v. 04.03.1993, NJW-RR 1993

OLG Köln, Urt. v. 09.12.2009, Az.: 2 U 46/ 09. ZEV 2010, S. 85-89 (mit Anm. Armbrüster) = ZEV 2010, S. 195-196 (mit Anm. Bengel/ Spall) = RNotZ 2010, S. 139-143 (mit Anm. Vaupel) = FamRZ 2010, S. 838-843 (mit Anm. Dutta). zit.: OLG Köln, Urt. v. 09.12.2009, ZEV 2010 mit Anm. Armbrüster oder ZEV 2010 mit Anm. Bengel/ Spall oder RNotZ 2010 mit Anm. Vaupel oder FamRZ 2010 mit Anm. Dutta

OLG München, Urt. v. 24.06.2009, Az.: 20 U 4882/08. ZEV 2010, S. 140-142. zit.: OLG München, Urt. v. 24.06.2009, ZEV 2010

OLG München, Urt. v. 25.01.2006, Az.: 15 U 4751/ 04. auch in MittBayNot 2006, S. 428-430 = NJOZ 2006, S. 2155- 2158 = ErbR 2007, S. 154-157 (mit Anm. Rogler). zit.: OLG München, Urt. v. 25.01.2006, MittBayNot oder ErbR 2007 mit Anm. Rogler

OLG München, Urt. v. 01.10.2002, Az.: 4 UF 7/ 02. FamRZ 2003, S. 35-39. zit.: OLG München, Urt. v. 01.10.2002, FamRZ 2003

OLG München, Urt. v. 01.10.2002, Az.: 9 W 7/ 02. FamRZ 2003, S. 376-378 (mit Anm. Bergschneider). zit.: OLG München, Urt. v. 01.10.2002, FamRZ 2003 mit Anm. Bergschneider

OLG Nürnberg, Urt. v. 12.11.2002, Az.: 3 U 1192/02. FamRZ 2003, S. 634-638 (mit Anm. Grziwotz). zit.: OLG Nürnberg, Urt. v. 12.11.2002, FamRZ 2003 mit Anm. Grziwotz. OLG Oldenburg, Urt. v. 18.01.2005, Az.: 12 UF 96/ 04. FamRZ 2005, S. 718-719. zit.: OLG Oldenburg, Urt. v. 18.01.2005

OLG Schleswig, Urt. v. 27.05.1997, Az.: 3 U 148/ 95. NJW-RR 1997, S. 1092-1094. zit.: OLG Schleswig, Urt. v. 27.05.1997, NJW-RR 1997

OLG Stuttgart, Beschl. v. 25.06.2001, Az.: 8 W 494/ 99. NJW 2001, S. 3484-3486. zit.: OLG Stuttgart, Beschl. v. 25.06.2001, NJW 2001

OVG Saarland, Urt. v. 17.03.2006, Az.: 3 R 2/ 05. MittBayNot 2007, S. 65-70 (mit Anm. Spall). zit.: OVG Saarland, Urt. v. 17.03.2006, MittBayNot 2007 mit Anm. Spall

VGH Mannheim, Urt. v. 08.06.1993, Az.: 6 S 1068/ 92. NJW 1993, S. 2953-2955. zit.: VGH Mannheim, Urt. v. 08.06.1993, NJW 1993

LG Düsseldorf, Urt. v. 29.01.2014, Az.: 7 O 132/ 13. Anspruch auf Auskunft wegen Pflichtteilsansprüchen; Wirksamkeit des Erbverzichts- und Abfindungsvertrages. MittBayNot 2016, S. 58-60 (mit Anm. Braun). zit.: LG Düsseldorf, Urt. v. 29.01.2014, MittBayNot 2016 mit Anm. Braun

LG Düsseldorf, Urt. v. 02.03.2007, Az.: 6 O 182/ 06. BeckRS 2007, 16585. zit.: LG Düsseldorf, Urt. v. 02.03.2007, BeckRS 2007, 16585

LG Nürnberg- Fürth, Urt. v. 23.03.2018, Az.: 6 O 6494/ 17. Inhaltskontrolle eines Pflichtteilverzichtsvertrages. BeckRS 2018, 10927 = DNotZ 2019, S. 213-224 (mit Anm. Raude) = ZEV 2018, S. 593-599 (mit Anm. Keim). zit.: LG Nürnberg- Fürth,

Urt. v. 23.03.2018, BeckRS 10927 oder DNotZ 2019 mit Anm. Raude oder ZEV 2018 mit Anm. Keim

LG Ravensburg, Urt. v. 31.01.2008, Az.: 2 O 338/ 07. FamRZ 2008, S. 1289-1292 (mit Anm. Bergschneider) = ZEV 2008, S. 598-600. zit: LG Ravensburg, Urt. v. 31.01.2008, FamRZ 2008 mit Anm. Bergschneider

RG, Urt. v. 26.09.1881, Az.: Rep. Va. 117/ 81. RGZ 6, S. 247-253. zit.: RG, Urt. v. 26.09.1881, RGZ 6

www.ingramcontent.com/pod-product-compliance
Ingram Content Group UK Ltd.
Pitfield, Milton Keynes, MK11 3LW, UK
UKHW021832290926
8980IPUK00004B/403

9 783631 834077